Bürklin, Rebenstorf u.a.
Eliten in Deutschland

Wilhelm Bürklin
Hilke Rebenstorf u.a.

Eliten in Deutschland

Rekrutierung und Integration

Leske + Budrich, Opladen 1997

ISBN 3-8100-1842-2

Druck: Druck Partner Rübelmann, Hemsbach
Printed in Germany

Rudolf Wildenmann zum Gedenken

Inhalt

Danksagung

Forschungsprojekte in der Größenordnung der Potsdamer Elitestudie 1995 können nicht von einem einzelnen Wissenschaftler durchgeführt werden. Sie leben sowohl von der Zuarbeit eines kooperativen Forschungsteams als auch von der intellektuellen und finanziellen Unterstützung durch Personen und Institutionen außerhalb der Hochschule. Für diese Hilfe möchte ich mich ausdrücklich bedanken: Mein Dank gilt zunächst den Mitgliedern des Forschungsteams, zu dem Martina Sauer (M.A), Christian Welzel (M.A.), Dipl. Pol. Jörg Machatzke, Dipl. Pol. Per Wiegand, stud. rer. pol. Viktoria Kaina und als Projektleiterin Dr. Petra Bauer-Kaase gehörten. Nach dem Ausscheiden von Frau Bauer-Kaase zu Beginn der Feldarbeit übernahm Dr. Hilke Rebenstorf die Projektleitung. An die Stelle von Per Wiegand trat Dipl. Pol. Kai-Uwe Schnapp und Holger Schmidt arbeitete als studentische Hilfskraft mit. Wertvolle intellektuelle Anregungen habe ich zudem von zahlreichen Kollegen außerhalb der Universität Potsdam erhalten. Hier geht mein besonderer Dank an Prof. Klaus von Beyme, Prof. Hans-Ulrich Derlien, Prof. Gert-Joachim Glaeßner, Prof. Dietrich Herzog, Prof. Ursula Hoffmann-Lange, Prof. Max Kaase, Prof. Heinrich Oberreuter, Prof. Werner Patzelt, Prof. Karl Schmitt, Prof. Helmut Steiner und Prof. Wolfgang Zapf. Es versteht sich von selbst, daß diese Kollegen für verbliebene Schwächen oder Fehler des Projekts keinerlei Verantwortung tragen.

Die sehr kostenaufwendige Durchführung der Studie war nur mit externen Forschungsbeihilfen möglich. Für die Finanzierung des Hauptantrages unter dem Titel „Elitenrekrutierung und -zirkulation im vereinten Deutschland" ist der Deutschen Forschungsgemeinschaft in Bonn zu danken (GZ: Bu 661/4-1,4-2). Die parallel zur Elitestudie durchgeführte Bevölkerungsumfrage wurde durch eine projektbezogene Forschungsförderung zum Aufbau der Forschungsinfrastruktur an den Universitäten des Landes Brandenburg möglich, die das Ministerium für Wissenschaft, Forschung und Kultur dankenswerterweise zur Verfügung stellte.

Die Feldarbeit für die Elitestudie (April bis Juni 1995) und die Bevölkerungsumfrage (Oktober bis November 1995) lag bei Infratest, München. Unser besonderer Dank gilt hier Herrn Bernhard von Rosenbladt, der das Projekt in der Vorbereitungs- und in der Feldphase engagiert begleitet hat. Für die wissenschaftliche Beratung bei der Erstellung des Fragebogens und die Durchführung des Prätests haben wir dem Zentrum für Umfragen, Methoden und Analysen (ZUMA) in Mannheim Dank zu sagen. Nach Abschluß des Projekts und der noch zu bearbeitenden Dissertationen wird der anonymisierte Datensatz über das Zentralarchiv für Empirische Sozialforschung in Köln interessierten Wissenschaftlern zur Verfügung stehen (ZA-Nr. 2881/2882; Elite/Bevölkerung). Die Endredaktion des Buchmanuskriptes lag in den Händen von Frau Silvia Jaekel. Wenn die Texte letztlich doch noch lesbar geworden sind, ist das auch ihr zu verdanken.

Das größte Verdienst am Zustandekommen der Potsdamer Elitestudie gebührt zweifellos dem Mentor der empirisch-quantitativen Eliteforschung in Deutschland, meinem akademischen Lehrer, Prof. Dr. Rudolf Wildenmann. Er hat nicht nur alle früheren nationalen Elitestudien in Deutschland angeregt und wissenschaftlich begleitet, sondern auch den ersten Anstoß für die Potsdamer Elitestudie von 1995 gegeben. Rudolf Wildenmann hat die Durchführung dieser Studie nicht mehr erlebt. Wir ehren sein Andenken, indem wir ihm dieses Buch widmen.

Wilhelm Bürklin

Kapitel I
Die Potsdamer Elitestudie von 1995: Problemstellungen und wissenschaftliches Programm

Wilhelm Bürklin

1. Einführung: Die Problemstellungen

Wer gehört in Deutschland zur Elite?[1] Aus welchen Elternhäusern kommen die Führungsgruppen in Wirtschaft und Politik, Wissenschaft, Verwaltung, Kultur, den Gewerkschaften, den Verbänden und den Massenmedien? Welche Ausbildungen und welche Karrierewege führen in die rund 4000 höchsten Entscheidungspositionen in Deutschland? Ist die nationale Führungsschicht eine geschlossene Gesellschaft, die nur Personen mit elitärer Herkunft und entsprechenden Wertorientierungen kooptiert? Oder ist die Positionselite offen für Aufsteiger auch aus unteren Sozialschichten oder Personen mit neuen, unkonventionellen Einstellungen zu Politik und Gesellschaft? Wie erfolgreich waren schließlich die Führungskräfte ostdeutscher Herkunft, ihren Platz in der nationalen Elite einzunehmen und ihre Weltsicht einzubringen? Kurz: Wie gut integriert die deutsche Führungsschicht die unterschiedlichen sozialen Gruppen und Wertgemeinschaften in Deutschland?

Diese und ähnliche Fragen stehen im Zentrum des vorliegende Buches, in dem die Ergebnisse der „Potsdamer Elitestudie" von 1995, der ersten empirischen Untersuchung der Führungsschicht nach der deutschen Vereinigung, zusammenfassend diskutiert werden. Die „Potsdamer Elitestudie" knüpft an die Tradition der umfragegestützten westdeutschen Eliteforschung an, die mit der Untersuchung der nationalen Führungsschicht von 1968 ihren Anfang nahm und mit dem Namen des Mannheimer Politikwissenschaftlers Rudolf Wildenmann eng verbunden ist. Primärforscher dieser Studien waren in Kooperation mit Rudolf Wildenmann Uwe Schleth (1968), Werner Kalte-

1 Die Begriffe Elite, Führungsgruppe oder Führungsschicht werden im folgenden synonym gebraucht, ohne damit eine schichtungstheoretische Aussage vorwegnehmen zu wollen. Der Begriff Elite wird im Singular verwendet, wenn es um Aussagen über die gesamte Eliteninformation geht, im Plural, wenn es um Individuen oder Untergruppen einer Elite geht; vgl. dazu Hoffmann-Lange (1992: 20).

fleiter (1972) und Max Kaase (1981). Die Studie von 1995 hat Wildenmann nicht mehr erlebt. Sie stand unter der wissenschaftlichen Leitung von Wilhelm Bürklin.

In den Mannheimer Elitestudien war als eine der Grundlagen für die Stabilität der bundesdeutschen Demokratie festgestellt worden, daß die westdeutschen Eliten dem Typus der „konsensuell geeinten Elite“ zuzurechnen waren (Hoffmann-Lange 1986, 1992). Dieser Elitetypus zeichnet sich im Anschluß an Field und Higley (1983) durch zwei wesentliche Merkmale der Führungsschicht aus: Erstens durch den Konsens über die demokratischen Spielregeln und die Bereitschaft, allfällige Interessenkonflikte im Rahmen demokratischer Institutionen beizulegen. Zum zweiten durch die strukturelle Integration der Elite, d.h., durch die Existenz eines dichten Netzwerkes von Interaktionsbeziehungen auf Eliteebene, das den Repräsentanten aller wichtigen Organisationen Zugang zu den zentralen politischen Entscheidungsprozessen ermöglicht.

Die *horizontale Integration* der Führungsschicht war eines der charakteristischen Merkmale der alten Bundesrepublik. Sie verdichtete sich im Verlauf ihres Bestehens zu einer Elitenkohäsion, die wegen ihrer engen Kooperationsbeziehungen von einigen Autoren bereits als „Elitenkartell“ bezeichnet wurde (u. a. Scheuch/Scheuch 1995). Institutionelle Grundlage der engen Kooperationsbeziehungen war das stark korporatistisch geprägte System gesellschaftlicher Interessenvermittlung in der Bundesrepublik Deutschland (Schmitter 1979: Alemann/Heinze 1979). Es legitimierte die Führungsgruppen der verschiedenen gesellschaftlichen Sektoren, Interessenkonflikte auf dem hohem Aggregationsniveau korporativer Akteure auszutragen, ohne ihre gesellschaftlichen ‘Muttergruppen’ (Stammer 1951) politisch zu mobilisieren. Dieses System basierte auf einem in Bevölkerung und Eliten gleichermaßen hohen Vertrauen in die Fähigkeit der politischen und gesellschaftlichen Institutionen, die jeweiligen Interessen wirkungsvoll zu vertreten (Listhaug/Wiberg 1995; Fuchs u.a. 1995).

Der traditionelle Elitenkonsens schien schon kurze Zeit nach der deutschen Vereinigung wegen der ausgeprägten Unterschiede in den Einstellungen in der Bevölkerung bzw. der ins Stocken geratenen Integration Ostdeutscher in die Elite in Frage zu stehen (Lehmbruch 1991, 1995; Fritze 1995; Fach 1995; Westle 1992, 1994; Vilmar/Dümcke 1995). Vor diesem Hintergrund lag es nahe, in der Potsdamer Elitestudie die Frage der Elitenintegration besonders unter dem Aspekt der Einbindung ostdeutscher Eliten zu untersuchen. Ein erster Schwerpunkt der Studie liegt daher auf der Frage, wie nach der deutschen Vereinigung die Rekrutierung in Elitepositionen in den neuen Bundesländern erfolgt ist, ob sich die Muster der Rekrutierung von denen der westdeutschen Elite unterscheiden und welche Kontaktstrukturen sich zur Elite in den alten Bundesländern ergeben. Damit soll ein Beitrag zu Theorien von Elitenzirkulation unter den spezifischen Bedingungen des „deutschen Falles“ geleistet werden. Ein zweiter Schwerpunkt liegt in der Analyse der ideologischen Elitenintegration, d.h. der Frage, welche Unterschiede sich in den politischen Einstellungen, Wertorientierungen und Problemwahrnehmungen sowie in bezug auf die Wahrnehmung der Elitenrolle bei den Eliten der verschiedenen Sektoren in den neuen und alten Bundesländern herauskristallisieren und welche Schlußfolgerungen daraus für den demokratischen politischen Prozeß im vereinten Deutschland gezogen werden können.

Der Begriff der Elitenintegration läßt sich unter verschiedenen Aspekten thematisieren: Zum einen unter den Aspekten der ideologischen versus verhaltensbezogenen Integration. Hier die Ähnlichkeit von Einstellungen und Wertorientierungen, dort die faktische Einbindung in bestehende Kommunikationsnetzwerke. Zum anderen kann die Elitenintegration in ihrer horizontalen und vertikalen Dimension thematisiert werden, wobei sich die horizontale Integration auf das Verhältnis zwischen den verschiedenen Teileliten und die vertikale auf die Beziehung zwischen Eliten und ihren gesellschaftlichen „Muttergruppen“ in der Bevölkerung bezieht. Horizontale und vertikale Integration gleichzeitig zu gewährleisten, wird um so schwieriger, je größer die Unterschiede in den Einstellungen und Wertorientierungen der Bevölkerung werden. Mit diesem Problem sahen sich die Eliten ostdeutscher Herkunft nach der Vereinigung verstärkt konfrontiert. Angesichts der Unterschiede in den politischen Problemprioritäten der ost- und westdeutschen Bevölkerung gerieten sie in die Entscheidungssituation, die enge Kooperation mit den anderen Führungsgruppen zu suchen und damit die konsensual geeinte Elite zu stabilisieren, oder die Einstellungen ihrer ostdeutschen ‘Muttergruppen’ zu vertreten und damit die Konflikte in der Elite zu verschärfen.

In dieser Problemsicht sind die einzelnen Kapitel des vorliegenden Buches darauf angelegt, die verschiedenen Aspekte der Integration und Zirkulation der Elite nach der deutschen Vereinigung differenziert zu diskutieren. Bevor diese Diskussion aufgenommen werden kann, sollen im folgenden zunächst der umstrittene Begriff der Elite und die Beziehung zwischen Elite und Demokratie erläutert sowie die Fragestellungen des Forschungsprojektes in den Kontext der Eliteforschung der Bundesrepublik eingeordnet werden.

2. Eliteforschung in der Bundesrepublik: historische Bedingungen und aktuelle Herausforderungen

2.1 Elite und Demokratie - zur Definition eines schwierigen Begriffspaares

Das wissenschaftliche Terrain der Eliteforschung gilt in der deutschen Politikwissenschaft als - gelinde gesagt - schwierig. Mit dieser Feststellung leiten Klingemann, Stöss und Weßels (1991: 9) ihre jüngste Bestandsaufnahme der Eliteforschung in Deutschland ein. Selbst in der wissenschaftlichen Diskussion stößt bereits die Verwendung der Begriffe 'Elite', 'Führung' oder 'Karriere' auf Ablehnung. Das ist zum Teil dadurch zu erklären, daß die Theorie demokratischer Elitenherrschaft nur unzureichend konzeptuell fundiert ist. Der entscheidende Grund für die Ablehnung dürfte jedoch darin liegen, daß der Begriff der 'Elite' in der deutschen Forschungstradition eine besonders wertgeladene Interpretation erfahren hat. Während Sozialwissenschaftler in anderen Ländern den Elitebegriff aller normativen Vorstellungen über die besondere persönliche Qualität der so bezeichneten Personen enthoben (Herzog 1982: 2), erwies sich die Rezeption des Elitebegriffs in der Bundesrepublik aufgrund der historischen Erfahrung als problematischer. Zunächst wurden die Eliten für das Scheitern der Weimarer Republik verantwortlich gemacht. Im Anschluß daran wurden die darwinistisch begründeten Begriffe der „Elite" und der „politischen Führung" durch das totalitäre System des Nationalsozialismus und dem damit verbundenen Führerkult desavouiert (Zapf 1965: 16). Lange Zeit wurde der Elitebegriff daher sowohl von Verfechtern radikaldemokratischer Ideen als auch von denen vermieden, die Elitenherrschaft und Demokratie nicht notwendigerweise als Gegensatz betrachteten. Nicht nur vermieden, sondern aus ideologischen Gründen offiziell abgelehnt wurde der Elitebegriff in der DDR. Die Theorie der Elitenherrschaft galt dort als „reaktionäre Ideologie aller Ausbeuterklassen", die allein das Ziel habe, die privilegierte Stellung der Eigentümer der Produktionsmittel gegenüber dem Volk zu rechtfertigen (Kosing 1989: 143). Der negativ befrachtete Begriff der Elitenherrschaft stand damit für eine autoritäre, hierarchische Gesellschaftsstruktur, die als Gegensatz zur 'antimonopolistischen Demokratie' der DDR zu sehen war.

Aus der spezifischen Rezeption des Elitebegriffs im Rahmen der 'sozialistischen Demokratie' der DDR läßt sich herleiten, daß ein Großteil der begrifflichen Irritation über die vermeintliche Unvereinbarkeit von Eliten und

Demokratie auf die unterschiedliche Definition des Demokratiebegriffes zurückgeführt werden kann. Je nachdem, für welchen Demokratiebegriff man sich entscheidet, gelten Eliten und Demokratie als unvereinbar, vereinbar oder sogar wechselseitig unverzichtbar (Felber 1986): Unvereinbar sind Eliten mit dem identitären Demokratiebegriff, der dem Kommunismus, Sozialismus oder den basis- und radikaldemokratischen Ideologien zugrundeliegt. Da sich in identitärer Perspektive Demokratie nur durch unmittelbare Partizipation verwirklicht, durchbricht die repräsentative Übertragung politischer Entscheidungen auf eine Führungsschicht dieses Prinzip (Sartori 1992: 123 ff). Demgegenüber schätzt eine Mehrzahl von Demokratietheoretikern die Existenz von Eliten mit der Demokratie als vereinbar ein (Felber 1986). Sie machen allerdings zur Voraussetzung, daß der Zugang zur Elite offen und deren Macht kontrollierbar bleibt. Als unverzichtbar gelten dagegen Eliten in der Theorie der repräsentativen Demokratie, wie sie von Max Weber, Josef Schumpeter oder Giovanni Sartori formuliert worden ist (vgl. Sartori 1992; Schmidt 1995: 115 ff.). Im Schumpeterschen Modell der Konkurrenzdemokratie realisiert sich Demokratie durch die Konkurrenz der Eliten um die Wählerstimmen. Dem liegt der Zwang zur Responsivität zugrunde, den Carl J. Friedrich (1967) als 'Prinzip der vorweggenommenen Reaktion' bezeichnet hat. Danach werden die Parteien bei allen politischen Entscheidungen die Reaktionen der Wähler vorwegnehmen, um ihre Wiederwahl nicht zu gefährden bzw. die politische Macht zu verlieren. Noch engagierter sprechen sich Autoren wie Field und Higley (1983) für größere Handlungsspielräume gesellschaftlicher Eliten aus. Sie kommen als Ergebnis ihrer international vergleichenden Analyse von Eliteformationen zu dem Schluß, daß der entscheidende Faktor für die Stabilität demokratischer Systeme im Elite-Setting selbst zu suchen ist.

2.2 Von der Wert- zur Positionselite: Definitionen und Auswahlverfahren

Vergleichbare definitorische Schwierigkeiten bestehen traditionell auch für den Begriff der Elite selbst. Es war daher eine der wichtigsten Voraussetzungen für die Revitalisierung der Eliteforschung in der Bundesrepublik nach dem Zweiten Weltkrieg, zu einer „objektiven" Definition von Elite zu kommen (Waldmann 1979: 21). Hier ist vor allem das Wirken Otto Stammers hervorzuheben, der schon in den fünfziger Jahren vorschlug, von dem belasteten Begriff der „Wertelite" wegzukommen und statt dessen von „Funktionseliten“ zu sprechen (Stammer 1951; Schluchter 1963). Der Begriff der Wertelite stand dabei für die Auslese der jeweils Besten einer Gesellschaft, die in ihren persönlichen Eigenschaften und ihrem Lebensstil die höchsten Werte des Gemeinwesens in exemplarischer Weise verkörpern (Schelsky 1975; Scheuch 1988). Demgegenüber verzichtet der Begriff der Funktionselite auf die nicht unproblematische und von subjektiven Werturteilen geprägte Annahme, es existiere eine Gruppe geistlich, sittlich, oder sozial höherwertiger Individuen in einer Gesellschaft. Er beschränkt sich auf die rein formale Erfassung des Personenkreises, der aufgrund objektivierbarer Qualifikationen die Spitzenpositionen in den verschiedenen gesellschaftlichen Funktionsbereichen innehat (Scheuch 1988). Nach dieser funktionalen Definition sind Eliten „die mehr oder weniger geschlossenen sozialen und politischen Einflußgruppen, welche sich aus den breiten Schichten der Gesellschaft und ihren größeren und kleineren Gruppen auf dem Weg der Delegation oder der Konkurrenz herauslösen, um in der sozialen oder der politischen Organisation des Systems eine bestimmte Funktion zu übernehmen.“ (Stammer 1951: 1).

Funktionale Eliten entstehen auf den verschiedenen Ebenen einer Gesellschaft. Das besondere Interesse der Eliteforschung, insbesondere Mannheimer Provenienz, gilt jedoch den nationalen Eliten. Das sind die Personen, die nicht nur in einer einzelnen Organisation oder regionalen Einheit (z.B. in einer Kommune) Macht ausüben, sondern an den für die Gesamtgesellschaft zentralen Entscheidungen maßgeblich und regelmäßig mitwirken (Higley/Field/Gröholt 1976: 16; Higley/Deacon/Smart 1979: 3). Dabei müssen jedoch beide Voraussetzungen gegeben sein; regelmäßig ist auch die Einflußnahme des einzelnen Wählers, nicht aber maßgeblich. Maßgeblich kann umgekehrt der Anschlag einer terroristischen Gruppe die nationale Politik beeinflussen, nicht aber regelmäßig. Regelmäßige und maßgebliche Machtausübung ist in modernen Gesellschaften überwiegend institutionalisiert, d.h. an Ämter und Führungsfunktionen gebunden. Sieht man einmal von der kleinen Gruppe „grauer Eminenzen” ab, die auch ohne Amt persönlichen Einfluß ausüben können, dann ist die nationale Elite durch den Personenkreis definiert, der die Führungspositionen in den wichtigsten Institutionen und Organisationen einer Gesellschaft innehat. Mit dieser definitorischen Konkretisierung kann der eher unspezifische Begriff der Funktionselite durch den exakteren Begriff der Positionselite ersetzt werden. Das wissenschaftliche Auswahlverfahren zur Identifizierung von Positionseliten ist der sog. Positionsansatz, der auch in der Potsdamer Elitestudie verwendet wurde.

Die Entscheidungsprobleme, die sich bei der Auswahl nationaler Eliten in hochentwickelten Demokratien ergeben, sind wegen der komplexen Struktur dieser Gesellschaften groß. Bei jeder Auswahl ist zu begründen, wie die Untersuchungspopulation horizontal und vertikal abzugrenzen ist, d.h., wie eng oder wie breit der Einfluß auf Entscheidungen definiert werden soll. Die *horizontale* Abgrenzung bezieht sich auf die Frage, ob nur jene Personen in die Untersuchung einbezogen werden sollen, die unmittelbar an den Entscheidungen mitwirken, also die politische Elite im engeren Sinn, oder auch der Personenkreis, der indirekt oder nur vermittelt auf den Prozeß der Willensbildung einwirkt. Wie breit die Auswahl dieses Personenkreises gefaßt wird, hängt letztlich vom zugrundeliegenden Verständnis des demokratischen Prozesses ab: In klassisch-institutioneller Perspektive kommen nur die unmittelbaren Teilnehmer von Entscheidungsprozessen in Frage; in eher politik-soziologischer Sichtweise dagegen auch die Personen und politischen Gruppen, die auf den Prozeß der Willensbildung einwirken und damit die Handlungsspielräume der politischen Eliten im engeren Sinne begrenzen. In der Potsdamer Elitestudie wurde die horizontale Abgrenzung - wie schon bei den Vorläuferstudien - relativ breit angelegt. Sie umfaßt die Inhaber der jeweils höchsten Führungs-positionen aus den Hauptsektoren Politik, Verwaltung, Wirtschaft, Wirtschaftsverbände, Gewerkschaften, Massenmedien, Wissenschaft, Militär und Kultur. Hinzu kommen eine Reihe von Positionen, die sich keinem dieser Sektoren zuordnen lassen. Dazu gehören etwa die Eliten der Justiz, der Kirchen, der Berufsverbände, der Europäischen Union, der kommunalen Spitzenverbände, aber auch der Verbände des Verbraucher- oder Umweltschutzes.

Die *vertikale* Abgrenzung der Elite bezieht sich demgegenüber auf die Anzahl der zu berücksichtigenden Hierarchiestufen. So könnten etwa lediglich die Inhaber der höchsten Führungspositionen ausgewählt werden, die über die formale Entscheidungsbefugnis in allen zentralen Gremien verfügen. Dieser Personenkreis verfügt zwar über die Entscheidungskompetenz, ist aber an der Entscheidungsvorbereitung und der Formulierung von Entscheidungsalternativen weniger intensiv beteiligt. Dagegen haben die Personen auf den darunterliegenden Ebenen zwar geringere Entscheidungskompetenzen, sind aber an der Vorbereitung der Entscheidungen maßgeblich beteiligt.

Ein objektives Kriterium für die Anzahl der Hierarchieebenen und damit die Zahl der Positionseliten gibt es nicht. Stellt man sich eine Gesellschaft idealtypisch als eine Pyramide vor, an deren Spitze die Elitepositionen angesiedelt sind, dann steuert man beim Positionsansatz die Fallzahl in der Regel dadurch, daß man die Eliten von oben kommend identifiziert und auf einer bestimmten Ebene eine horizontale Schnittlinie setzt (Hoffmann-Lange u.a. 1991). Welcher Grad an Machtfülle letztlich für die Zugehörigkeit qualifiziert, kann bei diesem Verfahren nur durch einen letztlich willkürlich festgelegten Wert praktikabel begrenzt werden. In der Potsdamer Elitestudie haben wir uns aus Gründen der Vergleichbarkeit am Auswahlsatz des Jahres 1981 orientiert. Die Zahl der ausgewählten Positionen erhöhte sich wegen neu hinzugekommener Führungspositionen, vor allem in den neuen Ländern, auf rund 4.100.

Neben dem Positionsansatz gibt es zwei weitere Auswahlverfahren zur Bestimmung von Eliten, den Reputationsansatz und den Entscheidungsansatz. Beide Verfahren kamen aus unterschiedlichen Gründen nicht zur Anwendung. Beim Reputationsansatz erfolgt die Auswahl der Zielpersonen durch Experten, die für die Population als Ganzes, für einzelne Sektoren oder auch spezifische Politikfelder um ihre Einschätzung gebeten werden, wer zum Kreis der einflußreichsten Personen gehört. Beim Entscheidungsansatz erfolgt die Auswahl der Elitepopulation auf der Basis der Untersuchung konkreter politischer Entscheidungsverfahren, deren wichtigste Teilnehmer als der Elite zugehörig betrachtet werden. Beide Auswahlverfahren sind hinsichtlich des Kenntnisstandes der Experten und der Anzahl der zu berücksichtigender Entscheidungsverfahren sehr voraussetzungsvoll und lassen sich daher nur eingeschränkt für die Auswahl einer nationalen Führungsschicht verwenden (siehe ausführlich Hoffmann-Lange 1992: 354 ff). Der Positionsansatz verlangt hingegen nur begrenzte Vorstudien und ermöglicht eine Auswahl anhand dokumentierbarer und nachvollziehbarer Kriterien. Er hat sich als die zuverlässigste und am leichtesten zu operationalisierende Methode zur Auswahl nationaler Eliten durchgesetzt.

2.3 Traditionen und Anknüpfungspunkte der Eliteforschung in Deutschland

Angesichts des Scheiterns der Weimarer Republik und der anfänglichen Unsicherheit über die Zukunft der Demokratie in der neu geschaffenen Bundesrepublik kann nicht überraschen, daß die Analyse deutscher Eliten letztlich doch ein zentraler Untersuchungsgegenstand der bundesrepublikanischen Forschung geworden ist. Den historischen Studien, die durch das amerikanische „RADIR-Projekt" stimuliert worden waren (Lasswell/Lerner/Rothwell 1952; Knight 1952; Lasswell/Lerner 1965), folgten bald historisch-soziologische Analysen, die die Wandlungen der deutschen Führungsschicht vom Ausgang der wilhelminischen Epoche bis etwa zur Mitte der 1960er Jahre behandelten. Diese Studien gingen der Frage nach, welchen Anteil verschiedene Führungsgruppen in Deutschland an der Destabilisierung von Weimar und dem Aufkommen des NS-Regimes hatten (Zapf 1965; Dahrendorf 1965; Nagle 1977; Fischer 1979; Baum 1981; Herf 1984; Best 1988). Mit der Verbreitung der Umfrageforschung kam es in den 1960er Jahren zu einer neuen Schwerpunktsetzung der Forschung, die durch mehrere umfassende Befragungen bundesrepublikanischer Eliten eine breite empirische Datenbasis zur Verfügung stellte (Wildenmann 1968; Herzog 1975; Hoffmann-Lange/Neumann/Steinkemper 1980; Wildenmann u.a.. 1982)[2]. Dieser unterschiedlichen Schwerpunktsetzung entsprechend lassen sich die Elitestudien im Nachkriegsdeutschland in drei Kategorien ordnen (vgl. Hoffmann-Lange 1992: 39):

(1) Die These vom „Versagen der Eliten" in der Weimarer Republik lenkte das Augenmerk der ersten empirischen Studien auf die Frage „der Fähigkeit der deutschen Eliten zur Demokratie" (Hoffmann-Lange 1983: 13). Im Mittelpunkt dieser Studien stand die Frage nach der Herkunft der Eliten, bzw. nach dem Ausmaß des Austausches nationalsozialistischer Eliten. Dieser Austausch galt als wichtige Voraussetzung für die Stabilisierung der jungen bundesrepublikanischen Demokratie. Dabei ergab sich, daß eine nennenswerte Ersetzung des Führungspersonals, abgesehen von den politischen Eliten im engeren Sinn, nicht stattgefunden hatte. Auch hinsichtlich ihrer soziodemographischen Merkmale unterschieden sich die Eliten der 1950er Jahre kaum von ihren Vorgängern (Edinger 1960, 1961; Edinger/Searing 1967; Zapf 1965). Die weitergehende Frage, ob die Eliten damit auch ihre Einstellungen und Wertorientierungen beibehalten hatten, konnte in diesen Studien nicht beantwortet werden, weil sie in der Regel auf der Auswertung von Handbüchern und Nachschlagewerken beruhten. Wegen des nicht möglichen Feldzugangs in derselben Tradition standen auch die westdeutschen Untersuchungen über Eliten der DDR von Ludz (1968), Alt (1987), Meyer (1985, 1991), Schneider (1994), Derlien/Lock (1994) oder Derlien (1997).

(2) Zur zweiten Kategorie der Elitestudien sind die direkten Befragungen von Eliten mit den Methoden der Umfrageforschung zu zählen. Mit dieser Methode wurde es möglich, sowohl die sozialstrukturelle Verortung und die Karrierewege der Positionseliten nachzuzeichnen, als auch deren individuelle Einstellungen und Wertorientierungen, ihr Demokratieverständnis oder ihre Einstellungen zu politischen Sachfragen zu erfassen (Deutsch/Edinger 1967; Scheuch 1966). Unter elitetheoretischen Aspekten waren diese Studien von

---

2 Vgl. hierzu auch die Studien von amerikanischen Forschern wie z.B. Deutsch/Edinger 1959; Edinger 1960, 1961; Gimbel 1968; Deutsch u.a. 1967.

erheblicher Bedeutung, weil sie zeigten, daß der Zusammenhang zwischen sozialer Herkunft und den politischen Einstellungen von Eliten nicht so eng war, wie es theoretisch erwartet wurde (Edinger/Searing 1967; Crewe 1974; Herzog 1975; von Beyme 1971, 1993a; Schleth 1971). Die soziodemographische Analyse der Eliten gibt zwar wichtige Aufschlüsse über die Zugangschancen verschiedener Bevölkerungsgruppen zum politischen Entscheidungsprozeß; die soziale Herkunft wirkt nach diesen Befunden jedoch eher indirekt, nämlich über die gewählte Berufslaufbahn, auf die politischen Zielprioritäten der Eliten. Elitenrolle und Einstellungen von Eliten werden damit zu wichtigen intervenierenden Variablen, die zwischen ihre sozialen Herkunftsmerkmale und ihr Entscheidungsverhalten treten (Putnam 1976; Searing 1982, 1985; Herzog u.a. 1990). Auf die Analyse dieser Zusammenhänge konzentrierten sich die drei großen Elitestudien, die an der Universität Mannheim (Wildenmann 1968; Wildenmann/Kaase u.a. 1982) und am sozialwissenschaftlichen Forschungsinstitut der Konrad-Adenauer-Stiftung (Kaltefleiter/Wildenmann 1972) durchgeführt wurden. Sie basierten im Vergleich zu den deutschen Vorläuferstudien sowie zu internationalen Projekten auf relativ großen Befragtenzahlen und ermöglichten damit zuverlässige Aussagen über die verschiedenen Sektoren der deutschen Elite. Auf der Basis dieser einstellungsbezogenen Daten wurde es möglich, Fragen nach der vertikalen Integration der Gesellschaft und der horizontalen Integration der Elite zu untersuchen. Diese Studien rückten auch die Analyse des Einflusses institutioneller Kontexte auf den Handlungsspielraum von Eliten stärker in den Mittelpunkt. Sie ermöglichten so eine verbesserte Einschätzung der Durchsetzungschancen der Politikpräferenzen der politischen Führungsgruppen (Wildenmann 1975; Neumann 1979)[3].

(3) Dieser Ansatz leitet über zu einer dritten Kategorie von Studien, die zum Ziel hatten, die Machtunterschiede zwischen den einzelnen Elitemitgliedern zu analysieren. Zunächst wurden diese Untersuchungen auf Gemeindeebene durchgeführt (Laumann/Pappi 1976; Pappi/Kappelhoff 1984; Pappi/Mehlbeck 1984). Ihre Schwerpunkte lagen in der Analyse von Machtstrukturen, der Frage des Zugangs zum politischen Entscheidungsprozeß und des Zustandekommens von Entscheidungen. Dieser Typ von Eliteforschung geht damit weit über die Beschreibung der demographischen Merkmale und der Einstellungen von Elitegruppen hinaus. Zu diesem Zweck wurde ein methodisches Instrumentarium entwickelt, das zur Analyse von Machtstrukturen

3 Zur Rolle von systemischen Faktoren bei Regimewechseln siehe Higley/Burton 1989; Di Palma 1990; Higley/Gunther 1992.

Netzwerkinformationen über Kontaktmuster zwischen Elitemitgliedern verwendet. Diese umfassen sowohl allgemein zugängliche Informationen über Positionsverflechtungen von Individuen (Ämterkumulation) oder zwischen Organisationen als auch mittels Befragung erhobene Informationen über persönliche und/oder institutionelle Kontakte von Eliten (Kadushin 1979; Moore 1979; Higley/Deacon/Smart 1979; Higley u.a. 1980; Pappi 1984; Eldersveld u.a. 1995). Auf diese Weise wurde angestrebt, die verschiedenen Wege zu identifizieren, die Eliten nutzen, ihren Einfluß geltend zu machen. Dazu wurden neben den formellen auch die informellen Einflußkanäle untersucht.

Von ihrer methodologischen Anlage orientiert sich die Potsdamer Elitestudie primär an den umfragebasierten Elitestudien des zweiten Typs, da sich nur so die Frage nach der ideologischen Integration von Eliten und Bevölkerung beantworten läßt. Für die Analyse der verhaltensbezogenen Integration greift sie zur Identifikation von Netzwerken und Kontaktmustern auf die Idee der Netzwerkanalyse zurück, beschränkt diese Analyse aber auf die Kontakte auf Sektorebene.

2.4 *Die thematischen Schwerpunkte der Potsdamer Elitestudie*

2.4.1 Konsens und Konflikt als Rahmenbedingung für Elitenhandeln

Zu den zentralen Fragestellungen der Eliteforschung gehört die Suche nach den Voraussetzungen für Konsens und Konflikt innerhalb der Führungsschicht sowie den daraus folgenden Konsequenzen für das politische System und die Gesamtgesellschaft. Wie kann in den demokratischen Industriegesellschaften die prekäre Balance zwischen institutionalisiertem Konflikt und Systemstabilität hergestellt werden? Unter welchen Bedingungen ist die geregelte friedliche Austragung von Interessenkonflikten gewährleistet? Mit ihrer These der konsensuell geeinten Elite haben Field und Higley (1973, 1983) die nach ihrer Auffassung wichtigste Voraussetzung für die Entstehung und Erhaltung systemarer Stabilität benannt. Die Stabilität demokratischer Systeme sehen sie als Resultat eines bestimmten Eliteverhaltens, das aus Merkmalen der Sozialstruktur jedoch nur zum Teil erklärbar ist (vgl. Higley/Field/Gröholt 1976: 55 f.). Es wird daher zur Aufgabe der empirischen Eliteforschung, im einzelnen zu untersuchen, von welchen Faktoren die Bereitschaft der Eliten und politisch aktiven Bevölkerungsgruppen abhängt, im Rahmen des konstitutionellen Regelwerks zu handeln. Als mögliche Erklärungsfaktoren gelten hier die Zugangschancen der Repräsentanten verschiedener Interessengruppen zum Entscheidungsprozeß und die Offenheit der Eliten für neu aufkommende Konfliktpotentiale[4]. Die Funktionsfähigkeit der institutionalisierten Konfliktregelung wird in den festgefügten Demokratien von verschiedener Seite beeinträchtigt. Die Konzentration politischer Macht auf die Spitzengremien etablierter Parteien, Interessengruppen und Bürokratien auf der einen Seite (Wildenmann 1954; Schmitter 1979) und die zunehmende Bereitschaft zu unkonventionellem politischen Verhalten (Kaase/Klingemann 1979: Barnes/Kaase u.a. 1979) sowie die Forderungen nach Einführung plebiszitärer Elemente (Bauer 1993; Bauer-Kaase 1994a; Bürklin 1997) auf der anderen Seite erhöhen in ihrer Kombination die Anforderungen an das System der institutionalisierten Konfliktregelung nachhaltig.

Auch die Verfahren der Konfliktregulierung haben in den modernen Demokratien quantitativ und qualitativ neue Dimensionen angenommen. Hintergrund sind die veränderten Strukturbedingungen der hochdifferenzierten Gesellschaft sowie die zunehmenden Ansprüche der Bürger an das Gesamtsystem (Flora 1982). In den europäischen Wohlfahrtsstaaten besitzt das politische System in zunehmendem Maße nicht mehr nur Ordnungsfunktionen, sondern hat sich zum zentralen Träger von Steuerungsfunktionen entwickelt. Geht man einmal davon aus, daß eine grundsätzliche Reform dieser Verfahren zum gegenwärtigen Zeitpunkt nicht sehr wahrscheinlich ist, dann kann die Funktions- und Leistungsfähigkeit des Gesamtsystems nur so lange gewährleistet bleiben, wie das politische System in der Lage ist, die Interessen der individuellen und korporativen Akteure zu integrieren. Dies stellt hohe und wachsende Anforderungen an die Kooperationsfähigkeit der Führungsgruppen der verschiedenen Sektoren (Scharpf 1991; Marin/Mayntz 1991; Mayntz/Scharpf 1995a).

Die Kooperations- und Kompromißfähigkeit der deutschen Führungsschicht wurde in der Vergangenheit vor allem dadurch erleichtert, daß es ungeachtet der beträchtlichen Auffassungsunterschiede über politische Sachprobleme und Handlungsstrategien innerhalb der Führungsschicht ein hohes

---

4 Einen umfassenden Überblick zum Themenbereich Repräsentation und Responsivität von politischen Eliten bietet der Sammelband von Klingemann/Stöss/Weßels 1991, der auch einige internationale Ergebnisse dokumentiert; vgl. auch Hoffmann-Lange 1986, 1989, 1992 sowie die empirischen Umfragen von Herzog, der 1988/89 eine Totalerhebung des 11. Deutschen Bundestages sowie parallel dazu eine repräsentative Bevölkerungsumfrage in den alten Bundesländern und 1990 eine schriftliche Befragung unter den Abgeordneten der 10. Volkskammer der DDR durchführte (siehe hierzu die Veröffentlichungen von Herzog/Rebenstorf/Werner/Weßels 1990, Herzog/Rebenstorf/Weßels 1993, sowie Rebenstorf 1995).

Maß an Konsens über grundlegende Werte und Verfahrensregeln gab. In den Worten von Fritz Scharpf haben wir es hier in der Regel „mit informellen und formellen Verhandlungssystemen zu tun, deren Ergebnisse von der Zustimmung mehrerer selbständiger Partner abhängen. Im Idealfall werden alle Beteiligten ihre funktionsspezifisch akzentuierten institutionellen und positionalen Interessen, ihre funktionsspezifischen Problemdefinitionen und ihre ebenfalls funktionsspezifischen Handlungsoptionen in den Prozeß einbringen, und alle werden am Ende in der Lage sein, für die Brauchbarkeit der vereinbarten Lösung im jeweils eigenen Bereich die Gewähr zu übernehmen" (Scharpf 1991: 623). In freiheitlich-pluralistischen Systemen können die Strategien der Konfliktaustragung niemals erfolgreich auf „die Beseitigung von Gegensätzen von der Wurzel her" gerichtet sein (Dahrendorf 1972: 41). Sie führen vielmehr zu einer Verhaltenskontrolle, die Konflikte kontrollierbar und in eine produktive Richtung lenkbar macht (Coser 1972: 149 ff.), sei es durch Versuche, die ursprüngliche Intention des Konfliktpartners zu ändern, oder durch Versuche der Kompromißfindung (Prewitt/Stone 1973: 151; Dahrendorf 1992: 282).

Die den pluralistischen Demokratien innewohnende Tendenz der organisatorischen Differenzierung ist elitentheoretisch ambivalent. Sie führt zum einen zur größeren Autonomie sektoraler Eliten, droht andererseits aber die Integrationsfähigkeit der Gesamtelite zu verschlechtern (Etzioni-Halevy 1993). Ist die Elite nachhaltig segmentiert, erschwert dies die Herstellung kollektiv bindender Entscheidungen über eine Lösung von Interessenkonflikten zwischen unterschiedlichen Machtzentren in der Gesellschaft (u.a. Dahl 1958; Keller 1963; Mayntz/Scharpf 1995c). Aus diesen Gründen muß der gesamte Prozeß der Interessenvertretung, der Konfliktaustragung und der Konsensbildung als ein komplexer Kommunikations- und Interaktionsprozeß verstanden und mit entsprechenden Verfahren analysiert werden (Milbrath 1963: 185; Coser 1972: 41; Herzog 1982: 131).

2.4.2 Elitentransformation nach der Wiedervereinigung

Die zweite grundlegende und neue Herausforderung für die deutsche Führungsschicht in Ost und West war die Wiedervereinigung im Jahre 1990. Sie hat „eine Reihe von Entwicklungen (...) in Gang gebracht, die es gerechtfertigt erscheinen lassen, von der alten Bundesrepublik als einer Gesellschaft und einem politischen System mit abgeschlossener Geschichte zu sprechen" (Pappi 1995: 11). Der Transformations- und Einigungsprozeß in Deutschland[5] stellte in bezug auf die Integration der Menschen in Ost und West kaum wägbare Anforderungen an die Handlungs- und Steuerungsmöglichkeiten der Eliten in der neuen Bundesrepublik: „Systemtransformation ist im einzelnen nicht regulierbar und kalkulierbar. Gewißheiten über die Gesamtheit dieser Prozesse und ihre Folgen gibt es nicht" (Reißig 1993: 5). Die Plötzlichkeit des Zusammenbruchs der DDR belegte eindrucksvoll, daß es keine Transformationskonzepte gab, weder in der ehemaligen DDR noch in der alten Bundesrepublik (Lehmbruch 1990). Vor dem Hintergrund der „Inkorporation" Ostdeutschlands in das Modell Bundesrepublik (Reißig 1992: 7) sind die daraus resultierenden Rückwirkungen auf das Sozialgefüge der Bundesrepublik kaum zu unterschätzen (Maydell u.a. 1996; Hauser u.a. 1996). Aber auch nach dem Zusammenbruch des realsozialistischen Herrschaftssystems der DDR ist davon auszugehen, daß eine Reihe sozialer Strukturen und Kommunikationsnetze der ostdeutschen Gesellschaft, die Sozialisationserfahrungen der Menschen mit ihren spezifischen Deutungs- und Handlungsmustern, ihren Mentalitäten und ihrem Sozialverhalten für eine gewisse, zeitlich nicht genau bestimmbare Periode erhalten bleiben. Vor diesem Hintergrund können System- und Sozialintegration in Ostdeutschland nicht gleichsam selbstverständlich als kompatibel angesehen werden (Lockwood 1964; Mayer 1994; Zapf 1994). Insbesondere für die politischen Eliten entstehen damit Anreize, die politisch-kulturellen Spannungslinien konfliktträchtig zu mobilisieren.

Die Wahrscheinlichkeit für die Politisierung der Ost-West-Unterschiede wird dadurch begünstigt, daß der Führungsschicht der DDR mit der deutschen Vereinigung der soziale Abstieg drohte. Im deutschen Fall stellt sich die Elitentransformation allerdings erheblich differenzierter dar als in den meisten osteuropäischen Ländern. Revolutionäre Umbrüche führen in aller Regel zu einer umfassenden Elitenzirkulation, also zum weitgehenden Austausch der Eliten des alten Regimes durch oppositionelle Gegeneliten. Reform-initiierte Systemwechsel bergen hingegen aufgrund der Verhandlungskomponente größere Chancen des Verbleibens in Elitepositionen (O' Donnell/Schmitter 1986; Szablowski/Derlien 1993). Der Systemwechsel in Ostdeutschland entspricht keinem der bisher bekannten Transformationsprozesse. Er war von Beginn an spezifisch durch die Existenz zweier deutscher

5 Eine Bestandsaufnahme der Umbruchphase findet sich in den Berichten der Kommission zur Erforschung des sozialen und politischen Wandels in den neuen Bundesländern; zum Themenfeld Politisches System siehe Kaase u.a. (1996), zum Themenfeld Intermediäre Strukturen Niedermayer (1996).

Staaten geprägt (Garton Ash 1990). Mit der Wiedervereinigung trat die ehemalige DDR in einen institutionellen Transformationsprozeß ein, der sich von dem anderer osteuropäischer Länder, wie z.B. Polen, der Tschechoslowakei und Ungarn, in prinzipieller Weise unterscheidet[6]. Für den weiteren Verlauf des Einigungsprozesses und für die Rolle der alten und neuen Eliten war hier zunächst von Bedeutung, daß die DDR mit dem Beitritt zur Bundesrepublik nach Art. 21 GG aufhörte, ein völkerrechtlich selbständiger Staat zu sein. Damit war die grundsätzliche Richtung der Transformation - unter Beteiligung der letzten DDR-Regierung - festgelegt. Darüber hinaus durfte davon ausgegangen werden, daß der Transformationsprozeß durch die gemeinsamen historischen und kulturellen Wurzeln der beiden deutschen Staaten erleichtert werden würde. Außerdem hatten Forschungsergebnisse belegt, daß die DDR-Bürger schon in den 70er Jahren über die Fernsehprogramme der westdeutschen Rundfunkanstalten jeden Abend „eine elektronische Wiedervereinigung vor dem Bildschirm" erlebten (Hesse 1990: 334). Hinzu kam der erhebliche Erfahrungsaustausch zwischen Verwandten und Bekannten über Besuchsreisen oder zumindest über den Postverkehr (Scheuch 1991: 251-273). Auf der anderen Seite war jedoch der Gegensatz zwischen der sozialistischen Ordnungsform der DDR und der westdeutschen Demokratie so eklatant, daß die kritischen Fragen nach den Folgen der Vereinigung für die gemeinsame politische Kultur des vereinten Deutschlands durchaus gerechtfertigt schienen.[7] Aufgrund dieser ambivalenten Voraussetzungen war davon auszugehen, daß die Eliten und ihr Verhalten den Verlauf der Transformation entscheidend mitbestimmen würden (Di Palma 1990; Karl 1991; Karl/Schmitter 1991).

Es ist analytisch durchaus nicht zwingend, die Reaktion der Eliten ostdeutscher Herkunft pauschal auf den deutschen Transformationsprozeß zurückzuführen, weil dieser aufgrund der institutionellen Besonderheiten Züge

---

6 Vgl. hierzu die Aufsätze verschiedener Autoren in Derlien/Szablowski 1993. Im Mittelpunkt steht hier der Einfluß des Transitionsprozesses auf den politisch-administrativen Bereich in der ehemaligen DDR und den osteuropäischen Ländern. Zum Systemwechsel in Osteuropa allgemein siehe von Beyme 1994, Glaeßner 1994, sowie unter dem Aspekt des Elitenwechsels Higley/Pakulski 1995; Welzel 1997a.

7 Vgl. dazu Rytlewski 1987; Krisch 1988; Sontheimer 1990; Bauer 1991a, 1991b; Bauer-Kaase 1994; Bürklin 1993a; Weil 1993; Dalton 1994; Weidenfeld-Korte 1993 sowie die Untersuchungen von Rohrschneider 1993, 1994a, der zwischen 1991 und 1992 168 Abgeordnete des ersten gesamtdeutschen Berliner Senats untersucht und der Frage nachging, wie sich unterschiedliche Sozialisationsbedingungen, wie z.B. der Einfluß politischer Institutionen oder die ökonomische Situation, auf die Entwicklung demokratischer Einstellungen auswirken.

mehrerer Typen von Transitionsmodellen aufweist (Derlien/Lock 1994: 63)[8]. Folgt man der Interpretation von Derlien und Lock, dann ist der geschichtliche Verlauf zwischen Mitte und Ende 1989 als „transition by implosion" zu charakterisieren, d. h. als Regimewechsel, bei dem der Elitenwechsel umfassend und im raschen Tempo, aber ohne (gewaltsame) Gegenwehr der alten Elite stattfindet. Die herrschende Nomenklatura unter Honecker wurde zunächst von der systemkonformen Gegenelite einer etwas jüngeren Politikergeneration ersetzt, während gleichzeitig der „Demokratische Block der Parteien und Massenorganisationen" zerfiel und und sich neue Bürgergruppen und Parteien herausbildeten. Die Zeit der Runden Tische zwischen Dezember 1989 und März 1990 charakterisiert dagegen eher den Typus der „ausgehandelten Revolution", in der sich die herrschende Elite durch eine Oppositionsbewegung bedroht sieht und diese Situation durch Konzessionen abzufedern versucht. Das Ergebnis dieser Verhandlungen der Regierung Modrow mit der systemkritischen Gegenelite war u.a. die Einrichtung demokratischer Parlamente für das gesamte Staatsgebiet der DDR einschließlich der kommunalen Ebene. Zwischen März und Oktober 1990 zeigten sich schließlich Zeichen einer „verordneten Revolution", als durch den Einfluß aus Bonn die Verfahrensdetails für den Beitritt der DDR und in dessen Folge die Errichtung von Landtagen festgelegt wurde, für deren Wahlen bereits ein stark von der alten Bundesrepublik beeinflußtes Parteienspektrum entstanden war.

Der Transfer der Rechts-, Wirtschafts- und Sozialordnung der alten Bundesrepublik auf die fünf neuen Länder hat die Rahmenbedingungen für das Handeln individueller und kollektiver Akteure in Ostdeutschland grundlegend verändert. Von diesem Wandel wurden die unterschiedlichen Teilsysteme aber nicht gleichmäßig erfaßt. Grundlegende Veränderungen fanden sich in den Bereichen der Justiz und der öffentlichen Verwaltung, vor allem in der Ministerialverwaltung [9]. Ähnlich tiefgreifend war die Transformation der Wirtschaft, während etwa die Führungsschicht im universitären Wissenschaftssystem und im Mediensektor weniger tangiert war. Im Parteiensystem Ostdeutschlands konnte mit den Blockparteien und der SED-Nachfolgepartei PDS zumindest auf vorhandene Organisationskerne zurückgegriffen. Vor diesem Hintergrund steht die generalisierte These, daß der Systemwechsel im deutschen Fall zu einer Kolonialisierung der ehemaligen DDR durch west-

8 Vgl. hierzu die Transitionsmodelle von Karl 1991 und Karl/Schmitter 1991: 275 ff. „transition by pact", „transition by implosion", „transition by reform" sowie „transition by revolution".

9 Vgl. hierzu Derlien 1990, 1991, 1992 und 1993a; König 1991a, 1991b, 1991c und 1993 sowie den Sammelband von Seibel/Benz/Mäding 1993.

deutsche Eliten geführt habe, auf empirisch schwachen Füßen (Derlien/Lock 1994; Welzel 1997a; Welzel in diesem Band).

2.5 *Die Forschungsfragen und ausgewählte Ergebnisse*

2.5.1 Elitenrekrutierung und -zirkulation

Ausgehend von der wiederholt medienwirksam aufgestellten „Kolonialisierungsthese" war eine der zentralen Forschungsfragen der Potsdamer Elitestudie darauf gerichtet, die Auswirkungen des Transformationsprozesses auf die Elitenrekrutierung zu beschreiben. Zu diesem Zweck wurde zunächst empirisch festgestellt, wie groß der Anteil der aus Westdeutschland kommenden Inhaber von Elitepositionen in den Neuen Bundesländern im Jahre 1995 war. Gegen die pauschale „Kolonialisierungsthese" sprach das Ergebnis, daß die ostdeutschen Elitepositionen zu 60 Prozent von Führungskräften eingenommen wurden, die in der DDR ausgebildet und sozialisiert waren. Da die Eliten ost- und westdeutscher Herkunft über ähnlich hohe Ausbildungsabschlüsse verfügen, waren die formalen Hindernisse nicht prohibitiv für einen Aufstieg. Bemerkenswert ist allerdings, daß die Chancen Ostdeutscher sektorspezifisch stark variierten. Am niedrigsten waren die Aufstiegswahrscheinlichkeiten in Sektoren mit standardisierten Laufbahnvorschriften (Justiz, Verwaltung) oder in den politiknahen Sektoren wie dem Militär, am höchsten bei den politischen Eliten, den Gewerkschaften und den Massenmedien. In fast allen Sektoren hat der Systemwechsel zu einer Beschleunigung des Aufstiegs von Eliten ostdeutscher Herkunft geführt. Sie sind im Durchschnitt sieben Jahre jünger als die Eliten westdeutscher Herkunft. In vielen Fällen rückten Ostdeutsche in die Elitenpositionen nach, die von Mitgliedern der ehemals führenden Generation aufgegeben wurden oder werden mußten. Dabei konnten viele Ostdeutsche auch dann mehrere Hierarchiestufen überspringen, wenn sie noch nicht über hinreichende Erfahrungen in sub-elitären Positionen verfügten.

Frühere Karrierepositionen waren ostdeutschen Eliten in der Regel nur dann von Nutzen, wenn sie in den politikfernen Sektoren, vor allem in naturwissenschaftlichen Berufen oder im sog. Humandienstleistungssektor angesiedelt waren. Eine gewisse Ausnahme stellen die Medieneliten dar. Sie waren von ihrer Ausbildung zwar ebenfalls eher staatsnah, konnten sich durch die Privatisierung des Mediensektors aber häufig in ihren Positionen halten. Für die politische Elite im engeren Sinne - von der SED bis zu den Blockparteien - bedeutete der Systemwechsel zwar den Verlust der Macht, nicht notwendigerweise aber den Verlust der Eliteposition in der Partei. Soweit dies doch der Fall war, folgte die Ablösung der Parteieliten der Logik des parteiinternen Wettbewerbs um Führungspositionen.

2.5.2 Kontaktmuster

Das Ausmaß der horizontalen Ost-West-Integration der Eliten kann daran gemessen werden, inwieweit die Eliten aus den neuen Bundesländern in das Netz der gesamtdeutschen Kommunikationsbeziehungen eingebunden sind, oder ob sich innerhalb der einzelnen Elitesektoren jeweils ost- und westspezifische Beziehungscluster identifizieren lassen. Diese Elitenkontakte werden für die effiziente Steuerung arbeitsteiliger Gesellschaften als notwendige Voraussetzung angesehen. Auf den darauf gründenden Kommunikationsbeziehungen basiert die Handlungsfähigkeit der gesamtdeutschen Elite (Mayntz 1993; Scharpf 1993a; Weßels 1993). Die Untersuchung der Kommunikationscluster zeigt, daß sich das dichte, sektorübergreifende System von Elitenkontakten in das Gebiet der Neuen Bundesländer erweitert hat und von einer Exklusion ostdeutscher Interessen nicht gesprochen werden kann. Dieser Befund weist Ähnlicheiten mit einer 1989 durchgeführten Befragung der Abgeordneten des Bundestages auf, die auf die Vermittlungsprozesse und ihre „Agenturen" gerichtet war, um die These der 'Krise der Interessenvermittlung' empirisch zu überprüfen[10] (Weßels 1993: 101). Im Ergebnis zeigte diese Studie, daß von einer Exklusion neuer Interessenlagen nicht gesprochen werden kann, da Kontakte zwischen den Abgeordneten und dem intermediären System zahlreich und gleichmäßig über die verschiedenen Interessengruppen gestreut waren (ebenda: 136). Analog dazu kann auch bei der Vermittlung spezifisch ostdeutscher Interessen in der Elite nicht von einer Krise gesprochen werden. Ostdeutsche Eliten stellen keine randständige Gruppe in der deutschen Führungsschicht dar, sondern sie sind in die gesamtgesellschaftlichen Kommunikationsnetze eingebunden.

10 Diese These konstatiert eine Funktionsstörung des intermediären Systems aufgrund der partizipatorischen Revolution und der Differenzierung der Interessenlagen. Eine mögliche Reaktion der Organisationen und Institutionen auf die gestiegenen Anforderungen könnte der Versuch sein, durch korporatistische Arrangements die Exklusion „neuer" Interessen durch Kartellierung „alter" Interessen zu betreiben (Weßels 1993: 101).

2.5.3 Politische Einstellungen, Wertorientierungen und Problemwahrnehmungen

Differenzen in den ideologischen Grundorientierungen erschweren nicht nur die Kooperation zwischen den Eliten, sondern strukturieren auch die spezifischen Problemwahrnehmungen und Handlungspräferenzen der Führungsgruppen. Um die daraus resultierenden Konfliktpotentiale zwischen den verschiedenen Führungsgruppen abschätzen zu können, waren die Unterschiede und Ähnlichkeiten in bezug auf die politischen Zielsetzungen, gesellschaftlichen Wertorientierungen, demokratischen Grundwerte sowie die ordnungs- und wirtschaftspolitischen Grundsatzpositionen zu ermitteln. Dabei konnten die Ergebnisse früherer Untersuchungen bestätigt werden, wonach die ideologischen Gegensätze der Nicht-Eliten zwar bei den Eliten noch stärker vorhanden sind, aber durch die ausgeprägte horizontale Integration der Eliten und deren hohe Konsensorientierung abgeschwächt werden. Ebenfalls repliziert werden konnte das frühere Ergebnis, wonach die Wertorientierungen der Eliten stärker durch ihren institutionellen bzw. sektoralen Hintergrund als durch soziostrukturelle Merkmale oder Basisorientierungen geprägt waren (Hoffmann-Lange 1992: 312). Entgegen den Befürchtungen läßt sich die These der sektoralen Prägung auch auf die Unterschiede der Wertorientierungen zwischen Ost- und Westdeutschland übertragen. Dabei ist integrationstheoretisch positiv festzuhalten, daß die sektoralen und parteipolitischen Differenzen die Ost-West-Unterschiede dominant überlagern. Die Tatsache, daß sich zahlreiche Einstellungen innerhalb der verschiedenen politischen Lager im Ost-West-Vergleich kaum noch unterscheiden, belegt die Effizienz der gesamtstaatlichen politischen Willensbildung durch das Parteiensystem. Die noch bestehenden Ost-West-Differenzen innerhalb des politischen Sektors sind zu großen Teilen auf die PDS zurückzuführen.

Die verbleibenden innerparteilichen Einstellungsunterschiede beziehen sich vor allem auf die Wirtschafts- und Arbeitsmarktpolitik sowie die Forderung nach Verstärkung plebiszitärer Elemente im Bereich der politischen Willensbildung. Diese Unterschiede spiegeln die Einstellungsdiskrepanzen zwischen der ost- und westdeutschen Bevölkerung. Nach anfangs unerwarteten Ähnlichkeiten (Bauer 1991a, 1991b; Feist 1991; Herbert/Wildenmann 1991) haben sich hier inzwischen, vermutlich nicht unbeeinflußt vom Verlauf des Einigungsprozesses, Akzentverschiebungen in den politischen Einstellungen, Wertorientierungen und Problemwahrnehmungen der Ost- und Westdeutschen herauskristallisiert (Weil 1993; Bauer-Kaase 1994a; Dalton 1994). Dazu gehören die unterschiedlichen Vorstellungen vom Umfang staatlicher Verantwortung in der Wirtschaft, die man geradezu als sozialistisches/

sozialstaatliches Erbe der DDR ansehen könnte (Times-Mirror 1991; Zapf 1994). Auch im Bereich demokratischer Einstellungen verstärkt sich in Ostdeutschland die Tendenz, bei grundsätzlicher Akzeptanz der demokratischen Ordnungsform, gemeinschafts- und wohlfahrtsorientierte Werte sowie die plebiszitären Elemente demokratischer Mitbestimmung deutlich stärker zu gewichten. Zu ähnlichen Ergebnissen kam schon Rohrschneider (1993, 1994a) in seiner Analyse des ersten Gesamt-Berliner Abgeordnetenhauses, in der er zeigen konnte, daß die Ostberliner Eliten je nach Zugehörigkeit zu einer bestimmten Generation unterschiedliche Konzepte von Demokratie entwickelten. In der deutschen Führungsschicht kristallisieren sich diese Unterschiede um den Gegensatz zwischen dem Konzept der repräsentativen und der plebiszitären Demokratie. Dieser Gegensatz trennt auch die Eliten ost- und westdeutscher Herkunft. Hinter diesen Unterschieden steht aber weniger ein regionaler Konflikt, sondern der allgemeine generationale Wertewandel, der die Vor- und Nachkriegseliten in Befürworter und Gegner der repräsentativen Demokratie trennt (vgl. Bürklin 1997, sowie in diesem Band). Da die ostdeutschen Eliten jünger sind und häufiger den Parteien des linken Spektrums nahestehen, ist bei ihnen auch die Präferenz für plebiszitäre Formen der Demokratie stärker ausgeprägt.

Im Effekt steht damit zu erwarten, daß die Probleme des Systemwechsels nicht zu einer politischen Mobilisierung ost- und westdeutscher Loyalitäten führen werden. Wahrscheinlicher ist eine Annäherung - in historischer Sicht: Wiederannäherung - der neuen Länder an die traditionellen politischen Hauptspannungslinien Deutschlands (Verteilungsfrage, konfessionell-religiöser Konflikt) bzw. eine vergleichbare Herausbildung neuer wertbezogener Konfliktlinien im Sinne des Gegensatzes zwischen „Alter und Neuer Politik". Nicht nur in der deutschen Konfliktstruktur haben sich diese Spannungslinien stets dauerhafter erwiesen als der Zentrum/Peripherie-Konflikt, wie ihn der Ost-West-Gegensatz darstellt.

3. Die Beiträge des Buches

Im Anschluß an diesen einleitenden Beitrag soll zunächst das Verfahren der Positionsauswahl detailliert erläutert werden, das bei der Potsdamer Elitestudie zur Anwendung kam. Nach welchen Kriterien und aus welchen gesellschaftlichen Sektoren die als einflußreich angesehenen Führungspositionen auszuwählen waren, wurde von Jörg Machatzke dokumentiert.

In der anschließenden Analyse der sozialstrukturellen Zusammensetzung von Elite und Bevölkerung geht Kai-Uwe Schnapp der Frage nach, aus welchen Sozialschichten sich die Eliten rekrutieren und wie sich die Aufstiegschancen verschiedener sozialer Gruppen im Zeitverlauf verändert haben. Um die Frage zu beantworten, ob der Elitestatus eher askriptiv oder meritokratisch - durch das Herkunfts- oder Leistungsprinzip - bestimmt wird, überprüft er verschiedene Modelle des kausalen Zusammenhangs zwischen sozialer Herkunft, Bildung und Elitestatus. Schnapp findet zwar eine gestiegene Offenheit des Elitezugangs, stellt aber gleichzeitig fest, daß die traditionell in der Elite unterrepräsentierten Bevölkerungsgruppen auch 1995 weniger den Aufstieg in die Positionselite schafften. Bemerkenswert ist in diesem Zusammenhang, daß der Frauenanteil in der deutschen Führungsschicht mit 12 Prozent zwar noch immer sehr niedrig ist, sich gegenüber der Mannheimer Elitestudie von 1981 aber mehr als verdoppelt hat. Der gestiegene Frauenanteil stellt ein typisches Generationsphänomen in der deutschen Führungsschicht dar: Während der Frauenanteil bei den Vorkriegsgenerationen bei etwa 5 Prozent liegt, ist er bei der jüngsten Nachkriegsgeneration mittlerweile auf über 25 Prozent angestiegen. Vorreiter ist hier zwar der politische Sektor, nicht zu übersehen sind aber auch die verbesserten Chancen für Frauen z. B. in der Kultur- oder Medienelite. In seinem zweiten Beitrag thematisiert Schnapp die strukturellen Voraussetzungen für die Kohäsion und Integration der Elite. Welche Wirkungen haben die generationale Prägung, die Studienrichtung, der Studienort und damit verbunden die regionale Mobilität, sowie der Effekt der Kirchenbindung und die Mitgliedschaft in Verbänden und gesellschaftlichen Organisationen? Er kommt zu dem Ergebnis, daß der Beitrag dieser Faktoren zur Kohäsion der Elite gering ist. Weder lassen sich zentrale Ausbildungsstätten für die bundesdeutsche Führungsschicht ausmachen, wie das etwa in Frankreich der Fall ist, noch gibt es herausragende Zentren oder Organisationen, in denen informelle Begegnungen planmäßig stattfinden können. Schließlich hat auch das lange vorherrschende 'Juristenmonopol', auf das Dahrendorf noch einen Großteil der Elitenkohäsion zurückführte, in der deutschen Führungsschicht an Gewicht verloren.

Im Zentrum der Analyse von Hilke Rebenstorf steht die Frage, welche Rolle sozialstrukturelle Faktoren für die Integration und Segmentation der Führungsschicht spielen. Sie kommt zu dem Ergebnis, daß die soziale Herkunft nach wie vor eine zentrale Rolle für die Sektorzugehörigkeit und die eigene Ausbildung spielt, nicht jedoch für die Einbindung in kommunikative

Elitennetzwerke. Eine differenzierte Beschreibung für unterschiedliche sektorale Karrieren findet sich in ihrem zweiten Beitrag über Karrieren und Integration. Rebenstorf stellt dabei auf die für sie entscheidende Rolle der „Common Language" für die sektorübergreifende Integration der Führungsschicht ab. Besonders bemerkenswert ist ihr Ergebnis, daß neben die klassische Hauskarriere zunehmend der Quereinstieg aus anderen Tätigkeitsbereichen tritt. Die Wege in die Elite sind vielfältiger geworden!

In seiner differenzierten empirischen Analyse, die auch auf Bevölkerungsumfragen zurückgreift, untersucht Christian Welzel die Veränderung der ostdeutschen Elitenstruktur nach dem Systemwechsel. Anhand der sozialstrukturellen Merkmale und der beruflichen Werdegänge der Eliten ostdeutscher Herkunft geht er der Frage nach, ob es nach der Vereinigung eher zu einer Transformation oder Reproduktion der Elite gekommen ist. Seine Ergebnisse sprechen für die Transformationsthese und gewinnen vor allem dadurch an demokratietheoretischer Relevanz, daß sie die ostdeutschen Eliten als die typischen Unterstützungsgruppen neuer sozialer Bewegungen ausweisen. Indem Welzel verschiedene DDR-typische 'Sozialisationspfade' herausarbeiten und verdeutlichen kann, wie stark sich die elterliche Erziehung zu christlichen und sozialistischen Grundwerten oder die Wahl von Studienfach und Beruf auch in den heutigen Orientierungen der Elite niederschlagen, verdeutlicht er die Effekte der Prägung durch Herkunftsmilieu und politisches Regime.

Die Frage, wie weit die Integration der Elite durch die intensive Einbindung in sektorübergreifende Kommunikationsnetzwerke geleistet werden kann, ist Gegenstand des sich anschließenden Beitrages von Kai-Uwe Schnapp und Martina Sauer. Anhand der Analyse von Kommunikationsmustern der bundesdeutschen Eliten identifizieren sie zehn distinkte Kommunikationscluster. Integrationstheoretisch postitiv kann ihr Ergebnis gewertet werden, daß diese Cluster weder sektoral noch durch die Ost-West Herkunft ihrer Mitglieder dominant geprägt sind. Die befürchtete Ausgrenzung in der Führungsschicht hat sich damit nicht eingestellt, die Integration der Eliten ostdeutscher Herkunft kann als gelungen bezeichnet werden. Dieser Befund indiziert ein hohes Maß an 'multilingualer Kommunikationskompetenz' der deutschen Führungsschicht. Es ist nicht überraschend, daß das politisch-administrative System auch weiterhin im Zentrum des Elitennetzwerkes steht. Als darüber hinausreichende Bedingungen der Elitenintegration thematisiert Sauer die Autonomie und das Kooperationspotential von Positionseliten. Sie argumentiert, daß unter demokratietheoretischem Aspekt eine möglichst gleichgewichtige Autonomie der verschiedenen Teileliten anzustreben ist;

diese darf aber nicht so weit gehen, daß dadurch das Kooperationspotential beeinträchtigt wird.

Im ersten Beitrag, der sich auf den Aspekt der ideolgischen Integration der Führungsschicht bezieht, widmet sich Jörg Machatzke den Unterschieden und Gemeinsamkeiten im Staatsverständnis von Eliten ost- und westdeutscher Herkunft. Analysiert werden politische Problemprioritäten und Einstellungen zum Umfang staatlicher Zuständigkeiten. Neben den erwarteten Unterschieden, die sich aus der Zugehörigkeit zu einem der unterschiedlichen politischen Spektren ergeben, verdeutlicht seine Analyse, daß ostdeutsche Eliten dem Staat generell eine größere Verantwortung zuweisen. Als Ursachen lassen sich hier sowohl institutionelle Prägungen als auch das größere wirtschaftliche Risikoempfinden in der ostdeutschen Bevölkerung und ihrer Führungsschicht ausmachen.

Als einen der möglichen Hintergründe für diese nach Ost und West differierenden Problemprioritäten thematisiert Viktoria Kaina die generellen gesellschaftlichen Wertorientierungen von Eliten und Bevölkerung. Die Autorin konnte deutlich machen, daß Materialismus und Postmaterialismus den Werteraum Ostdeutscher nur unzureichend charakterisieren. Zwischen diesen beiden Polen der eindimensionalen Inglehart-Skala vermittelt ein Konflikt zwischen Freiheits- und Gleichheitswerten. Indem sie nicht nur nach Ähnlichkeiten und Unterschieden innerhalb der sektoral gruppierten Eliten sucht, sondern nachprüft, wie weit die Einstellungen der Eliten mit denen der Bevölkerung übereinstimmen, stellt sie die Frage nach der horizontalen wie der vertikalen Integration der Elite. Über den systematischen Elite-Bevölkerungsvergleich gelingt ihr der Nachweis, daß insbesondere zwischen ostdeutscher Bevölkerung und westdeutschen Eliten erhebliche Distanzen in den gesellschaftlichen Wertorientierungen bestehen. Sie weist daher den ostdeutschen Eliten eine Brückenfunktion für die gesamtgesellschaftliche Werteintegration zu.

Der abschließende Beitrag von Wilhelm Bürklin diskutiert die Veränderungen demokratischer Einstellungen in der Führungsschicht als Ergebnis des Generationswechsels und des damit verbundenen Wertewandels. Die überwiegende Mehrheit der heutigen Eliten hat ihre politische Prägung in der Wohlstands- und Protestphase der Nachkriegszeit erhalten. Dies schlägt sich in veränderten Einstellungen zur repräsentativen und plebiszitären Demokratie nieder. Besondere Beachtung verdient dabei, daß sich der generationale Wertewandel nur zum Teil innerhalb der traditionellen Elitesektoren und politischen Parteien vollzieht, und statt dessen zur Entstehung neuer, vor allem politischer Untersektoren, wie der Partei der Grünen, geführt hat. Dies dürfte sich stabilisierend auf den Wertewandel auswirken, weil die Eliten innerhalb der neuen Sektoren stärker von den Erwartungen auf Wertanpassungen abgeschirmt sind als in den traditionellen Sektoren. Integrationstheoretisch kann diese Entwicklung als Hinweis auf die Fähigkeit des politischen Systems der Bundesrepublik gesehen werden, Personen mit neuen Wertorientierungen und abweichenden Politikprioritäten politisch zu integrieren.

Kapitel II
Die Potsdamer Elitestudie - Positionsauswahl und Ausschöpfung

Jörg Machatzke

1. Die Positionsmethode zur Identifikation der Eliten

Eliten zeichnen sich durch ihr Mitwirken an zentralen Entscheidungen aus, welche die Gesellschaft als Ganzes betreffen (Higley/Field/Groholt 1976: 16).

Macht ist in differenzierten modernen Gesellschaften durch die relativ selbständigen funktionalen Teilsysteme (Sektoren) fragmentiert. In entwikkelten, demokratisch verfaßten Industriegesellschaften ist Macht institutionell organisiert. Dieser Logik folgend, sind Machtressourcen innerhalb der gesellschaftlichen Sektoren an deren jeweils wichtigste Organisationen gebunden und innerhalb dieser an die jeweiligen Führungspositionen. Demnach sind „Eliten Menschen in strategischen Positionen in öffentlichen und bürokratischen Organisationen ... Mit solchen Organisationen [sind] diejenigen gemeint, die groß oder anderweitig mächtig genug sind, um die Eliten, die an ihrer Spitze stehen, mit der Macht auszustatten, die nationale Politik speziell, regelmäßig und nachdrücklich zu beeinflussen" (Field/Higley 1983: 34).

Macht und Einfluß werden hier nicht als individuelle Eigenschaften verstanden, sondern als Ressourcen einer Führungsposition, die einem Individuum nur für die Zeit zur Verfügung stehen, in der es diese Position innehat. Inhaber dieser Positionen lassen sich mit Hilfe dieses Positionsansatzes identifizieren und von anderen gesellschaftlichen Gruppen abgrenzen. Andere Ansätze zur Identifikation von Eliten sind der Reputationsansatz und der Entscheidungsansatz. Beim Reputationsansatz werden Experten aufgefordert, die ihrer Ansicht nach mächtigsten Personen zu benennen, und beim Entscheidungsansatz werden auf der Basis empirischer Untersuchungen von Entscheidungsprozessen die Personen ermittelt, die sich als einflußreich erweisen. Beide Ansätze sind für die Auswahl zu befragender Eliten wesentlich aufwendiger und deshalb weniger praktikabel als der Positionsansatz (vgl. Hoffmann-Lange 1992: 355 ff; Felber 1986: 162-208).

Für die Positionsauswahl der Potsdamer Elitestudie 1995 waren eine Reihe von Entscheidungen darüber zu treffen, welche Positionen die Verfügungsgewalt über Ressourcen mit sich bringen, um deren Inhaber als Eliten definieren zu können. Hierfür bedurfte es der Entscheidung, welche gesellschaftlichen Sektoren der nationalen Elitestruktur zuzuschreiben sind: Interessieren nur die unmittelbar politischen Entscheidungsprozesse, beschränkt sich die Untersuchung auf den politischen Sektor, womit die führenden Politiker die Zielpopulation sind. Erfaßt man 'politische Eliten' im weiteren Sinne, ist die Zahl der Sektoren um jene zu erweitern, deren Führungspositionen mittelbar in politische Entscheidungsprozesse integriert sind. Das sind neben Vertretern politischer Institutionen und Organisationen auch solche der öffentlichen Verwaltung und der Interessengruppen. Hebt man jedoch auf 'gesellschaftliche Eliten' im weitesten Sinne ab, auf Vertreter von Organisationen, die direkt oder indirekt auf die gesamtgesellschaftliche Entscheidungs- und Willensbildung einwirken, dann sind auch Sektoren wie die Massenmedien, kulturelle Organisationen, die Wissenschaft und privatwirtschaftliche Unternehmen zu berücksichtigen. Hier setzt die Potsdamer Elitestudie an.

Innerhalb der Sektoren wurde dann eine weitere zweistufige Abgrenzung vorgenommen: die Auswahl der wichtigsten Organisationen und der hier existierenden Führungspositionen. Die Auswahl der Organisationen innerhalb eines Sektors erfolgte entlang eines einheitlichen Kriteriums, wie Umsatzgröße der Unternehmen, Auflagenstärke von Zeitungen und zugleich auch deren Rezeptionsgrad in der Elite. Die wichtigsten Entscheidungsträger innerhalb der Organisationen besitzen qua Amt Entscheidungsbefugnisse für ihre jeweilige Organisation bzw. Institution als ein Ganzes. An den inhaltlich wichtigen Vorbereitungsprozessen solcher Entscheidungen nehmen sie jedoch weniger intensiv teil. Hier liegt der Wirkungsbereich von Positionsinhabern, die auf den darunter liegenden Hierarchieebenen angesiedelt sind. Diese haben zwar weniger formale Entscheidungsbefugnisse, aber auf Grund ihrer speziellen inhaltlichen Kompetenz großen Einfluß auf die Substanz und deshalb auch auf die Resultate vorzubereitender Maßnahmen. Entsprechend mußte für jeden Organisationsbereich gesondert abgewogen werden, welche Positionen entscheidungsrelevant sind.

2. Die Positionsauswahl zur Potsdamer Elitestudie 1995

Gemäß der Tradition der drei Vorgängerstudien (1968, 1972, 1981) erstrebte auch die Potsdamer Elitestudie eine Vollerhebung der Inhaber aller Führungspositionen der Bundesrepublik Deutschland. Hierbei knüpfte sie im Untersuchungsdesign eng an die Mannheimer Studie von 1981 an.[1] Diese weitgehende Übereinstimmung wurde angestrebt, um zu zeitvergleichenden Aussagen über Veränderungen in der bundesdeutschen Führungsschicht zu gelangen. Der Auswahlmodus konnte trotz der Wiedervereinigung beibehalten werden, weil der Beitritt der neuen Bundesländer zum Geltungsbereich des Grundgesetzes gemäß Art. 23 GG, abgesehen von einigen vereinigungsbedingten Institutionen, keinen grundlegenden institutionellen Wandel für die Bundesrepublik mit sich brachte. Inwiefern sich die Wiedervereinigung in der Zusammensetzung der Elite gemäß der regionalen Herkunft der Positionsinhaber widerspiegelt, wird am Ende dieses Beitrages näher beleuchtet.

Die Bestimmung der zu berücksichtigenden Sektoren, Organisationen und Positionen erfolgte anhand mehrerer Kriterien.[2] In erster Linie wurden Organisationen berücksichtigt, die direkten Einfluß auf normensetzende Entscheidungen haben. Solche sind primär in den Sektoren Politik, Verwaltung und in den Verbänden anzutreffen.

Neben normensetzenden Entscheidungen sind jedoch auch Einzelentscheidungen ab einer bestimmten Größenordnung von gesamtgesellschaftlicher Bedeutung, z.B. Standortentscheidungen von Großunternehmen mit regionaler Auswirkung, richterliche Grundsatzentscheidungen, aber auch behördliche Genehmigungsverfahren für Großprojekte. Nicht unterschätzt werden dürfen Routineentscheidungen, die in ihrer Kumulation prägend auf ein Sozialsystem wirken können. In diesem Zusammenhang wird vielfach auf das Beharrungsvermögen großer bürokratischer Organisationen hingewiesen, an dem Innovationsprogramme scheitern können. Dementsprechend wurden Führungspositionen in größeren nachgeordneten Behörden wie dem Bundeskartellamt und der Bundesanstalt für Arbeit berücksichtigt sowie Führungspositionen in den Sektoren Wirtschaft, Justiz und Teilen der Verwaltung er-

1 Die Dokumentation der damaligen Auswahlkriterien findet sich in ausführlicher Form in Hoffmann-Lange u.a. 1981 und in kürzerer in Hoffmann-Lange 1992: 90-112.

2 Vgl. zu diesen Kriterien: Hoffmann-Lange, 1992: 91 f. Für eine detaillierte Beschreibung des Vorgehens und der Kriterien zur Bestimmung der Grundgesamtheit dieser Studie siehe Machatzke 1995.

hoben. Schließlich darf nicht außer acht gelassen werden, daß Entscheidungen schon im Vorfeld von Personen beeinflußt werden, die über die Definitionsmacht für spezifische Probleme und über Lösungsstrategien verfügen. Ein derartiger Einfluß geht von den Massenmedien und der Wissenschaft, aber auch von der Kultur aus.

Die Sektoren sowie die Organisationen und Positionen derselben wurden anhand der Bedeutung, die sie für den gesamtgesellschaftlichen Willensbildungs- und Entscheidungsprozeß haben, festgelegt. Organisationen, deren Einflußnahme nicht primär auf gesamtgesellschaftliche Entscheidungsprozesse ausgerichtet ist, sondern eher auf eine interne Interessenwahrnehmung, wie zum Beispiel Sportorganisationen oder das Deutsche Rote Kreuz, wurden nicht berücksichtigt. Die quantitative Verteilung der ausgewählten Positionen auf die Sektoren und der Vergleich zur Auswahl für die Elitestudie von 1981 kann der folgenden Tabelle II-1 entnommen werden.

Tabelle II-1: Übersicht über die Positionsauswahl nach Sektoren und im Vergleich zur Elitestudie 1981 (Spaltenprozent)

	Positionsbrutto			
	1981		1995	
Sektor	(n)	(%)	(n)	(%)
Politik	578	15,9	1.082	23,6
Verwaltung	479	13,2	683	14,8
Wirtschaft	592	16,3	539	11,8
Finanzwirtschaft	303	8,3	338	7,4
Wirtschaftsverbände[3]	407	11,2	428	9,3
Gewerkschaften	155	4,3	168	3,7
Berufsverbände	58	1,6	79	1,7
Justiz	70	1,9	77	1,7
Wissenschaft	209	5,8	221	4,8
Massenmedien	376	10,3	529	11,5
Kultur	188	5,2	205	4,5
Kirchen	47	1,3	61	1,3
Zentrale Organisationen			17	0,4
Militär	172	4,7	160	3,5
Gesamt	**3.634**	**100,0**	**4.587**	**100,0**

3 Davon 18 Positionen (1981: 13) Arbeitsgemeinschaft der Verbraucherverbände.

Die folgenden Abschnitte befassen sich mit je einem Sektor, seiner rechtlichen und institutionellen Einbindung in das gesellschaftliche System, seiner organisatorischen Struktur sowie mit den Kriterien, die zur Auswahl der relevanten Organisationen bzw. Institutionen und der Positionen herangezogen wurden. Zeit- und vereinigungsbedingte Veränderungen, die im Vergleich mit der Studie von 1981 auftreten, werden jeweils spezifiziert.

2.1 Sektor Politik

Die Setzung gesellschaftlich bindender Entscheidungen macht die zentrale Bedeutung des Sektors 'Politik' aus. Als Subsektoren wurden die Legislative, die Exekutive und die politischen Parteien unterschieden. Der föderalen Struktur der Bundesrepublik und ihrer europäischen Einbindung wurde durch die Berücksichtigung relevanter Positionen auf der europäischen sowie der Bundes- und Länderebene Rechnung getragen. Auf Grund des relativ geringen autonomen Handlungsspielraumes der Kommunen und der kaum möglichen Trennung politischer von administrativen Funktionen wurde die kommunale Ebene als eigenständiger Subsektor berücksichtigt.

Auf der Ebene der Exekutive in Bund und Ländern wurden alle Positionen von Bundes- und Landesministern sowie Parlamentarischen Staatssekretären[4] in die Auswahl aufgenommen.

Im Vergleich zu diesen Exekutivpositionen stattet das Grundgesetz die Position des Bundespräsidenten mit geringeren Kompetenzen aus. Er nimmt aber in politischen Krisensituationen eine verfassungspolitische Schlüsselrolle (z.B. bei Problemen der Regierungsbildung) ein. Darüber hinaus ist er ausgleichende Gewalt ("pouvoir neutre") und tritt als Schlichter von Kontroversen auf. Dieses Amt ist mit beträchtlichen informellen Einflußmöglichkeiten ausgestattet.

Der Bundestag hat die weitreichendsten legislativen Funktionen, wie Gesetzesinitiativen und Herbeiführung politischer Entscheidungen. Berücksichtigt wurden als Inhaber legislativer Führungspositionen: die Mitglieder des Bundestagspräsidiums und die Vorsitzenden der Bundestagsausschüsse und ihre Stellvertreter sowie der Vorsitzende, sein Stellvertreter und der Geschäftsführer des Vermittlungsausschusses. Des weiteren wurden vom Bundestag gewählte Inhaber von Positionen mit Kontrollfunktion in die Auswahl

4 In Baden-Württemberg und Bayern gibt es die dem Bund analoge Position des Politischen Staatssekretärs.

aufgenommen: die Wehrbeauftragte des Bundestages, der Bundesbeauftragte für den Zivildienst und der Bundesbeauftragte für den Datenschutz. Der Bundesbeauftragte für die Unterlagen des Staatssicherheitsdienstes der ehemaligen DDR wurde als Leiter einer Bundesbehörde dem Sektor 'Verwaltung' zugeordnet.

Sowohl im Bundestag als auch in den Parlamenten der Länder beeinflussen die Mitglieder der Fraktionsvorstände neben den Kabinettsmitgliedern die Fraktionstätigkeit und das Abstimmungsverhalten am nachhaltigsten. Den Fraktionsvorständen gehören die Vorsitzenden, deren Stellvertreter, die Parlamentarischen Geschäftsführer und die Vorsitzenden der parlamentarischen Arbeitskreise an. Letztere wurden lediglich für die Bundestagsfraktionen, nicht für die Landtagsfraktionen, ausgewählt.

Den politischen Parteien kommt in parlamentarischen Regierungssystemen eine wichtige Rolle bei der Rekrutierung und der Auswahl des politischen Personals und der Formulierung politischer Programme zu. Sie sind die eigentlichen „Träger der politischen Herrschaftsorganisation" (Wildenmann 1967). Aus diesem Grunde wurden von den im Bundestag vertretenen Parteien die Bundespräsidien und die Landesvorstände der in den jeweiligen Landtagen vertretenen Parteien ausgewählt. Auf der Bundesebene wurden neben den Positionen der Vorsitzenden der Präsidien, die ihrer Stellvertreter, die der Generalsekretäre, der Bundesgeschäftsführer und der Schatzmeister ausgewählt. Die Landesvorstände sind durch ihre Vorsitzenden und Stellvertreter repräsentiert.

Erstmals Berücksichtigung fanden die parteinahen Stiftungen. Ausgewählt wurden jeweils die Positionen der Vorsitzenden und der Geschäftsführer der Konrad-Adenauer-Stiftung e.V., der Friedrich-Ebert-Stiftung e.V., der Friedrich-Naumann-Stiftung e.V., der Hanns-Seidel-Stiftung e.V. und des Stiftungsverbandes Regenbogen e.V.

Interessenvertreter der Gemeinden gegenüber Bund und Ländern sind die kommunalen Spitzenverbände. Diese sind jeweils durch ihre Präsidenten, Vizepräsidenten sowie die Geschäftsführenden Präsidialmitglieder repräsentiert. Des weiteren wurden die Oberbürgermeister und Oberstadtdirektoren von Städten mit mehr als 300.000 Einwohnern berücksichtigt.

Im Sektor 'Politik' wird die europäische Ebene durch das Europäische Parlament repräsentiert. Hier wurden Spitzenpositionen ausgewählt, die zum Erhebungszeitpunkt von deutschen Repräsentanten eingenommen wurden. Das waren der Präsident, ein Vizepräsident und vier Ausschußvorsitzende.

Tabelle II-2: Elitepositionen im Sektor 'Politik '

Subsektor		Zahl der Positionen
Bundespräsident		1
Exekutive	Bund	45
	Länder	194
Legislative	Bundestagspräsidium	5
	Bundestagsausschüsse	44
	Bundesbeauftragte	3
	Vermittlungsausschuß	3
Fraktionen	Bundestag	102
	Landtage	232
Parteien	Bundespräsidien	59
	Landesvorstände	342
parteinahe Stiftungen		11
kommunale Führungspositionen		35
europäische Führungspositionen		6
Gesamt		**1.082**

2.2 Sektor Verwaltung

Die gesellschaftliche Bedeutung der Verwaltung ergibt sich aus ihrer Rolle bei der Gesetzesvorbereitung und deren Implementation. Die formal höchstrangige Verwaltung stellt die Ministerialbürokratie des Bundes und der Länder dar. Daneben gibt es eine Reihe weiterer Behörden, deren Bedeutung sich anhand ihrer politisch bedeutsamen Kontrollfunktion, ihrer Beschäftigtenzahl und der Höhe des Budgets ermessen läßt.

Der Positionsauswahl wurden folgende Kriterien zugrunde gelegt: (1) die politische Bedeutung einer Behörde oder Position und (2) die Besoldungsstufe.

In der Verwaltung sind die höchsten Besoldungsstufen B9 bis B11 zugleich die höchsten Positionen. Angesiedelt sind hier Staatssekretäre des Bundes, Ministerialdirektoren, Präsident und Vizepräsident des Bundesrechnungshofes, die Direktoren beim Deutschen Bundestag und Bundesrat, Bundesbankdirektoren, Botschafter[5] sowie Präsidenten wichtiger Bundesbehörden (u.a. der Bundesanstalt für Arbeit, der Bundesämter für Verfassungsschutz bzw. Wehrtechnik und Beschaffung, des Bundeskriminalamtes, des Bundesnachrichtendienstes).

Weitere Positionen wurden auf Grund der politischen Bedeutung einer Behörde herangezogen. Diese bemißt sich an: (1) dem Einfluß auf die Bundesgesetzgebung, (2) der Höhe des Etats für 1994 sowie (3) ihrer wichtigen Kontrollfunktion gegenüber gleichgeordneten oder personalstarken nachgeordneten Behörden, gegenüber der Wirtschaft und ihrer Bedeutung für die innere Sicherheit. Entsprechend wurden Unterabteilungsleiter der Bundesministerien und Leiter weiterer wichtiger Bundesbehörden (Bundeskartellamt, Bundesaufsichtsamt für das Kreditwesen, Bundesaufsichtsamt für das Versicherungswesen, Bundesgrenzschutz etc.) aufgenommen, aus der Nachfolgeinstitution der Treuhand, der Bundesanstalt für vereinigungsbedingte Sonderaufgaben (BVS), und vom Bundesbeauftragten für die Unterlagen des Staatssicherheitsdienstes der ehemaligen DDR („Gauckbehörde") die Positionen der Behörden- und Abteilungsleiter bzw. Vorstandsmitglieder. Die in den Vorgängerstudien noch als Sonderfälle behandelten Unternehmen Post und Bahn wurden dagegen nach erfolgter Privatisierung dem Sektor 'Wirtschaft' zugeordnet. Als Nachfolgeinstitution der Bundespost im Verwaltungsbereich wurde die Bundesanstalt für Post und Telekommunikation berücksichtigt.

Für die europäische Ebene wurden im Sektor 'Verwaltung' die ranghöchsten deutschen Vertreter in der EU-Verwaltung berücksichtigt. Das waren zum Erhebungszeitpunkt u.a. der Vizepräsident und ein Mitglied der Kommission der EU, vier Generalsekretäre von Generaldirektionen der EU und der Leiter der Vertretung der Bundesrepublik bei der Kommission der EU.

Um ihrer Bedeutung für die Bündelung regionaler Verwaltungsaufgaben sowie für die Kommunalaufsicht Rechnung zu tragen, wurden für die Regierungsbezirke der Bundesrepublik die Regierungspräsidenten in die Auswahl aufgenommen.

---

5 Aus erhebungstechnischen Gründen konnten Botschafter in Auslandspositionen nicht berücksichtigt werden.

Tabelle II-3: Elitepositionen im Sektor 'Verwaltung'

Auswahlpositionen	Zahl der Positionen
Staatssekretäre in Bundesministerien	25
Abteilungsleiter in Bundesministerien	135
Unterabteilungsleiter in Bundesministerien	220
Leiter, Stellvertretende Leiter und Abteilungsleiter in wichtigen Bundesbehörden	60
Staatssekretäre in Landesministerien	154
Leiter wichtiger Landesbehörden	47
Regierungspräsidenten	32
EU-Verwaltung	10
Gesamt	**683**

2.3 Sektor Wirtschaft

Die gesamtgesellschaftliche Bedeutung der Wirtschaft beruht auf drei Faktoren: (1) Wirtschaftsunternehmen leisten einen wichtigen Beitrag zum Bruttosozialprodukt, was der Lebensqualität der Gesellschaft zugute kommt; (2) ihre Bedeutung als Arbeitgeber, die im Rahmen der Gesetze über die Arbeitsbedingungen der bei ihnen beschäftigten Arbeitnehmer bestimmen und (3) die Wahrnehmung von Wirtschaftsinteressen im politischen Prozeß (Hoffmann-Lange 1992: 99). Die Größe eines Unternehmens ist das ausschlaggebende Moment für seine Bedeutung. Während kleinere Unternehmen auf die Vermittlung ihrer Interessen durch Wirtschaftsverbände angewiesen sind, können Großunternehmen ihre Belange gegenüber Politik und Gesellschaft eigenständig wahrnehmen.

Wichtigstes Auswahlkriterium war demzufolge die Unternehmensgröße, gemessen am Umsatz. Auf der Grundlage der vom Statistischen Bundesamt verwendeten Systematik (Statistisches Bundesamt 1993) wurden Wirtschaftsbereiche ausgewählt, die einen signifikanten Anteil am Bruttosozialprodukt und große Bedeutung als Arbeitgeber haben: Industrie-, Handels- und Dienstleistungsunternehmen[6].

6 Diese drei Zweige vereinten im Jahre 1992 82,5% des geschaffenen Bruttoinlandsproduktes und 78,1% aller Erwerbstätigen auf sich (Statistisches Bundesamt 1993: 114 ff. und 684 ff.).

Innerhalb dieser Bereiche wurden die Unternehmen anhand ihrer Umsätze klassifiziert: (1) *Spitzenunternehmen* mit einem Jahresumsatz von mindestens 44 Milliarden DM (1979[7] - 15 Milliarden), (2) *Großunternehmen* mit einem Jahresumsatz von mindestens 4 Milliarden DM (1979 - 2 Milliarden) und (3) *bedeutende Unternehmen* mit einem Jahresumsatz von mindestens 3 Milliarden DM (1979 - 1,5 Milliarden).

Die Bestimmung der Elitepositionen orientierte sich an der formalen Organisationsstruktur der Unternehmen. Die in Deutschland am häufigsten vertretene Organisationsform ist die Aktiengesellschaft. Neben der Hauptversammlung sind hier der Aufsichtsrat (Kontrollfunktion) und der Vorstand (Leitungsfunktion) die Gremien mit der größten Machtkonzentration. Eine weitere in Deutschland anzutreffende Rechtsform ist die der GmbH. Hier wird die Leitungsfunktion in der Regel von einem Gesellschafterrat und/oder einem oder mehreren Persönlich Haftenden Gesellschaftern wahrgenommen. Ein Aufsichtsgremium ist rechtlich nicht zwingend vorgesehen, jedoch häufig eingerichtet.

Tabelle II-4: Elitepositionen im Sektor 'Wirtschaft' nach Unternehmenstypen

Unternehmens-typ	Zahl der Unternehmen	Aufsichtsrats-Positionen	Vorstands-Positionen	Zahl der Positionen
Spitzen-unternehmen	14	Vorsitzender Stellvertreter	Vollerhebung	109
Groß-unternehmen	132	Vorsitzender	Vorsitzender Stellvertreter	360
bedeutende Unternehmen	54	keine	Vorsitzender Stellvertreter	70
Gesamt	**200**			**539**

Die Binnenstruktur des Wirtschaftssektors hat sich seit 1981 kaum verändert. Allerdings hat in der gesetzten Umsatzbandbreite eine quantitative Verdichtung zur Spitze hin stattgefunden. Im Vergleich zu 1981 hat sich die Zahl der Großunternehmen erhöht und die Zahl der bedeutenden Unternehmen verringert. Weiterhin läßt sich eine deutliche Abnahme der Zahl der Positionen feststellen. In der Regel ist das zu Lasten der Position des Stellvertreters des Vorstandsvorsitzenden bzw. der Zahl der Geschäftsführer gegangen.

7 Die Auswahl der Elitestudie von 1981 beruhte auf Daten für das Jahr 1979.

In den von uns zugrunde gelegten Umsatzklassen befanden sich lediglich zwei originär ostdeutsche Unternehmen. Eine zunächst ins Auge gefaßte vermehrte Aufnahme kleinerer ostdeutscher Unternehmen aus Gründen der besseren Repräsentanz der neuen Bundesländer hätte den Auswahlmodus durchbrochen und wurde deshalb nicht realisiert.

2.4 Sektor Finanzwirtschaft

Der Dienstleistungssektor ist neben dem produzierenden Gewerbe am stärksten an der Schöpfung des Bruttoinlandsproduktes beteiligt, wobei die Kredit- und Versicherungsunternehmen einen großen Teil des Sektorproduktes erbringen.

Der Finanzsektor gliedert sich in die Bereiche: Banken, Bausparkassen, Versicherungsunternehmen und Kapitalanlagegesellschaften. Direkte und indirekte Kapitalbeteiligungen, Mitgliedschaften in Aufsichts- und Kontrollgremien und die Stellung als Großkreditgeber machen die spezielle Bedeutung besonders der großen Banken aus.

Die innerhalb der Finanzwirtschaft definierten Subsektoren sind wie folgt strukturiert:

(1) Banken und Bausparkassen: Deutsche Bundesbank (Zentralnotenbank), Geschäftsbanken, Kreditbanken, Sparkassen mit Girozentralen, Kreditgenossenschaften mit genossenschaftlichen Zentralbanken, Spezialbanken: Realkreditinstitute und Kreditinstitute mit Sonderaufgaben, sonstige Kreditinstitute, private und öffentliche Bausparkassen;

(2) Private Versicherungsunternehmen: Krankenversicherung, Industrieversicherung, Schaden- und Unfallversicherung, Lebensversicherung, Rückversicherung;

(3) Öffentlich-rechtliche Sozialversicherung: Arbeitslosenversicherung, gesetzliche Unfallversicherung, gesetzliche Krankenversicherung, gesetzliche Rentenversicherung.

Wie im Sektor 'Wirtschaft' war auch in der Finanzwirtschaft die Höhe des Jahresumsatzes (Bilanzsumme) das zentrale Kriterium bei der Auswahl der relevanten Unternehmen und Institutionen. Eine Ausnahme bildete zum einen die Deutsche Bundesbank. Auf Grund ihrer Aufgaben die Währung zu sichern und die allgemeine Wirtschaftspolitik der Bundesregierung zu unterstützen, wurde sie in die Auswahl aufgenommen. Zum anderen wurden die Institutionen der öffentlichen Sozialversicherung nicht nach den Bilanzsummen ausgewählt. Die vom Gesetzgeber vorgeschriebene Pflichtmitgliedschaft in diesen Versicherungen machte ihre Aufnahme in die Auswahl unumgänglich. Für diese Institutionen berücksichtigten wir u.a. Vorstands-, Verwaltungsrats- und Geschäftsführungspositionen der Bundesanstalt für Arbeit, des Hauptverbandes der gewerblichen Berufsgenossenschaften, des Verbandes der Angestelltenkrankenkassen und des Verbandes deutscher Rentenversicherungsträger.

Auch in der Finanzwirtschaft sind die für Deutschland typischen Organisationsformen die Rechtsformen der Aktiengesellschaft und der GmbH einschließlich der in Abschnitt 2.3 (s. Tab. II-4) dargestellten Gremien und auszuwählenden Positionen.

Ausgewählt wurden insgesamt 34 Banken und Bausparkassen, 19 private Versicherungsunternehmen sowie 22 Institutionen der öffentlich-rechtlichen Sozialversicherungsträger.

Tabelle II-5: Elitepositionen im Sektor 'Finanzwirtschaft'

Subsektor	Zahl der Positionen
Banken und Bausparkassen	243
Versicherungen	73
Sozialversicherungen	22
Gesamt	**338**

2.5 Sektor Wirtschaftsverbände

Wirtschaftsverbände vertreten die sozial-, wirtschafts- und regionalpolitischen Interessen der gewerblichen Wirtschaft gegenüber Staat und Gesellschaft. Die Arbeitgeberverbände befassen sich mit den sozialpolitischen Aspekten der Unternehmerpolitik, die Wirtschaftsverbände mit branchenspezifisch-ökonomischen Fragen, und die Industrie- und Handelskammern vertreten die regionalen Interessen der gewerblichen Wirtschaft. Der Organisationsgrad der Unternehmerseite ist - im Gegensatz zu dem der Arbeitnehmer - sehr hoch. In den Kammern besteht Mitgliedschaftspflicht. Die freiwilligen Mitgliedschaften treten zudem häufig als Mehrfachmitgliedschaften in Fach- und Fachspitzenverbänden auf. Großunternehmen - insbesondere solche, die mehrere Geschäftszweige unterhalten - sind meist in mehreren Verbänden bzw. Dachverbänden vertreten (Hoffmann-Lange u.a. 1981).

Hiermit ist auch schon die Subsektorstruktur der Wirtschaftsverbände umrissen: (1) Arbeitgeberverbände; (2) Wirtschafts- und Industrieverbände; (3) Industrie- und Handelskammern sowie Handwerkskammern und (4)

Landwirtschaftsverbände. Die Vielfalt des wirtschaftlichen Verbandswesens macht es nahezu unmöglich, einzelne Verbände auf Grund ihrer wirtschaftspolitischen Bedeutung auszuwählen. Daher wurden für die einzelnen Subsektoren lediglich die Spitzenverbände erhoben.

Die Bundesvereinigung der Deutschen Arbeitgeberverbände (BDA) ist der Spitzenverband der Arbeitgeber. Mitglieder sind 46 Fachspitzenverbände (mit 452 Mitgliedsverbänden) und ein Gastverband (mit 7 Mitgliedsverbänden) sowie 15 Landesverbände (mit 572 regionalen Arbeitgeberverbänden). Die BDA ist gegenüber Regierung und Parlament satzungsgemäß die allgemeine Vertretung der Arbeitgeber für grundsätzliche sozialpolitische Belange. Folgende Positionen wurden ausgewählt: die aller Mitglieder des Präsidiums und des Vorstandes, die des Hauptgeschäftsführers und seines Stellvertreters sowie die der Geschäftsführer der Abteilungen.

Der Bundesverband der Deutschen Industrie (BDI) ist der Spitzenverband der Wirtschafts- und Industrieverbände. Satzungsgemäß wahrt und fördert der BDI die gemeinsamen wirtschaftspolitischen Interessen seiner Mitglieder gegenüber allen relevanten politischen Gremien. Im Unterschied zur BDA vertritt der Bundesverband keine sozialpolitischen Belange. Derzeit sind dem BDI 34 industrielle Branchenverbände und Verbandsgruppen mit mehr als 360 Fachverbänden angeschlossen. Demnach repräsentiert der Bundesverband ca. 80.000 private Industrieunternehmen mit über 10 Millionen Beschäftigten. In unserer Untersuchung wurden für den BDI der Präsident, der Vizepräsident und alle Mitglieder des Präsidiums sowie der Hauptgeschäftsführer und sein Stellvertreter berücksichtigt. Des weiteren wurden die Präsidenten bzw. Vorsitzenden und Hauptgeschäftsführer der Mitgliedsverbände ausgewählt.

Der Deutsche Industrie- und Handelstag (DIHT) nimmt die Vertretung der Gesamtinteressen der gewerblichen Wirtschaft gegenüber allen Bundesinstanzen und die Förderung der Zusammenarbeit der Kammern wahr. Im DIHT sind derzeit 11 Kammervereinigungen und 83 Industrie- und Handelskammern, die nach dem Regionalprinzip organisiert sind, zusammengeschlossen. Die Mitgliedschaft in den jeweils zuständigen Kammern ist für die einzelnen Unternehmen obligatorisch. Für den DIHT wurden folgende Positionen ausgewählt: die des Präsidenten und des Vizepräsidenten, die der Mitglieder des Vorstandes (einschließlich kooptierter), des Hauptgeschäftsführers und seines Stellvertreters sowie die der Leiter der Hauptabteilungen.

Der Gemeinschaftsausschuß der Deutschen Gewerblichen Wirtschaft versteht sich als Dachverband der bundesdeutschen Wirtschaftsverbände und hat die Aussprache und Meinungsbildung zu grundsätzlichen Fragen wirtschafts- und sozialpolitischen Inhalts seiner 15 Mitgliedsverbände zum Ziel.

Unter Ausklammerung der bereits ausgewählten Verbände (BDA, BDI, DIHT) wurden folgende Positionen berücksichtigt: die des Präsidenten und des Vizepräsidenten sowie des Hauptgeschäftsführers bzw. Geschäftsführers der verbleibenden 12 Mitgliedsverbände.

Die landwirtschaftlichen Spitzenverbände repräsentieren ein System mehrerer Ebenen: der landwirtschaftlichen Selbstverwaltung (vor allem die Landwirtschaftskammern auf landesrechtlicher Grundlage), der landwirtschaftlichen Genossenschaften sowie der Landwirtschaftsverbände. Die wesentliche Zielsetzung der Landwirtschaftsverbände besteht in der Einflußnahme auf agrarpolitische Gremien und Institutionen. Die agrarischen Spitzenverbände sind der Zentralausschuß der Deutschen Landwirtschaft, der Verband der Landwirtschaftskammern, die Deutsche Landwirtschafts-Gesellschaft, der Deutsche Bauernverband sowie der Deutsche Raiffeisenverband. Für diese Verbände wurden die Präsidenten (bzw. Vorsitzenden) und Geschäftsführer (bzw. Generalsekretäre) in der Auswahl berücksichtigt. Auf Grund der Bedeutung regionaler Gliederungen in der Organisation der Landwirtschaftskammern und des Deutschen Bauernverbandes fanden hier auch die Spitzenpositionen (Präsidenten und Direktoren bzw. Hauptgeschäftsführer) dieser Ebenen Berücksichtigung.

Tabelle II-6: Elitepositionen im Sektor 'Wirtschaftsverbände'

Subsektoren	Zahl der Positionen
BDA	123
BDI	118
DIHT	40
Gemeinschaftsausschuß	47
Landwirtschaftsverbände	82
AgV	18
Gesamt	**428**

Neben den Interessenverbänden der Produzenten haben sich in der Bundesrepublik auch Vertretungen von Verbraucherinteressen gebildet. Als Korrektiv zur organisierten Interessenvertretung der Produzentenseite sind sie mit den vorgenannten Wirtschaftsverbänden zwar nicht vergleichbar. Auf ihre Einbeziehung konnte jedoch nicht verzichtet werden, weil es diesen Verbänden über die massenmediale Thematisierung von Verbraucherbelangen gelingt, sich allmählich zu einem politisch einflußreichen Faktor zu entwickeln. Die wichtigste Trägerin der Verbraucherpolitik ist die Arbeitsgemeinschaft der Verbraucher e.V. (AgV). Für diese Organisation wurden die Positionen des Präsidenten, der Vizepräsidenten, der Präsidialmitglieder sowie der Ehrenmitglieder ausgewählt.

2.6 Sektor Gewerkschaften

Die Gewerkschaften vertreten die Interessen der Arbeitnehmer, womit sie innerhalb des tarifpolitischen Verhandlungssystems Partner und zugleich Kontrahenten der Arbeitgeberverbände sind. Die entsprechend ihrer Mitgliederzahl bedeutendsten Organisationen sind der Deutsche Gewerkschaftsbund (DGB) mit mehr als 11 Millionen Mitgliedern am Ende des Jahres 1992 sowie die Deutsche Angestellten-Gewerkschaft (DAG) mit rund 500.000 Mitgliedern.

Die größte deutsche Gewerkschaftsorganisation, der DGB, ist als Einheitsgewerkschaft gemäß dem Industrieverbandssystem gegliedert. Sowohl der DGB als Dachverband als auch die Mitgliedsgewerkschaften sind auf Bundes- und Länderebene organisiert. Das entscheidende Gremium ist der hauptamtliche Bundesvorstand. Da die Tarifverhandlungen in der Regel auf der Bezirksebene geführt werden, wurden in der föderalen Struktur die 13 Landesbezirke des DGB berücksichtigt.

Für den Dachverband wurden folgende Positionen in die Auswahl aufgenommen: die aller Mitglieder des hauptamtlichen Bundesvorstandes, die der Landesvorsitzenden und des Leiters der Parlamentarischen Verbindungsstelle in Bonn.

Neben dem Dachverband wurden natürlich auch die einzelnen Mitgliedsgewerkschaften in die Erhebung einbezogen. Die Einzelgewerkschaften sind weitgehend selbständig und haben je nach Mitgliederzahl, Finanzkraft und gesamtwirtschaftlichem Gewicht ihrer Tarifabschlüsse unterschiedlich starken Einfluß auf die internen Prozesse der Willensbildung im DGB. Zum Zeitpunkt unserer Studie umfaßte der DGB 17 Einzelgewerkschaften. Berücksichtigt wurden nur solche mit mehr als 100.000 Mitgliedern.[8] Des weiteren wurde bei den zu erhebenden Positionen nach der Mitgliederzahl differenziert. Für 15 Einzelgewerkschaften wurden die Vorsitzenden, ihre Stellvertreter und die Geschäftsführer bzw. Bundesgeschäftsführer berücksichtigt; für die acht größten Gewerkschaften zusätzlich weitere

---

8 Nicht berücksichtigt wurden demnach die Gewerkschaften Leder und Pflege.

hauptamtliche Bundesvorstandsmitglieder, für die vier größten Einzelgewerkschaften weiterhin die Bezirksleiter bzw. Landesvorsitzenden.

Im Gegensatz zum DGB ist die DAG eine reine Berufsgruppengewerkschaft. Zwar vertrat sie im Jahre 1991 nur 3,4 Prozent der Angestellten (der DGB 16,6%), doch spielt die DAG bei den Tarifverhandlungen eine nicht unbedeutende Rolle. Hier wurden folgende Positionen ausgewählt: die der hauptamtlichen Mitglieder des Bundesvorstandes, des Leiters der Verbindungsstelle 'DAG - Der Bevollmächtigte des Bundesvorstandes' und die der Berufsgruppenleiter beim Bundesvorstand.

Tabelle II-7: Elitepositionen im Sektor 'Gewerkschaften'

Subsektoren	Zahl der Positionen
DGB	148
DAG	20
Gesamt	**168**

2.7 *Sektor Berufsverbände*

Berufsverbände sind prinzipiell in die Kategorie der Wirtschaftsverbände einzuordnen. Sie sind innerhalb der Fachverbände neben der Gruppe der Branchenverbände (BDI, DBV) als eigenständige Gruppe angesiedelt. Berufsverbände umfassen jene Zusammenschlüsse, deren Mitglieder sich nach Berufsgruppen organisiert haben, vertreten in erster Linie berufsständische Interessen und fühlen sich auch für standesrechtliche Fragen zuständig. Hierzu gehören sowohl Organisationen der sogenannten 'freien Berufe' als auch der Deutsche Beamtenbund (DBB), der am Berufsprinzip festhält.

Auf Grund der großen Vielfalt dieser Organisationen in der Bundesrepublik konnten nicht alle Berufsverbände berücksichtigt werden. Es wurden nur Spitzenverbände bzw. diejenigen Verbände ausgewählt, die durch ihre Mitgliederzahl, ihren öffentlich-rechtlichen Status oder ihre öffentliche Präsenz hervortreten. Das war in erster Linie der Bundesverband der Freien Berufe (BFB). Er repräsentiert mit seinen 16 Landesorganisationen und derzeit 79 Fachverbänden insgesamt 533.000 Mitglieder. Der BFB erreicht in den alten Bundesländern einen Organisationsgrad von 87,8 Prozent, in den neuen Bundesländern hingegen von nur 12,3 Prozent. Außerdem wurden Berufsverbände aus den Sektoren 'Massenmedien' und 'Kultur' ausgewählt, die nicht über den BFB vertreten sind. Die ausgewählten Verbände von Kulturschaffenden[9] sind aber keine Berufsverbände im klassischen Sinne, denn die Mitgliedschaft ist nicht wie in den anderen Berufsverbänden an die Erfüllung formaler Voraussetzungen, wie Ausbildungsqualifikation und gegenwärtige Berufsposition, gebunden.

Eine wichtige Rolle spielt des weiteren der Deutsche Beamtenbund (DBB). Insbesondere dank seiner großen Mitgliederzahl[10] und des hohen Organisationsgrades der deutschen Beamtenschaft.

Für alle Organisationen wurden jeweils die Präsidenten bzw. Vorsitzenden, die Hauptgeschäftsführer bzw. Verbandsdirektoren und innerhalb des DBB die Vorsitzenden der 16 Landesbünde in die Auswahl einbezogen.

Tabelle II-8: Elitepositionen im Sektor 'Berufsverbände'

Subsektoren	Zahl der Positionen
Bundesverband der Freien Berufe	29
nicht über den BFB vertretene Verbände	29
Deutscher Beamtenbund	21
Gesamt	**79**

2.8 Sektor Justiz

Die im Gewaltenteilungsschema als 'dritte Gewalt' apostrophierte Rechtsprechung entbehrt einer sämtliche rechtsprechende Instanzen umfassenden gemeinsamen Organisation. In der Bundesrepublik gibt es vielmehr verschiedene Zweige der Gerichtsbarkeit: die Verfassungsgerichtsbarkeit, die ordentliche Gerichtsbarkeit (Zivil- und Strafrecht), die Verwaltungsgerichtsbarkeit, die Finanzgerichtsbarkeit, die Arbeitsgerichtsbarkeit und die Sozialgerichtsbarkeit. Diese Zweige der allgemeinen Gerichtsbarkeit stellen zugleich unsere Subsektorgliederung im Bereich der Justiz dar. Alle Gerichtszweige verfügen über einen in der Regel dreistufigen Instanzenzug. Für jeden Zweig wurden jeweils nur die obersten Instanzen, das sind die obersten Gerichtshöfe, berücksichtigt.

9 Beispielhaft zu nennen sind die PEN-Zentren Ost und West, die Akademie der Künste und der Deutsche Kulturrat.

10 Angaben des DBB zufolge hatte er per 30.09.1992 1.095.399 Mitglieder.

Einzige Instanz der Verfassungsgerichtsbarkeit ist das Bundesverfassungsgericht (BVerfG). Das BVerfG setzt sich aus zwei Senaten mit jeweils acht Richtern zusammen. Für unsere Studie wurden alle Verfassungsrichter- und -richterinnen ausgewählt.

Höchste Revisionsinstanz der ordentlichen Gerichtsbarkeit ist der Bundesgerichtshof (BGH).[11] Er setzt sich aus zwölf Zivilsenaten zusammen, dem Kartellsenat, fünf Strafsenaten sowie den Spezialsenaten Großer Senat für Zivilsachen, Großer Senat für Strafsachen und den Vereinigten Großen Senaten. Eine weitere wichtige Institution ist der Generalbundesanwalt beim BGH. In die Auswahl aufgenommen wurden der Präsident und der Vizepräsident des BGH, die Vorsitzenden Richter aller Senate sowie der Generalbundesanwalt.

Die Verwaltungsgerichtsbarkeit ist zuständig für alle öffentlich-rechtlichen Streitigkeiten nichtverfassungsrechtlicher Art. Höchste Instanz ist das Bundesverwaltungsgericht (BVerwG). Es gliedert sich in zehn Revisionssenate, zwei Disziplinarsenate, zwei Wehrdienstsenate und einen Großen Senat. Hinzu kommt der Oberbundesanwalt beim Bundesverwaltungsgericht als selbständige Behörde der Rechtspflege. In die Positionsauswahl wurden der Präsident und die Vizepräsidentin, der Leiter der Präsidialabteilung, die Vorsitzenden Richter und der Oberbundesanwalt beim BVerwG aufgenommen.

Die Finanzgerichtsbarkeit ist vor allem zuständig für öffentlich-rechtliche Abgabestreitigkeiten, sofern sie der Gesetzgebung des Bundes unterliegen und durch Bundes- oder Landesfinanzbehörden verwaltet werden. Der Bundesfinanzhof (BFH) ist die höchste Instanz. Der BFH besteht aus elf Senaten und dem Großen Senat. Folgende Positionen wurden in unsere Auswahl aufgenommen: die des Präsidenten und des Vizepräsidenten sowie die der Vorsitzenden Richter der Senate.

Die Arbeitsgerichtsbarkeit versteht sich als Teil des Privatrechts. Sie befaßt sich unter anderem mit Streitigkeiten zwischen Tarifpartnern oder zwischen Arbeitnehmern und Arbeitgebern aus dem Arbeitsverhältnis. Die höchste Instanz ist das Bundesarbeitsgericht (BAG). Das BAG besteht aus neun Senaten und dem Großen Senat. Für das BAG wurden der Präsident und die Vizepräsidentin sowie die Vorsitzenden Richter der Senate berücksichtigt.

Die Sozialgerichtsbarkeit ist für alle öffentlich-rechtlichen Streitigkeiten in Angelegenheiten der Sozialversicherung, der Arbeitslosenversicherung und der übrigen Aufgaben der Bundesanstalt für Arbeit zuständig. Das Bun-

---

11 Bayern verfügt zusätzlich noch über das Bayerische Oberste Landgericht.

dessozialgericht (BSozG) ist die höchste Instanz. Im BSozG sind 14 Senate gebildet worden. In die Auswahl wurden der Präsident und der Vizepräsident sowie die Vorsitzenden Richter der Senate aufgenommen.

Tabelle II-9: Elitepositionen im Sektor 'Justiz'

Subsektoren	Zahl der Positionen
Bundesverfassungsgericht	16
Bundesgerichtshof	20
Bundesverwaltungsgericht	12
Bundesfinanzhof	9
Bundesarbeitsgericht	9
Bundessozialgericht	11
Gesamt	**77**

2.9 Sektor Wissenschaft

Seine Ausbildungsfunktion sowie die wirtschaftliche und politische Bedeutung wissenschaftlicher Forschungsergebnisse machen die gesellschaftliche Bedeutung des Sektors Wissenschaft aus. Gemäß der Logik des Positionsansatzes beruhte die Auswahl der befragten Wissenschaftler auf der formalen Höhe ihrer Position und nicht auf wissenschaftlichen Leistungen oder Renommee.

Um die einzelnen Bereiche der Wissenschaft und ihre gesellschaftliche Bedeutung möglichst adäquat abbilden zu können, gingen wir bei der Positionsauswahl von folgender Subsektorgliederung aus: (1) Universitäten, (2) Großforschungseinrichtungen des Bundes, (3) institutionelle Forschungsförderung, (4) Wissenschaftsadministration, (5) wissenschaftliche Forschungs- und Beratungsinstitute und (6) privatwirtschaftliche Forschung.

Analog der Elitestudie von 1981 wurden die Rektoren aller deutschen Universitäten ausgewählt.

Bei der Budgetierung von öffentlichen bzw. überwiegend öffentlich finanzierten Forschungseinrichtungen (ohne Universitäten) stellen die Großforschungseinrichtungen des Bundes die bedeutendste Gruppe dar.[12] Es wur-

12 Für sie allein wurden im Jahre 1991 3,7 von 9 Milliarden Mark, d.h. rund 41%, aller für öffentliche Forschungseinrichtungen vorgesehenen Mittel ausgegeben.

den diese 16 Einrichtungen und deren zentrales Beratungs- und Koordinierungsgremium, die Arbeitsgemeinschaft der Großforschungseinrichtungen (AGF), in unserer Auswahl berücksichtigt. Ausgewählt wurden die formal am höchsten rangierenden Entscheidungsgremien und die spezifisch für die wissenschaftliche Arbeit der Institute verantwortlichen Gremien. Das sind Stiftungsvorstände oder -kuratorien, Vorstände, wissenschaftliche Direktorate, wissenschaftlich-technische Geschäftsführungen etc.

Zur institutionellen Forschungsförderung gehören sowohl reine Forschungseinrichtungen als auch Einrichtungen der Forschungsförderung. Auf Grund der großen Zahl einzelner Einrichtungen wurden jeweils nur die zentralen Einheiten erfaßt. Das sind unter den Forschungseinrichtungen beispielsweise die Max-Planck-Gesellschaft zur Förderung der Wissenschaften e.V. (MPG), die Fraunhofer-Gesellschaft zur Förderung der angewandten Forschung e.V. (FhG) und die Forschungsgesellschaft für angewandte Naturwissenschaften e.V. (FGAN). Ausgewählt wurden jeweils die Präsidenten und Vizepräsidenten sowie Vorsitzende wissenschaftlicher Sektionen und die Generalsekretäre.

Zur Forschungsförderung gehören Einrichtungen wie die Deutsche Forschungsgemeinschaft (DFG), die Konferenz der deutschen Akademien der Wissenschaften, die Stiftung Volkswagen (SdbR), der Stifterverband für die Deutsche Wissenschaft e.V. (SV) sowie die Arbeitsgemeinschaft industrieller Forschungsvereinigungen "Otto von Guericke" e.V. (AiF). Berücksichtigt wurden jeweils die Positionen der Präsidenten und Geschäftsführer bzw. Generalsekretäre.

In der Wissenschaftsadministration findet die Rahmen- und Perspektivensetzung, Budgetierung und Koordinierung von Wissenschaft in Lehre und Forschung statt. Berücksichtigt wurden die Bund-Länder-Kommission für Bildungsplanung und Forschungsförderung, die Ständige Konferenz der Kultusminister, die Hochschulrektorenkonferenz, die Ständige Konferenz der Rektoren und Präsidenten der staatlichen Fachhochschulen und der Wissenschaftsrat. Innerhalb dieser Gremien wählten wir die Positionen der Präsidenten und Generalsekretäre bzw. Geschäftsführer aus.

Fünf wirtschaftswissenschaftliche Institute legen im Auftrag der Bundesregierung jährlich Gutachten über die gesamtwirtschaftliche Entwicklung vor. Auf Grund ihrer Bedeutung, die sie für den politischen Willensbildungsprozeß haben, fanden diese Institute in unserer Erhebung ebenfalls Berücksichtigung. Neben diesen fünf Einrichtungen wurden weitere wichtige Institutionen, wie z.B. der Sachverständigenrat ("Die Fünf Weisen"), das Deutsche Institut für Wirtschaftsforschung, das Institut für Weltwirtschaft an der Universität Kiel und das Institut für Wirtschaftsforschung Halle erhoben.

Für diese Institutionen sind jeweils die Präsidenten der Institute und die Leiter der für wirtschaftswissenschaftliche Gutachten zuständigen Abteilungen in die Auswahl eingegangen.

Neben der öffentlichen Hand verfügt auch die Wirtschaft über ein enormes Forschungspotential. In Deutschland werden die für Forschung und Entwicklung aufgewendeten finanziellen Mittel (1991 ca. 85 Milliarden Mark[13]) zu jeweils gleichen Teilen von Staat und Wirtschaft aufgebracht. Weiterhin fließen staatliche Gelder in die Forschung und Entwicklung im Unternehmensbereich. Diese konzentrieren sich zu mehr als drei Vierteln auf 15 deutsche Großunternehmen[14], die bei der Auswahl der Positionen berücksichtigt wurden. In diesen Unternehmen wählten wir jeweils die Positionen der für die Forschungsabteilungen Verantwortlichen (Bereichsleiter in Vorständen oder Abteilungsleiter) aus.

Tabelle II-10: Elitepositionen im Sektor 'Wissenschaft'

Subsektoren	Zahl der Positionen
Universitäten	81
Großforschungseinrichtungen des Bundes	43
institutionelle Forschungsförderung	42
Wissenschaftsadministration	19
Forschungs- und Beratungsinstitute	21
privatwirtschaftliche Forschung	15
Gesamt	**221**

Im Gegensatz zur Elitestudie von 1981 erhoben wir keine einzelnen Institute der „Blauen Liste", sondern deren Arbeitsgemeinschaft. Die Zahl der Institute der Blauen Liste ist groß (n=72), aber keines der Institute ist derart strukturbestimmend, daß eine stellvertretende Auswahl zu rechtfertigen wäre.

13 Das sind Mittel für die Finanzierung von Hochschulforschung, öffentlicher Forschungseinrichtungen sowie Forschung und Entwicklung in der Privatwirtschaft. Daten entnommen: Statistisches Bundesamt 1993 sowie Bundesministerium für Forschung und Technologie 1994.

14 Das sind u.a. die Daimler-Benz AG, die Internationale Natrium-Brutreaktor-Bau GmbH, die Messerschmitt-Boelkow-Blohm (MBB) AG, die Siemens AG und die ERNO Raumfahrttechnik GmbH.

2.10 Sektor Massenmedien

Die gesamtgesellschaftliche Bedeutung der Massenmedien erwächst nicht aus deren Beteiligung an politischen Entscheidungsprozessen oder wirtschaftlicher Macht. Medien verfügen über Definitionsmacht für öffentlich wahrgenommene Probleme und Problemlösungsstrategien. Auch auf Grund ihrer Kontrollfunktion haben sie indirekten Einfluß auf die Entscheidungsträger in anderen Sektoren.

Nicht zu unterschätzen bei der Erhebung im Sektor der Massenmedien sind dessen Strukturentwicklungen. Die zunehmenden Konzentrationsprozesse im Bereich der Printmedien[15] haben sich mittlerweile auch auf die audio-visuellen Funkmedien ausgedehnt. Seit der Neuordnung des Rundfunkwesens durch den Staatsvertrag vom 12. März 1987 ist das Monopol des öffentlich-rechtlichen Rundfunks gebrochen. Die Zulassung privater Anbieter hat sehr rasch zu einer neuen, nunmehr ökonomisch begründeten, Konzentration geführt. Diesen Prozessen Rechnung tragend, wurden erstmals private Rundfunk- und Fernsehstationen in die Auswahl aufgenommen. Bei der Positionsauswahl gingen wir von folgender Subsektorstruktur aus:

1. Presse:
   - Nachrichtenagenturen
   - Zeitungen und Zeitschriften,
2. Funkmedien:
   - öffentlich-rechtliche Rundfunk- und Fernsehanstalten,
   - private Rundfunk- und Fernsehstationen.

Mit der Sammlung eingehender Informationen, deren Bearbeitung (Selektion) und der Weiterleitung an interessierte Verbreitungsmedien nehmen Nachrichtenagenturen eine Schlüsselstellung im Informationsfluß ein. Von den für den bundesdeutschen Nachrichtenmarkt 1994 registrierten ca. 450 Nachrichtenagenturen erhoben wir die von der größten Zahl publizistischer Einheiten genutzten[16]. Das sind u.a. die Deutsche Presseagentur (dpa), Reuters (rtr) und der Allgemeine Deutsche Nachrichtendienst (ADN). Auswahlpositionen waren die der Geschäftsführung, des Chefredakteurs und des Leiters des politischen Ressorts.

Von den Zeitungen und Zeitschriften wurden die auflagenstärksten Tageszeitungen[17], Wochenzeitungen, politischen Magazine und Publikumszeit-

---

15 Waren 1954 noch 225 publizistische Einheiten auf dem Markt, so sank ihre Zahl bis 1980 auf 122 und erhöhte sich nach der Wiedervereinigung bis 1993 um nur 15 publizistische Einheiten. Vgl. Schütz 1994: 168 ff.; Meyn 1990: 151 f.

16 Gemäß den Angaben des Bundesverbandes Deutscher Zeitungsverleger e.V., Bonn.

17 Hier wurde nochmals unterschieden nach (a) überregionalen Qualitätszeitungen (5) wie die Frankfurter Allgemeine Zeitung oder das Handelsblatt; (b) überregionalen Kaufzei-

schriften berücksichtigt. Innerhalb der ausgewählten Presseerzeugnisse wurden folgende Positionen erhoben: die der Herausgeber, der Chefredakteure und ihrer Stellvertreter sowie auf Grund der besonderen Bedeutung der politischen Berichterstattung die der verantwortlichen Redakteure für Politik und/oder Nachrichten.

Für die öffentlich-rechtlichen Rundfunk- und Fernsehanstalten nahmen wir alle ARD-Mitglieder und das ZDF in die Erhebung auf. Dem spezifischen Gewicht der je verschiedenen ARD-Mitglieder Rechnung tragend, wurden neben den in allen Anstalten vorhandenen Spitzenpositionen (z.B. Intendant und Programmdirektoren) bei den größeren Anstalten (z.B. NDR, WDR) die Positionen der leitenden Redakteure aller wesentlichen politischen bzw. wirtschaftspolitischen Sendungen ausgewählt. Analog erfolgte die Positionsauswahl für das ZDF. Hier wurden zusätzlich die Leiter der 17 Inlandstudios berücksichtigt.

Da private Anbieter auf dem Fernsehmarkt Deutschlands eine junge Erscheinung[18] sind, profitierten wir von der noch gegebenen Übersichtlichkeit dieses Marktsegments. Das ermöglichte die Erhebung aller bundesweiten privaten Fernsehstationen mit Vollprogrammen.[19] Anders gestaltete sich die Lage hinsichtlich privater Hörfunkstationen. Da deren Betreibung gemäß dem Rundfunkstaatsvertrag unter Länderhoheit steht, gibt es zum Teil beträchtliche Unterschiede in der Zahl der Anbieter und dem Konzentrationsgrad der Unternehmen in den verschiedenen Bundesländern. Da keine bundesweiten privaten Hörfunkanbieter existieren, erhoben wir in jedem Bundesland die Inhaber des größten Marktanteils[20] bei gegebener landesweiter Reichweite.

Bei privaten Anbietern wurde bei der Positionsauswahl entsprechend dem Recht privater Wirtschaftsunternehmen vorgegangen: die Geschäftsführer, die Programmleiter bzw. -direktoren und ihre Stellvertreter sowie die Nachrichten- und/oder Politikredakteure.

---

tungen: die BILD-Zeitung als einzige in der Bundesrepublik; (c) regionalen Kaufzeitungen (8) wie der EXPRESS oder die BZ; (d) regionalen Abonnementzeitungen (18) mit einer Mindestauflagenhöhe von 200.000.

18 Die juristische Grundlage stellt der "Rundfunkstaatsvertrag" des Jahres 1991 dar. Jedoch ist das erste deutsche Kabelpilotprojekt von Ludwigshafen (Beginn 01.01.1984) als medienpolitische Vorlaufphase einzustufen.

19 Das sind: n-tv, Pro 7, RTL, RTL 2, Sat 1 und Vox.

20 Basierend auf Hörfunk-Reichweitenanalysen 1994 in: DLM-Jahrbuch 1993/94.

Tabelle II-11: Elitepositionen im Sektor 'Massenmedien'

Subsektoren		Zahl der Positionen
Presse	Presseagenturen	14
	Zeitungen und Zeitschriften	232
Funkmedien	öffentliche-rechtliche	209
	private	74
Gesamt		**529**

2.11 Sektor Kultur

Die Repräsentanten des Sektors Kultur erlangen ihr Gewicht durch den Einfluß, den sie auf die Meinungsbildung zu gesamtgesellschaftlichen Themen ausüben. Der Bereich der Kultur ist organisatorisch weniger verfestigt als andere. Formal zu definierende Führungspositionen sind mithin schwierig auszumachen. Als Alternative kämen nur qualitative Auswahlkriterien in Frage, was jedoch dem methodischen Ansatz unserer Erhebung zuwiderliefe. Um nicht auf den Sektor 'Kultur' verzichten zu müssen, wurden der institutionelle Rahmen und die Verbreitungsmedien von Kunst und Kultur in Betracht gezogen.

Die Inhaber derartiger Positionen treten im modernen Kommmunikationssystem als 'Manager' und 'Verwalter' von Kultur auf. Sie sind auf Grund ihrer strategischen Positionen von besonderer Bedeutung für die Verbreitung kultureller Deutungsmuster und haben von daher auch die Möglichkeit, ganz bestimmte Themen auf die Tagesordnung zu setzen.

Für unsere Positionsauswahl stützten wir uns auf die zwei klassischen Medien der Kulturvermittlung: gedruckte und audio-visuelle Medien. In folgenden Subsektoren wurden Positionen ausgewählt: (1) öffentlich-rechtlicher Fernseh- und Hörfunk, (2) privater Fernseh- und Hörfunk, (3) Presse, (4) Literaturzeitschriften, (5) Verlage und (6) Medienunternehmen/Verlagsgruppen.

Von den öffentlich-rechtlichen Anstalten des Fernseh- und Hörfunks wählten wir die verantwortlichen Redakteure dezidiert kultur- und kunstorientierter Redaktionen aus. Bei ARD und ZDF waren das die Leiter der einschlägigen Hauptredaktionen und die verantwortlichen Redakteure kultureller Spartenredaktionen, bei der ARD zusätzlich die Inhaber leitender Positionen bei der Degeto-Film GmbH.

Als Grundlage für die Positionsauswahl bei den privaten Fernseh- und Hörfunkanbietern diente auch hier die Gruppe der für den Sektor Massenmedien erhobenen Sender. Bei den bundesweiten Fernsehanbietern konnten nur für zwei Stationen (SAT.1 und Pro 7) und bei den Hörfunkanbietern nur für sieben (Bayern, Berlin, Brandenburg, Hessen, Mecklenburg-Vorpommern, Nordrhein-Westfalen und Sachsen-Anhalt) als solche ausgewiesene Kulturredakteure identifiziert werden.

Im Bereich der Printmedien erfaßten wir die einflußreichsten Organe entsprechend ihrer Auflagenhöhe und Reichweite. Darüber hinaus wurden die für aktuelle Kultur- und Kunstdebatten maßgeblichen Blätter in die Auswahl aufgenommen.[21] Als relevante Positionen wurden die der Feuilletonchefs und der verantwortlichen Redakteure für Literatur, Theater und Kunst berücksichtigt.

Als Forum des Meinungsaustausches zwischen Kunstproduzenten einerseits und als Bindeglied zwischen ihnen und ihren 'Konsumenten' andererseits spielen Literaturmagazine eine wesentliche Rolle. Die Sichtung einer vom Deutschen Kulturrat herausgegebenen Übersicht von 157 Literaturzeitschriften (Deutscher Kulturrat 1993: 290 ff.) ergab eine Auswahl von zehn wichtigen Zeitschriften.[22] Ausgewählt wurden folgende Positionen: die der Herausgeber, der Geschäftsführer sowie der Chefredakteure oder Redakteure.

Auswahlkriterium bei Verlagen war, daß sie wichtige wissenschaftliche und politische Programme bzw. Reihen editieren. Das sind 26 Verlage[23], von denen sieben ökonomisch als mittelständische Unternehmen klassifiziet wurden. Relevante Positionen zur Erhebung waren die der Verleger, der Geschäftsführer und der verantwortlichen Lektoren politischer Buchreihen.

In Deutschland beherrschen fünf Verlagsgruppen[24] den Zeitungs- und Zeitschriftenmarkt: mehr als 40 Prozent aller Tages- und Sonntagszeitungen erschienen 1990 bei diesen Gruppen, nahezu 60 Prozent aller Publikumszeitschriften erschienen im gleichen Jahr bei vier Gruppen, ein Drittel davon allein beim Bauer Verlag (Meyn 1990: 80 ff.). Im Segment der Kaufzeitun-

---

21 Das sind zum einen die überregionalen Qualitätszeitungen: 'Süddeutsche Zeitung', 'Frankfurter Allgemeine Zeitung', 'Die Welt', 'Frankfurter Rundschau'; für Wochenzeitungen: 'Die Zeit', 'Deutsches Allgemeines Sonntagsblatt', 'Freitag', 'Wochenpost', 'Rheinischer Merkur', 'Stern' und 'Spiegel'.

22 Das sind z.B. die horen, Zeitschrift für Literatur, Kunst und Kritik, neue deutsche Literatur (ndL) sowie Sinn und Form.

23 So z.B. Leske + Budrich, Kohlhammer, Rowohlt Verlag sowie Vandenhoeck & Ruprecht.

24 Diese Verlagsgruppen sind (1) Bertelsmann (2) Gruner + Jahr (3) Axel Springer Verlag (4) Heinrich Bauer Verlag und (5) Verlagsgruppe Holtzbrink.

gen brachten es diese fünf Unternehmen zu einem Marktanteil von 98,4 Prozent (Röper 1993: 402 ff.). Da derartige Unternehmen im Prinzip alle Medienformen unter einem Dach vereinen, sind sie im weitesten Sinne Kunstförderer, -produzenten und -vermarkter in einem. Ausgewählt wurden alle Positionen in Vorstand bzw. Geschäftsführung.

Tabelle II-12: Elitepositionen im Sektor 'Kultur'

Subsektoren	Zahl der Positionen
öffentlich-rechtlicher Fernseh- und Hörfunk	70
privater Fernseh- und Hörfunk	10
Presse	17
Literaturzeitschriften	19
Verlage	60
Medienunternehmen/Verlagsgruppen	29
Gesamt	**205**

2.12 Sektor Kirchen

In Deutschland dominieren die katholische und die evangelische Kirche das religiöse Leben. Sie haben noch heute einen beträchtlichen Einfluß auf die Gesellschaft und deren Meinungsbildungsprozeß. Beide Konfessionen haben in der Bundesrepublik jeweils ca. 25 Millionen[25] Mitglieder. Neben den hohen Mitgliederzahlen ergibt sich die Bedeutung der Kirchen aus der großen Zahl kirchlich-caritativer Einrichtungen und der Integration der Kirchen in pluralistische Gremien, wie zum Beispiel Rundfunkräte, Planungsbeiräte und Anhörungsverfahren.

Da in der bundesdeutschen Gesellschaft mittlerweile mehr als vier Millionen Ausländer leben, haben andere Religionen hier an Bedeutung gewonnen. Besonders auf der kommunalen Ebene erlangen sie auf Grund regionaler Konzentration ein zunehmendes Gewicht. Insofern war es gerechtfertigt, zwei weitere Religionsgemeinschaften in unsere Auswahl aufzunehmen.

25 Vgl.: Statistisches Bundesamt 1993: 68. Diese Daten beruhen auf den Ergebnissen der letzten Volkszählung vom 25.05.1987 und enthalten daher keine Angaben zum Gebiet der ehemaligen DDR.

Namentlich sind dies die islamische mit 1,6 Millionen und die jüdische mit 32.000 Mitgliedern.

Die evangelische Kirche in Deutschland (EKD) ist ein Bund von 24 lutherischen, reformierten und unierten Gliedkirchen. Die Organe der EKD sind: die Synode, die Kirchenkonferenz, der Rat der EKD und die 24 Landesbischöfe. Hier sind das Kirchenamt und das Kirchliche Außenamt vor allem wegen ihrer Mittlerfunktion zwischen Kirche und Politik zu berücksichtigen. Folgende Positionen wurden in die Auswahl aufgenommen: die des Präses der Synode, des Vorsitzenden, seines Stellvertreters und des Bevollmächtigten des Rates der EKD, des Leiters des Kirchenamtes, des Leiters des Kirchlichen Außenamtes und die der Landesbischöfe.

Die katholische Kirche in der Bundesrepublik gliedert sich in sechs Erzbistümer, 20 Bistümer und ein Bischöfliches Amt. Auf Grund des streng hierarchischen 'Statthaltertums' der katholischen Kirche sind im Gegensatz zur evangelischen Kirche vor allem die Bischofs- und Erzbischofssitze die einflußreichsten Positionen. Von daher wurden in die Auswahl aufgenommen: sechs Erzbischöfe, 20 Bischöfe, der Leiter eines Bischöflichen Amtes und der Leiter des Kommissariats der deutschen Bischöfe. Die letzte Position fungiert ebenfalls als Schnittstelle zwischen Kirche und Politik.

Für den Islam in Deutschland wurde der Ratsvorsitzende des Islamrates für die Bundesrepublik Deutschland berücksichtigt, für die jüdischen Gemeinden der Vorsitzende Direktor und der Geschäftsführende Direktor des Zentralrates der Juden in Deutschland.

Tabelle II-13: Elitepositionen im Sektor 'Kirchen'

Subsektoren	Zahl der Positionen
katholische Kirche	28
evangelische Kirche	30
nichtchristliche Religionen	3
Gesamt	**61**

2.13 Umwelt- und sonstige zentrale Organisationen der neuen sozialen Bewegungen

Seit den politischen Mobilisierungsprozessen der späten 60er und der 70er Jahre sind die Neuen Sozialen Bewegungen nicht mehr aus dem gesellschaftspolitischen Alltag wegzudenken. Sie sind zu ernsthaften Konkurrenten von Parteien, Verbänden und Gewerkschaften als intermediäre Institutionen geworden (R. Roth 1994: 33). Dieser Sektor ist durch mannigfaltige Organisationsformen geprägt. Sie reichen von informellen Basisgruppen bis zu professionellen 'Bewegungsunternehmen' wie Greenpeace. Da sie ein einflußreicher Sektor im gesellschaftlichen Meinungsbildungs- und Entscheidungsprozesses sind, wurden sie in der vorliegenden Studie berücksichtigt. Hier wählten wir zentrale Organisationen aus Bereichen bewegungsspezifischer Themen aus, die auch das Kriterium der Präsenz in der Öffentlichkeit und in entsprechenden Gremien erfüllen. In diesen Organisationen wurden jeweils die Positionen der Bundesvorsitzenden bzw. Vorstandsvorsitzenden und der Bundesgeschäftsführer bzw. Geschäftsführer ausgewählt.

Tabelle II-14: Elitepositionen im Sektor 'Zentrale Organisationen'

Subsektoren	Zahl der Positionen
Bundesverband der Bürgerinitiativen Umweltschutz e.V. (BBU)	3
Bund für Umwelt- und Naturschutz Deutschland e.V. (BUND)	2
Naturschutzbund Deutschland e.V. (NABU)	2
Umweltstiftung WWF - Deutschland SdbR	2
Greenpeace e.V.	2
Deutsche Bundesstiftung Umwelt SdbR	2
amnesty international (ai) Sektion Bundesrepublik Deutschland e.V.	2
Sektion Bundesrepublik Deutschland der Internationalen Ärzte für die Verhütung des Atomkrieges e.V. (IPPNW)	2
Gesamt	**17**

2.14 Sektor Militär

Das augenfälligste Symbol staatlichen Gewaltmonopols ist das Militär. Die Einbindung der Bundeswehr in die demokratische Grundordnung und der Führungsanspruch der Politik über das Militär sind im Grundgesetz verankert. Die bundesdeutschen Streitkräfte gliedern sich in die drei Waffengattungen Heer, Luftwaffe und Marine sowie in das Sanitäts- und Gesundheitswesen. Diese Waffengattungen und das Sanitäts- und Gesundheitswesen stellen zugleich die Subsektoren in der Erhebung dar. Das Militär ist wie kein anderer Sektor auf der Basis von Dienstgraden streng hierarchisch organisiert.

Zielgruppe unserer Studie sind deshalb alle Generalsdienstgrade (Besoldungsgruppen B 6 bis B 10) als ranghöchste Dienstgrade. Dem Einzelplan 14 des Bundeshaushaltsplanes zufolge umfaßt die Grundgesamtheit 'Militär' 206 Positionen. Davon entfallen 106 auf das Heer, 54 auf die Luftwaffe, 31 auf die Marine und 15 auf das Sanitäts- und Gesundheitswesen. Diese Zahl von 206 Positionen konnte jedoch nicht als Bruttoansatz genommen werden. Vor allem streitkräfteinterne Vorschriften der Geheimhaltung ließen die Identifizierung der Inhaber einiger Planpositionen nicht zu. Außerdem konnten die Positionsinhaber nur über den Personalstab des Verteidigungsministeriums mit vorheriger Genehmigung durch den Minister zu einem Interview aufgefordert werden. Diese Einschränkungen ließen letztlich die Zielgruppe auf 160 Positionen zusammenschmelzen. Diese Gruppe schließt ebenso Positionen militärischen Charakters des Bundesministeriums der Verteidigung (z.B. der Führungsstäbe) ein. Im Gegensatz zur Mannheimer Studie von 1981 haben wir alle identifizierbaren NATO- und Auslandspositionen aufgenommen. Sofern sie nicht im mit finanziell vertretbarem Aufwand erreichbaren Brüssel lagen, wurden Interviewtermine in der Zeit von Aufenthalten dieser Positionsinhaber an den Heimatstützpunkten realisiert.

Tabelle II-15: Elitepositionen im Sektor 'Militär'

Subsektoren	Zahl der Positionen
Heer	81
Luftwaffe	31
Marine	12
Sanitäts- und Gesundheitswesen	11
NATO-Abordnungen und Eurokorps	25
Gesamt	**160**

Auf der von uns erhobenen Ebene der Generalität sind seitens des Personals keine vereinigungsbedingten Veränderungen aufgetreten. Die Generalsdienstgrade der ehemaligen NVA wurden nicht in die Bundeswehr übernommen. In der territorialen Strukturierung der Bundeswehr sind lediglich ein Korps- und Territorialkommando sowie zwei Wehrbereichskommandos hinzugekommen. Die wenigen Übernahmen an professionellem Personal der NVA beziehen sich auf Positionen unterhalb der Generalsränge.

3. Die Ausschöpfungsrate

Im Anschluß an die Erhebung eines Bruttos von 4.587 Positionen (s. Tab. VII-1) wurden mögliche Ämterkumulationen recherchiert. Verfügte ein Mitglied der Elite über mehrere Führungspositionen, wurde nur die jeweils wichtigste Position berücksichtigt. Im Sektor Politik erhielten die legislativen und exekutiven Funktionen den Vorrang vor Parteiämtern und Sitzen in Aufsichtsgremien von Körperschaften oder Unternehmen. Für den Sektor 'Wirtschaft' hatten Sitze in Vorständen Priorität vor Aufsichtsratsmandaten und der Repräsentation in Wirtschaftsverbänden. Die Selektion der Ämterkumulationen führte zu einem Netto von 4.155 Positionen. Mit der Übergabe der zugehörigen Adressenliste an Infratest Burke, München, begann Anfang April 1995 die Feldphase der Studie, die Anfang Juli 1995 abgeschlossen wurde. Nach Herausnahme von 214 Fällen, in denen v.a. Positionen kurzfristig vakant wurden, reduzierte sich die Gesamtzahl der Positionsinhaber auf 3.941 Personen (s. Tab. II-16). Hiervon realisierte Infratest Burke in der Feldzeit 2.341 Interviews. Den größten Teil der Differenz decken die Ausfälle noch vor der eigentlichen Feldarbeit. In Reaktion auf das erste postalische Anschreiben gingen 1.448 Absagen ein. In der Regel waren das Absagen ohne Angaben näherer Gründe oder aus Zeitgründen. In der Feldzeit selbst, d.h. nach vereinbartem Interviewtermin, gab es nur 67 Ausfälle.

Bezogen auf die Gesamtheit vorhandener Positionsinhaber stellen die realisierten Interviews eine Ausschöpfungsrate von 59,4 Prozent dar. Von allen Erhebungssektoren gab es drei mit besonders hohen Ausschöpfungen: Militär (86,0%), Wissenschaft (81,2%) und Verwaltung (73,2%). Das Militär stellt insofern einen Sonderfall dar, als der Auswahlmodus nur die Berücksichtigung solcher Positionsinhaber zuließ, deren Adressen wir nach ihrer Bereitschaftserklärung an das Verteidigungsministerium erhielten (vgl. Abschnitt 2.14). Ein Sektor wich vom Durchschnitt deutlich nach unten ab. In der Wirtschaft konnten nur 33,6 Prozent der ausgewählten Positionsinhaber interviewt werden.

Tabelle II-16: Fallzahlen und Ausschöpfungsraten der Potsdamer Elitestudie 1995

Sektor	vorhandene Positions-inhaber (n)	realisierte Interviews (n)	Ausschöpf-ungsrate (%)
Politik	941	526	55,9
Verwaltung	654	479	73,2
Wirtschaft	437	147	33,6
Finanzwirtschaft	214	102	47,6
Wirtschaftsverbände	326	180	55,2
Gewerkschaften	164	97	59,1
Berufsverbände	60	43	71,6
Justiz	72	42	58,3
Wissenschaft	202	164	81,2
Massenmedien	454	281	61,9
Kultur	192	107	55,7
Kirchen	56	30	53,6
Zentrale Organisationen	12	8	66,6
Militär	157	135	86,0
Gesamt	**3.941**	**2.341**	**59,4**

4. Positionsinhaber ostdeutscher Herkunft

Der Beitritt der damaligen DDR zum Geltungsbereich des Grundgesetzes hat keine grundlegenden Strukturänderungen des Institutionengefüges der Bundesrepublik mit sich gebracht. Da auch sechs Jahre nach diesem Ereignis die Integration der neuen Bundesländer und insbesondere ihre spezifischen Problemlagen die öffentliche und politische Debatte bestimmen, stellt sich für eine gesamtdeutsche Elitestudie allerdings die Frage nach der Repräsentanz ostdeutscher Herkunft in der deutschen Elite.

Gemessen am Verhältnis von ost- und westdeutscher Bevölkerung sind Ostdeutsche in der Elite unterrepräsentiert. Von den 2.341 Befragten sind 272 Positionsinhaber ostdeutscher Herkunft (s. Tab. II-17). Das entspricht einer Quote von 11,6 Prozent.[26] Von diesen 272 Ostdeutschen sind 33 in den alten Bundesländern einschließlich Westberlin bzw. im Ausland tätig. Die anderen haben Positionen in den neuen Bundesländern inne. Von den 2.069 Positionsinhabern westdeutscher Herkunft haben 163 ihren Arbeitsort in den neuen Bundesländern. Führungskräfte westdeutscher Herkunft im Ostteil Deutschlands nehmen vor allem Positionen im politisch-administrativen Bereich und in den Massenmedien ein. Von 402 Elitepositionen in den Neuen Ländern werden rund 60 Prozent von Ostdeutschen besetzt.

Ein Blick auf Tabelle II-17 zeigt, wie ungleichmäßig Personen ostdeutschen Herkunft auf die Sektoren verteilt sind. Während der Anteil in den Sektoren Gewerkschaften, Massenmedien und Kultur etwa der Gesamtquote entspricht, sind im Sektor 'Politik' überdurchschnittlich häufig Positionsinhaber ostdeutscher Herkunft anzutreffen. Hingegen sind sie in drei Sektoren fast bzw. gar nicht vertreten (Militär, Justiz und Wirtschaft) und in den verbleibenden liegt ihr Anteil unter 10 Prozent. Ostdeutsche sind überwiegend in der Politik tätig, womit Politiker das Gros der ostdeutschen Positionseliten stellen.[27]

Worauf ist diese ungleichmäßige Verteilung zurückzuführen? Ganz allgemein liegen die Ursachen sowohl in den Kriterien der Auswahl gemäß dem Positionsansatz als auch in spezifischen Charakteristika der Erhebungssektoren. In der Politik ist die hohe ostdeutsche Repräsentanz vor allem auf Quotierungsentscheidungen in der Politik und auf das Erhebungsdesign unserer Studie zurückzuführen. Neben der Bundesebene wurden auch die föderalen Strukturelemente wie Landesregierungen und -parteivorstände sowie Fraktionen der Landtage in der Erhebung berücksichtigt. Die sehr geringe oder nicht gegebene Repräsentanz Ostdeutscher in der Verwaltung und der Justiz ist dem Umstand festgeschriebener Laufbahnbestimmungen und vorausgesetzter Kenntnis des westdeutschen Institutionensystems geschuldet. Hier gab und gibt es strukturelle Nachteile für Ostdeutsche, die in den ersten Jahren nach der Vereinigung nicht überwunden wurden. Ähnlich gelagert ist die Situation beim Militär. Es wurde die politische Entscheidung[28] getroffen,

26 Der Anteil Ostdeutscher an der Gesamtbevölkerung beträgt ca. 20%.

27 Dazu vertiefend: Rebenstorf/Sauer 1997; Welzel 1997a.

28 Grundlage hierfür waren die soldatenrechtlichen Bestimmungen des Vertrages der Bundesrepublik Deutschland und der Deutschen Demokratischen Republik über die Herstellung der deutschen Einheit -Einigungsvertrag- (Anlage I, Kapitel XIX, Sachgebiet B, Abschnitt II, Nummer 2).

Tabelle II-17: Verteilung ost- und westdeutscher Positionseliten auf die Sektoren

Sektor	Gesamt (N)	Ost-deutsche (n)	Ostquote im Sektor (%)	Verteilg. Ost auf Sektoren (%)	West-deutsche (n)	Westquote im Sektor (%)	Verteilg. West auf Sektoren (%)
Politik	499	160	32,1	58,8	339	67,9	16,4
Verwaltung	474	12	2,5	4,4	462	97,4	22,3
Wirtschaft	249	1	0,4	0,4	248	99,6	12,0
Wirtschaftsverb.	173	14	8,1	5,2	159	91,9	7,7
Gewerkschaften	97	12	12,4	4,4	85	87,6	4,1
Massenmedien	281	33	11,8	12,1	248	88,2	12,0
Kultur	101	13	12,9	4,8	88	87,1	4,3
Wissenschaft	164	12	7,3	4,4	152	92,7	7,3
Militär	135	0	0,0	0,0	135	100,0	6,5
Sonstige	168	15	8,9	5,5	153	91,1	7,4
davon: Justiz	42	0	0,0	0,0	42	100,0	2,0
Gesamt	**2.341**	**272**	**11,6**	**100**	**2069**	**88,4**	**100**

Generalsdienstgrade der Streitkräfte und Dienste der damaligen DDR auf Grund ihrer großen Systemnähe nicht zu übernehmen.

In der Wirtschaft beruht die sehr geringe Zahl von Positionsinhabern ostdeutscher Herkunft auf den verwandten Auswahlkriterien. Bei einem Umsatz von mindestens 3 Milliarden DM als erhebungsrelevantes Kriterium konnten nur die umsatzstärksten Unternehmen Westdeutschlands in die Gruppe der einflußreichen Unternehmen aufgenommen werden. Diese Unternehmen wiederum bestimmen die Zusammensetzung der Gremien von BDI, BDA und DIHT. Bei den Landwirtschaftsverbänden wie auch bei den Gewerkschaften und den Massenmedien hebt die Berücksichtigung der föderalen Organisationsstrukturen den Anteil Ostdeutscher.

Mit der Realisierung von 2.341 Interviews erzielte die erste gesamtdeutsche Elitestudie mit rund 60 Prozent eine vergleichsweise hohe Ausschöpfung.

Kapitel III
Soziale Zusammensetzung von Elite und Bevölkerung - Verteilung von Aufstiegschancen in die Elite im Zeitvergleich*

Kai-Uwe Schnapp

1. Einleitung

Die Förderung von Chancengleichheit ist ein grundsätzliches normatives Gebot von Demokratie. So verlangt der spezifische Gleichheitsgrundsatz des Grundgesetzes der Bundesrepublik Deutschland (Art. 3, Abs. 3): „Niemand darf wegen seines Geschlechts, seiner Abstammung, seiner Rasse, seiner Sprache, seiner Heimat und Herkunft, seines Glaubens, seiner religiösen oder politischen Anschauungen benachteiligt oder bevorzugt werden." Nicht zuletzt für die Legitimität von Elitenherrschaft, ohne die auch moderne Demokratien nicht auskommen, erscheint es wichtig, daß relative Gleichheit der Chancen besteht, Positionen mit hohem Prestige und weitreichenden Einflußmöglichkeiten besetzen zu können. Nicht eine familiäre Herkunft „aus gutem Hause", sondern Leistung und funktionale Erwägungen sollten bestimmen, wer Positionen besetzen kann, von denen aus die Geschicke der Gesellschaft wesentlich bestimmt werden.

Mit dem vorliegenden Beitrag soll deshalb die Frage beantwortet werden, ob die Aufstiegschancen in die Eliten aufgrund von Unterschieden der sozialen Herkunft gleich oder ungleich verteilt sind, und welche Veränderungen in der Verteilung der Chancen von 1981 auf 1995 beobachtet werden können.

Im ersten Abschnitt des Beitrages wird die Sozialstruktur von Elite und Bevölkerung anhand des Konzeptes der Dienstklasse (Goldthorpe 1980, 1982; Herz 1990) verglichen.

Im zweiten Abschnitt werden verschiedene Modell zum kausalen Zusammenhang von sozialer Herkunft, Bildung und Elitestatus überprüft. Ziel ist es hier herauszufinden, welche Faktoren maßgeblichen Einfluß auf die

* Ich danke Holger Meinken, Edeltraud Roller, Bernhard Weßels und Carsten Zelle für anregende Kommentare zu früheren Fassungen dieses Beitrages.

Aufstiegschancen haben. Es soll deutlich werden, wie die Aufstiegschancen[1] in die Elite auf die verschiedenen Herkunfts- und Bildungsgruppen verteilt sind.

Schließlich werden in einem letzten Abschnitt geschlechtsspezifische Chancenungleichheiten untersucht.

Die vergleichende Untersuchung der sozialen Zusammensetzung von Bevölkerung und Elite wird häufig unter der Perspektive der proportionalen Repräsentation verschiedener Bevölkerungsgruppen in der Führungsschicht durchgeführt. Das wird als Konzept der sozialstrukturellen Repräsentation bezeichnet, wobei die Repräsentation verschiedener sozialer Gruppen in der Elite als mögliche Voraussetzung der Repräsentation ihrer jeweiligen Interessen in der Elite untersucht wird (zur Darstellung und Kritik dieses Herangehens siehe Herzog 1989).

Dieses statische Konzept wird in dem vorliegenden Beitrag jedoch nicht aufgegriffen. Vielmehr wird eine dynamische mobilitätstheoretische Perspektive eingenommen. Es soll geklärt werden, wie die sozialstrukturelle Zusammensetzung der Führungsschicht der Bundesrepublik Deutschland zustande kommt, wie also die Mobilitätschancen in der Gesellschaft der Bundesrepublik Deutschland verteilt sind.

2. Theoretische und methodische Voraussetzungen: Bedeutung und Operationalisierung von Chancengleichheit

2.1 Elitenbildung - Soziale Ungleichheit und ihre Legitimität

Die Frage nach den Chancen für Personen unterschiedlicher sozialer Herkunft, sich in einer gegebenen Gesellschaft zu entwickeln, impliziert zugleich die Frage nach der Legitimität gesellschaftlicher Hierarchien und somit die Frage nach der Legitimität der Ausübung gesellschaftlicher Entscheidungsgewalt durch Eliten.

---

1 Wenn im vorliegenden Text von Aufstiegsschancen gesprochen wird, dann ist damit immer die durch soziodemographische Merkmale bestimmte Chance, eine Eliteposition erringen zu können, gemeint. Karrierewege innerhalb der Sektoren oder sektoral spezifische Karrierevoraussetzungen (z.B. Herzog 1975; Rebenstorf 'Karrieren' in diesem Band) werden hier nicht diskutiert.

Moderne hochdifferenzierte Gesellschaften sind ohne Hierarchien nicht denkbar. Komplexe soziale Gebilde bestehen aus vielfältig miteinander verwobenen sozialen Organisationen. Die Existenz dieser Organisationen impliziert wiederum die Existenz von Hierarchien, weil ohne Hierarchien die Koordination der arbeitsteilig organisierten Arbeitsweise nicht denkbar ist. Selbst neue Bestrebungen zur Enthierarchisierung von Organisationen können diese Notwendigkeit nicht hintergehen, wie sie denn auch Hierarchien nicht grundsätzlich abschaffen, sondern nur „flacher" machen wollen.

Auf der normativen Ebene stellt sich demnach für demokratische Systeme nicht die Frage nach der Legitimität von Hierarchien an sich, sondern vielmehr die Frage nach der Legitimität der Verfahren, mittels welcher höhere Positionen in diesen Hierarchien besetzt werden. Sind es in erster Linie askriptive Merkmale, wie die Zugehörigkeit zu einer bestimmten Familie oder sozialen Gruppe, die den Zugang zu diesen Positionen in einer Gesellschaft eröffnen, dann könnte im Rahmen der oben genannten Verfassungsnorm kaum von einem legitimen Rekrutierungsverfahren gesprochen werden. Dagegen würde eine Rekrutierung nach Leistungsmerkmalen von Personen und den funktionalen Erfordernissen der zu besetzenden Positionen diesen Normen nicht widersprechen.

Versucht man sich dem Problem der Legitimität sozialer Ungleichheit empirisch zu nähern, kann anhand der Ergebnisse von Bevölkerungsumfragen festgestellt werden, daß soziale Ungleichheit insoweit als legitim betrachtet wird, soweit einerseits eine ausreichende soziale Grundabsicherung aller Personen gewährleistet ist, und andererseits diese Ungleichheit auf der Basis unterschiedlicher Leistung bzw. Leistungsfähigkeit und nicht auf der Basis von Statuszuschreibungen entstanden ist (u.a. Sandberger 1994; Schäfers 1990: 182). Soziale Ungleichheit erscheint demnach sowohl auf der normativen als auch auf der empirischen Ebene als akzeptabel, wenn sie einem meritokratischen Prinzip folgend entsteht.

Hierbei muß jedoch berücksichtigt werden, daß es Formen der herkunftsabhängig ungleichen Verteilung von Karrierechancen gibt, die kaum zu beseitigen sind. Selbst wenn Bildungschancen formal gleich verteilt sind, und berufliche Karrieremöglichkeiten in erster Linie von im Bildungsgang erzielten Erfolgen abhängen, bleiben diese herkunftsbedingten Ungleichheiten erhalten. Bourdieu erklärt diese Tatsache mit der ungleichen Ausstattung an ökonomischem, kulturellem und sozialem Kapital, über die Personen unterschiedlicher Herkunftsgruppen verfügen. Die in der Regel gegebene höhere Ausstattung von Personen aus statushöheren Herkunftsgruppen mit allen Kapitalsorten, die diese quasi in die Wiege gelegt bekommen, ist für Personen aus statusniedrigeren Herkunftsgruppen Zeit ihres Lebens kaum oder gar nicht aufzuholen (vgl. Bourdieu 1983, Herz 1990, Rebenstorf 1995: 85 ff.), und bedeutet eine dauerhafte Chancenminderung für letztere Gruppe. Es wird empirisch zu prüfen sein, ob entsprechend interpretierbare Zusammenhänge bestehen.

2.2 Methodische Überlegungen und Operationalisierung

2.2.1 Operationalisierung des Dienstklassekonzeptes - Kodierung der Herkunftsgruppen

Fragt man, wie die Aufstiegschancen in die gesellschaftlichen Eliten auf die verschiedenen sozialen Gruppen verteilt sind, oder allgemeiner nach der Gleichheit der beruflichen und sozialen Entwicklungschancen, so wird als Merkmal, das die soziale Herkunft beschreibt, üblicherweise die soziale Stellung der Eltern zu einem bestimmten Zeitpunkt in der Jugend der untersuchten Personen verwendet (vgl. Handl 1984: 329). Auf diese Weise soll gesichert werden, daß die Beschreibung der sozialen Herkunft nicht vom Beginn der beruflichen Entwicklung dieser Personen beeinflußt wird.

Die Kategorien, mit welchen die soziale Herkunft gemessen werden soll, müssen so gewählt sein, daß sichergestellt ist, daß die für das Untersuchungsziel relevanten Differenzen zutage treten können. Für die Untersuchung der Aufstiegschancen in die gesellschaftlichen Eliten erscheint das Konzept der Dienstklasse als besonders geeignet. Diesem Konzept zufolge werden Personen der Dienstklasse zugeordnet, die leitende Positionen besetzen oder aber Funktionen ausüben, die eine akademische Ausbildung erfordern. Personen mit einfachen Dienstleistungstätigkeiten oder ausführenden Tätigkeiten in Industrie, Handwerk oder Landwirtschaft werden dagegen anderen Klassen zugeordnet (Goldthorpe 1980, 1982; Herz 1990; Beckmann und Trometer 1991).[2]

Die Dienstklasse wird in der Literatur als diejenige soziale Klasse bezeichnet, aus der bevorzugt Personen in Elitepositionen rekrutiert werden (Goldthorpe

---

2 Der von Goldthorpe verwendete Klassenbegriff lehnt sich an den Weberschen Klassenbegriff an. Nach Weber gehören Personen zu einer Klasse, die gleiche Kontrollpotentiale über ökonomische Ressourcen, gleiche „Marktchancen“ haben. Das Webersche Klassenkonzept ist, im Gegensatz zum Marxschen, nicht eine Theorie der Bildung von Klasseninteressen und der daraus folgenden Entstehung von Klassenkonflikten, sondern ein Instrument zur Systematisierung sozial homogener Bevölkerungsschichten mit unterschiedlichen Chancen zur Teilnahme am gesellschaftlichen Reichtum (Sørensen 1991).

1982, Herz 1990). Sie zeigt darüber hinaus starke Tendenzen sozialer Schließung (Herz 1990). Es kann deshalb theoretisch und empirisch begründet davon ausgegangen werden, daß eine auf der Basis des Dienstklassekonzeptes entwickelte Klassifikation aufstiegsrelevante soziale Unterschiede hervortreten läßt.

Hier wird eine Klassifikation verwendet, die das Schema von Goldthorpe in verkürzter Weise abbildet. Es werden lediglich die obere und untere Dienstklasse sowie die Nichtdienstklasse unterschieden.[3] Die weitere Differenzierung innerhalb der Nichtdienstklassen ist für die vorliegende Fragestellung nicht relevant.

2.2.2 Altersstruktur von Elite und Bevölkerung

Der Vergleich der Aufstiegschancen in die Elite anhand der beruflichen Stellung der Eltern stellt sicher, daß unterschiedliche Verteilungen der Chancen zu verschiedenen Zeitpunkten berücksichtigt werden, da die Altersgruppen beider Populationen – Bevölkerung und Elite – jeweils die Chancenstrukturen ihrer Generation repräsentieren.

Wie aus Tabelle III-1 ersichtlich ist, fällt die Alterszusammensetzung von Elite und Bevölkerung sowohl 1981 als auch 1995 sehr unterschiedlich aus. Das ist zwar nicht verwunderlich, da zur Besetzung fast aller Elitepositionen das Durchlaufen bestimmter Laufbahnstationen notwendig ist (siehe dazu Rebenstorf 'Karrieren' in diesem Band). Deshalb ist es aber notwendig, die Altersstruktur der Bevölkerung derart zu gewichten, daß sie der Altersstruktur der Elite entspricht. Nur so kann die Verteilung der Aufstiegschancen nach sozialen Herkunftsgruppen korrekt ermittelt werden. Andernfalls könnten Veränderungen der Sozialstruktur, die in den einzelnen Altersgrup-

---

3 Im einzelnen setzen sich die Klassen des verkürzten Dienstklasseschemas wie folgt zusammen:
Obere Dienstklasse: Professionelle (z.B. niedergelassene Rechtsanwälte oder Ärzte) mit mehr als einem Mitarbeiter, Selbständige mit mehr als 10 Mitarbeitern, Beamte, Richter und Angestellte im höheren Dienst und im Staatsapparat der DDR Tätige mit entsprechenden Positionen, Angestellte mit umfassenden Führungsaufgaben.
Untere Dienstklasse: Professionelle allein oder mit einem Mitarbeiter, Beamte etc. mittlerer Dienst, Beamte etc. gehobener Dienst und im Staatsapparat der DDR Tätige mit entsprechenden Positionen, Berufssoldaten, Angestellte mit schwierigen Aufgaben nach allgemeiner Anweisung in selbständiger Erfüllung, Angestellte mit eigenverantwortlicher Tätigkeit oder begrenzten Führungsaufgaben.
Nichtdienstklasse: Nicht Erwerbstätige, alle selbständigen Landwirte, Genossenschaftsbauern (DDR), kleine Selbständige, alle Arbeiterkategorien, Beamte etc. im einfachen Dienst, Industrie- und Werkmeister, Angestellte mit einfacher Tätigkeit, sonstige (vgl. Beckmann/Trometer 1991; Herz 1990).

pen unterschiedliche Größenverhältnisse zwischen den Herkunftsgruppen entstehen ließen, sowie altersbedingt schlechtere Rekrutierungschancen jüngerer Personen die Ergebnisse verzerren.[4]

Hoffmann-Lange (1992) führte für ihre Analyse der Mannheimer Elitestudie von 1981 keine Altersgewichtung ihrer Daten durch. Das hier dargestellte Verfahren scheint aus den genannten Gründen der vorliegenden Fragestellung jedoch eher gerecht zu werden.[5]

Tabelle III-1: Altersstruktur von Elite und Bevölkerung[6] (Spaltenprozent)

Altersgruppen	Bevölkerung 1981	Elite 1981	Bevölkerung 1995	Elite 1995
18-24	14	–	10	–
24-29	11	0	11	1
30-34	11	1	11	2
35-39	8	4	9	6
40-44	10	11	10	9
45-49	9	17	7	13
50-54	7	27	10	22
55-59	7	23	10	27
60-64	6	13	7	16
65-70	8	4	6	5
70 und älter	11	2	10	1
N	*2155*	*1744*	*3450*	*2341*

2.2.3 Nicht erwerbstätige Personen im Elite - Bevölkerungsvergleich

Für den Vergleich von Elite und Bevölkerung werden alle Personen aus den Bevölkerungsbefragungen herangezogen, die am Erwerbsleben teilnehmen. Dieses Vorgehen deckt sich mit dem Hoffmann-Langes (1992). In Ergänzung dieser Auswahl werden Personen beim Vergleich berücksichtigt, die am Erwerbsleben teilgenommen haben oder die eine entsprechende Absicht

4 Da die jüngsten Elitenpersonen 24 (Elitestudie 1995) bzw. 29 (Elitestudie 1981) Jahre alt sind, werden zusätzlich zu der Gewichtung alle Personen, die jünger als 24/29 Jahre sind, bei der Analyse der Bevölkerungsdaten nicht berücksichtigt.

5 Die Auswirkungen der Gewichtung auf die Zusammensetzung der Bevölkerung nach Herkunftsgruppen ist gering. Für 1995 ist die Differenz zwischen gewichteter und ungewichteter Verteilung nicht signifikant. Für 1981 ist diese Differenz zwar schwach signifikant, die Unterschiede sind dennoch so gering, daß mit beiden Vergleichsmaßstäben qualitativ gleichwertige Aussagen erzielt werden. Die Verwendung der gewichteten Stichprobe ist demnach nicht nur methodisch korrekt, sondern auch im Hinblick auf die Qualität daran getroffener Aussagen unproblematisch.

6 Die hier und im weiteren analysierten Daten entstammen folgenden Quellen: Elite 1981: ZA 1981a; Bevölkerung 1981: ZA 1981b; Bevölkerung 1995: ZA 1994.

deutlich werden ließen. Die Begründung für diese Auswahlentscheidung ist, daß auch diese Personen potentiell Elitepositionen besetzen könnten, weshalb sie zum Rekrutierungsreservoir der Eliten zu zählen sind:

a) Personen, die nach ihrem 65-sten Lebensjahr aus dem Erwerbsleben ausgeschieden sind, gehören in die zu berücksichtigende Bevölkerungsgruppe, weil auch in den Eliten Personen über 65 Jahren vertreten sind: 6 Prozent (n=128) der befragten Führungspersonen sind 65 Jahre und älter. Von diesen Personen haben 33 Prozent ihre Eliteposition als Ehrenamt inne (gegenüber 13,3% in der Gesamtelite). Diese Feststellung ergänzt sich mit Ergebnissen der Lebensverlaufsforschung, die den Abschnitt nach dem Austritt aus dem Erwerbsleben inzwischen als eigenwertige Lebensphase auffaßt. Diese Phase wird mit spezifischen, auch gesellschaftlich und politisch relevanten Tätigkeiten ausgefüllt (Kohli 1990: 387 ff.), und kann insofern sogar noch eine eigene Elitekarriere darstellen.
b) Arbeitslose sind Personen, die nur zeitweilig und in der Regel unfreiwillig aus dem Erwerbsleben ausgeschieden sind. Grundsätzlich werden sie aber, auch von der amtlichen Statistik, als Erwerbspersonen betrachtet. Damit sind sie ebenfalls potentielle Anwärter für eine Elitekarriere. Geht man davon aus, daß die Risiken, arbeitslos zu werden, gesellschaftlich ungleich verteilt sind (z.B. Müller 1994: 126 f.) dann wird mit einem Ausschluß von arbeitslosen Befragten aus der Vergleichsgruppe sogar eine Verzerrung der Ergebnisse in Richtung einer Unterschätzung der Chancenungleichheit erzielt. Aus diesem Grund werden Arbeitslose in den Vergleich eingeschlossen.
c) Erziehungsurlauber/innen, die angaben, bereits am Erwerbsleben teilgenommen zu haben, werden beim Vergleich berücksichtigt, weil sie – nach der erziehungsbedingten Unterbrechung der Berufslaufbahn – einen Aufstieg in die Elite fortsetzen können.

Somit bleiben lediglich Personen im Vergleich Elite - Bevölkerung unberücksichtigt, die entweder das Alter der jüngsten Führungspersonen noch nicht erreicht haben, oder Personen, die kein Interesse an einer Erwerbsbeteiligung bekunden (z.B. Hausfrauen ohne Erwerbsabsicht, Rentnerinnen die nie berufstätig waren), denn für diese Personen kann begründet davon ausgegangen werden, daß sie auch für Elitepositionen nicht in Frage kommen.

3. Soziale Herkunft von Elite und Bevölkerung

In diesem Abschnitt soll untersucht werden, wie sich 1981 und 1995 die Aufstiegschancen in die Führungsschicht auf die Herkunftsklassen verteilen. Dazu wird geprüft, ob Elite und Bevölkerung für 1981 und westdeutsche Bevölkerung und Elite für 1995 in ihrer Sozialstruktur proportional sind.

Die Analyse wird für 1995 zunächst auf die westdeutsche Bevölkerung und Elite beschränkt, um Veränderungen im Zeitraum von 1981 bis 1995 ohne Vereinigungseffekte beobachten zu können. Anschließend wird dargestellt, welche Veränderungen der Verteilung der Aufstiegschancen sich ergeben, wenn für 1995 die gesamte Bundesrepublik berücksichtigt wird.[7]

3.1 Veränderung der sozialen Zusammensetzung der Führungsschicht der Bundesrepublik Deutschland von 1981 zu 1995

Die Bevölkerung setzt sich sowohl 1981 als auch 1995 zu rund drei Vierteln aus Personen zusammen, die aus Haushalten der Nichtdienstklasse stammen, ein Fünftel kommt aus Haushalten der unteren Dienstklasse, die verbleibenden rund 5 Prozent sind Personen, deren Vater der oberen Dienstklasse angehörte (Tab. III-2).[8]

Ein erster Blick auf die Herkunftsklassen der Führungsschicht zeigt für 1981 und 1995 eine deutlich von der Bevölkerung abweichende Verteilung (Zeilen „Gesamtelite" in Tab. III-2). Zu beiden Erhebungszeitpunkten sind alle Herkunftsklassen annähernd gleich stark mit je einem Drittel in der Elite vertreten.

Im Zeitvergleich ist ein schwacher Trend zur Verlagerung der Anteile von der oberen Dienstklasse auf die Nichtdienstklasse zu verzeichnen. Dieser Trend findet auch darin seinen Ausdruck, daß die Gesamtdifferenz zwischen Bevölkerung und Elite von 1981 zu 1995 gesunken ist. Die Chancen zum

7 Für die Bevölkerung wurde der Wohnort gewählt, um zu entscheiden, ob es sich im Sinne der vorliegenden Frage um west- oder ostdeutsche Personen handelt. Für die Eliten wurde die Lage des Hauptarbeitsortes gewählt, weil das Ziel war, eine Gruppe zu definieren, die in ihrer Gesamtstruktur der Führungsschicht von 1981 möglichst nahe kommt.

8 Die aus Tabelle III-2 ersichtlichen Veränderungen in der Verteilung der Herkunftsgruppen zwischen 1981 und 1995 sind nicht signifikant, so daß von einer Stabilität der Bezugsgröße Bevölkerung ausgegangen werden kann. Struktureffekte müssen deshalb beim Zeitvergleich nicht berücksichtigt werden (vgl. Handl 1984 und 1985).

Aufstieg in die gesellschaftlichen Eliten haben sich für Personen aus der Nichtdienstklasse verbessert.

Tabelle III-2: Soziale Zusammensetzung von Eliten und Bevölkerung anhand der beruflichen Stellung des Vaters (1995 nur Westdeutsche, Zeilenprozent)

	nicht Dienstkl.	untere Dienstkl.	obere Dienstkl.	DI[9] Sektorelite - Bevölkerung	*N*
1981					
Bevölkerung	78	18	4	–	*1468*
Gesamtelite	33	32	35	45,0	*1596*
Gewerkschaften	78	15	6	2,5	*78*
SPD-Politiker	52	26	23	26,5	*110*
CDU/CSU-Pol.	48	32	20	30,0	*111*
Sonstige	31	36	33	47,0	*121*
Wissenschaft	30	30	39	47,5	*115*
Massenmedien	29	39	32	49,0	*203*
Wirtschaft	27	28	45	51,0	*264*
Kultur	26	32	42	52,0	*95*
Wirtschaftsverb.	26	22	52	52,0	*164*
Verwaltung	25	42	34	53,5	*270*
FDP-Politiker	21	17	63	58,5	*24*
Militär	10	63	27	68,0	*41*
1995					
Bevölkerung	73	21	6	–	*1360*
Gesamtelite	35	31	35	38,5	*1580*
Gewerkschaften	69	21	10	4,0	*70*
CDU/CSU-Pol.	40	29	31	33,0	*65*
B90/Grüne-Pol.	39	36	25	34,0	*77*
Wirtschaftsverb.	36	25	39	37,0	*132*
Wirtschaft	35	25	40	38,0	*201*
Wissenschaft	35	31	35	38,5	*116*
SPD-Politiker	34	31	35	39,0	*82*
Verwaltung	31	35	35	42,5	*269*
Massenmedien	31	35	35	42,5	*176*
Sonstige	31	36	33	42,0	*173*
Kultur	35	16	49	43,0	*69*
Militär	28	34	38	45,0	*103*
PDS-Politiker	25	63	13	48,5	*8*
FDP-Politiker	23	28	49	50,0	*39*

9 Duncan-Index of Dissimilarity. Erläuterung siehe Fußnote 3 in Schnapp 'Soziodemographie' in diesem Band.

Eine deutliche Entwicklung zu größerer Proportionalität und damit eine Verbesserung der Aufstiegschancen für Personen aus der Nichtdienstklasse hat sich in den Sektoren ergeben, die 1981 die stärksten Disproportionalitäten zur Bevölkerung aufwiesen (FDP-Politiker, Militärelite). Dagegen haben diejenigen Sektoren, die für 1981 die größte Proportionalität aufweisen (Gewerkschaftselite, SPD-Politiker) sich in Richtung größerer Chancenungleichheit entwickelt.

Vergleicht man die Zusammensetzung der einzelnen Elitesektoren im Jahre 1981 mit der sozialen Zusammensetzung der Bevölkerung 1981, fällt auf, daß nur eine Sektorelite – die Gewerkschaftselite – in ihrer sozialen Herkunft weitgehend der sozialen Zusammensetzung der Bevölkerung entspricht. Der Differenzindex zwischen Bevölkerung und Gewerkschaftselite ist mit 2,5 sehr klein. Auf dem zweiten Rang in der nach sinkender Ähnlichkeit geordneten Tabelle III-2 folgen die Führungsspitzen der SPD (DI 26,5) und, mit geringem Abstand, der CDU/CSU (DI 30). Die stärksten Abweichungen von der Bevölkerungszusammensetzung finden wir beim Militär (DI 68) und der Verwaltungselite (DI 53,5), die ihren Rekrutierungsschwerpunkt in der unteren Dienstklasse haben, sowie den Spitzenpolitikern der FDP (DI 58,5), die vorrangig aus der oberen Dienstklasse kommen. Wirtschafts- und Wirtschaftsverbandseliten (DI 51 und 52), die auch stark disproportional zusammengesetzt sind, haben ihren Rekrutierungsschwerpunkt ebenfalls in der oberen Dienstklasse.

Die in Abbildung III-1 dargestellten Prozentsatzverhältnisse verdeutlichen, daß in der Regel ein linearer Zusammenhang zwischen Herkunftsgruppe und Proportionalität des Anteils der jeweiligen Gruppe an den Eliten besteht.[10, 11] Je höher eine Herkunftsgruppe einzustufen ist, desto größer ist die Überproportionalität ihres Anteils an der Elite.

Zum Untersuchungszeitpunkt 1981 weichen jedoch zwei Sektoren deutlich von diesem generellen Muster ab. Das sind zum einen die Militärelite, bei der die extreme Unterproportionalität der Nichtdienstklasse nicht durch eine außergewöhnlich hohe Überproportionalität bei der oberen, sondern bei der unteren Dienstklasse ausgeglichen wird. Diese Verschiebung zerstört den linearen Trend, der in Abbildung III-1 für die anderen Sektoren sichtbar wird.

10 Das Prozentsatzverhältnis ist der Quotient aus dem Anteil der jeweiligen Herkunftsklasse an der Elite und dem Anteil der gleichen Herkunftsklasse an der Bevölkerung.

11 Der lineare Trend wird sichtbar nach logarithmischer Transformation der Prozentsatzverhältnisse.

Die zweite stark abweichende Gruppe stellt die Gewerkschaftselite dar. Sie zeigt in ihrer Sozialstruktur die geringste Disproportionalität zur Bevölkerung. Das findet in Abbildung III-1 darin seinen Ausdruck, daß die Werte für die Gewerkschaftselite nur schwach um den Parameter 1 streuen, der für eine proportionale Zusammensetzung von Elite und Bevölkerung steht.

Abbildung III-1: Proportionalität der Vertretung verschiedener Herkunftsklassen in der Elite

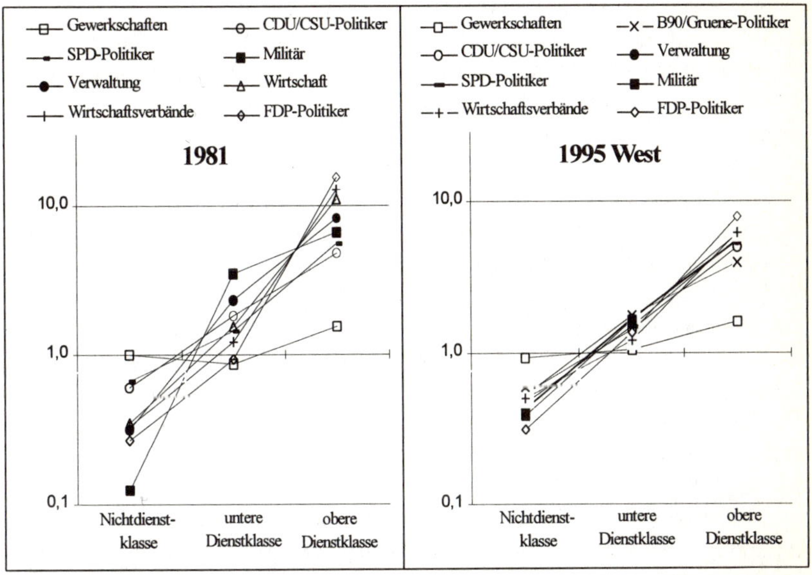

Aus Gründen der Übersichtlichkeit wurden nicht alle Sektoren in die Darstellung aufgenommen. Die Y-Achse wurde im Interesse einer besseren Lesbarkeit der Abbildung logarithmisch skaliert.

Das Prozentsatzverhältnis kann Werte von 0 bis Unendlich annehmen. Der Wert 1 steht für eine proportionale soziale Zusammensetzung von Elite und Bevölkerung, Werte größer 1 bilden Überproportionalität, Werte kleiner 1 Unterproportionalität ab.

Auch 1995 unterscheiden sich die Gewerkschaftsspitzen in ihrer Sozialstruktur am wenigsten von derjenigen der Bevölkerung. Dennoch haben sie sich, mit einem Differenzindex von 4, inzwischen etwas von der fast vollständigen sozialen Proportionalität entfernt, die sie 1981 hatten.

Bemerkenswert ist, wie stark die landläufig als „Arbeitnehmerpartei" wahrgenommene SPD inzwischen von der Sozialstruktur der Bevölkerung abweicht. Der Anteil an Führungskräften dieser Partei, die nicht der Dienstklasse entstammen, ist auf 34 Prozent zurückgegangen. Der Ungleichheitsindex nahm von 26,5 (1981) auf 39 (1995) zu. Bei den Unionsparteien blieb der Unterschied in der Herkunftsstruktur dagegen fast konstant, so daß sich letztere 1995 weniger in der Herkunftsstruktur ihrer Führungskräfte von der Bevölkerung unterscheiden als die SPD.

Eine ebenfalls relativ schwach disproportional zusammengesetzte Partei stellen Bündnis 90/Die Grünen dar. Die Sozialstruktur ihrer Führungsschicht ist der Sozialstruktur der SPD-Elite im Jahre 1981 sehr ähnlich.

Die FDP-Spitze rekrutierte sich 1995 zu deutlich geringeren Anteilen aus Personen aus der oberen Dienstklasse, während der Anteil an Personen aus der unteren Dienstklasse erkennbar stieg. Die FDP bewegte sich, obgleich immer noch eine der nach Herkunftsklassen am stärksten disproportionalen Elitegruppen, ein großes Stück in Richtung geringerer sozialer Disproportionalität (Differenzindex 1981: 58,5; 1995: 50).

Verwaltungs- und Wirtschaftseliten rekrutieren sich 1995 ebenfalls stärker aus Personen, die der Nichtdienstklasse entstammen. Diese Veränderung geht zu Lasten der unteren Dienstklasse als Herkunftsschicht. Der Dissimilaritätsindex für die Verwaltungselite sank von 53,5 (1981) auf 42,5 (1995), für die Wirtschafts- und Verbandseliten ergab sich eine Senkung von 51 und 52 (1981) auf 38 und 37 (1995).

Bei der Militärelite ging die soziale Disproportionalität ebenfalls spürbar zurück. Diese Reduktion ergibt sich vor allem aus dem Rückgang der für 1981 konstatierten starken Disproportionaliät zugunsten der unteren Dienstklasse als Herkunftsklasse. Der Dissimilaritätsindex für die Militärelite sank von 68 (1981) auf 45 (1995).

Das enge Bündel, das die Verbindungslinien zwischen den Punkten in Abbildung III-1 für 1995 bilden, macht deutlich, daß die Unterschiede der sozialen Zusammensetzung zwischen den Sektoreliten 1995 gering sind. Der geringere Anstieg dieser Linien gegenüber denen für 1981 repräsentiert die geringer gewordene Disproportionalität der sozialen Zusammensetzung.

Zusammenfassend kann dreierlei festgehalten werden:

a) In der Elite sind höhere soziale Herkunftsgruppen überproportional, niedere soziale Herkunftsgruppen unterproportional vertreten. Eine Ausnahme von dieser Regel stellen lediglich die Gewerkschaften dar, in denen alle Herkunftsgruppen annähernd proportional vertreten sind.
b) Die einzelnen Elitesektoren sind in ihrer Herkunftsstruktur einander ähnlicher geworden. Sektoren, die 1981 sehr stark disproportional zusammengesetzt waren, haben diese Disproportionalität reduziert, während einige der kaum disproportionalen Sektoren sich hin zu einer ungleicheren Verteilung der Herkunftsgruppen entwickelt haben. Insge-

samt hat die Disproportionalität von 1981 zu 1995 jedoch trotz der zum Teil starken Veränderungen innerhalb der Sektoren nur leicht abgenommen, weil sich Effekte sinkender und steigender Disproportionalität zwischen den Sektoren zum Teil ausgleichen.

c) Die politischen Eliten als Repräsentationseliten weisen eine relativ große Rekrutierungsoffenheit auf, und werden damit dem insbesondere an sie gestellten Anspruch der Gleichheit der Aufstiegschancen immer noch in vergleichsweise hohem Maße gerecht.

3.2 Vereinigungsbedingte Veränderungen der sozialen Zusammensetzung der Eliten

Für den Erhebungszeitpunkt 1995 wurden bisher nur die westdeutsche Bevölkerung und Elite berücksichtigt, um zeitabhängige Veränderungen und vereinigungsbedingte Veränderungen nicht miteinander zu vermischen. An dieser Stelle folgt noch ein Blick auf die Zusammensetzung der deutschen Führungsschicht nach Herkunftsgruppen bei Berücksichtigung der ostdeutschen Bundesländer.

Bezieht man die ostdeutsche Bevölkerung und Elite in den Vergleich mit ein (siehe 1995 in Tab. III 2 und Tab. III-3), dann steigt die Differenz der sozialen Zusammensetzung von Elite und Bevölkerung geringfügig um 2,5 auf 41 Indexpunkte. Das geht erstens darauf zurück, daß bei Einschluß der ostdeutschen Bevölkerung der Anteil der Nichtdienstklasse an der Bevölkerung steigt, während er in der Elite konstant bleibt. Zweitens sinkt in der Bevölkerung der Anteil der unteren Dienstklasse, während dieser in der Elite um einen Prozentpunkt steigt.

Die Proportionen verändern sich in den einzelnen Sektoren wiederum in verschiedene Richtungen. Für die meisten politischen Parteien sinkt die Disproportionalität aufgrund eines Anstieg des Anteils von Personen, die aus der Nichtdienstklasse stammen. Die stärkste Entwicklung verzeichnet die FDP, deren Dissimilaritätsindex um 4 Punkte sinkt (die PDS wird hier nicht berücksichtigt, weil die Fallzahl der PDS-Politiker für Westdeutschland zu klein ist). Die einzige Partei, bei der die Disproportionalität im Prinzip konstant bleibt, ist die Union.

Im Gegensatz zu den Parteien steigt die Disproportionalität bei den Gewerkschaften um 6 Punkte auf einen Dissimilaritätsindex von 10. Dieser Effekt wird davon getragen, daß der Anteil der Nichtdienstklasse an der Bevölkerung steigt, während er in der Gewerkschaftselite sinkt.

Leichte Anstiege der Disproportionalität sind auch bei den Eliten der Sektoren Wissenschaft, Wirtschaft und Verwaltung zu verzeichnen. Diese Veränderungen gehen jeweils auf Erhöhungen des Anteils der Personen mit Dienstklasseherkunft zurück.

Tabelle III-3: Soziale Zusammensetzung von Eliten und Bevölkerung 1995 für die gesamte Bundesrepublik Deutschland (Zeilenprozent)

	nicht Dienstkl.	untere Dienstkl.	Obere Dienstkl.	DI Sektorelite - Bevölkerung	*N*
Bevölkerung	76	18	6	–	*223*
Gesamtelite	35	32	33	41	*1957*
Gewerkschaften	66	25	9	10	*80*
B90/Grüne -Politiker	44	34	22	32	*106*
CDU/CSU-Politiker	43	29	29	33,5	*98*
SPD-Politiker	39	28	33	37	*127*
Wirtschaftsverbände	39	24	38	37,5	*144*
PDS-Politiker	36	54	10	40	*39*
Wissenschaft	34	33	33	42	*134*
Wirtschaft	34	25	41	42	*210*
Kultur	33	23	45	43,5	*80*
Massenmedien	31	37	31	44,5	*229*
Militär	31	33	36	45	*119*
FDP-Politiker	30	39	31	46	*47*
Verwaltung	30	28	43	46,5	*320*
Sonstige	30	36	35	46,5	*212*

Im Vergleich zu den Veränderungen, die sich von 1981 zu 1995 ergaben, fallen die vereinigungsbedingten Veränderungen geringer aus. Sie können, obwohl sie in mehreren Fällen zu größerer Disproportionalität führen, die Angleichung der Zutrittschancen zu Elitepositionen, die sich im Zeitverlauf ergab, nicht aufheben.

4. Voraussetzungen für die Rekrutierung. Der Zusammenhang von Sozialer Herkunft, Bildung und Elitestatus

Nachdem im vorangegangenen Abschnitt festgestellt wurde, daß es Unterschiede in den Zugangschancen zu Elitepositionen gibt, soll in diesem Abschnitt erklärt werden, wie diese Unterschiede entstehen. Dazu wird anhand der vier folgenden Modelle geprüft, in welchem kausalen Zusammenhang soziale Herkunft, Bildungsabschluß und Elitestatus stehen (s. Abbildung III-2):[12]

I) Herkunft und Bildung bestimmen die Chance, eine Eliteposition besetzen zu können. Beide Einflüsse sind jedoch unabhängig voneinander.

II) Soziale Herkunft bestimmt den Bildungsabschluß und dieser wiederum die Chance, eine Eliteposition erwerben zu können.

III) Sowohl die Höhe des Bildungsabschlusses als auch die Chance, eine Eliteposition besetzen zu können, werden von sozialer Herkunft bestimmt. Es besteht jedoch kein Zusammenhang zwischen Bildung und Elitestatus.

IV) Soziale Herkunft erklärt die Höhe des Bildungsabschlusses und dieser die Chance, eine Eliteposition erwerben zu können. Daneben besteht ein eigenständiger Effekt von Herkunft auf Elitestatus.

Die zu prüfenden kausalen Abhängigkeiten, die in den Modellen durch Pfeile repräsentiert sind (Abbildung III-2), können als Wirkungen unterschiedlicher Ausstattungsmerkmale einer Person interpretiert werden. Soziale Herkunft kann einen Einfluß auf den Bildungsabschluß haben, weil Unterschiede in der Ausstattung mit kulturellem und ökonomischem Kapital, wie sie zwischen den Herkunftsklassen auftreten, unterschiedliche Bildungschancen bedingen können. Der direkte Einfluß der Herkunft auf die Chance zur Besetzung einer Eliteposition kann als Ergebnis unterschiedlicher Ausstattung mit sozialem Kapital verstanden werden (vgl. Rebenstorf 1995: 85 ff.). Die Wirkung höherer Bildung auf die Chance zum Erwerb einer Eliteposition schließlich repräsentiert das meritokratische Element des Modells, welches unabhängig von der Ausstattung mit verschiedenen Kapitalien ist.

---

12 Diese Modelle wurden bereits von Hoffmann-Lange (1992: 125-132) für die Elitestudie von 1981 untersucht. Hoffmann-Lange entlehnte sie Putnam (1976).

Abbildung III-2: Modelle zum Zusammenhang von Sozialer Herkunft, Bildung und Elitestatus

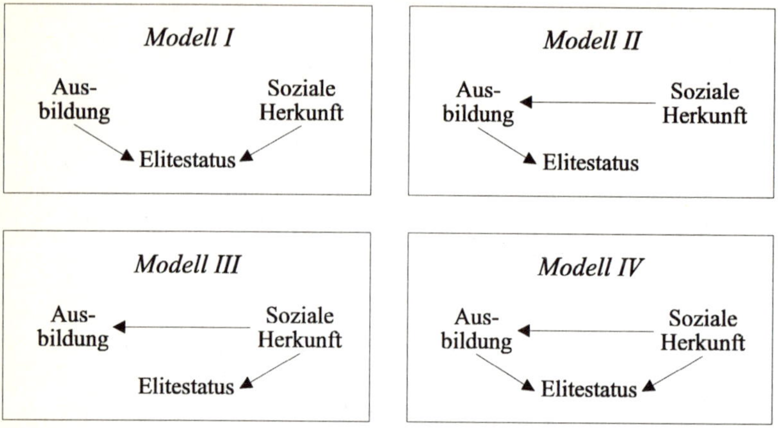

Bereits in der Einleitung wurde festgestellt, daß in demokratischen Gesellschaften das verfassungsmäßige Gebot besteht, eine herkunftsunabhängige Verteilung der Chancen zu gesellschaftlicher Mobilität anzustreben. Modell I und II, die beide starke Elemente individueller Leistungserbringung als Rekrutierungsvoraussetzung beinhalten, können als dieser Norm entsprechende Modelle bezeichnet werden. Modell IV, mit einer eingeschränkten Bedeutung von Komponenten individueller Leistung für die Aufstiegschance, weicht bereits von dem Gebot herkunftsunabhängiger Chancenverteilung ab, während Modell III, das überhaupt kein meritokratisches Element enthält, diesem Gebot diametral entgegensteht.

Die vorgestellten Modelle sollen mit dem Verfahren der logistischen Regression einer Prüfung unterzogen werden. Für die Prüfung der Zusammenhänge von Bildung und Elitestatus sowie von Herkunft und Elitestatus wird in einem direkten Vergleich von Elite- und Bevölkerungsdaten gearbeitet. Dabei werden Befragte aus Bevölkerung und Elite so gewichtet, daß gleich große Gruppen entstehen (vgl. zu diesem Vorgehen Hoffmann-Lange 1992: 130-131). Diese Verfahrensweise ermöglicht den direkten Vergleich der Untersuchungszeitpunkte.[13]

In den folgenden Analysen und Tabellen werden für 1995 nur Personen aus den alten Bundesländern berücksichtigt. Dadurch soll, wie schon in

13 Die mit diesem Verfahren verbundene extreme Überschätzung der Wahrscheinlichkeiten des Aufstiegs in die Elite ist für die folgenden Analysen nicht relevant, weil die Werte nur in Relation zueinander, nicht jedoch absolut interpretiert werden sollen.

Abschnitt 3 erläutert, erreicht werden, daß zeitliche Veränderungen ohne die Auswirkungen der Vereinigung der beiden deutschen Staaten untersucht werden können.

Die Berücksichtigung der Vereinigungseffekte verändert die Ergebnisse auch nicht maßgeblich, so daß auf ihre Präsentation im Interesse einer knappen Darstellung verzichtet werden kann. Eine spezielle Darstellung der Aufstiegswege der Ostdeutschen findet sich in dem Beitrag von Welzel in diesem Band.

4.1 Der Zusammenhang von Herkunft und Bildung

Der Vergleich der Anteile verschiedener Klassen sozialer Herkunft in den vier Untersuchungspopulationen zeigt, daß es einen engen Zusammenhang zwischen Herkunft und Bildungsabschluß gibt (Tab. III-4). Von den 1995 befragten Personen in der Bevölkerung, deren Vater nicht der Dienstklasse angehörte, haben nur 3 Prozent studiert. Dagegen waren es 23 Prozent der Personen, deren Vater der unteren und 39 Prozent der Personen, deren Vater der oberen Dienstklasse angehörte.

Ein etwas schwächerer, aber dennoch sehr deutlicher Zusammenhang besteht auch innerhalb der Elitepopulation. 68 Prozent der 1995 erhobenen Führungspersonen, deren Vater nicht der Dienstklasse angehörte, haben studiert. Im Unterschied dazu waren es 79 Prozent der Befragten, die der unteren und 85 Prozent der Befragten, die der oberen Dienstklasse entstammen.

Bei den unteren Bildungsabschlüssen kehren sich die Relationen um. So haben z.B. in der Bevölkerung 1995 74 Prozent der Befragten, die der Nichtdienstklasse entstammen, einen Volks- oder Hauptschulabschluß, während es in der unteren Dienstklasse nur noch 30 Prozent und in der oberen Dienstklasse 24 Prozent sind. In der Elite von 1995 treten Volks- und Hauptschulabschlüsse 1995 nur noch in der Nichtdienstklasse in nennenswerten Umfang auf (6%). Für 1981 sind die Verhältnisse entsprechend (Tab. III-4).

Tabelle III-5 zeigt anhand der Ergebnisse der logistischen Regression, daß die in Tabelle III-4 sichtbar gewordenen Zusammenhänge hochsignifikant sind. Für die Bevölkerung hat das Regressionsmodell für Bildungsgrad als abhängig von der Herkunftsklasse eine relativ hohe Erklärungskraft (13% erklärte Varianz für 1981 und 25% für 1995).

Tabelle III-4: Verteilung von Bildungsabschlüssen innerhalb der Herunftsklassen (Spaltenprozent)

	Soziale Stellung des Vaters			Gesamt
	nicht Dienstklasse	untere Dienstklasse	obere Dienstklasse	
Elite 1981				
Volks-/Hauptsch.	12	2	1	5
mittlere Reife	14	7	3	8
FH-Reife	4	0	1	2
HS-Reife	9	8	10	9
Studium abg.	59	83	85	76
N	*517*	*515*	*561*	*1593*
Bevölkerung 1981				
Volks-/Hauptsch.	84	36	22	73
mittlere Reife	12	43	47	19
FH-Reife	-	-	-	-
HS-Reife	2	11	8	4
Studium abg.	2	10	24	5
N	*1144*	*263*	*61*	*1468*
Elite 1995 (nur West)				
Volks-/Hauptsch.	6	1	-	3
mittlere Reife	11	5	3	6
FH-Reife	3	3	1	2
HS-Reife	11	12	12	12
Studium abg.	68	79	85	77
anderer Abschluß	1	0	-	0
N	*546*	*485*	*553*	*1584*
Bevölk. 1995 (nur W.)				
Volks-/Hauptsch.	74	30	24	63
mittlere Reife	16	33	22	19
FH-Reife	4	6	7	4
HS-Reife	3	6	8	4
Studium abg.	3	23	39	9
anderer Abschluß	1	1	-	1
N	*1033*	*246*	*81*	*1360*

Bei den Eliten nimmt, bei gleichbleibend hoher Signifikanz der Ergebnisse, die Vorhersagekraft von sozialer Herkunft auf den Bildungsstatus ab. Die Varianzaufklärung beträgt hier nur 7 Prozent (1981) und 3 Prozent (1995). Der Grund für die geringere Erklärungskraft des Modells bei den Eliten ist, daß in dieser Gruppe eine deutlich geringere Varianz bezüglich des Merkmals „abgeschlossenes Hochschulstudium“ besteht, als in der Bevölkerung

(Tab. III-4). Diese geringere Varianz geht darauf zurück, daß der Studienabschluß eine erstrangige Zugangsvoraussetzung zum Elitestatus ist, wie in den nächsten Untersuchungsschritten noch zu zeigen ist.

Tabelle III-5: Bildung (Studium) erklärt durch soziale Herkunft
(logistische Regression, Referenzkategorie: Nichtdienstklasse)

	Bevölkerung 1981	Elite 1981	Bevölkerung 1995	Elite 1995
Effektkoeffizient Untere Dienstkl.	5,4*	3,3	10,0*	1,7
Effektkoeffizient Obere Dienstkl.	15,1*	3,8	21,7*	2,6
Pseudo-R^2	0,13	0,07	0,25	0,03

* - Signifikanz > 0,01

Die Chance, ein Studium abzuschließen, erhöht sich stark, wenn eine Person aus der Dienstklasse kommt. So ist die Chance für eine Person in der Bevölkerung, die der unteren Dienstklasse entstammt, ein Studium abzuschließen, zehn mal so hoch wie für eine Person aus der Nichtdienstklasse (siehe: Effektkoeffizient für „untere Dienstklasse" in Tab. III-5[14]). Für Personen aus der oberen Dienstklasse hat dieser Faktor im Jahre 1995 sogar den Wert 21,7. In den Eliten sind die Faktoren wegen der großen Bedeutung des Studiums als wichtige Zugangsvoraussetzung zur Elite kleiner, aber dennoch relevant.

Modell I, in dem kein Zusammenhang zwischen Herkunft und Bildungschancen angenommen wurde, muß aufgrund dieser Ergebnisse abgelehnt werden. Soziale Herkunft hat einen starken Einfluß auf die Bildungschancen. Der Einfluß unterschiedlicher Ausstattung mit kulturellem und ökonomischem Kapital kommt deutlich zum Tragen. Dieses Ergebnis ist insofern trivial, als es der Alltagserfahrung entspricht. Wichtig ist jedoch, daß dieser Effekt auch innerhalb der Elitepopulation noch deutlich zutage tritt, also durch Rekrutierungsregeln, die oft ein abgeschlossenes Studium voraussetzen, nicht herausgefiltert wird.

---

14 Der Effektkoeffizient beschreibt die Veränderung der Chance bei Änderung eines unabhängigen Merkmals um einen angegebenen Faktor.
Chance ist im statistischen Sinne definiert als das Verhältnis zweier Wahrscheinlichkeiten: der Wahrscheinlichkeit, daß ein bestimmtes Ereignis eintritt, geteilt durch die Wahrscheinlichkeit, daß dieses Ereignis nicht eintritt. Ist die Wahrscheinlichkeit des Eintretens eines bestimmten Ereignisses z.B. 0,25, so ist die Chance, daß dieses Ereignis eintritt 0,25/0,75=0,33. Bei einer Eintrittswahrscheinlichkeit von 0,5 wäre die Chance 1, bei einer Eintrittswahrscheinlichkeit von 0,75 wäre sie 3 usw.

4.2 Der Zusammenhang von Bildung und Elitestatus bei konstanter sozialer Herkunft

Hat Bildung, so ist jetzt zu fragen, auch dann noch Auswirkungen auf die Rekrutierungschancen hat, wenn die Herkunft kontrolliert wird? Beeinflussen also Bildungsunterschiede innerhalb der Herkunftsgruppen in signifikantem Maße die Rekrutierungschancen? Zur Prüfung dieser Frage werden Elite- und Bevölkerungsdaten direkt innerhalb eines Regressionsmodells miteinander verglichen.

Bei einem Vergleich der Bildungsverteilung von Bevölkerung und Elite eines Jahrganges innerhalb einer Herkunftskategorie (Tab. III-4) erschließt sich der Zusammenhang von Bildung und Elitestatus. Haben im Jahre 1981 59 Prozent der befragten Führungspersonen, die der Nichtdienstklasse entstammen, studiert, waren es in der Bevölkerung dagegen nur 2 Prozent. Umgekehrt haben 6 Prozent der Führungspersonen, die der Nichtdienstklasse entstammen, nur einen Volks- oder Hauptschulabschluß im Unterschied zu 84 Prozent der entsprechenden Gruppe in der Bevölkerung. Für die anderen Herkunftsklassen und für 1995 sind Tabelle III-4 entsprechende Verhältnisse zu entnehmen. Die Ergebnisse zeigen, daß der Abschluß eines Studiums die Aufstiegschancen allgemein deutlich erhöht.

Die Chancenverbesserung durch einen Studienabschluß ist für Befragte aus der Nichtdienstklasse am stärksten (Tab. III-6). Die Chancen in die Elite aufzusteigen wachsen für Personen aus dieser Gruppe auf das 56fache (1981) bzw. auf das 43fache (1995), wenn sie über einen Studienabschluß verfügen. Für die anderen Klassen fällt diese Chancenverbesserung ebenfalls stark aus, liegt aber deutlich unter derjenigen, die für die Nichtdienstklasse gilt. Den kleinsten Faktor der Chancenverbesserung durch einen Studienabschluß weist die obere Dienstklasse im Jahre 1995 auf (Effektkoeffizient = 9,4).

Das in Tabelle III-6 beschriebene Regressionsmodell zum Zusammenhang von Bildung und Elitestatus zeigt, daß die in Tabelle III-4 sichtbaren Effekte statistisch signifikant sind. Das Modell liefert eine wesentlich höhere Varianzaufklärung als das vorangehende. Wird lediglich das abgeschlossene Studium ohne Kontrolle der Herkunft zur Erklärung herangezogen, können 40 Prozent (1981) und 38 Prozent (1995) des Elitestatus erklärt werden (Tab. III-6).

Tabelle III-6: Elitestatus erklärt durch Bildung (Studium) bei konstanter sozialer Herkunft
(logistische Regression, Referenzkategorie: „nicht studiert" innerhalb der Herkunftsgruppen)

Effekt	1981		1995	
Herkunft nicht kontrolliert	43,9	*	34,6	*
Pseudo-R^2	00,4		00,38	
Effektkoeffizienten (EK) innerhalb der Herkunftsgruppen:				
EK Nichtdienstklasse, Studium	55,8	*	43,4	*
Pseudo-R^2	00,66		00,38	
EK untere Dienstklasse, Studium	29,9	*	14,9	*
Pseudo-R^2	00,37		00,26	
EK obere Dienstklasse, Studium	11,6	*	09,4	*
Pseudo-R^2	00,19		00,17	

* - Signifikanz > 0,01

Dieser Effekt könnte im Sinne von Modell III auf das Konto einer gemeinsamen Abhängigkeit der Variablen Bildung und Elitestatus von der sozialen Herkunft gehen, ohne daß hier ein Zusammenhang zwischen Bildung und Elitestatus besteht. Hält man aber die Herkunftsgruppe konstant und vergleicht Personen mit und ohne Studium bezüglich ihrer Aufstiegschancen, wird deutlich, daß Bildung eine hohe Erklärungskraft für den Elitestatus hat. So steigt die Erklärungskraft der Teilregressionsmodelle im Falle der Nichtdienstklasse im Jahr 1981 z.B. auf 66 Prozent. Die niedrigste Erklärungskraft hat das Teilmodell für die obere Dienstklasse, von dem 17 Prozent (1981) bzw. 19 Prozent (1995) der Varianz erklärt werden können. Das Sinken der Erklärungskraft dieses Modells von der Nichtdienstklasse zur oberen Dienstklasse kann mit dem Anstieg des Akademikeranteils in den höheren Herkunftsklassen erklärt werden.

Personen, die der Nichtdienstklasse entstammen, können offensichtlich mit dem Erwerb eines höheren Bildungsabschlusses ihre Chance zum Aufstieg in die Elite deutlich verbessern. In Anlehnung an Bourdieu (1983) kann man interpretieren, daß ein Mangel an sozialem Kapital zumindest teilweise durch den Erwerb kulturellen Kapitals ausgeglichen werden kann. Ein vollständiger Ausgleich ist indes nicht zu erwarten, wenn man davon ausgeht, daß der „adäquate“ Erwerb kulturellen Kapitals wiederum an Bedingungen gebunden ist, das heißt in einem entsprechenden sozialen Kontext erfolgen muß, denn kulturelle Bildung ist nicht in allen Facetten formal erlernbar, sie muß in Teilen auch sozialisatorisch vermittelt werden (vgl. Rebenstorf 1995: 85-89).

Die Ergebnisse dieses Analyseschrittes zeigen, daß auch Modell III, dem zufolge kein Zusammenhang von Bildung und Elitestatus besteht, als unzutreffend abgelehnt werden muß. Es kann deshalb schon hier, unabhängig von den weiteren Ergebnissen festgestellt werden, daß die Aufstiegschancen in die Führungsschicht der Bundesrepublik zu einem großen Teil durch individuelle Leistung zumindest mitbestimmt werden. Wie stark der parallel hierzu möglicherweise wirkende Einfluß nichtmeritokratischer Elemente auf die Rekrutierungschancen ist, bleibt im letzten Analyseschritt zu prüfen.

4.3 Überprüfung des Zusammenhangs von sozialer Herkunft, Bildung und Elitestatus

Hier ist die Frage zu beantworten, ob soziale Herkunft auch dann einen Einfluß auf die Chance hat, eine Eliteposition besetzen zu können, wenn der Bildungseffekt kontrolliert wird. Deshalb soll festgestellt werden, ob Modell IV, das einen solchen unabhängigen Effekt vorsieht, oder Modell II, das diesen Effekt nicht vorsieht, als das gültige Modell bezeichnet werden kann. Dazu gilt es zu prüfen, ob innerhalb einer Bildungsgruppe der Anteil der Herkunftsklassen in Bevölkerung und Elite ähnlich ist. Ist das nicht der Fall, bedeutet das, daß soziale Herkunft neben dem vermittelten Einfluß über Bildung auch einen direkten Einfluß auf die Verteilung der Aufstiegschancen hat.
Vergleicht man in Tabelle III-7 die Zeile „Studium abgeschlossen“ zwischen Elite 1981 und Bevölkerung 1981, wird deutlich, daß in der Bevölkerung die Gruppe der Personen mit abgeschlossenem Studium zu einem grösseren Teil aus der Nichtdienstklasse entstammt (36%) als in der Elite (25%). Personen mit Studienabschluß, die der Nichtdienstklasse entstammen, sind mit einem Faktor von 0,69 in der Elite unterproportional vertreten.[15] Ähnlich verhält es sich mit Personen aus der unteren Dienstklasse. Ihr Anteil an der Bevölkerung mit Studienabschluß entspricht 41 Prozent und an der Elite mit

15 Proportionalität berechnet als Prozentsatzverhältnis. Werte kleiner 1 bedeuten, wie in Abbildung III-1, Unterproportionalität, Werte größer 1 Überproportionalität der Vertretung einer Herkunftsklasse in den Eliten.

Studienabschluß 35 Prozent (Unterproportionalität 0,85). Lediglich Befragte, die aus der oberen Dienstklasse stammen, sind in der Elite mit einem Anteil von 39 Prozent der Personen mit Studienabschluß gegenüber 23 Prozent in der Bevölkerung mit Studienabschluß überproportional vertreten (1,7).

Tabelle III-7: Verteilung der Bildungsabschlüsse auf die Herkunftsklassen (Zeilenprozent)

	Soziale Stellung des Vaters			*N*
höchster Bildungsabschluß des/der Befragten	nicht Dienstkl.	untere Dienstkl.	Obere Dienstkl.	
Elite 1981				Σ = *1593*
Volks-/Hauptschule	83	12	5	*82*
mittlere Reife	59	27	15	*127*
FH-Reife	76	3	21	*29*
HS-Reife	32	29	39	*150*
Studium abgeschl.	25	35	39	*1205*
Bevölkerung 1981				Σ = *1468*
Volks-/Hauptschule	90	9	1	*1068*
mittlere Reife	48	41	10	*274*
HS-Reife	46	46	8	*60*
Studium abgeschl.	36	41	23	*66*
Elite 1995 (nur West)				Σ = *1584*
Volks-/Hauptschule	85	15	–	*39*
mittlere Reife	62	24	15	*96*
FH-Reife	49	41	11	*37*
HS-Reife	33	31	36	*188*
Studium abgeschl.	30	31	38	*1220*
and. Abschl.	75	25	–	*4*
Bevölkg. 1995 (nur W.)				Σ = *1360*
kein Abschluß	74	26	–	*11*
Volks-/Hauptschule	89	9	2	*854*
mittlere Reife	62	31	7	*262*
FH-Reife	65	25	10	*58*
HS-Reife	57	31	13	*53*
Studium abgeschl.	25	48	27	*115*
and. Abschluß	77	23	–	*7*

Für den Zeitpunkt 1995 sind die Ergebnisse weniger eindeutig. Die obere Dienstklasse ist in der Elite mit Studienabschluß immer noch überproportional vertreten (1,4). Personen aus der unteren Dienstklasse sind wie 1981 unterproportional vertreten (0,65). Personen aber, die nicht der Dienstklasse entstammen, sind im Unterschied zu 1981 überproportional vertreten (1,2).

Bezieht man neben dem abgeschlossenen Studium jedoch zwei weitere Ausprägungen der Bildungsvariable, nämlich „erworbene Hochschulreife" und „erworbene Fachhochschulreife", mit in die Betrachtung ein,[16] stellt man fest, daß wiederum Personen mit einer Herkunft aus der Nichtdienstklasse sowie Personen aus der unteren Dienstklasse in der entsprechend gebildeten Elite unterproportional vertreten sind (0,64 und 0,89), während die Personen, die der oberen Dienstklasse entstammen, wiederum deutlich überproportional vertreten sind (1,74). Jetzt werden die Proportionen von 1981 fast identisch reproduziert.

Auch in diesem Falle zeigen die Ergebnisse der Regressionsanalyse, daß die in Tabelle III-7 sichtbaren Zusammenhänge statistisch signifikant sind. Das vollständige Regressionsmodell erklärt für 1981 47 Prozent und für 1995 41 Prozent der Varianz in der abhängigen Variablen Elitestatus. Tabelle III-8 macht ebenfalls deutlich, daß für die soziale Herkunft auch dann signifikante Effekte festzustellen sind, wenn die Variable „Studium abgeschlossen" in das Regressionsmodell eingeführt wird. Selbst wenn die Wirkung eines abgeschlossenen Studiums im Modell enthalten ist, bringt die Zugehörigkeit zur oberen Dienstklasse immer noch einen Chancenzuwachs um das 7fache (1981) bzw. 5fache (1995) gegenüber einer Person, die der Nichtdienstklasse entstammt.

Das bedeutet, daß Modell IV (unabhängiger Effekt von Herkunft) als am besten angepaßt angesehen werden muß. Die Chancen, eine Eliteposition erringen zu können, werden zwar stark über die Wirkungskette von sozialer Herkunft auf die Bildungschancen bestimmt, daneben hat soziale Herkunft aber einen eigenständigen Effekt auf die Rekrutierungschancen. Die Mechanismen, durch die die Aufstiegschancen beeinflußt werden, enthalten also offensichtlich auch nennenswerte nichtmeritokratische Elemente. Die Einflußstärke dieser nichtmeritokratischen Elemente ist jedoch im Zeitverlauf zurückgegangen.

---

16 Alle Personen, deren höchster Bildungsabschluß mindestens eine Hochschulreife ist, werden zu einer Gruppe zusammengefaßt. Es ergeben sich für den Zeitpunkt 1995 folgende Anteile der Herkunftsklassen an dieser Bildungsgruppe in der Bevölkerung: Nichtdienstklasse: 42 Prozent, untere Dienstklasse 38 Prozent, obere Dienstklasse 23 Prozent. In der Elite sind es 27 Prozent, 33 Prozent und 40 Prozent respektive.

Tabelle III-8: Elitestatus erklärt durch Bildung (Studium) und soziale Herkunft
(logistische Regression, Referenzkategorie: Nichtdienstklasse, nicht studiert)

Effekte		1981	1995
1	Person hat studiert:		
	Effektkoeffizient für Studium	44,7*	25,8*
	Zuwachs Pseudo-R^2	0,44	0,38
2	Soziale Herkunft:		
	Effektkoeffizient für untere Dienstklasse	1,85*	1,94*
	Effektkoeffizient für obere Dienstklasse	7,38*	5,16*
	Zuwachs Pseudo-R^2	0,03	0,03
Pseudo-R^2 (Gesamt)		0,47	0,41

* - Signifikanz > 0,01

Das vorliegende Ergebnis unterscheidet sich von dem Hoffmann-Langes (1992: 129-132), die auf der Basis der Elitestudie 1981 Modell II (lediglich über Bildung vermittelter Effekt von Herkunft) als das am besten angepaßte Modell bezeichnete. Die Erklärung für die unterschiedlichen Ergebnisse von Hoffmann-Lange (1992) und der vorliegenden Arbeit bezüglich der Gültigkeit der Modelle liegt in den unterschiedlichen Herkunftstypologien, die jeweils verwendet werden. Hoffmann-Lange benutzte ein Zwei-Klassen-Schema, das lediglich zwischen Mittelschicht und Arbeitern differenzierte. In diesem Schema wurden einfache Beamte und einfache Angestellte der Mittelschicht zugeordnet. Wie Goldthorpe und andere aber zeigen konnten, bestehen erhebliche Unterschiede der Bildungs- und Mobilitätschancen zwischen einfachen und höheren Beamten- und Angestelltenberufen. Diese Unterschiede werden verdeckt, wenn alle Beamten und Angestelltenkategorien in einer Kategorie zusammengefaßt werden. Die Mobilitätschancen der Mittelschicht erscheinen dadurch als denen der Arbeiter sehr ähnlich.

Im hier verwendeten (verkürzten) Dienstklasseschema werden die einfachen Beamten- und Angestelltenberufe der Nichtdienstklasse zugeordnet. Auf diese Weise werden bezüglich der Mobilitätschancen relevante Unterschiede zwischen den verschiedenen Beamten- und Angestelltenstufen auch tatsächlich in der Klassifikation berücksichtigt.

4.4 Dienstklassezugehörigkeit und Kapitalausstattung - Erklärungen für Ungleichheit der Chancenverteilung

Einander ergänzende Erklärungen für die Ursachen der im Modell deutlich gewordenen Ungleichverteilung von Chancen findet man im Konzept der Dienstklasse (Goldthorpe 1980, 1982; Herz 1990) und im Konzept der Kapitalsorten (Bourdieu 1983, Rebenstorf 1995). Goldthorpe (1982) berichtet über sich im Zeitverlauf verstärkende Tendenzen zu Selbstrekrutierung und sozialer Schließung der Dienstklasse. Für die Bundesrepublik Deutschland wurden diese Untersuchungen u.a. von Herz (1990) spezifiziert. Sie besagen, daß Personen aus der Nichtdienstklasse gar nicht in die beruflichen Ausgangspositionen kommen, die den Sprung in die Elite ermöglichen. Damit ist aber nur gezeigt, daß soziale Herkunft Rekrutierungschancen beeinflußt, und bei welchen Klassen die Vorteile liegen. Eine Erklärung, welche Mechanismen im Detail für diese Unterschiede verantwortlich sind, kann über die Feststellung sozialer Schließung hinaus innerhalb des Dienstklassekonzeptes nicht geliefert werden.

Zu dieser Erklärung trägt das Kapitalsortenkonzept bei. Der Einfluß der sozialen Herkunft auf die Bildungschancen kann auf die unterschiedliche Ausstattung mit kulturellem, aber auch ökonomischem Kapital zurückgeführt werden, die Personen der unterschiedlichen Klassen zur Verfügung steht. Der individuelle Erfolg innerhalb des Bildungssystems wird stark von der Kapitalausstattung bestimmt, die Herkunftshaushalte ihren Sprößlingen mitgeben können. Eine hohe Ausstattung mit kulturellem Kapital schafft intellektuelle Voraussetzungen für die erfolgreiche Nutzung von Bildungsmöglichkeiten, während eine hohe Ausstattung mit ökonomischem Kapital Freiräume schaffen kann, die benötigt werden, um Bildungsmöglichkeiten auch wahrnehmen zu können. Personen aus Elternhäusern der oberen Dienstklasse, die in ihrer Kapitalausstattung in jeder Hinsicht Elternhäusern der anderen Klassen überlegen sind, haben deshalb die günstigsten Voraussetzungen, das Bildungssystem erfolgreich zu durchlaufen.

Der direkte Einfluß von sozialer Herkunft auf die Plazierungschancen ist dagegen der unterschiedlichen Ausstattung mit sozialem Kapital zuzuschreiben. Es ist davon auszugehen, daß Personen aus der (oberen) Dienstklasse durch persönliche Netzwerke einen besseren Zugang zu nichtoffiziellen, aber dennoch karriererelevanten Informationen haben, als das für andere Personen der Fall ist (dazu auch Herz 1990). Wird dieser Informationsvorsprung genutzt, kann das zu einem schnelleren Durchlaufen von Karrierestufen und damit auch zu besseren Plazierungschancen in der Elite führen.

5. Geschlechtsspezifische Chancenungleichheit

Neben herkunftsabhängiger Chancenungleichheit ist auch geschlechtsspezifische Chancenungleichheit ein Thema, das sowohl in öffentlichen als auch in wissenschaftlichen Debatten immer wieder diskutiert wird. Hoffmann-Lange (1992: 132) konstatierte für die Elitestudie von 1981 eine extreme Unterrepräsentation von Frauen in der Führungsschicht der Bundesrepublik Deutschland. Diese hat in der Zwischenzeit leicht abgenommen. Von 3 Prozent 1981 stieg der Frauenanteil an der Elite auf 13 Prozent in der Elitestudie von 1995. Wie von Hoffmann-Lange vermutet, beschränkt sich dieser Zuwachs jedoch vor allem auf Eliten, die per Quotenregelung bewußt den Frauenanteil erhöht haben. Hierzu zählt vor allem die politische Elite, wo der Frauenanteil von 6 auf 38 Prozent anstieg. Andere wie z.B. Wirtschafts- und Verbandseliten haben dagegen fast keine Änderung ihres geringen Frauenanteils zu verzeichnen (1981 je 1%, 1995 1 bzw. 2 %).

Der Anteil der Frauen an der Erwerbsbevölkerung betrug 38 Prozent im Jahre 1981 (ZA 1981b) und 40 Prozent im Jahre 1994 (ZA 1994). Damit lag der Frauenanteil zwar zu beiden Erhebungszeitpunkten unter dem Anteil der Frauen an der Gesamtbevölkerung von etwas über 50 Prozent, aber weit über dem Anteil der Frauen an der Elite. Das Bildungsniveau von Frauen und Männern hatte sich bereits in den 80er Jahren aneinander angeglichen (Handl 1986). Wie auch Hoffmann-Lange (1992: 133) schon feststellte, kann somit der geringe Frauenanteil an der Elite weder durch die Erwerbsbeteiligung der Frauen noch durch ihr Bildungsniveau erklärt werden.

Um den Einfluß der Geschlechtszugehörigkeit auf die Aufstiegschancen in die Elite zu beschreiben, sind in Tabelle III-9 Wahrscheinlichkeiten des Erwerbs einer Eliteposition dargestellt, die sowohl nach sozialer Herkunft und Bildung als auch nach Geschlecht differenzieren.[17]

Der Vergleich der oberen und unteren Hälfte von Tabelle III-9 läßt das starke Geschlechtergefälle in der Chancenverteilung deutlich hervortreten. Innerhalb der beiden Geschlechter zeigt sich das gleiche Chancengefälle zwischen

17 Die hier verwendeten Wahrscheinlichkeiten sind künstliche Wahrscheinlichkeiten, die aus dem direkten Vergleich der Eliten- und Bevölkerungsdaten, wie sie bereits in den Regressionsmodellen verwendet wurden, hervorgegangen sind. Die realen Wahrscheinlichkeiten zum Aufstieg in die Eliten sind um ein vielfaches kleiner als in Tabelle III-9 dargestellt. Da die Zahlen aus der Tabelle nur in Relation zueinander interpretiert werden sollen, ist diese Abweichung jedoch nicht relevant.

den Bildungs- und Herkunftsgruppen, das bereits im vorangehenden Abschnitt beschrieben wurde.

Tabelle III-9: Wahrscheinlichkeiten des Erwerbs einer Eliteposition in Abhängigkeit von den Kombinationen der Merkmalsausprägungen in den Variablen Geschlecht, soziale Herkunft und Studienabschluß

Merkmalskombinationen	1981	1995
m, NDkl, kein Studium	0,24	0,20
m, NDkl, Studium	0,94	0,92
m, uDkl, kein Studium	0,45	0,47
m, uDkl, Studium	0,96	0,88
m, oDkl, kein Studium	0,84	0,67
m, oDkl, Studium	0,98	0,93
w, NDkl, kein Studium	0,01	0,04
w, NDkl, Studium	0,42	0,69
w, uDkl, kein Studium	0,03	0,19
w, uDkl, Studium	0,24	0,77
w, oDkl, kein Studium	0,11	0,40
w, oDkl, Studium	0,82	0,86
N	3064	4190

m - männlich / w - weiblich; NDkl - Nichtdienstklasse / uDkl - untere Dienstklasse / oDkl - obere Dienstklasse

Frauen aus der Nichtdienstklasse, die über keinen Studienabschluß verfügen, haben eine Chance von 0,04 in die Elite aufzusteigen. Männer der gleichen Gruppe haben mit 0,2 eine fünfmal so hohe Chance. Dieser Vergleich macht deutlich, daß Frauen aus unteren Herkunftsgruppen doppelt benachteiligt sind: als Frauen und aufgrund ihrer sozialen Herkunft.

Frauen, die einer Dienstklassefamilie entstammen und studiert haben, haben 1995 vergleichsweise gute Aufstiegschancen. Aber auch in dieser Gruppe sind Frauen mit einer Chance von 0,86 zum Aufstieg in die Elite noch um den Faktor 1,1 gegenüber Männern der gleichen Herkunftsgruppe benachteiligt.

Im vorangehenden Abschnitt wurde gezeigt, daß der Abschluß eines Studiums die Chancen von Personen aus der Nichtdienstklasse erheblich verbessert. Hier wird deutlich, daß dieser Zusammenhang auch für Frauen gilt. Während der Chancenvorteil von Männern ohne Studium gegenüber Frauen der gleichen Herkunftsgruppe das 1,7- bis 5fache beträgt, sinkt dieser Vorteil bei Männern mit Studium innerhalb einer Herkunftsgruppe auf das 1,08- bis 1,37fache.

Betrachtet man die zeitliche Entwicklung der Chancenverteilung zwischen Männern und Frauen, wird deutlich, daß es von 1981 zu 1995 einen Trend zur Verbesserung der Chancen von Frauen gegeben hat. Das macht bereits der gestiegene Frauenanteil an der Elite deutlich, zeigt sich aber auch in Tabelle III-9. Die Chancen von Nichtdienstklasse-Frauen ohne Studium haben sich z.B. um den Faktor 4 und mit Studium um den Faktor 1,64 verbessert. Bei Frauen aus der oberen Dienstklasse erfolgte eine Chancenverbesserung um den Faktor 3,66 bzw. 1,05. Von einer Chancengleichheit zwischen Männern und Frauen kann aber nach wie vor nicht die Rede sein.

6. Zusammenfassung

Im ersten Teil dieses Beitrages wurde mit der Frage nach der Verteilung der Chancen zum Aufstieg in die Elite untersucht, wie die Größenverhältnisse der verschiedenen Herkunftsklassen in der Bevölkerung durch die Herkunftsstruktur der Elite widergespiegelt werden. Die zunächst auf die alten Bundesländer beschränkte Analyse zeigte, daß eine erhebliche Disproportionalität dieser Größenverhältnisse zwischen Bevölkerung und Elite besteht. Personen höherer sozialer Herkunft sind in der Führungsschicht deutlich überproportional vertreten. Das bedeutet, daß bei höherer sozialer Herkunft bessere Chancen bestehen, in die Elite aufzusteigen.
Die Chancenverteilung ist in den einzelnen Sektoren jedoch sehr unterschiedlich. Ein Aufstieg in die Gewerkschaftselite ist aus allen Herkunftsklassen in fast gleichem Maße möglich. Bei den Volksparteien ist eine Ungleichverteilung der Chancen, in ihre Führungsgruppen aufsteigen zu können, zu verzeichnen. Stark ungleichgewichtig sind die Aufstiegschancen dagegen bei der Führungsschicht der FDP sowie bei Wirtschafts-, Verwaltungs- und Militäreliten verteilt.

Im Zeitvergleich wurde deutlich, daß die Disproportionalität der Chancenverteilung auf die Herkunftsklassen von 1981 zu 1995 auf die Gesamtelite gesehen zurückgegangen ist. Dabei war bei den Sektoreliten, die 1981 eine extreme Ungleichverteilung der Aufstiegschancen zu verzeichnen hatten (FDP, Militär), ein erheblicher Rückgang dieser Disproportionalität zu bemerken. Die Sektoren hingegen, für die 1981 eine eher gleiche Verteilung der Chancen beobachtet werden konnte (Gewerkschaften, große Parteien), zeigten einen Trend zu größerer Ungleichverteilung der Aufstiegsmöglichkeiten auf die Herkunftsklassen.

Schließlich wurden die Auswirkungen der Vereinigung der beiden deutschen Staaten untersucht. Nach Aufnahme von ostdeutscher Bevölkerung und Elite in die Analyse wurde eine etwas stärkere Ungleichverteilung der Rekrutierungschancen auf die Herkunftsklassen zuungunsten statusniederer Klassen deutlich. Diese vereinigungsbedingte Veränderung ist jedoch wesentlich geringer als der Trend zu größerer Chancengleichheit, der in der zeitlichen Entwicklung festgestellt wurde.

Insgesamt kann also festgestellt werden, daß die Chancen zum Aufstieg in die Elite 1995 gleichmäßiger auf die Herkunftsklassen verteilt waren als 1981.

Im zweiten Teil wurde die Frage untersucht, in welchem Verhältnis soziale Herkunft und Bildung als die Rekrutierungschancen beeinflussende Faktoren stehen. Hier wurde zunächst deutlich, daß die soziale Herkunft erheblichen Einfluß auf den Erwerb eines höheren Bildungsabschlusses hat. Personen aus statushöheren Herkunftsklassen erwerben wesentlich häufiger einen Studienabschluß. Das wurde vor allem mit der höheren Ausstattung dieser Personen mit kulturellem Kapital erklärt.

Im zweiten Analyseschritt konnte gezeigt werden, daß das Vorhandensein eines Studienabschlusses die Chance zur Rekrutierung in die Elite nachhaltig erhöht. Personen aus statusniederen Herkunftsklassen können einen großen Teil der Chancennachteile durch Erwerb eines solchen Abschlusses ausgleichen.

Schließlich wurde deutlich, daß soziale Herkunft auch einen unabhängigen, nicht über Bildung vermittelten, Einfluß auf die Aufstiegschancen hat. Personen höherer sozialer Herkunft haben bessere Rekrutierungschancen. Das wurde vor allem auf ihre bessere Ausstattung mit sozialem Kapital zurückgeführt.

Insgesamt wurde ein Zusammenhangsmodell bestätigt, das neben einer starken meritokratischen Komponente (Bildung) auch nichtmeritokratische Elemente (direkter Einfluß der Herkunft) enthält. Letzterer hat aber im Zeitverlauf abgenommen.

Im letzten Abschnitt wurden geschlechtsspezifische Chancenunterschiede untersucht. Hier zeigte sich, daß Frauen unabhängig von ihrer Bildung und sozialen Herkunft schlechtere Chancen zum Aufstieg in die Elite haben als Männer. Bildung und soziale Herkunft wirken sich aber auch innerhalb der weiblichen Bevölkerung als chancenverteilend aus. Frauen aus statusniederen Herkunftsgruppen sind deshalb als doppelt benachteiligt zu charakterisieren.

Im Zeitvergleich wurde deutlich, daß es einen Trend zur Verbesserung der Chancen von Frauen gibt. Dieser stützt sich allerdings vor allem auf den Frauenanteil im Sektor Politik, wo durch Quotenregelungen bewußt Verbesserungen der Rekrutierungschancen für Frauen herbeigeführt wurden.

Gemessen an den eingangs zitierten Verfassungsnormen bedeuten diese Befunde zweierlei. Soll die Benachteiligung für Personen aus statusniederen Herkunftsklassen zum Aufstieg in die Elite reduziert werden, um dem Gebot der Chancengleichheit gerechter zu werden, so erscheint es vor allem als geboten, weiterhin Unterstützungen zu gewähren, die klassenspezifische Bildungsnachteile auszugleichen helfen. Denn wie gezeigt werden konnte, kann ein großer Teil herkunftsabhängiger Rekrutierungsnachteile durch Abschluß eines Studiums ausgeglichen werden.

Will man dagegen die Ungleichheiten der Chancenverteilung zwischen den Geschlechtern mindern, scheinen bildungspolitische Maßnahmen nicht die ausreichenden Mittel zu sein, da die Benachteiligung der Frauen nicht auf schlechtere formale Bildung zurückzuführen ist. Die Ursachen für die Benachteiligung von Frauen beim Aufstieg in die Elite liegen offenbar erst in der Berufsphase. Hier müßte angesetzt werden, wenn man dem Gleichheitsgrundsatz des Grundgesetzes, der auch die Gleichheit der Geschlechter einschließt, gerechter werden will. Eine Möglichkeit, den Frauenanteil erfolgreich zu heben, haben die politischen Eliten gewiesen. Andere wären möglicherweise auszuprobieren.

Kapitel IV
Soziodemographische Merkmale der bundesdeutschen Eliten*

Kai-Uwe Schnapp

1. Einleitung

Eine zentrale Frage des vorliegenden Bandes ist die nach der Integration oder Kohäsion der Führungsschicht im vereinigten Deutschland. Bevor diese Frage an Werthaltungen und politischen Einstellungen, Kontaktmustern und Kooperationsverhalten untersucht wird, erscheint es sinnvoll zu betrachten, welche soziodemographischen Merkmale die Personen besitzen, die hier als Funktionseliten untersucht werden. Das erklärt zum einen, welche Voraussetzungen für Elitenintegration auf der Ebene dieser strukturellen Merkmale existieren. Zum anderen dienen die meisten der im folgenden zu untersuchenden Charakteristika auch als erklärende Einflüsse in weiterführenden Modellen z.B. von politischen Einstellungen.

Es wird davon ausgegangen, daß eine möglichst große Homogenität soziodemographischer Merkmale die Voraussetzungen für Elitenintegration verbessert (Zapf 1965; Enke 1974). Im vorliegenden Text wird deshalb untersucht, wie homogen oder inhomogen soziodemographische Merkmale in den einzelnen Sektoreliten verteilt sind, um auf der Basis dieser Verteilungen beurteilen zu können, wie gut die sozialstrukturellen Voraussetzungen für Elitenintegration in der deutschen Führungsschicht sind. Mit der Konzentration auf die horizontale Integration der Eliten ist auch festgelegt, daß ein Vergleich zur Sozialstruktur der Bevölkerung in diesem Abschnitt nicht unternommen wird.[1]

Die mögliche Wirkung sozialstruktureller Voraussetzungen von Elitenintegration darf jedoch nicht überschätzt werden. Dye (1983) stellt richtig

* Ich danke Bernhard Weßels und Carsten Zelle für fruchtbare Kommentare zu einer früheren Fassung dieses Beitrages.

1 Siehe zum Vergleich von Bildung und sozialer Herkunft zwischen Eliten und Bevölkerung Schnapp 'Chancengleichheit' in diesem Band.

fest, daß sozialstrukturelle Voraussetzungen für Elitenintegration in Gesellschaften mit hochformalisierten Beteiligungs- und Verhandlungsregeln von eher geringer Bedeutung sind. Elitenintegration muß hier, als Folge gesellschaftlicher Komplexität einerseits und als Bedingung für die Stabilität demokratischer Verhältnisse andererseits, vorrangig aus institutionell verankerten und öffentlich anerkannten Strukturen hervorgehen. Dennoch haben sozialstrukturelle Merkmale Auswirkungen z.B. auf die Effektivität von Elitenkommunikation, womit ihnen als Voraussetzungen für Integration auch ein eigener analytischer Wert zukommt.

Wenn von strukturellen Bedingungen für Elitenintegration gesprochen wird, sind mindestens zwei Dimensionen zu unterscheiden. Die erste bezieht sich auf die Existenz eines gemeinsamen kulturellen und sozialen Referenzrahmens der Eliten,[2] die zweite auf die Gelegenheitsstrukturen für integrationsfördernde Interaktionen zwischen den Eliten. Ein gemeinsamer kultureller und sozialer Referenzrahmen entsteht unter anderem durch einen ähnlichen Erfahrungshorizont, durch gleiche religiöse Bindungen oder ähnliche Bildung und Herkunft.

Der Besuch gleicher höherer Bildungseinrichtungen schafft neben gemeinsamen Erfahrungen auch Gelegenheitsstrukturen für die Realisierung der Integrationschancen. Darüber hinaus zählen zu diesen Gelegenheitsstrukturen eine räumliche Nähe der Eliten oder gemeinsame Mitgliedschaften in politischen und gesellschaftlichen Organisationsformen.

Da die Generationszugehörigkeit und die soziale Herkunft in hohem Maße den Referenzrahmen einer Persönlichkeit bestimmen, wird im folgenden zuerst die Altersverteilung der Eliten gefolgt von der Herkunftsverteilung dargestellt. Kirchliche Prägungen und Bindungen können ebenfalls als Determinanten des kulturell-sozialen Referenzrahmens von Personen aufgefaßt werden, weshalb sie in diesem Fragekontext ebenfalls Erwähnung finden. Der Beschreibung dieser eher die Sozialisation beeinflussenden Merkmale folgen Darlegungen zur räumlichen Nähe von Eliten sowohl in der Ausbildungsphase als auch während der Ausübung ihrer Tätigkeit. Beide Merkmale können nicht eindeutig einer Wirkungsdimension zugeordnet werden. Sie prägen den Referenzrahmen ebenso, wie sie Gelegenheitsstrukturen für die Realisierung von Integrationspotentialen schaffen. Dasselbe gilt für die abschließend dargestellten Mitgliedschaften in Parteien, Verbänden und Vereinigungen.

---

2 Siehe auch Rebenstorf: 'Karrieren' in diesem Band. Hier wird das Problem der Entstehung einer gemeinsamen Sprache, einer „common language" erörtert.

2. Zusammensetzung der Eliten nach politischen Generationen

Der Untersuchung der generationalen Zusammensetzung von Eliten als einer strukturellen Voraussetzung von Elitenintegration liegt die Annahme zugrunde, daß Personen, die in dem gleichen Zeitraum sozialisiert wurden, wichtige Erfahrungen miteinander teilen und Elemente einer gemeinsamen Sprache haben. Die Existenz von Unterschieden in den politischen Einstellungen und parteipolitischen Orientierungen innerhalb einer Generation wird mit dieser Annahme nicht in Abrede gestellt. Sie ist aber bei der gegebenen Untersuchungsperspektive von nachrangiger Bedeutung gegenüber den Gemeinsamkeiten von Angehörigen einer Generation.

Eliten aus den alten und neuen Bundesländern haben aufgrund der verschiedenen politischen Systeme, in denen sie bis 1989 lebten, mit großer Wahrscheinlichkeit nur wenige gleichartige Erfahrungen, die dazu berechtigen würden, die Zugehörigkeit zu einer Generation als strukturelle Unterstützung für das Gelingen von Elitenintegration zwischen West und Ost zu interpretieren. Eine gemeinsame Darstellung der Generationen für ost- und westdeutsche Eliten verbietet sich aus diesem Grunde.

Auf eine eigenständige Darstellung der Herkunftsgenerationen für die ostdeutsche Elite soll hier verzichtet werden, weil für die DDR noch keine anerkannte Generationeneinteilung vorliegt und es sich außerdem um eine im Vergleich zur Westelite kleine Gruppe handelt, so daß eine nach Sektoren differenzierende Generationszusammensetzung der ostdeutschen Elite wenig sinnvoll erscheint. Die ostdeutsche Elite ist, soviel sei an dieser Stelle dennoch vermerkt, mit einem Altersdurchschnitt von 47 Jahren wesentlich jünger als die westdeutsche Elite mit durchschnittlich 54 Lebensjahren. Diese Ost-West-Differenz besteht in allen Sektoreliten gleichermaßen.

Für die westdeutschen Eliten ist in Tabelle IV-1 dargestellt, wie Führungspersonen aus verschiedenen Generationen auf die Sektoren aufgeteilt sind. Insgesamt wurde fast die Hälfte der westdeutschen Elite in der Nachkriegszeit und ein weiteres Drittel zur Zeit des Wirtschaftswunders politisch sozialisiert. Diese Generationen sind jedoch ungleichmäßig auf die Sektoren verteilt. Während in den Sektoren Verwaltung, Wirtschaft, Wirtschaftsverbände, Wissenschaft und Militär die Nachkriegsgeneration die stärkste Generationsgruppe stellt (52 bis 70%), sind die Sektoren Politik, Gewerkschaften, Massenmedien und Kultur überdurchschnittlich von zur Zeit des Wirtschaftswunders sozialisierten Personen besetzt (39 bis 55 %).

Tabelle IV-1: Zusammensetzung der westdeutschen Sektoreliten nach politischen Generationen. In Klammern: Geburtsjahrgänge der Generationen (Zeilenprozent)

Generationsbezeichnung Zeitraum Geburtsjahre	Weimarer Republik 1919-33 1904-17	Drittes Reich 1934-45 1918-30	Nachkrieg 1946-55 1931-40	Wirtschaftswunder 1956-65 1941-50	Protest/ NSB > 1965 > 1950	N	DI[3] zu Gesamt
Politik	–	3	22	55	30	336	32,5
Verwaltung	–	3	58	34	6	461	11
Wirtschaft	0	8	52	34	5	248	8
Verbände	2	13	55	23	7	159	17,5
Gewerksch.	–	2	33	46	19	85	17,5
Massenmed.	–	3	28	39	31	249	22
Wissensch.	–	9	62	25	4	153	18,5
Militär	–	–	70	30	–	135	23,5
Kultur	–	9	28	44	20	87	19
Sonstige	2	15	57	19	6	156	22
Gesamt	0	6	46	34	13	2069	–

Zur Einteilung und Bezeichnung der Generation vgl. Bürklin in diesem Band.

Starke Abweichung vom Elitendurchschnitt zeigen die politische Elite (DI=32,5) und die Führungskräfte der Medien (DI=22), wo die Protestgeneration als jüngste Generation weit überdurchschnittlich stark vertreten ist, sowie die Militärelite (DI=23,5). Letztere weist insofern ein ganz besonderes Altersprofil auf, als sie sich nur aus Personen zweier Generationen, der Nachkriegs- und der Wirtschaftswundergeneration, zusammensetzt. Hier wirken die stark formalisierten Laufbahnvorschriften des Militärs in Richtung einer altersmäßigen Vereinheitlichung dieser Sektorelite. Eine ähnliche Wirkung streng formalisierter Laufbahnvorschriften ist auch im Sektor Verwaltung zu beobachten. Dort stammen lediglich 9 Prozent der befragten Führungspersonen aus anderen Generationen als der Nachkriegs- und der Wirtschaftswundergeneration.

Die beobachtete Generationsverteilung nimmt sich für die Ausbildung eines elitenübergreifenden gemeinsamen Referenzrahmens eher ungünstig

3 Dissimilaritäts- oder Differenzindex (Duncan-Index of Dissimilarity, Duncan/Duncan 1955): Der Index mißt die Ungleichheit zweier Verteilungen auf einer gleichen Nominalskala. Die Differenzbeträge zwischen den Kategorien werden addiert und die Summe durch 2 geteilt. Der Ungleichheitsindex ist zwischen 0 (kein Unterschied der Verteilungen) und 100 (völlige Verschiedenheit der Verteilungen) gebunden.

aus, angesichts einer Generationsdifferenz, die entlang von Sektorgrenzen verläuft, und die Führungsschicht dadurch in zwei Gruppen teilt: eine Gruppe von Sektoren mit überwiegender Sozialisation in den Nachkriegsjahren (Verwaltung, Wirtschaft, Verbände, Wissenschaft, Militär) und eine andere, deren Mitglieder vorwiegend in den Jahren des Wirtschaftswunders sozialisiert wurden (Politik, Gewerkschaft, Medien, Kultur).

3. Ähnlichkeit der sozialen Herkunft der Sektoreliten

Homogenität der sozialen Herkunft von Mitgliedern der Führungsschicht ist eine weitere strukturelle Bedingung, die Elitenintegration begünstigen kann (Hoffmann-Lange 1992: 119-120).[4] Sie ist im besonderen dazu angetan, einen gemeinsamen kulturellen Referenzrahmen zu erzeugen und Grundlagen für die Entwicklung einer „common language" der Eliten zu schaffen.

In früheren Elitestudien (u.a. Zapf 1965; Enke 1974; Hoffmann-Lange 1992) wurde immer wieder festgestellt, daß die deutsche Führungsschicht in ihrer sozialen Herkunft relativ homogen war, die Gewerkschaftselite aber aus dem allgemeinen Muster herausfiel. Auch die Ergebnisse der Elitestudie von 1995 zeigen, daß die Gewerkschaften nach wie vor eine Außenseiterstellung haben. Sie rekrutieren sich häufiger aus statusniedrigeren Herkunftsgruppen als alle anderen Sektoreliten.[5] Jedoch hat sich die Differenz zur sozialen Zusammensetzung der Gesamtelite gegenüber 1981 deutlich verringert (Abb. IV-1).

Damals war die Abweichung vom Elitendurchschnitt mit einem Dissimilaritätsindex von 45 noch anderthalbmal so groß wie die Abweichung der am zweitstärksten abweichenden Militärelite (DI 31). 1995 weichen die Gewerkschaften mit einem Dissimilaritätsindex von 31 nur noch so stark vom Elitendurchschnitt ab wie die Militärelite im Jahre 1981 vom Eliten-

4 An dieser Stelle sei nochmals ausdrücklich darauf hingewiesen, daß im vorliegenden Text strukturelle Voraussetzungen horizontaler Integration der Eliten untersucht werden. Diese können im Widerspruch zu dem stehen, was aus Sicht der vertikalen Integration von Elite und Bevölkerung als wünschenswert und funktional erscheint (vgl. Etzioni-Halevy 1993: 107). Auf diese Probleme kann an dieser Stelle jedoch nicht eingegangen werden.

5 Die Operationalisierung wurde anhand des Dienstklassekonzeptes von Goldthorpe (1980) vorgenommen (siehe Schnapp 'Chancengleichheit' in diesem Band).

durchschnitt abwich, und etwas stärker als das für die Führungspersonen der FDP im Jahre 1981 der Fall war (DI 27). Ihre extreme Außenseiterstellung hat die Gewerkschaftselite hiermit verloren.

Die Militärelite hat ebenso wie die Führungsschicht der FDP ihr Rekrutierungsmuster deutlich verändert. Daher liegen sie 1995 wesentlich enger am elitendurchschnittlichen Rekrutierungsmuster als 1981.

Abbildung IV-1: Dissimilaritätsindizes für die soziale Herkunft von Sektorelite und Gesamtelite 1981 und 1995

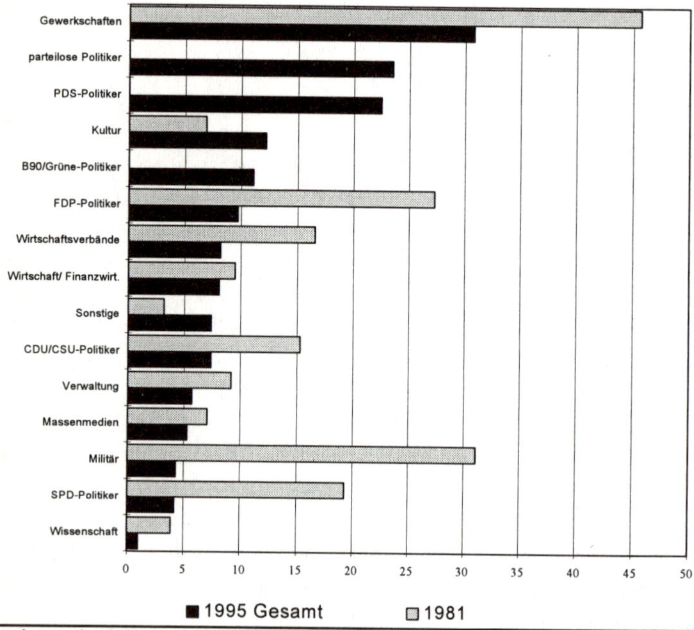

Die Anordnung der Sektoren erfolgte absteigend nach sinkendem Dissimilaritätsindex für 1995.

Während sich die Gewerkschaftselite 1995 in höherem Maße als 1981 aus der Dienstklasse rekrutierte, haben sich Elitesektoren mit einer überproportionalen Rekrutierung aus statushöheren sozialen Herkunftsgruppen in deutlich höherem Maße Personen geöffnet, die nicht der Dienstklasse entstammen. Das trifft z.B. auf die Sektoren Wirtschaft und Wirtschaftsverbände zu. Mit dieser gegenseitigen Annäherung ihrer Rekrutierungsmuster haben die Elitesektoren ihre vormaligen Herkunftsunterschiede verringert. Die Homogenität der Sektoreliten bezogen auf ihre soziale Herkunft hat sich seit 1981 deutlich erhöht,[6] was den Schluß nahelegt, daß sich die strukturellen Voraussetzungen für Elitenintegration verbessert haben.

4. Konfessionszugehörigkeit und religiöse Bindung der deutschen Eliten

Als weiterer, Kultur und Sprache mitbestimmender Einfluß, kann die Zugehörigkeit zu einer Religionsgemeinschaft und die Intensität dieser Bindung aufgefaßt werden.[7] Ein Blick auf Tabelle IV-2 macht deutlich, daß die Führungsschicht der Bundesrepublik Deutschland, hierin ähnlich der Bevölkerung, in drei große Gruppen gespalten ist – die beiden großen christlichen Religionsgemeinschaften und die religiös nicht gebundenen Personen. Die grundsätzliche Aufteilung der Führungspersonen auf alle drei Gruppen zieht sich durch alle Sektoren, jedoch schwankt die Größe der einzelnen Gruppen von Sektor zu Sektor erheblich.

In der gesamten deutschen Führungsschicht sind 27 Prozent der Personen der katholischen Kirche zugehörig, 45 Prozent der evangelisch-lutherischen Kirche, 28 Prozent sind nicht konfessionell gebunden. Rund 1 Prozent fühlen sich anderen Religionsgemeinschaften zugehörig. Gewerkschafts- und Medieneliten weichen von dieser Verteilung am deutlichsten ab. Sie weisen hohe Anteile religiös nicht gebundener und entsprechend geringe Anteile katholischer und protestantischer Personen auf. Militär- und Verwaltungseliten weisen ebenfalls vergleichsweise starke Abweichungen vom Elitendurchschnitt auf, allerdings ist hier die Gruppe der Protestanten mit großem Abstand am stärksten vertreten. In den Wirtschaftsverbänden und etwas weniger häufig in der Wirtschaft sind dagegen die Führungspersonen mit katholischer Bindung überproportional vertreten.

---

6 Illustrativ hierzu auch Abbildung III-1 in Schnapp 'hancengleichheit'in diesem Band. Das Punktebündel für 1995 liegt dort wesentlich enger beieinander als das für 1981, auf diese Weise die größere soziale Homogenität widerspiegelnd.

7 Es ist hier nicht relevant, ob die in der Bundesrepublik Deutschland vorliegende Konfliktstruktur eher eine religiöse oder eine konfessionelle Konfliktlinie enthält, wie es jüngst wieder von Wolf (1996) thematisiert wurde. Diese Unterscheidung gewinnt erst in einem Vergleich von Elite und Bevölkerung an Bedeutung. Das trifft auch auf die Frage nach der als überkommen beschriebenen Unterrepräsentation der Katholiken in den Eliten zu (vgl. Hoffmann-Lange 1992: 134 ff.).

Tabelle IV-2: Religionszugehörigkeit nach Sektoren der gesamtdeutschen Elite 1995 (Zeilenprozent)[8]

Sektor	Katholiken	Protestanten	Nicht konfess. gebunden	DI - Sektorelite – Gesamtelite
Politik	22	43	35	7,0
Verwaltung	31	52	16	11,5
Wirtschaft	30	44	26	3,0
Verbände	35	49	16	12,0
Gewerkschaft	20	23	56	28,5
Medien	24	31	44	16,5
Wissenschaft	27	52	20	7,5
Militär	23	60	17	15,0
Kultur	16	38	46	18,0
Sonstige	30	52	17	10,5
Gesamt	27	45	28	–
(N)	(612)	(1042)	(642)	(Σ=2296)

Gegenüber diesen teilweise deutlichen Unterschieden in der Religionszugehörigkeit schwankt die Stärke der religiösen Bindung, gemessen an der Kirchgangshäufigkeit, innerhalb der Bekenntnisgruppen zwischen den meisten Sektoren nur unerheblich. Lediglich Gewerkschafts-, Medien- und Kultureliten weichen innerhalb der Religionsgruppen deutlich nach unten von der elitendurchschnittlichen Kirchgangshäufigkeit ab. Unter den Katholiken ist es die Kulturelite, unter den Protestanten die Gewerkschaftselite, die ihrer Kirche am fernsten steht. Vom katholischen Teil der Kulturelite besuchen 60 Prozent, vom protestantischen Teil der Gewerkschaftselite 68 Prozent selten oder nie die Kirche. Die relativ schwache Kirchenbindung der sich religiös bekennenden Führungskräfte in den Sektoren Gewerkschaften, Medien und Kultur spiegelt wiederum die größere Kirchenferne dieser Sektoren insgesamt wider.

Im Vergleich zu 1981 ist feststellbar, daß der Anteil der konfessionell gebundenen Personen in der Elite insgesamt um 10 Prozent gesunken ist. Innerhalb der Gruppe konfessionell gebundener Personen ist darüber hinaus

8 Personen, die sich einer anderen Religionsgemeinschaft zugehörig fühlen, werden in dieser Tabelle nicht berücksichtigt. Sie machen 1 Prozent der befragten Führungspersonen aus.

der Anteil aktiver Kirchgänger zurückgegangen (vgl. dazu Hoffmann-Lange 1992: 135), so daß von einer weiteren Säkularisierung der deutschen Führungsschicht gesprochen werden kann.

Geht man davon aus, daß das Problem der Elitenintegration vor allem ein intersektorales ist, sind als Folge der aus Tabelle IV-2 ersichtlichen Differenzen zwischen den einzelnen Sektoren kaum Integrationsprobleme zwischen den Eliten zu erwarten, denn in allen Sektoren sind Personen beider Bekenntnisse und nicht religiös gebundene Personen vertreten. Allerdings fällt die Gewerkschaftselite, wie auch schon bei der Analyse der sozialen Herkunft, stärker aus der durchschnittlichen Verteilung heraus. Insgesamt dürften von der Zugehörigkeit oder Nichtzugehörigkeit zu einer Religionsgemeinschaft, wie schon 1981, weder starke positive noch negative Effekte auf die Elitenintegration zu erwarten sein. Allenfalls trägt die Vergrößerung der Gruppe konfessionell nicht gebundener Personen zu einer besseren Integration dieser Personen in die Elite bei, weil es 1995 keine ausgesprochene Minderheitengruppe im Bereich religiöser Bekenntnisse mehr gibt. Das hätte vor allem positive Wirkungen für die Integration der Gewerkschaftselite.

Vergleicht man die religiösen Bindungen von ostdeutschen und westdeutschen Eliten miteinander (Tab. IV-3), werden in Bezug auf die Zugehörigkeit zu den verschiedenen Religionsgemeinschaften erhebliche Differenzen deutlich. Die Gruppe der Katholiken ist, nicht unerwartet, in der ostdeutschen Elite nur sehr klein, während die Gruppe der religiös nicht Gebundenen wesentlich größer ist als in der Elite westdeutscher Herkunft. Diese Differenz verkehrt sich in ihr Gegenteil, wenn man innerhalb der Religionsgruppen die Kirchgangshäufigkeit betrachtet. Die religiös gebundenen ostdeutschen Führungspersonen scheinen wesentlich aktivere Kirchenmitglieder zu sein als ihre religiös gebundenen westdeutschen Kollegen. Eine integrationsgefährdende Differenz zwischen Ost und West besteht hier aber nicht, denn die Ost-West-Unterschiede innerhalb der Sektoren fallen weniger drastisch aus als zwischen westdeutschen und ostdeutschen Führungspersonen insgesamt. Das resultiert daraus, daß politische und Medieneliten, denen der Großteil der ostdeutschen Führungspersonen angehört, auch im Westen vergleichsweise weniger religiös sind als die Führungsschicht es im Durchschnitt ist.

Tabelle IV-3: Religiöse Bindung und Kirchgangshäufigkeit der bundesdeutschen Eliten 1995

		katholisch		protestantisch		nicht religiös gebunden
	Kirchgangs-häufigkeit	% d. Katholiken	% der Elite	% d. Protestanten	% der Elite	% der Elite
Gesamt	mehrm./Monat	44		20		
	mehrm./Jahr	27	27	40	45	28
	selten oder nie	29		40		
West	mehrm./Monat	43		19		
	mehrm./Jahr	28	29	40	46	25
	selten oder nie	29		42		
Ost	mehrm./Monat	55		32		
	mehrm./Jahr	24	11	46	36	53
	selten oder nie	28		22		

5. Studienfächer, Studienorte - Fachbruderschaften und Eliteuniversitäten

Als weitere strukturelle Voraussetzungen für Elitenkohäsion können verbindende Elemente der Ausbildung, insbesondere des Studiums betrachtet werden. Hierbei interessieren zunächst die gewählten Studienfächer. Eine Elite, die sich großenteils aus Absolventen einiger weniger und möglicherweise sogar ähnlicher Studienfächer zusammensetzt, weist eine spezialisierte und dennoch von allen verstandene gemeinsame Fachsprache auf, was die Kommunikation zwischen den Teileliten erleichtern kann. Als Beispiel kann hier Frankreich genannt werden, wo der wichtigste Aufstiegskanal in die nationale Elite über ein Verwaltungsstudium an der ENA (Ecole Nationale d` Administration) führt.

An zweiter Stelle interessiert die regionale Struktur des Hochschulsystems. Kommt auch in Deutschland die Mehrheit der Inhaber von Elitepositionen von einigen wenigen Eliteuniversitäten, so wie die britischen Eliten mehrheitlich aus Oxford und Cambridge und die französischen Eliten von der ENA kommen? Ist eine räumliche Zentralisierung der Hochschulausbildung der Eliten gegeben, die Voraussetzungen für die Entstehung eines gewissen Korpsgeistes und für über die Studienzeit hinausreichende persönliche Kontakte schafft? Oder gibt es eine größere Anzahl räumlich verteilter wichtiger Universitäten, was der Entwicklung eines gemeinsamen Referenzrahmens eher hinderlich wäre?

Auch bei den hier gestellten Fragen wird davon ausgegangen, daß eine größere Homogenität struktureller Merkmale die Voraussetzungen für Elitenintegration verbessert. Frankreich und Großbritannien können im Falle des Hochschulsystems als gute Bestätigungen für diese Annahme gelten.

Für die deutsche Verwaltungselite wurde bereits mehrfach festgestellt, daß es eine Konzentration auf wenige Eliteuniversitäten nicht gibt und sich eine gemeinsame Identität, wenn überhaupt, nur aus dem Berufsethos und dem Bildungskanon der Rechtswissenschaften ergibt (Derlien/Pippig 1990: 103).

Betrachtet man die Fächerstruktur, fällt auf, daß von dem in der Vergangenheit so oft konstatierten Juristenmonopol nur noch Teile übriggeblieben sind. Zwar bilden die Führungskräfte mit einem rechtswissenschaftlichen Examen immer noch die stärkste „Fachschaft" innerhalb der Eliten, doch sind sie mit nur noch 38 Prozent der Abschlüsse inzwischen nicht mehr in der Mehrheitsposition. Nach den Juristen ist die zweitgrößte Gruppe die der Wirtschaftswissenschaftler. Diese fällt mit 17 Prozent der Befragten jedoch schon deutlich kleiner aus. Alle weiteren Abschlüsse bewegen sich um 5 Prozent oder darunter. Es gibt also lediglich ein, die Eliten aber nur schwach dominierendes Studienfach. Für das Gros der Eliten können weder Sozialisation in einem gemeinsamen fachlichen Kontext noch Gemeinsamkeiten einer Fachsprache quer durch alle Elitesektoren als mögliche integrierende Klammer konstatiert werden.

Auch bei sektorspezifischer Betrachtung ändert sich das Bild kaum. Lediglich für die Verwaltungselite kann nach wie vor von einem hohen Gewicht der juristischen Bildungsabschlüsse gesprochen werden (66%). In der Wirtschaft und den Wirtschaftsverbänden sowie in der Politik spielt das Jurastudium auch noch eine deutlich wichtigere Rolle als andere Abschlüsse, liegt jedoch, mit Ausnahme der Finanzwirtschaft, auch unter dem Elitendurchschnitt.

In der Wirtschaft und den Wirtschaftsverbänden spielt aus naheliegenden Gründen der Abschluß eines wirtschaftswissenschaftlichen Studiums eine große Rolle (17%). Über diese, auf wenige Sektoren beschränkten Fächerhäufungen hinaus, konnten keine sektorprägenden Ausbildungen festgestellt werden. Gemeinsame Identität auf der Basis eines gemeinsamen Bildungskanons kann deshalb, mit Ausnahme der bereits oben erwähnten Verwaltungselite, nicht erwartet werden.

Damit bleibt noch die Frage nach der Konzentration der Führungskräfte auf eine kleine Anzahl von Eliteuniversitäten zu prüfen. Da das Hochschulsystem der Bundesrepublik Deutschland inzwischen ein gesetztes Alter erreicht hat, eine Ausnahme bilden lediglich die hier nicht betrachteten neuen Bundesländer, könnte erwartet werden, daß der Formierungsprozeß soweit gediehen ist, daß sich zumindest fachspezifische Schwerpunktuniversitäten herausgebildet haben.

Ein Blick auf die Daten belehrt jedoch schnell eines Besseren.[9] In der Regel entspricht der Anteil der Abschlüsse aus den verschiedenen Bundesländern in der Elite etwa dem Anteil, den die Bevölkerung der einzelnen Bundesländer an der Gesamtbevölkerung der Bundesrepublik hat. Lediglich die großen Stadtstaaten Berlin und Hamburg bilden hier eine Ausnahme. Der Anteil an Führungskräften, der in diesen Städten studiert hat, übertrifft den Anteil der Bevölkerung Hamburgs bzw. Berlins an der Bevölkerung der Bundesrepublik deutlich.

Da die meisten Bundesländer über mehrere Hochschulstandorte verfügen, und deshalb die lediglich auf Bundesländer spezifizierten Zahlen Ungenauigkeiten enthalten können, wurde auch die Bedeutung einzelner Universitäten geprüft. Dabei zeigte sich zwar, daß überdurchschnittlich viele Führungskräfte an großen und bekannten Universitäten wie der Ludwig-Maximilians-Universität München, der Universität zu Köln, der Universität Hamburg und der Freien Universität Berlin studiert haben, doch selbst diese detaillierte Betrachtung fördert keine bedeutsame Konzentration von Studienabschlüssen an einer bestimmten Hochschule zutage. Eliteuniversitäten von bundesweiter Bedeutung sind nach wie vor nicht zu finden.

Ein großer Teil der Führungskräfte bleibt jedoch in dem Bundesland tätig, in dem der Universitätsabschluß erworben wurde.[10] Die regionalisierte Struktur des Hochschulbildungssystems zeigt hier offensichtlich Wirkungen. Dabei ist das regionale „Beharrungsvermögen" der Führungspersonen offensichtlich nicht von der Größe des Bundeslandes abhängig. Die beiden Bundesländer mit dem größten Anteil an Absolventen von Universitäten des ei-

---

9 Hier wurden lediglich Führungskräfte westdeutscher Herkunft betrachtet, weil die räumliche Struktur des bundesdeutschen Universitätssystems als föderale Struktur untersucht werden soll.

10 Über die Mobilität vom Schulort, also in der Regel dem Wohnort der Eltern, zum Universitätsort können keine Angaben gemacht werden, weil eine entsprechende Frage nicht im Fragebogen enthalten war.

genen Bundeslandes innerhalb der befragten Elitenpopulation sind das Saarland, wo 52 Prozent, und Bayern, wo 57 Prozent der jeweils in diesen Bundesländern tätigen Eliten auch in diesen Ländern studiert haben.

Erweitert man bei der Suche nach regionalen Strukturen den Blick auf die Absolventen der jeweils angrenzenden Bundesländer zeigt sich, daß bundesweit ca. drei Viertel der Elite nach dem Studium in der größeren Region geblieben sind, in der sie auch studiert haben. Es kann demnach zumindest von einer gewissen regionalen Homogenität der Elite ausgegangen werden.

Schließlich wurde geprüft, ob es fachspezifische Häufungen von Absolventen bestimmter Hochschulen gibt. Doch auch hier konnten keine Zentren entdeckt werden. Zwar gibt es einige Standorte, wie Köln für die Wirtschaftswissenschaften (5 Prozent aller studierten Wirtschaftswissenschaftler in der Führungsschicht) sowie Berlin und München für die Politikwissenschaften (20 und 7 Prozent aller studierten Politologen), an denen überdurchschnittlich viele Absolventen der jeweiligen Fächer in der Führungsschicht studiert haben; doch wie bereits in allen anderen Fällen auch berechtigen diese Häufungen keineswegs dazu, Köln als Universität der deutschen Wirtschaftselite und das Otto-Suhr-Institut der Freien Universität Berlin als Bildungsstätte der politischen Elite der Republik zu bezeichnen. Letzteres um so weniger, als ein großer Teil der Politologen innerhalb der Elite gar nicht der politischen Elite, sondern einer Vielzahl anderer Eliten, vornehmlich auch den Gewerkschafts- und Medieneliten angehört.

Zusammenfassend ist zur Frage nach der Existenz milieubildender Eliteuniversitäten in der Bundesrepublik Deutschland festzuhalten, daß solche Spitzenuniversitäten hierzulande weder generell noch fachspezifisch zu finden sind. Von der Struktur des Hochschulbildungssystems gehen demnach keine, die Integration der Eliten fördernden Wirkungen aus.

6. Regionale Verteilung der Eliten

Direkt an die Frage nach der räumlichen Struktur des Hochschulbildungssystems schließt sich die Frage nach einer regionalen Konzentration nationaler Führungsgruppen an. Hoffmann-Lange stellte bereits für 1981 fest (1992: 161 ff.), daß es in der Bundesrepublik Deutschland keinen zentralen Ort, keine zentrale Region gibt, in der sich, wie in Paris oder London, ein Großteil der nationalen Führungsschicht konzentriert. Dieser Befund weist schon darauf hin, daß von der räumlichen Verteilung der Eliten kaum fördernde Wirkungen auf die Elitenintegration zu erwarten sind. Hauptursache dafür ist der föderale Staatsaufbau der Bundesrepublik. Landesregierungen, und alle in ihrem Organisationsaufbau an die föderale Struktur angepaßten Organisationen wie Parteien und Verbände, haben neben den in der Regel vorhandenen Vertretungen am Sitz der Bundesregierung ihre Regionalzentralen in den Landeshauptstädten bzw. in den jeweiligen regionalen Zentren.

Trotz des föderalen Staatsaufbaus, der eine eher gleichmäßige regionale Verteilung der Führungsschicht bewirkt, gibt es in einigen Sektoren eine regionale Konzentration von Eliten in Nordrhein-Westfalen. So haben fast zwei Drittel der Führungspersonen aus der Verwaltung ihren Hauptarbeitsort in Nordrhein-Westfalen. Diese Konzentration ist natürlich auch auswahlbedingt, denn ein großer Teil der befragten Verwaltungsführungskräfte sind Mitarbeiter der Bundesministerien.

Von den Führungspersonen der Wirtschaftsverbände haben immerhin 43 Prozent ihren Hauptarbeitsort in Nordrhein-Westfalen. Im Detail sind das 43 Prozent der Führungskräfte des BDI, 49 Prozent der Führungskräfte des BDA und 53 Prozent der Führungskräfte des DIHT. Eine Ausnahme bilden die vor allem regional orientierten Landwirtschaftsverbände, deren Führungskräfte nur zu einem Viertel in Nordrhein-Westfalen ihren Arbeitsort haben. Die Konzentration von Führungskräften der Verbände in der Nähe des Regierungssitzes verweist auf die enge formelle Einbindung der Verbände in Prozesse der politischen Willensbildung.

Gewerkschaftsführungskräfte haben nur zu einem geringen Teil ihren Hauptarbeitsort in der Nähe des Regierungssitzes. DGB-Führungskräfte sitzen zu einem Fünftel und Führungskräfte der DAG zu 13 Prozent in Nordrhein-Westfalen. Auch in anderen Bundesländern ist keine hohe Konzentration der Gewerkschaftselite festzustellen.

Insgesamt hat rund ein Drittel aller Positionsinhaber den Hauptarbeitsort in Nordrhein-Westfalen. Als nächstes Bundesland folgt mit großem Abstand Bayern mit 9 Prozent der gesamtdeutschen Elitepositionen. Eine leichte regionale Konzentration von Führungsgruppen am Regierungssitz kann also durchaus festgestellt werden. Die neue Bundeshauptstadt Berlin bietet dagegen noch keinerlei Anzeichen für eine größere Konzentration von Eliten. Das wird sich wohl erst mit dem Umzug von Bundesregierung und Bundestag an die Spree entwickeln.

Eine großräumige Konzentration ist bei der Wirtschaftselite zu verzeichnen. Knapp drei Viertel (72%) der Führungsspitzen der führenden Unternehmen konzentrieren sich auf nur vier von 16 Bundesländern (Baden-Württemberg, Bayern, Hessen, Nordrhein-Westfalen). Hierin spiegelt sich auch die unterschiedlich starke Industrialisierung der Bundesländer wider: die genannten vier Bundesländer produzieren zusammen fast zwei Drittel (63%) des Bruttoinlandsproduktes der Bundesrepublik Deutschland (Statistisches Bundesamt 1996: 670).

Insgesamt betrachtet hat sich die Situation im Vergleich zu der bereits 1981 konstatierten nicht verändert. Die Entstehung einer auch außerberuflichen „Elitenkultur“ im engeren Sinne muß als eher unwahrscheinlich angenommen werden. Öffnet man aber den Blick über die hier erhobenen „obersten 4000“ hinaus, kann davon ausgegangen werden, daß sich auch ohne eine räumliche Konzentration höchster Führungspersonen lokal abgegrenzte „Elitenzirkel“ herausbilden, in denen kulturelle und politische Identitäten geformt und stabilisiert werden. In diesen Gemeinschaften entsteht letztlich wohl das, was als Weltsicht der Eliten dann in Presse und Rundfunk verbreitet wird, und so wiederum auf die hier befragten höchsten Führungspersonen zurückwirkt.

7. Partei, Verbands- und Vereinigungsmitgliedschaften - Gelegenheitsstrukturen für informelle Elitenkontakte

Ein weiterer Bereich, in dem Zusammenhalt von Eliten gebildet oder stabilisiert werden kann, sind Mitgliedschaften in Parteien, Verbänden und Vereinigungen. Um hier überhaupt einen positiven Effekt für die Elitenkohäsion erzielen zu können, wäre es jedoch nötig, daß Eliten aus verschiedenen Sektoren in *gleichen* Parteien, Vereinigungen oder Verbänden Mitglied wären, da nur dann Gelegenheitsstrukturen für informellen Austausch und damit auch verbesserte Elitenintegration entstehen.

Parteimitgliedschaft der Führungskräfte

Tabelle IV-4 macht deutlich, daß die Möglichkeiten für Interelitenkommunikation in Parteizusammenhängen eher beschränkt sind. Das liegt zum einen daran, daß mit Ausnahme von Verwaltungs- und Gewerkschaftseliten die nichtpolitischen Eliten nur in begrenztem Umfang überhaupt Parteimitglieder sind. Darüber hinaus sind die konkreten Parteimitgliedschaften auch stark sektoral bestimmt. Von den Führungskräften der Gewerkschaften sind 76

Prozent Mitglied der SPD, dagegen nur 8 Prozent der CDU, während 34 Prozent der Verbandselite Mitglieder von CDU und CSU sind und nur 2 Prozent Mitglieder der SPD. Diese Zahlen entsprechen zwar den Erwartungen, wenn man ein Cleavage-Modell von Gesellschaft zugrunde legt (Lipset/Rokkan 1967; Pappi 1979), sie sprechen aber nicht dafür, daß die Zusammenarbeit in einer Partei die Integration verschiedener Sektoreliten, hier vor allem von Gewerkschafts- und Verbandseliten fördern könnte.

Tabelle IV-4: Parteimitgliedschaft nach Sektoren (ohne Sektor Politik, ohne andere Parteien, Zeilenprozent)

Sektor	keine Mitgliedschaft	CDU/ CSU	SPD	FDP	B90/ Grüne	N	Diff.-Index
Verwaltung	30	33	30	7	1	473	28,5
Wirtschaft	73	12	12	2	-	249	15,5
Verbände	60	35	2	4	-	173	16,5
Gewerkschaften	13	8	76	1	1	96	59,5
Medien	76	10	11	2	-	282	18,5
Wissenschaft	80	9	10	1	1	165	22,5
Militär	87	8	3	2	-	135	29,0
Kultur	90	2	7	-	1	100	33,0
Gesamt	59	21	19	3	1	1673	

Eine Affinität zur gleichen Partei und damit auch eine Voraussetzung für sektorübergreifende Elitenintegration über die Parteien ist jedoch bei den Spitzenkräften der Bundesverwaltung[11] und der Führungsschicht der Verbände zu erkennen. Für diese beiden Sektoreliten wurde oben bereits festgestellt, daß sie einen regionalen Schwerpunkt in Nordrhein-Westfalen haben. Es ist demnach vorstellbar, daß Vertreter dieser beiden Eliten auch außerhalb direkt funktionsrelevanter dienstlicher Tätigkeiten miteinander Kontakt haben. Bei der Suche nach strukturellen Voraussetzungen für Elitenintegration wird man hier bedingt fündig.

Dieser Befund ist aus demokratietheoretischer Sicht allerdings nicht unbedenklich, weil hier möglicherweise in Zirkeln Vorentscheidungen für ge-

11 Von den befragten Staatssekretären gaben 57 Prozent, von den Abteilungsleitern 46 Prozent und von den Unterabteilungsleitern 35 Prozent an, Mitglied der CDU/CSU zu sein. In den drei Gruppen gaben 21, 43 und 41 Prozent der Befragten an, nicht Mitglied einer Partei zu sein.

sellschaftlich relevante politische Entscheidungen getroffen werden, die in ihrer Entstehung demokratisch nicht legitimiert sind. Auf dieses von Scharpf als Verflechtungsdilemma beschriebene Problem (1993: 41) kann hier jedoch nicht näher eingegangen werden.

Alle anderen Eliten, besonders jedoch Kultur, Militär und Wissenschaftseliten zeigen ein derart geringes parteipolitisches Engagement, daß kaum Verbindungseffekte zwischen den einzelnen Sektoren zu erwarten sind. Es fällt jedoch auch bei den Parteimitgliedschaften wieder auf, daß die Gewerkschaften stark vom Elitendurchschnitt abweichen (DI = 60), was sich zum einen aus dem hohen Anteil von Parteimitgliedern überhaupt, aber auch aus dem extrem hohen Anteil an Mitgliedern der SPD ergibt.

Ein Vergleich der parteipolitischen Aktivität zu den vorangegangenen Elitestudien (ZA 1972 und ZA 1981) zeigt, daß das Engagement von Führungspersonen in Parteien über alle Sektoren seit 1972 fast konstant geblieben ist. Rund 40 Prozent der nichtpolitischen Eliten waren zu allen Erhebungszeitpunkten Mitglieder einer Partei. Dabei halten sich die beiden Volksparteien mit leichten Schwankungen immer die Waage.

In den einzelnen Sektoren ergaben sich hingegen zum Teil deutliche Veränderungen. Während Führungspersonen in Gewerkschaften und Verwaltungen in zunehmendem Maße parteipolitisch engagiert sind (zur Politisierung der Verwaltungen siehe u.v.a. Derlien 1983; Derlien/Pippig 1990; Mayntz/Derlien 1989), nimmt das parteipolitische Engagement von Wirtschafts- und Medieneliten spürbar ab. Bei der Medienelite ist das starke Nachlassen parteipolitischer Aktivität offensichtlich der Einführung privater Funk- und Fernsehanstalten in den achtziger Jahren geschuldet, denn Führungskräfte dieser Medien sind in weit geringerem Umfang parteipolitisch engagiert als Führungspersonen der öffentlich-rechtlichen Anstalten.

Mitgliedschaft in Verbänden

Die Mitgliedschaft in Verbänden konnte leider nur für den Zeitpunkt 1995 untersucht werden, da in der für die Sekundärforschung verfügbaren Fassung des Datensatzes von 1981 die Angaben zur Verbandsmitgliedschaft nicht enthalten sind. Einige Vergleiche sind jedoch anhand der von Hoffmann-Lange (1992: 156) berichteten Zahlen möglich.

Auffallend ist der von Hoffmann-Lange auch schon für 1981 festgestellte hohe Anteil an Mitgliedschaften in Berufsverbänden. 1995 berichteten 51 Prozent der Führungskräfte, daß sie Mitglied eines solchen Verbandes seien. Damit haben die Berufsverbände ihre Spitzenposition innerhalb der

Verbandslandschaft gegenüber 1981 auf deutlich höherem Niveau (Mitgliedschaft 1981 = 30 Prozent, Hoffmann-Lange 1992: 157) ausgebaut. Es ist jedoch kaum zu vermuten, daß durch diesen hohen Organisationsgrad der Eliten in Berufsverbänden eine relevante Verbesserung der Elitenintegration erfolgt, weil diese Verbände, der Name sagt es bereits, nach Berufsgruppen organisiert sind. Daraus ergibt sich eine sehr breite Streuung der konkreten Mitgliedschaft, die integrationsfördernde Wirkungen eher ausschließt. Ausserdem ist die Gewerkschaftselite, deren Einbindung in die Gesamtelite nach den bisherigen Befunden am problematischsten erscheint, zu nur 6 Prozent Mitglied dieser Berufsorganisationen. Das unterstreicht, daß die Mitgliedschaft in Berufsverbänden kaum strukturelle Voraussetzungen für Elitenintegration schafft.

Der Organisationsgrad der Eliten aller Sektoren in den Gewerkschaften hat sich von 1981 zu 1995 deutlich erhöht. Waren 1981 nur 22 Prozent aller befragten Führungskräfte gewerkschaftlich organisiert (Hoffmann-Lange 1992: 156), so waren es 1995 40 Prozent. Berücksichtigt man die geringen Mitgliedschaftsanteile in Sektoren wie Wirtschaftsverbände, Wissenschaft und Militär, dann muß von einem erstaunlich hohen Grad gewerkschaftlicher Bindung der Eliten gesprochen werden. Selbst von den Führungspersonen der Wirtschaft sind 1995 24 Prozent Mitglied einer Gewerkschaft. Damit liegt der gewerkschaftliche Organisationsgrad des Sektors Wirtschaft über dem der Gesamtelite von 1981. Um Fehlinterpretationen vorzubeugen, sei allerdings darauf hingewiesen, daß die Arbeitnehmervertreter in den Aufsichtsgremien der Großkonzerne ebenfalls dem Sektor Wirtschaft zugerechnet werden, was einen großen Anteil der gewerkschaftlichen Organisiertheit der Wirtschaftselite erklärt.

Ein Blick auf die Gewerkschaftsmitgliedschaft der Parteipolitiker macht klassische Differenzierung deutlich. Während 90 Prozent aller Führungspersonen der SPD Mitglied in einer Gewerkschaft sind, trifft das auf nur 6 Prozent der Führungspersonen der FDP zu. In CDU und CSU gaben 27 und 20 Prozent der Führungskräfte an, Mitglied einer Gewerkschaft zu sein.

Weil die Gewerkschaften jedoch nach dem Branchenprinzip organisiert sind und damit intern eine starke organisatorische Differenziertheit zeigen, ist auch der relativ hohe gewerkschaftliche Organisationsgrad der Eliten kaum ernsthaft als integrationsfördernd interpretierbar.

Der Organisationsgrad in allen weiteren Verbänden ist so gering (unter 20%), daß sich eine hiervon ausgehende kohäsionsfördernde Wirkung weitgehend ausschließen läßt. Vorhandene Häufungen von Mitgliedschaften in bestimmten Sektoren ergeben sich entlang erwartbarer Zuordnungen. Eliten aus der Wirtschaft und den Wirtschaftsverbänden z.B. sind häufig Mitglieder in Kammern, Industrie- oder Arbeitgeberverbänden.

Zusammenfassend ist festzustellen, daß von individuellen Mitgliedschaften in Verbänden kaum integrationsfördernde Wirkungen ausgehen können, weil die Mitgliedschaftsdichte entweder zu gering ist oder die einzelnen Verbandsarten intern so stark differenziert sind, daß persönliche Kontakte von Führungspersonen als Folge ihrer Verbandsmitgliedschaften kaum zu erwarten sind.

Vereinigungsmitgliedschaften der Führungskräfte

Nach Parteien und Verbänden sind schließlich noch die gesellschaftlichen Vereinigungen als möglicherweise integrationsfördernde Strukturen zu untersuchen. Auch hier finden sich wieder die Muster, die schon bei den bislang untersuchten Organisationsformen aufgetreten sind. Es gibt zwar eine Reihe von Vereinigungen, die relativ stark von Führungskräften frequentiert werden, jedoch sind wieder gerade dort keine Überlappungen zwischen Sektoren in ihren Mitgliedschaften zu verzeichnen, wo sie nach den bisherigen Ergebnissen am nötigsten wären – zwischen Gewerkschafts- und anderen Eliten. Dort jedoch, wo auch in anderen Bereichen ansatzweise Strukturen zur Förderung von Elitenintegration bestehen, findet man sie auch bei den Vereinigungen. Das trifft z.B. auf die gesellschaftlichen Vereinigungen[12] zu, bei denen von Führungskräften der Regierungskoalition häufiger Mitgliedschaften angegeben werden (zwischen 20 und 26%). Neben dem Führungspersonal der Regierungsparteien sind 36 Prozent der Wirtschafts- und 38 Prozent der Verbandseliten Mitglieder solcher gesellschaftlicher Vereinigungen. Führungskräfte aus den Verwaltungen berichteten dagegen nur selten von einer Mitgliedschaft in dieser Art von Organisation (12%). Das mag erstaunlich anmuten, wenn man von dem Alltagsverständnis ausgeht, daß am ehesten in diesen Organisationen informelles Aushandeln politischer Entscheidungen geschehen würde. Offenbar schaffen auch die gesellschaftlichen Vereinigungen weniger strukturelle Voraussetzungen für Elitenintegration als gemeinhin angenommen wird.

Betrachtet man die Vereinigungen mit den höchsten Mitgliedschaftsanteilen, die wissenschaftlichen und kulturellen Fördervereine (jeweils 46% Mitgliedschaftsnennungen, 66% der Führungskräfte sind in mindestens einer

12 Rotary Club, Lion's International, Freimaurer Logen usw.

der beiden Formen organisiert), wird klar, daß Vereinigungen als gesellschaftliche Organisationen in der Bundesrepublik Deutschland kaum einen eigenständigen Einfluß auf die Förderung der Elitenintegration haben können. Wissenschaftliche und kulturelle Fördervereine existieren in so großer Zahl, daß selbst eine 100-prozentige Organisiertheit der Eliten in derartigen Vereinen kaum die Schlußfolgerung zuließe, daß hier strukturelle Voraussetzungen von Elitenintegration bestehen würden. Die hohen Mitgliedschaftsquoten haben demnach allenfalls eine Aussagekraft bezüglich des sozialen und gesellschaftlichen Engagements der Führungskräfte bzw. auch der bevorzugten Richtung dieses Engagements in einzelnen Sektoren oder Untersektoren, als Hinweis auf integrationsfördernde Potentiale sollten sie nicht interpretiert werden.

8. Zusammenfassung

In diesem Beitrag wurden sowohl strukturelle Voraussetzungen für die Entstehung eines gemeinsamen kulturellen und sozialen Referenzrahmens der deutschen Führungsschicht als auch Gelegenheitsstrukturen für informelle, Integration stiftende Kommunikation von Eliten untersucht.

Die Bedingungen für die Existenz eines gemeinsamen Referenzrahmens scheinen, unter Berücksichtigung der Zugehörigkeit zu politischen Generationen und der sozialen Herkunft der Eliten, nur bedingt gegeben zu sein. Für die Sozialstruktur kann gesagt werden, daß sich hier im Vergleich zur Vorgängerstudie die Bedingungen verbessert haben, weil sich eine größere Homogenität der Herkunftsstruktur der Sektoren entwickelt hat. Das schließt sogar die Gewerkschaftselite ein, die zwar an ihrer Herkunft gemessen immer noch deutlich vom Durchschnitt der gesamten Führungsschicht abweicht, sich aber seit der Elitestudie von 1981 stark dem Herkunftsprofil der anderen Teileliten angenähert hat. Für die Verteilung der politischen Generationen muß jedoch festgestellt werden, daß hier eine an Sektorgrenzen verlaufende Generationsdifferenz besteht, die Elitenintegration im günstigen Falle nicht behindert, im ungünstigen Falle sogar erschwert.

Die Struktur des Hochschulsystems der Bundesrepublik Deutschland hat sich offensichtlich nicht dahingehend gewandelt, daß sie Voraussetzungen für informelle Elitenintegration schaffen könnte. Im Gegenteil, durch die Ausdifferenzierung des Fächerkanons und das Sinken des Anteils juristischer

Staatsexamen sind die Voraussetzungen für eine gemeinsame Sprache und Kultur als Ergebnis der fachlichen Sozialisation eher schlechter geworden.

Gemeinsamkeit stiftende Wirkungen der Religionszugehörigkeit können insofern erwartet werden, als fast alle Sektoren eine ähnliche Zusammensetzung aus Personen der unterschiedlichen Konfessionsgruppen aufweisen. Auch hier fällt jedoch neben den Kultur- und Medieneliten vor allem die Gewerkschaftselite mit einem weit überdurchschnittlichen Anteil religiös nicht gebundener Personen deutlich heraus.

Von dem Bereich gesellschaftlicher und politischer Organisationen wurde einleitend angenommen, daß er neben der Stabilisierung gemeinsamer Referenzrahmen vor allem auch Gelegenheit zu informeller Kommunikation geben, und auf diese Weise zur Elitenintegration beitragen könnte. Hier zeigt sich jedoch bei detaillierter Betrachtung, daß derartige Wirkungen fast nicht zu erwarten sind, weil diese Mitgliedschaften in einem stark differenzierten System von Organisationen bestehen. Gelegenheiten für personelle Überschneidungen von Mitgliedschaften scheinen kaum zu bestehen.

Aus den Einzelbefunden ergeben sich zwei, auf verschiedenen Ebenen liegende Schlußfolgerungen:

1) Auch 1995 ist die Gewerkschaftselite innerhalb der Führungsschicht der Bundesrepublik Deutschland in der Summe ihrer sozialstrukturellen Merkmale relativer Außenseiter. Hier wiederholt sich ein Muster, das bereits in allen deutschen Elitestudien seit den sechziger Jahren festgestellt wurde. Die Sozialstruktur der Gewerkschaftselite hat sich jedoch denjeningen der anderen Sektoreliten deutlich angenähert.

2) Der Zusammenhalt der Eliten in der Bundesrepublik Deutschland muß in erster Linie aus institutionellen Arrangements entspringen, die professionelle Beziehungen zwischen den Eliten der einzelnen Sektoren etablieren. Moderne hochdifferenzierte Gesellschaften sind auch in den begrenzten Bereichen, in denen sie politische Gemeinschaften enthalten stark differenziert, so daß diese Bereiche für die nach gesellschaftlichen Funktionssystemen unterteilten Eliten kaum noch in größerem Ausmaß Zusammenhalt und gemeinsame Kultur erzeugende Wirkungen zeitigen können. Die vorliegenden Ergebnisse bestätigen die eingangs zitierte Feststellung Dyes, daß in modernen funktional differenzierten Gesellschaften mit ihren hochformalisierten Beteiligungs- und Verhandlungsregeln Elitenintegration, als eine Bedingung stabiler demokratischer Verhältnisse, vorrangig aus institutionell verankerten und öffentlich anerkannten Strukturen hervorgehen muß.

Kapitel V
Integration und Segmentation der Führungsschicht - Stratifikationstheoretische Determinanten

Hilke Rebenstorf

1. Problemstellung

Die Frage der Integration der Führungsschicht ist ein Kernelement der Elitetheorie. Field und Higley haben in ihren ländervergleichenden Studien, in denen sie Elitestruktur, gesellschaftlichen Entwicklungsstand und Entwicklungsrichtung sowie die Repräsentativität und Stabilität politischer Institutionen untersuchten, den positiven Effekt einer konsensualen Einheit der nationalen Führungsschichten auf die demokratische Entwicklung hervorgehoben (Field/Higley 1985; Higley/Burton 1989). Dieses Konzept ist nicht kritiklos aufgenommen worden. So weist u.a. Etzioni-Halevy (1989, 1993) auf die Gefahr hin, daß eine zu starke Übereinstimmung verschiedener Teileliten demokratische Prinzipien gefährde und zu Cliquenherrschaft führen könne. Komplementär hierzu kann Cammacks (1990) Kritik am Konzept des „Elite-Settlement"[1] von Burton und Higley (1987) gelesen werden. In diesem Prozeß werden gemeinsame Spielregeln erarbeitet und konsensual festgelegt. Cammacks Argumentation folgend, ist die Wahrscheinlichkeit groß, daß diese Aushandlung nur zwischen Teilen einer nationalen Führungsschicht erfolgt und spezifische Gruppen ausgeschlossen werden. In einem derartigen Fall sei die Repräsentativität der politischen Institutionen nicht gegeben. Die Elitenintegration ist dann nur partiell, Teilinteressen sind nicht repräsentiert und ausgehandelte Kompromisse nicht tragfähig.

In diesem Beitrag wird in Anlehnung an Cammacks These der Frage nachgegangen, ob es innerhalb der bundesdeutschen Führungsschicht spezifische Gruppen gibt, die mangelhaft integriert oder gar ganz aus Kommunikationsprozessen ausgeschlossen sind. Konkret wird untersucht, ob es in der

---

1 Hierunter ist ein Prozeß zu verstehen, in dem aus einer partiell geeinten Elite, in der es eine konservative Mehrheit und eine radikale, egalitär ausgerichtete Minderheit gibt, über eine zweistufige Transformation eine Konsenselite entsteht (Burton/Higley 1987).

Führungsschicht sozialstrukturell begründete Segmentation gibt, ob also auch hier Differenzierungsprinzipien wirken, die in der Gesellschaft als ganzer wirken. Das würde bedeuten, daß trotz formaler Offenheit in der Rekrutierung für Führungspositionen die soziale Herkunft der Eliten nach wie vor zur Bildung von mehr oder minder geschlossenen Gruppen innerhalb der Elite führt und somit zur Exklusion bestimmter Gruppen aus den Verhandlungs- und Aushandlungsprozessen.

Hierfür werden nach Erörterung der Theorien, die diese Vermutung stützen, konkrete Thesen erarbeitet, die nach Vorstellung der Datenlage und Operationalisierung überprüft werden.

2. Integration und Segmentation - Differenzierungsprinzipien

Die Elitenforschung der fünfziger und sechziger Jahre in der Bundesrepublik wurde nicht müde, das Konsenserfordernis zu beschwören. Theoretiker wie Praktiker beziehen sich auch heute noch, wenn von Elitenintegration und ihrer Notwendigkeit die Rede ist, in aller Regel auf die Überwindung der sektoralen Segmentation. Die Teilung der Gesellschaft in verschiedene Sektoren geht auf allgemeine Prozesse der Modernisierung zurück. In diesen Prozessen bildeten sich Funktionsbereiche heraus, deren Differenzierung einer Aufgabenteilung folgt. Hierzu gehören beispielsweise die Sektoren Politik, Verwaltung, Justiz und Militär als staatliche Organisationsbereiche, für die jeweils ein eigener Aufgabenkatalog gilt. Andere Sektoren entstanden als Bereiche der Vertretung spezifischer Interessen, wie beispielsweise die Unternehmerverbände und die Gewerkschaften. Die gesellschaftlichen Sektoren sind somit nicht nur funktional voneinander getrennt, sondern, zumindest soweit es sich um Interessenrepräsentation im Verbände- und im politischen System handelt, auch ideologisch, im Sinne von Überzeugungssystemen. Integration bedeutet in diesen Zusammenhängen die Überwindung der Polarisierung entlang gesellschaftlicher Spannungslinien auf der Ebene der Führungsschicht und hierüber die Überwindung gesellschaftlicher Spaltung insgesamt.

Dahrendorf dagegen hat mit der Frage nach der Elitenintegration, der Überwindung ihrer „abstrakten“ nicht-etablierten Form, mit seiner Frage nach der Kohärenz der Führungsschicht und ihrem Klassenbewußtsein (1965,

1964: 224) die Überwindung der sozialen Segmentation angesprochen. Wie überall in Europa kamen die Mitglieder der Führungsschicht verstärkt aus den Mittelschichten. Nicht mehr die soziale Herkunft als solche war entscheidend für die Karrieren, sondern „the school is replacing the familiy as an avenue to the top.“ (Dahrendorf 1964: 240). Die bis in die Weimarer Republik in Deutschland problemlos verlaufende Kommunikation und Herstellung eines gemeinsamen Verständnisses aufgrund weitgehender sozialer Homogenität der Elitemitglieder und damit gleicher Bezugssysteme für die Beurteilung gesellschaftlicher, politischer und ökonomischer Prozesse und zu ergreifender Maßnahmen war nun nicht mehr ohne weiteres gegeben. Die zunehmende Heterogenität von Herkunft, Sprache, Interessen, Werten und Zielen erschwerte die Elitenintegration und damit die Etablierung eines Elitenkonsenses (Hoffmann-Lange 1985).

Über die seit den sechziger Jahren fortschreitende Öffnung des Schul- und Hochschulwesens sowie aufgrund von verstärkten Repräsentationsansprüchen in der Politik ist die soziale Basis für die Rekrutierung in Spitzenpositionen breiter geworden. Insofern ist heute noch mehr als zur Zeit Dahrendorfs Analyse davon auszugehen, daß es in der Führungsschicht durch unterschiedliche soziale Herkunft bedingte Segmentationen und somit nur partielle Integration gibt. Warum sollten sich die Muster der Distinktion, die in der Gesellschaft insgesamt wirken, nicht auch in dem gesellschaftlichen Segment der Positionselite bemerkbar machen, dessen Struktur sozialer Herkunft zwar noch weit davon entfernt ist, ein Abbild der Gesellschaft zu sein, in dem jedoch zunehmend Vertreter bislang unterprivilegierter gesellschaftlicher Gruppen Eingang finden? Aus der neueren Stratifikationsforschung ist bekannt, daß trotz formaler Offenheit von Bildungs- und Rekrutierungssystemen neben den reinen fachlichen Qualifikationen sekundäre Merkmale von Bewerbern bei der Personalauswahl eine wesentliche Rolle spielen (Bourdieu u.a. 1981a; Hartmann 1989). Darüber hinaus ist die Teilnahme an Verhandlungen auf der Führungsebene gebunden an das Beherrschen der Spielregeln, die nicht nur formalen Verhaltensnormen folgen, sondern in denen Ansprüche auch auf außerfachliche bzw. -funktionale Habitualisierungen gelegt werden (Rebenstorf 1995).

Die Muster dieser vermuteten Segmentation, man kann sie auch als Klassenbildung innerhalb der Führungsschicht bezeichnen, lassen sich auf mindestens zwei Ursachenkomplexe zurückführen. Zum einen basieren sie auf den Rekrutierungspraktiken. Bereits Mosca hat in seinen Arbeiten zur Herrschenden Klasse festgehalten, daß eine Zulassungsbedingung für die Aufnahme in die Führungsschicht in jeder Gesellschaft bestehe: „Die Zustimmung jener, die bereits zur herrschenden Gruppe gehören.“ (Mosca

1950: 61). Zum anderen finden sich Ursachen sowohl in der Funktionsstruktur der unterschiedlichen Organisationsbereiche als auch in der sozialen Struktur der Herkunftsschichten der Mitglieder der heutigen Führungsschicht.

Es sind somit zwei Strukturelemente moderner Gesellschaften, die Segmentationen innerhalb nationaler Führungsschichten nahelegen, die nicht allein der sektoralen Differenzierung geschuldet sind. Die erste ergibt sich aus den Funktionalitäten der sektoralen und positionalen Differenzierung, wobei die Funktionalitäten zugleich in weiten Teilen interessengebunden sind. Eine zentrale Spannungslinie für die Ausdifferenzierung der Interessenorganisationen und der Parteien ergab sich aus dem ökonomischen Konflikt zwischen Kapital und Arbeit sowie aus dem religiösen Konflikt zwischen Kirche und Staat. Die aus diesen Konflikten entstandene Fraktionisierung ist somit nicht rein funktional, sondern auch ideologisch, da jeweils unterschiedliche, teils konfligierende Interessen vertreten werden.

Die zweite Trennungslinie, die zum Teil Interdependenzen mit der ersten aufweist, ergibt sich aus der sozialen Herkunftsstruktur der Mitglieder der Führungsschicht. Auch diese Segmentation wird sich mit der sektoralen überlagern. Sie folgt der Logik, daß eine spezifische Herkunft eine spezifische Ausbildung und Sektorwahl nahelegt. Hiermit sind dann wiederum je eigene Karrierewege verbunden. Diese Segmentation ist eine stratifikatorische.

In diesem Beitrag wird vornehmlich der zweite Strang weiterverfolgt. Die ideologische Segmentation spielt insofern eine Rolle, als die soziale Herkunft die Nähe zu bestimmten Sektoren, insbesondere der Interessenvertretungsorgane, nahelegt, sie wird jedoch nicht gesondert analysiert (siehe hierzu Bürklin 'Generationen', Kaina, Machatzke 'Staatsverständnis' in diesem Band).

3. Theoretische Begründung stratifikatorischer Elitensegmentation

Theoretische Begründungen für die stratifikationsbasierte Segmentation innerhalb der Führungsschicht liefern die Sozialisations- und die Stratifikationstheorie. Beide Ansätze erklären die Persistenz von Einstellungs- und Verhaltensmustern sowie von sozialer Segregation, ohne jedoch die Möglichkeiten der Veränderung auszuschließen.

Die Sozialisationstheorie unterscheidet Formen, Phasen und Agenten im Prozeß des sozialen Lernens, des Erwerbs von Verhaltensweisen und Einstellungen (Dawson/Prewitt 1969). Die Formen des Lernens sind sowohl indirekter (z.B. Nachahmung) als auch direkter Art (z.B. Unterricht). Die Phasen werden unterschieden nach affektiver Hinwendung und späterer kognitiver Untermauerung. Die stärkste Wirkung haben die mit affektivem Lernen verbundenen primären Agenten der Sozialisation wie Familie und frühe *peer groups*. In dieser frühen Phase wirkt das Moment der Tradition besonders stark. Hierin liegt ein Grund für beobachtbare Persistenzen von Einstellungen, Verhalten und auch Stratifikation. In späteren Lebensabschnitten kommt es zur Konfrontation der früh erworbenen Standards mit anderen neuen, die nicht selten in kognitive Dissonanz münden. Die lebensnotwendige Reduktion der auch affektiv wahrgenommenen Dissonanzen führt zu einer Bestätigung oder einer Veränderung, wenn nicht gar rigiden Abwendung von der Tradition, wobei letzteres jedoch eher unwahrscheinlich ist (Festinger 1978). Die Primärsozialisation legt über die Vermittlung von Werten, Einstellungen und Verhalten auch Affinitäten nahe, die die potentielle Mitgliedschaft in Gruppen und Institutionen, deren Ethos dem der Primärsozialisation widerspricht, eher unwahrscheinlich macht. Sie bestimmen die Muster der Selektivität von Wahrnehmung.

Die Ergebnisse der Sozialisationsforschung sind mittlerweile fester Bestandteil der Ansätze in der Stratifikationstheorie geworden. In den Primärgruppen, allen voran in der Familie, wird ein Verhalten gelehrt und gelernt, das nicht nur Einzelwerte und Normsysteme sowie Handlungsmaximen und Orientierungen des Verhaltens an diesen Maximen vermittelt, sondern auch Geschmack, Art des Sprechens, der Kontaktaufnahme. Generelle Codes in Sprache und Verhalten werden habitualisiert. Der so entstehende Habitus weist klassenspezifische Züge auf. In ihm erkennen sich Menschen der gleichen Herkunft wieder. Er dient als Zeichen der Zusammengehörigkeit, der Identifikation Fremder als einem nahestehend oder entfernt (Bourdieu 1988, 1991a; Berking/Neckel 1990). Die Trägheit bei der Veränderung von Einstellungen und Verhaltensmustern stellt folgerichtig eine Mobilitätsbarriere dar; Bourdieu spricht von dem Hysteresiseffekt, der den Aufstieg in eine neue Klasse behindert, da selbst bei kognitiver Aneignung der Komponenten des Habitus der Zielklasse die affektiven Neigungen und indirekt erworbenen Denk- und Verhaltensstandards die Herkunft nach wie vor verraten (Bourdieu 1992). Darüber hinaus stellen sie auch Verständigungsbarrieren dar und sind der Kooptation in andere Gruppen unter Umständen hinderlich.

Die Neigung, sich spezifischen Gruppen anzuschließen, spezifische Karrieren anzustreben kann somit nicht allein als positive Neigung und Entscheidung gesehen werden. Die Fremdheit des Habitus führt auch zum Ausschluß und wirkt insofern negativ determinierend auf Berufswahl, Karrieren u.a.m. (ebd.). Dahrendorfs Beobachtung der 60er Jahre und die Habitustheorie der 80er und 90er Jahre unterstützen Cammacks These, daß nicht alle Gruppen innerhalb der Führungsschicht gleichermaßen am Prozeß des Elite-Settlement teilhaben, Integration daher nur partiell erfolgt.

4. Diskussion der theoretischen Grundlagen

Diesen Thesen der elaborierten Klassentheorie sowie anderen Ansätzen zur Erforschung sozialer Ungleichheit (z.B. Giddens 1983; Parkin 1983) gegenüber stehen andere in der Forschung mittlerweile weit begründete Ansätze, die von zwei zentralen Prämissen ausgehen.

(1) Die Struktur der Spannungslinien (Cleavages) moderner europäischer Nationalstaaten, die spezifische Parteiensysteme und intermediäre Systeme der Interessenrepräsentation mit sich brachte, verliert an Prägekraft für die politisch-ideologische Organisation der Gesellschaft. Am stärksten wird das diskutiert in der Wahl- und Parteienforschung, in der das „Dealignment“, die Entkoppelung klassischer Wählergruppen von ihren Stammparteien, und die Zunahme des eher rational agierenden Wechselwählers betont werden (Dalton u.a. 1984a). Auch die im Schwinden begriffene Bindungskraft insbesondere der Gewerkschaften wird in diesem Zusammenhang vielfach thematisiert. Zu konstatieren sind tatsächlich abnehmende Mitgliederzahlen und der Verlust des Vertrauens sowohl in Parteien als auch in Verbände (Rattinger 1993; Weßels 1997). Deshalb könne nicht mehr von einer ideologischen Strukturierung der Gesellschaft entlang dieser Dimensionen gesprochen werden, und schon gar nicht treffe mehr zu, daß aus einer spezifischen sozioökonomischen Lage auf politische Orientierungen und kollektive Identitäten geschlossen werden könne.

(2) Die sozialstrukturelle Entwicklung der Bundesrepublik zeichne sich durch eine Dynamik aus, die aufgrund mobilitätsbedingter Individualisierungen zu einer Aufweichung traditioneller Bindungen und Milieus führe und somit auch zu den in ihnen tradierten Werten und Weltanschauungen (z.B. Beck 1983; Hradil 1983, 1992). Sozialer Aufstieg, nicht unbedingt für einen

selbst aber doch für die Kinder - insbesondere über Bildung (Lutz 1983) - sei heute selbstverständlich; ungleiche Chancen aufgrund ungleicher sozialer Herkunft sind in diesen Modellen nicht mehr zentral. Betont wird statt dessen die Angleichung verschiedener sozialer Lagen aufgrund gleicher Risiken (Beck 1986). Aus ähnlichen Erfahrungen würden neue Solidaritäten und Identitäten geknüpft, die über die Grenzen traditioneller sozialer Schichten hinausreichten, diese sogar durchschnitten. Grundsätzlich in Frage gestellt wird hier jegliche Festlegung der eigenen Lebenschancen, Einstellungen und Wertsysteme durch die soziale Herkunft.

Forschungsergebnisse, auf denen diese kritischen theoretischen Ansätze basieren, zeigen selbstverständlich Evidenz für die in ihnen vertretenen Thesen. Sie können jedoch nicht die These von der Fortwirkung traditionaler Strukturen falsifizieren (Geißler 1996a). Im Falle der nachlassenden Bindungskraft der klassischen Cleavages zeigen sie vielmehr, daß zu den alten Spannungslinien neue hinzugetreten sind, die jene überlagern und sie von daher in ihrer determinierenden Kraft abschwächen. Die Dimensionalität des politischen Spannungsfeldes hat zugenommen. Die klassischen Konfliktlinien sind somit nicht verschwunden, sondern stehen in Konkurrenz zu anderen (Bürklin 1984; Weßels 1992). Bindungskraft kommt ihnen nach wie vor zu. Festzuhalten bleibt, daß Befragte je nach sozialer Lage die Organisationen innerhalb des Verbände- und Parteiensystems, welche sich für ihre Interessen einsetzen, noch immer klar ausmachen können (Weßels 1991b).

Im Bereich der Sozialstrukturanalyse haben die neuen Ansätze auf Veränderungen in der sozialen Stratifikation hingewiesen, die bei Anwendung der üblichen Schichtmodelle unbemerkt geblieben wären (Beck 1983: 36). Sie mögen damit erklären können, wie im Falle eines Konfliktes zwischen klassischem und modernem Cleavage die individuelle Wahl bei einer eventuell notwendigen politischen Beteiligung ausfällt; sie erklären jedoch nicht, woher denn die nach wie vor bestehende soziale Ungleichheit rührt und wie sie sich perpetuiert. Ihr heuristischer Wert ist von daher begrenzt, weil eine rein vertikale soziale Schichtung oder Klassenbildung heute in der Stratifikationsforschung ohnehin kaum mehr unterstellt wird. Wer sich denn auch in der Stratifikationsforschung weiterhin zum Ziel gesetzt hat, den Ursachen sozialer Ungleichheit, definiert als „*die mehr oder minder vorteilhaften Lebens- und Handlungschancen, die Menschen durch gesellschaftlich hervorgebrachte Lebensbedingungen dauerhaft vorgegeben sind*“ (Hradil 1983: 101) auf den Grund zu gehen, kommt sehr schnell wieder zu Determinanten, die in der sozialen Herkunft und anderen askriptiven Merkmalen zu finden sind, analysiert Techniken vertikaler und horizontaler sozialer Schließung (Parkin 1983; Kreckel 1983).

Eine integrierte Betrachtungsweise der Folgen veränderter Cleavage- und Sozialstrukturen wird vorgenommen in der Erforschung sozialer Milieus (Vester 1989; Vester u.a. 1993). Die Autoren stellen fest, daß die neueren Etiketten zur Beschreibung sozialstruktureller Veränderungen wie die Erlebnisgesellschaft, Zweidrittelgesellschaft und Mittelstandsgesellschaft verzerrte Bilder der Realität wiedergeben. Alle diese Theoreme verallgemeinerten Phänomene, die ca. ein Viertel der Gesellschaft beträfen (Vester u.a. 1993: 26-28). Zwar könne nicht bestritten werden, daß die alte Klassengesellschaft sich stark relativiert habe, dennoch seien die Klassenmentalitäten in ihren Grundmustern nicht verschwunden, hätten aber moderne Formen angenommen. Zurückgeführt wird das darauf, daß - wie auch Weßels betont - die alten Konfliktstrukturen nach wie vor vorhanden seien, in angespannten ökonomischen Situationen sogar eine Revitalisierung erführen, aber horizontal überlagert würden durch konfligierende Werthaltungstypen. Zur Erklärung sozialer Ungleichheiten greifen Vester u.a. auf Parkins Ausarbeitung von Webers Konzept der sozialen Schließung zurück, das in weiten Teilen deckungsgleich ist mit Bourdieus Distinktionstheorie. „Dieses Konzept ermöglicht es ... [dem] ‘Prozeßcharakter von Klasse’ und ‘den Elementen des Wandels und der Zweideutigkeit in der Klassenbildung wohl besser gerecht [zu werden] als die üblichen Einteilungen.’“ (ebd.: 114).

Die Forschung stimme darin überein, daß es nicht mehr allein die soziale Prägung durch die Arbeitswelt sei, die Interessen, Handeln und Denken bestimmten, dennoch würden über die Generationen hinweg tradierte Klassenmentalitäten nicht einfach verschwinden, wenn sich die Lebensverhältnisse änderten. „Als aktive Formen der Auseinandersetzung mit den Erfahrungen von strukturellen Zwängen, Wertesystemen und sozialer Kontrolle entwikkeln sie sich vielmehr in *relativer Autonomie* von materiellen Grundlagen im Zusammenhang mit dem Eigensinn kultureller Vergemeinschaftungen. Sie erweisen sich daher in ihren Grundzügen häufig persistent, in ihrer Ausgestaltung jedoch modernisierungsfähig.“ (ebd.: 188).

5. Eliten und soziale Stratifikation: Thesen

Die Implikationen der vorgestellten Theorie- und Forschungsergebnisse für die Persistenz und Modifikationen gesellschaftlicher Stratifikation und hiermit verbundener Denk- und Handlungsschemata sind auf Elitenebene in spezifischer Weise gebrochen. Zum einen zeigt der Überblick über die sozialstrukturelle Zusammensetzung der Eliten (siehe Schnapp 'Chancengleichheit' in diesem Band), daß spezifische stratifikationstheoretisch differenzierbare Gruppen kaum oder gar nicht vertreten sind. Die Zugangsmöglichkeiten zu Elitepositionen sind nicht gleichmäßig verteilt auf die Angehörigen der verschiedenen gesellschaftlichen Segmente. Zum anderen ist bekannt, daß über die Identifikation mit der professionalisierten Elitenrolle neue, dem Tätigkeitsbereich entsprechende Orientierungen entstehen. So beschreibt beispielsweise Herzog (1975), daß ein Großteil von Spitzenpolitikern eine affirmative Bindung zu ihrer Partei erst im Laufe ihrer politischen Professionalisierung aufbaute. Auch nicht von der Hand zu weisen ist, daß zumindest für den Zeitraum bis ungefähr 1980 die Zugehörigkeit zu einem spezifischen Sektor stark von der sozialen Herkunft determiniert war (Barton 1984). Unabhängig davon wird jedoch ein Großteil der Mitglieder der heutigen Führungsschicht ein hohes Maß an sozialer Mobilität aufweisen, so daß zusätzliche Brechungen in der Tradierung von Handlungsschemata zu vermuten sind. Deshalb lassen sich keine einfachen deterministischen Schlüsse aus den vorgestellten Theorien ziehen. Es lassen sich jedoch einige Thesen ableiten, deren Überprüfung einen Beitrag leistet zur Erhellung von Cammacks Vermutung über den Ausschluß spezifischer Elitesegmente aus den Aushandlungsprozessen über die Spielregeln und ihre konsensuale Festlegung.

(1) Die soziale Herkunft der Mitglieder bestimmt zu weiten Teilen die Sektorzugehörigkeit. Das Herkunftsmilieu legt generell eine spezifische Berufswahl nahe, in die auch klassenspezifische Aspirationen einfließen. Zu diesen Aspirationen gehören sowohl Aufstiegsorientierungen als auch politische Überzeugungen. Von daher wird angenommen, daß z.B. Mitglieder der Führungsschicht, die aus Arbeiterhaushalten kommen, heute am ehesten eine Position in den Gewerkschaften einnehmen und Eliten aus Beamtenfamilien überproportional in der Verwaltung vertreten sind. In den politischen Parteien dürften sie sich entsprechend bekannter Muster verteilen: Arbeiter in der SPD, Kleinunternehmer und Landwirte in der CDU.

Die Einstellungen und Aspirationen, die ausschlaggebend für die Wahl des Sektors der beruflichen Tätigkeit sind, werden neben dem Elternhaus über die schulische Ausbildung wie auch über die berufliche und akademische Sekundärausbildung vermittelt. Daraus folgt:

(2) Die soziale Herkunft legt eine spezifische Ausbildung nahe. Zu erwarten ist, daß Eliten, deren Eltern Volks- oder Realschulbildung hatten und als Arbeiter oder einfache Angestellte tätig waren, am ehesten selbst eine gewerbliche oder kaufmännische Ausbildung ohne weiterführendes Studium aufweisen. Dagegen dürften die klassischen Akademiker aufgrund der Bildungsreform der späten 60er Jahre in ihrer Herkunft nicht wesentlich von der Gesamtverteilung abweichen.

Zusammenhänge, die hier erwartet werden, sollten sich im Zuge der generellen gesellschaftlichen Wandlungstendenzen - zunehmende Mobilität, Öffnung des Bildungswesens, Veränderungen auf dem Arbeitsmarkt und in der Beschäftigungsstruktur - im Vergleich zu früheren Studien abgeschwächt haben.

Die Möglichkeit, adäquat zu kommunizieren ist abhängig von einer gemeinsamen Sprache bzw. einem gemeinsamen Referenzrahmen, der aufgrund ähnlicher Erfahrungen entsprechend der sozialen Herkunft und Ausbildung entsteht, sowie von der Akzeptanz neu in bestehende Kommunikationsnetzwerke aufzunehmender Mitglieder durch die bereits Vorhandenen. Daraus folgt:

(3) Die soziale Herkunft bestimmt gleichfalls die Einbindung in Kommunikationsnetzwerke. Führungspersonen, die aus unterprivilegierten Schichten kommen, werden in ihren Kommunikationsbeziehungen eher auf wenige funktionale Kontakte beschränkt sein. Dagegen werden Führungspersonen aus den höheren sozialen Schichten vielseitige Kontakte auf allen Ebenen des föderalen Systems wie auch auf internationaler Ebene pflegen.
(4) Die Gegenthese hierzu lautet, daß über die Funktionserfordernisse der Elitepositionen derartige Differenzen im Kommunikationsverhalten und in der Pflege von Kontaktnetzwerken nicht mehr bestehen, sondern, sofern überhaupt wesentliche Differenzen vorliegen sollten, diese eher bereichsspezifischen Funktionalitäten geschuldet sind. In dem Falle würden keine Unterschiede im Kommunikationsverhalten entlang stratifikationstheoretischer Determinanten zutage treten.

Die Beschreibungen der stratifikationstheoretischen Determinanten (un)gleicher Chancen, wie sie oben dargestellt wurden, sind an westlichen Gesellschaften orientiert. Bourdieu (1991b) beschreibt auch die Hauptteilungsprinzipien, die in osteuropäischen Gesellschaften vorherrschen, in denen das politische Kapital[2] von zentraler Bedeutung ist. Für die empirische Analyse der Führungsschicht einer Transformationsgesellschaft leitet sich daraus eine grundlegende These ab:

(5) Zwischen Führungspersonen ost- und westdeutscher Herkunft wird es Unterschiede in der sozialen Herkunft geben. Nicht nur, weil die Berufsstruktur der Eltern aufgrund der unterschiedlichen Systeme differiert, sondern auch dann, wenn man in der elterlichen Berufsstruktur funktionsadäquate Positionen heranzieht, um davon ausgehend die soziale Herkunft zu bestimmen.

Die Berufsstrukturen der Bundesrepublik und der DDR waren grundsätzlich verschieden, die Entkoppelung von schulischer Bildung und beruflicher Position war in der DDR stärker ausgeprägt. Das Berufsprestige und damit auch die Aspirationen der Angehörigen verschiedener Berufsgruppen unterschieden sich entsprechend stark. Zentral dürfte jedoch sein, daß unter den Führungspersonen ostdeutscher Herkunft kaum Vertreter aus Haushalten leitender Kader sein werden. Das politische Kapital der DDR, das diese ihren Kindern hätten mitgeben können, ist entwertet, so daß es keine Aufstiegsressource mehr darstellen kann.

6. Datenlage und Operationalisierung

6.1 Die soziale Herkunft

Das hier zugrunde gelegte Konzept gesellschaftlicher Stratifikation basiert auf der Unterscheidung von drei Kapitalsorten, dem ökonomischem, dem kulturellen und dem sozialen Kapital. Es beschreibt ein dreidimensionales Modell sozialer Schichtung, womit es wesentlich differenzierter und exakter ist als andere Konzepte, die in der Regel einen einzigen Parameter zugrunde legen, meist die berufliche Stellung. War diese auch lange Zeit ein wesentlicher Indikator für die Menge an Gesamtkapital, so hat sich dieses Verhältnis

2 Siehe zum Kapitalbegriff den folgenden Abschnitt 6.1.

proportional zum fortschreitenden Wandel im Bildungs- und Beschäftigungssystem zunehmend als nicht hinreichend aussagekräftig erwiesen. Berufliche Mobilitäten im individuellen Lebenslauf, die nicht mehr nur durch die Generationenabfolge bedingt sind, sowie die zunehmende Entkoppelung von schulischer und beruflicher Ausbildung und beruflicher Stellung haben diesem Parameter seine determinierende Kraft genommen. Für die Generation der Eltern der heutigen Mitglieder der Führungsschicht gilt darüber hinaus, daß sie häufig aufgrund kriegsbedingter Umbrüche durchaus atypische Berufskarrieren aufweisen. Aus diesem Grunde wird die soziale Herkunft der Elitemitglieder nicht ausschließlich entlang der beruflichen Stellung der Eltern operationalisiert, sondern unter Einbeziehung deren allgemeinen Bildungsabschlusses.

Für die Mitglieder der Führungsschicht 1995 können Angaben über beide Elternteile einbezogen werden. Der Kategorisierung zugrunde liegt jeweils der höchste Schulabschluß, den ein Elternteil hat, sowie die höchste berufliche Stellung. Unterschieden werden hier drei Gruppen von Schulabschlüssen, also in der Familie vorhandenes kulturelles Kapital: Volks- oder Realschulabschluß, Abitur, Hochschulabschluß.

Innerhalb dieser Kategorien von Schulabschlüssen werden dann wiederum verschiedene Gruppen beruflicher Stellungen unterschieden[3]. Die berufliche Stellung kann als Operationalisierung des ökonomischen Kapitals angesehen werden und läßt auch auf das vorhandene soziale Kapital schließen. 1955 der 2341 Befragten, also 84 Prozent, können einer Kategorie der sozialen Herkunft zugewiesen werden.

Für den Vergleich mit der Elitestudie 1981 liegen Daten allein für die Väter vor[4]. Für die Vergleichsgruppe aus der heutigen Führungsschicht - ausschließlich Positionen in den alten Bundesländern - kann von daher auch nur auf diese Angaben zurückgegriffen werden, um zu reliablen vergleichenden Aussagen zu gelangen[5]. Insgesamt ergeben sich zwölf Gruppen der

---

3 Vgl. zur Frageformulierung Frage 38 im Anhang. Um West- und Ostdeutsche in ein gemeinsames Kategorienschema zu fassen, wurden die vorgegebenen westlichen Berufspositionen stärker zusammengefaßt. Dies betrifft die westdeutschen Kategorien der Selbständigen und der Angestellten mit umfassenden Führungsaufgaben.

4 Der Datensatz ist beim Zentralarchiv für empirische Sozialforschung unter der Studiennummer 1139 archiviert.

5 1981 wurde im Falle des frühen Todes des Vaters nach dessen letzter beruflicher Stellung gefragt, 1995 nicht. D.h. bei einer bloßen Orientierung auf die durch den Vater vorgegebene sozioökonomische Lage, entfiele für 1995 für 23% der Befragten die Möglichkeit einer Zuordnung. Da es in dieser Analyse jedoch um die soziale Herkunft geht, kann in diesem Falle auf die berufliche Stellung der Mutter zurückgegriffen werden.

sozialen Herkunft. Tabelle V-1 zeigt ihre Verteilungen für die Führungsschicht 1981, für die Funktionseliten in den alten Bundesländern 1995 im Vergleich sowie für die Gesamtelite 1995.

Tabelle V-1: Soziale Herkunft der Führungsschicht 1981 und 1995

	Elite 1981		Elite 1995 West-positionen		Gesamtelite 1995	
	n	%	n	%	n	%
Volks- oder Realschulabschluß						
- kleine Landwirte (bis 20 ha), un- und angelernte Arbeiter	65	4	84	5	86	4
- Facharbeiter, Vorarbeiter, Meister, Genossenschaftsbauern	166	11	138	8	180	9
- größere Landwirte, kleine Selbständige (bis 10 Mitarbeiter)	170	11	204	12	216	11
- einfache Beamte (einfacher Dienst) und Angestellte (mit einfacher Tätigkeit, nach allgemeiner Anweisung)	104	7	130	8	151	8
- qualifizierte Beamte (mittlerer und gehobener Dienst) und Angestellte (selbständige Leistung in verantwortungsvoller Tätigkeit)	302	19	238	15	268	14
- größere Selbständige, leitende Beamte (höherer Dienst) und Angestellte (umfassenden Führungsaufgaben und Entscheidungsbefugnis), Berufssoldaten	144	9	110	7	113	6
Gesamt Volks- und Realschulabschluß	951	61	904	55	1014	52
Abitur						
- kleine Landwirte, Arbeiter, einfache Beamte und Angestellte	13	1	19	1	31	2
- gr. Landwirte, kleine Selbständige, qualifizierte Beamte und Angestellte	90	6	147	9	185	9
- größere Selbständige, leitende Beamte und Angestellte, Berufssoldaten	82	5	122	8	144	7
Gesamt Abitur	185	12	288	18	360	18
Hochschulabschluß						
- kleine Landwirte, Arbeiter, einfache Beamte und Angestellte	7	0	12	1	29	2
- gr. Landwirte, kleine Selbständige, qualifizierte Beamte und Angestellte	64	4	93	6	157	8
- freiberufliche Akademiker, größere Selbständige, leitende Beamte und Angestellte, Berufssoldaten	355	23	336	20	395	20
Gesamt Hochschulabschluß	426	27	441	27	581	30
Gesamt (zugeordnete Fälle)	**1562**	**100**	**1633**	**100**	**1955**	**100**
nicht zuzuordnen	182	10	279	15	386	17

Deutlich wird aus dieser Übersicht, daß für die Eltern der heutigen Führungsschicht durchaus noch zutrifft, daß ein höherer schulischer Bildungsabschluß in aller Regel auch mit einer hohen beruflichen Position einhergeht; doch auch unter denen, die als höchsten allgemeinbildenden Abschluß Volks- oder Realschulbildung angaben, ist der Anteil derjenigen mit einer herausgehobenen Berufsposition oder der Selbständigen relativ hoch. Beim Vergleich der Inhaber von Führungspositionen in den alten Bundesländern 1995 mit der ihnen entsprechenden bundesdeutschen Führungsschicht 1981 fällt auf, daß die Väter der damaligen Eliten offenbar noch eher mit niedrigerem Schulabschluß auch mittlere und höhere Beamtenlaufbahnen einschlagen konnten und leichter in führende Positionen in der Wirtschaft aufstiegen als das für die Eltern der Eliten des Jahres 1995 zutrifft. Insgesamt sind jedoch die Veränderungen von 1981 auf 1995 gering. Der Anteil der Eltern mit Volks- oder Realschulabschluß hat abgenommen zugunsten derjenigen mit Abitur. Diese Entwicklung entspricht dem Trend der generellen Bildungsentwicklung, wenn auch die Zunahme höherer Schulabschlüsse in der Bevölkerung stärker war und bei weitem noch nicht auf dem Niveau ist, wie es für die Eltern der Mitglieder der heutigen Führungsschicht zutrifft (vgl. zur Bildungsentwicklung Geißler 1996b).

6.2 Ausbildung

Mit der zunehmenden Entkoppelung von Ausbildung und beruflicher Stellung sowie mit der wachsenden Dynamik individueller Mobilität geht ein über die Generationen sich veränderndes Ausbildungsverhalten einher. Mehrfachausbildungen und damit eine Verbreiterung des Qualifikationsprofils, das multifunktionalen Anforderungen gerecht wird, nehmen zu. Das dürfte vor allem bei einer Elitepopulation der Fall sein, deren Tätigkeitsprofil durch vielfältige Anforderungen geprägt ist.

Sowohl 1981 als auch 1995 wurden die Mitglieder der bundesdeutschen Führungsschicht nach ihren beruflichen Ausbildungsabschlüssen als auch nach einem eventuellen Hochschulstudium - Studienfach und -abschlüsse - gefragt. Eine Vielzahl von ihnen hat mehrere Ausbildungsgänge absolviert (siehe auch Rebenstorf 'Karrieren' in diesem Band). Die Vielfalt von Ausbildungskombinationen wurde in eine Ausbildungstypologie mit zehn Ausprägungen zusammengefaßt. Die Gruppen wurden jeweils benannt nach dem hervorstechendsten Merkmal bzw. nach dem Ausbildungsgang, den alle dieser Gruppe Zugehörenden absolvierten[6]. Tabelle V-2 zeigt einen Überblick über die Ausbildungsgruppen und die Verteilungen für die Jahre 1981 und 1995.

Tabelle V-2: Ausbildungsgruppen 1981 und 1995 (nur Westpositionen)

	Elite 1981		Elite 1995	
Ausbildungsgruppe	(n)	(%)	(n)	(%)
White Collar*	210	12	187	10
Blue Collar**	106	6	81	4
Lehre und Diplom	42	3	85	5
Diplom	120	7	214	11
Magister	114	7	47	3
Staatsexamen	210	12	399	21
Staatsexamen und Promotion	209	12	277	15
Akademiker	477	28	432	23
andere Ausbildung/Berufspraktikum	71	4	80	4
keine Sekundärausbildug	148	9	95	5
Gesamt	**1707**	**99**	**1897**	**101**
nicht zuzuordnen	37	2	15	1

* Kaufmännische Ausbildungen, Berufsfachschulen und Fachhochschulen, kein Studium.
** Gewerbliche Ausbildungen, kein Studium.

In den Ausbildungsgängen hat eine Verschiebung stattgefunden zugunsten der Ausbildungsgruppen, die durch einen akademischen Abschluß gekennzeichnet sind. Der Anteil derjenigen ohne Hochschulabschluß - in den Ausbildungsgruppen White und Blue Collar, „andere Ausbildung“ und „keine Sekundärausbildung“ - hat insgesamt um acht Prozentpunkte abgenommen, am stärksten die Gruppen Blue Collar und „keine Sekundärausbildung“. Die akademischen Ausbildungen haben im Aggregat zugenommen, die Entwicklung zeigt jedoch je nach Ausbildungsgruppe unterschiedliche Trends. Diplom und Staatsexamen sind 1995 erheblich stärker vertreten als 1981, Magister und klassische akademische Ausbildungsgänge haben abgenommen.

6 Angewendet wurde das Verfahren Quickcluster in SPSS. Die mit diesem Verfahren erstellten Cluster wurden theoretisch überprüft und der Überprüfung entsprechend modifiziert. Die gleiche Typologie für die Führungsschicht 1981 zu erstellen, war nur über Umwege möglich. In den Sekundärforschern zur Verfügung stehenden Daten sind die Studienfächer in Themengruppen zusammengefaßt, die Hochschulabschlüsse in einer einzigen Variablen, in der nur noch der höchste Hochschulabschluß erfaßt ist. Für die Typologisierung wurde davon ausgegangen, daß Habilitierte auch promovierten, Promovierte auch einen Hochschulabschluß ersten Grades erwarben. Auf die Art dieser ersten Hochschulabschlüsse wurde anhand der studierten Fächer rückgeschlossen.

6.3 Sektorzugehörigkeit

Die hier zur Anwendung kommenden und die Thesenformulierung stützenden Theorien legen nahe, daß die Zugehörigkeit der Elitemitglieder zu ihren jeweiligen Sektoren nicht zufällig ist, sondern bis zu einem gewissen Grad ihrer sozialen Herkunft und eigenen Ausbildungsverläufen geschuldet ist. Hierbei ist es gleichgültig, ob die aktuelle Sektorzugehörigkeit resultiert aus der eigenen Wahl oder ob spezifische Merkmale Ausgangspunkte für die Rekrutierung in die verschiedenen Sektoren sind.

Es wurde für die folgenden Analysen wie auch für den Vergleich der beiden Erhebungen 1981 und 1995 eine Sektorvariable konstruiert, die eine Überprüfung der in Abschnitt 5 formulierten Thesen ermöglicht. Dafür mußten einige der Hauptsektoren den theoretischen Ansätzen entsprechend ausdifferenziert werden, einige Untersektoren unberücksichtigt bleiben[7]. Für den Vergleich der Führungsschicht 1995 mit der von 1981 wurden in der 95er Erhebung die PDS-Mitglieder unberücksichtigt gelassen, da sie, im Unterschied zu den Grünen, nicht aus dem genuinen politischen Prozeß der alten Bundesrepublik hervorgegangen sind. Sie einzubeziehen würde einen Vergleich verfälschen, der in erster Linie darauf abzielt, Veränderungen, die sich aus allgemeinem politischen und sozialen Wandel ergeben, zutage zu fördern.

7. Thesenprüfung und Befunde

Bereits die Übersichtstabellen zu den Ausbildungsgängen und der sozialen Herkunft der Mitglieder der bundesdeutschen Führungsschicht 1981 und 1995 zeigen, daß es leichte Verschiebungen gibt. Im Gleichklang mit der

[7] Der politische Sektor wurde nach Parteizugehörigkeit ausdifferenziert, der Wirtschaftsbereich nach Unternehmen der Finanzwirtschaft und anderen Unternehmen. Der Verwaltungsbereich wurde ebenfalls unterteilt, die übrigen Hauptsektoren blieben bestehen. Von den sonstigen Sektoren wurden Justiz und Berufsverbände gesondert berücksichtigt. Zentrale Organisationen, lokale Politiker und Regierungspräsidenten, Mitglieder der Europäischen Verwaltung und des Europaparlaments werden in den folgenden Analysen nicht berücksichtigt. Als Einzelkategorien sind sie zu klein, als zusammengefaßte Gruppe „Sonstige" zu heterogen, als daß Aussagen im Sinne der hier zur Anwendung gelangenden Theorien getroffen werden könnten.

bildungspolitischen Entwicklung der letzten Jahrzehnte hat der Anteil derjenigen Elitemitglieder abgenommen, deren Väter Volks- oder Realschulabschluß haben; zugenommen hat der Anteil derjenigen, deren Väter Abitur haben; nahezu konstant, jedoch mit einem leichten Abwärtstrend, ist der Anteil derjenigen, deren Väter einen Hochschulabschluß aufweisen. Es ist naheliegend, daß sich diese Wandlungstendenzen wie auch die Beharrungstendenzen ebenfalls bemerkbar machen in der Determinationskraft der sozialen Herkunft für die Sektorzugehörigkeit.

7.1 Soziale Herkunft und Sektorzugehörigkeit

In Abschnitt 5 wurde vermutet, daß die soziale Herkunft zumindest in all den sektoralen Bereichen eine determinierende Kraft zukommt, in denen die klassischen gesellschaftlichen Spannungslinien vertreten sind, also im politischen Bereich zwischen den Parteien, im Verhältnis von Wirtschaft, deren Interessenorganisationen und den Gewerkschaften sowie zwischen Gewerkschaften und Berufsverbänden. Auch wird davon ausgegangen, daß die Tradition der Beamtenfamilien insofern fortwirkt, als Angehörige der Führungsschicht aus Beamtenfamilien auch am ehesten selbst wiederum in der Verwaltung tätig sind.

In Tabelle V-3a ist dargestellt, wie sich die Sektoren nach der sozialen Herkunft ihrer Mitglieder zusammensetzen. Sie zeigt somit das bevorzugte Rekrutierungsreservoir der gesellschaftlichen Funktionsbereiche. Tabelle V-3b hingegen zeigt, wie sich die Herkunftsgruppen auf die Sektoren verteilen. In ihr kann abgelesen werden, welche gesellschaftlichen Bereiche die Angehörigen verschiedener Herkunftsgruppen in Hinblick auf ihre berufliche Karriere bevorzugen.

Es wir deutlich, daß zumindest die Thesen zur Determinationskraft der sozialen Herkunft aus einem Arbeiterhaushalt zutrifft. Elitemitglieder, die solchen Haushalten entstammen, sind in den Gewerkschaften deutlich überrepräsentiert, aber auch in der Politik. Insbesondere in der Finanzwirtschaft, im Medienbereich und in der Ministerialverwaltung des Bundes sind sie stark unterrepräsentiert. Dieser Trend zur disproportionalen Rekrutierung ist jedoch von 1981 auf 1995 zurückgegangen, wenn auch nach wie vor eine deutliche Überrepräsentation in den Gewerkschaften festzustellen ist (Tab. V-3a; vgl. auch Schnapp 'Chancengleichheit' in diesem Band).

Tabelle V-3b: Verteilung der Mitglieder sozialer Herkunftsgruppen auf die Sektoren und Subsektoren (%punktdiff.)

Soziale Herkunft	VR: kl. Landw., ung. Arbeiter		VR: Facharbeiter		VR: gr. Landw., kl. Selbständige		VR: einf. Bmt. und Angestellte		VR: qual. Bmt. und Angestellte		**Gesamt (Prozent)**	
Sektor	1981	1995	1981	1995	1981	1995	1981	1995	1981	1995	**1981**	**1995**
SPD	+15	+3	+11	+1	-3	-3	+2	+2		+1	**7**	**5**
CDU/CSU	+7	+11	+1	+2	+5	-3	+3	-1		+1	**8**	**4**
FDP	-2	-3	-1	-2	+2		+1		+1	-1	**2**	**3**
Min.Verwaltung des Bundes	-8	-5	-3	-6	-8	+1	-3	-2	+3	+4	**8**	**14**
Wirtschaftsunternehmen	-1	-2	-5	-2				-4	-1	-1	**10**	**7**
Finanzwirtschaft	-6	-1	-1	+4				+2	-1	+2	**6**	**6**
Wirtschaftsverbände	-1	--	-8	-3	+4	-4	-5	-1	-5	-5	**11**	**9**
Gewerkschaften	+14	+13	+17	+13	-1	-1	+4	+1	-2	-2	**5**	**5**
Massenmedien	-9	-4	-3	-1	-4	+1		+2	+3	+1	**13**	**12**
Basis (n)	59	80	152	131	162	195	97	122	293	217	**1458**	**1525**

Soziale Herkunft	VR: gr. Selbst. ltd. Bmt., Angst.		Abi: gr. LW., kl. Selb., qual. Bmt.		Abi: gr. Selbst. ltd. Bmt., Angst.		Uni: gr. LW., kl. Selb., qual. Bmt.		Uni: Freie, gr. Selb., ltd. Bmt.		**Gesamt (Prozent)**	
Sektor	1981	1995	1981	1995	1981	1995	1981	1995	1981	1995	**1981**	**1995**
SPD	-2		-5	-1	-4	-2	-7	-4	-2		**7**	**5**
CDU/CSU	-2	+3	-2	-1	-7		+1	+1	-4	-1	**8**	**4**
FDP		+1	-2	+1	+2	+1	-2	-2	+1		**2**	**3**
Min.Verwaltung des Bundes	-5	-5	+7	-2	+2	-3	+1	-1	+2	+2	**8**	**14**
Wirtschaftsunternehmen	+11	+7	-2	+2	+13	+4	-3	-2	-2	+2	**10**	**7**
Finanzwirtschaft	-1	-2	-2	-2	+6	-3	-3	-5	-1	-1	**6**	**6**
Wirtschaftsverbände	+6	-1	+2		+3	+2	+1	-2	+4	-1	**11**	**9**
Gewerkschaften	-4	-4	-4	-2	-5	-2	-3	-4	-3	-4	**5**	**5**
Massenmedien	-4	+1	+5	+1	+1	+3	+6	+6	+1	-2	**6**	**7**
Basis (n)	*137*	*107*	*83*	*141*	*80*	*119*	*59*	*85*	*336*	*328*	***1458***	***1525***

Tabelle V-3a: Zusammensetzung der Sektoren nach sozialer Herkunft 1981 und 1995 (Prozentpunktdifferenzen*)

Soziale Herkunft	SPD 1981	SPD 1995	CDU/CSU 1981	CDU/CSU 1995	FDP 1981	FDP 1995	Verwalt.Bund 1981	Verwalt.Bund 1995	**Gesamt (%) 1981**	**Gesamt (%) 1995**
VR: kleine Landwirte, an- un ungelernte Arbeiter	+9	+2	+4	+10	-4	-5	-4	-2	**4**	**5**
VR: Facharbeiter, Meister	+17	+3	+2	-4	-6	-7	-4	-4	**10**	**9**
VR: größere Landwirte, kleine Selbständige	-5	-4	+8	+8	+6	+2		+1	**11**	**13**
VR: einfache Beamte und Angestellte	+2	-1	+3	-3	-3	+2	-3	+4	**7**	**8**
VR: qualifizierte Beamte und Angestellte	-2	+8	+2	-5	-11	-4	+7	+4	**20**	**14**
VR: größere Selbst., ltd. Beamte und Angstellte	-2	+2	-2	+3	-4	+3	-6	-2	**9**	**7**
Abi: gr. Landwirte, kl. Selbst., qualifizierte Beamte	-4	-2	-1	+3	-6	+3	+4	-1	**6**	**9**
Abi: gr.Selbst., ltd. Beamte und Angstellte	-4	-4	-5		+7	+4	+1	-2	**6**	**8**
Uni: gr. Landwirte, kl. Selbst., qual. Beamte	-4	-5	+1		-4	-4			**4**	**6**
Uni: Freie, gr. Selbst., ltd. Beamte und Angest.	-6	-1	-11	-6	+16	+15	+5	-5	**23**	**22**
Basis (N)	104	81	110	67	23	41	122	204	**1458**	**1525**

Soziale Herkunft	Finanzwirtsch. 1981	Finanzwirtsch. 1995	Wirt.Verbände 1981	Wirt.Verbände 1995	Gewerkschaft 1981	Gewerkschaft 1995	Medien 1981	Medien 1995	**Gesamt (%) 1981**	**Gesamt (%) 1995**
VR: kleine Landwirte, an- un ungelernte Arbeiter	-1	-1			+10	+15	-3	-1	**4**	**5**
VR: Facharbeiter, Meister	-5	-3	-7	-2	+34	+24		-1	**10**	**8**
VR: größere Landwirte, kleine Selbständige		-2	+4	+12	-3	-3	-1	+1	**11**	**13**
VR: einfache Beamte und Angestellte		-5	-3		+5	-2	-1	-1	**7**	**8**
VR: qualifizierte Beamte und Angestellte	-3	-3	-9	-7	-8	-4		-2	**20**	**14**
VR: größere Selbst., leitende Beamte und Angstellte	+10	+6	+5	-1	-8	-6		+1	**9**	**7**
Abi: gr. Landwirte, kl. Selbst., qualifizierte Beamte	-1	+2	+1	+1	-5	-3	+2		**6**	**9**
Abi: gr.Selbst., leitende Beamte und Angstellte	+6	+3	+2	+2	-6	-5		+3	**5**	**8**
Uni: gr. Landwirte, kl. Selbst., qual. Beamte	-1	-2		-1	-3	-5	-4	-2	**4**	**6**
Uni: Freie, gr. Selbst., ltd. Beamte und Angestellte	-4	+3	+8	+2	-16	-15	-1	-2	**23**	**21**
Basis (N)	150	114	161	133	77	71	281	259	**1458**	**1525**

* Lesehilfe: Der Wert +9 im ersten Kästchen (Zeile: VR: kl. Landwirte ..., Spalte: SPD 1981) sagt aus, daß 9% mehr als die 4% Gesamt der SPD-Eliten aus dieser Sozialkategorie kommen.

Die These bezüglich der ungleichen Verteilung der Herkunftsgruppen in den politischen Parteien läßt sich nur bedingt halten. Es trifft zu, daß die aus Arbeiterhaushalten und denen kleinerer Landwirte Kommenden überwiegend in der SPD und CDU/CSU vertreten sind - die kleineren Landwirte eher in der CDU, besonders jedoch in der CSU, die aus Arbeiterfamilien eher in der SPD - die anderen Gruppen sind nur jeweils leicht überrepräsentiert in den Parteien, zu denen ihnen gemeinhin eine Affinität zugesprochen wird. Dieser Trend ist ebenfalls von 1981 auf 1995 zurückgegangen. Nicht zutreffend ist, daß Mitglieder der Führungsschicht 1995, die Beamtenfamilien entstammen, selbst wiederum überproportional in der Verwaltung tätig sind. Für 1981 ist dieser Trend noch auszumachen (Tab. V-3b).

Die These, daß Elitemitglieder, die aus Selbständigenhaushalten oder aus Familien leitender Angestellter kommen, am ehesten in Wirtschaftsunternehmen und -verbänden tätig sind, trifft lediglich auf diejenigen zu, deren Väter Volks- oder Realschulabschluß hatten. Für die aus höher gebildeten Elternhäusern Stammenden ist dieser Trend nicht mehr festzustellen. Die aus Familien größerer Landwirte und kleinerer Selbständiger stammenden Funktionseliten sind in den Wirtschaftsverbänden überrepräsentiert - hierbei handelt es sich zu einem großen Teil um Landwirtschaftsvertreter (Tab. V-3b).

Zusammenfassend läßt sich feststellen, daß es einen Einfluß der sozialen Herkunft, also der Ausstattung mit ökonomischem, sozialem und kulturellem Kapital, auf die Sektorwahl gibt. Dieser beschränkt sich jedoch auf die Sektoren, die die gesellschaftlichen Spannungslinien repräsentieren. In relativ „konfliktneutralen" Sektoren bzw. in Bereichen, die durch die Struktur gesellschaftlicher Spannungslinien weniger betroffen sind, wie Verwaltung und Massenmedien, sind derart deutliche Differenzen nicht feststellbar.

Tabelle V-4 zeigt die Stärke der Zusammenhänge zwischen sozialer Herkunft und Sektorzugehörigkeit für die beiden Elitenbefragungen 1981 und 1995. Für diese Tabelle wurden lediglich Gruppenvergleiche durchgeführt, anhand derer überprüft wurde, inwieweit die soziale Herkunft als Prädiktor für die Wahl oder die Rekrutierung in einen bestimmten gesellschaftlichen Bereich dienen kann. Es wurden lediglich die Gruppen miteinander verglichen, für die Vermutungen formulierbar sind, die auf den Theorien basieren[8].

---

8 Angegeben sind Cramer's V und Lambda. Cramer's V als Chi-Quadrat-basierte Teststatistik unterliegt denselben Beschränkungen wie der Chi-Quadrat-Test. Anders Lambda, das die prozentuale Vorhersageverbesserung für die Verteilung einer Variablen angibt unter Kenntnis der unabhängigen Variablen. Doch Lambda kann unverhältnismäßig niedrig ausfallen, wenn sich die Vorhersagegenauigkeit nicht bedeutend verbessert (Norusis 1991: 312-320). Aus diesem Grunde wurden beide Werte angegeben.

Tabelle V-4: Zusammenhänge zwischen Sozialer Herkunft und Sektorzugehörigkeit (Gruppenvergleiche)

Untersektoren	Elite 1981 Cramer's V	Elite 1981 Lambda	Elite 1981 n	Elite 1995 (Westpositionen) Cramer's V	Elite 1995 (Westpositionen) Lambda	Elite 1995 (Westpositionen) n
Gesamt	.18*	.06*	1287	.14*	.02*	1370
Politik	.33*	.20*		.22	.12*	
SPD			104			81
CDU/CSU			110			97
FDP			23			41
B90/Grüne						78
Verwaltung	.24*	.08		.19	.00	
Ministerialverw. Bund			122			204
Ministerialverw. Länder			87			69
Sonstige Verwaltung			42			35
Wirtschaft	.23	.04		.35*	.20*	
Wirtschaftsunternehmen			150			114
Banken/Versicherungen			81			84
Wirtschaft	.21	.18*		.21	.09	
Wirtschaftsunternehmen			150			114
Wirtschaftsverbände			161			133
Wirtschaft	.31*	.09		.31*	.15	
Wirtschaftsverbände			161			133
Finanzwirtschaft			81			84
Sozialpartner	.65*	.48*		.49*	.31*	
Wirtschaftsverbände			161			133
Gewerkschaften			77			71
Sozialpartner	.61*	.43*		.55*	.42*	
Wirtschaftsunternehmen			150			114
Gewerkschaften			77			71
Arbeitnehmervertreter	.57*	.17		.47*	.20*	
Gewerkschaften			77			71
Berufsverbände			30			44

* relevanter Faktor. Da es sich bei der Elitestudie um eine Vollerhebung handelt, ist es nicht sinnvoll von Sigknifikanzen zu sprechen. Für die Interpretation eines Chi-Quadrat-basierten Zusammenhangsmaßes ist es aber dennoch sinnvoll, den Signifikanztest als Prüfkriterium für die Güte heranzuziehen, da er Hinweise auf die Verletzung von Modellvoraussetzungen gibt. Die mit * gekennzeichneten Werte sind alle mindestens auf dem 95%-Niveau signifikant und werden deshalb hier als relevanten Größen behandelt.

Am stärksten ist die Differenz zwischen den Positionseliten der Sozialpartner. Sowohl zwischen den Wirtschaftsverbänden und den Gewerkschaften als auch zwischen den Führungskräften in den Wirtschaftsunternehmen und den Gewerkschaftseliten sind die Unterschiede in der sozialen Herkunft massiv. Für die Elitebefragung 1981 verbesserte sich die Vorhersagewahrscheinlichkeit für die Sektorzugehörigkeit um rund 50 Prozent bei Kenntnis der sozialen Herkunft. Dieser Zusammenhang ist im Verlauf der letzten 14 Jahre etwas schwächer geworden, doch nach wie vor sehr deutlich.

Auch die parteipolitische Zugehörigkeit innerhalb der politischen Führungsschicht war 1981 noch stark beeinflußt von der sozialen Herkunft der Elitemitglieder. Verstärkt haben sich Differenzen zwischen den Führungskräften innerhalb der Wirtschaft, und zwar zwischen dem Führungspersonal der Wirtschaftsunternehmen auf der einen Seite und denen von Banken und Versicherungen auf der anderen Seite; ein 1981 nur schwacher Zusammenhang ist 1995 stärker geworden. Eine entsprechende Differenz zeigt sich auch zwischen den Führungskräften in der Finanzwirtschaft und denen der Wirtschaftsverbände. Die Verbände rekrutieren ihr Personal eher aus Wirtschaftsunternehmen als aus dem Finanzwirtschaftsbereich (siehe auch Rebenstorf 'Karrieren' in diesem Band). Ebenfalls deutlicher geworden sind die Differenzen zwischen den Gewerkschaften und den Berufsverbänden.

Die Ergebnisse zeigen, daß die Offenheit für den Aufstieg in Elitepositionen sektorspezifisch stark eingeschränkt ist, wenn auch die Determinationskraft der sozialen Herkunft nachgelassen hat. Die Offenheit ist in den Bereichen eingeschränkt, die mit gesellschaftlichen Spannungslinien assoziiert sind, also in politischen Parteien, Gewerkschaften, Wirtschaftsverbänden und -unternehmen. Hieraus folgt jedoch noch nicht, daß bestimmte Gruppen innerhalb der Führungsschicht aus den Aushandlungsprozessen um die Verfahrens- und Verhandlungsregeln ausgeschlossen werden.

7.2 Soziale Herkunft und Ausbildung

Bildung ist eine wesentliche Aufstiegsressource und bestimmt ihrerseits die Möglichkeiten, in bestimmten Sektoren tätig zu werden und hier in Führungspositionen zu gelangen. Bildungschancen variieren nicht unabhängig von der sozialen Herkunft, also nicht unabhängig von dem „ererbten" ökonomischen, kulturellen und sozialen Kapital. Wenn auch formal der Zugang zu den Bildungsinstitutionen frei ist, und seit dem Ende der 60er Jahre mit dem Ausbildungsförderungsgesetz auch die finanziellen Möglichkeiten für alle Schichten verbessert wurden, gilt Bildung in verschiedenen Milieus unterschiedlich viel, insbesondere die Art der Ausbildung variiert entlang sozialstratifikatorischer Dimensionen (z.B. Lutz 1983).

Wie Tabelle 5 zu entnehmen ist, kann die in Abschnitt 5 formulierte These, die soziale Herkunft sei eine Determinante für die Ausbildung, weitgehend bestätigt werden. Mitglieder der Führungsschicht, deren Eltern Volks- oder Realschulbildung haben und als Arbeiter tätig sind, stellen den größten Teil unter denjenigen, die eine gewerbliche oder eine kaufmännische Ausbildung ohne weiterführendes Studium absolviert haben. Das trifft nicht zu für Eliten, deren Eltern ebenfalls Volks- oder Realschulbildung haben, jedoch als einfache Angestellte oder Beamte tätig sind; aber auch die aus Familien von Landwirten und kleinen Selbständigen Kommenden sind hier noch überproportional vertreten.

Eine berufliche Ausbildung und ein Diplom haben aus der Elite des Jahres 1995 überwiegend Personen gemacht, die aus Facharbeiterhaushalten stammen. Je höher das Bildungsniveau und der berufliche Status der Eltern ausfallen, um so unterrepräsentierter sind die Befragten in diesen Ausbildungsgruppen. Für 1981 gilt das noch nicht. Hier ist auffallend, daß auch überdurchschnittlich viele Personen aus Haushalten freier Akademiker, grösserer Selbständiger und leitender Beamter und Angestellter diese Doppelausbildung aufweisen. Wahrscheinlich handelt es sich dabei um Personen aus Selbständigenhaushalten, die zunächst eine kaufmännische Lehre absolvierten und an diese anschließend ein kaufmännisches oder wirtschaftswissenschaftliches Diplom ablegten.

Daß die Akademiker in ihrer Herkunft nicht wesentlich von der Gesamtverteilung abweichen, trifft für 1995 zu. Tatsächlich scheint für die heutige Elite die Bildungsreform der späten 60er Jahre schon spürbar geworden zu sein, 1981 waren die Disproportionen stärker.

Promovierte mit Staatsexamen entstammen zum großen Teil Familien, in denen die Väter leitende Berufspositionen bekleideten. Die Höhe des schulischen Bildungsniveaus des Vaters ist sekundär, entscheidend ist der berufliche Status. Bei denjenigen mit Staatsexamen ist auffallend, daß Personen überrepräsentiert sind, die aus Angestellten- und Beamtenhaushalten kommen, in denen die Berufsposition hoch ist, nicht jedoch das schulische Bildungsniveau.

Signifikant unterscheiden sich in erster Linie die Ausbildungsgruppen der White Collar und der Blue Collar von allen anderen Ausbildungsgruppen. Tabelle V-6 zeigt als Zusammenhangsmaße wieder Cramer's V und Lambda. Es wurden Gruppenvergleiche durchgeführt, d.h. in der Tabelle ist abzulesen, wie stark sich die soziale Herkunft zwischen den Mitgliedern der Ausbildungsgruppenpaare unterscheidet.

Tabelle V-5: Zusammensetzung der Ausbildungsgruppen nach der sozialen Herkunft ihrer Mitglieder 1981 und 1995 (nur Westpositionen; Prozentpunktdifferenzen)

	White Collar		Blue Collar		Lehre + Dipl.		Diplom		Magister		**Gesamt (%)**	
Soziale Herkunft	1981	1995	1981	1995	1981	1995	1981	1995	1981	1995	**1981**	**1995**
VR: kl. Landwirte., ung. Arbeiter	+5	+6	+9	+13	-1	+1	-3	-1	+2	-3	**4**	**5**
VR: Facharbeiter	+10	+13	+27	+14	-2	+15	-4	-1	+1	+1	**11**	**8**
VR: gr. Landwirte, kl. Selbständige	-2	+6	+7	+8	+9	-3	-4	+1	-3	-2	**11**	**13**
VR: einf. Beamte und Angestellte	+5		-2	-1	-1	-1	-1	-2	+1	+3	**7**	**8**
VR: qual. Beamte und Angestellte	-6	-3	-13	-4	-2	+1	+6	+2	-6	+1	**19**	**15**
VR: gr. Selbst., ltd. Beamte, Angestellte	+5	-3	-3	+1	-9	-1	+6	+3	-2	+2	**9**	**7**
Abi: gr. LW., kl. Selbst., qual. Beamte	-2		-4	-6		+1	+2	-4	+2	-2	**6**	**9**
Abi: gr. Selbst., ltd. Beamte/Angestellte		-2	-1	-7	+1	-2	+3	-1	-2	+1	**5**	**8**
Uni: gr. LW., kl. Selbst., qual. Beamte	-2	-3	-4	-6	+2	-2	-2	+1	+3	+3	**4**	**6**
Uni: Freie, gr. Selbst., ltd. Beamte	-13	-17	-16	-15	+6	-10	-3		+3	-3	**23**	**21**
Basis (n)	182	161	98	72	35	70	108	192	100	45	**1530**	**1621**

	Staatsexamen		Staats. + Dr.		Akademiker		and. Ausbild.		kein Ausbild.		**Gesamt (%)**	
Soziale Herkunft	1981	1995	1981	1995	1981	1995	1981	1995	1981	1995	**1981**	**1995**
VR: kl. Landwirte., ung. Arbeiter		-2	-3	-4	-1		-2	+1	-1		**4**	**5**
VR: Facharbeiter	-7	-3	-8	-6	-5	-2		-1	+2	-4	**11**	**8**
VR: gr. Landwirte, kl. Selbständige	+1	-2	-2	-5	+1		+2	+1	-4	-7	**11**	**13**
VR: einf. Beamte und Angestellte	-1		-3		-1	+2	-1	-4	-2	-2	**7**	**8**
VR: qual. Beamte und Angestellte	+2	+4	+8	-1	+1	-3	-3	-8	+6	+3	**19**	**15**
VR: gr. Selbst., ltd. Beamte, Angestellte	-4	-1		-3			+7	+2	-1		**9**	**7**
Abi: gr. LW., kl. Selbst., qual. Beamte	+1	+3		+1	-1	-1	+2	+4	+2	+2	**6**	**9**
Abi: gr. Selbst., ltd. Beamte/Angestellte	-1	+2	+2	+1	-1	-1	+3	+3	+3	+2	**5**	**8**
Uni: gr. LW., kl. Selbst., qual. Beamte	+1	-2	+1		+1	+2	-1	-2			**4**	**6**
Uni: Freie, gr. Selbst., ltd. Beamte	+9		+6	+16	+5	+1	-9	-1	-6	+1	**23**	**21**
Basis (n)	192	336	186	228	431	365	64	109	134	82	**1530**	**1621**

Tabelle V-6: Zusammenhänge zwischen Sozialer Herkunft und Ausbildung 1981 und 1995 (nur Westpositionen; Gruppenvergleiche)

Ausbildungsgruppen	Elite 1981 Cramer's V	Lamb-da	n	Elite 1995 Cramer's V	Lamb-da	n
Gesamt	.15*	.01	1511	.14*	.0*	1590
White Collar	.34*	.08	181	.39*	.27*	157
Diplom			108			189
Blue Collar	.57*	.52*	98	.40*	.10	70
Diplom			108			189
White Collar	.30*	.11	181	.33*	.02	157
Magister			98			45
Blue Collar	.47*	.44*	98	.48*	.26*	70
Magister			98			45
White Collar	.42*	.37*	181	.38*	.16*	157
Staatsexamen			191			334
Blue Collar	.56*	.35*	98	.43*	.06	70
Staatsexamen			191			334
White Collar	.45*	.39*	181	.54*	.37*	157
Staatsexamen und Dr.			184			223
Blue Collar	.63*	.43*	98	.59*	.31*	70
Staatsexamen und Dr.			184			223
White Collar	.35*	.09	181	.33*	.06	157
Akademiker			425			358
Blue Collar	.47*	.11	98	.35*	.00	70
Akademiker			425			358
White Collar	.22	.00	181	.35*	.10	157
andere Ausbildung			61			67
Blue Collar	.46*	.26*	98	.48*	.41*	70
andere Ausbildung			61			67
White Collar	.30*	.15	181	.43*	.16*	157
keine Sekundärausbildung			130			78
Blue Collar	.48*	.38*	98	.54*	.44*	70
keine Sekundärausbildung			130			78
Staatsexamen	.17	.12	191	.24*	.07	334
Staatsexamen und Dr.			184			223
Staatsexamen und Dr.	.13	.00	184	.24*	.03	223
Akademiker			425			358

Der größte Teil der Differenzen in der sozialen Herkunft der Mitglieder der verschiedenen Ausbildungsgruppen in diesen Paarvergleichen rührt daher, daß in den beiden Ausbildungsgruppen White und Blue Collar die beiden Herkunftsgruppen kleine Landwirte/un- und angelernte Arbeiter sowie Facharbeiter mit Volks- bzw. Realschulabschluß erheblich überrepräsentiert sind. Diese beiden Herkunftsgruppen weichen in ihrer Verteilung auf die Ausbildungsgruppen auch am stärksten von der Gesamtverteilung ab. Darüber hinaus gibt es in der Ausbildungsgruppe derjenigen mit Staatsexamen und Promotion ein deutliches Übergewicht an Personen, deren Väter einen Hochschulabschluß haben und als freiberufliche Akademiker, größere Selbständige oder leitende Beamte oder Angestellte tätig waren. Diese starken Disproportionalitäten schlagen in der statistischen Analyse durch. Deutlich wird aus Tabelle 6 aber auch, daß diejenigen mit einfachem Staatsexamen in ihrer sozialen Herkunft von denjenigen mit Staatsexamen und Promotion stark abweichen, allerdings noch nicht im Jahr 1981, sondern erst heute[9]. Das gleiche gilt für die Promovierten mit Staatsexamen gegenüber den klassischen Akademikern. Zugleich ist die Herkunftsdifferenz zwischen den Angehörigen des Blue und White Collar gegenüber den Akademikern geringer geworden. Ein weiteres Indiz für die These, daß die Bildungsexpansion der späten 60er Jahre für die Elite des Jahres 1995 bereits Wirkung zeigte.

Auch in der Betrachtung der Zusammenhänge von sozialer Herkunft und eigenem Ausbildungsweg zeigt sich demnach eine gewisse Festlegung durch das Elternhaus. Eine Tendenz, die im Verlauf der letzten 14 Jahre schwächer geworden ist und nicht mehr für alle Ausbildungswege gleichermaßen gilt. Insbesondere für die akademische Laufbahn haben sich weitere Chancen eröffnet, wohingegen sie für gehobene Juristen eher enger geworden sind. Angehörige von gesellschaftlichen Schichten, die mit geringem kulturellen, ökonomischen und sozialen Kapital ausgestattet sind, sind allerdings nach wie vor am ehesten in den nicht akademischen Ausbildungen anzutreffen. Daß diese herkunftsbestimmten Disproportionalitäten auch in der Sektorzugehörigkeit wirksam werden, ist im vorhergehenden Abschnitt bereits dargestellt worden. Beide Befunde sind Indikatoren für Differenzierungen in der Führungsschicht, die sozialstratifikatorischen Merkmalen folgen. Ob sie je-

9 Es spricht einiges dafür anzunehmen, daß hier ein Effekt deutlich wird, den Bourdieu unter Distinktionsstrategien faßt, die mit einer Entwertung der Titel durch die Inflation von Hochschulabschlüssen einhergeht. Je häufiger ein Titel einer bestimmten Art vergeben wird, desto geringer ist sein symbolischer Wert. Deshalb werden zur Erhaltung des durch den Titel verliehenen Status' Zusatzqualifikationen bzw. -abschlüsse erforderlich (vgl. Bourdieu u.a. 1981b; Bourdieu 1988).

doch einen Ausschluß bestimmter Personen aus den Aushandlungsprozessen des Elite-Settlement zur Folge haben, läßt sich hieraus nicht ablesen, selbst wenn die Kommunikation aufgrund der verschiedenen Lebenswege und somit Erfahrungswelten problematisch sein könnte.

Die beste Möglichkeit zur Prüfung dieser These liegt in einer Analyse der Kommunikationsstruktur der Führungsschicht unter eben diesen Merkmalen.

7.3 Soziale Herkunft und kommunikative Einbindung

Die Mitglieder der Führungsschicht 1995 wurden danach gefragt, zu welchen Institutionen und Organisationen sie regelmäßigen Kontakt unterhielten[10]. Aus den gemachten Angaben kann festgestellt werden, ob die Chancen zur Einbindung in solche Netzwerke allein schon aufgrund unterschiedlicher Kontaktprofile verschieden verteilt sind, in diesem Falle nach der sozialen Herkunft differierend.

Zwischen den Mitgliedern der unterschiedlichen Gruppen sozialer Herkunft gibt es keine nennenswerten Differenzen in der durchschnittlichen Anzahl genannter Kontakte. Sie bewegen sich zwischen 11,3 und 12,8. Diese Differenz beträgt somit lediglich knapp 5 Prozent aller möglichen Kontakte. Andere Differenzen sind hingegen augenfällig. Die größten Unterschiede zur Gesamtverteilung gibt es bei den Kontakten, wie auch bei der Sektorzugehörigkeit und der Ausbildung, in den beiden Herkunftsgruppen, in denen die Eltern über Volks- oder Realschulabschluß verfügen und den Berufsstatus von Arbeitern oder kleineren Landwirten einnehmen. Diese Funktionseliten weisen überproportional viele Kontakte zu politischen Organen auf Landesebene auf sowie zu Unternehmen und den Interessenverbänden des Handwerks, der Landwirtschaft, der Wirtschaft und der Arbeitnehmer. Auch zu sozialen, karitativen und sozialpolitischen Organisationen sind ihre Kontakte dichter als die der anderen Herkunftsgruppen.

Starke Differenzen gibt es bei Kontakten zu den verschiedenen föderalen Ebenen des soziopolitischen Systems. Führungskräfte, deren Eltern einen niedrigeren Schulabschluß haben, berichten unterdurchschnittlich häufige Kontakte zu Organisationen der supranationalen Ebene und der Bundesebene. Die drei „höchsten“ Sozialgruppen weisen hinsichtlich dieser Kontaktadressaten ein spiegelbildliches Verhältnis auf. Am stärksten ist der Un-

10 Frageformulierung s. Fragebogen im Anhang, Frage 74.

terschied zwischen den beiden Herkunftsgruppen, die durch Arbeiterhaushalte dominiert sind, und der Guppe, die durch elterlichen Hochschulabschluß und leitende Berufspositionen zumindest eines Elternteils gekennzeichnet sind. Erstere unterhalten wenige Kontakte zur Bundes- und supranationalen Ebene, viele Kontakte auf Landesebene und zu Interessenorganisationen, bei letzteren verhält es sich genau umgekehrt.

Dennoch ist nicht feststellbar, daß Führungspersonen, die über wenig ererbtes Kapital verfügen, ihre Kommunikationsbeziehungen auf wenige funktionale Kontakte beschränken. Die Kontaktdichte insgesamt ist hoch, die Unterproportionalitäten sind mit Ausnahme der supranationalen Ebene nicht so gravierend, daß man hier von einer Ausschließung sprechen könnte. Vielmehr scheint sich in diesen Verteilungen ein spezifischer Sektoreffekt bemerkbar zu machen. Im Abschnitt 7.1 ist deutlich geworden, daß die heutigen Funktionseliten, die von ihrer sozialen Herkunft her über wenig ererbtes ökonomisches, soziales und kulturelles Kapital verfügen, mit sehr viel höherer Wahrscheinlichkeit in Gewerkschaften und in bestimmten politischen Parteien, überwiegend in der SPD, Aufstiegschancen haben. Hieraus erklärt sich ein großer Teil der von der Gesamtverteilung divergierenden Häufigkeit der Kontaktbeziehungen. Als Gewerkschaftsvertreter gehören die Kontakte zu Wirtschaftsunternehmen und deren Interessenvertretungsorganen sowie zu Gewerkschaften zum allgemeinen Tätigkeitsfeld. Als Parteifunktionäre sind die Kontakte zu Parteiorganen und parlamentarischen Gruppen naturgegeben stark. Die unterdurchschnittliche Kontakthäufigkeit zum Bundeskanzleramt, den Bundesministerien und zu Bundesbehörden im Unterschied zu Landesministerien erklärt sich wiederum aus der parteipolitischen Verteilung - auf Bundesebene dominiert die CDU/CSU in den Ministerien, auf Landesebene die SPD. Unter stratifikationstheoretischen Gesichtspunkten ist jedoch festzuhalten, daß eine geringe Primärausstattung mit ökonomischem, kulturellem und sozialem Kapital tendenziell zu einer geringeren Möglichkeit der Kommunikation mit den höheren Ebenen des föderalen soziopolitischen Systems führt als eine vorteilhaftere.

Es kann hingegen nicht bestätigt werden, daß eine vorteilhafte Ausstattung mit ererbtem Kapital zu vielseitigen Kontakten auf allen Ebenen des föderalen Bundessystems wie auch auf der internationalen Ebene führt. Auch bei diesen Funktionseliten ist eine Konzentration auf spezifische Ebenen festzustellen. Zwar sind sie in der Regel kommunikativ auf der internationalen Ebene besser repräsentiert, innerhalb des politischen Systems der Bundesrepublik findet man dann jedoch bei den politischen Kontakten auch eine Konzentration eher auf Bundes- oder auf Landesebene, aber nicht auf allen Ebenen gleichermaßen.

Kommunikative Einbindung und Vertretung von Interessen findet seinen Weg nicht ausschließlich über persönliche direkte Kontakte, sondern kann auch vermittelt sein über organisatorische Kontaktnetzwerke. Es können beispielsweise auch ohne direkte Kontakte zu Organen der Europäischen Union über Kontakte mit Ministerien, die ihrerseits Kontakte zu dieser supranationalen Ebene haben, vermittelte Kommunikationsbeziehungen etabliert werden. Von daher sind nicht nur Einzelkontakte relevant, sondern Kontakmuster. Mittels einer Clusteranalyse wurden die individuellen Kontaktmuster typologisiert[11]. Tabelle V-7, in der wiederum Prozentpunktdifferenzen zur Gesamtverteilung wiedergegeben sind, zeigt, daß deutliche sozialstrukturelle Disproportionalitäten nur in wenigen Kommunikationstypen auszumachen sind.

Auffallend sind Unterschiede zwischen den beiden Gruppen, die als „Scharnier Verwaltung - Wirtschaft I und II“ bezeichnet wurden. In ersterer ist eine stark überdurchschnittliche Vertretung von Funktionseliten erkennbar, deren Eltern Volks- oder Realschulabschluß haben und als größere Landwirte oder kleinere Selbständige tätig waren. In letzterer sind diese leicht unterrepräsentiert, dafür diejenigen der „höchsten“ Sozialgruppe übervertreten. Der wesentliche Unterschied zwischen diesen beiden Kontaktgruppen liegt in der Kommunikation mit Landwirtschaftsverbänden, die in der ersten Gruppe von rund 80 Prozent der Befragten kontaktiert werden, von der zweiten Gruppe überhaupt nicht. Es liegt nahe, daß die Verteilungsdifferenzen somit einem sektoralen Effekt geschuldet sind: Funktionseliten aus Familien größerer Landwirte sind eher in Landwirtschaftsverbänden vertreten oder unterhalten regelmäßige Kontakte zu ihnen.

Entscheidend ist die Zusammensetzung des „Kommunikationszentrums“. Die Abweichung von der Gesamtverteilung ist ausgesprochen gering. Eliten aus Arbeiterhaushalten sind sogar leicht überrepräsentiert. In erster Linie dürfte auch hier ein sektoraler Effekt spürbar werden. Im Kommunikationszentrum stellt die Politik - insbesondere SPD, CDU und CSU - 40 Prozent der Mitglieder dieser Gruppe. Gerade in diesen Parteien sind aus Arbeiterhaushalten stammende Funktionseliten recht gut vertreten. Weitere 19 Prozent entstammen der Verwaltung und 13 Prozent den Massenmedien, in denen es keine sozialstrukturellen Besonderheiten gibt.

---

11 Siehe zum Verfahren und zur detaillierten Erörterung der Ergebnisse Sauer/Schnapp in diesem Band. In diesem Beitrag zur sozialstrukturellen Segmentation werden ausschließlich diejenigen Personen berücksichtigt, die in der probabilistischen Clusteranalyse zu mindestens 80 Prozent einem Cluster zugeordnet wurden. Das trifft auf 2133 Befragte zu.

Tabelle V-7: Sozialstrukturelle Zusammensetzung der Kontaktgruppen 1995 (Prozentpunktdifferenzen)

	Scharnier Verw. - Wirtschaft .I		Wirtschafts-intern		Scharnier Politik - Verwaltung		Kommun. Peripherie		**Gesamt**	
	West	Ost	West	Ost	West	Ost	West	Ost	**West**	**Ost**
VR: kl. Landwirte, ung. Arbeiter	-1	-5	-1	-5	-2	-5	-1		**5**	**5**
VR: Facharbeiter, Genossenschaftsbauern	-4	+8		-6		+2	+1	-4	**8**	**17**
VR: gr. Landwirte, kl. Selbständige	+16	-6	+4	+9	-3	-7	+1	-1	**11**	**13**
VR: einf. Beamte und Angestellte	-3	-12	-3	-15	+1	+4	+1	+2	**7**	**15**
VR: qual. Beamte und Angestellte	+4	-10	-1	+12	-2	+3	+1	-2	**15**	**10**
VR: gr. Selbstg., ltd. Beamte und Angest.	-5	-6	-2	+5	-2	-6	+2	+1	**7**	**6**
Abi: gr. Bauern, kl. Selbst., qual. Beamte	-4	-7	-2	-7	+1	-7			**10**	**7**
Abi: gr. Selbst., ltd. Beamte und Angestellte		-2		-2	+4	+11	-1	-2	**8**	**2**
Uni: gr. Bauern, kl. Selbst., qual. Beamte	-3	-19	-1	+3	-2	+6	-1	+5	**7**	**19**
Uni: gr. Selbst., ltd. Beamte und Angest.	-1	-9	+7	+2	+5	-3	-4	-2	**22**	**9**
Basis (n)	48	4	79	9	262	16	468	96	**1499**	**200**

	Komm.Zentrum		Agrarpolitik		Militärpolitik		Verw.-Wirt. II		**Gesamt**	
	West	Ost	West	Ost	West	Ost	West	Ost	**West**	**Ost**
VR: kl. Landwirte, ung. Arbeiter	+3	+7	+9	-5	-4	-5	-1	-5	**5**	**5**
VR: Facharbeiter, Genossenschaftsbauern	+2	+4	+1	+21	-4	-17	+1	-17	**8**	**17**
VR: gr. Landwirte, kl. Selbständige		+2	+12		-4	-13	-1	-13	**11**	**13**
VR: einf. Beamte und Angestellte	-1	-5	-1	-2	+4	+35		-15	**7**	**15**
VR: qual. Beamte und Angestellte	-1		-6	+3	+3	-10	-2	-10	**15**	**10**
VR: gr. Selbstg., ltd. Beamte und Angest.		-1	-1	-6	-1	-6	-3	-6	**7**	**6**
Abi: gr. Bauern, kl. Selbst., qual. Beamte			-10	+6	+3	+43		-7	**10**	**7**
Abi: gr. Selbst., ltd. Beamte und Angestellte		+1	+6	-2	-1	-2	-2	-2	**8**	**2**
Uni: gr. Bauern, kl. Selbst., qual. Beamte	+2	-8	+4	-6	+2	-19	+2	-19	**7**	**19**
Uni: gr. Selbst., ltd. Beamte und Angest.	-3	+2	-13	-9	+3	-9	+6	+91	**22**	**9**
Basis (n)	302	62	35	8	141	4	164	1	**1499**	**200**

Weitere 19 Prozent kommen aus Verbänden und Gewerkschaften. Gerade in letzteren sind Funktionseliten aus Arbeiterhaushalten stark übervertreten. Somit kann die These über sozialstrukturell bedingte kommunikative Benachteiligung nicht aufrechterhalten werden.

7.4 Ost-West-Differenzen

Untersuchungen der Unterschiede zwischen den Funktionseliten ost- und westdeutscher Herkunft in bezug auf das gesamte Analysemodell lassen sich nicht durchführen, da Ostdeutsche ausschließlich in der Politik in einem quantitativen Verhältnis Führungspositionen einnehmen, die verallgemeinerbare Aussagen zulässig erscheinen lassen. Hier soll denn auch nur der Frage nachgegangen werden, ob sich spezifische Unterschiede in der sozialen Herkunft feststellen lassen, die in einen Zusammenhang gesetzt werden können mit der Entwertung des „politischen" Kapitals (Bourdieu1991b) der DDR-Zeit. Es wird die These vertreten, daß der für die vormalige Bundesrepublik geltende Zusammenhang von bevorzugter sozialer Herkunft und Aufstiegschance in die Elite für die ehemaligen DDR-Bürger nicht gilt. Theoretisch ist das zurückzuführen auf die Entwertung des DDR-spezifischen sozialen und kulturellen Kapitals[12].

Tatsächlich kommen die heutigen Funktionseliten aus der ehemaligen DDR kaum aus Familien, in denen die Eltern höhere Leitungsfunktionen im Staatsapparat einnahmen (vgl. Tab. V-7, Gesamtspalte). Aber auch sie entstammen zum großen Teil Angestelltenhaushalten. Selbst Funktionseliten aus Familien, in denen die Eltern umfassende Führungsaufgaben wahrnahmen, sind nicht unter-, sondern überrepräsentiert. Die Herkunft aus Dienstklassen überwiegt demnach auch bei den Führungskräften der ehemaligen DDR, wenn auch weniger Personen der oberen Dienstklasse[13] entstammen. Überproportional vertreten ist jedoch auch die Herkunft aus Arbeiterfamilien.

Dieses Ergebnis paßt sich ein in das Muster der Repräsentanz ostdeutscher Funktionseliten in den verschiedenen Sektoren. Die Herkunftsgruppen, denen die Ostdeutschen überwiegend entstammen, sind in den Sektoren Politik und Gewerkschaften besonders stark vertreten. Das sind die Sektoren, in denen Ostdeutsche überhaupt in nennenswertem Umfang Positionen einnehmen.

---

12 Siehe für detaillierte Analysen Welzel in diesem Band.

13 Vgl. zur Begrifflichkeit Schnapp 'Chancengleichheit' in diesem Band.

8. Zusammenfassung und Schlußfolgerungen

Die leitende Fragestellung für die Untersuchung stratifikationsdeterminierter Differenzen in Sektorzugehörigkeit, Ausbildung und Kommunikationsbeziehungen ergab sich aus dem Ansatz Cammacks, daß am Prozeß des Elite-Settlement, also der Aushandlung konsensualer Regeln innerhalb einer nationalen Führungsschicht, nicht alle Teileliten gleichermaßen beteiligt würden und somit ein derart herbeigeführter Konsens auf Dauer nicht tragfähig sei. Untersucht wurde hier, ob ein derartiger Ausschluß auf allgemeinen gesellschaftlichen Stratifikationen und Distinktionen basiert. Hiernach müßten diejenigen Mitglieder der Führungsschicht, die über wenig ererbtes ökonomisches, soziales und kulturelles Kapital verfügen, am ehesten aus diesen Aushandlungsprozessen ausgeschlossen sein.

Festgestellt werden konnte, daß nach wie vor - trotz aller gesellschaftlicher Öffnungen im Bildungswesen und zunehmender Mobilität - der sozialen Herkunft eine gewisse, wenn auch von 1981 bis heute abnehmende Determinationskraft auf die Sektorzugehörigkeit und die Ausbildung zukommt. Die Unterschiede im Kommunikationsverhalten lassen sich jedoch eher funktional denn stratifikationstheoretisch ableiten. Sofern die Vertreter bestimmter Sozialgruppen unterproportionale Kontakte zu spezifischen Organisationsbereichen aufweisen oder auch in ihren Kommunikationsmustern von der Gesamtverteilung abweichen, so lassen sich diese Differenzen mit ihrem Vertreten-Sein in typischen Sektoren erklären. Auffallend ist, daß keine Sozialgruppe aus dem „Kommunikationszentrum" ausgeschlossen oder hier massiv unterrepräsentiert ist.

Die Ergebnisse weisen somit in die Richtung, daß es in der Führungsschicht keine sozialstrukturell begründeten Diskriminierungen in Aushandlungsprozessen gibt. Kapital, das mit Eintritt in eine Eliteposition nicht sogleich vorhanden ist, wird offenbar ausgeglichen über die Sozialisation in ihr. Daneben setzten sich Organisationsweise und Funktionalitäten der Sektoren gegen andere Mechanismen durch.

Zugleich bleibt jedoch festzuhalten, daß in den Bereichen der Interessenorganisation, insbesondere soweit man die klassische Spannungslinie zwischen Kapital und Arbeit betrachtet, die soziale Zusammensetzung der Positionseliten dieser beiden Bereiche stark voneinander abweicht. Die Karrierechancen und somit sektorspezifische Sozialisationen sind in diesem Konfliktfeld, wie auch in schwächerem Maße innerhalb des Parteiensystems, je nach sozialer Herkunft verschieden. Die Einbindung in das aktuell institutionalisierte Verhandlungssystem ist gegeben, ist selbst zum Teil der ausgehandelten Regeln geworden. In der etablierten Elite gibt es in dieser Hinsicht keine Probleme.

Das Problem der Kritiker des Modells eines Elite-Settlement geht jedoch noch über die Betrachtung der etablierten Verhandlungssysteme hinaus. Sie stellen auch die Frage, welche Chancen Gegeneliten, also neu aufkommende, nicht etablierte Interessenvertretungen haben, in diese Aushandlungsprozesse aufgenommen zu werden. Angesichts der heutigen sozialen Herkunftsstruktur der bundesdeutschen Führungsschicht und auf Basis der Theorien zur sozialen Stratifikation und Sozialisation müßten diese entweder von vornherein über ausreichendes ökonomisches, kulturelles und soziales Kapital verfügen oder eine lange Phase der Sozialisation in adäquaten, von der Führungsschicht akzeptierten Organisationen durchlaufen, um in diese Prozesse eingebunden zu werden[14]. Augenfällig wird das bei genauerer Betrachtung derjenigen Führungspersonen, die unteren Sozialschichten entstammen. Sie konzentrieren sich im wesentlichen auf die Gewerkschaften und die Politik. Das demokratische System sowie das der anerkannten Sozialpartnerschaft garantierten somit ihre Beteiligung. Diese Aushandlungsprozesse haben jedoch bereits vor Jahrzehnten stattgefunden. Sollten sich neue als notwendig erweisen, wie es mit der Entstehung neuer Konfliktlinien als auch mit der Unterrepräsentanz von Ostdeutschen und Frauen in der Führungsschicht der meisten Sektoren nahe liegt, reicht die Betrachtung des aktuellen Verhaltens und der aktuellen Struktur der bundesdeutschen Elite nicht mehr aus. Das Elite-Settlement ist ein Prozeß, der permanent vollzogen werden muß. Die Unterrepräsentanz bestimmter Gruppen in der Führungsschicht kann somit auch gelesen werden als ein Indiz des Ausschlusses dieser Gruppen durch die etablierte Elite. Daß auch sie im Laufe dieses Prozesses eine Aufnahme erfahren werden, legen die Analysen zur aktuellen Kommunkationsstruktur nahe: unterprivilegierte und ehemals nicht in der Führungsschicht vertretene Sozialgruppen sind mittlerweile integriert.

14 Vgl. zur Begründung für eine Teilelite Rebenstorf 1995.

Kapitel VI
Karrieren und Integration - Werdegänge und Common Language

Hilke Rebenstorf

1. Problemstellung

Die Untersuchung der Karriereverläufe gesellschaftlicher Eliten hat Tradition. Aron (1950) fokussierte auf soziale Herkunft, Karriereverlauf, Zirkulation und das Gesellschaftsbild der Eliten, Dahrendorf (1964) fragte zusätzlich nach ihrer Kohäsion. Angelegt waren diese Studien auf die Überprüfung zweier weitverbreiteter Thesen: zum einen derjenigen von der „disproportionalen Rekrutierung“, wonach Elitemitglieder häufig den oberen Gesellschaftsschichten entstammen, zum zweiten der Vorstellung, daß der soziale Hintergrund und die Wert- und Ordnungsvorstellungen von Führungsgruppen sich als Potentiale für ihr Handeln auffassen lassen (Zapf 1964: 8).

Karriereverläufe der Inhaber von Führungspositionen interessieren jedoch nicht nur unter diesen Gesichtspunkten. Sie können darüber hinaus Aufschluß geben über Art und Richtung gesellschaftlicher Entwicklung und ebenso über die integrative Kraft dieser Gesellschaften.

Laufbahnen stellen unter elitetheoretischen Gesichtspunkten einen Baustein der horizontalen strukturellen Integration dar, welche die Segmentierung ausdifferenzierter Gesellschaften zu überwinden hilft. Sie meint die Zusammenarbeit der Eliten untereinander, ihre Bereitschaft, divergierende Interessen auf dem Wege der Verhandlung unter einem konsensfähigen Dach zusammenzuführen. Karrieren sind insofern Bausteine struktureller Integration, als sie sie auf die mögliche Existenz einer ‘common language’ schließen lassen, die aufgrund ähnlicher Sozialisationen durch ähnliche Karrieren entsteht. Die gemeinsame Sprache hilft Segmentation zu überwinden und sektorübergreifende Netzwerke aufzubauen (Dahrendorf 1965; Edinger/Searing 1967; Hoffmann-Lange u.a. 1985: 246 f). Sie bezieht sich in erster Linie auf einen gemeinsamen Referenzrahmen, der auch Regeln des Verhaltens, des Stils und der Konfliktlösung beinhaltet. Dieser Bezugsrahmen ist auf individueller Ebene Ergebnis eines Sozialisationsprozesses. Der Stil des Sprechens, der Kleidung, des Umgangs, der Geschmack und die Wortwahl sind demnach durch Übertragung und Erwerb ökonomischen, kulturellen und sozialen Kapitals bestimmt (Bourdieu 1981, 1991a). Übertragung und individuelle Akkumulation beginnen in der Familie und werden fortgeführt in den Institutionen der Ausbildung und im beruflichen Werdegang. Im Zusammenhang mit der Frage nach den Chancen struktureller Integration verlangen diese theoretischen Implikationen nach einer Betrachtung der Institutionen, die die heutigen Inhaber von Führungspositionen durchlaufen haben, von Institutionen, die verhaltensprägend sind, in denen Techniken der Problembewältigung, der Menschenführung, der Verhandlungstaktik gelernt und kollektiv eingesetzt werden. Ein gemeinsamer Erfahrungshintergrund hilft, einen gemeinsamen Referenzrahmen aufzubauen. Die Bedeutung beruflicher Karrieren in diesem Prozeß liegt auf der Hand.

Aus der Untersuchung von Karriereverläufen lassen sich ebenfalls Hinweise auf die vertikale Integration gewinnen. Im Unterschied zur horizontalen Integration besteht sie in der Verbindung der Führungsschicht zu ihrer Basis. Karrieretypologien verweisen auf soziale Schließung oder auch Offenheit in Rekrutierungsprozessen und zeigen, ob das Selbstverständnis der rekrutierenden Organisation mit ihrer tatsächlichen Rekrutierungspraxis übereinstimmt, so z.B. bei Organisationen der Interessenvertretung, die einen expliziten Repräsentationsanspruch für spezifische Klientele haben, aus denen dem Selbstverständnis nach das Führungspersonal rekrutiert werden soll.

2. Grundlagen der Ausdifferenzierung von Karrieretypen

Berufliche Laufbahnen und Karrieren sind von mehreren Faktoren beeinflußt. Zum einen gibt es für manche Berufszweige rechtlich sanktionierte Vorgaben des Berufsverlaufes, sei es in Form von formalisierten Ausbildungsgängen, von Altersbeschränkungen, von Arbeitsschutzvorschriften u.ä. Zum zweiten sind es die Anforderungen der rekrutierenden Organisationen, die aufgrund ihrer eigenen Bedürfnisse Personal auswählen, ihren Selektionskriterien entsprechend Aufstiege befördern, intern für Spitzenpositionen rekrutieren oder Managementpositionen eher von außen besetzen (Czudnowski 1975, 1983). Ein dritter wirksam werdender Faktor kann in Funktionalitätserwägungen liegen, die über die Anforderungen des Mikrobereiches Organisation den Makrobereich soziopolitisches System in Rekrutierungserwägungen einbeziehen und den systemfunktionalen Bereichsverflechtungen und faktischen Interdependenzen gerecht werden (Herzog 1975; Hoffmann-Lange u.a. 1985).

Karrieren sind im allgemeinen Verständnis Laufbahnen, die einen sukzessiven Aufstieg beinhalten. Eine Stufe wird verlassen, die nächste eingenommen, und das erfolgt nach einem mehr oder minder vorgegebenen Ablauf. Karriere wird darüber hinaus nicht für jeden Berufsverlauf assoziiert, sondern ist an die Vorstellung geknüpft, mit dem Erreichen einer bestimmten Stufe eine einflußreiche und reputationsträchtige Position einzunehmen.

Die Inhaber nationaler Führungspositionen sind über unterschiedliche Aufstiegspfade in Positionen gelangt, die diese beiden Merkmale vereinigen. Aus mehreren Gründen ist davon auszugehen, daß nicht in allen Sektoren gleiche Karrierebedingungen vorliegen. Die Herausbildung unterschiedlicher gesellschaftlicher Sektoren und darin wiederum verschiedener Organisationen und Positionen, also die horizontale und vertikale Ausdifferenzierung der Gesellschaft hat sich historisch entwickelt mit der Entstehung moderner, pluralistischer Gemeinwesen. Die industrielle Revolution und die Gründung der Nationalstaaten in Europa im ausgehenden 19. und frühen 20. Jahrhundert brachten aufgrund der Neuorganisation von Ökonomie und Politik und der damit einhergehenden Auseinandersetzung zwischen Tradition und Moderne vielfältige Spannungslinien hervor, die ebenfalls zu weitreichenden Veränderungen in den Sozialstrukturen, Arbeitsbeziehungen und politischen Beziehungen führten sowie zu einer Umorganisation der Staatsform und zu einem neuen Verständnis politischer Macht und der Formen ihrer legitimen Ausübung (Lipset/Rokkan 1967).

Als Folge hiervon lassen sich heute drei Gruppen gesellschaftlicher Funktionsbereiche unterscheiden: der Bereich der Interessenvertretung in Form von Gewerkschaften und diversen Verbänden, die jeweils spezifische Klientele vertreten, ein „neutraler" Staatsbereich in Form von Parlamenten, Regierungen und Verwaltung sowie eine dritte Gruppe, deren Sektoren in erster Linie Eigeninteressen vertreten wie z.B. Wirtschaft, Finanzwirtschaft und Wissenschaft. Sie alle haben jeweils eigene gesamtgesellschaftliche Funktionen. Die Besonderheiten ihrer Entstehung und Aufgaben sowie die durch historische Kontinuitätsbrüche[1] erfahrenen Beeinträchtigungen verwei-

1 So wurde beispielsweise der Bereich Militär stark beeinträchtigt durch die Weltkriegserfahrungen. Militärische Karrieren wurden in Deutschland in der Zeit von 1945 bis 1955 komplett ausgesetzt, in der es keine Wehrmacht mehr und die Bundeswehr noch nicht gab (Jung 1990). Das ganze Verbandswesen erfuhr in Deutschland durch die Gleichschaltungspolitik des Hitler-Regimes eine enorme Beeinträchtigung.

sen auf Spezifika im professionellen Anforderungsprofil an die Führungspersonen der jeweiligen Sektoren und somit auf unterschiedliche Normierungen und Verrechtlichungsformen des Aufstiegs.

3. Thesen

Die Entstehungsbedingungen der gesellschaftlichen Sektoren und Organisationen, ihr Selbstbild sowie die Funktionserfordernisse moderner Gesellschaften legen folgende Vermutungen nahe:

(1) Je nach Verrechtlichungsform der Laufbahnen werden die Karrierewege in den Sektoren unterschiedlich variabel sein. Die geringsten Variationen dürften in der Verwaltung und im Militär, die größten in der Politik und in den Massenmedien anzutreffen sein.

(2) Für die horizontale Integration braucht jeder gesellschaftliche Bereich auf der Führungsebene neben den Spezialisten auch Generalisten mit sektorübergreifenden Erfahrungen. Dementsprechend werden mindestens zwei Karrierewege in jedem Sektor anzutreffen sein. Direkteinsteiger, die „Hauskarrieren" innerhalb der Organisationsbereiche machen, und Späteinsteiger, die in einer Mehrzahl gesellschaftlicher Bereiche tätig waren.

(3) Aufgrund der vertikalen Integrationserfordernisse ist davon auszugehen, daß in den Interessenvertretungsorganen von Wirtschaft und Arbeitnehmern die beruflichen Werdegänge ihrer Führungspersonen sehr eng in den zugehörigen Organisationen abliefen, während das für die Massenmedien und die Politik nicht zutreffen sollte. In der Politik wird die soziale Herkunft und die Ausbildung am breitesten gestreut sein.

(4) Die unterschiedlichen Aufgaben und Selbstverständnisse der Organisationsbereiche sowie die hiermit korrespondierenden Werdegänge der jeweiligen Führungspersonen bewirken eine hohe strukturelle Integration einiger Sektoren mit anderen Sektoren, wieder andere Sektoren sind hingegen relativ isoliert.

Neben den erwarteten sektorspezifischen Differenzen in den Aufstiegswegen des Führungspersonals ist ebenfalls von Unterschieden in den Karriereprofilen der Positionseliten ost- und westdeutscher Herkunft auszugehen. Der

Umbruch in der DDR stellt nahezu einen klassischen Fall von Strukturbruch dar, der für Karrieren übliche Kontinuitätsverläufe auflöst.

Im folgenden wird eine Bestandsaufnahme der empirischen Forschungsarbeiten zu Karriereverläufen in verschiedenen gesellschaftlichen Sektoren vorgenommen. An jede sektorspezifische Darstellung anschließend werden die hierin vorgestellten Typologien am Datenmaterial der Potsdamer Elitestudie auf ihren aktuellen Realitätsgehalt überprüft. Hiernach werden sektorübergreifende Gemeinsamkeiten der Karrieretypen aufgezeigt und, ergänzt um eine Typologie der Ausbildungswege, werden die für strukturelle Integration relevanten Momente herausgearbeitet, um schließlich Aussagen über horizontale und vertikale Integration treffen zu können.

4. Sektorspezifische Karrierewege: Theorie und Empirie

4.1 Politik

Die Politik ist der gesellschaftliche Sektor, in dem die verschiedenen in einer Gesellschaft vorhandenen Interessen repräsentiert und aggregiert werden sollen, mit dem Ziel, eine konsensuale Politik hervorzubringen, die auf einen Ausgleich dieser Interessen zielt. Es gibt hier kein spezifisches Anforderungsprofil an die Ausbildung; von einem idealistischen Repräsentationsansatz ausgehend, sollte auch keine Normierung stattfinden, da nur auf diese Weise die Rekrutierung in die Politik offen bleiben und auf sich ändernde gesellschaftliche Anforderungen mit entsprechenden Änderungen in der Rekrutierung und somit in der Struktur der politischen Klasse reagiert werden kann. Deshalb gibt es auch für die Inhaber politischer Führungspositionen kein einheitliches Karriereschema. Für Spitzenpolitiker im Jahr 1968 stellte Herzog (1975) fest, daß es drei Karrierewege gibt: (1) Die Standardkarriere: Sie zeichnet sich aus durch einen sukzessiven Aufstieg durch die Parteigremien und Wahlämter der verschiedenen regionalen Ebenen sowie durch eine Vielzahl von Ämterkumulationen. Typisch ist, daß die Politik erst dann zur Profession wird, nachdem eine berufliche Etablierung erfolgt ist. (2) Die eher selten autretende Cross-Over Karriere: Die „Ochsentour" durch die Partei entfällt und statt dessen wird direkt aus einer Spitzenposition in einem privaten Beruf in eine Spitzenposition in der Politik gewechselt. (3) Die reine politische Karriere, in der bereits die erste bezahlte berufliche Tätigkeit im politischen Bereich angesiedelt ist, meist in der Partei. Auch hier erfolgt der Aufstieg sukzessive. Seit dieser Studie hat es keine vergleichbare Erhebung unter Spitzenpolitikern gegeben. Für Bundestagsabgeordnete des Jahres 1987 ist festzustellen, daß die Standardkarriere zu diesem Zeitpunkt nach wie vor die häufigste war (Rebenstorf 1991).

Diese drei Karrieretypen entsprechen den Anforderungen der Politik. Den Politikern mit einer Standardkarriere traut man am ehesten zu, responsiv auf Bevölkerungsinteressen zu reagieren, da sie selbst aus der Mitte der Gesellschaft kommen und durch die Art ihrer Ämterkumulation in der lokalen Ebene verwurzelt sind. Die reinen Politiker haben im Unterschied hierzu das politische Handwerk, die Art der Verhandlungsführung, die Bedeutung der verschiedenen formellen und informellen Gremien und Netzwerke von Grund auf gelernt. Sie sind am ehesten Technokraten, auf die in der Politik im Zuge der Ausweitung der Staatstätigkeiten und zunehmender Internationalisierung nicht verzichtet werden kann. Die Cross-Over Karrieristen schließlich stellen die Gruppe der so oft eingeklagten externen Spezialisten für Sachthemen.

Diese Karrieretypen lassen sich mit dem vorliegenden Datenmaterial nicht umfassend nachvollziehen, einige Verlaufsvariablen geben dennoch Aufschluß über typische Werdegänge.

Für 496 Befragte aus dem Sektor Politik können Aussagen über ihre Werdegänge gemacht werden. 160 entstammen den neuen Bundesländern, 190 sind Frauen. Erhoben wurden Bundes- und Landesregierungen, spezielle Positionen im Bundestag und in seinen Fraktionen, Fraktionsvorstände der Landtage, Parteivorstände auf Bundes- und auf Landesebene (vgl. Machatzke 'Positionsauswahl' in diesem Band). Für die weitere Betrachtung werden diese Ämter in folgende vier Gruppen zusammengefaßt: Regierungen, Bundestag, Landtage und Parteien.

Die Politik ist der einzige gesellschaftliche Bereich, in dem in Führungspositionen sowohl Ostdeutsche als auch Frauen in einem quantitativen Umfang vertreten sind, der eine Betrachtung allfälliger Differenzen entlang dieser Merkmale möglich macht und sinnvoll erscheinen läßt.

4.1.1 Zeitverlauf der politischen Karriere

In den einfachen Verlaufsvariablen (s. Tab. VI-1) sind die Differenzen zwischen Männern und Frauen nicht sonderlich markant, zwischen Ost- und Westdeutschen in einigen Fällen durchaus.

Tabelle VI-1: Karriereverlaufsvariablen in der Politik

	Alter bei Sektor-einstieg	Jahre im Sektor	Alter bei Positions-erlangung	Jahre in jetziger Position	Alter Partei-eintritt	Jahre in Partei	Jahre Partei bis Amt	Basis (n)
Gesamt	**34,9**	**12,6**	**44,4**	**2,9**	**30,9**	**16,3**	**13,6**	**494**
Männer	35,4	13,8	45,7	3,3	30,1	18,8	15,6	304
Frauen	34,1	10,7	42,4	2,2	32,3	12,2	10,0	190
Regierungen	38,9	12,9	48,2	3,8	30,1	21,6	17,7	98
Bundestag	34,4	15,1	47,1	2,4	28,1	21,5	19,0	57
Landtage	34,9	12,8	44,8	2,7	31,0	16,7	13,9	134
Parteien	32,8	11,4	41,3	2,6	32,1	11,9	9,4	197
hauptamtlich	36,3	12,2	45,7	3,0	30,3	18,2	15,2	300
nebenamtlich	32,3	13,1	42,3	2,7	31,9	13,2	10,6	162
West	**32,0**	**15,7**	**45,3**	**3,1**	**27,6**	**20,6**	**17,6**	**335**
- Männer	32,6	17,2	46,2	3,5	26,1	23,4	20,0	195
- Frauen	33,1	13,2	43,8	2,3	30,1	15,8	13,5	116
- Regierungen	38,2	15,4	49,7	4,2	26,8	26,7	26,6	72
- Bundestag	31,5	18,0	47,1	2,4	25,9	23,6	21,4	44
- Landtage	32,0	16,3	45,2	2,8	26,6	21,4	18,6	88
- Parteien	30,4	14,5	42,0	2,8	2,4	21,2	12,6	107
- hauptamtlich	34,4	15,0	46,4	3,2	26,8	22,4	19,2	210
- nebenamtlich	29,5	17,1	43,2	3,0	28,9	17,3	14,4	100
Ost	**39,1**	**6,1**	**42,7**	**2,4**	**37,9**	**7,2**	**4,9**	**159**
- Männer	41,4	6,1	44,6	2,8	39,0	8,3	5,7	88
Frauen	36,1	6,1	40,0	2,0	36,4	5,7	3,7	63
- Regierungen	41,0	5,7	44,2	2,5	38,8	7,9	5,3	26
- Bundestag	44,0	5,4	47,3	2,4	36,4	13,5	9,6	13
- Landtage	40,6	6,2	44,2	2,6	40,0	7,0	4,5	46
- Parteien	36,6	6,4	40,5	2,3	36,6	6,2	4,2	66
- hauptamtlich	40,8	5,7	44,1	2,5	38,8	8,0	5,3	90
- nebenamtlich	36,8	6,6	40,8	2,3	36,9	6,2	4,3	61

Ostdeutsche waren bei Parteieintritt[2] wesentlich älter als die Westdeutschen, gehören ihr häufig erst seit der Wende an und machten entsprechend schneller eine politische Karriere.

West- und Ostdeutsche unterscheiden sich kaum hinsichtlich der Art des Amtes: wird es haupt- oder nebenamtlich ausgeübt. Hauptamtliche sind etwas älter beim Einstieg in die Politik, geringfügig kürzer in diesem Bereich tätig und etwas älter bei Erlangung ihrer aktuellen Position. Sie gehören ihrer Partei bereits seit längerem an und brauchten längere Zeit, um in ihre aktuelle

2 Die Angabe bezieht sich auf die Mitgliedschaft in der Partei, der die Befragten aktuell angehören.

Position zu gelangen. Die Zeiträume sind unter den Ostdeutschen aufgrund der insgesamt kürzeren Parteizugehörigkeitsdauer kürzer.

Die Differenzen nach Geschlechtszugehörigkeit variieren nicht unbeträchtlich. Ostdeutsche Männer und Frauen sind gleich lange Zeit in der Politik tätig, Westfrauen vier Jahre weniger als Westmänner. Die Parteimitgliedschaftsdauer der Frauen ist im Osten wie im Westen kürzer. Ihre aktuelle Position erlangten die Frauen in jüngerem Alter[3] als die Männer.

Erhebliche Ost-West-Differenzen gibt es auch innerhalb der Funktionsgruppen. Bei den Westdeutschen sind die Regierungsmitglieder beim Eintritt in den politischen Bereich erheblich älter als die Mitglieder der anderen Funktionsgruppen. Unter den Ostdeutschen sind hingegen die Bundestagseliten die weitaus ältesten beim Sektoreinstieg. Parteivorstandsmitglieder sind sowohl beim Einstieg in die Politik als auch beim Erreichen der aktuellen Position am jüngsten. Während bei den Westdeutschen dieses Alter sukzessive zunimmt von Parteivorständen über die Landtagsfunktionäre und die Bundestagseliten bis zu den Regierungsmitgliedern, sind bei den Ostdeutschen die Bundestagseliten die ältesten. Generell gilt: je älter die Positionsinhaber beim Einstieg in die Politik waren, um so schneller sind sie in die aktuelle Position gelangt.

Die Daten zum innerparteilichen Aufstieg legen die Vermutung nahe, daß nach dem Parteibeitritt zunächst eine parteiinterne „Erprobung" der Funktionsträger stattfindet, bevor sie in öffentliche Wahlämter gelangen. Je höher dieses Amt angesiedelt ist, desto länger ist diese „Probezeit", ein üblicher Verlauf einer politischen Standardkarriere. Im Westen ist das sehr deutlich, bei Ostdeutschen ist aufgrund der geringen Fallzahlen bei der Interpretation Vorsicht geboten.

4.1.2 Ausbildung

Unterschiede gibt es nicht nur im zeitlichen Verlauf der politischen Karrieren, sondern auch in den beruflichen Werdegängen, i.e. Ausbildung und andere Tätigkeitsbereiche. Ostdeutsche Führungspersonen in der Politik haben zu einem erheblich größeren Anteil Berufsausbildungen abgeschlossen (s. Tab. VI-2). Sie haben zu einem etwas höheren Anteil Hochschulstudien absolviert und sind häufiger promoviert oder habilitiert. Die von Ostdeutschen

3 Das läßt sich zum großen Teil daraus erklären, daß Frauen kaum Regierungsämter aber überdurchschnittlich oft in Parteivorständen Ämter innehaben. Regierungsmitglieder sind älter, Parteivorstände jünger. Vgl. auch die Erläuterungen weiter unten.

belegten Studienfächer sind zum größten Teil im Bereich Naturwissenschaften und Technik angesiedelt, bei den Westdeutschen dominieren Jura, Wirtschaftswissenschaften und Pädagogik bzw. Lehramtsstudiengänge. Ostdeutsche waren insgesamt in etwas weniger Bereichen tätig, ihren Berufseinstieg fanden sie sehr häufig in Wissenschaft, Bildungswesen und in den Kirchen, während die Westdeutschen die Politik mit 40 Prozent als ersten Tätigkeitsbereich angeben - wobei es sich allerdings nur in wenigen Fällen um eine hauptberufliche besoldete Tätigkeit gehandelt haben dürfte. Ostdeutsche nehmen ihre politische Tätigkeit zu einem größeren Teil nebenamtlich wahr.

Tabelle VI-2: Ausbildungs- und Tätigkeitsprofil* politischer Funktionsträger nach regionaler Herkunft (Spaltenprozente)

	Ostdeutsche		Westdeutsche		Gesamt	
Berufsausbildungen	63		37		45	
Akademiker	79		75		76	
Promovierte	27		21		23	
Studienfächer	Technik	16	Jura	22	Jura	16
	NatWi	15	Pädagogik	12	Pädagogik	11
	Theo./Päd.	8	WiWi	10	WiWi	9
erster Tätigkeitsbereich	Politik	21	Politik	40	Politik	34
	Wissenschaft	20	Industrie	12	Industrie	14
	Industrie	16	Bildung	10	Wissenschaft	11
andere Tätigkeitsbereiche	Wissenschaft	26	Verwaltung	26	Industrie	19
	Industrie	22	Bildung	19	Wissenschaft	18
	Bildg./Verw.	15	Industrie	18	Bildung	17
Hautamtliche	57		65		62	
Nebenamtliche	43		35		38	
Frauen	42		37		38	
Männer	58		63		62	
Basis (n)	160		336		496	

* Zwischen haupt- und nebenberuflicher Ausübung kann nur für die aktuelle Tätigkeit unterschieden werden. Bei der Retrospektivfrage (s. Frage 11 im Fragebogenanhang) ist dies nicht möglich, woraus sich speziell in der Politik der hohe Anteil derjenigen erklärt, die als ersten Tätigkeitsbereich Politik angaben. In der Regel dürfte es sich hierbei um eine nebenberufliche oder ehrenamtliche Tätigkeit gehandelt haben, zumal häufig eine weitere Tätigkeit parallel hierzu ausgeübt wurde.

Inhaber hauptamtlicher politischer Positionen haben seltener eine berufliche Ausbildung absolviert als ihre nebenamtlich tätigen Kollegen. Sie haben häufiger studiert und auch promoviert. Sie waren öfter in Wissenschaft und Bildung tätig. Sie sind oftmals erst relativ spät in die Politik eingestiegen und zwei Drittel von ihnen sind Männer. Dieses Muster gilt sowohl für ostdeutsche wie für westdeutsche Amtsinhaber, wenn auch die Ostdeutschen andere Studienfächer aufweisen.

Tabelle VI-3: Ausbildungs- und Tätigkeitsprofil politischer Funktionsträger nach Funktionsbereichen und regionaler Herkunft (Spaltenprozente)

	Regierungsmitglieder Ostdeutsche		Westdeutsche		Gesamt		Bundestagselite Ostdeutsche		Westdeutsche		Gesamt	
Berufsausbildungen		54		27		34		62		43		47
Akademiker		96		87		89		92		64		70
Promovierte		39		28		31		31		21		23
Studienfächer	NatWi	35	Jura	28	Jura	22	NatWi	23	Jura	23	Jura	18
	Theologie	23	WiWi	16	WiWi	14	Theologie	15	WiWi	11	WiWi	12
							WiWi					
	Technik	12	Pädagogik	12	NatWi	10	Pädagogik	15	Pädagogik	11	Pädagogik	12
erster Tätigkeitsbereich	Kirche	31	Politik	25	Politik	22	Wissen.	39	Politik	40	Politik	32
	Wissen.	19	Verwaltg.	19	Wissen	14	Industrie	23	Industrie	15	Industrie	17
	Pol./Bild.	12	Wissen.	12	Bildung	10	Kirche	15	Wissen.	9	Wissen.	15
andere Tätigkeitsbereiche	Kirche	31	Verwaltg.	37	Verwaltg.	30	Wissen.	54	Verwaltg.	26	Wissen.	23
	Wissen.	27	Industrie	21	Wissen	21	Industrie	31	Industrie	19	Verwaltg.	20
	Bildung	12	Wissen	19	Industrie	18	Kirche	15	Bildung	19	Industrie	22
Frauen		31		24		26		31		36		35
Männer		69		76		74		69		64		17
Basis (n)		26		75		101		13		47		60

Fortsetzung Tabelle VI-3

	Funktionsträger in Landtagen						Parteivorstände Bund und Länder					
	Ostdeutsche		Westdeutsche		Gesamt		Ostdeutsche		Westdeutsche		Gesamt	
Berufsausbildungen	72		34		47		61		42		49	
Akademiker	78		74		75		71		72		72	
Promovierte	33		18		23		20		18		19	
Studienfächer	Technik	20	Jura	19	Jura	13	Technik	15	Jura	19	Jura	13
	Medizin	13	Pädagogik	14	Pädagogik	12	NatWi	13	Pädagogik	11	Pädagogik	10
	Philologie	11	WiWi	11	WiWi, NatWi	8	Pädagogik	9	WiWi	7	NatWi	7
erster Tätigkeitsbereich	Politik	33	Politik	47	Politik	42	Wissen.	20	Politik	43	Politik	34
	Industrie	20	Bildung	12	Industrie	14	Politik	20	Industrie	13	Industrie	14
	Wissen.	15	Industrie	11	Wis./Bild.	10	Industrie	16	Bildung	9	Bildung	11
andere Tätigkeitsbereiche	Industrie	26	Bildung	24	Industrie	21	Industrie	23	Verwaltg.	21	Verwaltg.	21
	Wissen.	22	Verwaltg.	22	Bildung	12	Verwaltg.	21	Bildung	18	Bildung	19
	Sonstiges	15	Industrie	19	Verwaltg.	19	Wiss/Bild.	20	Industrie	14	Industrie	17
Frauen	41		37		39		48		44		46	
Männer	59		63		61		52		56		55	
Basis (n)	46		91		137		75		123		198	

Wie zu erwarten, gibt es Differenzen zwischen Männern und Frauen, die sich wiederum nochmals nach ihrer Herkunft aus den alten oder den neuen Bundesländern unterscheiden. Insgesamt weisen Frauen häufiger als Männer Berufsabschlüsse auf und haben seltener studiert. Sie waren häufiger im Bildungswesen, etwas weniger oft in Industrie- und anderen Wirtschaftsunternehmen tätig. Ihre aktuelle Position ist am häufigsten eine in Parteivorständen, am seltensten eine in einer Regierung. Sie üben ihre Funktion öfter nebenamtlich aus.

Größere Differenzen sind aufgrund der divergierenden Anforderungen entlang der wahrgenommenen Funktionen zu vermuten. Die Regierungsmitglieder haben am seltensten eine berufliche Ausbildung absolviert, Mitglieder von Parteivorständen am häufigsten (s. Tab. VI-3). Regierungsmitglieder haben überproportional Jura und Wirtschaftswissenschaften studiert. Sie waren zu fast einem Drittel irgendwann einmal während ihrer beruflichen Laufbahn in der öffentlichen Verwaltung tätig und überdurchschnittlich oft in der Wissenschaft. Die Regierungsmitglieder werden zu drei Vierteln von Männern gestellt, in den Parteivorständen ist das Geschlechterverhältnis ausgeglichen.

Im Westen finden wir die gleichen Tendenzen im wesentlichen auf einem etwas höheren Niveau. In der politischen Elite aus den neuen Bundesländern sind Differenzen zwischen den Funktionsgruppen noch deutlicher. Zwar haben auch hier die Regierungsmitglieder den geringsten Anteil an beruflichen Ausbildungen, er beträgt aber immerhin noch 56 Prozent. Die Regierungsmitglieder haben überproportional häufig Theologie und Naturwissenschaften studiert. In der Verwaltung war kein Regierungsmitglied aus den neuen Bundesländern tätig, 31 Prozent jedoch in den Kirchen. Das Geschlechterungleichgewicht ist bei den politischen Funktionseliten aus den neuen Bundesländern weniger stark ausgeprägt. Die Frauen stellen immerhin ein Drittel der Funktionsträger in Regierungen und Bundestag.

4.1.3 Zusammenfassung

Ganz offensichtlich sind die Karrieren der Politiker ost- und westdeutscher Herkunft voneinander sehr verschieden. Der größte Unterschied liegt naturgemäß in der Dauer der politischen Tätigkeit und der hierdurch bedingten schnelleren Aufstiegsgeschwindigkeit der Ostdeutschen, wie sie für Umbruchsituationen typisch ist. Starke Abweichungen gibt es jedoch auch in den Ausbildungsgängen. Auffallend ist die Vielzahl von Theologen und ehemaligen Kirchenmitarbeitern in der aus den neuen Bundesländern stammenden politischen Elite sowie der insgesamt höhere akademische Bildungsgrad dieser Elite bei zugleich hohem Anteil an beruflich Ausgebildeten. Der Aufstieg für Frauen aus beiden Teilen Deutschlands erfolgt in einem kürzeren Zeitraum als derjenige der Männer. Gemeinsam ist den Frauen aus Ost und West ebenfalls die spezifische Verteilung der Funktionsbereiche: In Regierungsämtern sind sie hier wie dort unter-, in Parteiämtern überrepräsentiert - gemessen am Anteil der Frauen in der politischen Elite, nicht in der Bevölkerung. Auffallend sind auch die Unterschiede zwischen den Funktionsbereichen: Im Westen scheinen Regierungsämter einen End- oder Gipfelpunkt der politischen Karrieren darzustellen, bei den Ostdeutschen sind diese Spezifika eher bei den Bundestagseliten wiederzufinden - obwohl die kleinen Fallzahlen hier in die Irre führen können.

Nur ein geringer Teil der Funktionsträger berichtet, in keinem weiteren gesellschaftlichen Bereich tätig gewesen zu sein. Somit ist kaum davon auszugehen, daß der Anteil der reinen politischen Karriere seit 1968 wesentlich zugenommen hat. Lange Parteizugehörigkeitsdauern und allmähliche Aufstiege sowie die Vielzahl an sonstigen Ämtern, die von den politischen Funktionsträgern wahrgenommen werden (s. Tab. VI-4), lassen vermuten, daß zumindest für die politische Elite westdeutscher Herkunft die alten Muster nach wie vor gelten[4]. Die Karrieremuster ostdeutscher Politiker weichen hiervon aus naheliegenden Gründen ab.

Tabelle VI-4: Partei- und Wahlämter politischer Funktionsträger nach regionaler Herkunft (Spaltenprozente)

	Parteiämter			Wahlämter		
	West-deutsche	Ost-deutsche	Gesamt	West-deutsche	Ost-deutsche	Gesamt
Bundesebene	20	18	19	21	13	18
Landesebene	62	68	64	42	49	44
Bezirksebene	21	3	15	2	--	1
Kreisebene	27	24	26			
Ortsebene	15	7	12	21	16	19
Europaebene				2	1	1
kein Amt/k.A.	18	13	16	29	28	29
Basis (n)	336	160	496	336	160	796

4 Derartige Karrierewege, die vor allem auf der Akkumulation politischen Kapitals basieren, ändern sich ausgesprochen langsam. Vgl. zur Begründung Rebenstorf 1995.

4.2 Verwaltung

Im Unterschied zur Politik ist die Verwaltung durch die Laufbahnvorschriften streng reglementiert. Anfang und Endpunkt einer möglichen Karriere sind hier innerhalb einer Laufbahngruppe festgeschrieben. Eine Ausnahme in diesem System stellen die politischen Beamten dar, die als Fachexperten berufen werden. Dennoch können auch für die Spitzenbeamten des Bundes drei unterschiedliche Karrierewege beschrieben werden (Derlien 1994): (1) Der Laufbahnbeamte, der direkt nach dem Studium (überwiegend Jura) in den öffentlichen Dienst eintritt. (2) Der verzögerte Laufbahnbeamte, der nach einer Ausbildung in einem anderen Tätigkeitsbereich maximal vier Jahre in diesem Beruf bleibt und hieran anschließend eine ununterbrochene Beamtenkarriere durchläuft. (3) Der Mischtyp absolviert eine längere Phase des Berufslebens außerhalb der Verwaltung. Im Extremfall handelt es sich hierbei um einen späten Seiteneinsteiger, der häufig unter den Staatssekretären, etwas seltener unter den Abteilungsleitern anzutreffen ist. Machte dieser letzte Typ unter den Spitzenbeamten des Bundes in den 50er und 60er Jahren erst 20 Prozent aus, so bewegt er sich seit den frühen 70er Jahren um 30 Prozent.

Insgesamt 509 Befragte geben an, überwiegend in der Verwaltung tätig zu sein. 292 in der Ministerialverwaltung des Bundes, 144 in der Ministerialverwaltung der Länder, 73 in der sonstigen Verwaltung; 489 sind Westdeutsche.

Es fällt auf, daß der reine Laufbahnbeamte nicht vorherrschend ist. 35 Prozent der Befragten waren ihren eigenen Angaben zufolge immer in der Verwaltung tätig und in keinem anderen Sektor engagiert, hiervon ist jedoch nur die Hälfte immer nur auf einer Verwaltungsebene tätig gewesen. Die reinen Verwaltungsbeamten stellen in der sonstigen Verwaltung mit 50 Prozent den höchsten Anteil. In der Ministerialverwaltung des Bundes stellen sie 39 Prozent, in der Ministerialverwaltung der Länder schließlich nur 18 Prozent. Sehr häufig gibt es die Kombinationen von Tätigkeiten in der Wissenschaft, im Bildungswesen, in der Justiz oder der Politik und Tätigkeit in der Verwaltung (s. Tab. VI-5).

Wer neben der Verwaltung andere Tätigkeitsfelder angab, fand den beruflichen Einstieg in der Regel hier. Von denen, die Wissenschaft und Verwaltung angaben, fingen 76 Prozent in der Wissenschaft an, von denen, die Justiz und Verwaltung angaben, begannen 91 Prozent in der Justiz. Wer Wirtschaft und Verwaltung benannte, begann zu 83 Prozent in einem Wirtschaftsbereich.

Wer auf einer bestimmten Verwaltungsebene anfing, blieb hier nicht unbedingt. Die größte Stabilität weisen diejenigen auf, die ihr erstes Tätigkeitsfeld in der Ministerialverwaltung des Bundes angaben: die Hälfte von ihnen blieb hier. Die übrigen wechselten in andere Verwaltungsebenen (26%) oder in die Wissenschaft (5%), der Rest ging in die Justiz, die Wirtschaft oder sonstige Sektoren. In der Ministerialverwaltung der Länder blieben nur 29 Prozent von denen, die dort ihre Karriere begannen. 42 Prozent wechselten in andere Verwaltungsebenen, 10 Prozent gingen in die Wissenschaft, 7 Prozent in die Politik. In der aonstigen Verwaltung blieben 19 Prozent, 58 Prozent gingen in andere Verwaltungsbereiche, die übrigen in die Politik und Wissenschaft.

Tabelle VI-5: Tätigkeitsbereiche der heutigen Verwaltungselite (Spaltenprozente)

frühere und aktuelle Tätigkeitsbereiche	Ministerialverwaltung des Bundes	Ministerialverwaltung der Länder	Sonstige Verwaltung	Gesamt
eine Verwaltung	22	7	25	18
mehrere Verwaltungen	17	11	25	17
Politik und Verwaltung	7	13	4	8
Politik, Verwaltung und mehr[a]	9	10	7	9
Justiz und Verwaltung	16	14	10	15
Justiz, Verwaltung und mehr	8	7	6	7
Wissenschaft und Verwaltung	13	16	6	13
Bildungswesen und Verwaltung	4	11	9	7
Wirtschaft[b] und Verwaltung	4	11	9	6
Basis (n)	289	140	71	500

a Andere Bereiche sind: Militär, Gewerkschaften, Medien, Kirche und sonstige Sektoren. Diese wurden so selten angegeben, daß es nicht lohnenswert erschien, eigens Kategorien einzurichten. Bei den Gruppen „Politik, Verwaltung und mehr" als auch bei „Justiz, Verwaltung und mehr" kann sich hinter dem mehr aber durchaus noch Bildungswesen, Wissenschaft oder Wirtschaft verbergen.

b Zum Bereich Wirtschaft werden hier gezählt: Banken, Versicherungen, Industrie- und andere Wirtschaftsunternehmen, Wirtschafts- und Arbeitgeberverbände, Landwirtschaft und Landwirtschaftsverbände.

Es macht den Eindruck, als wären Justiz, Wissenschaft und Politik diejenigen gesellschaftlichen Bereiche, die am ehesten einen Austausch mit der Verwaltung ermöglichen. Bei der Justiz ist das naheliegend, da die juristische Expertise in der Administration eine Selbstverständlichkeit für das dortige Führungspersonal darstellt. Die Justiz stellt einen klassischen Einstiegssektor für Führungspositionen in der Verwaltung dar. Wissenschaft und Politik hingegen tauschen mit der Verwaltung in beide Richtungen aus.

Am geradlinigsten sind die Karrieren derjenigen Positionsinhaber, die durch Justiz und Wissenschaft gingen: kaum jemand von ihnen hat eine Berufsausbildung gemacht, nahezu alle haben studiert. Geringe Berufsausbildungsquoten weisen auch diejenigen auf, die ausschließlich Tätigkeiten in der Verwaltung angaben. Der Akademisierungsgrad ist mit 93 Prozent (eine Verwaltung) bzw. 98 Prozent (mehrere Verwaltungen) sehr hoch. Verschlungener sind die Wege derjenigen Führungspersonen, die auch im Wirtschaftssektor und/oder in der Politik tätig waren. Von denen, die Wirtschaft als Tätigkeitsfeld angaben, hat fast die Hälfte eine Berufsausbildung absolviert. Von denen, die neben der Verwaltung noch Tätigkeiten in der Politik nannten, verfügt ein Drittel über einen Berufsabschluß. Der Akademisierungsgrad liegt in der Gruppe Wirtschaft und Verwaltung bei 89 Prozent, was auf einen beträchtlichen Anteil an Absolventen des zweiten Bildungsweges schließen läßt.

Versucht man das bunte Muster an Berufsverläufen zu typologisieren, findet man die von Derlien für Bundesbeamte beschriebenen Kategorien weitgehend wieder, muß aber noch einen Typus hinzufügen. Neu ist der Typ des unterbrochenen Laufbahnbeamten. Dieser beginnt in der Regel seine erste Tätigkeit in der Verwaltung, übt jedoch im Laufe seines Berufslebens zahlreiche weitere Tätigkeiten aus. Zum Teil verläßt er den Verwaltungsdienst, um sich vorübergehend hauptberuflich einem anderen Wirkungsbereich zuzuwenden. Insgesamt macht dieser Typ 14 Prozent aller Befragten aus. Am stärksten vertreten ist er in der Ministerialverwaltung der Länder, wo er 17 Prozent stellt. Bei diesen Verwaltungsbeamten ist die politische Tätigkeit neben der Verwaltungstätigkeit zentral. Über die Hälfte der sonstigen Aktivitäten sind dem politischen Sektor zuzurechnen. Daneben sind es wieder die beiden Bereiche Justiz und Wissenschaft, für welche die Laufbahn als Verwaltungsbeamter unterbrochen wird.

Der reine Laufbahnbeamte stellt heute 35 Prozent aller Befragten. In der Ministerialverwaltung des Bundes entfällt auf diesen Typus ein gutes Drittel, in der sonstigen Verwaltung die Hälfte, in der Ministerialverwaltung der Länder macht er gerade mal ein knappes Fünftel aus.

Derliens verzögerter Laufbahnbeamte stellt in der befragten Verwaltungselite 20 Prozent. Die erste berichtete Tätigkeit außerhalb der Verwaltung war überwiegend in der Wissenschaft (34%) oder in der Justiz (27%). Unter den Befragten der Ministerialverwaltung des Bundes stellt dieser Typus 24 Prozent, in der Ministerialverwaltung der Länder 17 Prozent, in der sonstigen Verwaltung 10 Prozent.

Der Mischtyp macht auch in unserer Untersuchung 30 Prozent aller befragten Verwaltungseliten aus. In der Administration des Bundes stellt er allerdings nur ein knappes Viertel[5], in der Ministerialverwaltung der Länder hingegen 45 Prozent, in der sonstigen Verwaltung 27 Prozent. Auffallend ist der hohe Anteil derjenigen, die in der Politik tätig waren (28%), wenn auch hier der größte Anteil anderer Tätigkeiten auf die Wissenschaft entfällt (31%). Die Politik ist von besonderer Bedeutung für die Ministerialverwaltung der Länder und die sonstige Verwaltung, wohingegen die Bundesverwaltung auch bei den Späteinsteigern den größten Teil aus der Wissenschaft und der Justiz, aber auch aus Wirtschaftsunternehmen rekrutiert.

4.3 Militär

Das Militär zählt zum Staat im engeren Sinne. Es schützt das staatliche Gewaltmonopol und übt es nach außen aus. Eine militärische Karriere außerhalb des Sanitätsdienstes ist in der Bundesrepublik allein Männern vorbehalten[6]. Die Karrierebedingungen in der Bundeswehr waren anfänglich stark geprägt durch die militärfreie Periode der Bundesrepublik bis 1955 (Jung 1990). Deshalb gab es lange Zeit kaum Offiziere im Generalsrang, die eine ununterbrochene militärische Laufbahn absolvierten, so daß hier große Veränderungen zu erwarten sind. Auch im Militär folgt die Rekrutierung von Offizieren und Unteroffizieren funktionalen Gesichtspunkten. Die Anwärter für Unteroffizierslaufbahnen entstammen zunehmend Facharbeiter- und Abiturientenkreisen, diejenigen für die Offizierslaufbahnen haben häufig eine ingenieurwissenschaftliche Ausbildung. Beide Momente kommen der zunehmenden Technisierung der Bundeswehr entgegen (Bald 1979).

Die Gruppe der befragten Soldaten in Führungspositionen umfaßt 133 Personen, die alle den alten Bundesländern entstammen. 36 sind in der Militärverwaltung tätig, 35 gehören den Waffengattungen Luftwaffe und Marine an, 48 dem Heer und 14 sind in internationalen Verbänden tätig.

94 Prozent der Befragten nahmen ihre erste Tätigkeit direkt im Militär auf, die übrigen 6 Prozent verbrachten in der Regel zwei bis drei Jahre in einem anderen Bereich. Über vier Fünftel waren bei Eintritt in die Bundes-

5 In der Potsdamer Elitestudie setzt sich die Verwaltungselite des Bundes allerdings auch anders zusammen als die von Derlien untersuchte Population. Derlien betrachtete die Karrierewege von Staatssekretären und Abteilungsleitern, während in die Potsdamer Untersuchung auch Unterabteilungsleiter einbezogen wurden.

6 Frauen, die im Sanitätsdienst einen Offiziersrang einnehmen, haben keine militärische Karriere gemacht, da sie keine militärische Ausbildung einschließlich des „Dienstes an der Waffe“ absolvierten.

wehr 21 Jahre alt und jünger. Sie dürften direkt nach Schulabschluß bzw. Lehre eingetreten sein. 96 Prozent von ihnen haben Abitur. Der Akademisierungsgrad im Generalstab der Bundeswehr ist mit knapp 30 Prozent relativ niedrig. In den drei zentralen Gliederungen Heer, Luftwaffe und Marine beträgt er rund 20 Prozent, in den internationalen Verbänden und der Militärverwaltung jeweils 42 Prozent. Es herrscht die Generation vor, die direkt nach dem Abitur der Bundeswehr beitreten konnte, aber noch nicht die Möglichkeit hatte, die Bundeswehrhochschulen zu besuchen. Sofern studiert wurde, handelt es sich überwiegend um technische Fächer.

Der Werdegang im Militär ist ausgesprochen geradlinig, aber auch langwierig. Im Durchschnitt betrug der Zeitraum vom Eintritt in das Militär bis zum Erreichen der aktuellen Position 32,5 Jahre. Vier Fünftel der Generäle waren bei Erreichen ihrer Position älter als fünfzig Jahre. Es gibt hierbei keine nennenswerten Unterschiede zwischen den verschiedenen militärischen Bereichen. Seit dem Eintritt ins Militär gab es keine Unterbrechung der Laufbahn. Andere Tätigkeiten, die neben der eigentlichen militärischen Laufbahn ausgeübt werden, sind auf wenige Jahre begrenzt und konzentrieren sich auf Aufgaben in der Verwaltung und in internationalen Behörden. Es ist davon auszugehen, daß es sich auch hierbei um Tätigkeiten handelt, die aufs engste mit der Bundeswehr bzw. mit internationalen militärischen Verbänden und Bündnissen verknüpft sind.

Zusammenfassend kann man feststellen, daß die Karrieren der Generäle einander sehr ähnlich sind. Der Eintritt in die Bundeswehr erfolgt in der Regel direkt nach dem Abitur, in seltenen Fällen nach einer Berufsausbildung oder einem Studium. Von wenigen Ausnahmen abgesehen erfolgt dann ein langsamer Aufstieg über militärinterne Ausbildungswege. Die Bundeswehr als Rekrutierungsorgan befriedigt ihre funktionalen Anforderungen, indem sie schulisch hochgebildete Personen intern fachspezifisch den Erfordernissen des Militärs entsprechend ausbildet. Eine Karriere durch Seiteneinstieg scheint im Militär ausgeschlossen. Somit hat sich der Werdegang militärischer Eliten in der Bundesrepublik normalisiert. Die Phase der militärfreien Zeit wirkt nicht mehr nach auf die Zusammensetzung des Offizierskorps. Tätigkeiten in anderen Bereichen sind eher selten, der Professionalisierungsgrad ist insofern gestiegen. Vor 15 Jahren gab es noch kaum Karrieren, wie wir sie heute als die Norm beschreiben können (Hoffmann-Lange 1992: 148).

4.4 Massenmedien

Für den Bereich der Massenmedien gibt es wenige Karrierestudien. Festgestellt wurde bislang ein hohes Maß an Immobilität. Die Elitestudie von 1972 zeigte, daß 62 Prozent des Führungspersonals der Presse und 49 Prozent der im Funk tätigen Führungskräfte noch nie in einem anderen Bereich tätig waren (Hoffmann-Lange/Schönbach 1979). Es gibt keine direkte Ausbildung zum Journalisten oder Redakteur, die Bandbreite der Ausbildungswege ist groß (Weischenberg u.a. 1994: 57). Der Anteil der Studienabbrecher unter Journalisten gilt als sehr hoch (ebd.). Darüber hinaus scheint auch das Anforderungsprofil, das den Verantwortlichen in Verlagen und Redaktionen abverlangt wird, nur schwer formulierbar zu sein (Rohde 1979: 206f). Das Studium an sich ersetzt keine betriebsinterne Ausbildung, wenn es auch - zumindest im Rundfunkbereich - zunehmend zur Voraussetzung für die Übernahme einer Führungsposition wird. Indikativ für das kaum zu umreißende Anforderungsprofil mag sein, daß laut Mast (1993) auch drei Jahre nach der Wende in den Redaktionen der neuen Bundesländer noch kein Personalkonzept vorlag, das den Qualifikationsbedarf festlegte.

382 befragte Inhaber von Führungspositionen gehören dem Bereich der Massenmedien und der Medienkultur an: Herausgeber, Geschäftsführer, Chefredakteure, Leiter politischer Ressorts von Presseerzeugnissen sowie die Intendanten, Programmdirektoren, Chefredakteure, Leitende Redakteure politischer Ressorts, Verwaltungsdirektoren, Geschäftsführer und Programmleiter bei Hörfunk und Fernsehen[7]. Die Leiter der Kulturredaktionen wurden dem Untersektor Kultur subsumiert. Hierzu zählen auch Herausgeber, Geschäftsführer und Chefredakteure einschlägiger Kulturzeitschriften sowie Verleger, Geschäftsführer und die verantwortlichen Lektoren politischer Buchreihen ausgewählter Verlage.

88 Prozent der Befragten kommen aus den alten Bundesländern, 91 Prozent sind Männer. Im folgenden wird unterschieden zwischen: (1) Presse: Zeitungen, Zeitschriften und Presseagenturen, (2) Rundfunk und Fernsehen: ARD, ZDF, privates Fernsehen und private Rundfunkanstalten, (3) Kultur-Presse: Feuilletons, Kulturmagazine und Verlage und (4) Kultur in privatem wie öffentlich-rechtlichem Hörfunk und Fernsehen.

In der Medienelite können zwei grundsätzliche Typen voneinander unterschieden werden: die Direkt- und die Späteinsteiger. Ein gutes Drittel der Führungspersonen im Medienbereich begann seinen beruflichen Werdegang

7 Vgl. für Details Machatzke 'Positionsauswahl' in diesem Band.

in einem anderen Sektor. Die Hälfte der Späteinsteiger war nach vier Jahren Berufsleben im Mediensektor angelangt, 10 Prozent waren länger als 15 Jahre woanders tätig. Ein Viertel von ihnen begann in der Wissenschaft, 10 Prozent im Bildungswesen und 16 Prozent in Industrie- und anderen Wirtschaftsunternehmen.

Das Verhältnis von Direkteinsteigern und Späteinsteigern in den einzelnen Untersektoren des Medienbereiches unterscheidet sich nicht gravierend (s. Tab. VI-6).

Die Erkenntnisse früherer Studien (z.B. Hoffmann-Lange/Schönbach 1979), die jeweils das - angesichts des Images des Journalistenberufs - erstaunliche Resultat von Immobilismus erbrachten, was heißt, daß Medieneliten eher selten in anderen Bereichen tätig sind, muß für die Medienelite 1995 revidiert werden. Nicht nur ist der Anteil an Späteinsteigern verhältnismäßig hoch, sondern auch von den Direkteinsteigern war ein Viertel noch in anderen Bereichen aktiv, so daß von allen Befragten nur etwa die Hälfte in ihren Aktivitäten auf den Medienbereich beschränkt war. Wie die Späteinsteiger sind auch die Direkteinsteiger in der Mehrzahl in Wissenschaft und Bildungswesen aktiv gewesen, zum Teil auch in der Politik.

Auch ein anderes Ergebnis früherer Studien zum Journalistenberuf kann für die heutige Medienelite nicht bestätigt werden: der notorisch hohe Anteil von Studienabbrechern. Zwar wurde Studienabbruch nicht explizit erhoben, sondern ausschließlich nach abgeschlossenem Hochschulstudium gefragt. Der Anteil der Hochschulabsolventen liegt jedoch bei 74 Prozent, so daß man nicht ohne weiteres auf hohe Abbrecherquoten schließen kann.

Die Karrierewege der Direkt- und Späteinsteiger unterscheiden sich zwar deutlich voneinander, andererseits scheint es Spezifika der mediengerechten Ausbildung zu geben, die schwer ersetzbar sind. Die Direkteinsteiger haben eine medientypische Ausbildung absolviert: Das Hochschulstudium konzentrierte sich auf die Fächer Journalistik, Philologie, Wirtschaftswissenschaften, Geistes- und Sozialwissenschaften und Geschichte. Klassische berufliche Ausbildungen haben sie kaum absolviert, ein knappes Viertel gibt jedoch an, eine „andere Ausbildung“ gemacht zu haben, womit in aller Regel ein Volontariat gemeint sein dürfte. Die Späteinsteiger haben auch zu 16 Prozent eine andere Ausbildung, also wahrscheinlich ein Volontariat absolviert. Genauso viele haben jedoch eine kaufmännische Ausbildung gemacht. Kaum jemand von ihnen hat Journalistik studiert, ein knappes Fünftel jedoch Wirtschaftswissenschaft - ein bedeutend höherer Anteil als unter den Direkteinsteigern - und ebenfalls 16 Prozent Jura. Die Karrieren der Quereinsteiger vollziehen sich in einem etwas kürzeren Zeitraum.

Tabelle VI-6: Ausbildungs- und Tätigkeitsprofil der Medienelite nach Subsektoren (Spaltenprozente)

	Presse		Rundfunk		Kultur-Presse		Kultur-Funk		Gesamt	
Hochschulabschlüsse	72		68		85		85		74	
Berufsabschlüsse	47		33		24		34		37	
Studienfächer	WiWi	17	WiWi	14	Philologie	35	Philologie	42	Philologie	15
	Journalis.	15	PolWi	11	WiWi	17	Theat. Wi.	13	WiWi	14
	Jura	12	Journalis.	.9	Geschichte	11	SoWi	4	Journalistik	9
erster Tätigkeitsbereich	Medien	69	Medien	64	Medien	54	Medien	64	Medien	64
	Wissensch.	6	Industrie	7	Wissensch.	24	Wissensch.	10	Wissensch.	9
	Industrie	5	Wissensch.	6	Bildung	7			Industrie	6
andere Tätigkeitsbereiche	Wissensch.	13	Wissensch.	15	Wissensch.	32	Wissensch.	17	Wissensch.	17
	Verwaltung	14	Politik	13	Bildung	15	Bildung	15	Bildung	10
	Politik	11	Verwaltg.	11	Industrie	7	Sonstiges	11	Verwaltung	10
keine andere Tätigkeit	63		45		46		53		49	
Direkteinsteigeranteil	70		65		60		65		66	
Basis (n)	122		159		54		47		382	

Die ostdeutschen Medieneliten unterscheiden sich von den westdeutschen in einigen Aspekten. Sie sind jünger, auch in jüngeren Jahren in den Sektor eingestiegen, insgesamt jedoch kürzere Zeit im Medienbereich tätig. Sie waren auch jünger beim Erreichen ihrer Position, haben diese auch noch nicht so lange inne, brauchten aber im Durchschnitt vier Jahre länger, um sie zu erreichen. Fast die Hälfte von ihnen studierte Journalistik, weitere 11 Prozent Philologie, der Anteil der Hochschulabsolventen ist mit 85 Prozent unter den ostdeutschen Medieneliten höher als unter den westdeutschen. Darüber hinaus waren von ihnen nur 39 Prozent auch in anderen Sektoren tätig - hier überwiegend in der Wissenschaft -, 70 Prozent geben ihre erste Tätigkeit als eine Beschäftigung im Mediensektor an. Sie gingen demnach zu einem größeren Teil zielgerichtet in den Journalismus, überwiegend in den Printmedienbereich, in dem jetzt 46 Prozent der ostdeutschen Medieneliten tätig sind - von den westdeutschen arbeiten hier 30 Prozent.

4.5 Industrie- und andere Wirtschaftsunternehmen

Formalisierte Ausbildungswege oder rechtlich sanktionierte Vorgaben für Führungspersonen in der Wirtschaft gibt es nicht. Die Karrierewege sind entsprechend wenig formalisiert. Galt bis in die Vorkriegszeit noch ein „aristokratisches“ Auswahlprinzip, so änderte sich das drastisch nach dem Zweiten Weltkrieg. Kartellrecht, Mitbestimmungsrechte, Sozialpartnerschaft sowie die Internationalisierung der Märkte brachten die Erkenntnis mit sich, daß der alte patriarchalische Führungsstil der neuen Zeit nicht mehr angemessen war. Diesen Bedingungen entsprechend änderte sich das Anforderungsprofil für das Betriebsmanagement (Berghan 1990). „Sogar an der Ruhr sind die patriarchalischen Bergassessoren der frühen Nachkriegszeit inzwischen den geschmeidig agierenden Managern gewichen, die sich in der Betriebspolitik, in Bonn und auf dem Weltmarkt auskennen.“ (Ebd.: 140).

Für die Karriereverläufe der Industriemanager ist über die Zeit der relativ häufige Firmen-, jedoch nicht Branchenwechsel kennzeichnend. Die Führungskräfte der Wirtschaft haben gemäß früheren Studien am ehesten eine für Finanzwirtschaft und Handel branchentypische kaufmännische Ausbildung absolviert. Manager mit abgeschlossener gewerblicher Lehre findet man kaum. Dafür hat ein abgeschlossenes Studium an Bedeutung zugenommen. Ein klassischer Karriereverlauf läßt sich etwa folgendermaßen konstruieren: Herkunft aus oberen Gesellschaftsschichten, Abitur, eventuell eine kaufmännische Ausbildung, Studium der Wirtschafts- oder Rechtswissenschaften - für die Industrie gegebenenfalls eine Ingenieursausbildung - Zusatzausbildung in Form von Doppelstudium, Promotion, Auslandsaufenthalten u.ä., mehrfacher Wechsel des Betriebes, aber nicht der Branche (z.B. Hartmann 1989, 1995; Hall u.a. 1969).

133 Befragte nehmen Führungspositionen in Industrie- und anderen Wirtschaftsunternehmen ein[8]. Es sind ausschließlich Männer, die wiederum ausschließlich aus den alten Bundesländern kommen. 24 Personen arbeiten für Spitzenunternehmen, 90 für bedeutende Unternehmen, 19 für Großunternehmen[9]. Diese zum Teil recht dünne Besetzung der Untergruppen läßt eine Interpretation allfälliger Differenzen zwischen den Unternehmenstypen nur dann als karriere- und rekrutierungsrelevant zu, wenn die Unterschiede mehrere Prozentpunkte übersteigen.

Derart deutliche Unterschiede treten in den Ausbildungen der heutigen Wirtschaftseliten zutage. In den kleineren, aber immer noch bedeutenden Unternehmen hat die Hälfte eine berufliche Ausbildung abgeschlossen, in den Spitzenunternehmen gerade mal ein Fünftel. Vier Fünftel weisen ein Hochschulstudium auf, die Promotionsquote ist dabei sehr hoch, am höchsten in den Großunternehmen mit 54 Prozent (s. Tab. VI-7).

Erhebliche Unterschiede gibt es auch bei den bevorzugten Studienfächern. Von den Wirtschaftseliten in den Großunternehmen hat die Hälfte Wirtschaftswissenschaften studiert, in den Spitzenunternehmen nur ein Viertel, hier aber haben rund 40 Prozent Naturwissenschaften und Technik studiert. Möglicherweise birgt dieses Verhältnis einen branchenspezifischen Effekt: die Spitzenunternehmen sind überwiegend Mischkonzerne der Industrie, während auch Handelsunternehmen einen beträchtlichen Anteil der Großunternehmen stellen. Etwa drei Viertel der Befragten nahmen ihre erste Tätigkeit in dem Bereich auf, in dem sie heute eine Führungsposition einnehmen, nur die Hälfte war niemals in einem anderen Bereich tätig. Am mobilsten zeigen sich die Manager in Spitzenunternehmen, die nur zu einem guten Drittel angeben, niemals in einem anderen gesellschaftlichen Sektor engagiert gewesen zu sein.

Am längsten scheint der Aufstieg in den Spitzenunternehmen zu dauern. Die Führungspersonen dieses Bereichs waren im Schnitt vier Jahre jünger als

---

8 Berücksichtigt wurden für die Analyse der beruflichen Werdegänge nur diejenigen, die ihren eigenen Tätigkeitsschwerpunkt ebenfalls in diesem Bereich sehen, womit z.B. Arbeitnehmervertreter in Aufsichtsräten, die eigentlich anderen Sektoren schwerpunktmäßig angehören, herausfallen.

9 Spitzenunternehmen haben einen Jahresumsatz von mindestens 44 Mrd. DM, Großunternehmen von 4 Mrd., bedeutende Unternehmen von 3 Mrd. Vgl. auch Machatzke 'Positionsauswahl' in diesem Band.

die der anderen Unternehmenstypen, als sie in den Wirtschaftssektor einstiegen, waren bei Erlangung ihrer derzeitigen Position aber auch durchschnittlich gut fünfzig Jahre alt, worin sie sich nicht von den anderen unterscheiden.

Tabelle VI-7: Ausbildungs- und Tätigkeitsprofil der Wirtschaftselite nach Unternehmenstypen (Spaltenprozente)

	Spitzen-unternehmen	Groß-unternehmen	bedeutende Unternehmen	Gesamt
Berufsausbildungen	21	34	47	34
Gewerbl. Lehre	17	3	5	6
kaufmänn. Lehre	8	30	21	25
Hochschulabschluß	79	81	72	80
Promotionen	42	54	33	49
Studienfächer	Technik 29	WiWi 46	Technik 37	WiWi 38
	WiWi 25	Jura 18	WiWi 16	Technik 20
	NatWi 13	Technik 13	Jura 11	Jura 15
andere Tätigkeits-bereiche	Wissen. 21	Wissen. 17	Wissen. 21	Wissen. 18
	WirtVerb 21	WirtVerb 11	Politik 16	WirtVerb 12
	Politik 12	Ber.Verb 7		Politik 6
keine and. Tätigkeit	38	56	53	52
Späteinsteiger	25	30	37	30
Auslandserfahrung	42	53	37	49
Basis (n)	24	90	19	133

In die Wirtschaft wird jung eingestiegen und erst allmählich eine Führungsposition erreicht. Ein Viertel der Befragten ist seit mehr als 35 Jahren in Industrie- und anderen Wirtschaftsunternehmen tätig, drei Viertel seit mindestens 25 Jahren.

Doch auch in Industrie- und anderen Wirtschaftsunternehmen gibt es „Späteinsteiger", also Personen, deren erste berichtete haupt- oder nebenamtliche Tätigkeit nicht in diesem Bereich lag. Mit 40 Personen stellen sie 30 Prozent der Befragten dieser Gruppe. Sie sind schneller aufgestiegen. Nur ein Fünftel der Späteinsteiger hat eine Berufsausbildung absolviert, studiert haben alle, 70 Prozent sind sogar promoviert. Ihren beruflichen Einstieg fanden sie in der Wissenschaft oder in der öffentlichen Verwaltung.

Kennzeichnend für die Wirtschaftselite ist eine Vielzahl an Auslandsaufenthalten. Die Hälfte war mindestens einmal für sechs Monate oder länger im Ausland, wobei wiederum die Hälfte sich in den USA und Kanada aufhielt, ein Fünftel in Staaten Südamerikas. Hierbei gibt es leichte Differenzen je nach Unternehmenstyp, dem die Befragten heute vorstehen. Aus den bedeutenden Unternehmen hat lediglich ein Drittel Auslandserfahrung, aus Groß- und Spitzenunternehmen rund die Hälfte.

Demnach scheint es zwei Karriere- und Rekrutierungswege für Führungspositionen in der Wirtschaft zu geben. Der eine geht direkt über einen sehr frühen Einstieg in Wirtschaftsunternehmen: Für den Aufstieg ist ein Studium nicht unbedingt erforderlich - wer kein Hochschulstudium absolviert hat, braucht etwas länger, um eine Spitzenposition zu erlangen. Aufgrund ihres frühen Einstiegs in den Tätigkeitsbereich sind die Betreffenden bei Erlangung dieser Position jedoch nicht älter als die anderen Wirtschaftsführungskräfte. Der andere Weg verläuft über Tätigkeiten in Wissenschaft und Verwaltung als Quereinstieg in Wirtschaftsunternehmen. Ist der erste Weg typisch für die bereichsinterne Qualifizierung entsprechend den Erfordernissen des Bereichs, wird über den zweiten Weg spezielle Qualifikation von außen angefordert. Insgesamt ist jedoch die starke „Bereichstreue“ auffallend.

4.6 Verbände

Es ist zu vermuten, daß in den Verbänden der Arbeitgeber sowie von Industrie und Handel die gleichen Selektions- und Aufstiegsmechanismen wirksam sind wie für die Topmanager dieser Bereiche. Anders dürfte der Fall bei den Handwerksverbänden, den Berufsverbänden und den Kammern gelagert sein. Handwerksverbände und Kammern sind Organe der Interessenvertretung, die auf Zwangsmitgliedschaft basieren. Sie sind berufsständische Organisationen, von deren Vertretern eingehende Kenntnisse des Feldes, welches sie vertreten, verlangt wird. Mit Ausnahme der Zwangsmitgliedschaft gilt diese Beschreibung auch für die Berufsverbände. Charakteristisch für diese Verbandsart ist, daß sie über Ausbildungs- und Zulassungsstandards wacht, die dann wiederum karriereentscheidend sind. Naheliegend ist von daher, daß die Übernahme einer führenden Position in diesen Organen der Interessenvertretung gebunden ist an den Erwerb von „Stallgeruch“, also an intime Kenntnisse und feste Loyalitäten auf Basis langer Sektorzugehörigkeit.

214 Befragte haben führende Funktionen in Verbänden der Arbeitgeber, Industrie, Landwirtschaft, gewerblichen Wirtschaft oder in Berufsverbänden. 20 von ihnen kommen aus den neuen Bundesländern, acht sind Frauen.

Erstaunlich ist, daß der Einstieg in das Verbandswesen nicht an ein relativ hohes Alter gebunden ist. Ein Fünftel der Befragten war bereits mit 28

Jahren erstmals im Verbandswesen tätig, die Hälfte mit unter 35 Jahren. Am jüngsten sind die Funktionäre der Berufsverbände, am ältesten die Funktionäre der Industrie- und Arbeitgeberverbände.

Entgegen der Erwartung ist der recht hohe Anteil an Direkteinsteigern. 33 Prozent der Verbändefunktionäre berichten als erste Tätigkeit eine im Verbandswesen, wobei jedoch zwischen den verschiedenen Verbandsarten zu differenzieren ist. In den Spitzenverbänden der Arbeitgeber und Industrie liegt dieser Anteil mit 26 Prozent etwas niedriger, bei den Berufsverbänden mit 38 Prozent etwas höher (s. Tab. VI-8). 70 Prozent der Funktionäre aus BDA und BDI waren einmal in Banken und Versicherungen, Industrie- und anderen Wirtschaftsunternehmen tätig. Die Vertreter der gewerblichen Wirtschaft geben sogar zu 94 Prozent an, irgendwann in ihrer beruflichen Laufbahn dort engagiert gewesen zu sein. Die Hälfte der Funktionärstätigkeiten wird neben- oder ehrenamtlich ausgeübt, bei den Berufsverbänden sogar über 60 Prozent. Dementsprechend ordnen 40 Prozent der Vertreter von BDA und BDI ihre überwiegende Tätigkeit dem Bereich Industrie- und andere Wirtschaftsunternehmen zu; die Verbändevertreter der Gewerblichen Wirtschaft und der Landwirtschaft ordnen sich zu 21 Prozent Industrie- und anderen Wirtschaftsunternehmen, zu 37 Prozent Landwirtschaft und Landwirtschaftsverbänden zu.

Tabelle VI-8: Ausbildungs- und Tätigkeitsprofil von Verbandsfunktionären nach Verbandstypen (Spaltenprozente)

	BDI/BDA		gewerbl. Wirtschaft, Landwirtschaft		Berufsverbände		Gesamt	
Berufsabschlüsse	16		56		45		38	
gewerbliche Lehre	8		18		5		12	
kaufmännische Lehre	2		29		10		15	
Hochschulabschlüsse	90		71		70		79	
Studienfächer	Jura	29	Landwirt.	24	Jura	23	Jura	24
	WiWi	28	WiWi	24	Medizin	8	WiWi	22
	Technik	15	Jura	20	NatWi	8	Landwirt.	10
and. Tätigkeitsbereiche	Industrie	59	Industrie	37	Verwaltg.	33	Industrie	40
	BerVerb	12	BerVerb	22	Medien	20	Politik	14
	Banken, Politik	11	Banken, Politik	17	Bildung	18	Banken	12
Direkteinsteiger	26		37		38		33	
Basis (n)	83		91		40		214	

Zwischen den Funktionsträgern der verschiedenen Verbandstypen gibt es teilweise erhebliche karriererelevante Unterschiede (s. Tab. VI-8). Lediglich 16 Prozent der Vertreter von BDA und BDI haben eine Berufsausbildung absolviert gegenüber 56 Prozent der Vertreter der gewerblichen Wirtschaft und der Landwirtschaft. Dafür haben 90 Prozent der Arbeitgeberfunktionäre ein Hochschulstudium abgeschlossen, fast die Hälfte ist promoviert. Hinsichtlich der Studienfächer dominieren eindeutig Jura und Wirtschaftswissenschaften, im Bereich BDI, BDA sind naturwissenschaftliche und technische Studiengänge stärker vertreten - entsprechend den dort vertretenen Bereichen - und in der Landwirtschaft natürlich agrarwissenschaftliche Studiengänge.

Die Rekrutierungsanforderungen der Organisationen scheinen demnach typspezifisch zu differieren, auch hinsichtlich des „Stallgeruches“. Sind die Vertreter von BDI und BDA eigenen Angaben zufolge nur zu gut zwei Dritteln irgendwann während ihrer Berufslaufbahn auch in Wirtschaftsunternehmen, Versicherungen oder Banken tätig gewesen, verweist das auf eine primär funktionalistisch orientierte Rekrutierungspraxis, die den politischen Verbandsaspekt in den Vordergrund stellt und von daher den „geschmeidig agierenden Manager ... [der] sich ... in Bonn und auf dem Weltmarkt auskennt“ (Berghhan 1990: 140) für die optimale Verfolgung ihrer Verbandsinteressen ebenso braucht wie den Techniker, der die spezifischen Problemlagen der technischen Großindustrie von innen her kennt oder den Kaufmann, der die betriebswirtschaftlichen Aspekte den volkswirtschaftlichen voranstellt.

Anders scheint es sich bei den Interessenorganisationen der gewerblichen Wirtschaft und der Landwirtschaft zu verhalten. Nahezu jeder Funktionär dieses Bereiches war auch tatsächlich in einem Betrieb dieses Sektors tätig, kennt ihn also auch aus eigener Erfahrung von innen her.

4.7 Gewerkschaften

Der „Stallgeruch“ galt immer als unabdingbare Voraussetzung für eine Karriere innerhalb der Gewerkschaften. „Immer noch handelt es sich bei den heute führenden Gewerkschaftlern um Menschen, die aus einem - in der Regel qualifizierten - Arbeiter- und zunehmend auch Angestelltenberuf stammen. ... immer noch ist der Beruf des Gewerkschaftsfunktionärs ein besonderer Karriereweg für Arbeitnehmer. Die Tendenz zur Professionalisierung und Akademisierung nimmt allerdings zu .... Gewerkschaftskarrieren sind langsam, ein relativ hohes Alter der Führungsspitze und ein geringer Personalaustausch mit anderen Eliten sind weitere Kennzeichen ...“

(Borsdorf 1982: 23). Waren die ersten Gewerkschaftsführer nach dem Krieg sozusagen direkt aus der äußeren wie auch inneren Emigration, dem Untergrund oder der Haft an den Aufbau der Organisation gegangen, so hat sich im Lauf der Zeit eine regelrechte Ochsentour herausgebildet. Nach dem Gewerkschaftseintritt erfolgt zunächst eine mehrjährige Tätigkeit im erlernten Beruf und in gewerkschaftlichen Ehrenämtern sowie in betrieblichen Mitbestimmungsorganen. Danach beginnt die hauptamtliche Gewerkschaftskarriere über mehrere Stufen der föderalen Organisation. Es dauert im Durchschnitt 17 Jahre bis zur Kandidatur für eine Vorstandsposition (Grewe u.a. 1988). Die zunehmende Akademisierung sowie die unterschiedlichen Voraussetzungen, die Gewerkschaftsfunktionäre aufgrund der üblichen Berufsqualifikationsanforderungen ihrer Branchen von vornherein in die Arbeit einbringen, hat jedoch eine gewisse Variationsbreite in den Karriereverläufen mit sich gebracht. So ist für die IG Metall-Karriere der Einstieg auf der örtlichen Verwaltungsebene charakteristisch, die DGB-Funktionäre wechseln in der Regel aus den Vorständen kleinerer DGB-Mitgliedsgewerkschaften in diese Positionen (Grewe u.a. 1988: 100-102). Es lassen sich aber dennoch zwei typische Karrierewege unterscheiden: „Der eine Typ ist der über die Mitbestimmungskarriere und ein gewerkschaftliches Akademiestudium auf der unteren Organisationsebene eingestiegene hauptamtliche Funktionär, der im Gewerkschaftsapparat schrittweise weiter aufsteigt. Der zweite Typ arbeitet ebenfalls kurze Zeit als Betriebsrat, verläßt dann den Betrieb und absolviert ein Hochschulstudium mit Förderung der Gewerkschaften als Stipendiat der Hans-Böckler-Stiftung. Sein Einstieg in den gewerkschaftlichen Funktionärsapparat erfolgt bereits auf der Leitungsebene.“ (Ebd.: 99).

Der Verlauf von Gewerkschaftskarrieren ist schwierig nachzuvollziehen. Eine Überprüfung der oben vorgestellten Typologie ist anhand der vorliegenden Datenlage nicht möglich. Mittels einiger Hilfskonstruktionen lassen sich jedoch einige Grundzüge der Typen auch hier nachvollziehen.

Für 102 Befragte liegen Angaben vor, die für die Betrachtung von Gewerkschaftskarrieren in Frage kommen[10]. 12 Personen entstammen den neuen Bundesländern, 12 sind Frauen. Im Folgenden werden die Angaben der

10 Es wurden zwar nur 97 Befragte aufgrund ihrer Gewerkschaftsposition ausgewählt, es ordneten aber noch zahlreiche andere ihre überwiegende Tätigkeit dem Gewerkschaftssektor zu. Für die Analyse der Gewerkschaftskarrieren wurden auch diejenigen berücksichtigt, die als Gewerkschaftsvertreter in Aufsichtsräten großer Unternehmen sitzen, ihre eigene Tätigkeit jedoch dem Gewerkschaftssektor zuordnen. Diese Personen sind in erster Linie Gewerkschaftsfunktionäre und aufgrund dieser Tatsache Inhaber wirtschaftlicher Führungspositionen.

Gewerkschaftsfunktionäre aus den alten Bundesländern einer näheren Betrachtung unterzogen, die aus den neuen Bundesländern werden dem von Fall zu Fall gegenübergestellt. Eine differenzierte Betrachtung von Unterschieden kann aufgrund der geringen Fallzahl ostdeutscher Gewerkschaftsfunktionäre nicht vorgenommen werden.

Das Ausbildungsniveau der Gewerkschaftselite unterscheidet sich auffällig von dem anderer Elitegruppen. Lediglich 14 Prozent der westdeutschen Gewerkschaftsfunktionäre geben an, keinen Berufsabschluß erworben zu haben, 42 Prozent absolvierten eine gewerbliche Lehre, 24 Prozent eine kaufmännische Ausbildung, 28 Prozent studierten. 56 Prozent geben als erstes Tätigkeitsfeld den Gewerkschaftssektor an, wobei davon auszugehen ist, daß diese Tätigkeit zeitgleich mit einer anderen aufgenommen wurde - beispielsweise einer Lehre - und sehr viel Engagement in ehrenamtliche und innerbetriebliche Gewerkschaftsarbeit investiert wurde.

Ein Viertel der westdeutschen Gewerkschaftsfunktionäre war irgendwann einmal in Industrie- und anderen Wirtschaftsunternehmen tätig, ein Fünftel in einem Verwaltungszweig, immerhin ein Fünftel gibt jedoch keine weitere Tätigkeit neben der gewerkschaftlichen Arbeit an. Auffallend ist der hohe Anteil zumindest zeitweilig politisch Aktiver: 34 Prozent der befragten westdeutschen Gewerkschaftseliten geben an, irgendwann einmal haupt- oder nebenamtlich in der Politik tätig gewesen zu sein.

Die Aussagen zum klassischen Verlauf einer Gewerkschaftskarriere lassen sich, wie bereits erwähnt, mit unseren Daten nur bedingt nachvollziehen. Es ist beispielsweise nicht bekannt, in welchem Alter der Eintritt in die Gewerkschaft erfolgte, die erste Tätigkeit - gleichgültig ob haupt- oder nebenamtlich - wurde von einem Viertel der Befragten bereits mit unter 22 Jahren aufgenommen, das Durchschnittsalter betrug 27 Jahre. Die befragten westdeutschen Gewerkschaftsfunktionäre sind im Durchschnitt seit gut 24 Jahren in diesem Bereich tätig (Ostdeutsche durchschnittlich 10 Jahre) und sie waren beim Erreichen ihrer aktuellen Position etwas über 45 Jahre alt. Übereinstimmung mit der oben referierten Studie zu Gewerkschaftsfunktionären gibt es in einem Punkt: Es dauerte knapp 18 Jahre vom Einstieg in den Gewerkschaftssektor bis zur Erlangung der aktuellen Position (Ostdeutsche gut fünf Jahre). Keine deutlichen Anhaltspunkte gibt es für den Befund anderer Studien, daß Gewerkschaftsfunktionäre nach einiger Zeit der Bewährung in Ämtern auf niedrigeren Ebenen von der Gewerkschaft gefördert ein Studium aufnehmen, um danach höhere Funktionärspositionen innerhalb der Organisation zu übernehmen. Der Typus der von uns befragten Gewerkschaftsfunktionäre scheint noch überwiegend dem Muster des langsamen gewerkschaftsinternen Aufstiegs zu folgen.

4.8 Zusammenfassung: Gemeinsamkeiten und Differenzen

Schon diese einfache Darstellung karriererelevanter Variablen der verschiedenen Sektoreliten hat gezeigt, daß eine Vielzahl bereichsübergreifender Gemeinsamkeiten, aber auch sektoraler Spezifika vorliegen. Speziell unter dem sozialisationstheoretischen Aspekt erwähnenswert ist die lange Laufzeit der Aufstiegswege. Selbst Späteinsteiger, die in manchen Bereichen erst mit durchschnittlich Mitte 30 dort tätig werden, müssen sich noch ein Jahrzehnt hochdienen. Das bedeutet, daß die sektor- und betriebsspezifischen Sozialisationen in allen Bereichen sehr ausgeprägt sind.

Hieraus könnte sich ein Problem für sektorübergreifende Verständigung ergeben, da langdauernde innerinstitutionelle Sozialisationsprozesse durchaus Betriebsblindheit zur Folge haben können. Dieser Schluß ließe sich ziehen, sofern die Inhaber der Führungspositionen in ihrer Tätigkeit auf einen Bereich beschränkt wären. Das trifft jedoch auf die Mehrzahl der Befragten nicht zu. Sie sind zwischen einem Drittel (Wirtschaftsunternehmen) und gut der Hälfte (Verwaltung) in den jeweiligen Bereich als Späteinsteiger tätig geworden. Ausnahmen bilden das Militär mit nur 6 Prozent Späteinsteigern und die Verbände mit gut zwei Dritteln (s. Tab. VI-9). In aller Regel ist auch nach dem Eintritt in den Bereich, in dem aktuell eine Führungsposition eingenommen wird, noch in anderen gesellschaftlichen Sektoren ein erwähnenswertes Engagement gezeigt worden.

Bei den anderen Tätigkeitsbereichen zeigen sich spezifische Verdichtungen. Die Bereiche Militär, Massenmedien und Gewerkschaften sind von den Angehörigen keines anderen Sektors in nennenswertem Umfang als Tätigkeitsgebiete angegeben worden. Der Bereich der Finanzwirtschaft - also Banken und Versicherungen - wird ausschließlich und aus naheliegenden Gründen von Eliten der Wirtschafts-, Arbeitgeber- und Berufsverbände benannt, die Wirtschaftsverbände aus gleichen Gründen von den heutigen Führungspersonen in Industrie- und anderen Wirtschaftsunternehmen. Angehörige von Militär und Massenmedien geben auf der anderen Seite die wenigsten Tätigkeiten in anderen Bereichen an. So war die Medienelite in nennenswertem Umfang lediglich in der Wissenschaft tätig. Gewerkschaftseliten sowie die führenden Köpfe aus den Wirtschafts-, Arbeitgeber- und Berufsverbänden geben mehrere Bereiche zu mindestens 10 Prozent an.

Daneben zeichnen sich einige Organisationsbereiche ab, durch die eine Vielzahl des heutigen Führungspersonals hindurchgegangen und einen Teil seiner Sozialisation erlebt hat. Die Wissenschaft wird von mindestens einem Zehntel der Befragten aus sieben gesellschaftlichen Bereichen als ein Tätigkeitsfeld angegeben, desgleichen die Verwaltung.

Tabelle VI-9: Tätigkeiten, Ausbildungsprofil und Karriereverlauf aller Sektoreliten (Spaltenprozente; Jahresdurchschnitte)

	Politik West	Politik Ost	Verwaltung	Militär	Medien	Wirtschaft.	Verbände	Gewerksch.
Berufsausbildung	36	63	20	30	37	34	38	86
gewerbliche Lehren	7	31	5	5	6	6	12	46
kaufm. Lehren	12	4	5	2	10	25	15	21
Hochschulabsolvent	75	79	94	29	73	80	79	31
Promovierte	21	27	42	11	28	49	40	6
Studienfächer	Jura 22	Technik 16	Jura 57	Technik 8	Philo.. 15	WiWi 38	Jura 24	SozWi 7
	Pädag.. 11	NatWi 15	WiWi 16	Med. 8	WiWi 14	Technik 20	WiWi 22	WiWi 6
	WiWi 10	Theol., Pädag.. 8	Technik 6		Journal. 9	Jura 15	LandWi 10	Politik 4
erste	Politik 40	Politik 21	Verwtg. 47	Militär 94	Medien 64	Indust. 70	Indust. 29	Gewerkschaft 55
Tätigkeitsbereiche	Indust. 12	Wissen. 20	Wissen. 14	Indust. 2	Wissen. 9	Wissen. 9	Wi.Ver. 11	Indust. 17
	Bildung 10	Indust. 16	Justiz 10		Indust. 6	Verwtg. 6	LandWi 12	Politik 5
andere Tätigkeitsbereiche	Verwtg. 26	Wissen. 26	Wissen. 20	Verwtg. 15	Wissen. 17	Wissen. 18	Indust.e 40	Politik 32
	Bildung 19	Indust. 22	Politik 19	Indust. 6	Bildung 10	Wi.Ver. 12	Politik 14	Indust. 26
	Indust. 18	Bildung 15	Indust. 9	Pclitik 7	Verwtg. 10	Politik 6	Finanz. 12	Verwtg. 20
		Verwtg.						
	Wissen. 14	Kirchen 13					Wissen. 12	
keine and. Tätigkeit	11	9	17	70	49	52	17	23
Späteinsteiger	59	78	53	6	34	30	67.	46
Alter Sek.Einstieg	32,0	39,1	34,2	21,2	27,5	29,5	36,4	28,3
Dauer im Sektor	15,7	6,1	20,9	34,4	22,0	24,8	19,8	22,4
Alter Positionserlg..	45,3	42,7	50,9	53,7	43,6	51,0	50,0	44,9
Jh. in akt. Position	3,1	2,4	4,1	1,9	5,9	5,4	6,2	6,2
Einstieg - Position	12,6	3,8	16,7	32,5	16,2	21,5	13,3	16,4
Berufsbg. - Sektor	6,7	12,9	5,2	0,1	2,2	2,5	8,0	4,3
Basis (n)	336	160	509	133	382	133	214	102

Unter dem Aspekt der Tätigkeitsvielfalt zeigen sich somit spezifische Bereichsüberlappungen und relative Isolierungen einzelner Sektoren sowohl in Hinblick auf ihre „abgebende“ Rolle, was heißen soll, daß aus ihnen heraus viele Personen heute in anderen Sektoren Führungsfunktionen wahrnehmen, als auch hinsichtlich ihrer Rolle als nehmende Organisationsbereiche, was bedeutet, daß diese Sektoren besonders gern Personal anderer gesellschaftlicher Bereiche für die Wahrnehmung von Führungsaufgaben rekrutieren. Aus Militär, Massenmedien und Gewerkschaften rekrutierte kein Sektor in nennenswertem Umfang Führungspersonen. Auf der anderen Seite haben ebenfalls Militär und Massenmedien in geringstem Umfang und aus jeweils nur einem anderen Bereich nennenswert Personal für ihre eigenen bereichsinternen Führungspositionen gewonnen. Insofern sind Militär und Massenmedien am wenigsten involviert in wie auch immer geartete Bemühungen um die Entwicklung einer gemeinsamen Sprache und Kultur, also relativ isoliert in diesem Punkt struktureller Integration.

Aus den Wirtschaftsverbänden wird kaum Führungspersonal anderer gesellschaftlicher Organisationsbereiche rekrutiert, sie beziehen jedoch einen Großteil ihrer Eliten aus einer Vielzahl anderer Sektoren. Verwaltung sowie Industrie- und andere Wirtschaftsunternehmen stellen neben der Wissenschaft die größten Rekrutierungsreservoirs für die Führungsschicht der Bundesrepublik. Auch die Politik ist ein Bereich, in dem eine Vielzahl der Eliten engagiert war oder ist. Auf der anderen Seite sind auch die Politik sowie die Organisationen der Interessenvertretung diejenigen Sektoren, die aus den meisten anderen Bereichen ihr Führungspersonal rekrutieren.

Demnach scheint es einen Kernbereich personaler Austauschprozesse zu geben, der insbesondere die Sektoren Politik, Verwaltung, Wissenschaft, die Interessenvertretungsorgane von Arbeit und Kapital sowie Industrie- und andere Wirtschaftsunternehmen umfaßt. Unter dem Aspekt des Austausches und der hiermit verbundenen Wahrscheinlichkeit der Etablierung von Netzwerken ist die strukturelle Integration dieser Kernbereiche des Elitensystems wahrscheinlich, zumindest ist das Vorhandensein einer gemeinsamen Sprache, eines kollektiven Referenzsystems naheliegend. Die Analyse der Kommunikationsmuster der bundesdeutschen Führungsschicht (vgl. Sauer/ Schnapp in diesem Band) zeigt, daß diese Möglichkeiten nicht nur optional vorhanden sind, sondern tatsächlich genutzt werden.

5. Ausbildung als Moment struktureller horizontaler und vertikaler Integration

In den Karrierewegen zeigten sich bereis einige Elemente, die für das Vorliegen einer „common language“ sprechen und weitere, die strukturelle horizontale Integration fördernde Momente. Wesentlich für das Zustandekommen eines gemeinsamen Referenzrahmens sind jedoch auch die Ausbildungsgänge, die im folgenden einer näheren Betrachtung unterzogen werden.

Die reinen Schulabschlüsse stellen in der Elitenbildung keine geeigneten Indikatoren für spezifisch differierende Erfahrungen in Ausbildungsinstitutionen dar - 90 Prozent der Befragten verfügen über die allgemeine oder Fachhochschulreife. Anders verhält es sich mit der Vielzahl möglicher beruflicher, weiterführender schulischer und akademischer Ausbildungsgänge. Nur zwischen akademischer und nicht-akademischer Ausbildung zu differenzieren, erscheint bei einem Akademisierungsgrad von 80 Prozent wenig sinnvoll. Deshalb wurde das explorative Verfahren der Clusteranalyse angewandt, um Ausbildungsgruppen zu differenzieren[11].

Insgesamt ergaben sich zehn Ausbildungsgruppen (s. Tab. VI-10), die nicht nur Spezifika hinsichtlich der durchlaufenen Ausbildungen aufweisen, sondern zugleich zeigen, daß die Ausbildungsprofile zwischen Ost- und Westdeutschen differieren. Ostdeutsche sind in den Gruppen überrepräsentiert, in denen eine gewerbliche Ausbildung mitentscheidend für die Ausbildungsstruktur ist, in derjenigen, in der das Diplom als Hochschulabschluß bestimmendes Moment ist und in der Gruppe der klassischen Akademiker.

Die bundesdeutsche Universitätsorganisation ordnet ihrerseits wiederum den einzelnen Abschlüssen ganz bestimmte Fächer zu[12], so daß ein spezifisches Ausbildungsprofil mit spezifischen Lerninhalten einhergeht. Die Ausbildungsgänge gleichen sich demnach nicht nur in ihrer äußeren Form. Vor allem ihre Strukturierung entlang ähnlicher Inhalte läßt einen der jeweiligen Ausbildungsgruppe gemeinsamen Referenzrahmen entstehen.

---

11 Mit dem Modul Quickcluster (k-means-Verfahren) in SPSS für Windows wurden verschiedene Lösungen berechnet, ihre Qualität an der Logig der Gruppenzuordnungen der Personen und der Distinkheit der Gruppen geprüft. Nach der Wahl einer Lösung wurden noch Personen umgruppiert und die Gruppe „keine Sekundärausbildung“ konstruiert.

12 Magisterabschlüsse bei Geistes- und Sozialwissenschaften sowie bei Lehramtsstudiengängen, Diplom bei Geistes- und Sozialwissenschaften sowie bei Wirtschaftswissenschaften, Staatsexamina in Jura und Theologie sowie in der Lehramtsprüfung.

Tabelle VI-10: Profil der Ausbildungsgruppen der Führungsschicht nach regionaler Herkunft, Arbeitsort, Berufs- und Hochschulausbildung (Spaltenprozente)

	White Collar	Blue Collar	Lehre + Diplom	Diplom	Magister	Staats-examen	Staats. + Dr.	Akade-miker	and. Ausbild.	keine Ausbild.	Gesamt
regionale Herkunft											
Westdeutsche	91	77	60	76	97	98	98	87	95	95	88
Ostdeutsche	9	23	40	24	3	2	2	13	5	5	12
Arbeitsort											
Alte Länder	85	73	59	71	81	92	88	81	87	83	82
Neue Länder	14	26	40	28	19	8	10	17	12	13	12
Berufsbildung											
gewerbliche Lehre	1	83	48	1	2	2	1	9			10
kaufm. Lehre	61	4	31	0	3	3	3	7			11
Berufsfachschule	13	8	6	4	2	1		1			3
Meisterschule	4	32	6	2	2		0	1			3
Fachhochschule	40	17	36		5	1	0	2			8
and. Ausbildung	6	11	4	7	14	5	6	3	100		9
nichts davon				87	78	88	89	79		100	65
Hochschule											
PH-Abschluß				1		1	0	0			1
Staatsexamen			1	6	12	100	100	13			36
Diplom			100	100	3	4		62			34
Magister				2	100	0	1	5			4
Promotion							100	96			36
Habilitation								25			6
keine Uni	100	100							100	100	23
Basis (n)	219	111	143	300	58	439	316	532	92	114	2341

Bemerkenswert ist, daß die Ausbildungsgruppen sich ebenfalls deutlich unterscheiden hinsichtlich der sozialen Herkunft ihrer Mitglieder, und zwar gemessen an der beruflichen Stellung der Väter. So kommen die Befragten, die den drei Ausbildungsgruppen White Collar (kaufmännische Ausbildung, Fachschulen, kein Studium), Blue Collar (gewerbliche Ausbildungen, kein Studium) und „Lehre und Diplom“ zugehören, überproportional häufig aus Arbeiter- und Facharbeiterfamilien, Blue Collars darüber hinaus oft aus Familien von Landwirten. Die Väter derjenigen mit Staatsexamen waren überproportional häufig als Angestellte, Beamte oder Richter im öffentlichen Dienst beschäftigt.

Der Erfahrungshintergrund der Ausbildungsgruppen ist somit in mehrfacher Hinsicht voneinander verschieden. Zum einen ist die Frühsozialisation im Elternhaus sowie die habitusprägende Akkumulation kulturellen, ökonomischen und sozialen Kapitals bereits von Beginn an sehr unterschiedlich. Verstärkt werden diese Differenzen dann in den Institutionen der Spätsozialisation wie betrieblicher Ausbildung, Hochschulstudium, Wahl der Ausbildung und des Studienfaches. Relevant für die hier zu beleuchtende übersektorale Integration mittels einer gemeinsamen Sprache ist von daher die Frage, wie sich diese zehn voneinander unterscheidbaren Ausbildungsgruppen auf die verschiedenen Sektoren verteilen.

Innersektorale Kommunikation und Verständigung sollte auch bei unterschiedlicher Herkunft und Spätsozialisation aufgrund der gemeinsamen Erfahrungen in den sektorspezifischen Organisationen problemlos möglich sein. Die Identifikation der Führungsgruppen mit dem von ihnen vertretenen Bereich und somit seiner Interessen stellt hinreichend gemeinsame Bezugspunkte her, die durch gestörte Kommunikation hervorgerufene disfunktionale Reibungsverluste vermeiden helfen. Die übersektorale Kommunikation könnte jedoch gestört werden, wenn die Bereiche von einem spezifischen Ausbildungs- und dem entsprechenden Erfahrungstypen dominiert sind.

Aus den Tabellen VI-11a und VI-11b geht sowohl hervor, daß die einzelnen Ausbildungsgruppen Schwerpunkte in bestimmten Sektoren haben, als auch daß ein Teil der Sektoren von einzelnen Ausbildungsgruppen dominiert ist.

Der Sektor Politik weist überproportional hohe Anteile von Vertretern des White Collar, von „Lehre und Diplom“ sowie von Diplomabsolventen auf. Dieser Sektor wird jedoch von keiner Ausbildungsgruppe dominiert (Tab. VI-11a). Die Verwaltung wird hingegen bestimmt durch die Ausbildungsgruppen Staatsexamen und Staatsexamen mit Promotion - was aufgrund der notwendigen juristischen Expertise nicht verwunderlich ist. In den Wirtschaftsunternehmen dominieren White Collar und Diplom sowie die reinen Akademiker. Auch hier zeigt sich ein Effekt, der aus den Erfordernissen des Sektors resultiert: kaufmännisch Ausgebildete und Wirtschaftswissenschaftler finden hier ihr Betätigungsfeld, wie auch eher in technischen und naturwissenschaftlichen Zweigen Versierte (vgl. oben Abschnitt 4.5.). In den Wirtschaftsverbänden wird eine Dominanz der klassischen Akademiker sichtbar, es ist jedoch kaum eine Gruppe deutlich unterrepräsentiert. Der Gewerkschaftssektor ist entsprechend seinem Organisationszweck - Interessenvertretung für abhängig Beschäftigte - von denjenigen Ausbildungsgruppen dominiert, deren Mitglieder einen beruflichen Ausbildungsabschluß aufweisen. Von den militärischen Eliten hat fast die Hälfte keine Sekundärausbildung in den klassischen Institutionen der beruflichen und akademischen Weiterbildung durchlaufen.

Genauso wie die Sektoren einzelne Ausbildungsgruppen bevorzugen, bevorzugen letztere ihrerseits auch spezifische Tätigkeitsbereiche bzw. sind in bestimmten Bereichen häufiger anzutreffen als in anderen (s. Tab. VI-11b).

Die Mitglieder der Gruppe „andere Ausbildung“ sind zu fast der Hälfte in den Massenmedien tätig. White Collar wählt neben der Politik bevorzugt die Finanzwirtschaft, Gewerkschaften und Wirtschaftsunternehmen. Blue Collar ist zu 34 Prozent in den Gewerkschaften tätig, zu gut einem Viertel in der Politik und zu einem Zehntel in Wirtschaftsverbänden, wobei es sich hier überwiegend um Landwirtschaftsverbände handeln dürfte. Diejenigen, die nach der Lehre noch einen Diplomhochschulabschluß erwarben, sind zu fast der Hälfte in der Politik tätig. Die Magister haben ihren eindeutigen Schwerpunkt in Massenmedien und Kultur. Zusammen nehmen diese Bereiche über die Hälfte der Mitglieder dieser Ausbildungsgruppe auf. Diejenigen mit Staatsexamen und die, welche darüber hinaus noch promoviert sind, haben ihre Schwerpunkte in der Verwaltung und in sonstigen Sektoren, wobei es sich überwiegend um die Bereiche Justiz und Kirchen handelt.

Die klassischen Akademiker sind nicht, wie man meinen könnte, zu einem überwältigenden Teil in der Wissenschaft tätig. Mit 22 Prozent ist dieser Bereich zwar der am stärksten präferierte - in Politik und Verwaltung ist jedoch auch noch jeweils ein gutes Achtel tätig. Diejenigen ohne Sekundärausbildung verteilen sich im wesentlichen auf drei Sektoren: gut die Hälfte von ihnen ist im Militär, 17 Prozent sind in den Massenmedien und 15 Prozent in der Politik tätig.

Wir finden in dieser Verbindung von Ausbildungsmustern und Tätigkeitsbereichen ein Muster wieder, das bereits in der zusammenfassenden Darstellung der sektorspezifischen Karriereverläufe angeklungen ist. Auch hier zeigen sich relative Isolierungen und breite Verknüpfungen.

Tabelle VI-11a: Zusammensetzung der Sektoren nach Ausbildungsgruppen (Spaltenprozente)

	Politik	Verwal-tung	Wirt. Untern.	Finanz-wirtsch.	Wirt. Verbd.	Gewerk-schaften	Massen-medien	Wissen-schaft	Militär	Kultur	Son-stige	Ges.
White Collar	13	2	15	31	12	28	6		5	6	10	9
Blue Collar	6	2	5	1	6	39	3		4		2	5
Lehre und Diplom	13	2	5	10	6	11	7	2	4	2	3	6
Diplom	18	9	19	7	15	7	22	5	10	11	5	13
Magister	2	2	1		2		8	1	1	9	1	3
Staatsexamen	19	37	6	15	14	4	12	7	4	14	31	19
Staatsexamen + Dr.	7	26	14	17	13	3	3	14	8	5	29	14
Akademiker	16	18	35	17	31	4	18	72	4	42	17	23
andere Ausbildung	2	2	0	1		3	16		13	7		4
keine Sek. Ausbild.	4	1	1	1	2		7		47	3	1	5
Basis (n)	489	473	139	110	173	97	277	165	135	98	168	2324

Tabelle VI-11b: Verteilung der Ausbildungsgruppen auf die einzelnen Sektoren (Spaltenprozente)

	White Collar	Blue Collar	Lehre + Diplom	Diplom	Magister	Staats-examen	Staats. und Dr.	Akade-miker	andere Ausbild.	keine Ausbild.	Gesamt
Politik	29	28	43	30	17	22	10	15	11	15	21
Verwaltung	4	6	6	14	16	40	39	16	10	4	20
Wirtschaftsuntern.	10	6	5	9	2	2	6	9		1	6
Finanzwirtschaft	16	1	8	3		4	6	4	1	1	5
Wirtschaftsverbände	9	10	8	9	5	6	7	10		3	7
Gewerkschaften	12	34	8	2		1	1	1	3		4
Massenmedien	7	6	13	20	36	8	3	9	48	17	12
Wissenschaft			2	3	3	3	7	22			7
Militär	3	5	4	4	2	1	4	1	20	55	6
Kultur	3		1	4	16	3	2	8	8	3	4
Sonstige	7	4	4	3	3	12	16	6		2	7
Basis (n)	219	111	143	300	58	439	316	532	92	114	2324

Militär und Massenmedien wurden als relativ isolierte Bereiche dargestellt. Dieses Bild finden wir wieder in den Rekrutierungspraktiken der Sektoren selbst, die ihr Personal zu großen Teilen aus Ausbildungsgruppen beziehen, die in anderen Sektoren erheblich unterrepräsentiert sind. Besonders deutlich wird das im militärischen Bereich. Genauso zeigen das die von den jeweiligen Ausbildungsgruppen präferierten Sektoren. Die Hälfte derjenigen ohne Sekundärausbildung ist in militärischen Führungspositionen, 40 Prozent derjenigen mit anderer Ausbildung sind in den Massenmedien beschäftigt. Von denen mit anderer Ausbildung sind wiederum weitere 14 Prozent im Militär azutreffen, von denen ohne Ausbildung weitere 17 Prozent in den Massenmedien. Diese beiden Bereiche scheinen demnach eher auf sektorinterne oder gar betriebsinterne Ausbildung zu setzen denn auf externe, gegebenenfalls stärker generalisierte Ausbildung.

Auch die Gewerkschaften sind keine gebenden Organisationen, d.h. kaum jemand vom Führungspersonal der anderen gesellschaftlichen Sektoren ist jemals in einer Gewerkschaft tätig gewesen, wohingegen Gewerkschaftsfunktionäre durchaus Erfahrungen in anderen Bereichen sammelten, wenn wohl auch kaum in führenden Positionen. Von der sozialen Herkunft ihrer Funktionäre als auch von der Ausbildungsstruktur her nehmen die Gewerkschaften ebenfalls eine Sonderstellung ein. Sie sind weder über Tätigkeitserfahrung noch über habitusprägende Merkmale von Primär- und Spätsozialisation in den Institutionen der beruflichen und akademischen Bildung eingebunden. Außerdem unterscheiden sich ihre genuinen Verhandlungspartner im intermediären System der Interessenvertretung - die Wirtschaftsverbände - erheblich von ihnen, sowohl bezüglich der sozialen Herkunft ihrer Positionseliten als auch der Ausbildungsstruktur. Auch gibt es kaum gesellschaftliche Sektoren, in denen sowohl Vertreter der Gewerkschaften als auch der Wirtschaftsverbände tätig gewesen sind. Unter dem Aspekt „gemeinsamer Referenzrahmen“ beziehen sich zwar beide Seiten auf den gleichen Gegenstand in ihrer Eigenschaft als Sozialpartner, haben aber aufgrund der extrem unterschiedlichen Bedingungen der Habitusentwicklung und der gegensätzlichen Interessen, die sie vertreten, kaum Verständnis füreinander.

6. Zusammenfassung

6.1 Horizontale Integration über Karriereverläufe

Die Darstellung sektorspezifischer Karrieren, der sozialen Herkunft und Ausbildungsmuster der Inhaber von Führungspositionen hat eine Vielzahl sowohl von Gemeinsamkeiten als auch von Trennendem gezeigt. Einzigartig ist der militärische Sektor. In allen anderen Sektoren kann jeweils zwischen Früh- und Späteinsteigern unterschieden werden, wobei die Späteinsteiger in der Regel ein höheres Qualifikationsniveau aufweisen und schneller in ihre derzeitige Führungsposition gelangten als diejenigen, die direkt in ihrem heutigen Tätigkeitsbereich eine Arbeit aufnahmen. Beim Erreichen der Führungspositionen sind jedoch Direkt- wie Späteinsteiger gleich alt. Darüber hinaus kann für fast alle Sektoren festgestellt werden, daß ihr Führungspersonal vielseitig in seinen Tätigkeiten war. Berufliche Mobilität scheint demnach ein Merkmal der heutigen bundesdeutschen Führungsschicht und dem internen Aufstieg in Spitzenpositionen förderlich zu sein, obwohl generell zwei Karrierewege bestehen: (1) Direkteinstieg und langsamer sukzessiver Aufstieg innerhalb des Sektors basierend auf einer branchenspezifischen Ausbildung. Dieser Weg scheint insbesondere in Industrie- und anderen Wirtschaftsunternehmen, in der Wissenschaft, in der Verwaltung sowie in den Massenmedien vorherrschend zu sein. (2) Späteinstieg und etwas schnellere Beförderung in Spitzenpositionen, wobei jedoch klassisches Cross-Over eine Ausnahme darstellt. Auch Späteinsteiger, die in der Regel wahrscheinlich aufgrund spezifischer Qualifikationen rekrutiert werden, müssen sich intern einige Jahre bewähren, ehe sie für Positionen der höchsten Leitungsebene ausgewählt werden.

In diesen typischen Karriereverläufen zeigen sich wiederum Gemeinsamkeiten als auch Trennendes, was maßgeblich ist für die Entwicklung einer common language. Einend ist die Karriereerfahrung als langsamer Prozeß des Aufstiegs und als einer Phase der Bewährung und wahrscheinlich immerwährender Prüfung. Trennend aufgrund der langwierigen bereichsinternen Wege ist zum einen die Spezialisierung auf den je eigenen Sektor und zum anderen die Loyalität gegenüber diesem Sektor. Beides kann unempfindlich machen für die Bedürfnisse anderer gesellschaftlicher Bereiche. Hieraus können Kommunikations- bzw. Verständnisbarrieren entstehen. Diese Entwicklung kann jedoch nur für einen Teil der jeweiligen Sektoreliten angenommen werden, da ein Großteil von ihnen auch noch nach dem Einstieg in den Bereich, in dem sie heute eine Führungsposition innehat, Tätigkeiten in anderen Sektoren nachgegangen ist. Es scheint eine Art der Rollenverteilung bei den Funktionseliten zu geben. Jeder Bereich verfügt über ein spezifisches Quantum an Führungskräften, die in keinem anderen Tätigkeitsbereich jemals engagiert waren. Diese sind die Spezialisten für ihre Organisation bzw. den gesamten Bereich. Sie zeichnen sich aus durch klassische Karrieren des sukzessiven Aufstiegs. Die anderen, insbesondere die Späteinsteiger, aber auch Direkteinsteiger mit anderen Tätigkeitserfahrungen, können als Universalisten mit dennoch intimen Kenntnissen ihres Fachgebietes beschrieben werden. Ihre vielfältigen Tätigkeitserfahrungen prädestinieren sie geradezu für den Austausch mit den anderen gesellschaftlichen Funktionsbereichen. Diese Integrationsmöglichkeiten umfassen jedoch nicht alle Mitglieder der Führungsschicht.

Für die Entwicklung einer common language ergeben sich aus diesen Konstellationen einige Schwierigkeiten. Es wurde festgestellt, daß Militär, Massenmedien, Gewerkschaften und Wirtschaftsverbände die wenigsten Berührungspunkte mit anderen Sektoren haben. Da es sich bei den Verbänden um Interessenorganisationen handelt und die Massenmedien ein Vermittlungsorgan zwischen den verschiedenen gesellschaftlichen Bereichen als auch zwischen den verschiedenen Ebenen darstellen, könnte die intendierte Funktionsweise dieser Bereiche und ihre Bedeutung für den gesamtgesellschaftlichen Vermittlungs- und Aushandlungsprozeß in Frage gestellt sein. Betrachtet man aber den Bereich der Vermittlungs- und Interessenrepräsentation per se, die Politik, kann diese Aussage wieder relativiert werden. Die Politik ist zum einen ein gebender Organisationsbereich. Darüber hinaus waren heutige politische Eliten in einer Vielzahl anderer Sektoren tätig. Die Politik weist jedoch vor allem die größte Bandbreite an sozialem Hintergrund ihres Führungspersonals als auch in der Ausbildungsstruktur auf. Innerhalb des politischen Sektors ist somit eine Vielzahl der in der Führungsschicht der Bundesrepublik repräsentierten Erfahrungshintergründe und Referenzrahmen vertreten. Die Kohäsion innerhalb eines Sektors unterstellt[13], kann die Politik eine Übersetzungsinstanz für die Aushandlungsprozesse zwischen den anderen Sektoren darstellen. Hierfür kann sie auch bei ihren Vorbereitungs- und Exekutivorganen in der Verwaltung Unterstützung finden, da ja auch die Verwaltung ein vielfältig verwobener Sektor ist.

13 Obwohl gerade die Politik aufgrund des Parteienwettkampfes hier wiederum einen Sonderfall darstellt, der selbst in der Außenvertretung noch wirksam wird.

Problematisch stellt sich die Einbindung der Führungskräfte ostdeutscher Herkunft dar. Sie sind zum einen sehr viel kürzere Zeit in ihren Funktionsbereichen tätig als diejenigen westdeutscher Herkunft. In bestimmten Sektoren sind sie überhaupt nicht in Leitungsfunktionen tätig. Ihre Erfahrungen weichen sehr ab von denen ihrer westdeutschen Kollegen und möglichen Verhandlungspartner. Sie wurden in einem anderen Umfeld politischer Kultur sozialisiert, haben fast alle eine berufliche Ausbildung absolviert, andere Fächer studiert als die entsprechenden Sektoreliten aus den alten Bundesländern und sind in einigen Kernbereichen - wie etwa der Verwaltung - nicht tätig gewesen. Die aktuell geführten Debatten in den großen politischen Parteien zeigen sehr deutlich, daß es Hindernisse in der Verständigung und im gegenseitigen Verstehen gibt, die schwer zu überbrücken sind. Mit einer länger dauernden Sozialisation und einer Erweiterung des Erfahrungshintergrundes werden sich diese kommunikativen Barrieren wahrscheinlich abbauen, indem sich die Karrierewege anpassen.

6.2 Vertikale Integration über Rekrutierung

Führungspersonen haben entweder ein staatlich verbrieftes Recht qua Funktion Macht auszuüben oder bzw. und eine soziale Basis, die sie mit dem Recht hierzu im Rahmen der Interessenvertretung ausstattet. Nur unter dieser Voraussetzung kann davon ausgegangen werden, daß die Integration der Eliten indikativ für den Integrationsstand der Gesellschaft als ganzer anzusehen ist, daß die Untersuchung der Eliten als pars pro toto sinnvoll ist. Die Eliten müssen vertikal integriert sein, damit ihr Handeln Legitimation für sich beanspruchen kann.

Diese Art der Legitimation und vertikalen Integration ist je nach Sektor verschieden. Manche Funktionsbereiche und ihr Führungspersonal können Legitimation für sich beanspruchen, sofern sie im Sinne der Funktionserfüllung handeln, diese Funktionen gesellschaftlich als notwendig anerkannt sind und den entsprechenden Institutionen Vertrauen entgegengebracht wird. Hierzu gehören beispielsweise die Verwaltung, die Justiz, das Militär und die Wissenschaft. Diese Organisationen sind keine Vertretungsorgane partikularer Interessen, sondern sie wirken im Sinne der Staatsaufgaben, wie sie im Zuge der europäischen Modernisierungprozesse zum Selbstverständnis nationaler Gemeinwesen wurden (vgl. Abschnitt 2). Vertrauen und Legitimation erlangen sie, insofern sie sichtbare Leistungen erbringen. Die Rekrutierung ihres Personals erfolgt somit idealtypisch in erster Linie orientiert an den Funktionserfordernissen des Bereichs. In der Analyse der sektorspezifischen Karrierewege ist deutlich geworden, daß die Anforderungen an die jeweilige Tätigkeit vielfältiger Art sind und somit auch die Ansprüche an das Leitungspersonal nicht uniform sein kann, weshalb auch die geradlinige Karriere innerhalb der Organisation ohne Abstecher in andere Bereiche kaum mehr der Fall ist.

Anders stellt sich die Frage für die Organisationen der Interessenrepräsentation. Verbände und Gewerkschaften sind als Vertretungsorgane für Partikularinteressen entstanden. Sie haben den Anspruch, die Interessen ausgewählter Klientele zu vertreten. Die Klientele ihrerseits haben wiederum den Anspruch, ihre Interessen adäquat vertreten zu sehen. Einhelliger Meinung nach kann das nur geschehen, wenn die Repräsentanten auch Kenntnisse über ihre Klientel aufgrund geteilter Erfahrung und intimer Kenntnisse des Bereiches, den sie zu vertreten haben, besitzen. In der Darstellung der Karrierewege der Verbands- und Gewerkschaftseliten ist sichtbar geworden, daß diese Organisationsbereiche auch tatsächlich entsprechend dieser Maxime für Führungspositionen rekrutieren. Die Verbandsfunktionäre haben zum überwiegenden Teil in den Sektoren, die sie mit dem Verband, dem sie vorstehen, vertreten, auch berufliche Erfahrungen gesammelt. Die Gewerkschaftsfunktionäre haben zu einem nicht unbeträchtlichen Teil berufliche Ausbildungen absolviert, wenige von ihnen haben studiert, und sie waren nahezu alle in anderen Bereichen tätig - als Arbeiter und Angestellte in Industrie, Handel, Banken, der Verwaltung. Hier wird aber auch deutlich, daß der Traditionalismus, der in Politik und Verlautbarungen der Gewerkschaften immer wieder zum Vorschein kommt, auch mit der Art der Rekrutierung ihres Führungspersonals zu tun hat. Das gleiche gilt für Politik und Verlautbarungen der Arbeitgeber- und Industrieverbände. Die Rekrutierungspraxis stärkt die betriebswirtschaftliche Sichtweise in der Verbandsspitze im Verhältnis zu einer gegenüber Partikularinteressen neutraleren volkswirtschaftlichen Beurteilung ökonomischer Prozesse und Maßnahmen. Selektionskriterien, die für die innersektoralen Prozesse funktional sind, erweisen sich für den sektoralen Austausch als disfunktional.

Einen Spezialfall stellt der politische Sektor dar. Er ist der zentrale Bereich der Interessenvertretung und -integration. Im Parteienspektrum werden die verschiedenen gesellschaftlichen Spannungslinien repräsentiert, wobei die verschiedenen Parteien jeweils unterschiedliche Pole vertreten. Die Darstellung der Karrierewege und die zusammenfassende Betrachtung der Momente struktureller Integration hat gezeigt, daß der vielgescholtene Berufspolitiker, der das „wirkliche Leben" nicht kennt, sondern von der Politik alimentiert wird, wenn überhaupt vorhanden, nur eine verschwindend geringe Minderheit ausmacht, zumal viele politische Führungspositionen auf

Länderebene nebenberuflich wahrgenommen werden. Darüber hinaus ist in der Politik auch das breiteste Spektrum an Berufs- und Ausbildungsgruppen vertreten. Ostdeutsche sind nur in der Politik in einem quantitativen Ausmaß repräsentiert, das in etwa ihrem Anteil an der Bevölkerung entspricht. Statistische Repräsentativität sozialer Gruppen, wie sie häufig eingeklagt wird und die teilweise als einziger Garant für eine wirklich authentische Repräsentation der verschiedenen gesellschaftlichen Gruppen gilt, ist nicht vorhanden. Weder wenn man nach der sozialen Herkunft noch nach der Vertretung von Frauen sucht. Inwiefern hiermit jedoch Legitimations- und Funktionsdefizite verbunden sind, ist sowohl in der Demokratie- als auch in der Repräsentationstheorie umstritten (Herzog 1989; Herzog u.a. 1993) und läßt sich letztendlich nur immer wieder empirisch feststellen.

Kapitel VII
Rekrutierung und Sozialisation der ostdeutschen Elite. Aufstieg einer demokratischen Gegenelite?

Christian Welzel

Untersuchungsziele

Die Vergangenheit ist gegenwärtig - gerade nach Regimewechseln. Das zeigen die moralisch aufgeladenen Debatten, die in Deutschland noch immer aufkeimen, wenn es um die Besetzung hochrangiger Ämter mit ehemaligen DDR-Bürgern und um deren Vergangenheit im SED-Regime geht. Abseits aller moralischen Wertungen bleibt es freilich eine empirisch zu beantwortende Frage, ob in der DDR-Gesellschaft privilegierte Gruppen ihre Aufstiegsvorteile über den Regimewechsel hinweg gerettet oder sie an früher benachteiligte Gruppen verloren haben. Es geht hier also um die ostinterne Elitenzirkulation.

Die innerostdeutsche Elitenzirkulation zu thematisieren, mag auf den ersten Blick überraschen, stand doch für eine Reihe von Beobachtern frühzeitig fest, daß der Elitenwechsel im 'Beitrittsgebiet' aus dem externen Personalreservoir Westdeutschlands gespeist würde (vgl. Derlien 1993b) und dergestalt eine 'Kolonisierung' der neuen Bundesländer stattfinde (vgl. Dümcke/Vilmar 1995). Angesichts der Daten der Potsdamer Elitenstudie kann von einer personellen Kolonisierung jedoch nur bedingt die Rede sein. Innerhalb der gesamtdeutschen Elite sind ehemalige DDR-Bürger mit insgesamt 272 Personen zu ca. 12 Prozent vertreten. Gegenüber einem ostdeutschen Bevölkerungsanteil von 20 Prozent sind sie damit zwar unterrepräsentiert, doch von den 402 Elitepositionen in den neuen Bundesländern ist die Mehrzahl, nämlich 239 und damit knapp 60 Prozent, in ostdeutscher Hand. Allein in den Bereichen Verwaltung, Justiz, Wirtschaft und Militär bilden sie auch in den neuen Bundesländern eine solche Minderheit, daß von einer 'Kolonisierung' gesprochen werden kann. Festzuhalten bleibt gleichwohl, daß Ostdeutsche in einer Stärke innerhalb der gesamtdeutschen Elite vertreten sind, welche die Frage nach der ostinternen Elitenzirkulation vollauf rechtfertigt.

Von theoretischer Relevanz ist die innerostdeutsche Zirkulation unter dem Blickwinkel, welche Auswirkungen ein demokratischer Regimewechsel auf die Zuteilung der Aufstiegschancen in einer ehemals sozialistischen Gesellschaft hat. Noch allgemeiner geht es um die Wirkungen institutioneller Umbrüche auf die soziale Zusammensetzung der Elite. Damit ist eine klassische revolutions- und elitentheoretische Frage aufgeworfen (vgl. Lasswell u.a. 1952; Zapf 1965; Pareto 1968; Putnam 1977; Derlien/Szablowski 1993). Von ihrer Beantwortung darf man sich sowohl einen Beitrag zur Demokratisierungsforschung als auch zum Verständnis sozialistischer Gesellschaften erhoffen. Dabei impliziert die Zirkulationsfrage zwei Antwortmöglichkeiten, die sich als konkurrierende Hypothesen gegenüberstellen lassen. Der erste Teil der Untersuchung ist auf die Prüfung dieser Hypothesen angelegt. Der zweite Teil verfolgt die Frage, wie sich die gefundenen Rekrutierungsmerkmale kausal zu typischen Sozialisationspfaden verknüpfen und wie einstellungsrelevant sie noch heute sind.

Teil A: Die gesellschaftliche Rekrutierungsbasis der ostdeutschen Elite

1. Alternative Hypothesen

1.1 Die Reproduktionsthese

Der Reproduktionsthese zufolge verlagert sich die Rekrutierungsbasis der Elite nach einem Regimewechsel allenfalls unwesentlich. Folglich behalten Gruppierungsmerkmale, die vor einem Regimewechsel aufstiegsbegünstigend waren, auch danach ihre privilegierende Wirkung. Insofern kommt es zu einer Reproduktion in der Verteilung gruppengebundener Aufstiegschancen.

Die Begründung der Reproduktionsthese kann auf die konvergenztheoretische Annahme zurückgeführt werden, daß hoch entwickelte Gesellschaften prinzipiell ähnliche Prozesse durchliefen - unabhängig davon, ob sie sozialistisch oder kapitalistisch organisiert seien (Galbraith 1968; Fleron 1969; Glaeßner 1982). Zu den regimeübergreifenden Entwicklungen wird im allgemeinen das Wachstum komplexer analytischer, planender und organisatorischer Aufgaben gerechnet. Für die Plazierung im Erwerbsgefüge gewinnen demzufolge kognitive Fähigkeiten einen immer zentraleren Stellenwert.

Dadurch avanciere die wissenschaftliche Intelligenz zum Hauptrekrutierungspool der Elite in allen entwickelten Gesellschaften (Lasswell/Lerner 1965; Konrad/Szelenyi 1978; Gouldner 1980). Auch in den sozialistischen Regimes, die anfänglich eine bewußte *counter selection* der Elite aus dem Proletariat betrieben, sei im Zuge der Rationalisierung zunehmend die fachliche Qualifikation als Rekrutierungskriterium berücksichtigt worden (Andorka 1993; Winderl 1994). Die Intelligenz[1] sei dadurch bereits im Spätsozialismus zur 'herrschenden Klasse' aufgestiegen (Konrad/Szelenyi 1978). Mit dem Wechsel vom autoritär-sozialistischen zum liberal-kapitalistischen Regimetyp sei daher keine Verlagerung des gesellschaftlichen Elitenreservoirs verknüpft.

Die Reproduktionsthese wird häufig auch mit Bourdieus Theorie der Kapitalformen in Verbindung gebracht (Bourdieu 1983). Unter Kapitalien versteht Bourdieu unterschiedliche Arten von Ressourcen, deren Verfügbarkeit die komparativen Aufstiegschancen eines Individuums bestimme. Bourdieu unterscheidet ökonomische Ressourcen (Kapital im eigentlichen Sinn), soziale Ressourcen (Kontakte) sowie kulturelle Ressourcen (Bildung, Qualifikation) und unterstellt, es sei leichter, eine vorhandene Kapitalform in eine andere zu konvertieren als neues Kapital zu erwerben. Ein Regimewechsel ziehe deshalb keineswegs den Aufstieg kapitalärmerer Gruppen nach sich. Stattdessen behielten die bisher schon kapitalreicheren Gruppen komparative Plazierungsvorteile in der Neuelite. Bei einer solchen *conversion du pouvoir* vom alten ins neue Regime mag es zwar zu einer Zirkulation des Elitepersonals, jedoch nicht zu einer Verlagerung seines sozialen Rekrutierungsfeldes kommen (Hankiss 1991; Staniszkis 1991; Mateju/Rehakova 1993; Wasilewski 1994; Higley u.a. 1996).

1.2 Die Transitionsthese

Die Transitionsthese geht davon aus, daß die komparativen Aufstiegschancen bei einem Regimewechsel einer Umverteilung unterliegen anstatt sich zu reproduzieren. Für die Elite bedeute das eine Verlagerung ihrer Rekrutierungsbasis von zuvor privilegierten auf bislang benachteiligte Gruppen.

Im Gegensatz zur Reproduktionsthese unterstellt die Transitionsthese regimespezifische Mechanismen der Elitenrekrutierung. Im Kontext sozialistischer Gesellschaften erfolge der Aufstieg in die Elite gerade nicht aufgrund akademischer Qualifikation. Ausschlaggebend sei vielmehr die durch Gesinnungsdienste erwiesene ideologische Linientreue (Bunce 1976; von

1 Hinfort zu verstehen als die Absolventen eines Hochschulstudiums.

Beyme 1993b; Schneider 1994). Unter diesen Umständen zeichne sich die sozialistische Kaderelite in erster Linie durch 'politisierte Inkompetenz' aus (Derlien 1993b), während die Intelligenz in der Entfaltung ihrer Kompetenzen nachhaltig behindert sei (Endruweit 1987; Kennedy 1990; Adler 1991; Kennedy/Sadkowski 1991).

Bereits Ludz (1968) meinte institutionelle Barrieren im sozialistischen System identifizieren zu können, mit denen die proletarischen Altkader ihren Machtbereich gegenüber den Kompetenzansprüchen des undogmatisch-professionellen Nachwuchses abzuschotten versuchten. In der *professionellen Intelligenz*[2] hat er daher eine 'institutionalisierte Gegenelite' zur proletarischen Kaderelite gesehen. Ähnlich beurteilen die sozialistische Entwicklung mittlerweile auch Konrad/Szelenyi (1991), die noch 1978 den Aufstieg der Intelligenz zur herrschenden Klasse im Sozialismus teils konstatierten, teils prognostizierten. Im Sozialismus scheint dieser Aufstieg aber blockiert worden zu sein, so daß die Intelligenz in die Rolle eines 'alternativen Elitenreservoirs' rückte. Die Umstellung der Elitenrekrutierung auf meritokratische Kriterien, wie das bei demokratischen Regimewechseln der Fall sei, habe daher auch eine Verlagerung der Rekrutierungsbasis auf das alternative Personalreservoir zur Konsequenz (in diese Richtung auch Reich 1992; Sterbling 1993; Baylis 1994).

Festzuhalten bleibt, daß sich für jene Ostdeutschen, die in die bundesdeutsche Elite gelangt sind, die Frage nach Reproduktion oder Transition mit denselben theoretischen Implikationen stellt wie für andere postsozialistische Eliten. Singularität mag für die institutionellen, nicht jedoch für die sozialen Aspekte der Transformation in Ostdeutschland gelten (vgl. auch Diewald/Sórensen 1994).

1.3 Demokratietheoretische Aspekte des Zirkulationsproblems

Das Problem der Elitenzirkulation kann auch unter demokratietheoretischer Perspektive betrachtet werden. Die Frage ist dann nicht mehr nur, ob sich die Elitenrekrutierung mit einem Regimewechsel verlagert, sondern inwieweit sie sich auf Gruppen verlagert, für die demokratische Einstellungen besonders typisch sind. Oder anders formuliert: Inwieweit ist das alternative Elitenreservoir identisch mit einem demokratischen Elitenreservoir?

---

2 Ludz selbst hat zwar nicht diesen Begriff gewählt, seine eindringliche Beschreibung der 'institutionalisierten Gegenelite' (1968: 42-45) stimmt aber genau mit dem überein, was unter professioneller Intelligenz zu verstehen ist, nämlich Akademiker in hochqualifizierten Dienstleistungstätigkeiten.

Gemäß der klassischen Mittelschichtthese sind die Trägergruppen demokratischer Einstellungen in erster Linie im selbständigen bürgerlichen Mittelstand zu finden (Lipset 1981; Dahl 1973). Im Kontext sozialistischer Gesellschaften fällt jedoch der bürgerliche Mittelstand als Kandidat des demokratischen Elitenreservoirs aus, so daß nach anderen sozialen Segmenten zu fahnden ist. Die fundiertesten Annahmen über deren Identität liefert die Theorie *neuer sozialer Bewegungen* (für sozialistische Gesellschaften z.B. Knabe 1988; Szabo 1991). Demokratierelevant sind die Anhänger neuer sozialer Bewegungen aufgrund ihrer postmaterialistischen Wertorientierungen, denn sie zielen auf die Institutionalisierung erweiterter Mitsprache- und Selbstbestimmungsmöglichkeiten. Als ihr soziales Einzugsfeld gelten akademisch gebildete Personen, Professionelle und Angehörige der neuen Dienstklasse, insbesondere soweit sie den Nachkriegsgenerationen angehören (Brint 1984; Kriesi 1987; Weßels 1991a). Auch wenn die Formierung neuer sozialer Bewegungen durch die restriktiven politischen Bedingungen in den sozialistischen Gesellschaften massiv behindert wurde, so sind doch ihre sozialen Trägergruppen auch dort angewachsen. Das Wachstum dieser Gruppen resultiert nämlich aus Modernisierungsprozessen, wie der Bildungsexpansion und der Tertiärisierung, die sich auch in den entwickelteren sozialistischen Ländern - namentlich der DDR, der CSSR, Ungarn und Polen - zugetragen haben (Gensicke 1994; Welzel 1997a). Von daher besteht grundsätzlich die Möglichkeit, daß sich im Zuge des Regimewechsels die Rekrutierungsbasis der Elite auf diese sozialen Segmente verlagert hat. In diesem Falle wäre vom Aufstieg einer im Sozialismus blockierten, demokratischen Gegenelite zu sprechen.

In den folgenden Abschnitten ist zu zeigen, a) wie stark das alternative Elitenreservoir in der DDR angewachsen ist und wie rigide es von Elitepositionen ausgeschlossen war, b) nach welchen Gruppenmerkmalen die DDR-Elite hauptsächlich zusammengesetzt war und c) inwieweit sich die Zusammensetzung der ostdeutschen Elite davon unterscheidet beziehungsweise mit dem alternativen Elitenreservoir übereinstimmt.

2. *Strukturelle Vorbedingungen der innerostdeutschen Elitenzirkulation*

2.1 Das alternative Elitenreservoir der DDR-Gesellschaft

Tabelle VII-1 verdeutlicht, daß die DDR-Gesellschaft ein kontinuierliches Wachstum der wissenschaftlichen Intelligenz auf zuletzt beinahe 10 Prozent der erwerbstätigen Bevölkerung zu verzeichnen hatte (in urbanen Ballungszentren bis zu 20 Prozent nach den Daten der ALLBUS-Basisumfrage 1991). Bei geringerer Erwerbsquote wuchs der Anteil der Intelligenz an den Berufstätigen in der Bundesrepublik im vergleichbaren Zeitraum auf nur etwa 7 Prozent (Geißler 1991: 181). In eklatantem Kontrast zum Wachstum der Intelligenz steht das auf niedrigem Niveau stagnierende Qualifikationsniveau

Tabelle VII-1: Wachstum der wissenschaftlichen Intelligenz in der DDR 1961 - 1989

Jahr	Berufstätige[1] (x 1000)	Hochschulabsolventen (x 1000)	% an Berufstätigen
1961		129,9	2,2
1965		186,1	3,1
1970		260,0	4,2
1975	5444,2	398,9	7,3
1980	6283,3	500,7	7,9
1985	6907,5	588,8	8,6
1989	7036,6	634,3	9,0

Quelle: Eigene Zusammenstellung und Berechnungen aus Statistisches Jahrbuch der DDR (1972: 66; 1990: 138).

ehemaliger DDR-Leitungskader. Der DDR-Lebensverlaufsstudie[3] zufolge hatten von den Leitungskadern im Schnitt nur 12 Prozent einen Hochschulabschluß als höchste Qualifikation aufzuweisen gegenüber 80 Prozent, deren höchste Qualifikation ein Facharbeiterabschluß war. Die Intelligenz bildete

---

3 Das Projekt „Lebensverläufe und historischer Wandel in der ehemaligen DDR“ wurde vom Max-Planck-Institut für Bildungsforschung in Berlin unter Leitung von Karl-Ulrich Mayer durchgeführt. Aus einer repräsentativen Zufallsstichprobe wurden die Angehörigen von vier Geburtskohorten zu ihren Erwerbsbiographien befragt: 1929-31-Geborene, 1939-41-Geborene, 1951-53-Geborene und 1959-61-Geborene. Ich danke an dieser Stelle Karl-Ulrich Mayer für den Zugriff auf die Daten sowie Heike Solga für die technische Hilfe bei der Zusammenstellung eines Teildatensatzes.

also keineswegs den bevorzugten Rekrutierungspool der sozialistischen Kaderelite.

Die Entwicklung der auf die Geburtskohorten entfallenden Anteile der Intelligenz und der Leitungskader gleicht einer sich öffnenden Schere. Sie veranschaulicht, wie sehr sich die Verteilung von Macht und Kompetenz voneinander entkoppelt haben (Abb. VII-1). Offenkundig standen für immer mehr Angehörige der Intelligenz immer weniger Führungspositionen zur Verfügung. Trotz erheblich besserer Qualifikation verengten sich die Aufstiegschancen der nachwachsenden Alterskohorten, weil die Angehörigen der Aufbaugeneration beharrlich an ihren Leitungsposten festhielten (Huinink/Mayer 1993; Solga 1995). Das war ihnen aufgrund der diktatorischen Machtstrukturen möglich.

Abbildung VII-1: Entwicklung der Relation von Intelligenz und Leitungskadern in der DDR: Auf die Kohorten entfallende Anteile beider Gruppen 1989

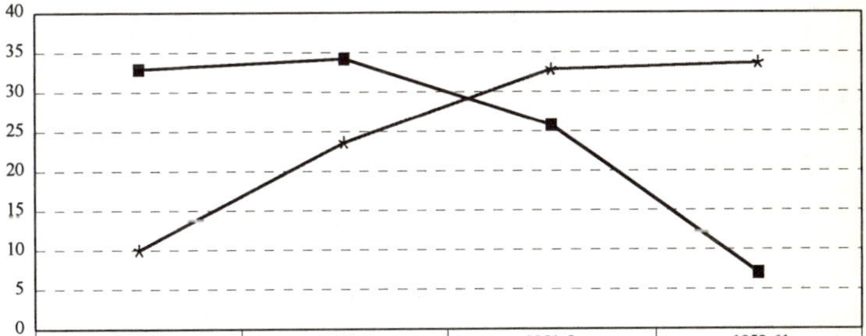

	1929-31	1939-41	1951-5	1959-61
Intelligenz	10	23,6	32,8	33,6
Leitungskader	32,9	34,2	25,8	7,1

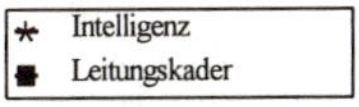

Basis: Intelligenz (n=129), Leitungskader (n=154); Datenbasis: DDR-Lebensverlaufsstudie 1991/92.

Darüber hinaus ist zu berücksichtigen, daß selbst das Gros der Intelligenzangehörigen, die sich in der oberen Dienstklasse etablieren konnten (87% nach den Daten der Lebensverlaufsstudie), in seinen Entfaltungsmöglichkeiten massiv beeinträchtigt war. Diese Beeinträchtigung ging auf institutionelle Handlungsrestriktionen zurück, wie sie für autokratische Regimes typisch sind. Betroffen waren davon zum einen die Nutzung berufsspezifischer Kompetenzen, da es keine Garantien professioneller Autonomie gegenüber sachfremden Eingriffen in die Berufsausübung gab. Zum zweiten war die Intelligenz auch in der Nutzung ihrer politischen Deutungskompetenzen beeinträchtigt, weil das Regime nur den linientreuen und keinen freien öffentlichen Diskurs zuließ (ausführlich hierzu: Welzel 1997a).

Festzuhalten bleibt, daß sich in der DDR-Gesellschaft ein von der institutionellen Machtverteilung zunehmend abgekapseltes und wachsendes Reservoir potentieller Gegeneliten in Gestalt der professionellen Intelligenz entwickelt hat.

2.2 Dominante Rekrutierungsmerkmale der DDR-Elite

Studien über die Vor-Wende-Elite der DDR sind rar. Zu erwähnen ist zunächst Meyers (1991) biographische Analyse der 520 wichtigsten Positionsinhaber der DDR. Ein breiteres Spektrum von 793 identifizierten Eliteangehörigen erfaßt eine Studie von Derlien (1997), die dem Verbleib der alten Honecker-Elite nachgeht. Einen noch breiteren Positionsbereich decken die in der DDR-Lebensverlaufsstudie unter der Rubrik 'Leitungskader' gruppierten Befragten ab, denn hier handelt es sich um einen repräsentativen Ausschnitt der etwa 400.000 früheren Nomenklaturkader (Schätzung nach Ammer 1994). Darüber hinaus gibt es noch eine Studie von Schneider (1994), der die Mitglieder des ZK der SED untersucht hat.

Die Zusammenschau dieser Studien ergibt ein recht einheitliches Bild von den dominanten Rekrutierungsmerkmalen der DDR-Elite. Unter den biologischen Merkmalen fallen der geringe Frauenanteil von 5 Prozent und das hohe Durchschnittsalter von rund 62 Jahren ins Auge (Derlien 1997). Das Qualifikationsniveau war, wie schon erwähnt, für die Elite eines hochindustrialisierten Landes auffallend gering: Nach den Daten der DDR-Lebensverlaufsstudie haben nur 12 Prozent aller Leitungskader einen Hochschulabschluß als höchste Qualifikation angegeben. Unter den Eliten, die ein Studium absolviert haben, bildeten die Absolventen eines Parteistudiums in allen Positionskategorien der DDR-Elite die größte Gruppe (Schneider 1994: 84, 175). Es folgten die Absolventen wirtschafts-, gesellschafts- und staatswissenschaftlicher (inklusive juristischer) Abschlüsse, die meist nicht an einer regulären Hochschule, sondern einer besonderen Akademie erworben wurden.

Sektoral führte der Weg in die DDR-Elite über eine hauptamtliche Karriere in den Parteiapparaten, den Apparaten der Massenorganisationen sowie den Staatsorganen mit gouvernementaler Funktion. Gemeinsam war diesen Bereichen die Beschäftigung mit originär politischen Fragen. Von sekundärer Bedeutung für die Elitenrekrutierung waren die mit der Erfüllung von Sachfunktionen betrauten technokratischen Sektoren wie der Wirtschaftsapparat, die politisch nachgeordnete Verwaltung, die Justiz und die bewaffneten Organe. Aus den kulturellen Sektoren des Bildungswesens und der Wissenschaft wurden, im Gegensatz zur Bundesrepublik (vgl. Rebenstorf 'Karrieren' in diesem Band), kaum Eliten rekrutiert (vgl. Meyer 1991: 161).

Wie in jeder Gesellschaft mit standardisierten Karrierestrukturen erfolgte der Aufstieg in die Elite über mehrere Hierarchiestufen. Allerdings wurden vakante Elitepositionen zum größten Teil mit Inhabern anderer Elitepositionen besetzt, was zu einem hohen Grad an Ämterkumulation führte (Meyer 1991: 76). Der seltene Aufstieg in die Elite erfolgte aus Positionen der oberen Subelite (Erläuterung unter 3.4) und war in allen Sektoren in hohem Maße an parteipolitische Kriterien gebunden. Eine Chance, in die Elite zu gelangen, hatte nur, wer bereit war Parteimitglied zu werden und parteipolitische Ämter zu übernehmen.

3. *Rekrutierungsmerkmale der heutigen ostdeutschen Elite*

3.1 Alter und Geschlecht: Verjüngung und 'Verweiblichung'

Sollte die Reproduktionsthese zutreffen, dürfte der Frauenanteil in der ostdeutschen Elite nicht wesentlich über 5 Prozent und das Durchschnittsalter nicht wesentlich unter 60 Jahren liegen. Ein Blick in die Daten verrät jedoch, daß weder die Frauenquote noch das Durchschnittsalter der ostdeutschen Elite die Erwartungen der Reproduktionsthese bestätigen: Der Frauenanteil liegt bei 30 Prozent und das Durchschnittsalter bei 47 Jahren. Dabei sind gut drei Viertel der ostdeutschen Elite nach 1942 geboren und stammen somit aus der Generation, deren politische Sozialisation in die Zeit nach dem Ende der entbehrungsreichen sozialistischen Aufbauphase fiel. Im Kontext westlicher Gesellschaften entspricht das den Kohorten, die eine postmaterialistische Wertorientierung aufweisen. Gegenüber der Zusammensetzung der alten DDR-Elite ist von einer deutlichen 'Verweiblichung' und Verjüngung der ostdeutschen Elite zu sprechen. Dies bedeutet eine Verlagerung der elitären Rekrutierungsbasis und somit eine Bestätigung der Transitionsthese gemessen an biologischen Merkmalen. Das entspricht auch der Erwartung einer meritokratischen Elitenrekrutierung, bei der biologische Unterschiede in den Hintergrund rücken.

3.2 Fachliche Rekrutierung: Verlagerung zur ideologieneutral qualifizierten Intelligenz

Gemäß der Reproduktionsthese dürfte der Anteil von Intelligenzlern in der ostdeutschen Elite kaum die 12-Prozent-Marke überschreiten. Darüber hinaus müßten unter den vorhandenen Akademikern ideologienahe Fachabschlüsse dominieren, die zudem überwiegend auf Parteihochschulen und speziellen Akademien erworben wurden.

Abbildung VII-2: Fachrichtung der akademischen Qualifikationen:

Prozent an Hochschulabsolventen in West- und Ostelite

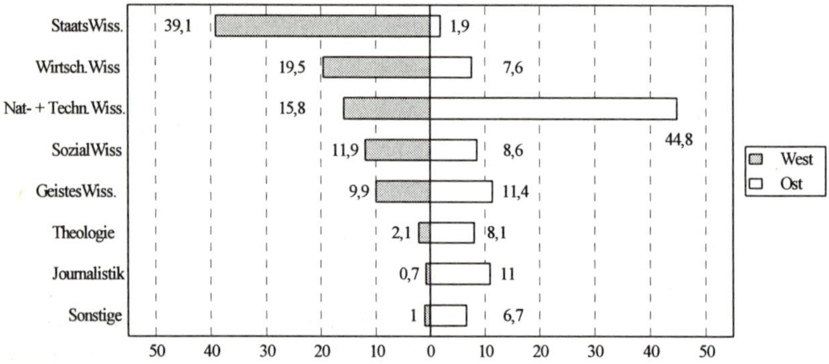

Basis (n)-West: 1528, -Ost: 210; Cramer's V: .44 (gewichtet: .59); Duncan Index of Dissimilarity: 51.

Die Daten belegen wiederum das Gegenteil. Zum ersten liegt der Anteil der Intelligenz mit 215 von 270 Personen auf dem beachtlichen Niveau von fast 80 Prozent (in der westdeutschen Elite bei gut 77%). Zweitens handelt es sich bei den Akademikern in der ostdeutschen Elite um eher wissenschaftlich als ideologisch geschulte Hochschulabsolventen, denn nur fünf Personen gaben an, ihr Studium an der SED-Parteihochschule oder einer speziellen Akademie absolviert zu haben.

Sprechen bereits diese Befunde für die Transitionsthese, so gilt dies auch für die Fachrichtung der akademischen Abschlüsse. Nach der Reproduktionsthese wäre eine klare Dominanz ideologienaher Qualifikationen zu erwarten. Darunter sind Qualifikationen zu verstehen, deren Ausbildungsinhalte eng an die jeweilige Staats- und Wirtschaftsordnung gekoppelt sind. Dazu gehören in jedem Fall staats- und wirtschaftswissenschaftliche Fächer. Daß diese in einer institutionell kontinuierlichen Gesellschaft von überragender Bedeutung für die Elitenrekrutierung sind, erkennt man an der Verteilung in der westdeutschen Elite gemäß Abbildung VII-2 (linke Hälfte des Balkendiagramms). Hervorstechendstes Merkmal ist nämlich die Dominanz der Wirtschaftswissenschaftler mit knapp 20 Prozent und vor allem der Staatswissenschaftler mit rund 39 Prozent, darunter fast ausschließlich Juristen. Im maßgeblichen Referenzjahrgang[4] hatten dagegen nur 9 Prozent aller Hochschulabsolventen einen juristischen Abschluß erworben.

In der ostdeutschen Elite sind die entsprechenden Abschlüsse mit ca. 2 Prozent für Staats- und knapp 8 Prozent für Wirtschaftswissenschaften viel schwächer vertreten. Die Unterrepräsentanz dieser Abschlüsse besteht nicht nur im Vergleich zur westdeutschen Elite, sondern auch gegenüber der Randverteilung in der DDR-Elite und im ostdeutschen Referenzjahrgang.[5] Mit dieser Unterrepräsentanz korrespondiert eine erheblich stärkere Vertretung natur- und technikwissenschaftlicher Absolventen als in der westdeutschen Elite, nämlich rund 45 gegenüber 16 Prozent. Natur- und technikwissenschaftliche Abschlüsse sind als system- beziehungsweise ideologieneutrale Qualifikationen zu betrachten, weil ihre Ausbildungsinhalte nicht von einer bestimmten Gesellschaftsordnung abhängen und sich von daher kaum zur ideologischen Indoktrination eignen. Zur Indoktrination im Sinne der kommunistischen Ideologie ebenso wenig geeignet war ein Theologiestudium. Deshalb entspricht es ebenfalls den Erwartungen der Transitionsthese, daß Theologieabsolventen in der ostdeutschen Elite mit gut 8 gegenüber 0,3 Prozent im Referenzjahrgang besonders deutlich überrepräsentiert sind.[6]

---

4 Als Referenzjahrgang habe ich das Studienabschlußjahr 1967 ermittelt. Geht man davon aus, daß die westdeutsche Elite im Jahr 1995 im Schnitt 54 Jahre alt war, so hat sie das durchschnittliche Studienabschlußalter von 26 Jahren im Jahr 1967 erreicht. Laut Statistischem Jahrbuch der Bundesrepublik (1975: 344-345) verteilen sich die insgesamt 28.685 Absolventen bundesdeutscher Hochschulen im Jahr 1967 folgendermaßen auf die Fächergruppen: 44 Prozent Natur- und Technikwissenschaften, 30 Prozent Geistes- und Soziawissenschaften, 14 Prozent Wirtschaftswissenschaften, 9 Prozent Rechtswissenschaften und 3 Prozent Theologie.

5 Berücksichtigt man, daß die ostdeutsche Elite 1995 im Schnitt 47 Jahre alt war, so hatte der Durchschnitt im Jahr 1974 das mittlere Alter der Hochschulabsolventen von 26 Jahren erreicht. Die insgesamt 34.300 Absolventen des Jahrgangs 1974 verteilen sich wie folgt auf die Fächergruppen (berechnet nach Statistisches Jahrbuch der DDR 1975: 344-345): 55 Prozent Natur- und Technikwissenschaften, 26 Prozent Geistes- und Sozialwissenschaften, 15 Prozent Wirtschaftswissenschaften, 3 Prozent Rechtswissenschaften, 0,6 Prozent Journalistik und 0,3 Prozent Theologie.

6 Der überdurchschnittliche Anteil an Journalistikabsolventen in der ostdeutschen Elite (11 Prozent gegenüber 0,6 Prozent im Referenzjahrgang) erklärt sich daraus, daß die Journalistikabsolventen bereits zu DDR-Zeiten überwiegend im Mediensektor beschäftigt waren und dieser Sektor eine starke karrierestrukturelle Geschlossenheit aufweist, die sich auch an der westdeutschen Elite nachweisen läßt (vgl. Rebenstorf 'Karrieren' in diesem Band). Im Unterschied zum Politiksektor vollzog sich der Elitenaustausch im Mediensektor deshalb sektorintern, also zugunsten von Journalisten, die bislang keine hochrangigen Medien-

Unter dem Gesichtspunkt der Fachqualifikation hat sich demnach die Rekrutierungsbasis in Richtung ideologieneutraler Qualifikationen verschoben. Auch der Qualifikationsaspekt spricht somit mehr für die Transitions- als für die Reproduktionsthese.

3.3 Sektorale Rekrutierung: Verlagerung zur Humandienstleistungs-Intelligenz

Nach der Reproduktionsthese müßte die sektorale Rekrutierungsbasis der ostdeutschen Elite im wesentlichen mit jener der alten DDR-Elite übereinstimmen. Daraus wäre eine starke sektorale Kontinuität in den individuellen Karrieren zu folgern, während nach der Transitionsthese das Gegenteil, nämlich ein überwiegender Anteil von Sektorwechslern, zu vermuten ist. Sektorwechsel im Zuge von Wende und Vereinigung lassen sich durch den Vergleich der Erhebungspositionen für 1995 (nach der Wende) und den für 1988 abgefragten Erwerbspositionen (vor der Wende) ermitteln.

Tabelle VII-2 zeigt die Verteilung der Elite nach ihren Herkunftssektoren 1988 und ihren Ankunftssektoren 1995. Während die Verteilung der westdeutschen Elite zwischen 1988 und 1995 nur geringfügig variiert (21% Sektorwechsler), befindet sich der überwiegende Teil der ostdeutschen Elite (70%) heute in einem anderen Sektor als 1988 in der DDR. Dabei ist der Anteil der Sektorwechsler im Vergleich zum vorangehenden 7-Jahres-Intervall (1988 gegenüber 1981) innerhalb der westdeutschen Elite um nur etwa 4 Prozent und in der ostdeutschen Elite um knappe 60 Prozent angestiegen.[7] Diese Zahlen dokumentieren die Auswirkungen variierender institutioneller Entwicklungen auf die Karrieremobilität: Bei Kontinuität des institutionellen Kontextes besteht auch ein hohes Maß an sektoraler Karrierekontinuität, wohingegen institutionelle Umbrüche zu stärkerer sektoraler Mobilität führen.

---

funktionen ausübten. Der Mediensektor teilt mit dem Politiksektor allerdings die Gemeinsamkeit, daß der Elitenwandel in hohem Maße aus ostdeutschem Personal gespeist wurde. Dies ist durch die Interessenvermittlungsfunktion beider Sektoren begründet. Ihre Wahrnehmung erfordert eine authentische Repräsentation hinsichtlich geteilter politischer und kultureller Erfahrungen.

7 Wie für 1988 wurden Positionen auch für 1981 abgefragt. Der Personenkreis mit gültigen Positionsangaben für 1981 ist etwas kleiner als der für 1988. Prozentuierungsbasis (n) für 1981: West - 1.939, Ost - 194; für 1988: West - 1.999, Ost - 256.

Tabelle VII-2: Sektorale Verteilung von west- und ostdeutscher Elite: 1988 und 1995 im Vergleich (Spaltenprozent)

Sektoren	WEST 1988	WEST 1995	OST 1988	OST 1995
Politik	12,6	17,2	3,5	60,3
Verbände	6,7	9,8	2,0	7,4
Gewerkschaften	4,4	4,3	2,3	4,4
Medien	15,5	16,5	10,5	16,5
Kirchen	1,0	1,2	6,3	2,2
Wissensch./HDL	8,3	7,4	34,4	4,4
Wirtschaft	15,1	12,0	18,0	0,7
Verwaltung	23,2	22,9	3,9	4,0
Justiz	1,7	2,0	0,4	-
Militär/bewaffn. Organe	5,5	6,6	1,2	-
Sonstige	4,8	-	10,9	-
keine Erwerbspos.	1,5	-	6,6	-
Duncan-Index der Ungleichverteilung	10,2		70,5	
Basis (n)	1.999		256	

Was die sektorale Plazierung der ostdeutschen Elite in der Bundesrepublik angeht, offenbart Tabelle VII-2 eine deutliche Massierung im politischen Sektor und eine noch beachtliche Repräsentanz im Mediensektor. In den Sektoren Wirtschaft, Verwaltung, Justiz und Militär ist die ostdeutsche Elite dagegen kaum oder nicht vertreten. Dieses Muster folgt einer sektorspezifischen Funktionslogik: Die Sektoren, in denen die ostdeutsche Elite stark vertreten ist (Politik, Medien), zeichnen sich durch eine sehr generelle, nämlich interessenvermittelnde Funktion aus. Aus repräsentationspolitischen Gründen sind Ostdeutsche in diesen Sektoren nicht nur 'funktional unentbehrlich', sondern bringen - zumindest was Positionen in den neuen Bundesländern betrifft - sogar einen Plazierungsvorteil mit: die größere Vertrautheit mit dem politisch-kulturellen Erfahrungshorizont der zu repräsentierenden Bevölkerung. Dieser Plazierungsvorteil kann sich im politischen Sektor durchsetzen, weil die Eliten hier über Wahlen rekrutiert werden. Außerdem werden in den Sektoren mit interessenvermittelnder Funktion in erster Linie kommunikative Kompetenzen nachgefragt, die relativ unabhängig von systemspezifischen Fachqualifikationen sind. Im Hinblick auf die politiknahen Sektoren kann daher von einer generellen Fehlqualifikation Ostdeutscher keine Rede sein.

Demgegenüber ist der Aufstieg in den technokratischen Sektoren, in denen Ostdeutsche schwach oder nicht vertreten sind (Verwaltung, Wirtschaft, Justiz), an systemspezifische Fachqualifikationen gebunden, die man bis zur Wende nur im westdeutschen Bildungssystem erwerben konnte. Entsprechende Fachabschlüsse aus DDR-Zeiten erweisen sich angesichts der eingeschliffenen Laufbahnregeln in den technokratischen Sektoren als Fehlqualifikation. Gleichwohl ist zu erwarten, daß Ostdeutsche mit dem 'langen Marsch' durch das bundesdeutsche Bildungssystem nach und nach auch in die technokratischen Sektoreliten aufrücken werden. Insofern ist die gegenwärtige sektorale Ungleichverteilung der Ostdeutschen als ein mittelfristiger Übergangseffekt anzusehen.

In diesem Zusammenhang untermauert die heutige Sektorplazierung der ostdeutschen Elite die These, daß sich die neuen postsozialistischen Eliten in erster Linie als *politocracy* und *mediacracy*, nicht aber als *technocracy* etablieren würden (Konrad/Szelenyi 1991). In den technokratischen Sektoren der postsozialistischen Länder überwiege nämlich die Reproduktion der Alteliten, weil deren Erfahrungen für die Aufrechterhaltung der sozialen Ordnung unverzichtbar seien (vgl. Szelenyi/Szelenyi 1995). In dieser Hinsicht zeichnet sich die ostdeutsche Elitenzirkulation freilich durch eine wesentliche Besonderheit aus: An die Stelle der Reproduktion der alten Technokratie-Elite ist der Import westdeutscher Eliten getreten. In den technokratischen Sektoren haben sich daher lediglich die alten *Sub*eliten reproduzieren können (für den Wirtschaftssektor: Glotz/Ladensack 1995; zu Verwaltung und Justiz: Derlien 1997).

Aus sektoraler Perspektive ist nicht nur zu beachten, in welchen Sektoren sich die neue ostdeutsche Elite etabliert hat, sondern auch aus welchen Sektoren der DDR sie stammt. Unter diesem Blickwinkel ist Tabelle VII-2 zu entnehmen, daß der überwiegende Teil der ostdeutschen Elite (gut 34%) in der Wissenschaft beziehungsweise dem Humandienstleistungssektor der

DDR plaziert war. Darauf folgen die Sektoren Wirtschaft mit ca. 17 Prozent[8] sowie Medien (knapp 10%) und Kirchen (rund 6%). Alle übrigen Herkunftssektoren weisen nur verschwindend geringe Anteile auf. Gemessen am Beschäftigtenanteil dieser Sektoren in der DDR sind ehemalige Angehörige der Humandienstklasse in der ostdeutschen Elite klar überrepräsentiert, denn in diesem Sektor waren maximal 15 Prozent der Erwerbstätigen beschäftigt.[9] Für die Beschäftigtenanteile der anderen DDR-Sektoren waren keine zuverlässigen Angaben zu gewinnen. Sicher dürfte aber sein, daß ehemalige Angehörige der Medien und der Kirchen in der heutigen ostdeutschen Elite über- und Verwaltungsbedienstete unterrepräsentiert sind.

In den dargelegten Strukturen kommt zum Ausdruck, daß die ostdeutsche Nach-Wende-Elite vorrangig aus Sektoren stammt, in denen die akademische Qualifikation gegenüber politischem Engagement ein größeres Gewicht hatte als in anderen Sektoren (vgl. Endruweit 1987). Dem entspricht andererseits, daß eine hauptamtliche Position in den politischen Sektoren der DDR (Parteien, Massenorganisationen, gouvernementale und legislative Staatsorgane) ihren Karrierewert verloren hat. Immerhin waren nur 20 Befragte zu DDR-Zeiten hauptamtlich in einem dieser Bereiche tätig. Im Vergleich zur DDR-Elite, die vorwiegend aus diesen Sektoren stammte, ist also auch eine deutliche Verlagerung der *sektoralen* Rekrutierungsbasis zu konstatieren. Die Verlagerung erfolgte insbesondere zugunsten des für neue soziale Bewegungen typischen Einzugsfeldes. Betrachtet man nämlich die Schnittmenge von Intelligenzlern und ehemaligen Angehörigen der Humandienstklasse als Kernpotential neuer sozialer Bewegungen, so hat es einen Anteil von 30 Prozent in der ostdeutschen Elite. Das bedeutet eine massive Überrepräsentation gemessen an einem ostdeutschen Bevölkerungsanteil des Kernpotentials von nur ca. 2 Prozent (ermittelt aus ALLBUS 1994). Zwar ist das Kernpotential auch in der westdeutschen Elite überrepräsentiert (8 gegenüber 2% in der Bevölkerung), jedoch bei weitem nicht so deutlich.

---

8 Angesichts des kaum halb so großen Anteils von Wirtschaftswissenschaftlern (ca. 8%, vgl. Abb. VII-2) mutet diese Zahl zunächst erstaunlich an. Der Widerspruch löst sich jedoch leicht auf, da fast drei Viertel der im Wirtschaftssektor Beschäftigten einen technikwissenschaftlichen Abschluß hatten und von daher eher ingenieurstypische als managerielle Tätigkeiten ausübten.

9 Nach DDR-offizieller Lesart umfaßte die Intelligenz vor der Wende knapp 15 Prozent der Erwerbstätigen. Die offizielle Intelligenzdefinition umfaßte Hochschulabsolventen und Beschäftigte im Humandienstleistungssektor. Da unter diese Definition auch Hochschulabsolventen fielen, die nicht im HDL-Sektor beschäftigt waren, können die Beschäftigten des Humandienstleistungssektors nur eine Teilmenge innerhalb dieser 15 Prozent gebildet haben.

3.4 Hierarchische Rekrutierung: Verlagerung zur professionellen und unteren subelitären Intelligenz

Unter der Bedingung institutioneller Systemkontinuität ist der beste Prädiktor für den Aufstieg in die Elite, wie nahe eine Person in der Positionshierarchie bereits an die Elite herangerückt ist. Zumindest gilt das für moderne Gesellschaften, deren hoher Institutionalisierungsgrad eine entsprechend hochgradige Standardisierung von Karrieren bedingt. Das beste Maß der Aufstiegschancen in die Elite ist also die in der Positionshierarchie einer Gesellschaft erreichte Stufe. Ausgehend von der Reproduktionsthese ist zu erwarten, daß sich daran durch einen Regimewechsel nichts ändert. Zur Prüfung der Reproduktionsthese in der hierarchischen Dimension wurden die für 1988 angegebenen Positionen nach einer sechsstufigen Rangordnung klassifiziert.

Den höchsten Rang in der Positionshierarchie nimmt die *Elite* ein. Sie umfaßt die Inhaber von Spitzenpositionen der nationalen und regionalen Ebene.[10] Darunter liegt die Kategorie der *oberen Subelite*, das heißt die Spitzenvertreter von Einrichtungen der Kreis- und der Kommunalebene. Hieran schließt sich die *untere Subelite* an. Dazu gehören die Leiter eines organisationsinternen Bereichs, die nicht als öffentliche Repräsentanten einer ganzen Einrichtung in Erscheinung treten (typische Bezeichnungen wie Abteilungs-, Bereichs-, Stations- oder Sektorenleiter u.ä.). Als nächst tiefere Stufe folgen die *Professionen*, worunter Positionen gefaßt wurden, deren Besetzung einen Hochschulabschluß erfordert, aber keine Leitungsfunktion bedingt. Darunter liegt die Kategorie der *Subprofessionen*, die eine geringere Qualifikation erfordern. Auf der untersten Stufe der Positionshierarchie befinden sich Personen, die 1988 noch keine Erwerbsposition hatten (Kategorie *keine Erwerbsposition*). Sie verfügen naturgemäß über die geringsten Positionsressourcen.

Bereits die Tatsache, daß immerhin 50 Prozent der westdeutschen, aber nur 8 Prozent der ostdeutschen Elite schon 1988 zur Elite gehörten, spricht gegen die Reproduktionsthese.[11] Gleichwohl wäre es zu vorschnell, allein mit

---

10 Als regionale Ebene wurde für Positionen in der Bundesrepublik die Landes- und für Positionen in der DDR die Bezirksebene gewertet.

11 Im übrigen ließ sich der Verdacht ausräumen, daß der Anteil früherer DDR-Eliten in unserer Studie unterschätzt würde: Die aus öffentlich zugänglichen Quellen entnommenen Namen aller unserer Positionsinhaber wurden nämlich mit den Namen in einem biographischen Nachschlagewerk zur DDR (Buch 1987) verglichen. Dieses Nachschlagewerk enthält Angaben zu fast 2.000 wichtigsten Positionsinhabern aller gesellschaftlichen Bereiche der DDR. Der Anteil der Positionsinhaber in unserer Namensdatei, die zugleich im biographischen Nachschlagewerk erscheinen, betrug ebenfalls 8 Prozent. Aus datenschutz-

diesem Datum die Reproduktionsthese ad acta legen zu wollen, denn es gehört zu den normalen Begleiterscheinungen eines Regimewechsels, daß zumindest die Spitzenvertreter des ancien régime abdanken. Darüber hinaus wäre es eine unrealistische Annahme, die Chancenverteilung könne sich mit einem Regimewechsel derart umkehren, daß Personen aus den untersten Positionskategorien in die Elite aufsteigen. Die Entscheidung zwischen den Alternativhypothesen von Reproduktion und Transition ist deshalb in erster Linie anhand der Relation von oberer und unterer Subelite sowie Professionen zu fällen. Bei einer Repräsentanz in der Reihenfolge 'obere Subelite - untere Subelite - Professionen' wäre die Reproduktionsthese bestätigt, bei umgekehrter Reihenfolge dagegen die Transitionsthese.

Abbildung VII-3: Positionshöhe der Ostelite in der DDR 1988

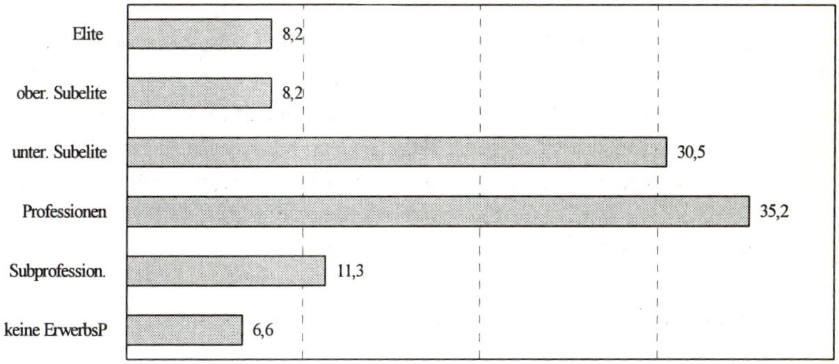

Basis (n): 256.

Abbildung VII-3 bestätigt die Transitionsthese, weil die Professionen die größte und die untere Subelite die zweitgrößte Aufstiegsgruppe bilden. Überhaupt wird das Gesamtbild von diesen beiden Gruppen dominiert, die zusammen fast zwei Drittel der ostdeutschen Elite ausmachen. Von diesen beiden Kategorien besteht sowohl nach unten als auch nach oben ein quantitativer Sprung. Der Sprung nach unten verleiht der Tatsache Ausdruck, daß im Zuge eines demokratischen Regimewechsels die professionelle Erfahrung den Aufstieg in die Elite filtert. Der Sprung nach oben verdeutlicht, daß Repräsentanten des ancien régime - auch wenn sie nur Spitzenvertreter lokaler und regionaler Einrichtungen waren - mit dem Regimewechsel weitgehend diskreditiert werden.

---

rechtlichen Gründen wurde der Abgleich ausschließlich anhand der Namensadatei vollzogen und nicht dokumentiert.

Andererseits ist allerdings bemerkenswert, daß ehemals Professionelle nur geringfügig stärker in der heutigen ostdeutschen Elite vertreten sind als Angehörige der unteren Subelite. Berücksichtigt man nämlich, daß die sozialistische Intelligenz nach den Daten der DDR-Lebensverlaufsstudie zu etwa 73 Prozent professionelle und zu etwa 14 Prozent leitende Tätigkeiten ausgeübt hat, ist eine Überrepräsentation und somit ein Plazierungsvorteil der unteren Subelite zu konstatieren. Dies sind die Inhaber früherer Leitungspositionen, die nicht an der Spitze, sondern innerhalb von Organisationen angesiedelt waren. An diese Art der Positionierung knüpfen sich im Kontext eines Regimewechsels zwei aufstiegsrelevante Vorteile: Zum einen waren diese Leitungspositionen nicht so exponiert, um ihre Inhaber derart zu diskreditieren wie die Inhaber von Spitzenpositionen; zum anderen vermittelten sie doch gewisse Leitungserfahrungen, die auch nach einem Regimewechsel nachgefragt werden. Vor diesem Hintergrund ist das auf die osteuropäischen Eliten bezogene Diktum vom Aufstieg der *second rank professionals* (Andorka 1993) oder der *deputy heads of departments* (von Beyme 1993b) auch für die ostdeutsche Elite zutreffend. Ebenso wie in sektoraler Hinsicht offenbart sich auch in der Positionshierarchie die Verlagerung der elitären Rekrutierungsbasis auf das alternative Elitenreservoir der DDR-Gesellschaft. In hierarchischer Hinsicht sind die Konturen dieses Reservoirs durch die professionelle und untere subelitäre Intelligenz der DDR markiert.

3.5 Politische Rekrutierung: Verlagerung zur politisch marginalisierten Intelligenz

In der DDR-Gesellschaft gab es im Prinzip vier Möglichkeiten der politischen Selbsteinordnung: als Mitglied der SED oder einer anderen Blockpartei sowie als Aktivist der oppositionellen Bürgerbewegung; schließlich konnte man sich für keine dieser Möglichkeiten entscheiden und damit politisch ungebunden bleiben. Die alternativen Erwartungen der Reproduktions- und der Transitionsthese können auch anhand dieser politischen Zuordnungsmöglichkeiten geprüft werden.

Berücksichtigt man, daß die Plazierung in der DDR-Elite praktisch zwingend an eine Parteimitgliedschaft, insbesondere in der SED, gebunden war, so wäre um so mehr von einer Elitenreproduktion zu sprechen, je deutlicher die heutige ostdeutsche Elite von früheren SED- und Blockparteimitgliedern dominiert wird. Hingegen würde desto mehr für die Transitionsthese sprechen, je mehr Ungebundene und Oppositionelle sich in der ostdeutschen Elite befinden.

Tabelle VII-3: Politische Gruppierung der heutigen ostdeutschen Elite in der DDR

	Fallzahl	Prozent
SED-Mitglieder	75	28,0
Blockparteimitglieder	47	17,5
Ungebundene	81	30,3
Oppositionelle	65	24,2
Summe	268	100

Die Verteilung in Tabelle VII-3 offenbart eine Verlagerung, die aber keiner vollständigen Umschichtung der Elitenrekrutierung gleichkommt, denn SED- und Blockparteimitglieder einerseits (46 Prozent) und andererseits Ungebundene und Oppositionelle (54 Prozent) halten sich in etwa die Waage.[12] Das leichte Übergewicht auf der Seite der Ungebundenden und Oppositionellen indiziert gleichwohl bemerkenswerte Verschiebungen der Elitenkomposition. Das gilt insbesondere für die Oppositionellen, deren Anteil an der DDR-Bevölkerung auf 0,3 Prozent gegen Ende der 80er geschätzt werden kann und somit massiv überrepräsentiert ist.[13] Indes bleibt zu bemerken, daß auch ehemalige SED- und Blockparteimitglieder mit 28 beziehungsweise knapp 18 Prozent gemessen an ihren Bevölkerungsanteilen von ehemals rund 18 und 3 Prozent überrepräsentiert sind. Dem entspricht auf der anderen Seite eine Unterrepräsentation der Ungebundenen mit 30 Prozent gegenüber rund 78 Prozent in der Vor-Wende-Bevölkerung.[14] Dennoch muß angesichts

12 Diese Variablen wurden auf der Grundlage der Fragen 62, 63 und 67 gebildet. Dabei zeigen die Befragten je nach früherer Parteizugehörigkeit oder oppositioneller Aktivität unterschiedliches und in sich konsistentes Antwortverhalten. Da die Fragen zur Parteimitgliedschaft und oppositionellen Aktivität im Fragebogen weit hinten plaziert waren, ist auszuschließen, daß Befragte eine Aktivität in der Opposition nur vorgaben und dann ihre Antworten dem zu vermutenden Einstellungsmuster eines Oppositionellen angepaßt haben.

13 Diese Schätzung stützt sich auf die optimistische Hochrechnung von Blattert et al. (1995: 404, Fn. 10), die zu rund 41.000 Oppositionsmitgliedern DDR-weit gelangt. Gemessen an der damals über 18-jährigen DDR-Bevölkerung von 12,8 Millionen Menschen (berechnet nach Statistisches Jahrbuch 1989: 359) entspricht dies 0,3 Prozent.

14 Die CDU hatte 1987 ca. 137.000 Mitglieder, die DBD 112.000, die LDPD 92.000 und die NDPD 91.000, was zusammen 432.000 Mitglieder von Blockparteien und somit einen Anteil von 3,4 Prozent an der erwachsenen Bevölkerung von 12,8 Millionen Personen ergibt (zu berücksichtigen ist hierbei, daß sich die 'Kunstprodukte' DBD und NDPD in der Wende auflösten und die CDU dabei den Mitgliederstamm der DBD und die LDP respektive FDP den der NDPD übernahm). Die SED hatte 1987 etwa 2.322.000 Parteimitglieder. Zusammen hatten Blockparteien und SED also 2.754.000 Mitglieder. Das entspricht einem Anteil von 21,7 Prozent an der erwachsenen DDR-Bevölkerung. Komplementär dazu er-

der Anteile von Oppositionellen und Ungebundenen eine Verschiebung der Elitenkomposition zu politischen Gruppen konstatiert werden, die im DDR-System praktisch keine Chance hatten, sich in der Elite zu plazieren. Unter dem Aspekt der politischen Rekrutierung kann also von einer Mischkonfiguration aus Reproduktion und Transition mit dominant transitorischen Elementen gesprochen werden.

Die Transitionstendenzen der politischen Rekrutierung treten deutlicher zutage, wenn die innerparteiliche Ämterhierarchie und damit der Integrationsgrad in Parteipolitik berücksichtigt wird. Die parteipolitische Integration läßt sich als sechsstufige Hierarchie darstellen: Ausgehend vom Nullniveau (keine Parteimitgliedschaft) nimmt die Integration über die Stufen ‘Mitglieder ohne Amtsfunktion - Mitglieder mit örtlicher Funktion - mit Kreisfunktion - mit Bezirksfunktion - mit DDR-weiter Funktion’ zu.

Abbildung VII-4: Integration der Ostelite in DDR-Parteipolitik:

Heutige Ostelite vor der Wende (Fallzahlen)

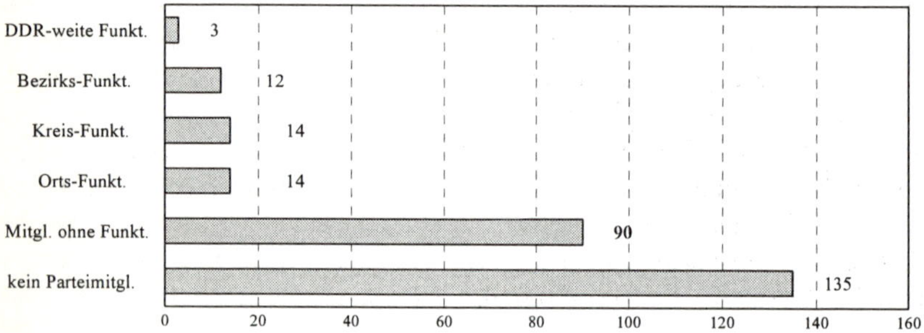

Basis (n): 268; Datenbasis: Potsdamer Elitenstudie 1995.

In bezug auf diese Hierarchie verdeutlicht Abbildung VII-4 ein Verteilungsgefälle, das sich genau umgekehrt zu den Erwartungen der Reproduktionsthese verhält. Besonders augenfällig ist hierbei der quantitative Sprung zwischen amtsführenden Mitgliedern einerseits und nicht-amtsführenden Mitgliedern und Nicht-Mitgliedern auf der anderen Seite. Geht man also davon aus, daß die Plazierungschancen in der DDR-Elite in aller Regel an die Inhaberschaft parteipolitischer Ämter gebunden waren, so haben Wende und Wiedervereinigung eine deutliche Verschiebung der Elitenkomposition zugunsten der parteipolitisch marginalisierten Intelligenz nach sich gezogen.

---

gibt sich ein Anteil von 78,3 Prozent Parteilosen an der Bevölkerung. Subtrahiert man davon die geschätzten 0,3 Prozent Oppositionellen, ist von einem Bevölkerungsanteil der Ungebundenen von rund 78 Prozent auszugehen (Daten aus Zahlenspiegel 1988: 19).

Fazit:
Trotz ihrer relativ zu den Westdeutschen noch geringeren Aufstiegschancen muß mit Blick auf jene Ostdeutschen, die durch das Rekrutierungssieb der Elite geschlüpft sind, eine deutliche Verlagerung der in der DDR-Gesellschaft zugeteilten Aufstiegschancen konstatiert werden. Das gilt gleichermaßen in bezug auf biologische, qualifikatorische, sektorale, hierarchische und politische Rekrutierungskriterien. Anhand dieser Kriterien zeichnet sich das alternative Elitenreservoir der DDR-Gesellschaft deutlich ab: *die zu einem beachtlichen Teil aus Frauen bestehende und ideologieneutral qualifizierte Intelligenz der Nachkriegsgenerationen, die vorwiegend als Humandienstklasse auf der professionellen und unteren subelitären Positionsstufe etabliert und dabei entweder gar nicht oder nur marginal in die parteipolitische Machtzuteilung integriert war.* Aufgrund der rigiden institutionellen Barrieren des DDR-Regimes war dieses Reservoir in der Nutzung seiner kognitiven Kompetenzen weitgehend blockiert. Es entspricht der bereits von Ludz (1970) beschriebenen 'institutionalisierten Gegenelite' und ist darüber hinaus mit dem typischen Einzugsfeld neuer sozialer Bewegungen identisch. Wie in den Beiträgen von Bürklin und Kaina in diesem Band sowie von Welzel (1997a) an anderer Stelle gezeigt, wird das auch in einer Reihe typisch postmaterialistischer Einstellungen der ostdeutschen Elite deutlich.

Die Angehörigen der ostdeutschen Elite waren vor der Wende zu immerhin einem Viertel, aber gleichwohl nicht mehrheitlich in der Bürgerbewegung aktiv. Das war auch nicht zu erwarten in einem autoritären Regime, das die Mobilisierung politischen Dissenses durch massive Repressionsdrohungen unterband. Gleichwohl besitzt die ostdeutsche Elite Charakteristika, die für neue soziale Bewegungen typisch sind. Es handelt sich insofern um die Angehörigen eines blockierten Bewegungsreservoirs, das erst im Zuge der Wende politisch aktiv werden konnte. Mit den typischen Charakteristika neuer sozialer Bewegungen sind universale sozial-strukturelle und -kulturelle Voraussetzungen gesellschaftlicher Demokratisierungsprozesse angesprochen, die sich mit gewissen Besonderheiten auch im sozialistischen Systemkontext entwickelt haben. Die Ausgrenzung der wachsenden Schicht der professionellen Intelligenz von der institutionellen Machtverteilung hatte zur Konsequenz, daß die gesellschaftliche Machtallokation immer losgelöster von der Kompetenzallokation erfolgte. In der *Disjunktion von Macht- und Kompetenzallokation* scheint einer der Gründe für die Formierung von Gegeneliten zu liegen. Dabei wird am ostdeutschen Transitionsbeispiel auch deutlich, daß zumindest in demokratischen Umbrüchen vor allem die für neue soziale Bewegungen typischen Gruppen mobilisiert werden und in die Elite aufsteigen. Die heutige Zusammensetzung der ostdeutschen Elite reflektiert von daher noch die Ausnahmesituation des Umbruchs. Mit zunehmender zeitlicher Distanz zu dieser einmaligen Zäsur ist daher eine Angleichung an die Zusammensetzung der westdeutschen Elite zu erwarten.

Teil B: Politische Sozialisation der ostdeutschen Elite

Vorbemerkung

Im folgenden soll gezeigt werden, daß die Zuordnung zu einer der vier politischen DDR-Gruppen kein Zufallsprodukt war, sondern *cleavages* der DDR-Gesellschaft reflektiert, die in der Wende handlungsrelevant wurden und bis heute einstellungsrelevant sind. Dabei erweisen sich die aktuellen ordnungspolitischen Präferenzen und Parteisympathien der ostdeutschen Elite als Endpunkte verschiedener Sozialisationspfade, deren Entwicklungslogik sich über den Regimewechsel bis ins politische System der Bundesrepublik fortsetzt. Der Regimewechsel war insofern keine 'Stunde Null' der politischen Standortbestimmung für die Angehörigen der ostdeutschen Elite.

1. Zur Handlungs- und Einstellungsrelevanz der politischen DDR-Gruppen

Unter dem Handlungsaspekt steht zunächst die Frage im Vordergrund, ob sich die Zugehörigkeit zu unterschiedlichen politischen DDR-Gruppen auf die Aktivitäten in der Wende ausgewirkt hat. Dabei ist vor allem das Engagement in der Bürgerbewegung von Interesse.

Ehemalige Oppositionelle sind der Bürgerbewegung definitionsgemäß schon für die Zeit vor der Wende zuzurechnen. Sie blieben darüber hinaus auch während der Wende in der Bürgerbewegung aktiv (Tab. VII-4). Ehemalige SED- und Blockparteimitglieder waren vor der Wende nicht in der Bürgerbewegung aktiv und haben sich auch während der Wende nur in geringem Umfang von ihr mitziehen lassen. Das gilt in besonderer Deutlichkeit für die SED-Mitglieder. Die ehemals Ungebundenen waren vor der Wende ebenfalls nicht in der Bürgerbewegung aktiv, sind dann aber im Zuge des Umbruchs zum überwiegenden Teil der Bürgerbewegung zugeströmt. Bei etwas mehr als der Hälfte von ihnen setzte das erste politische Engagement in der heißen Mobilisierungsphase zwischen Oktober 1989 und März 1990 ein (Tab. VII-4).[15] Die Vehemenz dieses Mobilisierungsschubs entspricht dem Modell einer 'spontanen Revolution' (Opp 1991), bei welcher ein bislang blockiertes Reservoir reformwilliger Kräfte plötzlich entfesselt wird.

Tabelle VII-4: Aktivität der politischen DDR-Gruppen in Mobilisierungsorganisationen der Wendezeit: Fallzahlen (Spaltenprozent)

Aktivität in:	politische Gruppen				Gesamt
	SED-Mitglieder	Blockparteimitgleder	Ungebundene	Oppositionelle	
mehrere Nennungen	1 (1,5)	3 (6)	11 (15)	**34** **(66)**	49 (21)
Neues Forum	1 (1,5)	5 (12)	9 (11)	**9** **(17)**	24 (10)
SDP/SPD		2 (5)	**15** **(20)**	2 (4)	19 (8)
Kirchengurpen		6 (14)	1 (2)	7 (13)	14 (6)
keine Nennung	**65** **(97)**	**27** **(63)**	39 (52)		131 (55)
gesamt	67 (28)	43 (18)	75 (32)	52 (22)	237 (100)

Cramer's V: .48

Diese Befunde lassen bereits erkennen, daß die Mehrheit der DDR-Parteimitglieder die Gelegenheit des Umbruchs nicht für einen Wechsel der politischen Heimatorganisation, sondern für die Mitwirkung an deren programmatischem und personellem Wandel genutzt hat. Komplementär dazu sollte man erwarten, daß die ehemals Ungebundenen und Oppositionellen kaum Bindungen zu den reformierten Altparteien entwickelt und ihr Engagement dafür auf die neuen Parteigründungen der Bürgerbewegung konzentriert haben. Tabelle VII-5 bestätigt diese Erwartung und verdeutlicht eine hohe Prägewirkung der tradierten politischen Zuordnungen auf die aktuellen Parteineigungen:[16]

15 Siehe Frage 68a des Fragebogens.

16 Grundlage hierfür ist ein Sympathie-Index, der aus den zehnstufigen Sympathieskalometern für die einzelnen Parteien gebildet wurde. In ihrer Parteineigung wurden die Befragten der Partei zugeordnet, der sie den höchsten Sympathiewert zugeteilt haben. Befragte, die ihren höchsten Sympathiewert zwei oder mehr Parteien aus dem rechten Spektrum (Republikaner, Unionsparteien, FDP) vergeben haben, wurden in die Kategorie 'rechtes

- frühere SED-Mitglieder weisen fast zur Hälfte der PDS ihre größte Sympathie zu;
- frühere Blockparteimitglieder zeigen zu 80 Prozent größte Sympathien für die Union oder die FDP;
- ehemals Ungebundene stehen zur Hälfte der SPD oder den Bündnisgrünen am nächsten (mit leichtem Vorsprung der SPD);
- damalige Oppositionelle besitzen zu gut 70 Prozent eine Vorliebe für die Bündnisgrünen oder die SPD (mit Schwerpunkt auf den Bündnisgrünen).

Diese Zusammenhänge belegen, daß die heutigen Parteisympathien der ostdeutschen Elite gleichsam Äquivalente der früheren politischen DDR-Gruppen darstellen. Die ostdeutsche Elite hat das westdeutsche Parteiensystem offenkundig in einer zu den tradierten politischen Trennlinien paßfähigen Form angenommen. Die politischen Lagergrenzen der DDR-Gesellschaft sind mit dem Regimewechsel nicht obsolet geworden, sondern haben lediglich neue institutionelle Formen gewonnen, die sich - mit Ausnahme der PDS - in den Organisationsbestand des westdeutschen Parteiengefüges eingliedern.

Die anhaltende Relevanz der tradierten DDR-Lager zeigt sich auch in ihrer differenzierenden Wirkung auf politische Einstellungen. Das gilt insbesondere für politische Ordnungspräferenzen, die nicht nur auf Unterschiede in einzelnen Sachfragen, sondern in prinzipiellen Fragen der konstitutionellen Gestalt des politischen Regimes verweisen. Für ein vollständiges Bild solcher Regimekonzepte muß man nach Eastons (1965) Systemmodell beide Halbkreisläufe des *policy cycle* im Auge behalten, nämlich den gesellschaftlichen *input*-Fluß in das politische System hinein und den staatlichen *output*-Strom aus ihm heraus. Im *input*-Bereich gehört zu den wichtigsten Streitfragen von langfristig konstitutioneller Bedeutung die nach dem Umfang demokratischer Mitbestimmungsrechte, wobei in letzter Zeit wieder eine verstärkte Diskussion um direktdemokratische Instrumente aufkeimt (Welzel 1997b). Im *output*-Bereich geht es hingegen um den Umfang staatlicher Regelungsverantwortung. Hier kreist die Diskussion um die Abgabe wohlfahrtsstaatlicher Verantwortung.

Spektrum' eingeordnet. In die Kategorie 'linkes Spektrum' wurden sie eingeordnet, wenn sie ihren höchsten Sympathiewert an zwei oder mehr Parteien des linken Spektrums vergaben (SPD, Bündnisgrüne, PDS). Die Kategorie 'Zwischenspektrum' faßt Befragte zusammen, die ihren höchsten Sympathiewert Parteien aus beiden Spektren zuwiesen.

Tabelle VII-5: Heutige Parteineigung nach politischer DDR-Gruppierung: Fallzahlen (Spaltenprozent)

heutige Parteisympathie:	politische DDR-Gruppen SED-Mitglieder	Blockpartei mitglieder.	Ungebun-dene	Oppositio-nelle	Gesamt
Union	7 (9)	**27** **(60)**	15 (18)	8 (13)	57 (21)
FDP		**9** **(20)**	2 (3)		11 (4)
rechtes Spektrum	1 (2)	1 (3)	1 (1)	2 (3)	5 (2)
Zwischenspektrum	7 (9)	4 (9)	12 (15)	3 (5)	26 (10)
linkes Spektrum	11 (15)		8 (10)	3 (5)	22 (8)
SPD	6 (8)	2 (4)	**25** **(31)**	**22** **(34)**	55 (21)
Bündnis '90	11 (15)	2 (4)	17 (21)	**25** **(39)**	58 (22)
PDS	**31** **(42)**		1 (1)	1 (1)	33 (12)
Gesamt	74 (28)	45 (17)	81 (30)	64 (25)	267 (100)

Cramer's V: .49

Nun kann man zu beiden Fragen jeweils zwei gegensätzliche Standpunkte einnehmen. Man kann für oder gegen mehr Demokratie und man kann für oder gegen die Abgabe von Staatsaufgaben sein.[17] Erst die jeweilige Kombination beider Haltungen definiert das Gesamtkonzept, nach dem sich eine Person das politische Regime wünscht. Dergestalt sind vier grundlegende Regimekonzepte unterscheidbar (Abb. VII-5):

17 Für die Skalenkonstruktion habe ich die uneingeschränkten Befürworter von Volksentscheiden (siehe Frage 79 des Fragebogens) gegen den Rest dichotomisiert. Hinsichtlich des Umfangs der Staatsaufgaben habe ich die Befürworter einer reinen Abgabe von Staatsaufgaben (Frage 82) gegen den Rest dichotomisiert.

Abbildung VII-5: Vierfeldermatrix der politischen Regimekonzepte

		Umfang Demokratie (Input)	
		eng	weit
Umfang Staat (Output)	eng	Minimalismus	Inputorientierung
	weit	Outputorientierung	Maximalismus

- Es kann jemand für mehr Demokratie und gegen die Abgabe von Staatsaufgaben sein. Das entspräche dem im weiteren Sinne sozial-demokratischen Verständnis einer partizipativen Demokratie und eines verantwortungsreichen Staates. Da nach diesem Leitbild sowohl der *input* als auch der *output* des politischen Systems auf hohem Niveau gehalten werden, läßt sich diese Regimekonzeption als *maximalistisch* kennzeichnen.
- Das genaue Gegenteil, nämlich keine Ausweitung der demokratischen Mitbestimmung zu wollen und eine Abgabe von Staatsaufgaben zu befürworten, entspricht dem bürgerlich-liberalen Verständnis von repräsentativer Demokratie und 'schlankem' Staat. Nach diesem Leitbild sollen sowohl der *input* als auch der *output* des politischen Systems auf niedrigem Niveau gehalten werden. Insofern kann man von einem *minimalistischen* Regimekonzept sprechen.

Das maximalistische und das minimalistische Regimekonzept sind jeweils konsistent in ihrer Vorstellung vom wünschenswerten *input/output*-Verhältnis (beide hoch oder beide niedrig). Die anderen beiden Konzepte sind in dieser Hinsicht inkonsistent:

- Personen, die viel Demokratie aber wenig Staat wollen, präferieren eine *inputorientierte* Regimekonzeption, die einem zivilgesellschaftlichen Leitbild folgt.
- Personen, die wenig Demokratie und viel Staat wollen, bevorzugen dagegen eine *outputorientierte* Regimekonzeption. Dahinter steht das Leitbild eines verantwortungsreichen, demokratisch aber nur aufs nötigste kontrollierten Staates.

Tabelle VII-6 läßt erkennen, daß die maximalistische Regimekonzeption die größte Unterstützung in der ostdeutschen Elite findet. Die darin zum Ausdruck kommende partizipativ-sozialstaatliche Orientierung entspricht den Erwartungen an eine demokratische Gegenelite, die im Staatssozialismus geprägt wurde (ausführlich Welzel 1997a). Sie steht deshalb auch im Kontrast zur westdeutschen Elite, in der das maximalistische Regimekonzept nur von 11 Prozent, das minimalistische Gegenkonzept aber von 56 Prozent unterstützt wird. Das minimalistische Regimekonzept stellt ein elitentypisches Präferenzmuster dar, weil Eliten generell die Begrenzung wohlfahrtsstaatlicher Verantwortung und demokratischer Mitbestimmung überdurchschnittlich stark befürworten (Hoffmann-Lange 1991).

Tabelle VII-6: Präferiertes Regimekonzept nach politischen DDR-Gruppen: Fallzahlen (Spaltenprozent)

Regimekonzept	politische DDR-Gruppen				Gesamt
	SED-Mitglieder	Blockparteimitglieder	Ungebundene	Oppositionelle	
maximalist. RK	**51** **(68)**	4 (8)	**32** **(39)**	**26** **(42)**	113 (42)
inputorient. RK	5 (7)	7 (15)	14 (17)	14 (23)	40 (15)
outputorient. RK	7 (9)	8 (17)	14 (17)	5 (8)	34 (13)
minimalist. RK	12 (16)	**28** **(60)**	22 (27)	17 (27)	79 (30)
gesamt	75 (28)	47 (17)	82 (31)	62 (24)	266 (100)

Cramer's V: .26

In diesem Zusammenhang zeigt Tabelle VII-6 auch systematische Differenzen innerhalb der ostdeutschen Elite:

1. Trotz eines insgesamt schon hohen Unterstützungsniveaus für das maximalistische Regimekonzept liegt die Unterstützung der SED-Mitglieder hier deutlich über dem Durchschnitt.
2. Ebenso deutlich über dem Durchschnitt liegt die Präferenz der Blockparteimitglieder für das minimalistische Regimekonzept. Die Blockparteimitglieder fallen damit aus dem Rahmen des Gesamtbildes der ostdeutschen Elite und bilden ihre gleichsam 'westlichste' Gruppierung.
3. Während sich die Präferenzen der SED- und Blockparteimitglieder jeweils auf ein bestimmtes Regimekonzept konzentrieren, liegen die Prioritäten der Oppositionellen und Ungebundenen näher an der Randverteilung. Zu vermerken ist allenfalls eine leicht überdurchschnittliche Unterstützung des inputorientierten Regimekonzepts bei den ehemaligen Oppositionellen.

Die offenkundige Bedeutung der politischen DDR-Lager für die aktuellen Parteisympathien und politischen Grundkonzepte der ostdeutschen Elite eröffnet eine historische Perspektive, die auf die Sozialisationsbedingungen der DDR zurückverweist. Der nächste Abschnitt gilt daher dem Versuch, der

Entwicklungslogik politischer Sozialisationspfade in der DDR auf die Spur zu kommen.

2. *Politische Sozialisationspfade der ostdeutschen Elite*

Im Interesse eines besseren Verständnisses politischer DDR-Sozialisation stellt sich die Frage, wie sich die bisher diskutierten Merkmale zu distinkten Sozialisationspfaden verknüpfen. Es ist naheliegend, in diese Fragestellung weitere sozialisationsrelevante Variablen einzubeziehen, die bis an die Wurzeln der individuellen Biographien zurückreichen. Aus der Potsdamer Elitenstudie kann hierzu auf die erzieherische Prägung sowie auf den Bildungsabschluß und die Erwerbsposition der Väter unserer Befragten zurückgegriffen werden.[18] In zweidimensionalen Kreuztabellen ist leicht zu sehen, daß sich die vier politischen DDR-Gruppen in diesen und den bisher angesprochenen Merkmalen mehr oder minder klar voneinander unterscheiden. Sie bilden gewissermaßen vier distinkte Sozialisationscluster, die sich idealtypisch wie folgt charakterisieren lassen (genauere Dokumentation in Welzel 1997a):

SED-Mitglieder: Ehemalige SED-Mitglieder sind durch eine *sozialistische Erziehung* geprägt. Ihre Väter haben in überdurchschnittlichem Maße lediglich einen Hauptschulabschluß erreicht und waren vorwiegend Staatsbedienstete. Als dominant kann man von daher den *kleinbürgerlichen Hintergrund der Staatsdienstklasse* ansehen. Ehemalige SED-Mitglieder haben in überdurchschnittlichem Maße Journalistik studiert, was eine *ideologienahe und karrierespezifische Qualifikationsorientierung* anzeigt. Beruflich haben sie sich überwiegend im *Mediensektor* etabliert. Unter den ehemaligen SED-Mitgliedern befindet sich der größte Teil von Angehörigen der *oberen* DDR-Subelite, wenngleich auch unter den SED-Mitgliedern die untere Subelite und die Professionellen dominieren. Darüber hinaus präferieren die ehemaligen SED-Mitglieder am stärksten ein *maximalistisches* Regimekonzept. Sie bilden die

18 Was die erzieherische Prägung angeht, können die Fragen nach der Rolle, die die religiöse Erziehung sowie die Erziehung zum sozialistischen Klassenbewußtsein im Elternhaus gespielt haben, zu einem Index verknüpft werden. Die Bedeutung dieser beiden Erziehungsziele sollte von den Befragten auf einer 10-Punkte-Skala eingestuft werden. Aus der Korrelationsanalyse beider Merkmale ergibt sich erwartungsgemäß ein negativer Zusammenhang (Pearson's r von -.43). Auf dessen Grundlage wurden diejenigen, die der Rolle der Erziehung zum sozialistischen Klassenbewußtsein den höheren Skalenwert zugewiesen haben, unter der Rubrik 'sozialistische Erziehung' zusammengefaßt. Umgekehrt wurde die Kategorie 'religiöse Erziehung' gebildet. Personen, die beiden Erziehungszielen den gleichen Skalenwert vergeben haben, sind durch ihre Eltern weder in sozialistischer noch in religiöser Hinsicht dominant geprägt und können demzufolge in die Kategorie 'ambivalente Erziehung' eingeordnet werden.

einzige Gruppe, deren Parteisympathien überwiegend bei der *PDS* (gefolgt von den Bündnisgrünen) liegen. Neigungen zu den bürgerlichen Parteien bestehen kaum.

Blockparteimitglieder: Blockparteimitglieder genossen eine eher *religiöse Erziehung*. Auch unter ihren Vätern dominieren niedrige Bildungsabschlüsse auf Hauptschulniveau. Beruflich war ein überdurchschnittlicher Anteil der Väter in kommerziellen Berufen tätig. Besonders typisch ist somit ebenfalls ein *kleinbürgerlicher Hintergrund*, allerdings in der marginalen *kommerziellen Dienstklasse* der DDR. Ehemalige Blockparteimitglieder haben in erster Linie technikwissenschaftliche Fächer studiert. Darin kommt eine zwar *ideologieneutrale*, aber dennoch *karrierespezifische Qualifikationsorientierung* zum Ausdruck. Vor diesem Hintergrund kann die Mitgliedschaft in einer Blockpartei als Kompromiß zwischen einer gewissen ideologischen Distanz und einer starken Karriereorientierung interpretiert werden. Frühere Blockparteimitglieder haben sich vorwiegend im *Wirtschaftssektor* etabliert (vor allem in Ingenieurtätigkeiten) und dort überdurchschnittlich Positionen der *unteren subelitären Ebene* bekleidet (u.a. technische Direktoren). Ihre politischen Vorstellungen basieren auf einer *minimalistischen Regimekonzeption*. Damit bilden sie - und nicht die ehemals Oppositionellen - die eigentlichen Antipoden zu den früheren SED-Mitgliedern. Ihre Parteisympathien liegen vorwiegend bei den *bürgerlichen Parteien* der Bonner Koalition mit einer deutlichen Abneigung gegenüber den Parteien des linken Spektrums, insbesondere der PDS.

Ungebundene: Die ehemals Ungebundenen sind *die für die gesamte ostdeutsche Elite typischste Gruppe*, denn ihre Merkmale heben sich am wenigsten aus der Randverteilung heraus. Sie haben am häufigsten naturwissenschaftliche Fächer studiert, was eine *ideologieneutrale sowie karriereunspezifische Qualifikationsorientierung* anzeigt. Die meisten der ehemals Ungebundenen haben sich in der *Humandienstklasse* etabliert und dort vorwiegend Positionen der *professionellen Hierarchiestufe* bekleidet. Die relative Mehrheit von ihnen präferiert ein maximalistisches Regimekonzept. Ihre Parteisympathien liegen überwiegend bei der *SPD*, gefolgt von den Bündnisgrünen. Aber auch der Anteil an Unionssympathisanten ist unter den ehemals Ungebundenen noch verhältnismäßig hoch.

Oppositionelle: Ehemalige Anhänger der Bürgerbewegung genossen in ebenso überdurchschnittlichem Maße eine *religiöse Erziehung* wie die ehemaligen Blockparteimitglieder. Was sie in der elterlichen Prägung aber von diesen unterscheidet, ist das hohe Bildungsniveau ihrer Väter, die in überdurchschnittlichem Maße einen Hochschulabschluß erworben haben. Darüber hinaus waren die Väter vorwiegend Angestellte in betrieblichen Einrichtungen, vermutlich in qualifizierten und hoch qualifizierten Tätigkeiten. Hier überwiegt also der *bildungsbürgerliche Hintergrund der professionellen Dienstklasse*. Das typischste Merkmal an der Qualifikationsorientierung der ehemals Oppositionellen ist der hohe Anteil von *Theologen*. Wie bei den Ungebundenen stellen aber auch unter ihnen die Naturwissenschaftler den größten Anteil. Insofern zeigt sich also eine in jedem Falle *ideologieneutrale bis -konträre Karriereorientierung*. Entsprechend erfolgte die berufliche Etablierung in der Humandienstklasse oder in der *Kirche*, innerhalb letzterer teilweise auch auf *Elitepositionen*. Am deutlichsten vom Durchschnitt weichen die früheren Oppositionellen im Hinblick auf ihre stärker *inputorientierte Regimekonzeption* ab. Der hiermit verbundene Fokus auf Partizipation kann als besonders typisch für demokratische Gegeneliten gelten. Die Parteisympathien der ehemals Oppositionellen liegen überwiegend bei den *Bündnisgrünen*, knapp gefolgt von der SPD. Wie bei allen anderen DDR-Gruppen (mit Ausnahme der SED-Mitglieder) besteht eine deutliche Distanz zur PDS.

Vor dem Hintergrund dieser Strukturen erhebt sich die Frage nach dem relativen Gewicht und der kausalen Verknüpfung der einzelnen Faktoren innerhalb der jeweiligen Lebensverläufe. Zur Klärung dieser Frage ist das Instrument der Pfadanalyse geeignet. Dazu waren die einzelnen Merkmale in einer Kausalfolge anzuordnen. Grundlage der Anordnung ist die zu vermutende zeitliche Lagerung der Merkmale im Lebensverlauf. Aus den entsprechenden Überlegungen ergibt sich die Struktur des in Abbildung VII-6 dargestellten Pfadmodells:

Abbildung VII-6: Pfadmodell zur politischen Sozialisation der ostdeutschen Elite

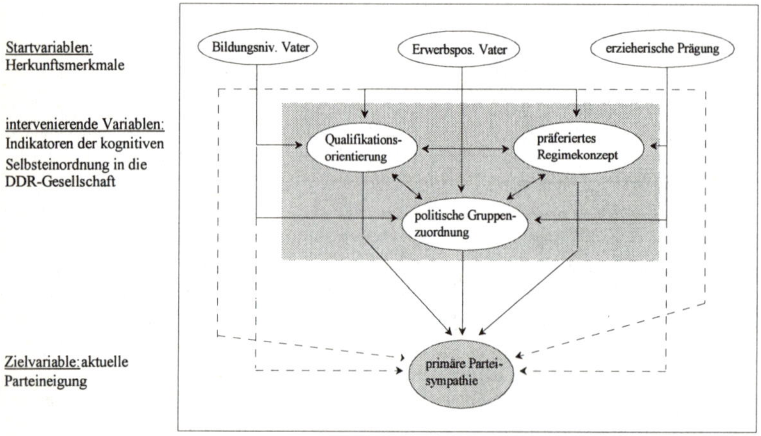

Pfeilrichtung: Richtung der vermuteten Kausalwirkung; gestrichelte Linie: vermuteter geringer Einfluß

Als *Startvariablen* fungieren die Herkunftsmerkmale (väterlicher Bildungsabschluß und Erwerbsposition, erzieherische Prägung), da sie am weitesten an den Ursprung der Biographien zurückreichen. Die Herkunftsmerkmale wirken auf einen *Block intervenierender Variablen* ein, die als Indikatoren der individuellen Standortbestimmung in der DDR-Gesellschaft zu interpretieren sind (Qualifikationsorientierung, politische Gruppenzuordnung, präferiertes Regimekonzept). Die zeitliche Lagerung dieser drei Merkmale ist nicht bekannt. Auch theoretisch ist unklar, ob die Beziehungen zwischen diesen Merkmalen eindeutig gerichtet sind. Deshalb wurde eine wechselseitige Beeinflußung angenommen, so daß die Pfeile zwischen diesen drei

Merkmalen beidseitig gerichtet sind. Verfolgt man das Modell weiter nach unten, ist zu erkennen, daß unmittelbare Effekte aller drei Indikatoren der gesellschaftlichen Selbstzuordnung auf die heutige Parteisympathie angenommen werden. Sie ist zugleich die *Zielvariable* des Gesamtmodells.

Nach diesem Kausalmodell wurden vier Pfadanalysen auf jeweils dichotomisierte primäre Parteisympathien berechnet: höchste Sympathie für die PDS im typischen Sozialisationspfad der ehemaligen SED-Mitglieder, höchste Sympathie für Union oder FDP im Sozialisationspfad der Blockparteimitglieder, höchste Sympathie für die Bündnisgrünen (Oppositionelle) sowie höchste Sympathie für die SPD (Ungebundene). Das allgemeine Modell läßt 20 Kausalbeziehungen zu. Welche der theoretisch zugelassenen Effekte aber auch statistisch relevant sind, konnten erst die Pfadanalysen zeigen.[19]

In Abbildung VII-7 für die PDS-Sympathisanten erweisen sich 11 der 20 zugelassenen Effekte als relevant. So hat unter den Herkunftsmerkmalen die Staatsbedienstung des Vaters keinen Einfluß auf irgendein anderes Merkmal im Sozialisationspfad. Von einer sozialistischen Erziehung wirken hingegen starke Effekte auf die SED-Mitgliedschaft (beta: .30) und auf die Präferenz einer maximalistischen Regimekonzeption (.22) sowie ein mäßiger Effekt auf das Journalistikstudium (.14). Ein unvermittelter Einfluß auf die PDS-Sympathie besteht jedoch nicht. Ein väterlicher Hauptschulabschluß hat generell nur schwache Effekte, wenngleich einer davon auf die PDS-Sympathie durchschlägt (.08). Die drei Merkmale der gesellschaftlichen Selbsteinordnung stehen, wie erwartet, unter starkem wechselseitigen Einfluß. Entgegen den Vermutungen ist der wechselseitige Einfluß zwischen Journalistikstudium und maximalistischer Regimekonzeption aber negativ (-.25/-.26). Darüber hinaus wirkt sich das Journalistikstudium negativ auf die PDS-Sympathie aus (-.24). Der in den bivariaten Analysen erkennbare positive Zusammenhang zwischen PDS-Sympathie und Journalistikstudium ist also über die SED-Mitgliedschaft vermittelt: Nur Journalistikabsolventen, die einmal Mitglied der SED waren, haben auch überdurchschnittliche Sympathien für die PDS. Demgegenüber hat eine maximalistische Regimepräferenz auch unabhängig von einer früheren SED-Mitgliedschaft einen positiven Einfluß auf

19 Sie wurden jeweils durch eine Staffelung multivariater Regressionen mit dummy-Variablen realisiert, wobei stets alle theoretisch zugelassenen Effekte auf eine abhängige Variable simultan berechnet wurden. Als Pfadkoeffizienten sind die standardisierten beta-Koeffizienten der Regressionsanalysen angegeben. Es wurden nur Effekte mit einer Irrtumswahrscheinlichkeit unter 10 Prozent in die Darstellung aufgenommen. Prozentangaben in Klammern hinter einem Merkmal geben an, wieviel der Varianz dieses Merkmals durch die auf es einwirkenden Effekte erklärt wird.

die PDS-Sympathie (.22). Letztere wird indes am stärksten von der früheren SED-Mitgliedschaft bestimmt (.55).

Abbildung VII-7: Pfadanalyse zur politischen Sozialisation der PDS-Sympathisanten

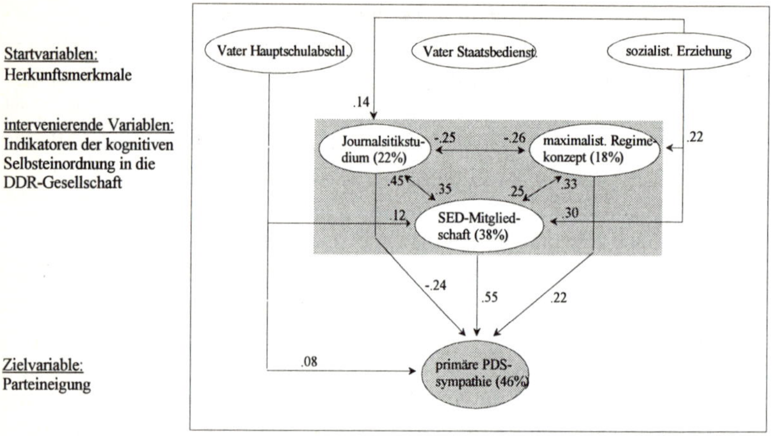

Basis (n): 257; Pfadkoeffizienten: Beta-Koeffizienten (nur Koeffizienten mit Irrtumswahrscheinlichkeit kleiner 10% (entspr. Signifikanz des T-Werts)); Prozentangaben in Klammern: erklärte Varianz entspr. 'adj. r square'

In der Analyse für die Sympathisanten der Bonner Koalitionsparteien (Abb. VII-8) erweisen sich 9 der 20 möglichen Effekte als relevant. Die Paßgüte des Modells liegt wie in der vorherigen Analyse bei einer erklärten Varianz in der Zielvariablen von 46 Prozent und damit auf vergleichsweise hohem Niveau. Im Unterschied zum Sozialisationspfad der PDS-Sympathisanten geht hier von allen drei Herkunftsmerkmalen zumindest ein signifikanter Effekt aus. Ferner ist der Einfluß der Qualifikationsorientierung auf die Parteisympathie hier, wie erwartet, positiv (.11). Ansonsten aber gleicht die Effektstruktur in Stärke und Beziehungsrichtung dem Sozialisationspfad der PDS-Sympathisanten: Auch im Pfad der Koalitionssympathisanten hat die frühere politische Gruppenzuordnung (hier: Blockparteimitgliedschaft) den stärksten Einfluß auf die heutige Parteisympathie (.41), knapp gefolgt von der präferierten Regimekonzeption (.36).

Die Sozialisationspfade der ehemals Ungebundenen und Oppositionellen auf die SPD- und die Bündnisgrünen-Sympathie weisen deutliche Überschneidungen auf. Sie grenzen sich deshalb weniger voneinander als vielmehr gegenüber den Sozialisationspfaden der Koalitions- und PDS-Sympathisanten ab. Der dritte Sozialisationspfad umfaßt somit ein breiteres Merkmalsspektrum, das sich pfadanalytisch weniger übersichtlich abbilden läßt. Auf eine Darstellung wird daher verzichtet. Es sei aber erwähnt, daß die

Effektstruktur in einem zentralen Aspekt den anderen Sozialisationspfaden ähnelt: Stärksten Einfluß auf die höchste Parteisympathie zugunsten der SPD *oder* der Bündnisgrünen hat die frühere Zugehörigkeit zu den Ungebundenen *oder* Oppositionellen. Auch hier ist es also die politische Zuordnung in der DDR-Gesellschaft, die den größten Beitrag zur Erklärung der heutigen Parteisympathie leistet.

Abbildung VII-8: Politischen Sozialisation der Unions-/FDP-Sympathisanten

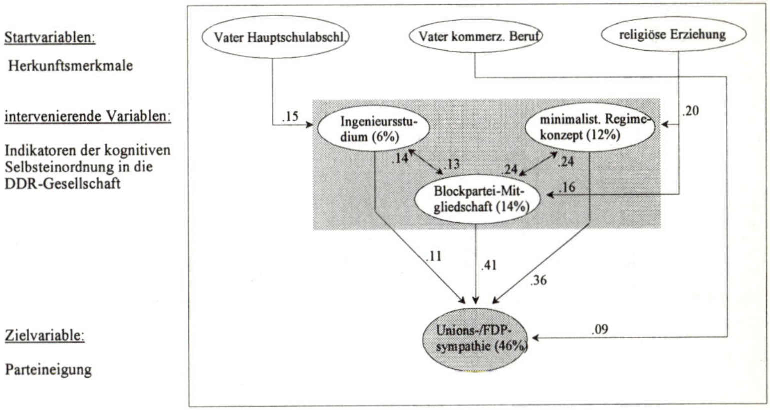

Basis (n): 257; Pfadkoeffizienten: Beta-Koeffizienten (nur Koeffizienten mit Irrtumswahrscheinlichkeit kleiner 10% (entspr. Signifikanz des T-Werts)); Prozentangaben in Klammern: erklärte Varianz entspr. 'adj. r square'

Zwei Gesichtspunkte verdienen vor diesem Hintergrund nachdrücklich hervorgehoben zu werden: erstens, daß sich aus der Plazierung in der DDR-Gesellschaft relativ trennscharfe politische Sozialisationspfade herausschälen, sowie zweitens, daß die heute von der ostdeutschen Elite präferierten Regimekonzepte und Parteineigungen *keinen Bruch, sondern eine logische Fortsetzung dieser Sozialisationspfade* bilden. Die gegenwärtigen politischen Einstellungen sind also *pfadabhängig*, was zugleich impliziert, daß die Entwicklungslogik der Sozialisationspfade *über den Regimewechsel hinaus* wirksam geblieben ist. In diesem Zusammenhang gewinnt noch eine weitere Überlegung an Bedeutung: Politische Ordnungspräferenzen, wie sie hier mit der Regimekonzept-Skala operationalisiert wurden, reflektieren sehr prinzipielle politische Grundhaltungen, die im Unterschied zu themenspezifischen Einstellungen langfristig stabil sind. Aus diesem Grund sollten die Angehörigen der ostdeutschen Elite zu DDR-Zeiten keine wesentlich anderen Regimekonzepte präferiert haben als heute. Unter dieser Annahme bilden die von der ostdeutschen Elite präferierten Regimekonzepte nicht nur den Referenzrahmen für die Bewertung des politischen Systems der Bundesrepublik, sondern waren dies auch schon für die Bewertung des politischen Systems der DDR. Demzufolge müßten sich die unterschiedlichen Motive für den Unterstützungsentzug gegenüber dem DDR-Regime aus den Regimekonzepten erschließen lassen. Diese Möglichkeit fordert eine Replik auf die Ursachen der Wende geradezu heraus.

Schluß: Replik auf die Ursachen der Wende

Im Vorfeld der Wende gab es in der DDR nur vergleichsweise schwache Anzeichen politischer Opposition. Zu erwähnen sind die Aktivitäten der zahlenmäßig kleinen Bürgerbewegung, aber auch die Proteste an der Parteibasis der SED (zu letzteren Bortfeldt 1992; Welzel 1992). Andererseits aber hat sich in der Herbstkrise 1989 keine politische Gruppierung für den Erhalt des etablierten Regimes eingesetzt. Das gilt selbst für die obere Subelite (Friedheim 1993 spricht von *middle level elites*), so daß die in ZK und Politbüro versammelte Elite mit ihren Versuchen zur Rettung des Regimes isoliert stand. Man kann sogar sagen, daß seit der Herbstkrise alle politischen DDR-Gruppen auf die Umwälzung des etablierten Regimes hingewirkt haben. Davon sind selbst weite Teile der SED-Basis nicht auszunehmen. Erst auf deren Demonstrationen hin sahen sich ZK und Politbüro Anfang Dezember zu Rücktritt und Selbstauflösung gezwungen.

Vor diesem Hintergrund ist es verfehlt, politische Gruppen, die nicht schon vor der Wende in offener Opposition zum Regime standen, als regimekonforme Kräfte zu kennzeichnen (so aber Derlien 1997, wenn er die Reformkräfte in der PDS und den Blockparteien als systemkonforme Eliten bezeichnet). Eine solche Charakterisierung verkennt die Realität von Autokratien, die aufgrund ihrer Repressionsdrohungen eine Unterdrückung nonkonformer Regimepräferenzen erwirken (vgl. zum Konzept der Präferenzunterdrückung Kuran 1992). Das tatsächliche Ausmaß an Regimeunterstützung wird in Autokratien erst sichtbar, wenn Zweifel an der Repressionsfähigkeit des Regimes aufkeimen. Solche Zweifel begründen *experimentelle Ausnahmesituationen*, indem sie Anreize freisetzen, die Entschlossenheit der Elite zur Verteidigung des etablierten Regimes auf die Probe zu stellen (Welzel 1995). Erst als das in der Herbstkrise 1989 der Fall war, wurde deutlich, daß abgesehen von der Elite praktisch alle politischen Gruppen durch einen prinzipiellen Dissens gegenüber dem etablierten Regime verbunden waren. Allerdings gab es je nach Gruppierung unterschiedliche Ansatzpunkte des Regimedissenses.

Als Ansatzpunkte für Dissens gegenüber dem Realsozialismus kommen die beiden Hauptstrukturbereiche politischer Regimes in Betracht: die *output*-Strukturen, die im Realsozialismus durch die uneingeschränkte staatliche Regulierung von Wirtschaft und Gesellschaft gekennzeichnet waren, sowie die *input*-Strukturen, deren Hauptkennzeichen die Blockade demokratischer Mitbestimmungsmöglichkeiten war. Welcher der beiden Strukturbereiche zum Hauptgegenstand der Ablehnung geriet, ergibt sich aus den Regimekonzepten, die von den politischen DDR-Gruppen jeweils präferiert werden (vgl. die idealtypische Übersicht in Tabelle VII-7). So wurde durch die maximalistische Regimepräferenz der SED-Mitglieder zwar die staatliche Regulierung von Wirtschaft und Gesellschaft (*output*), nicht aber die Unterdrückung demokratischer Mitsprachemöglichkeiten (*input*) getragen. Von daher ist verständlich, warum gerade aus den Reihen der von Entscheidungspositionen ferngehaltenen SED-Intelligenz seit 1987 die heftigste Kritik an den innerparteilichen Strukturen laut wurde und sie auch die maßgeblichen Protagonisten des innerparteilichen Demokratisierungsprozesses stellte (z.B. Bisky, Gysi und die Brüder Brie).[20] Den Schwerpunkt der politischen Wendeprogrammatik der PDS bildete unter diesen Voraussetzungen die innerparteiliche Demokratisierung bei gleichzeitiger Sicherung sozialistischer Wirtschaftsprinzipien gegen eine Vereinigung mit der Bundesrepublik.

Die minimalistische Regimepräferenz der Blockparteimitglieder richtete sich primär gegen den Wirtschaft und Gesellschaft durchdringenden staatlichen *output*. Folgerichtig haben die Blockparteien in der Wende am entschiedensten den raschen Beitritt zur Bundesrepublik befürwortet. Die Übernahme der bundesdeutschen Marktwirtschaft versprach nämlich eine Rückführung der staatlichen Wirtschaftsregulierung, wie sie im Rahmen einer fortexistierenden DDR schwerlich durchsetzbar schien.

Die stärker inputbetonten Regimepräferenzen der Oppositionellen richteten sich eher gegen die undemokratischen Strukturen als gegen den Umfang der staatlichen Aufgabenwahrnehmung. Entsprechend lag der Fokus der politischen Wendeprogrammatik bei den Altoppositionellen eindeutig auf der Basisdemokratisierung des Regimes und weniger auf der Rückführung der staatlichen Aufgabenverantwortung im Wirtschafts- und Sozialbereich. Da

20 Hintergrund waren die Streichung der reformorientierten sowjetischen Zeitschrift 'Sputnik' von der Postvertriebsliste und das berühmte 'Tapetenwechsel'-Interview des SED-Chefideologen Kurt Hager (vgl. Bortfeldt 1992: 21-37; Welzel 1992: 52-54).

die Demokratisierung auch im Rahmen einer fortexistierenden DDR möglich schien, stand man dem Ziel der Wiedervereinigung distanziert gegenüber.

Tabelle VII-7: Regimekonzeptuelle Aspekte der Ablehnung des Realsozialismus nach politischer DDR-Gruppierung (idealtypisch)

politische DDR-Gruppierung:	Dimension des politischen Regimes	
	staatlicher Output: uneingeschränkte Regulierung v. Wirtschaft und Gesellschaft	gesellschaftlicher Input: Blockade demokratischer Mitbestimmung
SED-Mitglieder	-	X
Blockpartarteimitgld.	XX	-
Ungebundene	?	X
Oppositionelle	-	XX

(-): kein Gegenstand der Ablehnung; (X): Gegenstand der Ablehnung; (XX): Hauptgegenstand der Ablehnung; (?): unklar.

Bei den Ungebundenen besteht am wenigsten Klarheit hinsichtlich der dominierenden Ansatzpunkte für Systemopposition in der Wende. Das macht sich auch darin bemerkbar, daß die aus diesem Spektrum am stärksten unterstützte Partei, namentlich die SPD, in der Vereinigungsfrage zwischen den Fronten stand.

Spiegelbildlich zur Ablehnung des DDR-Regimes stellt sich auf der Grundlage der präferierten Regimekonzepte die Unterstützung des bundesdeutschen Regimes dar: Aus dem maximalistischen Regimekonzept der PDS-Sympathisanten ergibt sich als Hauptkritikpunkt ein Defizit an staatlicher Verantwortung im Wirtschafts- und Sozialbereich. Aus dem inputorientierten Regimekonzept der Bündnisgrünen-Anhänger (in Nachfolge der Altoppositionellen) resultiert als Kritikpunkt vor allem ein Defizit an basisdemokratischen Strukturen. Das minimalistische Regimekonzept der Koalitionsanhänger (in Nachfolge der Blockparteimitglieder) verträgt sich demgegenüber am besten mit der gegenwärtigen Rückführung staatlicher Verantwortung und der Beschränkung demokratischer Mechanismen auf das repräsentative Prinzip.

Allerdings ist zu vermerken, daß die Kritikpunkte, die sich aus den einzelnen Regimekonzepten der ostdeutschen Elite ergeben, dem politischen Regime der Bundesrepublik keine kategorischen, sondern *graduelle* Akzeptanzprobleme bereiten, denn es steht keine autokratisch-staatssozialistische

Regimealternative zur Debatte, sondern es geht um die Fragen der Fortschreibung demokratischer Prinzipien und die Grenzen der staatlichen Aufgabenreduktion. Die Zukunft wird zeigen, ob dem politischen System der Bundesrepublik daraus konstitutionelle Reformimpulse erwachsen.

Abschließend ist die anfangs gestellte Frage, ob sich die ostdeutsche Elite aus einer demokratischen Gegenelite der DDR-Gesellschaft rekrutiere, zu bejahen. Freilich handelte es sich dabei um eine handlungsblockierte Gegenelite, die politisch erst aktiv wurde, als die experimentelle Ausnahmesituation der Herbstkrise 1989 entsprechende Handlungsanreize freisetzte. Hieraus ist eine klare Schlußfolgerung zu ziehen: Die Analyse der Demokratisierungschancen scheinbar stabiler Autokratien muß sich an der Größenordnung der typischen Trägergruppen demokratischer Einstellungen orientieren und darf sich nicht von der mangelnden Sichtbarkeit aktiver Opposition irreführen lassen. Der analytische Fokus ist also von aktiven Gegeneliten in ihr soziales Rekrutierungsfeld zu verlegen. Wann sich hieraus aktive Gegeneliten formieren, ist eine andere Frage, die auf ereignisbedingte Öffnungen der politischen Gelegenheitsstruktur verweist.

Kapitel VIII
Elitenintegration durch Kommunikation? Eine Analyse der Kontaktmuster der Positionseliten

Martina Sauer und Kai-Uwe Schnapp

1. Problemstellung

Moderne Gesellschaften befinden sich in einem anhaltenden Prozeß funktionaler Differenzierung. Hierbei entstehen verschiedene autonome gesellschaftliche Handlungs- und Kommunikationssphären, die als gesellschaftliche Teilsysteme spezifische Funktionen erfüllen. Die Autonomie der Teilsysteme führt zu Problemen bei der Erhaltung eines Maßes an Koordination der Teilsysteme, das die Überlebensfähigkeit der Gesellschaft sichert. Dieses Problem ist auch deshalb gravierend, weil alle Teilsysteme zur Sicherung ihrer Handlungsfähigkeit wechselseitig aufeinander angewiesen sind.

Dem politischen System kommt hier die Funktion zu, die auseinandertreibenden Teilsystemrationalitäten zu reintegrieren. Es kann diese Funktion aufgrund der zunehmenden Komplexität und Interdependenz jedoch nicht mehr angemessen unter Verweis auf seine „staatliche Autorität" erfüllen, sondern muß sich die Kompetenz und Handlungskapazitäten der anderen Teilsysteme zunutze machen. Das erfolgt in unterschiedlichen Formen intersystemischer Kommunikation, die in sogenannten „Verhandlungssystemen" ihren institutionellen Rahmen findet (Willke 1992a: 135; Scharpf 1991: 622; Herzog 1991: 7; Ulrich 1994: 163). Zur Erhaltung der Integrations- und Steuerungsfähigkeit des politischen Systems sind Kommunikationsnetzwerke zwischen den verschiedenen Teilsystemen vonnöten, in denen die gesellschaftlichen Akteure allgemein akzeptable Problemlösungen aushandeln können (Mayntz 1987: 92; Scharpf 1988: 63). In diesen Netzwerken werden Entscheidungen vorbereitet, die schließlich als gesellschaftlich bindend vom politischen System verabschiedet werden.

Weil die adäquate Einbindung der Eliten aller Funktionssysteme in diese Netzwerke als zentrale Voraussetzung für den Erhalt der Steuerungsfähigkeit angesehen wird, untersucht dieser Artikel, wie die einzelnen Teileliten in bestehende Kommunikationsnetzwerke eingebunden sind. Hier sind folgende Fragen zu beantworten:

1. Sind die Eliten verschiedener Teilsysteme in unterschiedlichem Maße in die Kontaktnetzwerke eingebunden?
2. Gibt es Teilsysteme, die eine zentrale Stellung in den Kontaktnetzen einnehmen? In Anlehnung an eine Reihe theoretischer Forschungsergebnisse (z.B. Willke 1983, 1992a; Herzog 1982; Ulrich 1994) wird insbesondere die Stellung des politisch-administrativen Systems im Kontaktnetz der Positionseliten untersucht.
3. Wie sind die Positionseliten der östlichen Bundesländer in das etablierte Kontaktnetzwerke eingebunden?
4. Haben Sektor- sowie Parteizugehörigkeit, Positionshöhe, Verweildauer in einer Position/Organisation und Tätigkeit in mehreren Sektoren einen Einfluß auf die Einbindung individueller Akteure in die Kontaktnetze?

Unsere Argumentation wird sich entlang folgender Punkte entwickeln: Zur theoretischen Einordnung werden die Steuerungsprobleme und Fragen von Elitenkooperation und -autonomie an eine differenzierungstheoretische Basis rückgebunden. Das Konzept des „akteurszentrierten Institutionalismus" (Mayntz/Scharpf 1995b: 40-44) leitet in die empirische Analyse der Kontaktmuster über.

Zunächst wird untersucht, inwieweit die Eliten der einzelnen gesellschaftlichen Sektoren[1] Kontakte zu verschiedenen Institutionen oder Organisationen unterhalten (sektorale Kommunikations*muster*). Das klärt auch, in welchem Maße Informationsaustausch zwischen den einzelnen Sektoreliten und den verschiedenen Institutionen und Institutionengruppen stattfinden kann.

Es folgt die Darstellung sektorinterner und -externer Kontakt*häufigkeiten* (Anzahl realisierter Kontakte in Relation zur maximal möglichen Anzahl der Kontakte). Sektorexterner Kontakt wird als Maß für die Einbindung der einzelnen Sektoreliten in das intersektorale Kontaktnetzwerk der gesamten Führungsschicht genommen. Des weiteren werden Faktoren untersucht, die möglicherweise Einfluß auf die Kontakthäufigkeiten ausüben.

---

1 Um die theoretische und die empirische Ebene der Diskussion voneinander abzugrenzen, wird, wenn es sich um die theoretische Ebene handelt, von „gesellschaftlichen Teilsystemen" gesprochen, während zur Bezeichnung der empirischen Entsprechungen der Begriff des „Sektors" oder des „gesellschaftlichen Sektors" verwendet wird. Diese Unterscheidung ist gewählt, weil es keine eindeutige und allgemein anerkannte theoretische Einteilung der gesellschaftlichen Teilsysteme gibt, die dem Anspruch an eine empirische Kategorisierung genügen könnte.

Darüber hinaus wird gefragt, inwieweit die Sektorzugehörigkeit das Kontaktverhalten prägt. Je schwächer die sektorale Prägung der Kontaktmuster, so die zugrunde gelegte Annahme, desto besser sind die Voraussetzungen dafür, daß Elitenkommunikation einen Beitrag zur Integration der Eliten leisten kann.

2. Elitenkooperation und Steuerungsproblem

2.1 Gesellschaftliche Differenzierung und Probleme der Integration

Die Theorie der funktionalen Differenzierung beschreibt die Entwicklung moderner Gesellschaften als Prozeß der Ausdifferenzierung von Teilsystemen, die arbeitsteilig die zur Erhaltung der Gesellschaft notwendigen Funktionen übernehmen. Teilsysteme werden hier verstanden als autonome Handlungs- und Kommunikationssphären. Ein ausreichender Grad an Autonomie dieser Funktionssysteme wird als Bedingung dafür gesehen, daß sie die von ihnen erwarteten Leistungen erbringen können (Luhmann 1986: 203). Indem jedoch Teilsysteme mit wachsender Autonomie auch zunehmend ihrer Eigenrationalität folgen, wird - wie schon frühe Differenzierungstheoretiker wie Durkheim (1977) und Parsons (1976) feststellten - ein sinnvolles Interagieren der Teilsysteme und ihre Rückbindung an das Gesellschaftssystem als Ganzes problematisch (Luhmann 1984). Diese Rückbindung (Reintegration) ist aus zwei Gründen notwendig. Zum einen verstärkt die Verselbständigung der Teilsysteme ihre wechselseitige Abhängigkeit. Zum anderen müssen die einzelnen Teilsysteme ihre Handlungen derart koordinieren, daß diese zugleich dem Überlebensinteresse der Gesellschaft als Ganzes gerecht werden. Teilsysteme müssen so miteinander verbunden sein, daß ein der Interdependenz der Teilsysteme und der Komplexität gesellschaftlicher Strukturen entsprechender dichter Informationsaustausch gewährleistet ist.

Das Integrationsproblem wird von zwei für unseren Gegenstand zentralen Forschungsrichtungen aufgegriffen. Zum einen ist das die sich an systemtheoretische Ansätze anlehnende Debatte um Steuerungsprobleme und Steuerungsmöglichkeiten in modernen Gesellschaften,[2] zum anderen die Diskussion um Elitendifferenzierung und Elitenkooperation.[3] Beide Ansätze können verstanden werden als theoretische Widerspiegelung von Steuerungs- und Stabilitätsproblemen, die mit der zunehmenden funktionalen Differenzierung moderner Gesellschaften entstanden sind. Diese theoretischen Ansätze beziehen sich somit letztlich auf die Frage nach „der Handlungsfähigkeit des Staates am Ende des zwanzigsten Jahrhunderts“ (Scharpf 1991). Gemeinsam ist beiden Ansätzen, daß sie, obwohl sie auf verschiedenen Ebenen der Analyse angesiedelt sind, Kommunikation und Kooperation zwischen den Teilsystemen bzw. Teileliten als Bedingung für Integration und demnach auch für die Erhaltung der Steuerungsfähigkeit herausstellen. Die Interaktion von Entscheidungsträgern soll im ersten Ansatz in Verhandlungssystemen kollektiver Akteure, im zweiten durch Elitennetzwerke hergestellt werden.

2.2 Steuerungs- und elitentheoretische Ansätze zur Lösung des Integrationsproblems

Das politisch-administrative System hat die Aufgabe, gesellschaftliche Integration zu sichern, indem es kollektiv bindende Entscheidungen herstellt und durchsetzt. Diese Funktion rückt das politisch-administrative System ins Zentrum einer vernetzten Struktur der gesellschaftlichen Teilsysteme. Insbesondere in funktional differenzierten Gesellschaften mit verschiedenen gesellschaftlichen Machtpotentialen ist es sowohl für die Funktionsfähigkeit als auch für die Legitimation der politischen Ordnung von entscheidender Bedeutung, daß das Teilsystem, in dem die öffentliche, durch Wahl legitimierte Verantwortlichkeit liegt, strategisch einen Knotenpunkt im Steuerungssystem einnimmt (Herzog 1991: 6-12).

Mit der Rechtsetzungskompetenz, dem Gewaltmonopol und der Steuerhoheit verfügt das politisch-administrative System über beträchtliche Machtressourcen (Schimank 1992: 171). Dennoch nimmt seine Steuerungsfähigkeit

---

2 Vgl. u.a. Luhmann 1984, 1986, 1989; Willke 1983, 1987, 1993; Scharpf 1988, 1989, 1991, 1992b, 1993b; Mayntz 1987, 1988; Mayntz/Scharpf 1995c; Etzioni 1975; Schimank 1985, 1992;. Etzioni-Halevi 1993; Ulrich 1994.

3 Vgl. u. a. Zapf 1965; Dahrendorf 1965; Field/Higley 1983; Higley/Pakulski 1995; Putnam 1976; Higley/Hoffmann-Lange/Kadushin/Moore 1991; Hoffmann-Lange 1992; Herzog 1982, 1989, 1991,1993.

als Folge der gesellschaftlichen Differenzierung ab,[4] da andere Teilsysteme mit ihrer zunehmenden Verselbständigung auch an Handlungsautonomie gewinnen.[5] Entscheidungen des politisch-administrativen Systems haben kaum noch eine Chance auf Implementation, wenn diese Entscheidungen ohne Abstimmung mit den betroffenen Teilsystemen erfolgen. Die Handlungsressourcen, auf deren Basis sich die Teilsysteme steuernden Eingriffen entziehen können, wachsen mit ihrer zunehmenden Autonomie (Willke 1987) wie umgekehrt mit zunehmender Autonomie die Machtressourcen der einzelnen Teilsysteme wachsen. Das politisch-administrative System kann sich deshalb nicht mehr vornehmlich auf die herkömmlichen Steuerungsmedien Geld, Recht und staatliche Gewalt stützen, sondern muß sich auf prozedurale Steuerung verlegen, bei der die relevanten gesellschaftlichen Akteure in Programmformulierung, Entscheidungsfindung und Implementation eingebunden werden (Mayntz 1987: 106). Die zunehmende Verselbständigung gesellschaftlicher Teilsysteme führt aber auch dazu, daß sie dem politisch-administrativen System Steuerungspotentiale zur Verfügung stellen und es von der Erfüllung eines Teils des sich ständig ausweitenden Aufgabenbestandes entlasten können und ihm durch Expertenwissen für die Entscheidungsfindungsprozesse nötige Informationen liefern. Ohne die Mitgestaltung der Teilsysteme wäre das politisch-administrative System kaum mehr in der Lage, die komplexen Aufgaben gesellschaftlicher Steuerung zu erfüllen. Durch Verhandlungssysteme von Akteuren des politisch-administrativen Systems und anderer Teilsysteme kann die gesellschaftliche Steuerungskapazität insgesamt erweitert und somit dem wachsenden Steuerungsbedarf zumindest bedingt angepaßt werden.[6] Hierbei kommt es zu einem relativen Machtzuwachs der „anderen" Teilsysteme gegenüber dem politisch-administrativen System. Letzteres wird dadurch aber auch von Aufgaben entlastet, die es nicht oder nicht mehr erfüllen kann (Mayntz 1988: 36, 1987: 104; Traxler 1993; Lehmbruch/Schmitter 1982; Willke 1987).

---

4 Die Steuerungsfähigkeit der immer noch vornehmlich nationalstaatlich verfaßten politisch-administrativen Systeme nimmt auch als Folge fortschreitender Globalisierung ab. Auf diesen Aspekt muß im Interesse einer fokussierten Darstellung aber verzichtet werden.

5 Zum Problem des Verhältnisses von Autonomie und Kooperation vgl. Etzioni-Halevy 1993: 103-121.

6 Das von Scharpf als Verflechtungsdilemma diskutierte Legitimationsproblem nicht demokratisch konstituierter Verhandlungssysteme (Scharpf 1993b: 41) wird wahrgenommen, kann aber an dieser Stelle nicht erörtert werden.

Teilsysteme sind als eigenständige Handlungs- und Kommunikationszusammenhänge mit eigener Sprache und Logik definiert (Parsons 1976). Von dieser Definition ausgehend wird angenommen, daß Kommunikation vor allem durch funktionale Erfordernisse geprägt ist und vorwiegend sektorintern stattfindet. Die Verständigungsmöglichkeiten zwischen den Akteuren verschiedener Teilsysteme erscheinen aus dieser Sicht begrenzt.

Andererseits geht Parsons davon aus, daß zwischen den Teilsystemen sogenannte „Zonen der Interpenetration" existieren (vgl. auch Münch 1988, 1991). Diese Zonen können als Überlappungen der Teilsysteme aufgefaßt werden. Wendet man das systemzentrierte Konzept der Interpenetration akteurtheoretisch, kommt man zu der Überlegung, daß die Träger der Interpenetration der Teilsysteme individuelle Akteure sind, die in verschiedenen Teilsystemen agieren. Diese Akteure entwickeln eine „multilinguale Kommunikationskompetenz" (Scharpf 1989: 23; Ulrich 1994: 177), die es ihnen ermöglicht, sinnvoll an den Kommunikationsprozessen verschiedener Teilsysteme teilzunehmen und interne Kommunikation des einen Teilsystems für andere übersetzten zu können. So werden die Kommunikationsbarrieren zwischen den Teilsystemen überwunden, die aufgrund der verschiedenen Funktionslogiken bestehen. Das Ausmaß an Überlappungen durch teilsystemübergreifende Kommunikation kann als ein Kriterium für die Beurteilung der Integrationschancen und von daher auch als Kriterium für die Steuerbarkeit gesellschaftlicher Prozesse herangezogen werden.

Im Modell der Verhandlungssysteme kommt demnach handelnden individuellen und korporativen Akteuren eine eigene Bedeutung zu. Gesellschaftliche Prozesse werden als in bestimmten Strukturen ablaufende und durch Funktionen determinierte, letztlich aber durch Personen gestaltete Prozesse verstanden. Handelnde Personen unterliegen zwar bestimmten strukturellen Restriktionen, sie sind diesen Restriktionen aber nicht hilflos ausgeliefert. Schließlich werden die Strukturen durch Handeln ständig verändert, so daß vormaliges Handeln neue Möglichkeiten und Grenzen für künftiges Handeln schafft (Sztompka 1991: 105-112). Für gesellschaftliche Steuerung ist es deshalb von entscheidender Relevanz, wer was an welcher Stelle tut. Mayntz und Scharpf (1995b) prägen den Begriff des „akteurszentrierten Institutionalismus", womit sie der Überzeugung Ausdruck verleihen, daß strukturelle Gegebenheiten, wie sie sich insbesondere in institutionellen Arrangements manifestieren, zwar einen Einfluß auf den „Gang der Dinge" haben, daß aber auch das Handeln individueller und institutioneller Akteure einen entscheidenden Einfluß auf die Prozeßergebnisse hat, weshalb es von einer an Steuerungsfragen interessierten Wissenschaft nicht ignoriert werden darf. Unter diesem Aspekt erhält die Untersuchung des Kontaktverhaltens der Inhaber von Elitenpositionen als wichtiger Prädikator für die Möglichkeit von Verhandlungssystemen und somit für die Chancen erfolgreicher gesellschaftlicher Steuerung ihren analytischen Wert.

Die Elitenforschung hat sich dem Integrationsproblem funktional differenzierter Gesellschaften schon sehr früh zugewandt. Bereits Dahrendorf (1965) und Zapf (1965) beschäftigten sich in den 60er Jahren mit diesem Problem. Eine wichtige Stellung innerhalb der elitentheoretischen Diskussion nimmt das elitenzentrierte Entwicklungsmodell demokratischer Gesellschaften von Field und Higley (1983; weiterentwickelt u.a. in Higley/Burton 1989; Higley/Pakulski 1995) ein. Ausgehend von der Frage nach den Bedingungen für die Stabilität von Demokratien wird hier über die Notwendigkeit horizontaler Integration der Eliten als zentraler Voraussetzung für die Stabilität moderner Demokratien diskutiert. Die verschiedenen Sektoreliten werden dabei als Repräsentanten verschiedener Interessenlagen verstanden.

Die Herausbildung verschiedener Teileliten als ein Ergebnis der Ausgestaltung funktionaler Teilsysteme wurde insbesondere von Herzog (1982: 23-27, 1991) thematisiert. Im Ergebnis dieser Entwicklung wird, so Herzog, „[...] den Führungsgruppen eine neue funktionale Bedeutung [verliehen]; sie werden zugleich unabdingbar als Anwalt von und als Vermittler zwischen partikularen Ansprüchen der Gesellschaft" (1982: 23). Zugleich mit der Vertretung teilsystemspezifischer Interessen müssen Eliten eine Funktion der Koordinierung und Kooperation erfüllen, wenn die Gesellschaft nicht in disruptive Konflikte oder Stagnation verfallen soll. „Die Funktion von Eliten (in pluralistischen Systemen) ist somit nicht nur die der Interessenaggregation, -artikulation und -vertretung, sondern auch diejenige des Interessenausgleichs, also der gesellschaftlichen 'organischen Solidarität' bzw. 'Kohäsion'. [Eliten] sind sowohl partikuläre Agenten als auch zugleich Steuerungsgruppe für interorganisatorische Kooperation und gesamtgesellschaftliche Entscheidungs- und Handlungsfähigkeit" (Herzog 1982: 23-24).

In Herzogs Betrachtungsweise wird deutlich, daß Elitenkooperation und das Erbringen gesellschaftlicher Steuerungsleistungen zwei Seiten einer Medaille sind. Er betont, daß in hochdifferenzierten modernen Gesellschaften die Steuerbarkeit gesellschaftlicher Prozesse durch staatliche Akteure in zunehmendem Maße davon abhängt, ob Eliten anderer Teilsysteme zur Mitgestaltung dieser Steuerungsprozesse bereit sind, und ob die staatlichen Akteure die bestehenden Interdependenzen erkennen. „Die Beziehungen des Staates zu den anderen gesellschaftlichen Einheiten [sind] nicht länger hierarchisch, sondern *retikular*, also in der Form eines kommunikativen Netzwerkes zwischen Zentrum und Peripherie zu verstehen" (Herzog 1991: 7). Das politisch-administrative System kann zwar im Bedarfsfall auf seine

(Staats-)Autorität zurückgreifen, im Regelfall geschieht das aber nicht, denn eine Entscheidungsakzeptanz bei den Steuerungs"objekten", die aus tatsächlicher Entscheidungsbeteiligung erwächst, erhöht die Chancen der tatsächlichen Umsetzung gegenüber einer erzwungenen Handlungsweise deutlich (Manytz/Scharpf 1995a).

Die inhaltliche Gemeinsamkeit von Elitenforschung und neuerer Steuerungstheorie ergibt sich daraus, daß beide die Rolle individueller Akteure als auch die Bedeutung teilsystemübergreifenden Kommunikation für gesellschaftliche Steuerungsprozesse betonen. Während die Elitentheorie die Bedeutung individueller Führungspersonen und der Elitenkohäsion[7] (vgl. Rebenstorf 'Karrieren' in diesem Band) quasi per Selbstdefinition in den Mittelpunkt stellt, kommt die Steuerungstheorie auf die Individuen zurück, wenn Kommunikation zwischen Teilsystemen nicht mehr strukturell erklärbar ist. Führungspersonen - also individuelle Akteure - sind aber letztlich auch diejenigen, welche Steuerungsentscheidungen treffen. Die Steuerungstheorie braucht den Rückgriff auf individuelle Akteure und ihr Handeln deshalb auch, um auf der Mikroebene Steuerungsprozesse beschreiben zu können. Diese Beobachtungsperspektive wurde von Mayntz und Scharpf treffend als „akteurszentrierten Institutionalismus" bezeichnet.

Im Kontext dieser Arbeit ist die inhaltliche Gemeinsamkeit von Elitenforschung und Steuerungstheorie bedeutend, weil sie einen bruchlosen Wechsel der Beobachtungsperspektiven erlaubt. Die Steuerungstheorie rückt strukturell-funktionalistische Aspekte in den Mittelpunkt, während die Elitentheorie ihr Hauptaugenmerk auf die individuellen Akteure richtet. Beide Ansätze fassen teilsystemübergreifende Kommunikation und Kooperation als Voraussetzung für Steuerungs- und Handlungsmöglichkeiten auf. Kooperation findet zwischen Akteuren statt, die in institutionalisierten Kommunikationszusammenhängen handeln. Ein ausreichender Grad an Elitenkommunikation als Bedingung ihrer Koordinationsfähigkeit wird zur elitentheoretisch gewendeten Formulierung der notwendigen Integration der Handlungslogiken der verschiedenen Teilsysteme und umgekehrt.

---

7 Vgl. zum Konzept der Kohäsion Rebenstorf 'Karrieren' und Schnapp 'Soziodemographie' in diesem Band.

2.3 *Kommunikation in institutionalisierten Netzwerken*

Trotz der sowohl steuerungs- als auch elitentheoretisch herausgearbeiteten Bedeutung teilsystemübergreifender Kommunikation für gesellschaftliche Integration läßt die Eigenrationalität der Teilsysteme Kommunikation nicht als selbstverständlich erscheinen. Zu fragen ist deshalb, ob Interelitenkommunikation vorhanden ist und wenn ja, in welchem Maß und zwischen welchen Teilsystemen.

In der Bundesrepublik Deutschland ist ein großer Teil des Kontaktnetzes der Eliten über institutionelle Arrangements vorgegeben. So soll auf struktureller Ebene verhindert werden, daß die Handlungsweisen der verschiedenen Teilsysteme sich voneinander abkoppeln. Eine zentrale Position in diesem institutionalisierten Kontaktnetz nehmen die intermediären Organisationen ein, deren Beteiligung an Kommunikations-, Verhandlungs- und Steuerungsprozessen zum Teil direkt in Gesetzen und Verordnungen festgelegt ist. Hier bestimmt z.B. die Gemeinsame Geschäftsordnung der Bundesministerien, daß Interessenverbände mit ihren Anliegen und Positionen im administrativen Prozeß der Gesetzesentwicklung anzuhören sind,[8] und ihr Expertenwissen zur Regelung der sie betreffenden Angelegenheiten zu nutzen ist (vgl. z.B. Hesse/Ellwein 1992: 225-226). Daneben gibt es auch die informell „abgesicherte" Beteiligung von Interessengruppen und Verbänden z.B. über Vertreter dieser Organisationen, die zugleich Mitglied einer Bundestagsfraktion sind und für die Fraktionen die Arbeit in den Ausschüssen übernehmen, für die sie durch ihre Verbandszugehörigkeit auch den größten Sachverstand aufweisen. Schließlich werden offizielle Verbandsvertreter auch regelmäßig als Experten zu Ausschußsitzungen des Parlamentes eingeladen (Hirner 1993).

Diese Art der Vermittlung spezieller Interessen in den politischen Prozeß hinein steht nicht nur klassischen Interessen (z.B. ökonomische Interessen) zu Verfügung. Auch Anliegen der „Neuen Politik" finden mittlerweile verbandsförmigen Ausdruck, womit sie die entsprechende Berücksichtigung im politischen Prozeß erfahren. Das stellen Umweltlobbyverbände wie der Bund für Umwelt- und Naturschutz (BUND) oder der Naturschutzbund Deutschland (NaBu) unter Beweis.

Neben diesen im Steuerungsprozeß etablierten Interessen gibt es aber auch Interessen, deren Vermittlung (noch) nicht institutionalisiert ist. Hier denken wir vor allem an spezifisch ostdeutsche Interessen, die aufgrund der

8 Vgl. Gemeinsame Geschäftsordnung der Bundesministerien, Teil II, §§ 24, 25.

unterschiedichen Lebenslagen und Kontexte in den Neuen Ländern zwar vorhanden sind, aber noch nicht lange genug existieren, um schon hinreichend in den Kommunikationsnetzwerken der Eliten präsent zu sein. Die Einbindung ostdeutscher Führungskräfte in das gesamtdeutsche Elitenkommunikationsnetz sollte zwar über hergebrachte Mechanismen institutionell gesichert sein, verdient aber aufgrund der Besonderheiten der neuen Bundesländer eine gesonderte empirische Überprüfung.

Hypothesen

Bereits in der Einleitung wurde spezifiziert, welchen Fragen im Rahmen dieser Untersuchung nachgegangen wird. Im folgenden sind anhand der dargestellten Theorien Hypothesen über die empirisch zu erwartenden Kontaktmuster formuliert:

1. Organisationen aller Sektoren sind als Kontaktadressaten in das Kommunikationsnetz eingeschlossen.
2. Die Führungskräfte aller Sektoren weisen im Aggregat Kontakte zu Organisationen anderer Sektoren auf.
3. Die Häufigkeit der sektorexternen Kontakte der Führungskräfte aller Sektoren ist so groß, daß von einer effektiven kommunikativen Vernetzung der Sektoren ausgegangen werden kann und keine Sektorelite von der Interelitenkommunikation ausgeschlossen ist.
4. Die Kontaktmuster der Eliten sind durch die Sektorzugehörigkeit bestimmt.
5. Das politische System bildet einen zentralen Punkt im Netzwerk der Elitenkontakte.
6. Eliten ostdeutscher Herkunft weisen aufgrund ihrer Sozialisation andere Kommunikationsmuster auf als Eliten westdeutscher Herkunft.
7. Eliten mit Hauptarbeitsort in den neuen Bundesländern weisen andere Kommunikationsmuster auf als Eliten mit Hauptarbeitsort in den alten Bundesländern.

3. Datenbasis und Analysetechniken

Die theoretische Perspektive des „akteurszentrierten Institutionalismus" harmoniert ideal mit dem Auswahlansatz der vorliegenden Studie. Gemäß dem hier verwendeten Positionsansatz (vgl. Hoffmann-Lange u.a. 1981; Hoffmann-Lange 1992: 85-89; Machatzke 'Positionsauswahl' in diesem Band) wurden für die Elitebefragung Personen ausgewählt, die aufgrund ihrer Position in einer bestimmten Organisation an Entscheidungen von gesellschaftlicher Reichweite beteiligt sind oder maßgeblichen Einfluß auf solche Entscheidungen ausüben können. Sie sind demnach Personen, die in den steuerungsrelevanten Kontaktnetzwerken vertreten sein sollten (Hoffmann-Lange 1992: 90-93). Der Positionsansatz zur Bestimmung der Untersuchungspopulation beinhaltet die Verknüpfung der strukturellen und der individuellen Aspekte gesellschaftlicher Steuerung, wie sie vom akteurszentrierten Institutionalismus theoretisch begründet wird.

Da Kommunikation an sich schwer meßbar ist, sollen über die Analyse von Kontakten der Führungskräfte zu Institutionen und Organisationen Aussagen zur Existenz von Kommunikationsnetzwerken zwischen den Eliten, und damit auch zu einer wichtigen Voraussetzung von Integration durch Kommunikation und der Steuerung gesellschaftlicher Prozesse gemacht werden. Hierbei gehen wir von der Annahme aus, daß Kontakte von Führungskräften nur dann dauerhaft aufrecht erhalten werden, wenn sie als effektiv eingeschätzt werden. Dieser Annahme liegt die Überlegung zugrunde, daß Führungskräfte wegen ihres stark eingeschränkten Zeitbudgets nur diejenigen Tätigkeiten dauerhaft durchführen, die gemessen an den zu erfüllenden Aufgaben einen erkennbaren Effekt haben. Auf dieser Basis können die (berichteten) Kontakte zu den Institutionen der einzelnen Elitesektoren als sinnvolles Maß für kommunikative Vernetzung herangezogen werden.[9]

9 Weßels (1993) hat gezeigt, daß die Messung von Kontakten ein sinnvolles Instrument zur Ermittlung vorhandener und effektiver Kommunikation ist. Er stellte fest, daß Parlamentarier, die regelmäßigen Kontakt zu einer bestimmten Gruppe von Institutionen oder Organisationen berichteten, in der Tendenz näher an den Einstellungsprofilen von Vertretern dieser Organisationen lagen als Parlamentarier mit anderen Kontaktadressaten. Wenn aber hohe Kontaktdichten zwischen bestimmten gesellschaftlichen Gruppen und Einstellungsparameter in diesen Gruppen korrelieren, so kann von vorhandenen bzw. berichteten Kontakten nicht nur auf das tatsächliche Vorhandensein von Kommunikation, sondern auch auf den Erfolg dieser Kommunikation geschlossen werden (Weßels 1993: 108; 137). Zum gleichen Ergebnis kommt Hirner (1993: 182) bei der Untersuchung wirtschaftlicher

Die Befragten sollten Aussagen über ihre Kontakte zu 31 vorgegebenen gesellschaftlichen Institutionen und Organisationen machen.[10] Entsprechend ihrer Bedeutung für gesellschaftliche Entscheidungs- und Steuerungsprozesse sind hier eine große Zahl von wirtschaftlichen und politischen Institutionen abgefragt worden. Es ist demzufolge auch zu erwarten, daß wirtschaftliche und politische Institutionen die Kontaktmuster, wie sie von uns gemessen wurden, maßgeblich prägen.

Es sei an dieser Stelle nochmals darauf verwiesen, daß mit den erhobenen Daten keine Aussagen über die Intensität und Effektivität der stattgefundenen Kontakte gemacht werden können. Kontakte werden von uns als notwendige Voraussetzung und als verläßlicher Prädiktor effektiver Kommunikation betrachtet und beziehen daraus ihren empirischen Wert.

Im folgenden wird differenziert nach Kontaktabsendern und Kontaktadressaten. Unter Kontaktabsendern werden die befragten Personen verstanden, während mit Kontaktadressaten Institutionen und Organisationen gemeint sind. Die Analyse erfolgt nicht auf individueller Ebene, sondern auf dem höheren Aggregationsniveau der Institutionen, weil die Angaben zu den Kontakten in institutionellen Kategorien abgebildet wurden und die Befragten ohne weiteres entsprechend dieser Kategorien institutionell verortet werden können. Dadurch können gleiche Analyseeinheiten für Absender und Adressaten sichergestellt werden.

4. Darstellung der Kontaktmuster und -häufigkeiten

4.1 Das Kontaktmuster der deutschen Führungsschicht

Alle Befragten zusammengefaßt nennen Organisationen der Printmedien am häufigsten, nämlich zu 72 Prozent, als Kontaktadressat (Spalte „Institutionen" in Tab. VIII-1). In der Rangliste der Kontaktadressaten folgen ihnen die Landesministerien, die von 68 Prozent und die Bundesministerien, die von

---

Kontakte von Bundestagsabgeordneten. Auf theoretischer Ebene wurde von Etzioni (1975: 123) der Einfluß von Kontakten auf Elitenkohäsion und somit auf die Steuerungsfähigkeit nachgewiesen.

10 Frageformulierung siehe Frage 74 im Fragebogenanhang. Die 31 Institutionen werden in den weiteren Analysen entsprechend Tabelle VIII-1 gruppiert.

65 Prozent aller Befragten kontaktiert werden. Schließlich werden auch die Funkmedien und Organisationen des Hochschul- und Forschungsbereiches sehr häufig genannt (60% und 59% der Befragten). Am anderen Ende dieser Rangliste sind die Treuhandnachfolgerin Bundesanstalt für vereinigungsbedingte Sonderaufgaben (BVS), die Bundesbank, die Landwirtschaftsverbände, Gerichte und das Bundespräsidialamt angesiedelt. Diese Organisationen werden von weniger als einem Fünftel der Befragten als Kontaktadressaten genannt.

Die Beschreibung der Kontakte zu Einzelinstitutionen ist jedoch nur begrenzt in der Lage, einen Eindruck davon zu vermitteln, wie stark die Kontakte zu den verschiedenen Sektoren als Ganzes ausgeprägt sind, da die Anzahl der abgefragten Institutionen pro Sektor stark variiert. Deshalb wurde in Tabelle VIII-1 eine zweistufige Zusammenfassung der Anwortkategorien vorgenommen.

Hier wurden in jedem Aggregationsschritt alle die Befragten gezählt, die Kontakt zu mindestens einer der jeweils zusammengefaßten Institutionen berichteten. Auf diese Weise soll deutlich werden, wie stark die einzelnen Sektoren insgesamt kontaktiert werden.

Die Spalte „Institutionengruppierung I" in Tabelle VIII-1 zeigt jetzt deutlich, daß die Exekutiven auf Bundes- und Landesebene mit 86 Prozent der Nennungen und die Parlamente auf beiden Ebenen des föderalen Staatsaufbaus mit 77 Prozent der Nennungen die am häufigsten kontaktierten Bereiche sind. Hier deutet sich bereits an, daß tatsächlich Organisationen des politisch-administrativen Systems eine zentrale Stellung als Kontaktpartner einnehmen, wobei die verschiedenen Organisationsbereiche innerhalb der Politik jedoch unterschiedlich stark gewichtet sind. Neben der Exekutive auf Bundes- und Landesebene spielen Bundestagsfraktionen und Arbeitskreise sowie Landtagsfraktionen eine wichtige Rolle. Die Parteien als solche, gemessen an den Kontakten zu den Parteivorständen, sind dagegen als Kontaktadressaten weniger gefragt.

Von ebenfalls hoher Relevanz als Kontaktpartner sind aber auch die Verbände als wesentlicher Bestandteil des intermediären Systems. Die Verbände, einschließlich der Gewerkschaften, werden von zwei Dritteln der Befragten als Kontaktadressaten genannt. Diese Befunde geben einen ersten Anhaltspunkt dafür, daß die für die Interessenvermittlung vorgesehenen Institutionen und Organisationen diese Funktion zumindest innerhalb der Führungsschicht auch tatsächlich wahrnehmen können.

Tabelle VIII-1: Kontakte zu Institutionen und Institutionengruppierungen nach Arbeitsort und Herkunft der Befragten (Spaltenprozent, Mehrfachnennungen)

Institutionen	Befragte nach Herkunft/Arbeitsort			
	Alle	West	Wossis[11].	Ost
EU-Institutionen	44	47	36	29
Supranationale Institutionen	21	23	14	10
Bundespräsidialamt/Bundespräsident	17	18	14	12
Bundesvorstände der Parteien	38	36	34	50
Landesvorstände der Parteien	46	38	58	68
Bundestagsfraktionen/Fraktionsarbeitskreise	55	54	45	76
Bundestagsausschüsse	42	45	33	31
Landtagsfraktionen	50	45	72	76
Bundeskanzleramt Bundeskanzler	29	31	27	19
Bundesminister/Bundesministerien	65	68	71	53
Landesminister/Landesministerien	68	65	82	80
Obere Bundesbehörden	28	30	26	18
Regierungspräsidien	25	25	29	27
Treuhandnachfolger/Ämter f.off. Vermögensfragen	13	9	36	30
Bundesbank	14	15	14	10
Banken	39	40	44	37
Versicherungen	23	25	12	15
Industrielle Großunternehmen	44	47	41	31
andere Wirtschaftsunternehmen	30	30	39	29
Wirtschafts- und Arbeitgeberverbände	48	50	49	40
Mittelstands- und Handwerksverbände	32	31	37	39
Landwirtschaftsverbände	14	14	12	15
Berufsverbände	30	30	33	32
Gewerkschaften	51	50	53	55
Presse (Printmedien)	72	70	82	83
Rundfunk und Fernsehen	60	58	74	72
Hochschulen und Forschungseinrichtungen	59	61	62	54
kulturelle Organisationen	31	30	34	36
sozialpolitische Organisationen	31	29	36	43
Kirchen	39	37	52	46
Gerichte	17	19	17	12

11 Der Kürze wegen soll im folgenden der Begriff der „Wossis" verwendet werden für Personen, die aus den alten Bundesländern stammen, ihre Position aber in den Neuen Ländern wahrnehmen. Wenn von Westdeutschen die Rede ist, dann sind Führungskräfte gemeint, die sowohl aus den alten Bundesländern stammen als auch dort arbeiten. Gleiches gilt vice versa für die Ostdeutschen.

Institutionen-gruppierung	Befragte nach Herkunft/Arbeitsort				Institutionen-gruppierung	Befragte nach Herkunft/Arbeitsort			
I	Alle	West	Wossis	Ost	II	Alle	West	Wossis	Ost
					Internationale Ebene	51	55	42	33
Parteien	53	49	61	72					
Parlamente	77	76	82	86	Politik	92	91	95	96
Exekutive	86	86	91	85					
					Verwaltung	51	51	63	52
Finanz-wirtschaft	45	46	49	41					
Unternehmen	52	54	52	41	Wirtschaft	85	85	88	83
Verbände	66	66	69	63					
					Medien	75	73	84	86
					Wissenschaft	59	61	62	54
					soz.-kult. Organisationen	47	45	52	58
					Kirchen	39	37	52	46
					Justiz	17	19	17	12

Lesehilfe Tabelle VIII-1: Spalte: „Institutionen/Alle“, Zeile: „Bundesvorstände der Parteien“: 38,1 Prozent der Befragten haben Kontakt zu Bundesvorständen der Parteien.
Spalte: „Institutionengruppierung II/Alle“, Zeile: „Politik“: 92,0 Prozent der Befragten haben Kontakt zu mindestens einer der neun politischen Institutionen.

Geht man in der Zusammenfassung der Kontaktadressaten einen Schritt weiter (Spalte „Institutionengruppierung II in Tab. VIII-1), wird nochmals deutlich, daß dem Sektor Politik eine zentrale Rolle als Kontaktpartner für alle Sektoreliten zukommt - 92 Prozent aller Führungspersonen haben Kontakt zu mindestens einer Organisation aus dem Sektor Politik. Organisationen des Sektors Wirtschaft/Verbände werden ebenfalls sehr häufig, nämlich von 85 Prozent aller Befragten, kontaktiert.

Dem Sektor Wirtschaft folgt der Sektor Medien, der von drei Vierteln aller Befragten mindestens in einem Falle regelmäßig kontaktiert wird. In diesen drei Sektoren deutet sich der Kern der Kontaktnetzwerke der Führungsschicht der Bundesrepublik Deutschland an.

Neben den Wissenschafts- und Forschungseinrichtungen sind internationale Organisationen, rein administrative Organisationen und soziokulturelle Organisationen von nachgeordneter Bedeutung, während Kirchen und Gerichte tatsächlich nur peripher in die Kontaktnetzwerke eingebunden zu sein scheinen. Doch auch die Gerichte, auf die mit Abstand die wenigsten Nennungen entfallen, werden noch von knapp einem Fünftel (17%) der Befragten kontaktiert.

Auf der Basis der bisher dargestellten Ergebnisse kann festgehalten werden, daß alle Sektoren in das Kommunikationsnetz der Führungskräfte eingeschlossen sind. Die erste Hypothese kann somit als bestätigt angenommen werden. Darüber hinaus bieten die Ergebnisse dieses Abschnittes Hinweise für die Richtigkeit der fünften Hypothese, der zufolge das politisch-administrative System in den Kontaktnetzwerken der Eliten eine zentrale Stellung einnimmt.

4.2 Ost-West-Unterschiede im Kontaktverhalten

Wie in Abschnitt 2 ausgeführt wurde, liegt der Analyse der Kontakte die Erwartung zugrunde, daß die Kontaktmuster funktional geprägt sind. Von dieser Annahme ausgehend dürften zwischen den Führungskräften ost- und westdeutscher Herkunft keine Unterschiede im Kontaktverhalten zu erwarten sein. Wenn man aber davon ausgeht, daß auch Kontexteinflüsse und berufliche Sozialisation das Kontaktverhalten prägen, können Unterschiede im Kontaktmuster aufgrund der Verschiedenartigkeit der Arbeitsorte erwartet werden, denn in den neuen Bundesländern bestehen größere soziale und wirtschaftliche Probleme als in den alten Bundesländern. Ob und welche Unterschiede im Kontaktverhalten bestehen, soll in diesem Abschnitt geprüft werden.

Die unterschiedlichen Wirkungen von Herkunft und Arbeitsort werden überprüft, indem Führungskräfte, die aus den alten Bundesländern stammen, deren Arbeitsort aber in den Neuen Ländern liegt, sowohl mit den Führungskräften kontrastiert werden, die den alten Ländern entstammen und auch dort arbeiten, als auch mit denen, die aus den Neuen Ländern stammen und dort arbeiten.[12] Die Betrachtung der Unterschiede zu diesen beiden Gruppen ermöglicht eine Unterscheidung von Sozialisations- und Kontexteinflüssen auf das Kontaktverhalten.[13]

Von den befragten 402 Führungskräfte, die ihren Arbeitsort in den neuen Bundesländern haben, sind 160 westdeutscher Herkunft (7% aller Führungskräfte). Sie bilden in den Landesverwaltungen der neuen Bundesländer den größten Teil der Befragten (68 von 78, 14% der Verwaltungselite) und sind auch im Mediensektor (11%) und in den Gewerkschaften (9%) überdurchschnittlich häufig vertreten. Bei Wissenschaft und Militär machen sie 7 Prozent aus, in den übrigen Sektoren sind sie unterdurchschnittlich vertreten.

Betrachtet man westdeutsche und ostdeutsche Positionseliten, zeigt sich, daß Ostdeutsche ein höheres Niveau an Kontakten zu politischen Organisationen haben als Westdeutsche (Tab. VIII-1, Institutionengruppierung II). 96 Prozent der Ostdeutschen geben an, zu mindestens einer von neun politischen Organisationen Kontakt zu haben. Das trifft auf 91 Prozent der Westdeutschen zu. Auch bei einer detaillierten Betrachtung der politischen Organisationen wird deutlich, daß die Ostdeutschen öfter Kontakte zu den einzelnen Bereichen unterhalten. So haben 72 Prozent der Ostdeutschen, aber nur 49 Prozent der Westdeutschen Kontakte zu Parteivorständen, und 86 Prozent der Ostdeutschen verglichen mit 76 Prozent der Westdeutschen Kontakte zu Parlamenten. Lediglich bei den Exekutivorganen gleicht sich das Verhältnis an. Während 86 Prozent der Westdeutschen Kontakte zu Regierungen angeben, sind es 85 Prozent der Ostdeutschen. Insgesamt nennen Ostdeutsche durchschnittlich Kontakte zu 4,5 von neun politischen Organisationen, Westdeutsche nennen durchschnittlich vier Kontakte (Tab. VIII-2).

Bezieht man an dieser Stelle die Wossis in die Analyse ein, um festzustellen, ob diese Unterschiede eher auf die Herkunft oder auf den aktuellen

---

12 Eine gesonderte Untersuchung der Herkunftsostdeutschen mit Arbeitsort in den alten Bundesländern ist aufgrund der geringen Zahl von 32 Befragten nicht sinnvoll.

13 Wenn wir im Kontext unserer Fragestellung von Einflüssen der Sozialisation auf das Kontaktverhalten sprechen, meinen wir vor allem Einflüsse der beruflichen Sozialisation auf die kommunikativen Vernetzung, die aus einer bestimmten Berufslaufbahn resultiert. Die Erwartung von Einflüssen der primären und politischen Sozialisation auf das Kontaktverhalten erscheint aus theoretischer Sicht nicht plausibel.

gesellschaftlichen Kontext zurückzuführen sind, zeigt sich, daß die Wossis mit ihren Kontakten zur Politik insgesamt sowie zu Parteien und Parlamenten eine Mittelstellung zwischen Westdeutschen und Ostdeutschen einnehmen, wobei sie jedoch näher an den Ostdeutschen liegen. Lediglich mit ihren Kontakten zu Regierungen, wo keine Unterschiede zwischen West- und Ostdeutschen bestehen, ragen die Wossis nach oben heraus. Das gleiche trifft zu auf die Verwaltungskontakte. Hier nennen jeweils die Hälfte aller Ost- und Westdeutschen mindestens einen Kontakt, während es 63 Prozent der Wossis sind. Beide Tatsachen sind dem Umstand geschuldet, daß die Wossis zu einem großen Teil aus Verwaltungseliten bestehen. Für die anderen Bereiche (s. unter Abschnitt 4.3 und Tab. VIII-5) konnten wir jedoch feststellen, daß die Unterschiede zwischen Ost- und Westdeutschen in der Regel auch innerhalb der Sektoren bestehen bleiben. Diese Unterschiede können demnach nicht als Artefakte der sektoralen Zusammensetzung der drei Vergleichsgruppen bezeichnet werden. Die sektorale Zusammensetzung der Vergleichsgruppen hat nur einen relativ geringen Einfluß auf die Ausformung der Kontaktmuster in den Vergleichsgruppen insgesamt. Bei den Kontakthäufigkeiten liegen die Wossis mit durchschnittlich 4,4 Nennungen ebenfalls sehr nahe an den Ostdeutschen. Das Ergebnis gibt erste Hinweise darauf, daß es vor allem der ostdeutsche Kontext ist, der das Kontaktverhalten der Ostdeutschen prägt.

Tabelle VIII-2: Anzahl der Kontakte zu Institutionengruppen nach regionaler Herkunft und Arbeitsort

	Durchschnittliche Anzahl der Kontaktnennungen zu zusammengefaßten Kontaktorganisationen				
	Alle Institutionen (31)	Politik (9)	Wirtschaft (10)	Verbände (5)	Medien (2)
Alle Befragten	11,6	4,1	3,2	1,7	1,3
Westdeutsche	11,6	4	3,3	1,7	1,3
Wossi	12,6	4,4	3,3	1,8	1,6
Ostdeutsche	12	4,5	3	1,8	1,6

Bei den Kontakten zu internationalen Organisationen zeigt sich ein den Kontakten zu politischen Organisationen gegenläufiger Trend. Hier sind die Westdeutschen, von denen 55 Prozent mindestens einen Kontakt zu internationalen Organisationen berichten, wesentlich besser vernetzt als die Ostdeutschen mit 33 Prozent Nennungen. Auch hier nehmen die Wossis mit 42 Prozent Nennungen eine Mittelstellung zwischen den beiden Gruppen ein.

Weitere eindeutig gerichtete Trends sind bei den Kontakten zu Medien sowie zu soziokulturellen Organisationen zu finden. Ostdeutsche haben hier die meisten, Westdeutsche die wenigsten Nennungen. Einen ebenfalls eindeutigen, aber anders gerichteten Trend gibt es bei den Kontakten zur Justiz, hier haben mehr Westdeutsche (19%) als Ostdeutsche (12%) Kontakt. Die Wossis liegen in diesem Falle sehr nahe am Niveau der Westdeutschen (17%). Das kann wiederum der Verwaltungslastigkeit der Wossis zugerechnet werden. Möglicherweise spielt auch eine Rolle, daß Personen westdeutscher Herkunft einen geübteren und deshalb häufigeren Umgang mit Gerichten haben. Letzteres bedeutet, daß im Fall der Kontakte zur Justiz dem Kriterium Sozialisation eine stärkere Erklärungskraft beigemessen werden kann als das für anderen Kontakte gilt.

Schwierig gestaltet sich die Interpretation der Ergebnisse bei Kontakten zu Wirtschaft und Wissenschaft. Hier liegen keine eindeutigen Trends vor. In beiden Fällen ist von Wossis am häufigsten das Vorliegen von Kontakten berichtet worden, und in beiden Fällen nennen Ostdeutsche am seltensten das Vorhandensein von Kontakten zu dem jeweiligen Bereich. Für die Wissenschaft sind die Unterschiede in den Nennungen zwischen Westdeutschen und Wossis gering, so daß generell gesagt werden kann, Personen westdeutscher Herkunft unterhalten mehr Kontakte zum Wissenschaftssystem.

Für das Wirtschaftssystem verspricht ein weiter ins Detail gehender Blick Aufklärung. Kontakt zu Wirtschaftsunternehmen wird von Westdeutschen am häufigsten und von Ostdeutschen am seltensten genannt. Hier spiegelt sich zum einen die mangelnde Chancenstruktur insbesondere für Kontakte zu Großunternehmen in den neuen Bundesländern wider, zum anderen aber auch die Konzentration der Wirtschaftseliten auf den westlichen Teil der Republik. Bei Kontakten zu den Wirtschaftsverbänden wird das Erscheinungsbild erst dann interpretierbar, wenn auf die Einzelorganisationen zurückgegangen wird. Kontakte zu Wirtschafts- und Arbeitgeberverbänden werden von Westdeutschen wiederum am häufigsten (50%) und von Ostdeutschen am seltensten genannt (40%). Auch hier kann wieder das Argument von den weniger guten Chancen für derartige Kontakte mangels ausgeprägter Wirtschaftsstruktur angeführt werden. Die im Vergleich zu den Ostdeutschen häufigen Kontakte der Wossis zu diesen Organisationen gehen vor allem auf Wossis in den Gewerkschaften und in den Massenmedien zurück, die wesentlich häufiger Kontakte zu diesen Organisationen unterhalten als ihre westdeutschen Kollegen (100% zu 77% in den Gewerkschaften und 55% zu 42% in den Massenmedien). Den Gegenpol zu den Wirtschaftsverbänden in der Verteilung der Kontakthäufigkeiten zwischen Ost und West bilden die Mittelstands- und Handwerksverbände. Diese werden von Ostdeutschen am häufigsten kontaktiert, dicht gefolgt von den Wossis und mit einem gemeinsamen größeren Abstand zu den Westdeutschen. Mit diesem Befund wird das Argument von der Chancenstruktur und den wirtschaftlichen Entwicklungsbedingungen schlüssig. Während es an Kontaktmöglichkeiten zu Großunternehmen und damit zum Teil auch zu deren Vereinigungen im Osten noch mangelt, haben Handwerk und Mittelstand hier als Kontaktpartner eine wesentlich größere Bedeutung. Diese großen Unterschiede erklären dann auch das uneinheitliche Bild, daß bei der Zusammenfassung aller Wirtschaftsverbände entsteht.

In der Zusammenschau der Einzelbefunde wird deutlich, daß vor allem gesellschaftlicher Kontext und sektorale Prägungen Unterschiede im Kontaktverhalten zwischen Personen ostdeutscher und westdeutscher Herkunft bestimmen. Unterschiedliche Sozialisation scheint bis auf den Kontakt zur Justiz nur eine untergeordnete Rolle zu spielen. Allenfalls haben Kontakte aus früheren beruflichen Positionen eine bedingte Erklärungskraft für Unterschiede in den Kontaktmustern von Ostdeutschen und Wossis. Auch wenn die Hypothese der Herkunftsprägung nicht eindeutig falsifiziert werden kann, scheint die Kontexthypothese den empirischen Tatsachen weit eher zu entsprechen.

4.3 Sektorinterner und -externer Kontakt der Eliten

Untersucht man die sektorspezifischen Kontaktmuster, zeigt sich, daß innersektorale Kontakte, also Kontakte zu Organisationen des eigenen Sektors, für die Eliten aller Sektoren eine große Bedeutung haben.

Von den möglichen sektorinternen Kontakten wurden 60 Prozent realisiert (Tab. VIII-3). Starke sektorinterne Kontakte waren vor dem Hintergrund der funktionalen Differenzierung auch erwartet worden. Doch auch Kontakte zu sektorexternen Organisationen spielen mit 34 Prozent realisierter Kontaktmöglichkeiten eine große Rolle. Hier ist im Anschluß an die Ergebnisse aus Abschnitt 4.1 ein weiteres Anzeichen dafür gegeben, daß die deutschen Eliten intersektoral über Kontakte vernetzt sind.

Die Befragten aus dem Sektor Politik haben mit durchschnittlich 13,9 von 31 möglichen Nennungen (45%) die meisten Kontakte. Von den möglichen sektorinternen Kontakten wurden 62 Prozent und von den sektorexternen 38 Prozent realisiert.

Tabelle VIII-3: Mögliche und realisierte sektorinterne und sektorexterne Kontakte nach Sektoren

	sektorinterne Kontakte		sektorexterne Kontakte		Gesamtkontakte	
	N mögliche K.	% realisierte K.	N mögliche K.	% realisierte K.	N mögliche K.	% realisierte K.
Politik	9	62	22	38	31	45
Verwaltung	5	51	26	39	31	40
Wirtschaft	5	55	26	28	31	32
Verbände	4	48	25	42	31	42
Gewerkschaften	1	95	30	36	31	38
Medien	2	81	29	35	31	38
Wissenschaft	1	98	30	34	31	36
Militär	1	80	30	24	31	26
Kultur	1	66	30	19	31	21
Alle	4,5	60	26,5	34	31	38

Alle Befragten aus dem Sektor Politik nennen mindestens einen Kontakt zu einer politisch-administrativen Institution, jedoch zeigen sich deutliche Unterschiede zwischen den Parteien bei Untersuchung der durchschnittlichen Zahl kontaktierter Organisationen aus dem politisch-administrativen System (Tab. VIII-4). Offensichtlich sinkt die Anzahl der durchschnittlich genannten Kontaktinstitutionen mit der Größe der Partei. Der große Unterschied in der durchschnittlichen Anzahl genannter Kontakte zwischen der FDP (5,8) und den ebenfalls kleinen aber jüngeren Parteien PDS (4,3) und Bündnis 90/Die Grünen (4,5) deutet darauf hin, daß Etabliertheit ein weiteres erklärendes Moment für die Kontakthäufigkeit ist.

Die Unterschiede im Kontaktverhalten der politischen Führungspersonen nach der Parteizugehörigkeit werden auch bei detaillierter Betrachtung der Kontaktmuster deutlich (Tab. VIII-4 und VIII-5).

Hervorstechendes Merkmal des Kontaktmusters der SPD-Politiker ist, daß 95 Prozent von ihnen Kontakt zu Landesministerien haben, während nur 60 Prozent Kontakte zu Bundesministerien und nur 10 Prozent Kontakte zum Bundeskanzleramt berichten. CDU-Politiker haben auf der Bundesebene häufiger Kontakt zu Bundesministerien und zum Bundeskanzleramt (81 bzw. 56%), dagegen aber weniger Kontakte zu Landesministerien (87%). Bei allen anderen politischen Institutionen unterscheidet sich das Kontaktverhalten von SPD- und CDU/CSU-Politikern kaum.

In den Kontaktmustern der beiden großen Parteien manifestieren sich ihre unterschiedlichen aktuellen Rollen im politischen Prozeß der Bundesrepublik Deutschland. Die SPD als Oppositionspartei im Bund, aber auf Landesebene häufig regierende Partei, hat ein stärker auf die Landesebene konzentriertes Kontaktmuster, während die CDU/CSU als Regierungspartei in Bonn hier entsprechend besser vernetzt ist.

Tabelle VIII-4: Anzahl der Kontakte zu Institutionengruppen nach Sektorzugehörigkeit

Sektorzugehörigkeit des Kontaktabsenders	Durchschnittliche Anzahl der Kontaktnennungen zu zusammengefaßten Kontaktorganisationen				
	Alle Institutionen (31)	Politik (9)	Wirtschaft (10)	Verbände (5)	Medien (2)
SPD	16,0	5,9	4,2	2,7	1,8
CDU	16,7	6,7	4,1	2,7	1,8
CSU	19,3	6,9	5,7	3,4	1,8
FDP	14,6	5,8	4	2,5	1,7
B90	9,7	4,5	1,7	1,1	1,4
PDS	8,6	4,3	1,4	1,1	1,3
Politik gesamt	13,8	5,6	3,3	2,2	1,6
Verwaltung	12,6	5,3	3,1	1,9	1
Wirtschaft	9,9	2,3	4,1	1,4	1,1
Verbände	13	3,9	5	2,5	1,3
Gewerkschaften	11,9	4	4	2,4	1,2
Medien	11,4	4	2,9	1,5	1,6
Wissenschaft	11,1	3,4	3,1	1,4	1,3
Militär	8,1	2,4	1,8	1	0,9
Kultur	6,4	1,4	1,7	0,7	1,5
Alle Befragten	11,6	4,1	3,2	1,7	1,3

Lesehilfe: Zeile: SPD, Spalte: Alle Institutionen: SPD-Politiker haben im Durchschnitt Kontakt zu 16,0 von 31 möglichen Institutionen.

FDP-Politiker sind auf der Bundesebene weniger gut eingebunden als die Politiker der Union, aber deutlich besser als die Politiker der SPD. Auf der Landesebene fällt ihre Einbindung jedoch weit hinter die der beiden großen Parteien zurück. Die überwiegend schlechten Wahlergebnisse, die die FDP zwischen 1990 und 1995 auf der Landesebene erzielte, finden in dieser Tatsache ihren Niederschlag. Bündnis 90/Die Grünen und PDS sind weniger gut als die anderen Parteien innerhalb des politischen Sektors in Kontaktnetze eingebunden. Die politischen Kontakte von Politikern der beiden kleinen Oppositionsparteien konzentrieren sich auf der Landesebene und auf innerparteiliche Gremien.

Tabelle VIII-5: Kontaktmuster der Politiker zu einer Auswahl zusammengefaßter Institutionen nach Parteien (Spaltenprozent)

	SPD			CDU/CSU			FDP			Bündnis 90/Die Grünen			PDS		
	W	O	Alle	W	O	Alle	W	O	Alle	W	O	Alle	W	O	Alle
Exekutivorgane	97	94	95	98	97	98	92	86	90	63	61	62	20	53	46
Internationale Institutionen	61	43	55	62	42	38	53	14	44	28	21	26	-	12	9
Verwaltungsinstitutionen	70	45	96	69	64	95	47	29	90	31	27	66	-	9	45
Unternehmen	67	38	57	53	67	58	51	43	49	18	30	22	30	18	20
Verbände	82	75	79	79	86	82	82	79	81	36	33	35	20	41	36
Medien	95	89	93	93	94	94	92	93	92	80	79	79	40	91	80
Gewerkschaften	86	87	87	54	64	57	51	21	44	54	48	53	30	65	57
Hochschulen	71	51	65	64	67	66	57	36	52	34	27	32	30	33	32
Kulturinstitutionen	45	34	41	36	44	38	41	36	40	28	33	29	10	44	36
N	93	47	140	61	36	97	49	14	63	83	33	116	10	34	44

- O = Befragte ostdeutscher Herkunft; W=Befragte westdeutscher Herkunft.
- Zur Gruppierung siehe Tab. 1.

Kontakte zu Wirtschaftsverbänden werden von 79 Prozent der SPD-Politiker berichtet, Wirtschaftsunternehmen werden von 57 Prozent kontaktiert. Im Durchschnitt werden von SPD-Politikern 4,1 von 10 möglichen Organisationen des Wirtschaftssektors kontaktiert. Vergleichsweise viele SPD-Politiker haben Kontakt zu Gewerkschaften (87%) und zu sozialpolitischen Organisationen (70%).

Von den CDU/CSU-Politikern berichten 57 Prozent Kontakte zum Sektor Wirtschaft, 79 Prozent haben Kontakte zu Wirtschaftsverbänden. Politiker der CDU haben mit durchschnittlich 4,2 Kontakten eine ähnliche Kontaktdichte zu Wirtschaftsorganisationen wie Politiker der SPD. Die Politiker der CSU weichen dagegen von beiden anderen Parteien mit durchschnittlich 5,7 Kontakten stark nach oben ab. Bei Kontakten zu den Gewerkschaften unterscheiden sich die CDU- und CSU-Politiker mit nur 57 Prozent Nennungen stark von denen der SPD (Tab. VIII-5). Bei Kirchenkontakten liegen Unions-Politiker mit 72 Prozent weit über dem Durchschnitt der Gesamtelite und auch weit über den SPD-Politikern.

Bei beiden Volksparteien kann anhand dieser Daten nicht davon gesprochen werden, daß ihre Kontaktmuster einseitig durch Beziehungen zu bestimmten Klientelen geprägt sind. Es zeigen sich zwar erwartete Schwerpunkte bei der Verbindung von SPD und Gewerkschaften sowie von CDU und Kirchen, jedoch haben beide Parteien häufige Kontakte sowohl zum Arbeitnehmer- wie zum Arbeitgeberlager. Lediglich im Osten des Landes gibt es eine starke Differenz zwischen beiden Parteien bei Wirtschaftskontakten (Tab. VIII-4 und VIII-5). Mit ihren Kontaktmustern, so kann man zusammenfassend festhalten, werden sowohl CDU/CSU als auch SPD ihrem Charakter als „Volkspartei“ gerecht, denn keine von beiden Parteien schließt systematisch bestimmte Interessen aus ihrem Kontaktbereich aus.

Das Kontaktverhalten der FDP-Politiker erweist sich dagegen als stark klientelorientiert. Die meisten Politiker dieser Partei haben zu Verbänden der Wirtschaft und Berufsverbänden regelmäßige Verbindungen. Gewerkschaftskontakte sind bei FDP-Politikern dementsprechend geringer ausgeprägt. Unerwartet ist die geringe durchschnittliche Kontakthäufigkeit der im öffentlichen Bewußtsein als Wirtschaftspartei wahrgenommenen FDP zum gesamten Wirtschaftsbereich. Sie weicht hier mit durchschnittlich 4,2 Kontakten deutlich nach unten von den anderen etablierten Parteien ab. Ostdeutsche FDP-Politiker unterscheiden sich von ihren westdeutschen Kollegen vor allem durch häufigere Kontakte zu Mittelstandsverbänden und wesentlich seltenere Kontakte zu Gewerkschaften.

Die Angaben der Politiker von Bündnis 90/Die Grünen zeigen ebenso ein partei- und klienteltypisches Kontaktmuster. Mit Gewerkschaften und sozialpolitischen Organisation steht die Hälfte dieser Personen in Kontakt, während zu traditionellen Interessenverbänden, Wirtschaftsorganisationen und Unternehmen nur ein kleiner Teil der bürgerbewegten und grünen Politiker Kontakte unterhält. Gering sind die Kontakte im Vergleich zu den Politikern der etablierten Parteien vor allem zu Verwaltungen, Unternehmen, Verbänden und zu Hochschulen. Zwischen ostdeutschen und westdeutschen Bündnisgrünen zeigen sich größere Differenzen vor allem bei den Kontakten zu Unternehmen, die von Ostdeutschen wesentlich häufiger als Kontaktpartner genannt werden als von Westdeutschen.

Die PDS-Politiker weisen auch außerhalb politischer Kontakte ein weitgehend ähnliches Kontaktverhalten auf wie die Bündnispolitiker. Häufige Kontakte bestehen zur Presse, den Gewerkschaften und sozialpolitischen Organisationen. Keine Kontakte bestehen zur Bundesbank, zum Kanzleramt, zu supranationalen Organisationen, Verwaltungsbehörden, Wirtschaftsverbänden und Unternehmen. Vereinzelt wurden Kontakte zu Bundesministerien genannt. Die politische Randstellung der PDS und ihr bewußter Ausschluß aus politischer Verantwortung kommt somit auch im Kontaktverhalten der Politiker dieser Partei zum Ausdruck.

Führungskräfte der Verwaltung zeichnen sich ebenfalls durch ein hohes durchschnittliches Kontaktniveau von 12,6 Nennungen aus (Tab. VIII-4). Von den möglichen sektorinternen Kontakten wurden 51 Prozent und von den möglichen sektorexternen Kontakten 39 Prozent realisiert. Damit zeigen auch Verwaltungsführungskräfte eine relativ starke kommunikative Bindung an sektorexterne Organisationen (Tab. VIII-3).

Alle Führungskräfte der Verwaltung[14] gaben an, mit den Regierungen und Ministerien auf Bundes- und Landesebene zu kommunizieren. Dagegen berichten nur knapp die Hälfte aller Befragten des Verwaltungssektors Kontakte zu Bundesbehörden und nur 20 Prozent zu Regierungspräsidien. Zu Parlamenten ist der Kontakt wiederum intensiv - 95 Prozent der Verwaltungsführungskräfte nennen Kontakte zu mindestens einem Legislativorgan.

---

14 Die Aggregatkategorie „politisch-administrative Institutionen" als Kontaktadressaten beinhaltet auch die Antwortkategorien Bundesministerien und Landesministerien. Die Anwortkategorien Bundes- und Landesministerien machen allerdings eine Unterscheidung zwischen Kontakten zu Ministern und zu anderen Mitarbeitern der Ministerialbürokratie nicht möglich.
Bei der Zusammenfassung der Befragten in den Sektor Verwaltung wurden Minister der Bundes- und Landesministerien dem Sektor Politik zugeordnet. Wenn hier von Verwaltung die Rede ist, sind Staatssektretäre, Abteilungs- und Unterabteilungsleiter (Bundesebene) und Staatssekretäre (Landesebene) sowie weitere in Bundesverwaltungen tätige Befragte gemeint (vgl. zur Auswahl Machatzke 1995).

Kontakte zu Parteiorganisationen sind jedoch nicht zentral - lediglich 40 Prozent der Befragten aus der Verwaltung nannten derartige Kontakte. Viele Befragte aus der Verwaltung unterhalten außerdem Kontakte zu Gewerkschaften, Wirtschaftsverbänden und Hochschulen sowie in etwas schwächerem Maße zu EU-Institutionen (Tab. VIII-6).

Das Kontaktverhalten der Verwaltungseliten ist stark auf politische Gremien sowie auf Experten und Interessenvertreter konzentriert. Diese „Doppelanbindung" bestätigt die im zweiten Abschnitt formulierten Erwartungen an die Kontaktmuster einer Spitzenverwaltung, die als wichtige Informationsschnittstelle im Politikgestaltungsprozeß fungiert. Hierbei treten erheblich Unterschiede in den Kontaktschwerpunkten zwischen der Bundesverwaltung und den Länder- und nachgeordneten Verwaltungen auf. Während die Beamten der Bundesministerien z.B. vorwiegend Kontakt zu den Wirtschaftsverbänden (56%) unterhalten, stehen die Landesministerien in sehr viel engerem direkten Kontakt zu den Unternehmen (62%). Diese Differenz kann man erklären aus der unterschiedlichen Stellung beider Institutionen im föderalen Entscheidungsprozeß. Während den Bundesministerien vor allem die Aufgabe der Politikvorbereitung (Gesetzesformulierung) zukommt, bei der sie sich auch auf die Expertise der Wirtschaftsverbände stützen,[15] stehen Standort- und Investitionsentscheidungen einschließlich konkreter Fördermaßnahmen in landespolitischem Zusammenhang.

Die Regierungspräsidenten halten die engsten Kontakte zu den Handwerkskammern und Landwirtschaftsverbänden, was wiederum aus der vorwiegend regionalen Orientierung ihrer Klientel erklärbar ist. Diese Fakten illustrieren hervorragend, wie stark die Kontaktmuster durch konkrete Funktionen der einzelnen Führungspositionen geprägt sind.

Die Kontakthäufigkeiten der Befragten des Wirtschaftssektors liegen mit durchschnittlich 10 Nennungen deutlich unter denen der bisher dargestellten Sektoren (Tab. VIII-4). Darüber hinaus sind die Kontaktmuster stärker sektorintern orientiert als die anderer Sektoren. Von den möglichen sektorexternen Kontakten wurden lediglich 28 Prozent realisiert (Tab. VIII–3).

15 Wir hatten bereits in Abschnitt 2.3 auf die rechtliche Grundlage dieser Zusammenarbeit in den §§ 24 und 25 der Gemeinsamen Geschäftsordnung der Bundesministerien verwiesen.

Tabelle VIII-6: Kontaktprofile zu zusammengefaßten Institutionen nach Sektoren (ohne Politik) (Mehrfachnennungen, Spaltenprozent)

	Verwaltung		Wirtschaft		Verbände		Gewerkschaft		Medien		Wissens.		Militär		Kultur	
Kontakt-adressaten	W	O	W	O	W	O	W	O	W	O	W	O	W	O	W	O
Polit. Inst.	100	100	70	83	96	100	97	100	91	85	98	100	92	89	53	57
Exek.-organe	99	99	66	83	89	100	85	100	87	82	98	100	86	78	51	36
Leg.-organe	95	89	48	50	78	92	85	100	77	72	68	75	53	79	21	21
Parteiorgange	36	60	21	33	46	58	68	100	68	56	21	17	20	33	18	29
Bundespol.	94	91	57	50	83	92	91	50	76	57	87	67	90	67	40	29
Landespol.	79	95	57	83	68	100	61	100	76	75	85	92	43	89	39	57
Internat. Inst.	66	41	35	33	61	25	56	30	48	33	70	38	82	68	18	21
Verwaltung	61	58	34	50	55	42	33	40	38	34	46	29	56	56	4	7
Wirtschaft.	54	42	85	100	81	100	81	60	52	49	71	58	46	33	41	21
Verbände	69	65	63	83	98	100	79	100	50	54	65	63	60	89	39	29
Medien	59	85	67	67	70	92	61	100	90	82	75	71	56	89	82	86
Gewerkschaft	50	58	48	33	58	50	94	100	48	41	38	33	15	22	19	14
Unis	59	62	63	67	64	92	38	70	55	48	98	96	50	22	66	14
Kulturinst.	22	24	32	50	29	8	13	10	38	39	32	46	15	22	62	86
N	394	78	236	6	158	12	87	10	215	61	141	24	117	9	85	14

Sektorextern werden von Wirtschaftseliten Exekutivorgane von Bund und Ländern am häufigsten kontaktiert. Ein weiterer wichtiger Kontaktpartner sind die Gewerkschaften als organisierte Vertreter des wirtschaftspolitischen Interessengegners der Wirtschaftsunternehmen. Kontakte zu Parteiorganisationen und Bundesbehörden spielen für Befragte aus der Wirtschaftselite nur eine untergeordnete Rolle. Eine Differenzierung der Befragten innerhalb der Wirtschaftselite macht deutlich, daß Führungskräfte aus Spitzenunternehmen vor allem Kontakte zu den politischen Institutionen der Bundesebene und zu internationalen Organisationen haben. Führungskräfte aus Großunternehmen und bedeutenden Unternehmen haben wesentlich mehr Kontakte zu den Wirtschaftsverbänden. Diese Befunde legen die Schlußfolgerung nahe, daß Spitzenunternehmen die Vertretung ihrer Interessen direkt in den politischen Entscheidungsstellen wahrnehmen, während kleinere Unternehmen den Weg über die Verbände, also über das intermediäre System suchen.

Die Wirtschaftsverbände wiederum gehören mit durchschnittlich 13 Kontakten nach den Politikern zu den kontaktreichen Führungsgruppen. Sie haben mit 48 Prozent realisierter Kontakte die schwächsten innersektoralen Kontakte, sind aber mit 42 Prozent Spitzenreiter in den realisierten sektorexternen Kontakten. Hierin offenbart sich ihre zentrale Stellung innerhalb des Systems der Interessenvermittlung als intermediäre Instanzen.

Sehr enge Kontakte unterhalten die Verbandseliten natürlich zu Organisationen der Wirtschaft. Darüber hinaus bestehen häufige Kontakte zu Bundes- und Landesministerien, zu den Fraktionen und Ausschüssen des Bundestages. Organisationen der EU spielen im Kontaktverhalten der Verbandseliten ebenfalls eine große Rolle. Es zeigt sich ein Kontaktmuster, das für Interessenvertretungsorgane bzw. Organisationen aus dem intermediären System der Interessenvermittlung erwartet werden muß. Einerseits liegen intensive Kontakte zur eigenen Klientel (Unternehmen, Banken) vor, zum anderen werden diejenigen Bereiche des nationalen (und übernationalen) Entscheidungssystems kontaktiert, bei deren Entscheidungen den Interessen der Klientel Gehör verschafft werden soll.

Die zwischen den einzelnen Wirtschaftsverbänden vorhandene Arbeitsteilung zwischen Interessenvertretern im politischen Bereich (BDI, DIHT) und Trägern der Kontakte zum wirtschaftspolitischen Interessengegner (BDA) wird auch in den Kontaktmustern der Befragten aus den verschiedenen Verbänden deutlich. BDI und DIHT haben sehr ähnliche, auf den Sektor Politik konzentrierte Kontaktmuster, während die Kontakte der Vertreter des BDA auf die Gewerkschaften konzentriert sind.

Bei den Gewerkschaften stehen ebenfalls der innersektorale Kontakt und Kontakte zum wirtschaftspolitischen Gegenspieler im Vordergrund (Tab.

VIII-6). Daneben sind die Kontakte zum politischen Bereich einschließlich EU-Institutionen zentral für Befragte des Sektors Gewerkschaft. Kontakte zu sozialpolitischen Organisationen werden ebenfalls von einer größeren Zahl von Gewerkschaftsfunktionären berichtet. Hier ähneln die Angaben denen der Politiker und machen die Nähe der Gewerkschaften zum politischen Bereich deutlich.

Die Untersuchung der Einbindung der verschiedenen Sektoreliten in das Kontaktnetzwerk bestätigt die Hypothese, daß Eliten aller Sektoren Kontakt zu anderen Sektoren haben. Darüber hinaus ist deutlich geworden, daß das Niveau realisierter sektorexterner Kontakte trotz deutlicher sektoraler Unterschiede derart hoch ist, daß von einer effektiven kommunikativen Vernetzung der Eliten ausgegangen werden kann. Weiterhin deutet sich an, daß sowohl Kontakthäufigkeiten zu bestimmten Institutionengruppen als auch die Kontaktmuster sektoral geprägt sind. Diesen Zusammenhängen wird im folgenden nachgegangen.

4.4 Prüfung von Determinanten der Kontakthäufigkeiten

Neben der konkreten Ausformung der Kontaktmuster der jeweiligen Sektoren geben die Unterschiede in den Kontakthäufigkeiten Anhaltspunkte dafür, daß das Kontaktverhalten sektoral und demnach durch eine bestimmte Funktion innerhalb des Gesellschaftsganzen bestimmt ist. Die Kontakthäufigkeit variiert nach Sektorzugehörigkeit; daneben gibt es jedoch weitere Einflüsse, die Varianzen erklären können, was auch auf Möglichkeiten hinweist, Integrationsdefiziten zu begegnen. Zunächst werden Einflüsse der Dauer der Zugehörigkeit zu einem Sektor, einer Organisation im Sektor und die Dauer einer konkreten Positionsinhabe geprüft. Längere Zugehörigkeit zu einem bestimmten organisationellen Kontext, so ist die Vermutung, erhöht die Anzahl unterhaltener Kontakte, weil die Kenntnis des eigenen Organisationsbereiches sowie die Kenntnis von Partnern dieses Bereiches steigt, was mehr Chancen für Kontakte eröffnet.

Des weiteren wird vermutet, daß die Positionshöhe Einfluß auf die Kontakthäufigkeiten hat, daß in einer jeweiligen Hierarchie höher stehende Personen mehr Kontakte zu anderen Organisationen unterhalten als Personen auf einem niedrigeren Niveau. Positionshöhe und Dauer der Zugehörigkeit insbesondere zum Sektor kovariieren natürlich in gewissem Maße, weil kaum jemand sofort nach der Aufnahme einer Tätigkeit in einem Sektor in eine Spitzenposition aufsteigen kann (vgl. Rebenstorf 'Karrieren' in diesem Band). Dennoch erscheint es sinnvoll, beide Einflüsse zu prüfen.

Ausgehend vom Konzept der multilingualen Kommunikationskompetenz erscheint es plausibel, zu vermuten, daß Personen, die in verschiedenen Sektoren tätig waren, mehr Kontakte unterhalten als Personen, die keinen oder wenige Sektorwechsel vollzogen haben. Personen mit vielen unterschiedlichen Tätigkeitsbereichen verfügen nicht nur über Kenntnisse unterschiedlicher „Sektorsprachen“, sondern bringen aus vorherigen Tätigkeiten auch Kontakte mit, die sie fruchtbar machen können. Der Einfluß der Häufigkeit, mit der Führungspersonen ihren Tätigkeitssektor gewechselt haben, auf die Kontakthäufigkeit wird deshalb ebenfalls geprüft.

Schließlich wird noch geprüft, wie stark der jeweilige Arbeitsort (Ost/West) und die regionale Herkunft die Kontakthäufigkeiten beeinflussen.

Die voranstehenden Fragen wurden mit einer linearen Regression überprüft. Zunächst wurden univariate Zusammenhänge zwischen der Kontakthäufigkeit und den erklärenden Faktoren untersucht, danach wurde ein Regressionsmodell berechnet, in dem alle Einflüsse zugleich getestet wurden. Positionsdauer, Verweildauer in der Organisation und im Sektor, Hauptarbeitsort und regionale Herkunft sowie die Zugehörigkeit zu den Sektoren Gewerkschaften und Wissenschaften erbrachten bei der multivariaten Prüfung keine signifikanten Verbesserungen des Modells; sie wurden deshalb aus der Darstellung herausgenommen.

Mit dem vorgestellten Regressionsmodell können 18 Prozent der Varianz in den Kontakthäufigkeiten erklärt werden. Davon fallen 6 Prozent auf die Positionshöhe, die einen positiven Einfluß auf die Kontakthäufigkeit hat (Regressionskoeffizient b = 0,73). Die Positionshöhe erweist sich sowohl in der univariaten als auch in der multivariaten Prüfung als der beste Prädiktor für Kontakthäufigkeit. Offenbar haben Personen in höheren Positionen tatsächlich mehr Kontakte als Personen, die in der Hierarchie tiefer angesiedelt sind. Diese Interpretation erweist sich auch bei detaillierterer Untersuchung innerhalb der Sektoren als richtig. Hier wird zusätzlich deutlich, daß die Positionshöhe kaum Einfluß auf die Anzahl sektorinterner Kontakte hat, die Häufigkeit sektorexterner Kontakte aber stark beeinflußt. Zugespitzt könnte man deshalb formulieren, daß Kontakte zwischen den Sektoreliten „über die Spitzen“ laufen.

Als zweitwichtigster Einfluß zur Erklärung der Kontakthäufigkeit geht aus Tabelle VIII-7 die Häufigkeit der Sektorwechsel hervor, die ebenfalls einen positiven Einfluß auf die Kontakthäufigkeit hat. Dieses Ergebnis macht deutlich, daß das Wechseln zwischen Sektoren tatsächlich Fertigkeiten und Potentiale erzeugt, die einer besseren Vernetzung der Eliten entgegenkommen. Es ist zu vermuten, daß die Tätigkeit in mehreren verschiedenen Sektoren multiliguale Kommunikationskompetenz hervorbringt, was sektorale Sprachbarrieren überwinden hilft.

Tabelle VIII-7: Erklärung von Kontakthäufigkeiten in einem Regressionsmodell (univariat und multivariat)[16]

erklärende Variablen	univariate Analyse		multivariate Analyse		
	erklärte Varianz	B[17]	erklärte Varianz		B
			Einzel[18]	Kum.[19]	
Positionshöhe	6,0	0,70	6,0	6,0	0,73
Anzahl Sektorwechsel	4,2	1,13	3,7	9,7	0,73
Sektor Politik	3,7	2,77	2,5	12,2	2,77
Sektor Verwaltung	0,5	1,03	2,4	14,6	2,19
Sektor Kultur	3,6	-5,48	1,5	16,1	-3,55
Sektor Wirtschaft	1,0	-1,94	0,9	17,0	-1,44
Sektor Militär	2,4	-3,83	0,7	17,7	-1,51
Sektor Verbände	0,4	1,44	0,3	18,0	1,69
Sektor Medien	0,0	-0,08	0,3	18,3	1,27

Alle weiteren relevanten Einflüsse im Modell sind Sektoreinflüsse. Hier zeigt sich erneut, daß die Zugehörigkeit zu einem bestimmten Sektor einen starken Einfluß auf das Kontaktverhalten hat. Die Zugehörigkeit zu den Sektoren Politik, Verwaltung, Wirtschaftsverbände und Medien hat einen positiven Einfluß auf die Anzahl der Kontakte, während die Zugehörigkeit zu den Sektoren Kultur, Wirtschaft und Militär einen negativen Einfluß hat. Hier finden wir die gleiche Verteilung von Sektoren mit größeren und geringeren Kontakthäufigkeiten wieder, wie sie auch schon im vorangehenden Abschnitt und in Tabelle VIII-4 deutlich geworden war. Somit bestätigt das Regressionsmodell auch in einem multivariaten Zusammenhang, daß das Kontaktverhalten durch die Funktion der Führungspersonen, daß heißt durch ihre Sektorzugehörigkeit, bestimmt ist.

Zusammenfassend läßt sich sagen, daß Interelitenkommunikation stärker über die „Eliten der Eliten", über die höchsten Führungspositionen der ein-

16 Im multivariaten Modell wurden die Variablen nacheinander in der Reihenfolge ihres Erscheinens in der Tabelle in das Modell aufgenommen.

17 Unstandardisierter Regressionskoeffizient. Multiplikator jedes Variablenwertes auf der Grundlage eines angenäherten Mittelwertes, um den die Anzahl der Kontakte zu- oder abnimmt.

18 Anteil zusätzlich erklärter Varianz, der durch Aufnahme der jeweiligen Variablen in das Modell entsteht.

19 Erklärte Varianz durch alle bis zu dieser Zeile im Modell befindlichen Variablen.

zelnen Sektoren verläuft, und weniger ausgeprägt in der Führungsschicht in ihrer ganzen Breite vorzufinden ist. Integration findet offenbar vorrangig auf dieser Ebene statt. Öffentlich wahrnehmbare Ereignisse von sektorübergreifender Elitenkommunikation (z. B. Kanzlerrunden) scheinen das zu bestätigen. Darüber hinaus entstehen positive Effekte auf die Elitenintegration durch Kommunikation, wenn Führungskräfte in ihrer Laufbahn mehrere Sektoren passieren. Die Entstehung multilingualer Kommunikationskompetenz oder, wie Rebenstorf ('Karrieren' in diesem Band) es formuliert, die Entstehung einer gemeinsame Sprache („common language") wird hierdurch befördert.

5. Integration der Positionseliten durch sektorübergreifende Kontaktnetze? Zur funktionalen Bestimmtheit von Kontaktverhalten

Die bisher dargestellten Ergebnisse zeigen, daß von einer Abschottung der Sektoren voneinander in ihrem Kommunikationsverhalten nicht gesprochen werden kann. Die Eliten aller Sektoren weisen, wenn auch in unterschiedlich starkem Maße, Kontakte zu Organisationen auf, die nicht zu ihrem Sektor gehören. Es kann deshalb angenommen werden, daß steuerungsrelevante Informationen Sektorgrenzen passieren, und demzufolge von anderen Sektoren bei Entscheidungen berücksichtigt werden können. Im letzten Schritt wird geprüft, ob und in welchem Maß das Kontaktverhalten der Befragten durch ihre Sektorzugehörigkeit geprägt ist. Der Hypothese, daß Kontaktverhalten durch die Sektorzugehörigkeit geprägt ist, liegt die in Abschnitt 2 dargelegte Vorstellung zugrunde, daß die Teilsysteme differenzierter Gesellschaften arbeitsteilig spezifische Funktionen erfüllen. Diese Funktionserfüllung wiederum bringt ein ganz bestimmtes Kommunikationsverhalten hervor.

Trifft die Hypothese zu, dann müßte sich erweisen, daß die Befragten eines Sektors sehr ähnliche Kontaktmuster aufweisen, während Befragte unterschiedlicher Sektoren dem jeweiligen Sektor entsprechende Kontaktmuster ausbilden. Kann eine klare Trennung nicht festgestellt werden, ist davon auszugehen, daß das Kontaktverhalten von Führungspersonen nicht, oder nicht vorwiegend, durch den Sektor bestimmt ist. Das würde auch bedeuten, daß es Sektorgrenzen überschreitende Kommunikationsnetze gibt. In diesen

Kontaktnetzen wäre auch die Existenz der Scharpfschen „multilingualen Kommunikationskompetenz“ zu vermuten. Insgesamt würde die Existenz sektorübergreifender Kontaktnetze verbesserte Chancen für eine Integration der Eliten durch Kommunikation bedeuten. Diese wiederum verbessert die Möglichkeiten Steuerungsaktivitäten erfolgreich durchführen zu können.

Im Abschnitt 4.2 wurde festgestellt, daß der Arbeitsort (Ost-/Westdeutschland) und regionale Herkunft Einfluß auf das Kommunikationsverhalten hat. Hier ist nun zu prüfen, ob die verschiedenen Kontaktmuster zur Folge haben, daß Ostdeutsche aus den etablierten westdeutschen Kontaktnetzen ausgeschlossen sind und eigene Netze bilden, oder ob sie in die bestehenden Kontaktnetze integriert sind. Können keine exklusiven Kommunikationsnetze identifiziert werden, kann man davon ausgehen, daß in der Ost/West-Dimension gute Chancen für Elitenintegration durch Kommunikation gegeben sind.

5.1 Methodisches Vorgehen

Entsprechend der beschriebenen Fragestellung wird ein Verfahren benötigt, das die Gruppierung von Befragten nach ähnlichen Antwortprofilen ermöglicht. Ein solches Verfahren stellt die Clusteranalyse dar.[20] Die Befragten werden durch dieses Verfahren nach der Ähnlichkeit des Kontaktverhaltens in Gruppen (Cluster) eingeteilt. Dann kann geprüft werden, ob die ermittelten Cluster sich vorwiegend aus Befragten eines oder weniger bestimmter Sektoren zusammensetzen, oder ob sie sich aus Befragten aller Sektoren zusammensetzen. Wenn letzteres der Fall ist, kann nicht von einer starken sektoralen Prägung des Kontaktverhaltens ausgegangen werden.

Eine methodische Schwierigkeit der Clusteranalyse besteht darin, die für die jeweilige Fragestellung angemessene Anzahl zu berechnender Cluster zu bestimmen, da die Clusteranalyse kein klassisches Näherungsverfahren ist, das sich „von selbst“ einem optimal auf die Daten passenden Modell annähert. Mit der Clusteranalyse kann jede beliebige Anzahl von Clustern be-

---

20 Wir verwenden die probabilistische Clusteranalyse, wie sie in dem Statistikpaket ALMO, daß an der Universität Linz unter Holm entwickelt wurde, enthalten ist (Holm, 1996; Bacher 1996). Dieses Verfahren ordnet die Untersuchungsobjekte nicht notwendig einem einzigen Cluster zu, sondern erlaubt die Zuordnung zu mehreren Clustern mit unterschiedlichen Wahrscheinlichkeiten. Dadurch wird auch eine Prüfung der Trennschärfe der Cluster möglich. Je weniger Mehrfachzuordnungen vorhanden sind, desto eindeutiger sind die Cluster auch tatsächlich voneinander verschieden.

rechnet werden, so daß die Notwendigkeit besteht, die Anzahl der zu berechnenden Cluster durch theoretische Überlegungen vorab zu „bestimmen".

Geht man von der Annahme aus, daß das Kontaktverhalten durch die Sektorzugehörigkeit determiniert ist, liegt es nahe, von einer Clusteranzahl auszugehen, die der Zahl der Untersuchungssektoren entspricht. Entsprechend der Sektoreinteilung, die der Positionsauswahl der vorliegenden wie schon der Mannheimer Elitenstudie von 1981 zugrunde liegt,[21] wurde festgelegt, daß eine Lösung mit 10 Clustern gefunden werden soll. Zur Kontrolle wurden Lösungen von 7 bis 14 Clustern berechnet. Aus Sicht der Teststatistiken konnte keine eindeutig beste Clusterlösung identifiziert werden. Da die Teststatistiken der 10-Cluster-Lösung neben anderen gute Werte ergaben, wurde diese Lösung aus theoretischen Gründen beibehalten.

5.2 Ergebnisse der Clusteranalyse

Statistische Qualität der Clusterlösung

Die Clustergröße (Anzahl der in einem Cluster zusammengefaßten Befragten) schwankt stark. Das größte Cluster schließt 704 Befragte zusammen, während das kleinste Cluster von nur 21 Befragten besetzt ist. Untersucht man die einzelnen Cluster auf die Anteile an eindeutig zugeordneten Befragten, stellt man fest, daß der Anteil nicht eindeutig zugeteilter Personen mit abnehmender Größe der Cluster stark ansteigt. Die beiden kleinsten Cluster mit nur 21 und 37 Befragten sind zugleich diejenigen mit dem höchsten Anteil nicht eindeutig zugeordneter Befragter. Sie werden nicht in die weiteren Betrachtungen miteinbezogen.

Interpretation der Cluster

Das mit 704 zugeordneten Befragten mit Abstand größte Cluster wurde von uns aufgrund seiner Eigenschaften als *„Kommunikationsperipherie"* bezeichnet. Herausragendes Merkmal des Kontaktmusters (Muster der Häufigkeiten, mit denen die Institutionen von den Befragten des Clusters genannt

21 Die Sektoren sind im einzelnen: 1) Politik, 2) Verwaltung, 3) Wirtschaft, 4) Verbände einschließlich Gewerkschaften, 5) Medien, 6) Wissenschaft, 7) Kultur, 8) Kirche, 9) Justiz, 10) Militär.

wurden) ist das mit durchschnittlich 7,9 Kontaktnennungen niedrige Niveau der Kontaktdichte. Im Elitendurchschnitt wurden im Vergleich dazu 11,7 Institutionen kontaktiert. Knapp einViertel der erhobenen Institutionen wurde von den diesem Cluster zugeordneten Befragten überhaupt nicht kontaktiert. Kontakte zum Wirtschaftsbereich wurden von weniger als einem Drittel, bundespolitische Institutionen, mit Ausnahme der Parteien, von gut einem Drittel der Befragten genannt. Landesinstitutionen, Gewerkschaften, Presse und Universitäten sind die von diesem Cluster am meisten kontaktierten Institutionen (Abb. VIII-2).

Die Struktur dieses Clusters ist nur wenig durch eine bestimmte Sektorelite geprägt (Abb. VIII-1). Die Größe des Clusters bedingt, daß die Anteile der einzelnen Sektoreliten, die auf das Peripheriecluster entfallen, fast grundsätzlich relativ hoch sind. Als überproportional vertreten fallen dennoch einige Elitegruppen auf, die grundsätzlich geringere Kontakthäufigkeiten aufweisen. Aus dem politischen Sektor sind die kleinen Oppositionsparteien Bündnis 90/Die Grünen und PDS zu nennen, deren Politiker zu rund drei Vierteln diesem Cluster zugeordnet wurden. Politiker der FDP sind nicht überproportional, aber wesentlich stärker als Politiker der großen Parteien in diesem Cluster vertreten. Daneben fallen jene Sektoren auf, die grundsätzlich geringe Kontakthäufigkeiten haben, wie der Kultursektor, militärische Führungskräfte und die Kirchen. Stark unterrepräsentatiert sind Verwaltungseliten, von denen nur knapp ein Zehntel in diesem Cluster vorzufinden ist. Sowohl das Kontaktprofil des Clusters als auch seine Zusammensetzung rechtfertigen die Interpretation als Peripherie des Kommunikationsnetzwerkes der bundesrepublikanischen Eliten.

Der Kommunikationsperipherie gegenüber steht als zweitgrößtes Cluster mit 476 Befragten das *„Kommunikationszentrum“*. Es zeichnet sich durch sein hohes durchschnittliches Nennungsniveau von 19,1 Kontakten aus.

Landtagsfraktionen, die Landesministerien, Presse und Rundfunk werden von allen Befragten dieses Clusters als regelmäßige Kontaktpartner benannt. Bundestagsfraktionen, Bundesministerien und EU-Institutionen liegen in der Häufigkeit der Nennungen deutlich über dem Durchschnitt. Der gleichmäßig starke Kontakt zu allen erhobenen Institutionsbereichen (Abb. VIII–4) deutet darauf hin, daß bei den diesem Cluster zugeordneten Befragten die „multilinguale Kommunikationskompetenz“ stark ausgeprägt ist.

Abbildung VIII-1: Sektorale Zusammensetzung des Clusters „Kommunikationsperipherie“

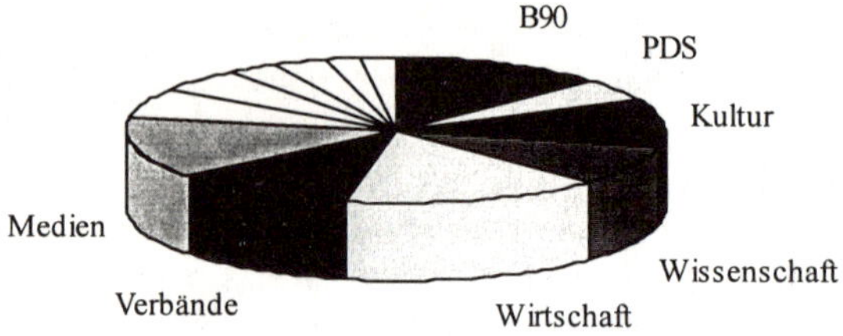

Abbildung VIII-2: Kontaktmuster des Clusters „Kommunikationsperipherie“

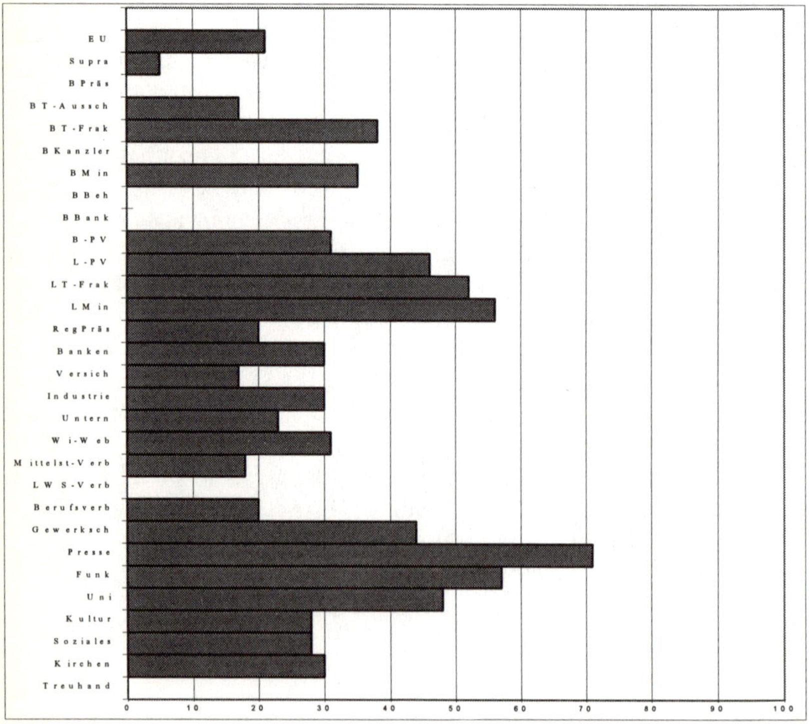

Abbildung VIII-3: Sektorale Zusammensetzung des Clusters „Kommunikationszentrum“

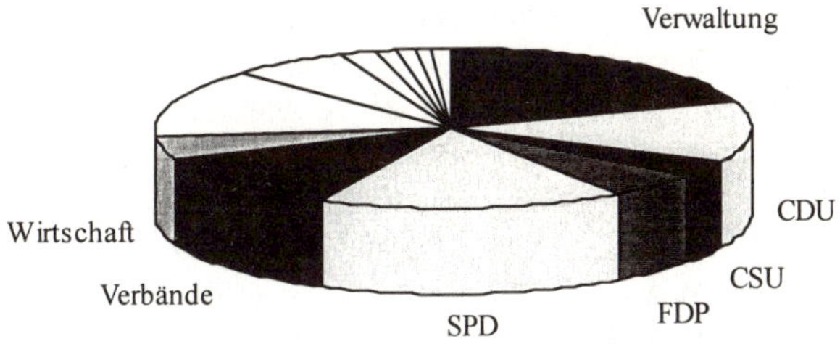

Abbildung VIII-4: Kontaktmuster des Clusters „Kommunikationszentrum“

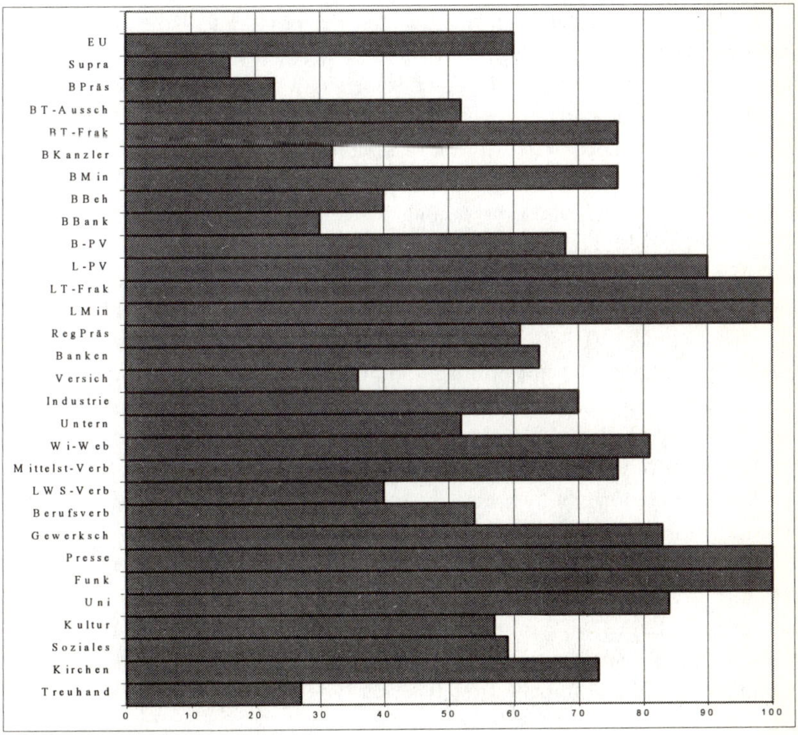

Dieses Cluster besteht zu 40 Prozent aus Politikern und zu 19 Prozent aus Verwaltungseliten, es sind demnach 60 Prozent der Befragten dieses Clusters Führungskräfte aus dem politisch-administrativen System. Mitglieder von Landesregierungen, Bundesparteivorstände und Bundestagsmitglieder sind stark überrepräsentiert (Abb. VIII-3). Bei einem differenzierenden Blick auf die Parteizugehörigkeit der Politiker fällt deutlich die Spiegelbildlichkeit zum vorab dargestellten Cluster auf. Es sind vor allem Vertreter der großen und der Regierungsparteien, die dem Cluster zugeordnet wurden. Der Anteil der FDP-Politiker fällt jedoch gegenüber dem der Vertreter von CDU und CSU deutlich ab. Ihre fast gleichmäßige Verteilung auf Kommunikationszentrum und -peripherie kann wohl als Symptom der sinkenden politischen Bedeutung der FDP verstanden werden. Aufgrund der Zusammensetzung, des Kontaktmusters und der hohen Kontaktdichte, die auf intensive Vernetzung der Befragten dieses Clusters mit allen Funktionsbereichen der Gesellschaft hindeutet, wird dieses Cluster als Kommunikationszentrum bezeichnet.

Das dritte Cluster *„Scharnier Politik - Verwaltung"* umfaßt mit 395 Befragten knapp ein Fünftel der untersuchten Personen. Das Kontaktmuster ist bestimmt durch Kontakte zu EU-Institutionen sowie zu administrativen Organisationen der Bundes- und Landesebene. Wirtschaftsunternehmen und Verbände einschließlich der Gewerkschaften spielen keine zentrale Rolle im Kontaktmuster (Abb. VIII-6). Die Kontaktdichte liegt knapp unter dem Durchschnitt der Gesamtelite. Dieses Cluster setzt sich zu 45 Prozent aus Personen aus Politik und Verwaltung zusammen, weitere 16 Prozent sind Medieneliten. Militärs, Justizeliten, Verwaltungseliten und Bundesminister sind in diesem Cluster überproportional vertreten, Spitzenpolitiker der CDU wesentlich stärker als die anderer Parteien. Wirtschaftseliten sind hier kaum anzutreffen (Abb. VIII-5). Aufgrund des niedrigeren Häufigkeitsniveaus der Kontaktnennungen, des auf politisch-administrative Institutionen des Bundes konzentrierten Kontaktmusters und der starken Präsenz exekutivnaher Führungskräfte wird dieses Cluster als internes Scharnier zwischen Politik und Ministerialbürokratie des Bundes bezeichnet.

Des weiteren ergibt sich ein Cluster, das die Verwaltungs-, Wirtschaftsverbands- und Wirtschaftseliten vereint (*„Scharnier Verwaltung - Wirtschaft I).* Es zeigt deutlich über dem Elitendurchschnitt liegende Nennungshäufigkeiten. Bei Berücksichtigung von Kontaktmuster und Zusammensetzung läßt sich das Cluster als Kontaktbrücke zwischen Spitzenverwaltungen und Wirtschaftseliten beschreiben. Die hier vorliegenden Kontakte könnten vor allem Kontakte sein, die von institutionalisierten Beteiligungsregeln gefördert werden.

Abbildung VIII-5: Sektorale Zusammensetzung des Clusters „Scharnier Politik - Verwaltung“

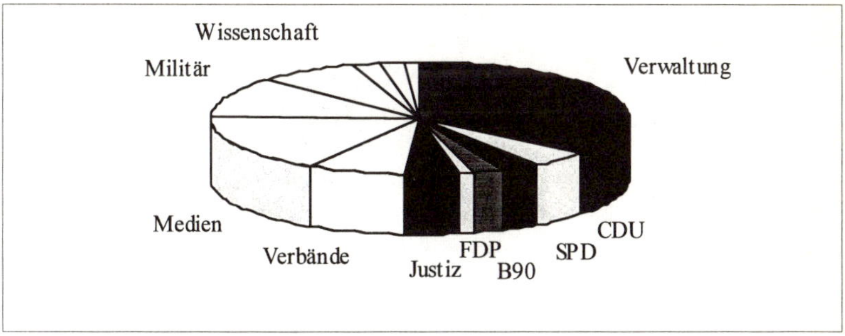

Abbildung VIII-6: Kontaktmuster des Clusters „Scharnier Politik-Verwaltung“

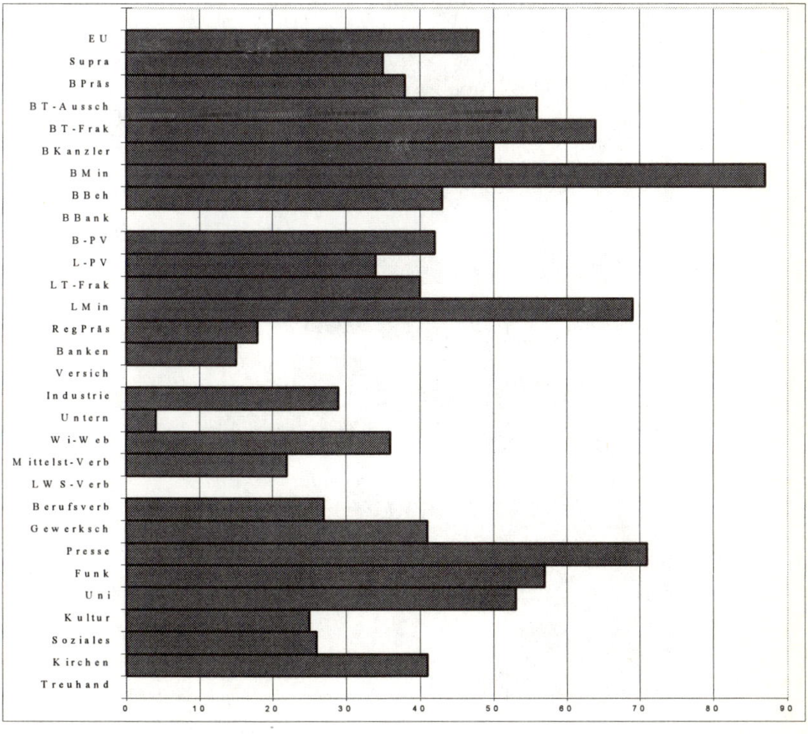

Abbildung VIII-7: Sektorale Zusammensetzung des Clusters „Scharnier Verwaltung Wirtschaft I“

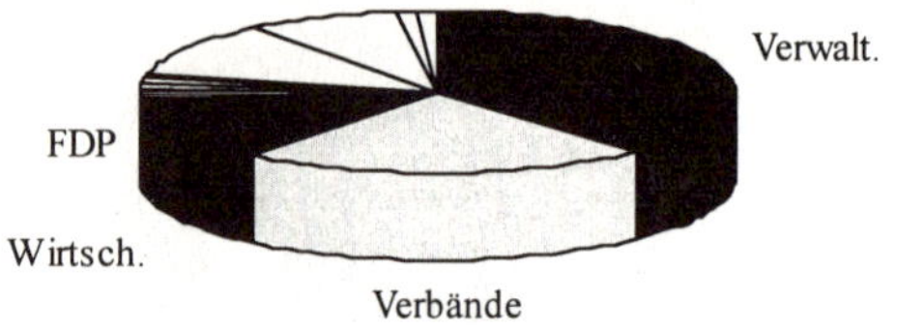

Abbildung VIII-8: Kontaktmuster des Clusters „Scharnier Verwaltung-Wirtschaft I“

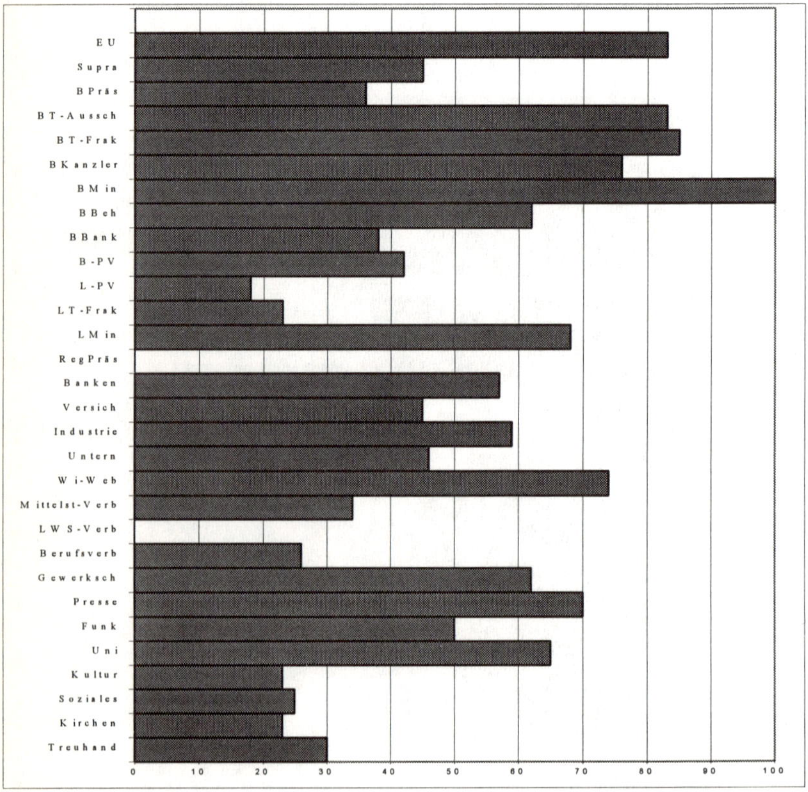

Schließlich ergeben sich noch vier kleinere Cluster. Zunächst existiert ein zweites *„Scharnier Verwaltung-Wirtschaft II"*, das im Gegensatz zum Scharnier Verwaltung-Wirtschaft I, daß sich aus auf die Industrie orientieren Führungskräften zusammensetzt, vor allem aus Personen besteht, die mit land- und forstwirtschaftlichen Fragen befaßt sind. Ein weiteres Cluster bündelt Wirtschafts- und Verbandseliten. Da sich das Kontaktmuster auf den Sektor Wirtschaft konzentriert, wird es als Cluster der *„Wirtschaftsinternen Kontakte"* bezeichnet. Das dritte, mit 62 zugeordneten Befragten kleinste (interpretierte) Cluster ist nach Kontaktmuster und Zusammensetzung als Cluster der *„Agrarpolitiker"* zu interpretieren. In diesem Cluster sind vor allem Landespolitiker und -verwaltungskräfte sowie Vertreter von Landwirtschaftsverbänden zusammengefaßt. Schließlich ist ein Cluster zu nennen, das vor allem aus Verwaltungseliten und militärischen Führungskräften besteht. Da die Verwaltungseliten in diesem Cluster vorrangig aus dem Verteidiungs- und Innenministerium sowie aus dem Auswärtigen Amt kommen, wird dieses Cluster als *außen- und militärpolitisch orientiertes Cluster* bezeichnet. Alle vier Cluster haben als Gemeinsamkeit unter dem Elitendurchschnitt liegende Kontakthäufigkeiten. Bei Berücksichtigung ihrer Zusammensetzung und ihres Kontaktmusters kann man sie als inhaltlich spezialisierte, aber ebenfalls eher der Kommunikationsperipherie zuzuordnende Cluster fassen.

Führungskräfte ostdeutscher Herkunft sind sowohl im Kommunikationszentrum als auch in der Peripherie entsprechend ihrem Anteil an der Gesamtelite vertreten. Auch im Cluster der Agrarpolitiker sind sie proportional vertreten. In den Clustern, deren Schwerpunkt Verwaltungs- und Wirtschaftseliten bilden, sind ostdeutsche Führungspersonen unterproportional vertreten. Diese Unterproportionalität ergibt sich jedoch aus der Ost-West-Zusammensetzung der clusterbildenden Sektoren. Führungskräfte ostdeutscher Herkunft sind in bestimmten Teilen des Kontaktnetzwerkes nicht vertreten, weil sie (noch) nicht in allen Teileliten proportional Elitepositionen einnehmen. Es findet sich aber kein abgegrenztes „Ost-Cluster", eine spezifische Ausschließung Ostdeutscher kann auf der Basis der vorliegenden Ergebnisse nicht festgestellt werden.

5.3 Sektorprägung der Kontaktmuster - Ergebnisse der Clusteranalyse

Die Clusteranalyse macht deutlich, daß Sektorzugehörigkeit Einfluß auf das Kontaktverhalten hat, da außer der Kontaktperipherie alle Cluster durch zwei oder drei Sektoreliten geprägt sind. Die Kontaktmuster der durch unterschiedliche Sektoreliten dominierten Cluster zeigen unterschiedlich starke sektorübergreifende Kontakte. Während z.B. das „Kommunikationszentrum" ein auf sektorexterne Kommunikation gerichtetes Kontaktmuster hat, ist das Kontaktmuster des „wirtschaftsinternen Clusters" eher auf sektorinterne Kommunikation konzentriert.

Die Sektorprägung des Kontaktverhaltens ist jedoch nicht so stark, daß alle Befragten eines Sektors sich auch in einem Cluster finden. Vielmehr wird deutlich, daß neben der sektoralen Prägung des Kontaktverhaltens auch andere Gründe für seine konkrete Ausformung vorhanden sein müssen. Ein Kriterium für die Zugehörigkeit zu einem Cluster ist neben der Sektorzugehörigkeit der konkrete Aufgabenbereich, in dem die Führungskräfte tätig sind, wie das Agrar-, das außen- und militärpolitische sowie die Verwaltungscluster zeigen.

Von einer sektoralen Abschottung der Kommunikationssphären gegeneinander kann gemäß den Ergebnissen der Clusteranalyse nicht gesprochen werden.[22]

Die Struktur der Cluster macht deutlich, daß es eine Kontaktperipherie und ein Kommunikationszentrum gibt. Das als „Kommunikationszentrum" bezeichnete Cluster wird von politischen Eliten dominiert. Zugleich werden aus allen Clustern enge Kontakte zum politisch-administrativen System berichtet. Man kann demnach das Ergebnisse aus Abschnitt 4.3 bestätigen, daß das politische System im Kommunikationsnetz eine zentrale Stellung einnimmt.

Über das von Verwaltungseliten und Politikern der Regierungsparteien dominierte Cluster („Scharnier Politik-Verwaltung") stellt sich eine Verbindung zu den beiden Wirtschafts- und verwaltungsdominierten Clustern und schließlich zu dem Cluster der wirtschaftsinternen Kontakte her. Der politische Entscheidungsbereich wird somit über den Bereich der Entscheidungsvorbereitung (Verwaltung) mit den letztlich von den Entscheidungen betroffenen und deshalb an ihrer Beeinflussung interessierten Bereichen verbun-

22 Vgl. auch die Ergebnisse von Rebenstorf 'Karrieren' in diesem Band und die daraus abgeleiteten Überlegungen zum Vorhandensein einer „common language".

den. Um das Kommunikationszentrum und das Scharnier Politik - Verwaltung herum gruppieren sich noch weitere kleinere Cluster sowie das große Cluster der Kommunikationsperipherie. Es muß betont werden, daß auch die Befragten der Kommunikationsperipherie in das Kommunikationsnetzwerk der Eliten eingebunden sind. Ihre Einbindung ist weniger eng als die anderer Führungskräfte, von einem Ausschluß aus dem Elitennetzwerk kann jedoch nicht die Rede sein.

6. Ergebnisse und Schlußfolgerungen

Wie können die Chancen für Elitenintegration durch Kommunikation im Licht unserer Ergebnisse beurteilt werden?

Die Untersuchung der Kontaktmuster der Funktionseliten in der Bundesrepublik Deutschland zeigt, daß zumindest aus der Sicht potentiellen Informationsflusses die Voraussetzungen für die Erhaltung der politischen Steuerbarkeit gesellschaftlicher Prozesse gegeben sind, weil alle Sektoreliten durch ein Netzwerk von Kontakten miteinander verbunden sind. Funktionale Erfordernisse haben zwar einen deutlichen Einfluß auf die Ausprägung der Kontaktmuster, sie führen jedoch nicht zu einer Abschließung der Teileliten voneinander.

Die Zusammensetzung der Kommunikationscluster aus Befragten der verschiedenen Sektoren deutet darauf hin, daß tatsächlich in hohem Maße „multilinguale Kommunikationskompetenz" vorhanden ist, auf deren Basis Sprachbarrieren zwischen den Sektoren durchbrochen werden können.

Es wurde deutlich, daß das Kontaktverhalten der Eliten weder ausschließlich durch innersektorale Kommunikation gekennzeichnet ist noch etwa ausschließlich durch die Sektorzugehörigkeit bestimmt wird. Die Voraussetzungen für Elitenintegration und für die Aufrechterhaltung der Steuerungsfähigkeit des politisch-administrativen Systems aus Sicht der Elitenkommunikation scheinen gegeben. Die vereinigungsbedingte Aufnahme Ostdeutscher in die Elite hat, soweit es hier ermessen werden kann, keine negativen Folgen für die Integrationsfähigkeit der deutschen Führungsschicht durch Kommunikation.

Unserer Analyse ließ folgende Spezifika deutlich werden:

- Das politisch-administrative System nimmt im Kommunikationsnetz eine zentrale Stellung ein. Sämtliche Sektoreliten haben engen Kontakt zu den Institutionen und Organisationen des politisch-administrativen Systems. Politik- und Verwaltungseliten ihrerseits decken mit ihren Kontakten das gesamte Institutionenspektrum ab, kein gesellschaftlicher Bereich ist aus ihren Kontakten ausgeschlossen.
- Parteispezifische Differenzen im Kontaktverhalten existieren vor allem zwischen den Regierungs- und den großen Volksparteien auf der einen und den kleineren Oppositionsparteien auf der anderen Seite. SPD und CDU und teilweise die FDP sind besser in die Kontaktnetzwerke integriert, sie haben wesentlich mehr Kontaktstellen als das für die Politiker der kleinen Oppositionsparteien der Fall ist. Deutliche Unterschiede zwischen CDU und SPD bestehen bei Kontakten zu den politischen Exekutivorganen. Hier prägt die Rollenverteilung von Regierung und Opposition dem Kontaktverhalten einen deutlich sichtbaren Stempel auf. Auch in bezug auf die traditionelle Klientel (Kirche und Gewerkschaften) gibt es signifikante Differenzen im Kontaktverhalten der großen Parteien. Grundsätzlich ist aber kein Bereich aus dem Kontaktnetz der großen Parteien ausgeschlossen. Gemessen an ihren Kontaktmustern machen sie der Bezeichnung als „Volksparteien" alle Ehre.
- Die Funktionseliten der Wirtschaft nehmen ebenfalls eine wichtige Position im Kontaktnetz ein, was angesichts der herausragenden Bedeutung des Sektors für die Gesellschaft nicht verwundert. Die Kontakte zwischen politischen und Wirtschaftseliten sind eng; ebenso existieren enge Kontakte zwischen der Wirtschaftselite und den Gewerkschaftseliten, sowie zwischen Gewerkschaftseliten und politischen Führungskräften.
- Keine Sektorelite ist von der Kommunikation der Gesamtelite ausgeschlossen oder in ihrem Kontaktverhalten auf innersektorale Kontakte beschränkt; es treten jedoch Unterschiede im Grad der Einbindung und in der sektorübergreifenden Kommunikation auf. Der militärische Sektor, der Sektor Kultur, die Justiz und die Wissenschaft haben zwar im Gegensatz zu Politik, Wirtschaft, dem Verbandssektor und den Medien weniger häufig und auch weniger breit gefächerte Kontakte, dennoch können auch die Funktionseliten dieser Teilsysteme als in das Kontaktnetzwerk der bundesdeutschen Eliten integriert angesehen werden. Sie befinden sich jedoch eher an dessen Peripherie.
- Im Kontaktverhalten ostdeutscher und westdeutscher Führungskräfte existieren zwar Unterschiede, diese erklären sich aber vorwiegend aus

der jeweiligen Präsenz Ostdeutscher in den Eliten der verschiedenen Sektoren. Einflüsse des gesellschaftlichen Kontextes und der beruflichen Sozialisation existieren, wie am Vergleich von West- und Ostdeutschen sowie im Osten tätigen Westdeutschen gezeigt werden konnte, diese Einflüsse sind aber nicht so stark, daß sie die ostdeutschen Führungskräfte aus dem Kontaktnetz der Eliten ausschließen würden.

- Sektorspezifische Kontaktmuster schlagen auf den Vergleich der Kontaktmuster zwischen Ostdeutschen und Westdeutschen durch. Hier zeigt sich besonders deutlich, daß das Kontaktverhalten primär durch die Funktion und erst in zweiter Linie und in wesentlich geringerem Maß durch andere Merkmale bestimmt wird. Sozialisationsbedingten Einstellungs- und Werthaltungsdifferenzen (vgl. Kaina und Machatzke in diesem Band) und unterschiedlichen Ausbildungs- und Karrierewegen (Rebenstorf 'Karrieren' in diesem Band) mit möglicherweise desintegrativen Wirkungen steht mit dem institutionsgestützten Kontaktnetzwerk ein Potential zu kommunikativer Integration gegenüber.

Die Ergebnisse stützen die Thesen der handlungstheoretisch orientierten Steuerungstheorie, die von der Existenz sinnvoller intersystemischer Kommunikation ausgeht, und in dieser Kommunikation eine Möglichkeit zur Überwindung sektoraler Kommunikationsbarrieren sieht. Mit der Existenz sektorübergreifender Kontaktnetze ist eine wichtige Voraussetzung für Elitenintegration erfüllt. Die Annahme einer zentralen Rolle des politisch-administrativen Systems in gesellschaftlichen Steuerungsprozessen wird durch seine zentrale Lage im Kommunikationsnetz der Funktionseliten bestätigt. Es wird aber auch deutlich, daß viele Kontakte zwischen den Sektoreliten nicht über Politik und Verwaltung, sondern über eigene Kanäle laufen. Das politisch-administrative System hat zwar eine zentrale Position im gesamten Kommunikationsnetz; wie die vielen anderen zwischensektoralen Kontakte aber zeigen, sollte diese nicht im Sinne einer hierarchischen Überordnung, sonder lediglich als die Stellung eines „primus inter pares“ interpretiert werden.

Kapitel IX
Durchsetzungsfähigkeit und Kooperationspotential von Eliten als Bausteine der Elitenintegration

Martina Sauer

1. Problemstellung

Wie im vorangehenden Beitrag (Sauer/Schnapp) dargelegt ist, führt die Ausdifferenzierung der Gesellschaft aufgrund der zugleich stattfindenden Trends von zunehmender Verselbständigung und Interdependenz der funktionalen Teilsysteme zu Integrationsproblemen. Koordination durch Verhandlungen zwischen den Funktionseliten[1] der Teilsysteme wurde sowohl von Vertretern der Differenzierungstheorie als auch von Ansätzen der Elitetheorie als Möglichkeit der Rückbindung von Teilsystemen an die Gesellschaft als Ganzes und zur Überwindung von Kommunikationsbarrieren herausgearbeitet (Willke 1993, Scharpf 1993; Herzog u.a. 1993).

Die Mechanismen der Verhandlungssysteme[2] stellen spezielle Anforderungen sowohl an die Institutionen als auch an alle beteiligten Akteure (Scharpf 1991: 622). Sie benötigen neben sektorübergreifenden Kommunikationskanälen zum einen ein relatives Maß an Kooperationspotential[3] der handelnden Akteure, damit konfligierende Partikularinteressen mittels konsensualer Verfahrensregeln zu Kompromißlösungen verbunden werden können. Zum anderen ist die Durchsetzungsfähigkeit der Akteure eine wichtige

1 Als Funktionseliten werden nach Stammer (1951) Personen bezeichnet, die in den sich in jedem gesellschaftlichen Bereich herausbildenden Institutionen und Organisationen eine Leitungsposition und damit eine definierte Funktion übernehmen, durch die sie Einfluß auf gesellschaftlich relevante Entscheidungen ausüben können.

2 Unter Verhandlung wird hier kommunikative Abstimmung mehrerer Akteure aufgefaßt, deren Handeln sich auf gesamtgesellschaftlich relevante Entscheidungen auswirkt (Schimank 1992: 183). Vgl. zur Theorie der Verhandlungssysteme Scharpf 1988, 1989, 1991, 1992a, 1993b; sowie Mayntz 1987, 1988, 1991; Scharpf/Mayntz 1995a; siehe auch Sauer/Schnapp in diesem Band.

3 Der Begriff Kooperations*potential* beinhaltet die beiden Dimensionen individuelle Kooperationsbereitschaft und strukturelle Kooperationsbedingungen und soll darauf hinweisen, daß sich die individuelle, subjektive Kooperationsbereitschaft im Rahmen der strukturellen Gegebenheiten bewegt.

Determinante für Verhandlungen. Denn um einerseits teilsystemische Interessen in den Entscheidungsprozeß einbringen, aber andererseits auch Kompromisse eingehen zu können, müssen Akteuren Handlungsspielräume zur Verfügung stehen. Diese Handlungsspielräume weisen formelle und informelle Grenzen auf, die sich nur in der Relation zu Handlungsspielräumen der Akteure anderer Teilsysteme messen und beurteilen lassen. Zur Optimierung von Verhandlungsergebnissen müssen sowohl Durchsetzungsfähigkeit als auch Kooperationspotential in einem ausgewogenen Verhältnis zwischen den Akteuren der einzelnen Teilsysteme etabliert sein (Etzioni-Halevy 1993: 103-106). Auch wenn Autonomie und Kooperation sich ergänzende und keine einander entgegen gesetzten Bedingungen zur Integration darstellen, existiert doch ein Spannungsverhältnis zwischen ihnen. Die Optimierung der Bedingungen für Integration hat nicht Maximierung von Kooperationspotential und Durchsetzungsfähigkeit, sondern Etablierung und Stabilisierung eines ausgewogenen Verhältnisses beider Bestimmungsfaktoren zwischen den einzelnen Teilsystemen zum Ziel (Etzioni-Halevy 1993).

Durchsetzungsfähigkeit und Kooperationspotential und damit Verhandlungsmacht leitet sich aus der teilsystemischen Verfügung über gesellschaftliche Ressourcen ab. Diese Ressourcenverfügung wird determiniert durch die Funktion der Teilsysteme (Luhmann 1984b). Für die Untersuchung des Kooperationspotentials und der Durchsetzungsfähigkeit der bundesdeutschen Funktionseliten wird erwartet, daß ihre Sektorzugehörigkeit[4] und die funktionalen Erfordernisse der Tätigkeit ihr Ausmaß bestimmen.

Der Grad des Kooperationspotentials wird zusätzlich auf der individuellen Ebene beeinflußt von der Einsicht der Akteure in die Interdependenz der Teilsysteme. Nur wenn die Einschätzung vorherrscht, daß ein Kompromiß letztendlich weniger schadet als der nicht friedlich ausgetragene Konflikt, können die verhandelnden Akteure gemeinwohlorientierte Entscheidungen treffen (Scharpf 1993a: 35). Die individuelle Einschätzung kann zudem von

4 Um die theoretische und die empirische Ebene der Diskussion deutlich voneinander abzugrenzen, wird, wenn es sich um die theoretische Ebene handelt, von „Teilsystemen" gesprochen, während zur Bezeichnung der empirischen Entsprechungen der Begriff des „Sektors" oder des „gesellschaftlichen Sektors" Verwendung findet. Diese Konvention ist insbesondere der Tatsache geschuldet, daß es keine eindeutige und allgemein anerkannte theoretische Einteilung der gesellschaftlichen Teilsysteme gibt, die dem Anspruch einer empirischen Kategorisierung genügen könnte. Für die empirische Auswertung wird die Sektoreinteilung der Positionsauswahl der Studie zugrunde gelegt (vgl. Machatzke 'Positionsauswahl' in diesem Band).

verschiedenen Faktoren wie der politischen oder sekundären Sozialisation sowie der Einbindung in Kommunikationsnetze beeinflußt sein.

In diesem Beitrag werden nach der theoretischen Rückbindung an die Differenzierungs- und Elitenforschung folgende Fragen einer empirischen Prüfung unterzogen:

1. In welchem Maß ist Kooperationspotential und Durchsetzungsfähigkeit bei den befragten Führungskräften vorhanden?
2. Bestehen Unterschiede zwischen der Durchsetzungsfähigkeit und dem Kooperationspotential ostdeutscher und westdeutscher Führungskräfte aufgrund der Sozialisation in unterschiedlichen gesellschaftlichen Systemen?
3. Welche Sektor-, Funktions- und parteipolitischen Unterschiede lassen sich feststellen?
4. Wirken sich andere Merkmale wie politische Orientierung, Dauer der Positionsinhabe und Positionshöhe auf den Grad des Kooperationspotentials und der Durchsetzungsfähigkeit aus?
5. Bestehen Zusammenhänge zwischen der Intensität der Einbindung in das Kommunikationssystem und dem Kooperationspotential?

2. Durchsetzungsfähigkeit und Kooperationspotential von Eliten als Voraussetzung der Funktionsfähigkeit demokratischer Systeme

2.1 Differenzierung und Elitenrolle

Die Ausdifferenzierung moderner Gesellschaften setzt sich auch innerhalb der Teilsysteme als Binnendifferenzierung fort (Parsons 1976). Auf der Ebene der Akteure kommt es in den Teilsystemen zur Herausbildung professioneller Rollen mit spezialisierten Funktionen (Braun 1993: 210). Rollen sind gekennzeichnet durch ein funktionales, situationsgeprägtes Wertesystem von Verhaltensanforderungen und Handlungsorientierungen. Die Elitenrollen in allen Teilsystemen verlangen neben internen Leitungs- und Integrationsaufgaben vor allem nach der Vertretung des Teilsystems nach außen und nach Koordination mit den Funktionseliten anderer Teilsysteme (Weege 1992: 42). Die Handlungsorientierung professioneller Rollenträger wird einerseits geprägt durch die Perzeption der strukturellen und funktionalen Bedingungen der Teilsysteme, in denen sie agieren, aber auch durch die gesellschaftliche Umwelt, mit der sie interagieren (Mayntz 1988: 18). Rollensozialisation bezeichnet den Prozeß der Aneignung und Verinnerlichung von Fähigkeiten, Kenntnissen, Notwendigkeiten, geforderten Verhaltensweisen und Deutungsmustern, die zur Erfüllung bestimmter Anforderungen funktional notwendig sind (Joas 1991: 147). In Anlehnung an Bourdieu wird in der Sozialisationsforschung von beruflichem Habitus als stabilem System verinnerlichter interner Handlungsregeln und -schemata gesprochen, da die professionelle Rollensozialisation nicht nur technische Qualifikationen, sondern auch kulturelle Codes mit Identifikationspotential beinhaltet (Heinz 1991: 403). Die professionelle Sozialisation aller Inhaber von Führungsrollen übt über subjektive Wahrnehmung handlungsprägende Einflüsse auf den Akteur aus. Durch die gemeinsame Funktion der Integrationsleistung entsteht ein gemeinsamer Handlungszusammhang der Führungskräfte sämtlicher Teilsysteme einschließlich einer gemeinsamen Identität und Sprache.[5] Über die „common language“ (Rebenstorf 'Karrieren' in diesem Band) oder auch „multilinguale Kommunikationskompetenz“ (Scharpf 1988) der Funktionseliten können die vorhandenen Kommunikationsbarrieren, die zwischen den Teilsystemen aufgrund der Verstelbständigung bestehen, überwunden und Integration hergestellt werden (Mayntz 1987: 106).

2.2 Kooperationspotential

Erfolg und Qualität von Integration durch Verhandlungen sind vom Mitgestaltungswillen der Eliten aller Teilsysteme abhängig. Neben der grundsätzlichen Bereitschaft zur Kompromißfindung müssen Akteure anderer Teilsysteme und die von ihnen vertretenen Positionen als berechtigte und im Konsensfindungsprozeß zu berücksichtigende Interessen akzeptiert werden (Scharpf 1992a: 21). Nur durch den Konsens über kooperative Verfahrensweisen kann bei vorhandenem und notwendigem Dissens in Sachfragen ein Weg der Konfliktaustragung gefunden werden.

Es ist von zentraler Bedeutung, zwischen dem notwendigen Konsens, der sich auf die Mechanismen der Konfliktaustragung bezieht, und dem Dissens bezüglich Sachfragen zu unterscheiden. Ohne den Wettbewerb der Interessen

5 Zum Konzept der Professionalisierung und der Herausbildung eines „Klassencharakters“ von Führungsgruppen siehe Herzog u.a.1993; Rebenstorf 1995.

und die Möglichkeit, diese in den politischen Prozeß einzubringen, können demokratische Systeme nicht stabil sein. Integration bezieht sich deshalb auf die Einbindung der verschiedenen Interessenvertreter in den Entscheidungsprozeß, nicht jedoch auf die Vereinheitlichung von Standpunkten oder Zielen (Burton/Gunther/Higley 1992: 7).

Das Kooperationspotential der individuellen Akteure leitet sich von der strukturellen Verhandlungsmacht und den Erfordernissen der Führungsrolle, die sich aus der Funktion der Teilsysteme und der Ressourcenverfügung ergeben, ab (s. Abb. IX-1). Funktionsträger des politischen oder intermediären Systems benötigen aufgrund ihrer Integrations- und Vermittlungsfunktion ein höheres Kooperationspotential als solche aus Teilsystemen mit stark selbstreferentieller Funktion und Ressourcenverfügung.

2.3 Durchsetzungsfähigkeit

Trotz der generellen Notwendigkeit kooperativer Mechanismen zum Ausgleich der Interessendivergenzen müssen Eliten in der Lage sein, die zur Aufrechterhaltung der Funktionsfähigkeit der einzelnen Teilsysteme notwendige Autonomie zu sichern (Herzog u.a. 1990: 110). Die Autonomie betrifft zwei Dimensionen: die horizontale Autonomie gegenüber den Akteuren der anderen Teilsysteme sowie die vertikale Autonomie gegenüber der Klientel oder Basis des eigenen Teilsystems (Higley/Pakulski 1995: 416).

Zur Sicherung der horizontalen Autonomie müssen Eliten die Fähigkeit besitzen, die zur Funktionserfüllung notwendigen (Minimal-)Interessen ihres Teilsystems im Entscheidungs- und Verhandlungsprozeß gegenüber den anderen Partikularinteressen zu artikulieren und in den Verhandlungsprozeß einzubringen. Diese Durchsetzungsfähigkeit auf horizontaler Ebene beinhaltet die Fähigkeit, sich gegenüber Eingriffen anderer Teilsysteme, welche die Autonomie und damit die Funktionsfähigkeit des eigenen Teilsystems gefährden, zur Wehr zu setzen (Etzioni-Halevy 1993: 65). Die relative Autonomie von Teilsystemen und Akteuren insbesondere gegenüber dem politischen System ist das übergeordnete Prinzip der demokratischen Paradigmen, die auf dem Wettbewerbscharakter der Partikularinteressen bei relativer Chancengleichheit basieren[6] (Etzioni-Halevy 1993: 103f). Weite Teile demo-

6 Das grundlegende demokratische Prinzip der Legitimation über freie Wahlen setzt die unabhängige Assoziationsfreiheit und Entwicklung von Parteien und die Etablierung von Opposition voraus. Das Prinzip der Gewaltenteilung und Rechtsstaatlichkeit verweist auf

kratischer Verfassungen behandeln neben den individuellen Freiheiten die Garantie der relativen Autonomie von Teilsystemen gegen Eingriffe des politischen Systems (Mayntz 1988: 41).

Auch der relative Grad vertikaler Autonomie, die sich auf die Durchsetzungsfähigkeit der Funktionsträger gegenüber der eigenen Klientel bezieht, beeinflußt die Handlungsoptionen der Eliten (Scharpf 1993a: 28). Eine Vorbedingung kollektiv bindender Entscheidungsfindung durch Verhandlungen ist die ausreichende Handlungsfreiheit der Funktionsträger gegenüber ihrer „Basis", um Kompromisse eingehen und umsetzen zu können, ohne auf den Maximalforderungen ihrer Interessengruppe zu bestehen (Mayntz 1993: 43).

Die Durchsetzungsfähigkeit von Eliten wird wie das Kooperationspotential durch die Verfügungsgewalt über gesellschaftlich wichtige Ressourcen wie das Gewaltmonopol und die Gesetzgebungskompetenz des politischen Systems, organisatorisch-administrative Reserven der Verwaltung, symbolische Mittel in Form von Wissen, Information oder „Wahrheit" bei Wissenschaft, Medien und Kultur, vor allem aber auch durch ökonomische Verfügungsgewalt und psychologische Ressourcen wie Charisma und Energie, konstituiert (Etzioni-Halevy 1993: 94-99). Die verschiedenen Ressourcen hängen in aller Regel voneinander ab oder mischen sich. Die Funktionseliten der Teilsysteme besitzen unterschiedliche Anteile an der Verfügungsgewalt, selten verfügt eine Teilelite ausschließlich über eine einzige Machtquelle. Verschiedene Ressourcen verleihen unterschiedliche Grade an Autonomie, die sich situativ verändern können: Kapital, Gewalt- und Gesetzgebungsmonopol sind hochgradig eigenständig, aber auch die Verfügungsgewalt über Wissen kann eine Machtquelle darstellen. Der Grad der Durchsetzungsfähigkeit von Akteuren wird durch Funktionserfordernisse und Aufgaben der jeweiligen Teilsysteme sowie durch die strukturelle Verhandlungsmacht determiniert, die Akteure durch ihre Position in der Konstellation des Gesamtsystems haben (Braun 1993).

Der Durchsetzungsfähigkeit sind institutionelle und strukturelle Grenzen gesetzt. Die rechtlichen und verfassungsrechtlichen Bestimmungen geben Kompetenzbereiche und Wege der Entscheidungsfindung innerhalb reglementierter politischer oder gesellschaftlicher Institutionen vor, die die Ausgewogenheit der Durchsetzungsfähigkeit der Teilsysteme zumindest im politischen Prozeß gewährleisten sollen.

---

die notwendige Autonomie legislativer und judikativer Macht im politischen System. Auch die Garantie der Meinungs- und Informationsfreiheit sowie die Freiheit der Presse sind grundlegender Bestandteil des demokratischen Wettbewerbs.

2.4 *Funktionale Determinierung von Durchsetzungsfähigkeit und Kooperationspotential*

Die unterschiedlichen Funktionen, Ressourcenverfügungen und Prägungen der Handlungsorientierungen der Funktionseliten durch die Teilsystem- und Rollenzugehörigkeit läßt sektorale und funktionale Differenzen im Kooperationspotential und der Durchsetzungsfähigkeit erwarten (s. Abb. IX-1):

Um seiner Funktion der kollektiv bindenden Entscheidungsfindung sowie als Integrationsinstanz gerecht werden und auf die Potentiale der anderen Teilsysteme zurückgreifen zu können (vgl. auch Sauer/Schnapp in diesem Band), muß das Kooperationspotential der Funktionseliten des politischen Systems besonders hoch sein. Zur Durchsetzung der Entscheidung ist zugleich eine hohe horizontale Autonomie notwendig. Über Gesetzgebungskompetenz und Fiskalhoheit stehen dem politischen System wichtige Verhandlungsressourcen zur Verfügung. Die daraus resultierende hohe horizontale Autonomie wird durch verfassungsrechtlich festgelegte Kompetenzbereiche wiederum eingeschänkt.

Die vertikale Autonomie ist allerdings relativ gering, da das politische System seine Legitimation aus der engen Bindung an die Wählerzustimmung erhält (Herzog u.a. 1990: 60ff).

Die intermediären Institutionen Wirtschaftsverbände und Gewerkschaften sind wie die Parteien Organe zur Interessenvermittlung zwischen bestimmten Teilgruppen der Bevölkerung und den politischen Entscheidungsträgern. Sie sind von entscheidender Relevanz für das politische System, ohne ihm allerdings anzugehören (Aleman 1993). Aber ähnlich wie bei den Funktionseliten des politischen Bereichs muß das Kooperationspotential der intermediären Akteure relativ hoch sein, um im wirtschaftspolitischen Konflikt Kompromisse eingehen und ihrer Vermittlungsfunktion gerecht werden zu können. Verbands- und Gewerkschaftseliten sind - wie politische Akteure - an die Interessen ihrer Klientel gebunden, also in der vertikalen Autonomie eingeschränkt. Die Konfliktpartner des Wirtschaftssystems sind durch die gesetzliche Garantie der Tarifautonomie in hohem Maß vor staatlichen Eingriffen geschützt, also horizontal autonom.

Die Verwaltung ist mit der Aufgabe der Vorbereitung und Implementation der Gesetzgebung betraut. Dadurch ist sie eng an das politische System gebunden und steht als Weisungsempfängerin unter seiner hierarchischen Kontrolle. Die horizontale Autonomie der Verwaltung gegenüber dem politischen System ist deshalb relativ gering. Aber durch die Ausweitung der Aufgaben bei der Planung und Vorbereitung von Gesetzen insbesondere der

Ministerialbürokratie hat die Verwaltung sehr große informelle Einflußmöglichkeiten auf den Gesetzgebungsprozeß. Ihre Rolle im politischen Prozeß ist im Zuge der zunehmenden Komplexität aufgrund der Verfügung über spezielles Wissen erheblich gewachsen (Hesse/Ellwein 1992: 315).

Abbildung IX-1: Funktionen, Verfügungsmacht über gesellschaftliche Ressourcen, Autonomie und Kooperationspotential der Akteure in den Teilsystemen

	teilsystemische Funktion	Ressourcen	Autonomie		Kooperation
			vertikal	horizontal	
Politik	Integration durch kollektiv bindende Entscheidung	Gesetzgebungsmonopol, Fiskalhoheit, Legitimation	niedrig	hoch	hoch
Wirtschaftsverbände	Arbeitgeberinteressenvermittlung im wirtschaftspolitischen Konflikt und politischen Prozeß	Kapital, Arbeitsplätze, organisatorische Ressourcen	niedrig	hoch	hoch
Gewerkschaften	Arbeitnehmerinteressenvermittlung im wirtschaftspolitischen Konflikt und politischen Prozeß	Arbeitskraft, organisatorische Ressourcen	niedrig	hoch	hoch
Verwaltung	Vorbereitung und Implementation politischer Entscheidungen	Information, administrativer Apparat	hoch	niedrig	mittel
Wirtschaft	Schaffung u. Bereitstellung materieller und finanzieller Ressourcen	Kapital, Arbeitsplätze	hoch	hoch	niedrig
Medien	Kontrolle durch Information und Agenda-Setting	Information	hoch	hoch	niedrig
Wissenschaft	Wissensbereitstellung u. -vermittlung	Wissen	hoch	niedrig	niedrig
Militär	Sicherung nach außen	Gewalt	hoch	niedrig	mittel
Kultur	Wertevermittlung	Werte, Charisma	hoch	hoch	niedrig

Die Verwaltung ist relativ frei von der öffentlichen Meinung oder Klientelinteressen, denn die Verantwortung gegenüber der Öffentlichkeit liegt letztendlich beim politischen System. Somit ist die vertikale Autonomie der Verwaltung relativ hoch.

Das Wirtschaftssystem ist dagegen durch die Verfügungsgewalt über materielle Ressourcen relativ unabhängig (Luhmann 1986: 102), wohingegen alle anderen Teilsysteme einschließlich des politischen von einer funktionsfähigen Wirtschaft abhängen. Andererseits ist auch das Wirtschaftssystem durch die verfassungsrechtliche Festlegung der wirtschaftlichen Ordnung sowie der Gesetzgebungskompetenz des politischen Systems eingeschränkt.

2.5 Individuelle Faktoren

Teilsysteme werden aus Handlungs- und Kommunikationszusammenhängen konstituiert. Träger von Kommunikation und Handlungen sind aber individuelle Akteure, die in bestimmten Rollen agieren. Die Funktionen und Ressourcenverfügung der Teilsysteme bilden zwar den Handlungskontext und bestimmen die Handlungsorientierung der Funktionsträger, aber daneben wird das Handeln von Positionseliten durch rollenspezifische und individuelle Faktoren beeinflußt (Mayntz/Scharpf 1995c: 44). Die subjektive Wahrnehmung der strukturellen Gegebenheiten, der Handlungsoptionen und der verfügbaren Ressourcen spielt für die Handlungsorientierung der Funktionsträger ebenso eine zentrale Rolle wie ihre professionelle Rollensozialisation (Heinz 1991).

Da Sozialisation ein Prozeß ist, spielt der Zeitfaktor für den Grad der Verinnerlichung von geforderten Verhaltensweisen und Deutungsmustern eine wichtige Rolle. Die Dauer, für die ein Akteur eine Eliteposition innehat, ist folglich ein Faktor, der die Handlungsorientierung und damit das Kooperationspotential beeinflussen kann. Kooperation ist ein Teil der Elitenrolle, so daß sich Professionalisierungseffekte auf individueller Ebene zeigen müssen (Braun 1993: 211). Je länger ein Akteur in einer bestimmten Position tätig ist, um so besser kennt er die Spielregeln, die relevanten anderen Akteure und die dominierenden Interessen sowohl der eigenen Organisation als auch der Organisationen, mit denen verhandelt wird. Auch die Höhe der Position hat auf die Professionalisierung Einfluß, da davon ausgegangen werden kann, daß mit der Höhe der Position die Aufgabe der intersektoralen Zusammenarbeit und damit auch die Ansprüche an das Kooperationspotential wachsen. Auch die Durchsetzungsfähigkeit muß mit steigender Positionshöhe zunehmen, denn Einfluß ist an die Position gebunden (Stammer 1951).

Abbildung IX-2: Modell zu Durchsetzungsfähigkeit und Kooperationspotential von Eliten

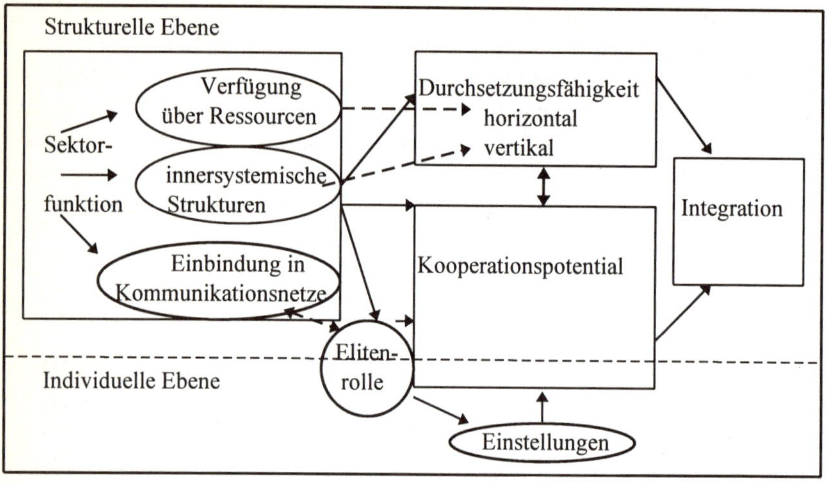

Der Zeitfaktor der Rollensozialisation läßt ebenfalls Unterschiede zwischen ost- und westdeutschen Funktionseliten erwarten, da ostdeutsche Funktionseliten im Durchschnitt ihr Amt noch nicht so lange innehaben wie westdeutsche. Dies könnte auch dazu führen, daß bei ostdeutschen Führungskräften infolge der Transformation Unsicherheit und Unkenntnis der Spielregeln stärker vorhanden sind und sie sich deshalb in ihrer Entscheidungsmacht stärker eingeschränkt fühlen.

Der Grad der Einbindung in Kommunikationsnetze kann gleichfalls das Kooperationspotential beeinflussen, da das Wissen und damit das Verständnis der divergierenden Standpunkte mit der Intensität der Kontakte zunimmt. Damit kann auch die Bereitschaft zunehmen, andere Interessen zu berücksichtigen. Eliten anderer Teilsysteme würden dann weniger als Gegner, sondern eher als Partner gesehen.

Hypothesen

Aus den dargestellten Theorieansätzen ergeben sich folgende untersuchungsleitende Thesen:

1. Je ausgewogener die Durchsetzungsfähigkeit und das Kooperationspotential sowie die Möglichkeiten der politischen Einflußnahme zwischen

den Sektoreliten und zwischen ost- und westdeutschen Führungskräften sind, um so besser sind die Bedingungen für kompromißorientierte Verhandlungssysteme und damit für Integration.

2. Je höher das Kooperationspotential zwischen den Sektoreliten ist, um so größer sind die Chancen für konsensuale Problemlösungen und somit für Integration. Das Maß des Kooperationspotentials muß in Einklang stehen mit den Funktionsanforderungen der Sektoren. Je stärker ein Sektor in den politischen Prozeß involviert ist, um so größer muß das vorhandene Kooperationspotential sein.
3. Kooperation und Durchsetzungsfähigkeit sind Teile der Funktion von Eliten. Mit zunehmender Dauer der Positionsinhabe und mit zunehmender Höhe der Position müssen sich Professionalisierungseffekte zeigen und sowohl Durchsetzungsfähigkeit als auch Kooperationspotential zunehmen.
4. Je stärker die Führungskräfte in das Kommunikationsnetz eingebunden sind, desto ausgeprägter ist das Verständnis für divergierende Standpunkte und die Anerkennung der Kompetenz anderer Führungsgruppen.

3. Durchsetzungsfähigkeit und Kooperationspotential der bundesdeutschen Führungsgruppen 1995

3.1 Durchsetzungsfähigkeit

Anhand subjektiver Einschätzungen der Führungskräfte unter Zugrundelegung der strukturellen Rahmenbedingungen soll das Verhältnis der Durchsetzungsfähigkeit und der einschränkenden Instanzen zwischen den Eliten der verschiedenen Sektoren untersucht werden. Strukturelle Gegebenheiten beeinflussen über die subjektive Wahrnehmung die Handlungsorientierung von Funktionsträgern, die ihrerseits Auswirkungen auf ihr Handeln hat. Zur Untersuchung von Handlungsspielräumen werden deshalb die subjektiven Angaben der Funktionseliten auf der Basis des Vergleichs mit den strukturellen Gegebenheiten herangezogen. Bei der Analyse wird hier zwischen allgemein empfundener Einschränkung der Durchsetzungsfähigkeit durch interne und externe Instanzen oder Akteure sowie der Beurteilung der Möglichkeit der politischen Einflußnahme unterschieden.

3.1.1 Einschränkung der Durchsetzungsfähigkeit

Die Auswertung der empfundenen Durchsetzungsfähigkeit von Führungskräften[7] der Bundesrepublik ergibt, daß sich 49 Prozent der Befragten sehr stark oder stark eingeschränkt fühlen. Sehr starke Einschränkung empfinden nur 8 Prozent und gar keine 5 Prozent der Führungskräfte (s. Tab. IX-1). Ost- und westdeutsche Führungskräfte unterscheiden sich in der Einschätzung ihrer Durchsetzungsfähigkeit kaum. Das widerspricht der Erwartung, daß sich ostdeutsche Führungskräfte infolge der Transformation und der damit verbundenen Unkenntnis und Unsicherheit bestimmter „Spielregeln" und der immer wieder in der öffentlichen Diskussion geäußerten Vorwürfe der Bevormundung durch Westdeutsche in ihrer Durchsetzungsfähigkeit stärker beeinträchtigt fühlen würden.

Erwartungsgemäß zeigen sich sektorale Unterschiede, die nur gering von der strukturellen sektoralen Autonomie (s. Abb. IX-1) abweichen. Sektoren, in denen Führungskräfte überdurchschnittlich häufig starke Einschränkungen ihrer Durchsetzungsfähigkeit empfinden, sind Militär, Politik, Verwaltung, Gewerkschaften und Wissenschaft.

Eher weniger oder gar nicht eingeschränkt fühlen sich Medien- und Kultureliten, Wirtschaftseliten und Eliten der Wirtschaftsverbände. Die Funktion dieser Sektoren mit Ausnahme der Wirtschaftsverbände macht die Rücksichtnahme auf eine heterogene Basis oder Klientel nicht notwendig. Die Reglementierung durch das politische System findet nur durch Rahmensetzung statt, die Abhängigkeit von staatlicher Finanzierung ist relativ gering, beachtet man, daß die befragten Kultureliten zum größten Teil im Medienbereich angesiedelt sind. Betrachtet man die verschiedenen Sektoren nach internen Funktionsbereichen, zeigen sich zwar Unterschiede, diese fallen aber vergleichsweise gering aus. Unter den Politikern sehen sich die Mitglieder der Bundesexekutive am stärksten eingeschränkt, im Unterschied zu den Mitgliedern der Bundestagsfraktionen und den Landesparteivorsitzenden. Unter den Parteipolitikern geben insbesondere Mitglieder der SPD an, stark eingeschränkt zu sein, auch CSU- und CDU-Politiker fühlen sich überdurchschnittlich häufig in ihrer Durchsetzungsfähigkeit erheblich beeinträchtigt. Politiker der kleineren Parteien haben offensichtlich mehr eigene Entscheidungsfreiheit. Der Grad der Durchsetzungsfähigkeit innerhalb der politischen Elite wird durch die Größe der Partei und durch ihre Rolle als Regierungs- oder Oppositionspartei beeinflußt.

---

7 Frageformulierung s. Fragebogen im Anhang, Frage 41.

Tabelle IX-1: Subjektive Einschränkung der Durchsetzungsfähigkeit nach Sektoren und regionaler Herkunft (Zeilenprozent)

	sehr stark und stark	wenig und gar nicht	n
Politik	**57**	**43**	**496**
SPD	65	35	140
CDU	59	41	99
CSU	*63*	*37*	*19*
FDP	56	44	63
B90/Grüne	54	46	115
PDS	36	64	44
Bundesregierung	*73*	*27*	*15*
Landesregierung	60	40	87
Bundestagsfraktion	51	49	61
Landtagsfraktion	60	40	135
Parteivorstand Bund	*61*	*39*	*18*
Parteivorstand Land	55	45	179
Verwaltung	**57**	**42**	**464**
Wirtschaft	**32**	**68**	**248**
Verbände	**41**	**58**	**169**
Gewerkschaft	**57**	**42**	**92**
Medien	**27**	**73**	**279**
Wissenschaft	**56**	**44**	**162**
Militär	**62**	**37**	**133**
Kultur	**30**	**69**	**99**
West-Herkunft	49	51	2037
Ost-Herkunft	46	54	270
Gesamt	**49**	**51**	**2307**

kursiv gehaltene Zahlen weisen auf geringe Fallzahlen hin

Im Verwaltungssektor zeigen sich je nach Funktion der Befragten leichte Unterschiede. Hier fühlen sich Staatssekretäre in Bundes- und Landesministerien weniger in ihrer Durchsetzungsfähigkeit gehemmt als Abteilungs- und Unterabteilungsleiter der Bundesministerien. Der hierarchische Aufbau der Verwaltungseinheiten macht sich an diesem Punkt bemerkbar.

Im Wirtschaftssektor, dessen strukturelle Durchsetzungsfähigkeit sowohl horizontal als auch vertikal hoch einzuschätzen ist, empfinden dennoch 56 Prozent der Spitzenunternehmer im Gegensatz zu 21 Prozent bzw. 22 Prozent der großen und bedeutenden Unternehmer sich in ihrer Durchsetzungsfähigkeit stark eingeschränkt, 12 Prozent sogar sehr stark. Die subjektive

Durchsetzungsfähigkeit sinkt mit zunehmender Unternehmensgröße. Die Struktur der Spitzenunternehmen als Aktiengesellschaft mit Aufsichtsrat und Vorstand sowie verschiedenen Abteilungen (z.B. Rechtsabteilung), in denen Entscheidungen abgestimmt werden müssen, führt offensichtlich dazu, daß sich einzelne Führungskräfte in Spitzenunternehmen weniger autonom fühlen als in kleineren Unternehmen mit Geschäftsleitung.

Die Differenzierung der einzelnen Sektoreliten nach Ost und West zeigte kaum Unterschiede. Auch innerhalb der Sektoren kann die Vermutung, ostdeutsche Führungskräfte fühlten sich stärker eingeengt als westdeutsche, nicht bestätigt werden.

Die empfundene Durchsetzungsfähigkeit wird darüber hinaus weder von Professionalisierungseffekten (Dauer der Positionsinhabe und Höhe der Position[8]) noch von politischen Orientierungen[9] spürbar beeinflußt. Deutliche Zusammenhänge sind nur bei der Sektorzugehörigkeit und spezifischen Funktionen innerhalb der Sektoren feststellbar, durch die knapp 10 Prozent der Varianz erklärt werden können. Der Grad der Korrelation verändert sich bei Kontrolle und Gewichtung der anderen Variablen kaum.[10]

3.1.2 Dimensionen der Einschränkung der Durchsetzungsfähigkeit

Um den Grad der vertikalen und horizontalen Einschränkungsdimension zu messen, wurden die Funktionseliten gefragt, welche Instanzen oder Akteure sie einschränken.[11] Die Antwortverteilung (s. Tab. IX-2) zeigt, daß bei der Durchsetzung von Entscheidungen vor allem innerorganisatorische Schranken überwunden werden müssen: gut die Hälfte der Befragten gab an, durch Kontrollgremien der eigenen Organisation sowie durch Kollegen und Mitarbeiter eingeschränkt zu sein. Auch die traditionelle Linie bzw. Politik der Organisation empfindet knapp die Hälfte der Befragten als Einschränkung.

---

8 Selbsteinstufung auf einer siebenstufigen Skala. Frageformulierung siehe Fragebogen im Anhang, Frage 7.

9 Es wurde die Selbsteinstufung auf der Links-Rechts-Skala verwendet. Frageformulierung siehe Fragebogen im Anhang, Frage 86.

10 Durchgeführt wurde eine multiple Klassifikationsanalyse. Durch die Kombination der gewichteten Variablen „Funktion im Sektor", „regionale Herkunft", „Positionshöhe", „Dauer der Positionsinhabe" und „politische Orientierung" konnten insgesamt 10 Prozent (davon 9% durch die Funktion im Sektor) der Varianz zur Einschränkung der Durchsetzungsfähigkeit erklärt werden.

11 Gefragt wurden nur solche Personen, die bei Frage 41 Einschränkungen genannt hatten. Frageformulierung s. Fragebogen im Anhang, Frage 42. Es konnten bis zu drei Angaben gemacht werden.

Rund ein Viertel nennt politische Kontroll- und Aufsichtsgremien, die öffentliche Meinung bzw. die Medien und die nachgeordneten Ebenen innerhalb der Organisationen.

Tabelle IX-2: Einschränkende Instanzen oder Akteure nach Sektoren und regionaler Herkunft (Mehrfachnennung, Zeilenprozent)

	Kollegen/ Mitarbeiter	Nachfolg. Ebene in Organisation	Kontrollgremien in Organisation	Kontrollgremien Bund/ Länder	Politik/ Linie in Organisation	Medien/ Öffentlichkeit	n
Politik	**50**	**31**	**28**	**25**	**71**	**44**	**475**
SPD	45	25	30	36	76	44	135
CDU	51	20	21	31	76	47	95
CSU	*37*	*11*	*5*	*21*	*74*	*58*	*19*
FDP	44	39	31	18	73	58	62
B90	58	37	35	13	70	36	108
PDS	55	57	32	23	37	27	44
BReg.	*31*	*8*	*8*	*39*	*77*	*69*	*13*
LReg.	41	16	19	57	67	52	84
BT-Frak.	59	7	31	32	83	42	59
LT-Frak.	63	32	22	14	69	48	133
ParteiB.	*29*	*29*	*59*	*24*	*53*	*47*	*17*
ParteiL.	43	49	36	15	70	36	169
Verwalt.	**43**	**14**	**38**	**54**	**56**	**30**	**438**
Wirtscha	**68**	**21**	**80**	**18**	**21**	**11**	**238**
Verbände	**44**	**23**	**77**	**14**	**44**	**22**	**149**
Gewerk.	**56**	**38**	**74**	**4**	**66**	**20**	**90**
Medien	**71**	**20**	**72**	**5**	**27**	**18**	**260**
Wissen.	**57**	**12**	**66**	**64**	**20**	**8**	**157**
Militär	**38**	**37**	**67**	**43**	**48**	**10**	**126**
Kultur	**64**	**17**	**70**	**6**	**30**	**27**	**86**
West	55	21	57	28	45	24	1914
Ost	50	29	46	31	51	31	260
Gesamt	**54**	**23**	**55**	**28**	**46**	**25**	**2174**

Dabei variieren Rangfolge und Nennungsniveau nach Sektoren: Politiker sehen sich am stärksten durch die politische Linie der Partei eingeschränkt (71%), gefolgt von den Kollegen und Mitarbeitern (50%) und an dritter Stelle mit 44 Prozent von der Öffentlichkeit. Auch die nachgeordneten Ebenen scheinen im politischen System mehr Bedeutung für die Einschränkung der Durchsetzungsfähigkeit zu besitzen (31%) als in den meisten anderen Bereichen. Diese Rangfolge ist aufgrund der demokratischen Struktur politischer Parteien und des Angewiesenseins auf Unterstützung durch die Wähler nicht überraschend.

Es existieren parteipolitische Unterschiede, die allerdings nicht so groß sind, als daß sie die grundsätzliche Rangfolge der einschränkenden Instanzen berühren. Eine Ausnahme bildet nur die PDS, deren Politiker sich am häufigsten durch die nachgeordneten Instanzen (57%) eingeschränkt fühlen und erst an dritter Stelle mit 39 Prozent die politische Linie der Partei nennen.

Die Rolle, welche die verschiedenen Parteien im politischen System einnehmen, drückt sich in den einschränkenden Instanzen aus: Befragte der Oppositionsparteien fühlen sich durch die eigenen Parteigremien in ihrer Durchsetzungsfähigkeit behindert, Politiker der Regierungs- bzw. Volksparteien dagegen stärker durch die Opposition und die Medien.

Auch innerhalb der Verwaltungselite spielt die politische Linie die herausragende Rolle in der empfundenen Beeinträchtigung. Kontrollorgane von Bund und Ländern werden ebenfalls häufig als einschränkende Instanzen wahrgenommen. Die Öffentlichkeit spielt im Vergleich zur Politik eine geringere Rolle, aber mit 30 Prozent der Befragten wird sie wesentlich häufiger genannt als von den Führungskräften der anderen Sektoren.

Die Konzentration im Antwortverhalten auf innerinstitutionelle Eingrenzungen ist im Wirtschaftssektor am stärksten. Sie zeigt einerseits die relativ starke autonome Position der Wirtschaftseliten in bezug auf äußere Beschränkungen und vor allem gegenüber den politischen Instanzen, andererseits aber die relativ schwach ausgeprägte Durchsetzungsfähigkeit der einzelnen Führungskräfte innerhalb der Unternehmensstrukturen. Einschränkungen durch äußere Rahmenbedingungen werden offensichtlich bereits intern perzipiert und entsprechend innerhalb der Unternehmen durch Absprachen der verschiedenen Bereiche und Abteilungen (z.B. Rechtsabteilung) vorweg genommen.

Vertreter der Wirtschaftsverbände sehen sich ebenfalls am stärksten durch verbandsinterne Kontrollorgane und Kollegen in ihrer Durchsetzungsfähigkeit eingeschränkt, aber in höherem Maße als Unternehmer durch die politische Linie der Verbände und die Öffentlichkeit, was angesichts der Rolle als Interessenvertreter mit politischem Anspruch zu erwarten war. Gewerkschaftseliten unterscheiden sich im Trend nicht von der Einschätzung der Wirtschaftsverbände. Zusätzlich fühlen sich Gewerkschafter zu 38 Prozent durch nachgeordnete Instanzen in ihrer Durchsetzungsfähigkeit beeinträchtigt, was darauf hindeutet, daß die inneren Strukturen der Gewerkschaften demokratischer organisiert sind, als das bei den Wirtschaftsverbänden der Fall ist. Kontrolle durch staatliche Instanzen spielt im gesamten Wirtschaftsbereich kaum eine Rolle, was die hohe Autonomie der Tarifpartner bezüglich der Austragung des ökonomischen Konflikts bestätigt.

Von Wissenschaftlern wird neben der internen Kontrolle durch Gremien und Kollegen von 64 Prozent die Beeinträchtigung der Entscheidungsfreiheit durch Kontroll- und Aufsichtsgremien von Bund und Ländern genannt. Das ist mit Abstand der höchste Anteil aller Sektoreliten (durchschnittlich 28%) und übertrifft sogar die Nennungshäufigkeit der Verwaltungseliten um 10 Prozentpunkte. Dieser Befund ist angesichts der Organisation des Forschungs- und Wissenschaftsbereiches in der Bundesrepublik, insbesondere der Finanzierungsmechanismen durch vorwiegend staatliche Mittelvergabe nicht überraschend. Allerdings kann die im Grundgesetz verankerte Freiheit der Forschung durch diese beträchtliche Einschränkung gefährdet sein.

Differenzen von Ost- und Westdeutschen sind zwar sichtbar, liegen aber nicht höher als 11 Prozentpunkte und sind vor allem auf die unterschiedliche Repräsentanz ostdeutscher Führungskräfte in den verschiedenen Sektoren und auf die Konzentration im politischen Sektor zurückzuführen.

Tabelle IX-3: Korrelation zwischen einschränkenden Instanzen und intervenierenden Einflußfaktoren (eta-Werte)

Einflußfaktoren	Kollegen / Mitarbeiter	Nachfol. Ebene in Organisation	Kontrollgremien in Organisation	Kontrollgremien Bund/ Länder	Politik/ Linie in Organisation	Medien/ Öffentlichkeit
Sektor	.21	.18	.36	.42	.35	.13
Funktion im Sektor	.27	.27	.43	.49	.39	.18
Parteizugehörigkeit der Politiker	.20	.22	.36	.40	.39	.15
regionale Herkunft	.00	.10	.08	.02	.09	.02
Positionshöhe	.05	.06	.09	.06	.18	.05
Dauer der Positionsinhabe	.13	.13	.13	.13	.19	.18
polit. Orientierung	.08	.13	.12	.07	.10	.06
multivariat erklärte Varianz[12]	7%	8%	19%	24%	15%	9%

12 Multiple R^2 der multiplen Klassifikationsanalyse mit den Variablen „Funktion im Sektor", „regionale Herkunft", „Positionshöhe", „Dauer der Positionsinhabe", „politische Orientierung".

Die Korrelationsanalyse (Tab. IX-3) ergibt, daß nur der Zusammenhang zur Sektorzugehörigkeit interpretierbare eta-Werte liefert, die durch die Hinzunahme der funktionalen Sektoruntergliederung erhöht werden und am stärksten die Einschränkung durch die organisationseigenen Kontrollinstanzen (17 % erklärte Varianz) und die Beschränkung durch politische Instanzen (24% erklärte Varianz) beeinflussen. Dadurch bestätigt sich die Annahme, daß die empfundene horizontale und vertikale Autonomie hauptsächlich durch die Sektorfunktion bedingt ist und sich weitgehend mit den strukturellen Erwartungen der horizontalen und vertikalen Autonomie deckt (s. Abb. IX-1). Professionalitäts- oder Sozialisationseffekte haben aber entgegen der formulierten These kaum Einfluß auf die empfundenen Einschränkungsdimensionen.

3.1.3 Geringe politische Einflußmöglichkeit als Problem der Führungskräfte

Weiteren Aufschluß über die Relation der intersektoralen Durchsetzungsfähigkeit liefert die Frage, inwieweit zu geringe Möglichkeiten der politischen Einflußnahme ein Problem für die Befragten als Funktionsträger darstellt.[13] Dabei kann zunächst nicht beurteilt werden, ob die Angaben der Befragten, zu geringe politische Einflußmöglichkeit sei kein Problem, bedeutet, daß sie meinen, hohe politische Einflußmöglichkeit zu haben. Möglicherweise stellen sie gar keinen Anspruch auf Einflußnahme auf die Politik, weshalb sie hier auch keinen Mangel thematisieren. Entscheidend für die Beurteilung der Antworten ist vielmehr, sie an der Funktion der Befragten und an deren Einbindung in den politischen Prozeß zu messen (vgl. auch Abb. IX-1). Je näher bestimmte Teilsysteme in ihrer Funktion dem politischen System sind, um so höher muß dabei der grundsätzliche Anspruch ihrer Akteure auf politische Einflußnahme eingeschätzt werden (vgl. Abb. IX-3). Daß Politiker grundsätzlich hohen Anspruch erheben, ist evident. Aber auch Führungskräften des intermediären Systems - der Wirtschaftsverbände und Gewerkschaften - sowie der Medien muß ein hoher Anspruch unterstellt werden, denn die Funktion dieser Teilsysteme ist die Vermittlung von Interessen im politischen System (Niedermayer 1996: 156). Im Unterschied dazu ist die Funktion der Wirtschaft die Bildung materieller Ressourcen (Luhmann 1984a). Zum Zweck der politischen Einflußnahme und zur Abwehr unerwünschter Steuerung existieren im Wirtschaftsbereich die Verbände, die die politischen Auseinandersetzungen austragen. Von daher kann man davon

13 Frageformulierung s. Fragebogen im Anhang, Frage 43.

ausgehen, daß Führungskräfte in Unternehmen relativ geringe direkte Ansprüche auf politische Einflußnahme haben, die sie ihren Verbänden überlassen. Schwierig ist die Beurteilung der Verwaltung. Sie ist funktional stark an das politische System gebunden, sollte aber ein distanziertes Verhältnis zu politischer Einflußnahme haben. Untersuchungen des Selbstverständnisses von Spitzenbeamten (Derlien/Mayntz 1988) haben aber gezeigt, daß die Trennung zwischen neutralem Beamten und politisch Entscheidungsmächtigem längst nicht mehr aufrecht zu erhalten ist.

Abbildung IX-3: Abgeleiter Anspruch der Sektoreliten auf politische Einflußnahme

niedrig	———	———	——→	hoch
Kultur		Verwaltung	Medien	Politik
	Wirtschaft	Militär		Wirtschaftsverbände
	Wissenschaft			Gewerkschaften

Mehr als die Hälfte der Befragten problematisiert geringe politische Einflußmöglichkeit nicht, nur 13 Prozent empfinden sie als großes Problem (Tab. IX-4). Politiker, Verbands- und Gewerkschaftseliten bezeichnen zu geringe politische Einflußmöglichkeiten in starkem Maß (64%, 60% und 71%) als problematisch. Das unterstützt die Einschätzung, daß Politiker, Verbände und Gewerkschaften in hohem Maße politische Einflußmöglichkeiten für sich fordern, sie aber nicht ihren Wünschen entsprechend besitzen.

Die Auswertung des Antwortverhaltens, differenziert nach den Funktionsebenen der Politiker, zeigt ein Macht- und Kompetenzgefälle zwischen Bundes- und Landesebene einerseits und zwischen Exekutive, Legislative und Parteien andererseits. Politiker der Bundesregierung konstatieren zu gut der Hälfte das Problem zu geringer Einflußmöglichkeit, Politiker der Landesregierungen finden das aber in 61 Prozent der Fälle. Auch die Mitglieder der Bundestagsfraktionsvorstände sehen das weniger oft als Problem (44%) an als die entsprechenden Funktionsträger der Landesebene (69%). Besonders deutlich ist der Unterschied zwischen Führungskräften der Parteien der verschiedenen Ebenen: Vorstandsmitglieder der Bundesparteien geben nur zu 28 Prozent an, daß sie zu geringe politische Einflußmöglichkeit als problematisch ansehen, auf der Landesebene sind es 72 Prozent.

Tabelle IX-4: Beurteilung der Möglichkeiten politischer Einflußnahme nach Sektor und regionaler Herkunft (Zeilenprozent)

	zu geringe Möglichkeit der politischen Einflußnahme					n
	sehr groß	groß	gewisses	Problem	kein Problem	
Politik	**6**	**18**	**40**	**64**	**36**	**496**
SPD	4	12	44	60	40	139
CDU	2	12	44	58	42	100
CSU	-	-	*32*	*32*	*68*	*19*
FDP	7	23	29	58	42	62
B90/Grüne	10	27	35	72	28	116
PDS	9	30	46	84	16	44
Bundesregierung	-	*7*	*47*	*53*	*47*	*15*
Landesregierung.	5	5	51	61	39	86
Bundestagsfraktion	3	10	31	44	56	61
Landtagsfraktion	5	22	42	69	31	137
Parteivorst. Bund	-	*17*	*11*	*28*	*72*	*18*
Parteivorst. Land	10	24	37	72	28	178
Verwaltung	**1**	**6**	**41**	**48**	**52**	**467**
Wirtschaft	**1**	**12**	**35**	**47**	**53**	**247**
Verbände	**2**	**11**	**47**	**60**	**40**	**170**
Gewerkschaften	**4**	**12**	**55**	**71**	**29**	**97**
Medien	**1**	**1**	**15**	**17**	**83**	**271**
Wissenschaft	**2**	**9**	**46**	**57**	**43**	**164**
Militär	**3**	**7**	**32**	**42**	**58**	**133**
Kultur	**3**	**3**	**11**	**17**	**83**	**98**
West-Herkunft	2	9	36	47	52	2038
Ost-Herkunft	7	17	40	64	35	270
Gesamt	**3**	**10**	**36**	**49**	**51**	**2308**

Die Differenzierung der befragten Politiker nach ihrer Parteizugehörigkeit zeigt, daß Politiker der PDS - die die „machtloseste" Partei im Spektrum ist - diejenigen sind, die ihre politischen Einflußmöglichkeiten am stärksten problematisieren (84%). Ihnen folgen die Politiker von Bündnis 90/Grüne mit einem Anteil von 72 Prozent. Letztere verfügen über etwas mehr personelle Ressourcen im Bundestag und sind an einigen Landesregierungen beteiligt. Politiker der SPD, die zwar in elf Ländern an der Regierung beteiligt sind, aber auf Bundesebene keine exekutive Macht haben, sehen geringe Einflußmöglichkeiten zu 60 Prozent als problematisch an. Befragte von CDU und FDP schätzen das zu je 58 Prozent als problematisch ein. Die Beurteilung der Problematik von politischer Einflußmöglichkeit spiegelt im Antwortverhalten der Befragten deutlich die Funktion der Parteien und ihrer jeweiligen (Macht-)Stellung innerhalb des politischen Systems der Bundesrepublik wider.

Medieneliten problematisieren geringen politischen Einfluß nur zu 17 Prozent, obwohl ihr diesbezüglicher Anspruch als relativ hoch eingeschätzt werden muß. Dieser Anspruch ist aber anscheinend eher erfüllt als das bei Politikern und Tarifpartnern der Fall ist.

Knapp die Hälfte der Verwaltungsmitarbeiter empfindet ihre geringe politische Einflußmöglichkeit als Problem. Es wird deutlich, daß die traditionelle Vorstellung vom unpolitischen Beamten, der nur politische Entscheidungen umsetzt, nicht mehr den Gegebenheiten entspricht.

Eine ähnliche Verteilung zeigt sich bei den Wirtschaftseliten. Sie betrachten ihre Einflußmöglichkeiten auf die Politik zu knapp der Hälfte, Spitzenunternehmer sogar zu mehr als zwei Dritteln als Problem. Offensichtlich ist der Anspruch der Spitzenunternehmer auf politische Einflußmöglichkeit nicht durch die Verbände abgedeckt. Sie fordern mehr direkte und eigene Einflußmöglichkeiten, die mit der Größe des Unternehmens und damit entsprechend der Verfügungsgewalt über die Ressourcen Geld und Arbeitsplätze steigt.

Die These vom Zusammenhang zwischen dem aus der Funktion abgeleiteten Anspruch von Funktionseliten auf politische Einflußmöglichkeiten und der Zufriedenheit mit den Einflußmöglichkeiten bestätigt sich bedingt. Diejenigen Eliten aus Sektoren, deren Anspruch wegen der Nähe zum politischen Prozeß sehr hoch eingeschätzt wurde, sind am unzufriedensten mit den Möglichkeiten. Ausnahmen bilden die Medieneliten auf der Seite derjenigen mit hohem unterstellten Anspruch und die Wissenschaftler unter den Sektoreliten, deren Anspruch gering eingeschätzt wurde (eta: .29; Gamma: .20; s. Tab. IX-5[14]).

Betrachtet man die Differenzen zwischen den Führungskräften, die in der DDR gelebt haben und denen, die in der Bundesrepublik sozialisiert wurden, problematisieren Ostdeutsche mangelnde politische Einflußmöglichkeit in stärkerem Maße als Westdeutsche (64% zu 47%). Weit mehr Ostdeutsche als

14 Die Sektoren wurden entsprechend ihrem aus der Funktion abgeleiteten Anspruch auf politische Einflußmöglichkeiten in vier Kategorien codiert (siehe auch Abbildung 3). 1 = sehr geringer Anspruch: Wirtschaft, Wissenschaft, Kultur; 2 = geringer Anspruch: Verwaltung, Militär; 3 = hoher Anspruch: Medien; 4 = sehr hoher Anspruch: Politik, Wirtschaftsverbände, Gewerkschaften.

Westdeutsche schätzen ihre Einflußmöglichkeiten nicht entsprechend ihren Ansprüchen ein. Der Anspruch auf politische Mitbestimmung war eine der Triebfedern der Bürgerbewegung in der DDR (vgl. Welzel in diesem Band), offensichtlich ist der Anspruch der Ostdeutschen auf politische Mitbestimmung im repräsentativen System der Bundesrepublik nicht erfüllt. Um auszuschließen, daß dieser Effekt durch die hohe Anzahl von Politikern unter den Ostdeutschen und weniger durch ostdeutsche Herkunft an sich bedingt ist, wurden die politischen Eliten nach Ost-West-Differenzen untersucht, wobei sich die gleiche Differenz zeigt wie im Gesamtvergleich (2% erklärte Varianz bei Gewichtung).

Tabelle IX-5: Korrelation zwischen Problematisierung mangelnder Möglichkeiten politischer Einflußnahme und intervenierender Faktoren

Faktoren	Problematisierung zu geringer Möglichkeit politischer Einflußnahme	
	eta	Gamma
Sektor	.31	-
Funktion im Sektor	.38	-
Parteizugehörigkeit der Politiker	.22	-
Sektoranspruch auf politischen Einfluß	.29	.20
regionale Herkunft	.12	-
Positionshöhe	.08	.05
Dauer der Positionsinhabe	.12	-.05
Extremität der politischen Einstellung	.11	.16

Die Einschätzung der Einflußmöglichkeiten steht insofern mit der politischen Orientierung in Zusammenhang, als daß Befragte, die sich an den äußeren Enden des Kontinuums ansiedeln, ihre Einflußmöglichkeiten stärker problematisieren als diejenigen, die sich näher an der Mitte sehen. Mit der Zunahme extremer politischer Einstellung nach links und rechts steigt der Anteil derer, die mit den Einflußmöglichkeiten unzufrieden sind[15] (eta: .11; Gamma: .16). Dieser Befund überrascht sicher nicht, da das Bedürfnis nach hohem Einfluß für Personen, die eher radikale Minderheitenmeinungen vertreten,

15 Die Variable wurde aus der Selbsteinschätzung der Links-Rechts-Skala (Fragebogen im Anhang, Frage 86) gebildet. Die beiden mittleren Kategorien 5 und 6 der Skala wurden auf 0 gesetzt und davon ausgehend alle weiteren Stufen nach links und rechts fortlaufend numeriert kategorisiert.

sicher größer ist als bei Personen, deren Ansichten sich mit der aktuellen Politik stärker decken.

Mit zunehmender Positionshöhe innerhalb der Organisationen steigt in aller Regel der Einfluß. Das läßt erwarten, daß mit steigender Positionshöhe zu geringe Einflußmöglichkeit weniger als Problem angesehen wird. Möglicherweise steigt aber auch der Anspruch auf politischen Einfluß mit der Höhe der Position, so daß das Verhältnis zwischen Anspruch und Möglichkeit ungleich bleibt. Der Zusammenhang zwischen der Beurteilung der Einflußmöglichkeit und der eigenen Positionshöhe zeigt keine signifikanten Differenzen, aber Personen, die sich auf den vier unteren Stufen einordnen, sehen zu einem größeren Teil zu geringe Einflußmöglichkeiten als Problem an als diejenigen, die sich auf den oberen drei Stufen ansiedeln. Die multiple Klassifikationsanalyse des Zusammenhangs der Beurteilung der Einflußmöglichkeit und der Variablen „Funktion im Sektor", „regionale Herkunft", „Positionshöhe", „Dauer der Positionsinhabe" und „extreme politische Orientierung" ergibt eine erklärte Varianz von 11 Prozent. Dabei werden 8 Prozent durch die Funktion im Sektor und 2 Prozent durch die regionale Herkunft erklärt.

3.2 Kooperationspotential

Wie in Abschnitt 2 dargestellt, ist das Kooperationspotential der Eliten ein weiterer wichtiger Faktor für die Qualität der Integration. Ebenso wie die Durchsetzungsfähigkeit wird das Kooperationspotential der Funktionselite von sektoralen und funktionalen Bedingungen und von Anforderungen an ihre Rolle beeinflußt (Scharpf 1992a: 15). Darüber hinaus existieren aber auch individuelle Einflußfaktoren (Mayntz/Scharpf 1995b).

Abbildung IX-4: Erwartetes Kooperationspotential der Sektoreliten

niedrig	⟶			hoch
Wirtschaft	Verwaltung	Wirtschaftsverbände		
Medien	Militär		Gewerkschaften	
Wissenschaft				Politik
Kultur				

Das Kooperationspotential kann wie die Durchsetzungsfähigkeit in einer Befragung nur indirekt über verschiedene Indikatoren gemessen werden. Dadurch wird dem subjektiven Charakter der Handlungsorientierung Rechnung getragen. Um ein möglichst komplexes Bild vom vorhandenen subjektiven Kooperationspotential der Funktionselite der Bundesrepublik zu erhalten, wurden mehrere Fragen, die unterschiedliche Aspekte dieses Potentials untersuchen, ausgewertet und mit den strukturellen Erwartungen (s. Abb. IX-1 und IX-4) in Beziehung gesetzt.

Die Beurteilung der bestehenden Kooperation innerhalb der Führungsschicht durch die Akteure erlaubt neben der Einschätzung über Kooperationschancen einen Einblick in das Bewußtsein der Funktionseliten über die Notwendigkeit der Elitenkooperation als Voraussetzung von Integration. Die Bewertung der Kompetenz einzelner Führungsgruppen dient als Maß für Achtung und Respekt, die Führungskräfte Eliten anderer Sektoren und ihren Leistungen entgegenbringen. Sie ist ein Indikator für die Bereitschaft, andere Standpunkte und Forderungen als berechtigte Interessen anzuerkennen. Zusätzlich wird geprüft, ob es Zusammenhänge zwischen der Einbindung in bestimmte Kommunikationsnetze, der Kontaktdichte und dem Kooperationspotential gibt. Ausgehend von der These, daß enger Kontakt das Wissen um und das Verständnis für andere Standpunkte erhöht (vgl. Schnapp/Sauer in diesem Band; Weßels 1993: 121), wird erwartet, daß Befragte, die zu Institutionen bestimmter Sektoren Kontakt haben, die entsprechenden Akteure positiver beurteilen als diejenigen, die nicht oder nur gering in das Kommunikationssystem eingebunden sind.

3.2.1 Beurteilung des Vorwurfs mangelnder Kooperation

Wie beurteilen Mitglieder der Elite das Maß der Kooperation in der Führungsschicht? Wie sehen sie den Vorwurf, die Kooperation innerhalb der Führungsschicht funktioniere nicht mehr ausreichend?[16]

27 Prozent der Befragten sind nicht der Meinung, daß mangelnde Kooperation in der Führungsschicht für Probleme verantwortlich zu machen ist, 60 Prozent sind teilweise dieser Ansicht (s. Tab. IX-6). Der hohe Anteil der Antworten in der Kategorie „teilweise Zustimmung“ deutet darauf hin, daß die Befragten die Kooperation mit anderen Führungsgruppen differenziert betrachten.

16 Frageformulierung s. Fragebogen im Anhang, Frage 46.

Tabelle IX-6: Vorwurf mangelnder Kooperation nach Sektoren und regionaler Herkunft (Zeilenprozent)

stimme	voll zu	teilweise zu	gar nicht zu	n
Politik	**9**	**57**	**33**	**496**
SPD	8	57	33	139
CDU	10	75	15	100
CSU	21	53	26	19
FDP	8	57	35	63
B90/Grüne	10	51	38	115
PDS	2	36	61	44
Bundesregierung	7	87	7	15
Landesregierung	6	54	39	86
Bundestagsfraktion	15	69	16	61
Landtagsfraktion	10	61	28	136
Parteivorst. Bund	-	78	22	18
Parteivorst. Land	9	47	44	179
Verwaltung	**15**	**64**	**21**	**471**
Wirtschaft	**12**	**64**	**24**	**249**
Verbände	**9**	**63**	**28**	**172**
Gewerkschaft	**10**	**60**	**29**	**96**
Medien	**14**	**56**	**30**	**280**
Wissenschaft	**19**	**56**	**25**	**163**
Militär	**13**	**64**	**24**	**35**
Kultur	**10**	**59**	**30**	**100**
West-Herkunft	13	61	26	2049
Ost-Herkunft	9	52	39	270
Gesamt	**12**	**60**	**27**	**2319**

Am stärksten beklagt wird mangelnde Kooperation der Führungskräfte von der Verwaltungselite und den Wissenschaftlern (15% bzw. 19% volle Zustimmung). Beide Bereiche sind sehr abhängig von anderen Sektoren, insbesondere von der Politik. Politiker beklagen sich am seltensten über mangelnde Kooperation. Gerade ihre Aufgabe als Integrationsorgan und die damit verbundene Notwendigkeit, auf die unterschiedlichsten Interessen Rücksicht zu nehmen, ließe erwarten, daß Politiker bei anderen Eliten mangelnde Kooperationsbereitschaft in hohem Grade wahrnehmen, weil sie besonders darauf angewiesen sind. Da dies explizit nur von 9 Prozent der Politiker angegeben wird und ein Drittel mangelnde Kooperation nicht für Probleme verantwortlich macht, muß man davon ausgehen, daß die zur Integration notwendige Kooperation aus der Sicht derer, die in erster Linie mit dieser Aufgabe betraut sind, vorhanden ist. Auch die Führungskräfte von Verbänden und Gewerkschaften, die wie politische Akteure eng in den Integrationsprozeß einbezogen und von daher in hohem Maße auf Kooperation mit anderen Sektoren angewiesen sind, beklagen weniger stark als Eliten anderer Sektoren den Mangel an Kooperation. Im Bereich der Interessenvermittlung und des politischen Prozesses scheint Kooperation nach Einschätzung der Beteiligten in ausreichendem Maß vorhanden zu sein.

Insgesamt ist die Differenz zwischen den Sektoreliten bei der Beurteilung der Kooperation nicht groß, sie liegt unter 10 Prozentpunkten.

Ostdeutsche Befragte sind noch seltener als westdeutsche der Ansicht, es herrsche zu wenig Kooperation, knapp 40 Prozent lehnen die Aussage ab und nur 9 Prozent stimmen ihr voll zu. Offenbar fühlen sich Ostdeutsche innerhalb der Führungsschicht nicht isoliert oder ausgeschlossen. Auch wenn man die Differenz zwischen ost- und westdeutschen Politikern betrachtet, stellt man fest, daß ostdeutsche Politiker weniger oft als westdeutsche mangelnde Kooperation beklagen.

Etwas deutlicher ist der Unterschied zwischen den Politikern, differenziert man nach Partei und Funktion (Cramer´s V: .24 bzw. .18). Die konservativen Parteipolitiker der Regierung beklagen mangelnde Kooperation in stärkerem Maß als die der anderen Parteien. Politiker der PDS sind weniger häufig der Meinung, mangelnde Kooperation sei ein Störungsgrund (61%). Aber auch Politiker von Bündnis 90/Grüne (38%) und FDP (35%) lehnen diese Meinung überdurchschnittlich stark ab. Es zeigen sich hier auch Bund-Land-Unterschiede, Politiker der Landesebene empfinden die vorhandene Kooperation eher als ausreichend als die der Bundesebene.

Offensichtlich bestimmen strukturelle Faktoren die Einschätzung über mangelnde Kooperation zwischen den Führungsgruppen nicht maßgeblich. Daraus kann man folgern, daß einzelne Teileliten nicht systematisch aus Kooperationsprozessen ausgeschlossen sind.

3.2.2 Kompetenzbewertung der Führungsgruppen

Die Einschätzung der Kompetenz anderen Sektoreliten[17] ist ein wichtiger Indikator für die Bereitschaft, sie als Verhandlungspartner anzuerkennen. In Anlehnung an Scharpf (1993b: 44) wird davon ausgegangen, daß die Bereitschaft zur Berücksichtigung der unterschiedlichen Interessen im Verhand-

17 Frageformulierung s. Fragebogen im Anhang, Frage 44.

lungsprozeß mit positiver Kompetenzbeurteilung der Eliten anderer Sektoren steigt.

Abbildung IX-5: Kompetenzbewertung verschiedener Führungsgruppen durch die Gesamtelite

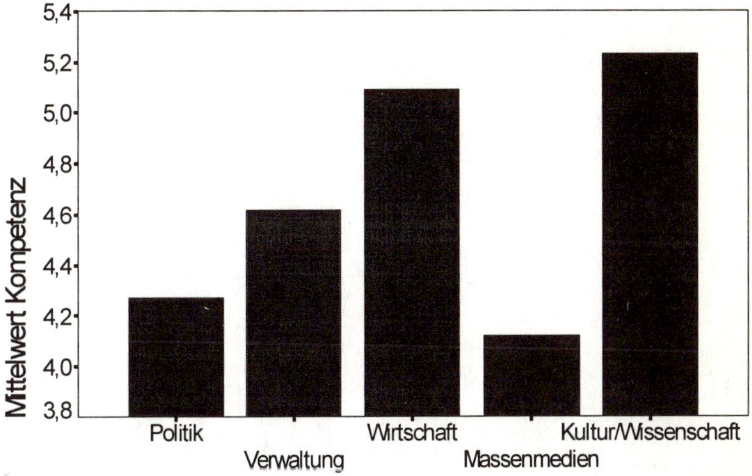

Im Durchschnitt erreichen die Führungskräfte des Geisteslebens die höchste Bewertung mit 5,2 auf der 7-stufigen Skala, gefolgt von den Wirtschaftseliten und den Führungskräften der Verwaltung (s. Abb. IX-5). Die schlechteste Bewertung erhalten Politiker (4,2) und Medieneliten (4,1). Möglicherweise wird die Kompetenz der Geisteselite derart hoch beurteilt, weil ihre Arbeit die geringsten direkten Auswirkungen auf die Belange der anderen Sektoreliten hat und sie in der Regel keine Entscheidungen trifft, die Eliten anderer Sektoren einschränken, anders als das bei der Politik und den Medien der Fall ist.

Die politischen Führungsgruppen erhalten die beste Beurteilung ihrer Kompetenz nicht durch die Befragten aus der Politik, sondern von den befragten Verwaltungseliten, von denen mehr als die Hälfte der Meinung ist, die Kompetenz der Politiker sei hoch, gefolgt von den Führungskräften der Wirtschaftsverbände (s. Tab. IX-7). Besonders gering wird die Kompetenz der Politiker durch die Medien- und Kultureliten eingeschätzt. Ostdeutsche Befragte bewerten dabei die politische Elite etwas negativer als die westdeutschen. Um zu prüfen, ob nicht nur ein Scheineffekt aufgrund der unterschiedlichen Sektorkomposition vorliegt, wird auch innerhalb der Sektoren nach regionaler Herkunft unterschieden, wobei sich derselbe Trend zeigt.

Tabelle IX-7: Kompetenzbewertung[18] verschiedener Führungsgruppen durch Befragte nach Sektor und regionaler Herkunft (Zeilenprozent)

	bewertete Führungsgruppen									
	Politik			Verwaltung			Wirtschaft			
	gering	mittel	hoch	gering	mittel	hoch	gering	mittel	hoch	n
Politik	**22**	**32**	**47**	**20**	**25**	**55**	**13**	**27**	**60**	**499**
SPD	11	38	51	16	25	59	13	36	51	141
CDU	6	22	72	7	25	68	5	18	77	100
CSU	5	21	74	-	21	79	5	21	74	19
FDP	15	21	64	14	19	68	7	11	82	63
B90/Grüne	39	40	21	37	27	36	21	30	49	116
PDS	59	32	9	39	30	32	25	25	50	44
B-Regierung	-	7	93	-	33	67	7	20	73	15
L-Regierung	14	39	47	15	28	56	10	29	61	87
BT-Fraktion	10	23	67	10	30	61	15	31	54	61
LT-Fraktion	17	34	50	15	21	63	13	29	58	137
Parteivorst.B.	29	18	53	17	33	50	17	17	67	18
Parteivorst.L.	34	33	33	32	24	44	14	24	62	180
Verwaltung	**17**	**29**	**54**	**5**	**18**	**78**	**6**	**19**	**75**	**474**
Wirtschaft	**37**	**30**	**33**	**25**	**28**	**47**	**5**	**11**	**85**	**249**
Verbände	**22**	**29**	**49**	**17**	**23**	**61**	**3**	**8**	**90**	**173**
Gewerksch.	**29**	**30**	**41**	**25**	**35**	**40**	**19**	**26**	**56**	**97**
Medien	**37**	**35**	**29**	**29**	**31**	**40**	**10**	**18**	**72**	**281**
Wissenschaft	**31**	**32**	**37**	**20**	**24**	**56**	**2**	**18**	**80**	**164**
Militär	**34**	**31**	**35**	**13**	**22**	**64**	**4**	**8**	**89**	**35**
Kultur	**47**	**26**	**28**	**29**	**29**	**41**	**7**	**20**	**73**	**101**
West-	27	31	43	16	24	59	7	18	75	2069
Ost-Herkunft	29	35	37	26	27	47	11	22	69	272
Gesamt	**27**	**31**	**42**	**18**	**25**	**58**	**8**	**18**	**74**	**2341**

Die befragten Politiker unterscheiden sich sehr stark in der Beurteilung der politischen Führungsgruppen je nach Partei (Cramer's V: .39). Dabei zeigt das Ergebnis, daß unter politischen Führungsgruppen vor allem die Regierungspolitiker verstanden werden, denn die Bewertung durch die befragten

18 Die Antwortkategorien der 7-stufigen Skala wurden zu einer 3er-Skala zusammengefaßt mit den Ausprägungen „gering", „mittel" und „hoch".

Bundespolitiker und durch die der Bonner Regierungsparteien ist wesentlich positiver als durch die Politiker der Oppositionsparteien und durch die Landesregierungspolitiker. Die schlechteste Meinung von der Kompetenz der politischen Führungsgruppen haben die befragten Parteivorstände der Länder. Je näher die Befragten der Regierungsmacht sind, um so höher schätzen sie die Kompetenz der politischen Führungsgruppen ein.

Auch die Sektorunterschiede (Cramer´s V: .15) deuten darauf hin, daß die Nähe zum politischen Entscheidungszentrum die Einschätzung beeinflußt. Führungskräfte aus Sektoren mit institutioneller Einbindung in den politischen Prozeß[19] (Verwaltung und Verbände) bewerten die politische Elite positiver als Sektoren, die institutionell nicht einbezogen sind (Cramer´s V: .22).

Die Höhe der Position der Befragten hat ebenfalls Einfluß auf das Urteil. Der Vergleich der Mittelwerte der Leitungsstufen zeigt einen leichten Trend der Zunahme der positiven Kompetenzbewertung mit der Zunahme der Positionshöhe bei den Stufen 1 bis 6 (s. Abb. IX-6).

Abbildung IX-6: Kompetenzbewertung verschiedener Führungsgruppen nach Positionshöhe

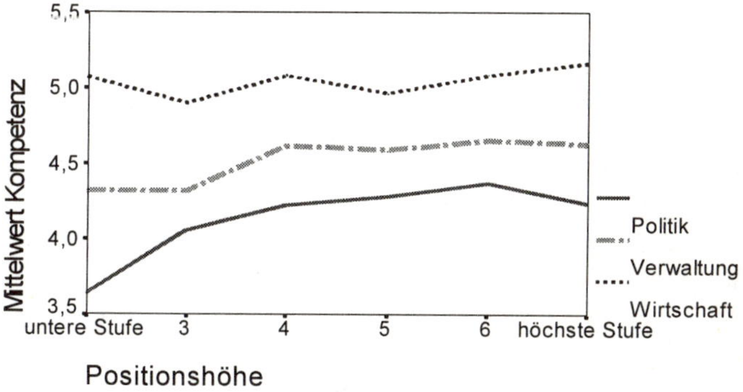

19 Es wurde eine Variable „Einbindung in den politischen Prozeß" gebildet. Im Unterschied zur Variable „Anspruch auf politischen Einfluß" (siehe Abschnitt 3.1.3) bezieht sie sich auf den institutionalisierten Gesetzgebungsprozeß, wie er im Grundgesetz und in der Geschäftsordnung des Bundestages festgelegt ist und damit auf die formalen Beziehungen zwischen dem politischen System und den anderen Teilsystemen. 0 = geringe Einbindung: Wirtschaft, Medien, Kultur, Wissenschaft, Militär; 1 = starke Einbindung: Politik, Gewerkschaften, Verbände, Verwaltung.

Die Verwaltungseliten, die in der Gesamtbeurteilung auf den Durchschnittswert von 4,1 kommen und deren Kompetenz an dritter Stelle nach der Geisteselite und der Wirtschaftselite liegt, erhält die beste Beurteilung durch die Befragten des eigenen Sektors. Unter den anderen Sektoren scheiden sich in der Beurteilung der Verwaltung die Geister stärker als bei allen anderen Führungsgruppen (Cramer´s V: .20). Eine hohe Meinung von der Verwaltung haben diejenigen Sektoreliten, die viel mit der Verwaltung zu tun haben wie Militäreliten (64%), Eliten der Wirtschaftsverbände (61%), Wissenschaftler, allerdings mit Ausnahme der Politiker. Innerhalb der Politik existieren aber ebenfalls Unterschiede nach Funktionsbereichen, die den Zusammenhang mit der Nähe zur Exekutive deutlich machen (Cramer´s V: .17).

Ostdeutsche Befragte haben generell und innerhalb der Sektoren eine geringere Meinung von der Leistungsfähigkeit der Verwaltung als westdeutsche. Möglicherweise ist das der Tatsache zu schulden, daß Ostdeutsche aufgrund der ökonomischen und strukturellen Situation in Ostdeutschland stärker mit bürokratischen Hindernissen zu kämpfen haben (z.B. Rückführungsanträge).

Die Kompetenz der Führungskräfte der Wirtschaft wird insgesamt von allen Befragten am zweithöchsten beurteilt mit dem Durchschnittswert 5,1. Auch hier schwankt die Beurteilung nach Sektoren (Cramer´s V: .17). Daß die Gewerkschafter die Kompetenz der Wirtschaft am geringsten (Durchschnittswert 4,5) und die Mitglieder der Wirtschaftsverbände sie am höchsten bewerten (Durchschnittswert 5,5), ist nicht erstaunlich. Innerhalb der Politik machen sich ideologische Differenzen, die sich vor allem an der Einstellung gegenüber der Wirtschaft und ihrer Struktur herausgebildet haben, bemerkbar (Cramer´s V: .23). Politiker der FDP als der Partei der freien Marktwirtschaft schätzen die bundesrepublikanischen Wirtschaftsführer am kompetentesten ein, aber auch die Politiker der bürgerlich orientierten Parteien CDU und CSU bewerten sie überdurchschnittlich positiv. Die Befragten der linken Parteien des Spektrums bewerten die Kompetenz in der Reihenfolge SPD, PDS, Bündnis90/Grüne zunehmend weniger positiv, wobei selbst bei den Grünen immer noch fast die Hälfte meint, die Wirtschaftselite verfüge über eine hohe Kompetenz.

Ostdeutsche Befragte sind etwas zurückhaltender in ihrer positiven Beurteilung als westdeutsche. Anscheinend ist das Vertrauen der Ostdeutschen in die Leistungsfähigkeit der Wirtschaftselite angesichts der schwierigen ökonomischen Lage nicht ganz so groß wie in Westdeutschland.

3.3 *Kooperation und Kontakte*

Die Einbindung in bestimmte Kommunikationsmuster ist wie das Kooperationspotential durch Funktion und Rolle von Eliten bestimmt (Schnapp/Sauer in diesem Band). Die Erwartung, daß die positive Kompetenzbewertung der Führungsschicht und damit die potentielle Kooperationsbereitschaft mit enger Einbindung in bestimmte Kommunikationsnetze zunimmt, geht von der Überlegung aus, daß enge und vielseitige Kommunikation mit Führungsgruppen anderer Sektoren das Wissen und das Verständnis sowie das Vertrauen in die Kompetenz steigert und somit auch das Kooperationspotential erhöht wird.

Die Untersuchung des Zusammenhangs zwischen der Kontaktdichte[20] und der Kompetenzbewertung zeigt, daß mit der Kontaktdichte die Kompetenzbewertung der Führungsschicht insgesamt[21] im Trend steigt (eta: 17, Gamma: .07, s. Tab. IX-8). Befragte, die die Kompetenzen der Führungsschicht hoch bewerten, haben durchschnittlich zu mehr Institutionen Kontakt als diejenigen, die die Kompetenz geringer bewerten. Dieser generelle Trend wird sehr viel deutlicher, wenn man den Zusammenhang zwischen der Bewertung der einzelnen Führungsgruppen und der Kontaktdichte zu Institutionen der entsprechenden Teilbereiche untersucht.

Die Befragten, die die Kompetenz der politischen Führungsgruppen als hoch einschätzen, haben zu deutlich mehr politischen Institutionen Kontakt als diejenigen, die sie weniger gut bewerten (eta: .20, Gamma: .18). Der Trend von steigender Kompetenzzuschreibung der politischen Eliten und zunehmender Kontaktdichte zu politischen Institutionen bleibt deutlich und linear, läßt man die Politiker bei der Betrachtung außer acht. Die positive Kompetenzbewertung der Verwaltung steht offensichtlich weniger stark in Zusammenhang mit einer hohen Kontaktdichte zu Institutionen des Verwaltungsbereichs (eta: .13, Gamma: .14), obwohl auch hier ein Trend zunehmend positiver Kompetenzzuschreibung mit steigender Kontaktdichte ausgemacht werden kann. Auch die Beurteilung der Wirtschaftseliten steht in Relation zur Kontaktdichte der jeweiligen Institutionen. Es wird deutlich, daß

---

20 Kontaktdichte meint die Anzahl der Nennungen, die Befragte von 31 möglichen Institutionen aus verschiedenen gesellschaftlichen Bereichen als regelmäßige Kontaktadresse angeben. Frageformulierung und Institutionen siehe Fragebogen im Anhang, Frage 74. Siehe auch Sauer/Schnapp in diesem Band.

21 Die Beurteilung der fünf Führungsgruppen auf der 7-stufigen Skala wurde für jeden Befragten summiert. Die so entstandene von 5 bis 35 reichende Skala wurde gedrittelt und zu einer Skala mit den Ausprägungen „gering", „mittel" und „hoch" zusammengefaßt.

der Kontakt zu Institutionen bestimmter Sektoren die Beurteilung der Kompetenz der Eliten dieser Sektoren positiv beeinflußt und die Ausgangsüberlegung vom Zusammenhang des Kooperationspotentials und der Kontaktdichte bestätigt werden kann.

Tabelle IX-8: Mittelwerte der Kontaktdichte zu sektoral gruppierten Institutionen und Kompetenzbewertung der entsprechenden Führungsgruppen

Kontakt zu	Kompetenz der Führungsgruppen gesamt				
allen Institutionen (n=31)	gering 10,95	mittel 11,41	hoch 12,05	eta .17	Gamma .07
	Kompetenz Politiker				
politischen Institutionen (n=9[22])	gering 3,15	mittel 3,61	hoch 4,01	eta .20	Gamma .18
	Kompetenz Verwaltung				
Institutionen der Verwaltung (n=3)	gering 0,47	mittel 0,64	hoch 0,72	eta .13	Gamma .15
	Kompetenz Wirtschaftseliten				
Institutionen der Wirtschaft (n=10)	gering 2,85	mittel 3,12	hoch 3,33	eta .08	Gamma .04

Anhand der Ergebnisse der Clusteranalyse (Sauer/Schnapp in diesem Band) soll nun noch geprüft werden, ob neben der allgemeinen und sektorbezogenen Kontaktdichte, die sich aus der Anzahl der kontaktierten (Sektor-) Institutionen ergibt, auch das Kontaktprofil[23] in Zusammenhang mit der Kompetenzbewertung steht.

Die Clusteranalyse des Kontaktprofils ergibt acht interpretierbare Gruppen. Die beiden größten Cluster, die zusammen mehr als die Hälfte der Befragten umfassen, bilden bezogen auf das Kontaktprofil, die Kontaktdichte sowie die Zusammensetzung der zugeordneten Befragten konträre Gruppen. Eines der beiden Cluster wird als Kommunikationszentrum mit hoher durchschnittlicher Kontaktdichte (19,1 von 31 möglichen Kontakten) und einer breiten Streuung über die verschiedenen Institutionen interpretiert, dem insbesondere Politiker der großen Parteien, Verwaltungs- und Verbandseliten zugeordnet werden. Das andere Cluster läßt sich als Kommunikations-

22 n = Anzahl der zusammengefaßten Institutionen, Institutionen und Gruppierung siehe Sauer/Schnapp in diesem Band Tab. VIII-1.

23 Als Kontaktprofil wird das Muster der Häufigkeiten, mit denen die 31 Institutionen von den Befragten des Clusters genannt wurden, bezeichnet.

peripherie mit einer geringen durchschnittlichen Anzahl von Nennungen (7,9) und geringer Streuung der Kontakte (ein Viertel der Institutionen wurde überhaupt nicht als Kontaktadresse genannt) identifizieren. In diesem Cluster finden sich Politiker der kleinen Oppositionsparteien, Kultureliten und Militärs.

Es zeigt sich, daß die 476 Befragten des Kommunikationszentrums die Kompetenz der Führungsschicht überdurchschnittlich positiv beurteilen. Sie erreichen einen Durchschnittswert von 23,4 auf der 35-stufigen Skala,[24] knapp 40 Prozent bezeichnen die Kompetenz der Führungsgruppen als hoch, praktisch keiner der Befragten bewertet sie als gering. Die Befragten der Kommunikationsperipherie geben die schlechteste Beurteilung der Kompetenz der Führungsschicht ab (22,4), nur knapp ein Drittel ist der Meinung, die Kompetenz der Führungsgruppen sei hoch.

Somit können auch anhand der Clusteranalyse positive Auswirkungen von engem und vielfältigem Kontakt auf die Kompetenzbewertung der Führungsschicht festgestellt werden.

4. Zusammenfassung und Fazit

Die Untersuchung der subjektiven Durchsetzungsfähigkeit und des Kooperationspotentials zeigt, daß diese Voraussetzungen für Integration erwartungsgemäß zwar je nach Sektoren und Funktionen in unterschiedlichem Ausmaß existieren, daß aber ein gewisses Maß sowohl an subjektiver Durchsetzungsfähigkeit als auch an Kooperationspotential in allen Sektoren zu finden ist. Trotz aller Differenzen kann man nicht davon sprechen, daß die Relation der Durchsetzungsfähigkeit zwischen den Eliten der verschiedenen Sektoren starke Disproportionalitäten aufweist. Ob damit die von Etzioni-Halevy (1993: 103 f) zur Aufrechterhaltung demokratischer Systeme geforderte Ausgewogenheit des Verhältnisses von Autonomie zwischen den Elitegruppen erreicht ist, läßt sich allerdings anhand von Umfragedaten nicht beurteilen. Festzustellen bleibt, daß keine Sektorelite frei von Beschränkungen ist. Auch in Sektoren mit hoher struktureller Autonomie wie Wirtschaft, Medien, Verbände und Politik fühlt sich ein großer Teil der Funktionsträger

24 Skalenkonstruktion siehe FN 21.

durch interne oder externe Instanzen in seiner Durchsetzungsfähigkeit eingeschränkt. Zugleich empfindet in allen Sektoren - auch in denjenigen, deren Autonomie gering eingestuft wurde - mindestens ein Drittel der Funktionsträger seine Durchsetzungsfähigkeit als hoch.

Abbildung IX-7: Empirische Positionierung der Sektoreliten nach dem Grad der empfundenen horizontalen und vertikalen Autonomie

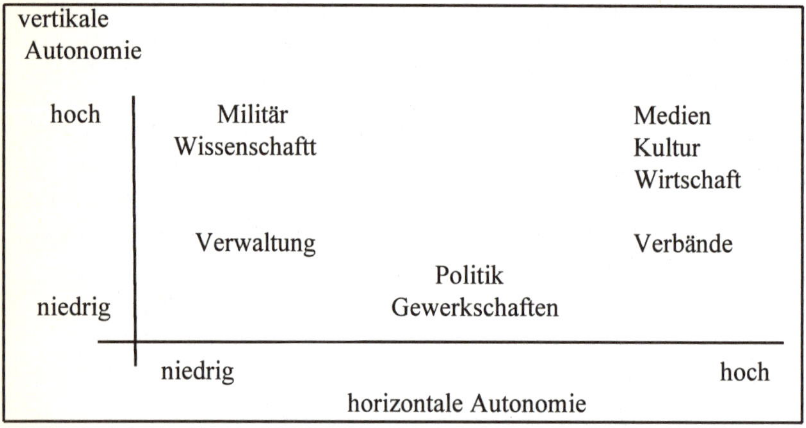

Die Ergebnisse der empfundenen horizontalen und vertikalen Autonomie entsprechen weitgehend den strukturellen Erwartungen mit zwei Ausnahmen: Die enge Bindung der Verwaltungseliten an die öffentliche Meinung zeigt, daß die Verwaltung in ihrer Selbstperzeption sehr viel stärker in der politischen Verantwortung steht als ihre formale Position im politisch-administrativen System erwarten ließe (Hesse/Ellwein 1992). Auch die schwache Position der Wissenschaft entspricht nicht den Erwartungen dieses formal und verfassungsrechtlich unabhängigen Sektors, der durch die offensichtlich starke Abhängigkeit von finanzieller Unterstützung durch die Politik eingeschränkt wird. Interne Beschränkungen durch innerorganisatorische Gremien und Akteure werden in aller Regel schärfer perzipiert und als belastender empfunden als die durch politische Instanzen oder durch die Öffentlichkeit gegebenen. Vor allem im Wirtschaftssektor, dessen vertikale und horizontale Autonomie relativ hoch ist, fühlen sich die einzelnen Befragten besonders stark durch Kontrollinstanzen des eigenen Sektors bzw. der eigenen Organisation eingeschränkt. Insbesondere bezogen auf Einschränkungen durch politische Instanzen in horizontaler Richtung machen sich deutliche sektorale Unterschiede bemerkbar: Akteure aus Wissenschaft, Verwaltung und Militär empfinden große Einschränkungen durch die Politik. Diese Sektoren sind eng mit dem politischen System verbunden, ihre Nähe zu politischen Gremien und Instanzen und die eher untergeordnete Stellung, die sie hier einnehmen, drückt sich in dieser stark empfundenen Einschränkung aus. Innerhalb der Politik zeigen sich die größten Unterschiede zwischen Exekutiv- und Legislativpolitikern und der Rolle, die die jeweilige Partei im Spektrum der Parteien spielt. Politiker der CDU, aber auch der SPD fühlen sich insbesondere durch die öffentliche Meinung und die Parlamente stärker eingeschränkt als die kleinern Oppositionsparteien.

Effekte der Professionalisierung wie Positionshöhe und Dauer der Positionsinhabe sowie politische Orientierungen der Befragten beeinflussen die Wahrnehmung der Autonomie kaum. Die Sozialisation in den unterschiedlichen politischen Systemen der Bundesrepublik und der DDR hat Einfluß auf die empfundenen Einschränkungsinstanzen: Ostdeutsche Positionsinhaber fühlen sich stärker von nachfolgenden Instanzen und der Öffentlichkeit beeinträchtigt als westdeutsche. Doch der Faktor, der die Handlungsorientierung am stärksten prägt, ist die Funktion, die die Führungskräfte in ihrer Rolle auszufüllen haben.

Die Untersuchung der politischen Einflußmöglichkeit ergibt, daß diejenigen Sektoreliten, die aufgrund ihrer Funktion stärker in den politischen Prozeß eingebunden sind, mit ihren Möglichkeiten am wenigsten zufrieden sind. Trotz bestehender Differenzen zeigt die Untersuchung, daß nur eine kleine Gruppe sehr unzufrieden mit den politischen Einflußmöglichkeiten ist. Wie im Falle der Durchsetzungsfähigkeit ist die Zufriedenheit mit den politischen Einflußmöglichkeiten bedingt durch den Sektor und die Funktion. Allerdings wird deutlich, daß ostdeutsche Befragte in sehr viel höherem Maße mit ihren politischen Einflußmöglichkeiten unzufrieden sind als westdeutsche. Zusätzliche intervenierende Faktoren sind der Anspruch auf politischen Einfluß durch die funktionale Involviertheit in den politischen Prozeß, in geringem Maß auch die individuelle politische Orientierung. Ohne Erklärungskraft ist der Grad der Professionalisierung.

Das untersuchte Ausmaß des Kooperationspotentials zeigt zwar ebenfalls sektorale Differenzen. Doch die positive Beurteilung des vorhandenen Potentials durch die Führungsgruppen, die am stärksten in den Verhandlungsprozeß eingebunden sind und den größten Teil der Integrationsleistung (Herzog 1991) zu erbringen haben - Politiker, Gewerkschaftsfunktionäre und Verbandseliten - gibt Anlaß, das vorhandene Ausmaß als ausreichend für den politischen Verhandlungsprozeß und damit für die Integration zu beurteilen.

Wie die Durchsetzungsfähigkeit wird das Kooperationspotential von den Funktionsanforderungen der Tätigkeit innerhalb der Sektoren am stärksten beeinflußt. Hier zeigen sich aber auch leichte Effekte der Professionalisierung, der politischen Orientierung und Ost-West-Differenzen.

Allerdings wird deutlich, daß das Kooperationspotential zusätzlich davon beeinflußt wird, inwieweit die Befragten in das Kommunikationsnetz eingebunden sind. Die Beurteilung der Kompetenz der verschiedenen Führungsgruppen durch die Befragten wird um so positiver, je stärker sie selbst mit den entsprechenden Institutionen in Kontakt stehen. Daraus kann gefolgert werden, daß zur Verbesserung des Kooperationspotentials und damit der Integration in erster Linie enger Informationsaustausch zwischen den Funktionsträgern der verschiedenen Sektoren notwendig ist, in dessen Folge sich das Kooperationspotential aufgrund des größeren Verständnisses und der steigenden Achtung erhöht.

Der Integration der ostdeutschen Führungskräfte in die gesamtdeutsche Elite steht weder geringeres Kooperationspotential noch mangelnde Durchsetzungsfähigkeit im Wege. Unterschiede zwischen Ost und West ergeben sich aus der Unterrepräsentanz ostdeutscher Führungskräfte in bestimmten Sektoren oder Funktionen, vergleicht man Ost- und Westdeutsche innerhalb der Sektoren und Funktionen, verringern sich die Differenzen erheblich. Eine deutliche Differenz zwischen Ost- und Westdeutschen besteht in der Zufriedenheit mit den politischen Einflußmöglichkeiten, die sich auch im Vergleich innerhalb der Sektoren nicht verringert. Der Anspruch auf politische Mitbestimmung, der ein wichtiger Faktor für die Mobilisierung in der Vor-Wende-Phase war, scheint durch das repräsentative System der Bundesrepublik für viele ostdeutsche Funktionseliten nicht erfüllt zu sein.

Kapitel X
Einstellungen zum Umfang staatlicher Verantwortung-Zum Staatsverständnis der Eliten im vereinten Deutschland*

Jörg Machatzke

1. Problemstellung

Die Zunahme staatlicher Verantwortung in nahezu allen Bereichen des gesellschaftlichen Lebens ist eine konstante Begleiterscheinung der Entwicklung westeuropäischer Industrienationen. Besonders in Zeiten wirtschaftlicher Stagnation stellt sich jedoch die Frage nach dem finanziell vertretbaren Umfang dieser Verantwortung. Im Mittelpunkt politischer Kontroversen steht dann insbesondere ein Bereich staatlichen Engagements, der Sozialstaat.

Der deutsche Sozialstaat, dessen Kern auf die Bismarckschen Sozialreformen zurückgeht, beruht heute zum einen auf weitreichenden sozialen Sicherungen und zum anderen auf umverteilenden Interventionen, die soziale Gerechtigkeit anstreben. Auf Grund der Wiedervereinigung beider deutscher Staaten und der hiermit verbundenen sozialpolitischen Maßnahmen zur Dämpfung der Umbrüche in den neuen Bundesländern wurde in der 'alten' Bundesrepublik die Diskussion über die Grenzen des Sozialstaates für kurze Zeit überdeckt; um so stärker lebt sie aktuell unter dem Eindruck wirtschaftlicher Probleme und knapper öffentlicher Mittel wieder auf. Die politischen Kontroversen beziehen sich auf den Umfang staatlicher Verantwortung im allgemeinen und auf die Reichweite des sozialen Engagements des Staates im besonderen. Ausgehend von der Frage, wie sich diese Divergenzen in den Wahrnehmungen und Einstellungen der deutschen Eliten widerspiegeln, ist zu untersuchen, ob die Differenzen, besonders in Bezug auf die Zukunft des Sozialstaates, die in den vergangenen Jahrzehnten festgestellten engen Kooperationsbeziehungen (horizontale Integration) in der Führungsschicht beeinträchtigen (Dahrendorf 1965; Hoffmann-Lange 1992). Eine für den

* Ich danke Holger Meinken und Carsten Zelle für hilfreiche Kritik an einer früheren Fassung dieses Beitrages.

Grundkonsens fundamentale und für den Untersuchungsgegenstand zentrale Norm ist das Sozialstaatsgebot des Grundgesetzes (Art. 20, 1; 28, 1 GG).

Demokratie- und ordnungspolitische Orientierungen, vor allem die Vorstellungen von sozialer Gerechtigkeit (Roller 1992b), bilden sich vor dem Hintergrund objektiver Bedingungen (Kontexte) heraus. Deshalb kann erwartet werden, daß die befragten Positionsinhaber aus Ost- und Westdeutschland auf Grund ihrer Sozialisation in verschiedenen politischen Systemen mit je verschiedenen sozialen Konzepten, auch voneinander abweichende Vorstellungen vom Umfang staatlicher Verantwortung und insbesondere von dem des sozialstaatlichen Bereichs haben. Im Sinne des sozialistischen Staatsverständnisses von der umfassenden zentralen Steuerung gesellschaftlicher Prozesse bezogen sich staatliche Eingriffe auf alle Lebensbereiche. Ziel war eine möglichst gleiche Verteilung gesellschaftlicher Güter und Ressourcen und die Sicherung eines Existenzminimums. In der Bundesrepublik richtet sich die Sozialpolitik dagegen an der Wahrung von Chancengleichheit und gemäß dem Leistungsprinzip aus. Auf Grund der Einkommenssicherung bei Standardrisiken und umverteilenden Interventionen im Sinne sozialer Teilhaberechte sind hier wesentlich weniger Lebensbereiche einer staatlichen Regulierung unterworfen (vgl. u.a. Westle 1994; Zapf 1994; Roller 1995a).

Alternativ zu diesen an die regionale Herkunft geknüpften Sozialisationseffekten müssen für Führungskräfte jedoch auch andere Einflußfaktoren berücksichtigt werden. Forschungen der vergangenen Jahre haben wiederholt den deutlich wahrnehmbaren Effekt von Institutionenkontexten auf individuelle Einstellungen und Werthaltungen gezeigt (vgl. Schleth 1971; Putnam 1976; Barton 1984). Für die folgende Untersuchung stellt sich die Frage nach den Anteilen, mit welchen regionale Herkunft und/oder Institutionenkontexte das Staatsverständnis der Eliten, gefaßt als die Einstellungen zum Umfang staatlicher Verantwortung, bestimmen.

Mit Blick auf den für die Bundesrepublik immer wieder nachgewiesenen Grundkonsens in der Führungsschicht werden im folgenden drei Fragestellungen untersucht: (1) Lassen sich für die Eliten ostdeutscher und westdeutscher Herkunft unterschiedliche Einstellungen zum Umfang staatlicher Verantwortung nachweisen? (2) Wie verhalten sich mögliche Ost-West-Differenzen zu den traditionellen Konfliktlinien, entlang welcher sich die politischen Parteien gebildet haben (Lipset/Rokkan 1967)? Besteht die Möglichkeit, daß sich neben den traditionellen Interessengegensätzen ein weiterer, regional verwurzelter, Konflikt etabliert? (3) Welchen Einfluß haben eventuelle Differenzen auf die Konsensfähigkeit der Eliten?

Um die empirischen Ergebnisse der folgenden Untersuchung einer angemessenen Interpretation zuführen zu können, ist es notwendig, den kulturellen Rahmen der Sozialisation in den verschiedenen ökonomischen Systemen der Bundesrepublik und der DDR zu skizzieren. In Zusammenschau mit einer allgemeinen Klassifikation staatlicher Verantwortungsbereiche ist es sodann möglich, die beiden Gesellschaften als Sozialisationskontexte einander vergleichend gegenüberzustellen.

2. Die Kulturen der sozialen Marktwirtschaft und der sozialistischen Planwirtschaft

Neben der Bereitschaft der Eliten, auf der Basis eines institutionalisierten Regelnetzes zu handeln (Field/Higley 1973, 1983), ist die Übereinstimmung von Institutionengefüge und politischer Kultur, als geronnene Wert- und Überzeugungssysteme (Kaase 1983: 156), eine weitere wesentliche Voraussetzung für die Persistenz politischer Systeme und für Regimestabilität (Fuchs 1989). Ist diese nachhaltig gestört, gerät die Stabilität einer gegebenen politischen Ordnung, d.h. die konstitutionellen und institutionellen Grundlagen einer Gesellschaft, in Gefahr (Kaase 1995: 204).

An diese Logik anknüpfend weist Roller (1992b) darauf hin, daß die notwendige Übereinstimmung von Institutionengefüge und Kultur nicht nur das politische System betrifft. Vielmehr gilt sie auch für die Funktionstüchtigkeit anderer Systeme, insbesondere des ökonomischen. Demnach ist die Stabilität und das erfolgreiche Funktionieren einer Wirtschaftsordnung, verstanden als die Gesamtheit aller für den organisatorischen Aufbau und für den Ablauf der Volkswirtschaft relevanten Regeln und Institutionen (Lampert 1988: 17), davon abhängig, inwieweit die ökonomischen Wert- und Überzeugungssysteme, d.h. die ökonomische Kultur, der in ihnen agierenden Individuen mit ihr übereinstimmen. Die zentralen Elemente einer ökonomischen Kultur sind die Einstellungen zum vorherrschenden Verteilungsprinzip und zur Rolle des Staates (Roller 1992b). An die Erkenntnis der politischen Kultur-Forschung anknüpfend, der zufolge institutionelle Arrangements, politische Ereignisse und individuelle politische Orientierungen im Zusammenwirken ein bestimmtes Systemverhalten erzeugen (Kaase 1983: 154), läßt sich sagen, daß die eine ökonomische Kultur begründenden Einstellungen für eine Wirtschaftsordnung bedeutsame und zeitlich relativ stabile Dispositionen sind. Mit anderen Worten, je länger Individuen unter den Bedingungen bestimmter ökonomischer Regeln und Institutionen agieren, desto stärker ist ihre Sozialisation in die entsprechende ökonomische Kultur. Ein Beispiel für die Langfristigkeit der Ausprägung solcher Orientierungen bietet die Nachkriegsentwicklung der Bundesrepublik. Es brauchte länger als zwanzig Jahre, von der Gründung der Bundesrepublik und der formalen Einrichtung demokratischer Institutionen im Jahre 1949 bis in die siebziger Jahre, eine diesem Institutionengefüge entsprechende und mit anderen westlichen Demokratien vergleichbare politische Kultur hervorzubringen (Conradt 1980, Fuchs 1989).

Für die Untersuchung ost- und westdeutscher Eliten stellt sich mithin die Frage, ob die unter den Bedingungen der Kulturen der jeweiligen Wirtschaftsordnungen erworbenen ökonomischen Orientierungen einen für die Einstellungen zum Umfang staatlicher Verantwortung der heutigen Bundesrepublik relevanten Faktor darstellen. Die hier zu untersuchenden Wirtschaftsordnungen sind die soziale Marktwirtschaft der Bundesrepublik und die sozialistische Planwirtschaft der DDR. Sie sind die für die Einstellungen der heutigen Führungsschicht maßgeblichen Sozialisationskontexte.

Das Konzept der sozialen Marktwirtschaft versteht sich als Mittelweg zwischen ungezügeltem ökonomischen Liberalismus und wirtschaftsdirigistischem Sozialismus. Neben der wirtschaftlichen Freiheit sind soziale Sicherheit und soziale Gerechtigkeit die sozioökonomischen Grundwerte dieser Wirtschaftsordnung, für deren Verwirklichung der Staat zu einer sozial gestaltenden Tätigkeit ermächtigt ist. Unter sozialer Sicherheit ist hier der vorbeugende und abhelfende Schutz der Lebenslage des einzelnen bei Eintritt existenzgefährdender Lebensrisiken wie Alter, Invalidität, Arbeitslosigkeit, Krankheit und Behinderung zu verstehen. Soziale Gerechtigkeit besteht in der Verbürgung der existenziellen, wirtschaftlichen und kulturellen Lebens- und Leistungsfähigkeit aller Bevölkerungsteile auf einem angemessenen Niveau (Lampert/Bossert 1992: 7). Unter ökonomischen Gesichtspunkten bezieht sich soziale Gerechtigkeit auf die Verteilung von Gütern und Ressourcen. Für die soziale Marktwirtschaft ist Leistung das zentrale Legitimationsprinzip der Verteilung, die Gesellschaft vergütet das Ergebnis einer aufgewandten Leistung. In Verbindung mit einer Gleichheit der Chancen, verstanden vor allem als gleiche Zugangschancen zu optimaler Bildung und der Berufs- und Arbeitsplatzwahl, konstituiert das Leistungsprinzip das Gerechtigkeitsverständnis der sozialen Marktwirtschaft. Voraussetzung von Chancengleichheit ist die rechtliche (formale) Gleichheit aller Mitglieder eines demokratischen Gemeinwesens, d.h. gleiche Freiheits- und Sozialrechte sowie gleiche staatsbürgerliche Pflichten (Lampert/Bossert 1992: 26). Da aber jedes Individuum über unterschiedliche wirtschaftliche und soziale Voraussetzungen verfügt, liegt die gestaltende Verpflichtung des sozialen

Rechtsstaates in der Schaffung und Garantie für alle Gesellschaftsmitglieder gleicher Mindestvoraussetzungen für die Wahrnehmung gleicher Rechte. Somit kann zum Beispiel die formale Bildungsgleichheit, also das gleiche Recht auf Bildung, für einkommensschwächere Sozialgruppen nur auf dem Wege staatlicher Unterstützung und Umverteilung, wie zum Beispiel aus Steuermitteln finanzierte Lehrmittelfreiheit, zu faktischer Bildungsgleichheit werden. Nur wenn annähernd gleiche und faire Ausgangsbedingungen geschaffen sind, kann eine Vergütung der tatsächlichen Leistung zu einer Gleichheit nach Verdienst, Fähigkeit und Talent führen. Dann kann zwingend folgen, daß von diesem Punkt an der Aufstieg des einzelnen seinen Fähigkeiten und Verdiensten überlassen bleiben kann (Satori 1992: 337). Unter diesen Bedingungen wird von den Gesellschaftmitgliedern soziale Ungleichheit, insbesondere in Form einer Status- und Einkommensdifferenzierung, als legitim angesehen (Flora u.a. 1977: 723).

In der sozialistischen Planwirtschaft ist die Gleichheit das zentrale Kriterium bei der Verteilung der wirtschaftlichen Güter und Ressourcen. Zwar vergütet auch die sozialistische Gesellschaft das Ergebnis einer aufgewandten Leistung. Während jedoch in der sozialen Marktwirtschaft ein System freier Preise und wettbewerblich geordneter Märkte die Leistung entsprechend der Knappheit der Güter bewertet, übernimmt das in der sozialistischen Planwirtschaft der Staat (Lampert/Bossert 1992: 27). Weitgehend unabhängig von der Leistung soll eine möglichst gleiche Verteilung der gesellschaftlichen Güter und Ressourcen verwirklicht werden, um den möglichst gleichen sozioökonomischen Status aller Gesellschaftsmitglieder zu erreichen. Neben der Garantie sozialer Sicherheit sucht der sozialistische Staat hier soziale Gerechtigkeit zu verwirklichen. Im Bemühen um die Herstellung sozialer Gerechtigkeit, also der Verbürgung der existenziellen, wirtschaftlichen und kulturellen Lebens- und Leistungsfähigkeit aller Bevölkerungsteile auf einem angemessenen Niveau, ist das gesellschaftliche Kollektiv und nicht, wie in der sozialen Marktwirtschaft, das Individuum zentraler Orientierungspunkt. Der Scheidepunkt dieser beiden Wirtschaftsordnungen bezüglich der Verteilung der Güter und Ressourcen ist die Definition dessen, was unter einem 'angemessenen Niveau' zu verstehen ist. Der Gewährung eines für alle gleichen Existenzminimums und einer auf dieser Grundlage beruhenden Chancengleichheit durch die Ordnung der sozialen Marktwirtschaft steht das sozialistische Ideal eines über die Gleichheit von Chancen hinausgehenden materiellen und sozialen Gleichseins auf der Grundlage einer gleichen Verteilung möglichst aller Güter und Ressourcen gegenüber. Für das Erreichen beider Ideale sind staatliche Interventionen und Umverteilungen vonnöten. Während sie jedoch in der sozialen Martktwirtschaft nicht über die Schaffung annähernd gleicher und fairer Ausgangsbedingungen hinausgehen sollten, erfordert das Ziel des Gleichseins aller Mitglieder eines sozialistischen Kollektivs, neben dem Anspruch einer bis in die kleinsten Einheiten reichenden wirtschaftlichen Lenkung, eine alles durchdringende Regierungsform. Staatliche Eingriffe erfolgen demnach auf sehr verschiedene Weise und mit sehr verschiedenen Zielen: Das eine Mal soll jeder gleiche Aufstiegschancen bekommen, das andere Mal sollen einzelnen individuelle Chancen um der Gleichheit aller willen genommen werden (Satori 1992: 337).

Der sozial-marktwirtschaftliche Staat übernimmt vor allem Verantwortung im Bereich des Wirtschaftswachstums und der sozialen Sicherheit. Umverteilungen unternimmt er, um Chancengleichheit und materielle Existenzsicherung zu gewährleisten. Ihm gegenüber steht der sozialistische Staat mit seinem Selbstverständnis als höchste Steuerungs- und Initiativinstanz gesellschaftlicher Prozesse, was entsprechend umfangreiche Interventionen beinhaltet. Dem detailregelnden Staat der sozialistischen Planwirtschaft steht somit die rahmensetzende soziale Marktwirtschaft gegenüber.

3. Entwicklung und Klassifikation staatlicher Verantwortungsbereiche

Die traditionellen Funktionen des Staates liegen in der Setzung der Rahmenbedingungen für ein geordnetes Zusammenleben sowie in der Wahrung der staatlichen Souveränität und der territorialen Integrität (innere und äußere Sicherheit). Mit zunehmender Differenzierung der Gesellschaft übernimmt der Staat auch die Verantwortung für die Absicherung wirtschaftlichen Wachstums, indem er eine angemessene Infrastruktur bereitstellt und auf das Wirtschaftssystem rahmensetzend einwirkt (Rose 1994; Zapf 1986). Das ist in der Bundesrepublik beispielsweise über den Artikel 109 GG geregelt, der die Grundlage ist für eine auf dem Gesetz zur Förderung der Stabilität und des Wachstums der Wirtschaft („Stabilitätsgesetz“) beruhende Globalsteuerung. Das Stabilitätsgesetz verpflichtet Bund und Länder, im Zuge ihrer wirtschafts- und finanzpolitischen Maßnahmen die Erfordernisse des gesamtwirtschaftlichen Gleichgewichts zu beachten und zugleich zur Stabilität des Preisniveaus, zu einem hohen Beschäftigungsstand und außenwirtschaftlichen Gleichgewicht bei stetigem und angemessenem Wirtschaftswachstum beizutragen (Lampert 1988: 128).

3.1 Allgemeine Klassifikation

Staatliche Verantwortungsbereiche lassen sich im Sinne der Politikfeldanalyse in drei Felder unterscheiden: (1) äußere und innere Sicherheit, (2) wirtschaftliches Wachstum, (3) Wohlfahrt (Verteilungsgerechtigkeit, minimale Güterversorgung) (Almond/Powell 1978; Merriam 1962; Flora 1982; Roller 1992a).

Die Diskussion über den Wertewandel in westlichen Industriegesellschaften (insbesondere Inglehart 1971 und 1977) schlug innerhalb dieser Gruppe von Zielen staatlicher Aktivitäten eine alternative Ordnung inhaltlicher Politikthemen vor. Neben materialistischen Themen der ('Alten') Politik gewannen nicht-materialistische Themen der ('Neuen') Politik zunehmend an Gewicht (Baker/Dalton/Hildebrandt 1981; Dalton 1984). Von diesen Themen 'Neuer' Politik hat sich der Umweltschutz einschließlich entsprechender Institutionalisierungen mittlerweile zu einem eigenständigen Politikfeld entwickelt.

Zusammenfassend lassen sich folgende Bereiche staatlicher Verantwortung klassifizieren:

Tabelle X-1: Klassifikation der Bereiche staatlicher Verantwortung

Bereiche staatlicher Verantwortung	Beispiele für Aktivitäten
1. innere und äußere Sicherheit	innere Ordnung und Sicherheit; Verteidigung
2. Wirtschaftswachstum	Wirtschafts- und Geldpolitik; Stabilitätspolitik
3. Wohlfahrt	
sozioökonomische Sicherheit	(1) soziale Grundsicherung (Einkommenssicherung im Alter, Krankheitsfall, Invalidität, Arbeitslosigkeit etc.) (2) Arbeit (Arbeitsmarktpolitik, Mitbestimmung)
sozioökonomische Gleichhheit	(3) Gesundheitswesen (4) Sozialwesen (5) Wohnen (6) Bildung (7) Abbau der Unterschiede zwischen Arm und Reich (progressive Steuerpolitik und Transferzahlungen)
4. Umweltschutz	politische und gesetzliche Rahmensetzung für den Umwelt- und Klimaschutz

Diese Bereichsdifferenzierungen staatlicher Verantwortung können nicht den Anspruch inhaltlicher Ausschließlichkeit erfüllen. Schon die Komplexität gesellschaftlicher Prozesse und Zusammenhänge - zum Beispiel Wirtschaftswachstum und Umweltschutz - lassen eine solche nicht zu. Ähnlich starke Wechselwirkungen liegen beispielsweise auch im Falle von Wirtschaftswachstum und sozioökonomischer Sicherheit und Gleichheit vor. Beispielhaft zu nennen ist hier der enge Zusammenhang zwischen Wirtschafts- und Arbeitsmarktpolitik. Die Arbeitsmarktpolitik wird nicht nur im Rahmen des Arbeitsförderungsgesetzes betrieben, sondern auch von weitreichenden wirtschaftspolitischen Maßnahmen flankiert. Unter den analytischen Fragestellungen, welche die Einstellungen zum Umfang staatlicher Verantwortung und zum Staatsverständnis betreffen, ist die Trennschärfe ausreichend. Sollen doch auf der Grundlage dieser Klassifikation im weiteren unterschiedliche Staatsverständnisse miteinander verglichen werden.

3.2 *Wohlfahrt als staatlicher Verantwortungsbereich*

Steigende wirtschaftliche Leistungsfähigkeit und damit einhergehendes Wachstum des allgemeinen Wohlstandes breiter Bevölkerungsschichten bewirkten eine veränderte Anspruchshaltung der Bürger gegenüber dem Staat. Aus politischen Beteiligungsrechten wurden zunehmend soziale Teilhaberechte abgeleitet. Als ein Ergebnis dieser Entwicklung wurden dem Staat weitere Aufgaben zugewiesen, die sich als wohlfahrtsstaatliche Aktivitäten zusammenfassen lassen. Die unmittelbare Verknüpfung von politischer Beteiligung mit sozialer Teilhabe ist mittlerweile Bestandteil verschiedener Demokratiemodelle; das Grundgesetz legitimiert die bundesdeutsche Version des Wohlfahrtsstaates als 'Sozialstaat' in Gestalt des „demokratischen und sozialen Bundesstaates“ (Art. 20,1) und als „republikanischen, demokratischen und sozialen Rechtsstaat“ (Art. 28,1).

In der Bundesrepublik wird den wohlfahrtsstaatlichen Orientierungen legitimatorische Bedeutung für das politische System zugeschrieben. Die Entwicklung zum Wohlfahrtsstaat hat dazu geführt, daß der Bürger in einer Vielzahl, vielleicht sogar in der Mehrzahl der Lebensbereiche den Staat für sein Wohlergehen verantwortlich macht (Wilensky 1975; King 1983; Kaase 1983: 164f., 1989: 210). Somit ist die Kontinuität der politischen Ordnung eng mit der Zufriedenheit mit wohlfahrtsstaatlichen Entscheidungen und Leistungen verknüpft.

Unter analytischen Gesichtspunkten definiert der Begriff 'Wohlfahrtsstaat' keine Staatsform in ihrer Gesamtheit. Vielmehr beschreibt er eine spezifische Art staatlicher Interventionen, die sich dadurch auszeichnen, daß der Staat Verantwortung übernimmt für eine Umverteilung und Sicherung bestimmter materieller und kultureller Güter und Ressourcen. Diese staatlichen Interventionen beruhen auf Rechtsansprüchen. Ihre Ziele sind die Verwirklichung von sozioökonomischer Sicherheit und sozioökonomischer Gleichheit[1] in Bezug auf die Verteilung wirtschaftlicher Güter und Ressourcen (Flora u.a. 1977: 707f.).

Die sozioökonomische Sicherheit, als das älteste Ziel sozialpolitischer Interventionen, hat den Schutz der Arbeitskraft, des Einkommens und der Beschäftigung zum Inhalt und stellt noch heute den Kern des Wohlfahrtsstaates dar. Hingegen umfaßt die sozioökonomische Gleichheit jene staatlichen Eingriffe, die aus der Einforderung sozialer Teilhaberechte resultieren. Das sind im wesentlichen umverteilende Interventionen in den Bereichen des Wohnens, der Familien- und Bildungspolitik sowie der Vermögenspolitik (Zapf 1986: 392f.).

Der Kern des deutschen Wohlfahrtsstaates, wie er in den Bismarckschen Sozialreformen bereits angelegt ist, umfaßt die Sicherung des Einkommens bei Standardrisiken wie Arbeitlosigkeit, Krankheit, Unfall und Alter. Die Weimarer Republik hat diesen Kern um betriebliche Mitbestimmungsrechte, die Arbeitsmarkt- und Wohnungspolitik erweitert. An diese Entwicklungslinien knüpfte die Bundesrepublik nach ihrer Gründung an. Insbesondere der Bereich der sozialen Teilhaberechte rückte in den Mittelpunkt der Sozialpolitik und der parteipolitischen Auseinandersetzungen. Neben dem Ausbau der allgemeinen sozialen Sicherung wurden im Zuge von Vermögens- und Bildungspolitik die umverteilenden Interventionen verstärkt (vgl. Alber 1989: 44-67; Lampert/Bossert 1992: 43-60).

Der bundesdeutsche Sozialstaat hat demnach eine Entwicklung von einer limitierten hin zu einer extensiven Form genommen (vgl. Luhmann 1981a). Das zeigt sich insbesondere darin, daß der Gesetzgeber durch die verfassungsrechtliche Sozialstaatsklausel gehalten ist, Daseinsvorsorge und soziale Gerechtigkeit[2] zu garantieren. Die auf wirtschaftlichem Wachstum basierende Ausweitung des allgemeinen Wohlstandes fand ihren Niederschlag in

---

1 Zur Diskussion des Gleichheitsbegriffes siehe Abschnitt 2.

2 Im Kontext des Grundgesetzes verpflichtet der Begriff der *sozialen Gerechtigkeit* den Staat dazu, Maßnahmen zu ergreifen, die in materiellen Notlagen die Würde des Menschen bewahren sollen. Dieser 'Fürsorgeanspruch' zielt auf die Gewährleistung eines Existenzminimums und damit auf eine *materielle Grundgleichheit* aller Bürger. Der Bundesgesetzgeber hat dementsprechend das Bundessozialhilfegesetz erlassen (Hesselberger 1990: 66, 163f.).

einer deutlichen Änderung des Niveaus der sozialen Sicherung. Der bundesdeutsche Wohlfahrtsstaat sichert heute für Standardrisiken nicht mehr nur das Existenzminimum. Vielmehr zielen seine sozialen Leistungen auf die relative Sicherung des sozialen Status (Flora u.a. 1977: 722; Roller 1995a). Darüber hinaus unternimmt der Staat in vielen Bereichen des öffentlichen Lebens umverteilende Interventionen, um soziale Gerechtigkeit im Sinne von Chancengleichheit zu gewährleisten (Zapf 1986).

4. Wohlfahrtsstaatliche Verantwortung in der DDR und in der Bundesrepublik

Ökonomische Wert- und Orientierungssysteme bilden sich langfristig vor dem Hintergrund objektiver Lebensbedingungen heraus. Für die Analyse allfälliger Ost-West-Differenzen ist es deshalb erforderlich, die Rahmenbedingungen, unter denen sich die Orientierungen herausbilden, darzustellen. Da für die vorgenommenen Analysen die Einstellungen zum sozialstaatlichen Engagement zentral sind, werden im folgenden die spezifischen Differenzen der Sozialstaatskonzepte der DDR und der Bundesrepublik dargestellt.

Der Vergleich der sozialstaatlichen Komponenten der beiden Systeme bezieht sich vor allem auf abstrakte Normen und deren Institutionalisierungen und nicht auf deren reale Umsetzung. Die Grundmodelle können mit den Etiketten 'sozialistisch' und 'sozialstaatlich' versehen werden (dazu auch: Schmidt 1993: 487f.).

Alber (1988a: 452) unterscheidet fünf Dimensionen des Wohlfahrtsstaates, die sowohl für die Analyse seiner Entwicklung als auch für den Vergleich unterschiedlich verfaßter Modelle anwendbar sind. Im einzelnen sind das: (1) die Zielgruppe sozialer Leistungserbringung, (2) die Lebensbereiche, für die dem Staat Verantwortung zugewiesen wird, (3) das Niveau der materiellen Leistungserbringung, (4) Instrumente zur Umsetzung der Ziele und (5) die Methoden der Finanzierung.

Die wohlfahrtsstaatlichen Modelle beider Gesellschaften unterscheiden sich hinsichtlich der Zielgruppen sozialpolitischer Interventionen. Diese Interventionen betrafen in der DDR grundsätzlich alle Bürger. Dagegen stellen sie in der Bundesrepublik das Ergebnis eingeforderter sozialer Teilhaberechte dar und richten sich daher insbesondere an Personen, die auf Grund ihres sozio-ökonomischen Status diese nur in beschränktem Maße wahrnehmen können.

Im Sinne des sozialistischen Staatsverständnisses von der umfassenden zentralen Steuerung gesellschaftlicher Prozesse waren wohlfahrtsstaatliche Eingriffe auf alle Lebensbereiche ausgerichtet. Die Sozialpolitik der DDR konzentrierte sich auf drei wichtige Bereiche. Das waren die Familienpolitik[3], die Versorgung mit billigem Wohnraum und vor allem massive Preissubventionen (Lampert 1990: 33; Winkler 1989: 233). In der Bundesrepublik hingegen sind wesentlich weniger Lebensbereiche einer staatlichen Regulierung unterworfen. Im Zentrum des bundesdeutschen Wohlfahrtsstaates steht die Einkommenssicherung bei Standardrisiken. Weitere Bereiche, für die dem Staat Verantwortung zugewiesen ist, sind solche von durchgesetzten sozialen Teilhaberechten, die auf soziale Gerechtigkeit zielen. Das sind das Gesundheitswesen, Wohnungspolitik, Sozialhilfe und Familiengeld sowie die staatliche Regulierung der Arbeitsbedingungen.

Das Niveau der materiellen Leistungserbringung war in der DDR tendenziell niedriger als in der Bundesrepublik. Insbesondere Invaliden- und Altersrenten lagen für nicht privilegierte Gruppen nur knapp über dem Existenzminimum. Privilegierte Gruppen waren zum Beispiel Staats- und Parteibedienstete sowie Angehörige der Armee oder Dienste (Roller 1995a: 4). Während sich somit in der DDR die Höhe der beanspruchbaren sozialen Leistungen an der Zugehörigkeit oder Nichtzugehörigkeit z.B. zur Nomenklatura und nach direkten Vorgaben des Staates bemaß, stellt in der bundesdeutschen Sozialordnung das staatlich verbürgte Existenzminimum die Grundlage dar für eine individuelle leistungsabhängige Absicherung mit dem Ziel der relativen Statusbewahrung.

Beiden Modellen gemeinsam sind die Instrumente und die Methoden der Finanzierung. Aus gleichen historischen Wurzeln heraus liegt die Wahrnehmung der staatlichen Verantwortung im Wohlfahrtsbereich im wesentlichen bei Sozialversicherungen, die über Beitragszahlungen finanziert werden (Vortmann 1989; Hauser u.a. 1996: 52 f, 118 ff).

Zusammenfassend läßt sich sagen, daß sich beide Modelle in ihren Zielsetzungen grundlegend unterscheiden. Die Sozialpolitik des sozialistischen

---

3 Im Rahmen der von der SED postulierten 'Einheit von Wirtschafts- und Sozialpolitik' war die Familienpolitik das Kernstück wohlfahrtsstaatlicher Anstrengungen und zugleich „Aushängeschild" gegenüber dem Konkurrenzmodell Bundesrepublik. Die wichtigsten Instrumente waren zinslose Ehekredite, deren Rückzahlungsbeträge sich mit wachsender Kinderzahl verringerten, umfassende Kinderbetreuung und großzügige Regelungen der bezahlten Freistellung für Mütter oder auch Väter.

Staates umfaßte die Regulierung nahezu aller gesellschaftlichen Bereiche und war zugleich das Instrument zur Herstellung einer materiellen und sozialen Gleichheit der Bürger. Das materielle Niveau war, verglichen mit der Bundesrepublik, gering. Dagegen zielt der bundesdeutsche Wohlfahrtsstaat innerhalb eines eng umrissenen Kernbereiches der Absicherung auf relative Statusbewahrung durch höhere Leistungserbringung.

5. Bisherige Forschungen und Hypothesen

Es gibt bislang keine gesamtdeutsche und sektorübergreifende Studie, die Einstellungen von Funktionseliten zum Umfang staatlicher Verantwortung untersucht. In der letzten Elitestudie von 1981 wurden zwar derartige Fragen gestellt, aber keine diesbezüglichen Analysen veröffentlicht. Zum Ost-West-Vergleich gibt es zumindest einige Forschungsarbeiten zu den Einstellungen der ost- und westdeutschen Bevölkerung. Ihre Ergebnisse spiegeln deutlich die Sozialisation in verschiedenen Gesellschaften wider und dienen daher der Orientierung bei der Untersuchung der Einstellungen der Eliten, die möglicherweise als Sozialisationseffekte zu deuten sind.

Westle (1994) untersucht die politischen Ordnungsvorstellungen, welche den Einstellungen zur Demokratie in der Bundesrepublik zugrunde liegen. Sie kommt zu dem Schluß, daß insbesondere das Ideal des demokratischen Sozialismus in den Köpfen weiterlebt, das auf die Idelalvorstellung von Demokratie übertragen und zugleich als Meßlatte ihrer Realisierung angelegt wird (Westle 1994: 571). Sie zeigt, daß den Wertorientierungen der Ostdeutschen in der DDR erworbene, sozialistische ordnungspolitische Überzeugungen zugrunde liegen. Aus ihrer Analyse geht hervor, daß zwar der real-existierende Sozialismus diskreditiert ist, nicht jedoch das sozialistische Ordnungsideal. In diesem Sinne schließen sich in der Wahrnehmung der Befragten die Begriffe 'Sozialismus' und 'Demokratie' gegenseitig nicht aus. Dementsprechend fallen auch die Wichtigkeitseinstufungen von Elementen einer demokratisch verfaßten Gesellschaft aus: Von geringer Wichtigkeit für die Ostdeutschen sind eine auf Privateigentum basierende Wirtschaft und das Prinzip des Föderalismus. Von weitaus größerer Bedeutung ist die Verwirklichung von sozialer Sicherheit und Gleichheit sowie die Einführung plebiszitärer Elemente, wie Volksabstimmungen.

Zu ähnlichen Ergebnissen kommt Zapf (1994), der anhand von Bevölkerungsdaten zeigen kann, daß Ostdeutsche noch immer über eindeutig kollektivistische Einstellungen hinsichtlich staatlicher Verantwortung verfügen. Im Vergleich zur westdeutschen Bevölkerung unterstützen sie wesentlich stärker die staatliche Verantwortung für Existenzsicherung und plädieren in stärkerem Maße für eine Erhöhung des Budgets öffentlicher Haushalte. Auf der Grundlage dieser Orientierungen verleihen sie einer großen Unzufriedenheit mit der sozialen Absicherung im bundesdeutschen System Ausdruck. Die Leistung einer umfassenden sozialen Absicherung schreiben sie im Systemvergleich eindeutig der DDR zu.

Hinsichtlich konkreter sozialpolitischer Orientierungen weist Roller (1995a) auf einen Konflikt zwischen den Einstellungen der ostdeutschen Bevölkerung und der Sozialordnung der Bundesrepublik hin. So stellen Ostdeutsche neben hohen Erwartungen an staatliche Verantwortung im Bereich der sozialen Sicherheit sehr hohe Ansprüche an staatliches Engagement für soziale Gerechtigkeit. Roller zeigt in diesem Zusammenhang, daß Ostdeutsche unter dem Begriff der sozialen Gerechtigkeit nicht nur Chancengleichheit, sondern darüber hinausgehend materielle Gleichheit verstehen; um diese herstellen zu können, sollte der Staat Einkommensunterschiede mittels Umverteilungen abbauen. Im Gegensatz zu Westdeutschen wollen Ostdeutsche nicht nur keine Kürzungen im Sozialbereich zulassen, sondern auch den Bereich sozialpolitischer Verantwortung des Staates weiter ausgebaut wissen.

Für die Bevölkerung förderten Untersuchungen immer wieder zutage, daß die soziostrukturelle Verankerung Werthaltungen und Einstellungen nachhaltig prägt (Barnes/Kaase u.a. 1979; Inglehart 1989, 1994; vgl. auch Kaina in diesem Band). Daneben müssen für Führungskräfte jedoch auch andere Einflußfaktoren berücksichtigt werden. In Elitestudien wurde wiederholt der Effekt von Institutionenkontexten (z.B. Sektorzugehörigkeit, Positionshöhe, Amtsdauer) und Parteipräferenz auf individuelle Einstellungen und Werthaltungen gezeigt (Edinger/Searing 1966; Schleth 1971; Putnam 1976; Barton 1984; McAllister 1991). Demnach treten primäre Prägungen, wie zum Beispiel durch die soziale, im Falle Deutschlands aber auch durch die regionale Herkunft, mit zunehmender Dauer der Wahrnehmung einer Führungsposition immer weiter in den Hintergrund und werden allmählich von sektorspezifischen Mustern überdeckt (Bürklin 1997; Bürklin und Kaina in diesem Band).

Im Rahmen der oben formulierten Forschungsfragen und vor dem Hintergrund der als Sozialisationskontexte umrissenen Modelle staatlicher Verantwortung in der DDR und der Bundesrepublik sollen folgende Hypothesen überprüft werden:

(1) Auf Grund unterschiedlicher Sozialisation in verschiedenen politischen und ökonomischen Kulturen weisen die Positionsinhaber ost- bzw. westdeutscher Herkunft voneinander verschiedene Einstellungen zum Umfang staatlicher Verantwortung auf. (Sozialisationshypothese)

(1a) Ostdeutsche Eliten sind weniger als westdeutsche bereit, Abstriche am Umfang staatlicher Aufgaben zu machen.

(1b) Sie weisen insbesondere in den Bereichen der sozialen Absicherung und der Wohlstandsverteilung dem Staat größere Verantwortung zu als Eliten westdeutscher Herkunft.

(2) Unter dem Einfluß von Institutionenkontexten bzw. der Sozialisation in die Elitenrolle haben sich die tradierten Einstellungsmuster ostdeutscher Führungskräfte weitgehend denen westdeutscher Führungskräfte angeglichen. (Statushypothese)

6. Das Staatsverständnis

Den eingangs formulierten Fragen nach allfälligen Ost-West-Unterschieden im Verständnis von der Rolle des Staates und deren relativem Gewicht im Vergleich zu den traditionellen Konfliktlinien soll an Hand der Untersuchung der Einschätzungen der Wichtigkeit bestimmter politischer Ziele, der Einstellungen zum Umfang staatlicher Aufgaben und der Aussagen der Befragten zu konkreten, vom Staat zu übernehmenden oder abzugebenden, Aufgaben nachgegangen werden.

6.1 Die Wichtigkeit politischer Ziele

Konflikte zwischen Vergleichsgruppen können sich sowohl auf umstrittene Konfliktmaterien als auch auf die Wichtigkeit politischer Themen oder Ziele beziehen. Der Umstand, daß politische Parteien stets bestrebt sind, bestimmte Themen zu besetzen, um sich hier mit eigenen Leistungen zu profilieren, verweist auf die Bedeutung politischer Prioritäten als Basis politischer Konflikte (Hoffmann-Lange 1992: 263 f). Im Gegensatz zur Bevölkerung, die dazu neigt, politische Ziele unabhängig von ihrer Vereinbarkeit als gleich wichtig einzustufen, sind Eliten gezwungen, widersprüchliche Ziele und Interessen auszubalancieren. Das führt bei den Eliten in der Praxis zu einer von parteipolitischen Differenzen weitgehend unabhängigen Homogenisierung der Wichtigkeitseinstufungen und zu einer Neigung, Ziele zu relativieren und ihre Verwirklichung als eine Frage der Optimierung zu betrachten (Hoffmann-Lange 1986: 329 f). So konnte Hoffmann-Lange in der Mannheimer Elitestudie von 1981 zeigen, daß es in den Eliten einen beträchtlichen Konsens über die politische Agenda gab (Hoffmann-Lange 1992: 274).

Die aktuelle öffentliche Debatte des wiedervereinten Deutschland steht jedoch unter anderen Vorzeichen. Daß die zentrale Dimension der Konfliktstruktur in den westlichen Parteiensystemen der ökonomische Konflikt ist (vgl. Lipset/Rokkan 1967), zeigt sich aktuell in der großen Bedeutung, die den politischen Parteien bei der Zuordnung inhaltlicher Positionen zum Thema 'Sozialstaat' zukommt. Die Frage, wie weit das freie Wirken des Marktes für die Verwirklichung sozialer Gerechtigkeit eingeschränkt werden sollte, scheidet bürgerliche von sozialdemokratischen und sozialistischen Parteien oder kürzer: Parteien des bürgerlichen Spektrums von solchen des linken.

Eingedenk des gegenwärtigen Diskurses über die Konsolidierung der öffentlichen Haushalte und eine Reform des Sozialstaates und vor dem Hintergrund einer nach regionaler Herkunft unterschiedlich zusammengesetzten Elite stellt sich die Frage, ob der Befund eines Konsenses über die politische Agenda auch für das Jahr 1995 bestätigt werden kann.

Um die parteipolitische Strukturierung der Einstellungen gegen den Einfluß der regionalen Herkunft wägen zu können, wurden die Parteipräferenzen der Befragten, gebildet aus aktuellen Mitgliedschaften oder der Wahlabsicht, zu einem bürgerlichen Spektrum (CDU/CSU, FDP, Republikaner) und einem linken (SPD, Bündnis '90/Die Grünen, PDS) zusammengefaßt[4].

Betrachtet man die Wichtigkeitseinstufungen politischer Ziele in der Ost-West-Dimension, zeigt sich, daß sowohl von den ostdeutschen als auch den westdeutschen Befragten die wirksame Bekämpfung der Arbeitslosigkeit als gleichermaßen wichtig eingestuft wird (s. Tab. X-2).

Jedoch treten hier schon erste Differenzen auf: Ostdeutsche messen nach der Arbeitlosigkeit der Verstärkung des Umweltschutzes und der Sicherung des Sozialstaates entscheidende Bedeutung bei. Ihre westdeutschen Kollegen betrachten hingegen die Sicherung des Wirtschaftsstandortes und die Unterbindung des politischen Extremismus als vordringlichere politische Ziele.

---

4 Vergleiche zur Frageformulierung Fragen 51 und 90b im Fragebogenanhang.

Tabelle X-2: Wichtigkeit politischer Ziele[a]: Befragte beider Parteienspektren ost- und westdeutscher Herkunft (Spaltenprozent)

	Gesamt		Bürgerliche		Linke	
	Ost	West	Ost	West	Ost	West
Wirksame Bekämpfung der Arbeitslosigkeit	94	90	95	88	95	93
Verstärkung des Umweltschutzes	85	68	71	62	94	76
Sicherung des Sozialstaates	81	50	65	42	93	63
Sicherung des Wirtschaftsstandortes	71	82	89	88	59	74
Angleichung der Lebensbedingungen	71	70	76	71	70	68
Unterbindung des politischen Extremismus	71	71	80	73	67	67
wirksamere Kriminalitätsbekämpfung	56	47	71	57	46	35
Abbau der Staatsverschuldung	56	60	66	66	48	53
Verbesserung der Ausländerintegration	56	41	42	34	65	50
Verhinderung des Mißbrauchs von Sozialleistungen	27	40	46	52	13	24
Basis (n)	272	2.069	105	1.095	151	846

[a] Zusammenfassung der Werte 7 (sehr wichtig) und 6 (wichtig) einer siebenstufigen Skala. Genaue Frageformulierung siehe Fragebogenanhang (Frage 88).

Neben der unterschiedlichen Setzung von Prioritäten fallen große Unterschiede in einzelnen Bereichen auf: Besonders deutlich sind sie hinsichtlich der Sicherung des Sozialstaates mit 31 Prozentpunkten; etwas weniger groß, aber nicht minder deutlich, bezüglich der Umweltpolitik, der Ausländerintegration und der Verhinderung des Mißbrauchs von Sozialleistungen.

Läßt man die regionale Herkunft außer acht und differenziert die Befragten nur gemäß ihrer Zuordnung zu den parteipolitischen Spektren, spiegelt sich in den als vordringlich erachteten Problemen die zur Feldzeit aktuelle öffentliche Debatte: Während von allen Befragten die wirksame Bekämpfung der Arbeitslosigkeit als vorrangiges Ziel angesehen wird, weisen die Führungskräfte des linken Spektrums des weiteren dem verstärkten Umweltschutz, gefolgt von der Standortsicherung und die des bürgerlichen Spektrums vor allem der Standortsicherung sowie der Unterbindung des politischen Extremismus höchste Prioritäten zu. Die größten Differenzen gibt es zu Themen wie dem Mißbrauch von Sozialleistungen und der Sicherung des Sozialstaates. Hierauf folgen hinlänglich bekannte Streitpunkte wie die wirksamere Kriminalitätsbekämpfung (Stichwort: Debatte zum 'großen Lauschangriff'), die Verbesserung der Ausländerintegration (Stichwort: Grundgesetzänderung zum Asylrecht) und die Verstärkung des Umweltschutzes.

Man könnte vermuten, daß es sich um einen Reflex der unterschiedlichen Einordnung der politischen Parteien zu bestimmten Themen handelt. Wesentlich interessanter ist deshalb die Frage, ob sich die Ost-West-Unterschiede in den einzelnen parteipolitischen Spektren wiederfinden. Diese Frage kann mit 'Ja' beantwortet werden. In beiden Spektren gibt es zum Teil erhebliche Divergenzen zwischen den Befragten ost- bzw. westdeutscher Herkunft.

Innerhalb des bürgerlichen Spektrums messen Ost- wie Westdeutsche gleichermaßen der Arbeitslosigkeit, der Standortsicherung und dem politischen Extremismus größte Wichtigkeit bei (s. Tab. X-2). Jedoch tritt auch hier wieder die Frage der Sozialstaatssicherung mit 23 Prozentpunkten Differenz als größter Gegensatz zutage. Etwas weniger divergent ist die Positionierung zu einer wirksameren Kriminalitätsbekämpfung mit 14,5 Prozentpunkten Differenz.

Noch stärkere Unterschiede treten innerhalb des linken Spektrums auf (s. Tab. X-2). Hier räumen die Befragten zwar jeweils dem Problem der Arbeitslosigkeit und dem des Umweltschutzes oberste Priorität ein. Danach steht jedoch für die Ostdeutschen die Sicherung des Sozialstaates an der Spitze, während für die Westdeutschen das Problem der Standortsicherung folgt. Innerhalb des linken Spektrums existieren zum Teil erhebliche Differenzen bei der Einschätzung einzelner Ziele. Besonders weit gehen wiederum die Aussagen zur Wichtigkeit der Sicherung des Sozialstaates auseinander. Die Differenz beträgt hier 30 Prozentpunkte. Sehr unterschiedlich fällt auch die Beurteilung eines verstärkten Umweltschutzes (18 %-punkte) und der Sicherung des Wirtschaftsstandortes Deutschland (16 %-punkte) aus.

Bisher wurde deutlich, daß bis in die Zuordnung zu parteipolitischen Spektren erhebliche Divergenzen zwischen ost- und westdeutschen Positionsinhabern zum Sozialstaat bestehen. Mit Blick auf Forschungen der letzten Jahre, die zeigen, daß die Sozialisation in der Institution und im Sektor die wichtigsten Faktoren bei der Prägung von Einstellungen darstellen (Barton 1984; McAllister 1991; Hoffmann-Lange 1986, 1992), ist zu fragen, ob sich diese Unterschiede auch innerhalb der Sektoren manifestieren. Sollte es sich bei den vorgefundenen Einstellungsdifferenzen primär um einen Effekt der unterschiedlichen Herkunft handeln, müßte sich dieser auch in den einzelnen Sektoren wiederfinden. Umgekehrt, bei einer dominierenden Prägung der Einstellungen durch die Institutionenkontexte ist eine weitgehende Homogenisierung der Sektoren zu erwarten. Auf Grund der Eigenheiten der Repräsentanz von Positionsinhabern ostdeutscher Herkunft in den Sektoren (vgl. Machatzke 'Positionsauswahl' in diesem Band) ist ein Ost-West-Vergleich nur im Sektor 'Politik' sinnvoll.

An der Spitze der vordringlichsten politischen Ziele ost- und westdeutscher Politiker steht die Bekämpfung der Arbeitslosigkeit und die Verstärkung des Umweltschutzes in Deutschland (s. Abb. X-1). Während für ostdeutsche Politiker die Sicherung des Sozialstaates folgt, räumen westdeutsche der Angleichung der Lebensbedingungen in Ost- und Westdeutschland und der Sicherung des Wirtschaftsstandortes maßgebliche Bedeutung ein.

Die größte Differenz bei der Einschätzung bzw. Prioritätensetzung politischer Ziele nach der regionalen Herkunft der Positionsinhaber besteht in der Frage der Sozialstaatssicherung mit ca. 20 Prozentpunkten. Wie bei den bisherigen Vergleichen sind es auch hier wieder die Ostdeutschen, die mit deutlichem Abstand die Wichtigkeit des Sozialstaates herausstellen. Für die anderen Sektoren, in denen Ostdeutsche Positionen innehaben, gilt im wesentlichen folgendes: Wenn auch die differierenden Ziele in Zahl und Inhalt variieren - wohl als Reflex der je spezifischen sektoralen Interessenlagen -, bleiben doch deutliche Ost-West-Unterschiede als Grundmuster erhalten.

Abbildung X-1: Wichtigkeit politischer Ziele: ost- und westdeutsche Politiker

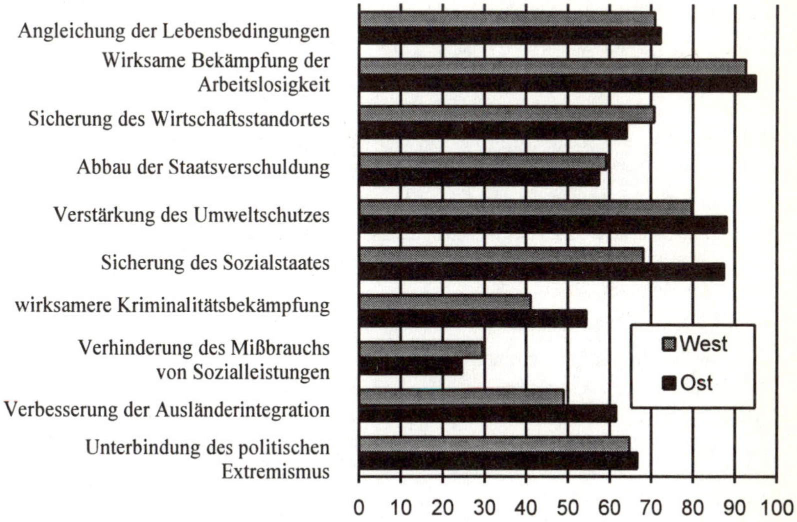

An dieser Stelle ist festzuhalten, daß der Konsens in der Einschätzung der Wichtigkeit politischer Ziele nicht mehr derart umfassend ist, wie es etwa die Mannheimer Elitestudie von 1981 feststellte. Zwar gibt es zu mehr als der Hälfte der politischen Ziele sowohl im Ost-West-Vergleich als auch zwischen den parteipolitischen Spektren kaum Unterschiede. Besonders in Zusammenhang mit der Debatte um eine Reform des deutschen Sozialstaates ist die Homogenität in den Einstellungen jedoch zurückgegangen. Erwartungsgemäß sind sich Befragte des linken und bürgerlichen Spektrums uneins in der Frage der Sicherung des Sozialsstaates und des Mißbrauchs von Sozialleistungen. Daß ostdeutsche Befragte der Sozialstaatssicherung sehr viel größere Relevanz beimessen als die westdeutschen Befragten, deutet einerseits auf ein Fortwirken der Sozialisation beider Herkunftseliten in sozialpolitisch unterschiedlich verfaßten Systemen hin. Andererseits könnte es Ausdruck eines verstärkten Sicherheitsstrebens in einer ungewissen wirtschaftlichen Situation sein.

Diese Unterschiede treten noch deutlicher hervor, wenn man die Verteilung der Einstellungen zum Umfang staatlicher Verantwortung einbezieht.

6.2 Einstellungen zum Umfang staatlicher Verantwortung

Nahezu drei Viertel der Positionsinhaber westdeutscher Herkunft wünschen eine Reduktion des Umfanges staatlicher Verantwortung. Diese Meinung teilt noch nicht einmal die Hälfte der ostdeutschen Eliten. Diese sind vielmehr in sich geteilt: sie schwanken zwischen der Abgabe von Aufgaben und einer inhaltlichen Umstrukturierung des Aufgabenkataloges.

Tabelle X-3: Einstellungen zum Umfang staatlicher Verantwortung nach regionaler Herkunft (Spaltenprozent)

Der Staat sollte ...	Ost	West	Gesamt
Aufgaben abgeben.	44	71	68
mehr Aufgaben übernehmen.	9	2	3
einen Teil seiner Aufgaben abgeben, dafür aber andere übernehmen.	38	18	21
Es soll bleiben wie bisher.	9	8	8
Basis (n)	268	2.014	2.282

Diese Unterschiede setzen sich in die parteipolitischen Spektren fort. Hier sind es die Befragten der bürgerlichen Parteien, die zu mehr als drei Vierteln eine Reduktion befürworten. Das gilt nur für gut die Hälfte der Eliten des linken Spektrums. Nicht zu übersehen sind die großen, bei den linken Parteien recht drastischen, Differenzen zwischen Ost- und Westdeutschen innerhalb der jeweiligen Spektren.

Auch in diesem Fall setzen sich die Ost-West-Differenzen im Sektor Politik fort. Westdeutsche Politiker sprechen sich deutlich für eine Aufgabenreduktion aus. Demgegenüber sind Ostdeutsche auch hier wieder geteilter Meinung: zu je gleichen Teilen fordern sie eine Reduktion staatlicher Verantwortung bzw. eine inhaltliche Umstrukturierung der Aufgabenbereiche (s. Tab. X-4).

Tabelle X-4: Einstellungen zum Umfang staatlicher Verantwortung nach parteipolitischen Spektren und Sektor 'Politik' (Spaltenprozent)

Parteien / Sektor	Bürgerl.		Linke		Bürgerl.	Linke	Politik	
Herkunft	Ost	West	Ost	West	Gesamt		Ost	West
Der Staat sollte ...								
Aufgaben abgeben.	63	79	29	57	78	53	40	62
mehr Aufgaben übernehmen.	8	1	9	3	2	4	9	3
einen Teil seiner Aufgaben abgeben, dafür aber andere übernehmen.	21	11	50	27	12	30	42	26
Es soll bleiben wie bisher.	8	6	10	10	6	10	7	4
Basis (n)	105	1.095	151	846	1.200	997	160	339

Diese Tendenzen prägen auch das Antwortverhalten bezüglich offener Fragen zu Verantwortungsbereichen, die vom Staat zu übernehmen oder abzugeben seien[5]. Hier entfällt die Mehrzahl der offenen Antworten aller Befragten auf den Bereich der abzugebenden Verantwortungsbereiche (1935 Nennungen zum Abgeben vs. 401 Nennung zum Übernehmen). Jedoch machte ein Drittel aller ostdeutschen Positionsinhaber Angaben zu Verantwortungen, die es in verschiedenen Bereichen zu übernehmen gilt, hingegen nur 15 Prozent aller Positionsinhaber westdeutscher Herkunft. Hinsichtlich abzugebender Verantwortungsbereiche machten 84 Prozent der westdeutschen und drei Viertel der ostdeutschen befragten Angaben. Auf welche konkreten Verantwortungsbereiche des Staates sich diese Differenzen beziehen, zeigt Tabelle X-5. Die Befragten ost- und westdeutscher Herkunft räumen gleichermaßen der sozialen Grundsicherung oberste Priorität ein. Das entspricht auch den Ergebnissen des Modellvergleiches in Abschnitt 4, der zeigte, daß sowohl das sozialistische als auch das sozial-marktwirtschaftliche Modell die sozioökonomische Sicherheit breiter Bevölkerungsschichten zum Kern haben. An zweiter und dritter Stelle nach der sozialen Grundsicherung stehen für die befragten Ostdeutschen Arbeitsmarkt- sowie Wirtschafts- und Geldpolitik. Hierbei dürfte insbesondere die Zuweisung von Verantwortung für die Arbeitsmarktpolitik an den Staat die realen Verhältnisse auf dem Arbeitsmarkt der neuen Bundesländer widerspiegeln, Wirtschafts- und Geldpolitik fungieren in diesem Zusammenhang als Instrumente.

Tabelle X-5: Die fünf am häufigsten genannten zu übernehmenden Verantwortungsbereiche des Staates (Mehrfachantworten; Spaltenprozent)

Rang	Befragte Ost		Befragte West	
1.	Soziale Grundsicherung	38	Soziale Grundsicherung	29
2.	staatliche Arbeitsmarktpolitik	23	Politikgestaltung	16
3.	Wirtschafts- und Geldpolitik	19	Umwelt- und Klimaschutz	15
4.	Politikgestaltung	16	Wirtschafts- u. Geldpolitik	12
5.	soziale Gerechtigkeit Umwelt- und Klimaschutz	11	staatliche Arbeitsmarktpolitik	12
Basis (n)		93		308

5 Frageformulierung siehe Fragebogenanhang (Fragen 82 und 83).

Wie vor dem Hintergrund des obigen Modellvergleiches ökonomischer Kulturen (Abschnitt 2) erwartet, betrachten ostdeutsche Positionsinhaber auch den bundesdeutschen Staat als zuständig für die von ihnen thematisierten politischen Ziele und Verantwortungsbereiche. Sie erwarten direkte Initiativen des Staates zur Bewältigung gegenwärtiger Problemlagen auf dem Arbeitsmarkt (Arbeitsmarkt- sowie Wirtschafts- und Geldpolitik). Westdeutsche hingegen stehen einer solchen Detailregelung eher skeptisch gegenüber. Sie sehen den Staat in der Rolle eines Moderators (Politikgestaltung) und in der Funktion von Rahmensetzungen (Umwelt- und Klimaschutz).

Die folgende Tabelle X-6 gibt einen Überblick über die fünf am häufigsten genannten Verantwortungsbereiche, die nach Aussagen der Befragten vom Staat abzugeben seien. Von den Positionsinhabern ostdeutscher Herkunft wird an erster Stelle eine 'Entbürokratisierung' gefordert, gefolgt von der Privatisierung staatlich getragener Dienstleistungen. Für befragte Westdeutsche steht die Privatisierung staatlicher Dienstleistungen hier an erster Stelle. An zweiter und dritter Stelle folgen Reduktionen in der öffentlichen Verwaltung. Hierbei geht es ihnen insbesondere um die Privatisierung nichthoheitlicher Aufgaben und privat kostengünstiger zu erbringender Leistungen der Verwaltung bzw. staatlicher und kommunaler Träger.

Tabelle X-6: Die fünf am häufigsten genannten abzugebenden Verantwortungsbereiche des Staates (Mehrfachantworten; Spaltenprozent)

Rang	Befragte Ost		Befragte West	
1.	Entbürokratisierung	24	Privatisierung von Dienstleistungen	24
2.	Privatisierung von Dienstleistungen	19	nichthoheitliche Aufgaben privatisieren	14
3.	nichthoheitliche Aufgaben privatisieren	14	privat kostengünstiger	13
4.	staatliche Wirtschaftsbeteiligungen einschränken	10	Privatisierung öffentlicher Unternehmen	12
5.	Regelungsdichte abbauen	8	Privatisierung Müll- und Abfallentsorgung	12
Basis (n)		201		1734

Die Wahrnehmung staatlicher Verantwortung für bestimmte Bereiche bedarf der rechtlichen Regelung und einer administrativen Umsetzung. Dieser Prozeß der Institutionalisierung von Bereichen staatlicher Verantwortung führt mit zunehmender Komplexität der gesellschaftlichen Prozesse zu einer Ausweitung der öffentlichen Verwaltung. Die bundesdeutsche Verwaltung hat inzwischen eine derartige Größe erreicht, daß allein die Personalkosten 45 Prozent aller Steuereinnahmen binden (Hesse/Ellwein 1992: 303f.). Das erhellt, wie eng der Zusammenhang zwischen dem Umfang staatlicher Verantwortung und dem der öffentlichen Verwaltung ist. Insofern liegt auf der Hand, daß in Zeiten öffentlicher Debatten um die Reduktion staatlichen Engagements der Bereich der Verwaltung in einem Atemzuge mitgenannt wird. Es spricht einiges dafür, daß sich hier verschiedene sektorale Interessen an einer bürgernahen Verwaltung oder an einem Abbau von Investitionshindernissen (z.B. Genehmigungsverfahren) widerspiegeln. Möglicherweise sind ostdeutsche Eliten mit der bundesdeutschen Verwaltung noch nicht derart vertraut, daß sie, wie ihre westdeutschen Kollegen, konkrete Vorstellungen über Reduktionen in der Verwaltung entwickeln können. Dem entspräche die Verwendung des diffusen Schlagwortes von der 'Entbürokratisierung'.

Die bisherigen empirischen Belege verdichten sich zunehmend zu dem Eindruck, daß hinter den Aussagen zur Relevanz politischer Ziele und zum Umfang staatlicher Verantwortung der ost- und westdeutschen Positionsinhaber je verschiedene Auffassungen von der Rolle des Staates und dem Umfang insbesondere seiner sozialpolitischen Verantwortung stehen. Ostdeutsche Eliten siedeln die wesentlichen Funktionen des Staates in seiner umfassenden Verantwortung für wirtschaftliche Steuerung und Initiativen an sowie in der breiten Absicherung des Individuums in allen sozialen Risikolagen. Westdeutsche Führungskräfte stehen derart hohen Regulierungsforderungen eher ablehnend gegenüber. Konsequenterweise sehen nur 5 Prozent der Ostdeutschen die soziale Gerechtigkeit in der Bundesrepublik verwirklicht[6] (im Gegensatz zu einem Viertel der Westdeutschen) und nur 15 Prozent die soziale Sicherheit (jedoch 58% der westdeutschen Eliten).

6 Hier wurde nach der wahrgenommenen Verwirklichung bestimmter politischer Ziele oder Wertvorstellungen gefragt (s. Fragebogenanhang Frage 78). Im Text werden die Daten für die zusammengefaßten Werte 7 (voll verwirklicht) und 6 (fast verwirklicht) einer siebenstufigen Skala referiert.

6.3 *Mehr Staat im Osten - weniger Staat im Westen: Ein Ost-West-Konflikt?*

Welches Gewicht haben die Ost-West-Differenzen im Vergleich zu parteipolitischen und sektorspezifischen Gegensätzen? Nur in dem Maße, wie die auf unterschiedlicher regionaler Herkunft beruhenden Divergenzen über die traditionellen Interessenkonflikte der bundesdeutschen Gesellschaft zwischen soziostrukturellen Gruppen (hier Sektoren) und den politischen Parteien hinausgehen, kann man von einem spezifischen Ost-West-Konflikt sprechen. Auch wenn zum Zeitpunkt der Befragung (1995) davon ausgegangen werden kann, daß Führungskräfte ostdeutscher Herkunft erst seit relativ kurzer Zeit im Amt sind, ist der Einfluß einer sektorspezifischen Sozialisation nicht von vornherein auszuschließen. Als Indikatoren für eine solche Rollensozialisation dienen die in Jahren gemessene Amtsdauer[7] und die Höhe der Position[8] in der Führungsschicht. Neben diesen Effekten der Institutionenkontexte gilt für Eliten die Parteipräferenz als wichtiges Moment für die Ausrichtung von Einstellungsstrukturen.

Ostdeutsche Führungskräfte haben von ihren westdeutschen Kollegen sehr abweichende parteipolitische Orientierungen. Während knappe 60 Prozent der Westdeutschen Mitglieder von Parteien des bürgerlichen Spektrums sind oder diese präferieren, sind ebenso viele Ostdeutsche dem linken Spektrum zuzuordnen. Auch die Zusammensetzung der beiden parteipolitischen Spektren in Ost und West fällt unterschiedlich aus. Während das linke Spektrum unter den befragten Ostdeutschen zu gleichen Teilen von der SPD, dem Bündnis '90/Die Grünen und der PDS gestellt wird, gestalten sich bei den Westdeutschen die Mehrheitsverhältnisse deutlich zugunsten der SPD. Unter den westdeutschen Eliten tritt die PDS praktisch nicht auf. Ähnlich markante Unterschiede treten in den bürgerlichen Parteien hervor: Die Unionsparteien haben unter den Befragten aus den alten Bundesländern einen Anteil von mehr als drei Vierteln am bürgerlichen Spektrum, während es bei den Ostdeutschen je zur Hälfte durch die FDP und die CDU/CSU konstituiert ist. Diese Verteilungsunterschiede innerhalb der Spektren weisen darauf hin, daß die analytische Bildung eines bürgerlichen und linken Spektrums für den

7 Erfaßt wurde der konkrete Zeitpunkt (Jahr) des Beginns der Tätigkeit in der Befragungsposition.

8 Erfaßt wurde hier die subjektive Einstufung der Befragungsposition auf einer siebenstufigen Skala von 1: untere bis 7: höchste Leitungsebene. Diese wurde wie folgt recodiert: Werte 1 und 2 zu 1: untere; Werte 3 bis 5 zu 2: mittlere; Werte 6 und 7 zu 3: höchste Leitungsebene. Siehe Frage 7 im Fragebogenanhang.

Ost-West-Vergleich zu unscharf ist. Für die Untersuchung des Erklärungsbeitrages der parteipolitischen Zusammensetzung an den Ost-West-Differenzen müssen deshalb die Parteien im einzelnen betrachtet werden.

Aus Tabelle X-7 geht hervor, daß die Einstellungsdifferenzen im bürgerlichen Lager vor allem bei der FDP bestehen. Für die CDU/CSU treten im Ost-West-Vergleich keine signifikanten Unterschiede auf. Im linken Spektrum beruhen sie auf Differenzen zwischen Ost- und Westdeutschen in allen Parteien. Während die Sozialdemokraten etwas weniger nach Ost und West auseinanderfallen, sind die Bündnisgrünen in sich förmlich gespalten. Aus unseren Elitedaten tritt die PDS als ein deutliches Ostphänomen hervor.

Bei der Betrachtung der Amtsdauer fällt zunächst ins Auge, daß nahezu alle ostdeutschen Eliten (85%) erst seit 1990 im Amt sind. Bei den Westdeutschen sind es etwas mehr als drei Viertel. Da also für die Mehrzahl der Befragten der Tätigkeitsbeginn in der Befragungsposition in den Jahren nach der Wende liegt, ist ein Vergleich beider Herkunftseliten entlang der einzelnen Jahre sinnvoll (s. Tab. X-8).

Die Kontrolle der Ost-West-Differenzen nach der Amtsdauer führt zu dem Ergebnis, daß die Amtsdauer keinen Einfluß auf die Einstellungen zum Umfang staatlicher Verantwortung hat. Da man vermuten könnte, daß es sich um einen Effekt des recht kurzen Meßzeitraumes handelt, wurden zur Überprüfung dieses Befundes für Eliten westdeutscher Herkunft sämtliche Informationen über deren Amtsdauer herangezogen. Aber auch die Kontrolle für die Dauer der Amtsinhaberschaft von bis zu 37 Jahren führte zu dem Ergebnis, daß es keinen Zusammenhang gibt zwischen der Amtsdauer und und den Einstellungen zum Umfang staatlicher Verantwortung.

Was die Positionshöhe anbelangt ist festzustellen, daß fast alle (99%) Befragten ihre Positionen auf der mittleren und höchsten Führungsebene ansiedeln, nur diese wurden deshalb miteinander verglichen. Während die Ost-West-Differenzen auf der mittleren Ebene stärker werden, nehmen sie auf der höchsten ab (s. Tab. X-9).

Ostdeutsche Eliten mit einer höheren Position plädieren häufiger für eine Reduktion des Umfanges staatlicher Verantwortung. Betrachtet man diesen Zusammenhang jedoch etwas genauer, stellt man fest, daß sich dahinter wiederum eine unterschiedliche Zusammensetzung der Ebenen nach der Parteipräferenz verbirgt. Ostdeutsche Führungskräfte auf der mittleren Ebene präferieren gegenüber jenen der höchsten Ebene deutlich die Bündnisgrünen (22% vs. 13%) und die PDS (18% vs. 11%).

Tabelle X-7: Einstellungsdifferenzen nach Herkunft und Parteipräferenz (Spaltenprozent)

	Herkunft		Parteipräferenz									
			CDU/CSU		FDP		SPD		B 90/Grüne		PDS	
	West	Ost	West	Ost	West	Ost	West	Ost	West	Ost	West	Ost
Verantwortung [a] ...												
reduzieren	80	54	90	88	81	58	71	58	60	32	33	3
inhaltlich umstrukturieren	20	46	10	1	19	42	29	42	40	68	67	97
Basis (n)	1.806	221	772	50	241	38	564	53	145	37	3	30
Phi [b]	.19**		.01**		.21**		.07**		.22**		.36**	

[a] Die Verteilung der Variable ‘Staat soll Aufgaben abgeben’ in der Ost-West-Dimension zeigt (Tab. VII-4), daß die Hauptdifferenzen zwischen ‘Aufgaben abgeben’ (West) und ‘inhaltlich umstrukturieren’ (Ost) verlaufen. Deshalb und zum Zwecke einer vereinfachten Darstellung wurde diese Variable dichotomisiert: 1- Aufgaben abgeben; 2- inhaltlich umstrukturieren.

[b] Hier und im weiteren gilt, Signifikanzniveau: * p>.95; ** p>.99.

Tabelle X-8: Einstellungsdifferenzen nach Amtsdauer (Spaltenprozent)

	Herkunft		Amtsdauer											
			5 Jahre		4 Jahre		3 Jahre		2 Jahre		1 Jahr		< 1 Jahr	
	West	Ost	West	Ost	West	Ost	West	Ost	West	Ost	West	Ost	West	Ost
Verantwortung...														
reduzieren	80	54	75	60	82	63	80	52	78	35	77	56	82	47
inhaltlich umstrukturieren	20	46	25	40	18	37	20	48	22	65	23	44	18	53
Basis (n)	1.806	221	148	43	248	35	217	31	251	26	320	61	113	15
Phi	.19**		.13*		.16**		.21**		.28**		.17**		.27**	

Auf diese Weise spiegeln sich hier die weiter oben gezeigten Effekte der Parteipräferenz wider. Sowohl Bündnis 90/Die Grünen als auch die PDS stehen nach Einschätzung ostdeutscher Eliten nicht für eine Reduktion des Umfanges staatlicher Verantwortung, sondern für deren inhaltliche Umstrukturierung.

Tabelle X-9: Einstellungsdifferenzen nach Positionshöhe-Leitungsebene (Spaltenprozent)

	Herkunft		Leitungsebene[9] mittlere		Leitungsebene[9] höchste	
Herkunft	West	Ost	West	Ost	West	Ost
Verantwortung ...						
reduzieren	80	54	79	44	80	64
inhaltlich umstrukturieren	20	46	21	56	20	36
Basis (n)	1.806	221	509	102	1.260	108
Phi	.19**		.28**		.10**	

Die bisherigen Untersuchungen zeigen, daß die festgestellten Einstellungsunterschiede zwischen ost- und westdeutschen Positionsinhabern zum Teil durch die Parteipräferenz vermittelt sind. Vor allem die Präferenz von PDS und Bündnisgrünen tritt intervenierend zwischen die regionale Herkunft und die Einstellungen zum Umfang staatlicher Verantwortung. Anscheinend auf Grund der Tatsache, daß die Mehrzahl der Befragten erst seit recht kurzer Zeit im Amt ist - nämlich bis zu fünf Jahre - und auf Grund der aufgezeigten Überlagerung der Einflüsse von Positionshöhe und Parteipräferenz kann die Frage nach den Effekten einer sekundären Sozialisation durch Institutionenkontexte auf die Einstellungen zum Umfang staatlicher Verantwortung nicht endgültig geklärt werden. Hierfür gibt es zumindest zwei Erklärungsmöglichkeiten. Zum einen ist denkbar, daß Befragte, die Bündnis 90/Grüne bzw. PDS präferieren, auf Grund ihres Selbstverständnisses und ihres Verhältnisses zur politischen Macht dazu neigen, ihre Positionen tendenziell niedriger einzuordnen als andere Befragte. Zum anderen können die Ergebnisse auch auf die Tatsache zurückgehen, daß ein Großteil der ostdeutschen Eliten Politiker sind. In der Politik ist der Einfluß, den Führungskräfte ausüben können eng mit der Rolle der jeweiligen Partei im Wechselspiel von Regierung und

9 Zur Codierung s. Fußnote 8.

Opposition verbunden. Der Umstand, daß Bündnis 90/Die Grünen sowie die PDS weiter von Entscheidungspositionen entfernt sind als andere Parteien, könnte so seinen Ausdruck in den Ergebnissen finden.

Zwar existieren viele Übereinstimmungen zwischen den beiden Teileliten. Doch haben sich unter dem Einfluß von Institutionenkontexten die Einstellungsmuster ostdeutscher Eliten noch nicht denen westdeutscher Führungskräfte angeglichen. Vielmehr erweist sich die Sozialisation in den unterschiedlich verfaßten Gesellschaften und ökonomischen Kulturen der beiden deutschen Staaten fünf Jahre nach der deutschen Wiedervereinigung - vermittelt über die parteipolitischen Präferenzen - noch immer als ein prägendes Moment.

7. Fazit

Die oben aufgestellte Sozialisationshypothese, Positionsinhaber ost- bzw. westdeutscher Herkunft wiesen auf Grund unterschiedlicher Sozialisation in verschiedenen politischen und ökonomischen Kulturen voneinander verschiedene Einstellungen zum Umfang staatlicher Verantwortung auf, kann bestätigt werden. Während Westdeutsche hier mehrheitlich für eine Reduktion eintreten, sind Ostdeutsche zwischen den Optionen 'reduzieren' und 'inhaltlich umstrukturieren' geteilter Meinung. Die Einstellungsunterschiede zwischen ostdeutschen und westdeutschen Führungskräften reichen bis in die einzelnen Parteien hinein. Nicht nur, daß die Einstellungen zum Umfang staatlicher Verantwortung auseinanderfallen; sie differieren besonders stark im Bereich des Sozialstaates.

Das Staatsverständnis der Positionsinhaber ostdeutscher Herkunft zeigt insofern Züge einer Sozialisation in der sozialistisch-planwirtschaftlichen Kultur der DDR, als sie dem Staat häufiger die Funktion zuschreiben, eine möglichst umfassende wirtschaftliche Steuerung und Initiative zu übernehmen, und ihm die Verantwortung für eine sehr weitreichende Absicherung des Individuums gegen soziale Risiken zuweisen. Für die Bewältigung gegenwärtiger Problemlagen setzen sie stärker auf direkte Initiativen von seiten des Staates. In Zeiten knapper öffentlicher Mittel ist das eine Herausforderung an die soziale Komponente der bundesdeutschen Marktwirtschaft. Westdeutsche Eliten sehen den Staat dagegen in der Rolle eines Moderators und nicht eines Initiators und haben offenbar erhebliche Vorbehalte gegen ein Übermaß an staatlicher Regulierung.

Nicht vollkommen ausgeschlossen werden konnte die Annahme der Statushypothese, die tradierten Einstellungsmuster ostdeutscher Führungskräfte hätten sich unter dem Einfluß von Institutionenkontexten bzw. der Sozialisation in die Elitenrolle weitgehend denen westdeutscher Führungskräfte angeglichen. Es wurde gezeigt, daß ein Teil der Einstellungsunterschiede zwischen ost- und westdeutschen Eliten auf ihre unterschiedliche parteipolitische und sektorale Zusammensetzung zurückzuführen ist. Besonders das Votum PDS-präferierender Eliten, das hier als ein ostdeutsches Phänomen erscheint, und die Differenzen innerhalb der Grünen prägen das Ost-West-Verhältnis hinsichtlich des Umfanges staatlicher Verantwortung. Während Bündnis 90/Die Grünen in der Ost-West-Dimension gespalten sind, präsentiert sich die PDS in unserer Untersuchung als reine Ostpartei, die an eine deutliche Positionierung gegen die Reduktion staatlicher Verantwortung gebunden ist. Bleiben bei SPD und FDP noch Ost-West-Unterschiede erhalten, scheinen sie in der CDU/CSU weitgehend nivelliert zu sein. Insgesamt ist die parteipolitische Integration der divergierenden Einstellungen in Ost und West noch nicht gänzlich gegeben. Für die politischen Parteien Deutschlands tritt hier ein Integrationsproblem zutage, welches, mit Blick auf die Sozialstaatsproblematik, ein wesentliches Element der bundesdeutschen Gesellschaftsordnung berührt.

Es scheint letztlich schwer möglich, die Entwicklung dieses Problems und seiner Folgen für die Integration der bundesdeutschen Führungsschicht abzuschätzen. Möglicherweise werden Ostdeutsche in Zukunft in ausgewogenerem Maße in den Eliten vertreten sein. Kommt es hierbei jedoch nicht zu einer allmählichen Überlagerung der DDR-Sozialisation als einstellungsprägendes Moment durch die sektorspezifische Prägung von Einstellungen, dann wäre es möglich, daß sich die Ost-West-Unterschiede in den für die Bildung eines Grundkonsenses wichtigen Orientierungen als ein neuer, regional verwurzelter, Konflikt etablieren.

Kapitel XI
Wertorientierungen im Eliten-Bevölkerungsvergleich: Vertikale Distanzen, geteilte Loyalitäten und das Erbe der Trennung

Viktoria Kaina

1. Fragestellung

Seit der Öffnung der „Mauer", vor allem aber seit der deutschen Vereinigung im Jahre 1990 steht immer auch die Frage nach der politischen Kultur als geronnene Wert- und Überzeugungssysteme (Kaase 1983) der wieder vereinten Deutschen zur Diskussion. Hat die mehr als vierzigjährige Sozialisation in völlig gegensätzlichen Gesellschaftssystemen unterschiedliche Werthaltungen und politische Einstellungen hervorgebracht? Konnten kulturelle Gemeinsamkeiten die Phase der staatlichen Teilung überdauern? Werden vielleicht sogar mit der Betonung der Differenzen zwischen Ost- und Westdeutschen tatsächliche Ähnlichkeiten in den Vorstellungen vom gesellschaftlich Wünschenswerten (Kluckhohn 1951) zu wenig perzipiert? Oder ist für uns Deutsche ein beschwerlicher kultureller Anpassungsprozeß unausweichlich, in dem regional mobilisierte Friktionen und Konflikte eher die Regel denn die Ausnahme sein werden? Wird die politische Kultur der neuen Bundesrepublik in Zukunft eine fragmentierte oder eine in ost- und westdeutsche Subkulturen gespaltene sein (Gabriel 1996)? Fragen, denen sich der vorliegende Beitrag nähern will. Dabei wird anhand empirischer Befunde zu Werthaltungen und politischer Problemwahrnehmung von Eliten und Bevölkerung gezeigt werden, daß die Qualität der gesellschaftlichen Integration fünf Jahre nach der deutschen Einheit differenziert beurteilt werden muß. Die Wertorientierungen Ost- und Westdeutscher erweisen sich trotz vierzigjähriger staatlicher Trennung und gegensätzlicher politischer Systeme nicht als ganz und gar inkompatibel. Das impliziert jedoch nicht, daß die staatlich wieder vereinten Deutschen bereits in einer Gemeinsamkeit angekommen sind, die ost-west-deutsche Befremdlichkeiten, ressentimentbeladene Animositäten und unerwartete Umständlichkeiten im wiederbelebten Verwandtschaftsverhältnis in naher Zukunft unwahrscheinlich sein läßt.

Untersuchungen über die politisch-kulturelle Integration einer Gesellschaft können sich auf verschiedene Ebenen und Segmente einer Gesellschaft beziehen. Die Frage nach der horizontalen Integration hat in erster Linie Einstellungskongruenzen und -divergenzen, Handlungsalternativen, Rekrutierungsmuster und Kommunikationsprozesse innerhalb eines Gesellschaftssegmentes, beispielsweise innerhalb der Elite, zum Thema. In diesen zentralen Teil der Eliteforschung ordnet sich der überwiegende Teil der Beiträge dieses Bandes ein.

Im folgenden richtet sich die Aufmerksamkeit auf einige Aspekte der vertikalen Integration, in deren Mittelpunkt das Verhältnis von Führungsgruppen und Bevölkerung steht. Zu diesem Untersuchungsbereich zählen Fragen der Interessenrepräsentation (Responsivität) (Herzog 1989), der Problemwahrnehmung und der Legitimation der Führungsgruppen in der Bevölkerung (Elitenperzeption), aber auch solche nach der gegenseitigen Beeinflussung im Attitüdenbereich (Kaase 1983) oder der (De-)Politisierung spezifischer Politikthemen (Hoffmann-Lange 1991). In dem Maße wie das Handeln der Führungsgruppen Einschränkungen erfährt durch „dominante Orientierungen bei den Nicht-Eliten“ (Field/Higley 1983), kann immer auch das Funktionieren der institutionalisierten Konfliktregelungen beeinträchtigt werden. Vor allem das gestiegene Partizipationsbedürfnis der Bevölkerung (Barnes/Kaase u.a. 1979; Bauer 1991b, 1993; Bauer-Kaase 1994b) muß im Zusammenhang mit einem wachsenden Legitimationsbedarf von Elitehandeln in allen gesellschaftlichen Sektoren gesehen werden.

Das Erkenntnisinteresse einer empirischen Analyse der Werthaltungen und politischen Einstellungen ost- und westdeutscher Funktionseliten und Bevölkerung resultiert demnach aus demokratietheoretischen Überlegungen zur Persistenz politischer Systeme und Regimestabilität. Voraussetzung dafür ist neben der Bereitschaft der Eliten, auf der Basis eines institutionalisierten Regelnetzes zu handeln (Field/Higley 1973, 1983), eine Kongruenz von Institutionengefüge und politischer Kultur (Fuchs 1989) hinsichtlich der Akzeptanz von Herrschaft (Legitimität) und der Bewertung von Regierungs- und Oppositionshandeln (Effektivität). Gelangen politische Struktur und Kultur in ein gravierendes Divergenzverhältnis, gerät die Persistenz einer gegebenen politischen Ordnung in Gefahr (Kaase 1995a).

2. Hypothesen: Sozialisation vs. Status

Forschungsleitend wurden zwei alternative Hypothesen formuliert, die Status- und die Sozialisationshypothese. Während in der Bevölkerung die sozialstrukturelle Verankerung eines Individuums die Inhalte seiner Werthaltungen determiniert (Barnes/Kaase u.a. 1979; Inglehart 1989a, 1994; Groß 1992; Bauer 1993), gelten für Angehörige der Führungsschicht ein höheres Bildungs- und Informationsniveau, die gemeinsame Nähe zu Entscheidungsprozessen und eine sekundäre, institutionelle Rollensozialisation in Verantwortungspositionen als entscheidende Prädiktoren dafür, daß Eliten im Vergleich zum Bevölkerungsdurchschnitt progressive Werthaltungen präferieren und postmaterialistischer eingestellt sind (Barton 1984; Putnam 1976; McAllister 1991; Hoffmann-Lange 1992). Wenn davon ausgegangen wird, daß diese Indikatoren für ostdeutsche Mitglieder von Führungsgruppen ebenfalls ihre Gültigkeit haben, läßt sich annehmen:

> Ein Mitglied der gesamtdeutschen Elite zu sein, erhöht die Wahrscheinlichkeit progressiver und postmaterialistischer Wertorientierungen im Vergleich zum Bevölkerungsdurchschnitt, und zwar unabhängig konträrer Systemsozialisation.
> (Statushypothese)

Diese Hypothese impliziert, daß kaum mit einer regionalen Spannungslinie in den Werthaltungen ost- und westdeutscher Positionsinhaber zu rechnen ist und Unterschiede sich vielmehr aus anderen Effekten wie Zugehörigkeit zu einem bestimmten gesellschaftlichen Elitensektor, Parteipräferenz oder ideologische Selbsteinstufung erklären.

Konnten hingegen langfristig in der DDR erworbene Wertorientierungen über die Regimetransformation hinweg teilweise bewahrt werden, sollten Ost-West-Differenzen in der Handlungsrelevanz und politischen Einstellungsbildung aufgrund unterschiedlich sozialisierter Werthaltungen, also in den Einstellungsstrukturen zu erwarten sein. Das heißt:

> Je wahrscheinlicher eine unterschiedliche Systemsozialisation die Ausbildung bestimmter Orientierungsmuster erklärt, desto eher ähneln sich die Einstellungsstrukturen zwischen Herkunftselite und Bevölkerung, unterscheiden sich aber von den Vergleichsgruppen im anderen Teil Deutschlands.
> (Sozialisationshypothese)

Zunächst werden Argumente dargelegt, warum davon auszugehen ist, daß die Werthaltungen Ost- und Westdeutscher von unterschiedlicher Prägung sind. Dem schließt sich die Präsentation wichtiger empirischer Befunde zu den persönlichen und politischen Werthaltungen von Funktionseliten und Bevölkerung an.

3. Partizipatorische Revolution hier - Politikabstinenz dort: Zum Wertewandel in der Bundesrepublik und der früheren DDR

Mit der weitgehenden Übernahme der politischen Institutionenstruktur der Bundesrepublik im Gebiet der ehemaligen DDR haben sich nicht nur die Rahmenbedingungen für das Handeln individueller und kollektiver Akteure in Ostdeutschland grundlegend verändert. Darüber hinaus ist der im institutionellen Bereich vollzogene Systemwandel kulturell abzusichern (Gabriel 1996: 30). Dabei kann weder von einem selbstverständlichen Wertkonsens noch von einer Konvergenz der politischen Einstellungen innerhalb der gesamtdeutschen Führungsschicht und Bevölkerung ausgegangen werden. Die vierzigjährige Entwicklung der DDR hat im Osten Deutschlands Lebensbedingungen geschaffen, die zu denen in einer pluralistischen, demokratischen und modernisierten Wohlstandsgesellschaft wie der Bundesrepublik nur bedingt Parallelitäten erlauben. In einem von Frank Adler (1991b) einmal so bezeichneten „'Bermuda-Dreieck' des Realsozialismus" aus Machtkonzentration, De-Subjektivierung und Nivellierung/Homogenisierung ankerte die Bereitschaft der DDR-Bevölkerung, sich im Austausch gegen wirtschaftliche Versorgungsleistungen anzupassen und politisch zu arrangieren (Pollack 1992). Die offizielle politische Kultur der DDR revitalisierte Werte preußischer Untertanentradition der Gehorsamszusicherung und Autoritätsakzeptanz, verknüpfte sie mit Werttraditionen der protestantischen Leistungsethik und den ideologischen Zielsetzungen eines egalitären Sozialismus (Bürklin 1993b). Die Brückenfunktion idealistischer Werte in der Vermittlung zwischen Momenten des Selbstzwangs und der Einordnung einerseits und der geistigen und kulturellen Selbstentfaltung des Menschen andererseits ist ein Charakteristikum kommunistischer Ideologie (Gensicke 1991: 280) und mag die widersprüchliche Wertemelange der in der offiziellen politischen Kultur der DDR geförderten Verknüpfung von Autoritätsakzeptanz und menschlicher Entfaltung erklären.

Vor allem aber motivierte die staatlich induzierte Überpolitisierung des Alltagslebens in der DDR (Meuschel 1991) zur Suche nach Rückzugsmöglichkeiten in depolitisierte Nischen und reproduzierte herkömmliche unpolitische Haltungen einer Untertanenkultur (Almond/Verba 1963). Zunehmend privatistische Tendenzen mit der Orientierung auf Familien-, Freundes- und Kollegenkreis schufen aber auch Raum für eine informelle politische Kultur, in dem sich Werte wie selbstbestimmtes Engagement, Kreativität und Innovationsgeist etablieren konnten. Je stärker das sozialistische System der Planwirtschaft in den 80er Jahren an Effektivität einbüßte, um so mehr gewannen informelle Sozialbeziehungen an Bedeutung. Nachbarschaftshilfe, Solidarität und Engagement für den anderen waren nicht länger nur politisch gewollter Eigenwert, über den Gefühle der Geborgenheit vermittelt werden konnten, sondern in Erfahrung alltäglichen Mangels auch instrumentell und zweckrational im Sinne eigener Sicherheiten begründet (Schmidt 1991: 263). Auf die nachlassende Bindekraft des Systems als Folge zugespitzter ökonomischer Leistungsdefizite und immer weniger befriedigter Ansprüche (Meulemann 1996: 246 ff) reagierte seit Anfang der 80er Jahre vor allem der größere Teil der DDR-Jugend mit dem Rückzug ins Private und der verstärkten Betonung materialistischer Werte (Friedrich 1990). Im Sinne einer Opposition gegen das idealistische Establishment ideologischer Leitbilder (Gensicke 1991; Klages/Gensicke 1993) sind diese Wertorientierungen für die Verhältnisse in der DDR durchaus als neu zu betrachten, werden sie als Reaktion auf die allgemeine gesellschaftliche Erstarrung und die zunehmende soziale Schließung verstanden.

Als einer der prominentesten Erforscher des Wertewandels in den westlichen Demokratien postulierte Inglehart (1977, 1989a) für die Bundesrepublik eine nahezu entgegengesetzte Entwicklung: gestiegene Beteiligungsansprüche der Bevölkerung in Folge von zunehmendem Wohlstand, Bildungsexplosion und wachsendem politischen Interesse drückten den Bedeutungsgewinn von Werten der Selbstbestimmung aus, die mit denen der Selbstentfaltung Schritt hielten. Als verhaltenssteuernde Einflußgrößen schlugen sich die veränderten Wertorientierungen in gewandeltem politischen Verhalten, anderen Ansprüchen an die Politik und in neuen politischen Zielen und Themen nieder.[9] Mit dem Begriff der „partizipatorischen Revolution“ (Kaase 1982) charakterisiert, erweiterte sich das politische Beteiligungsrepertoire um unkonventionelle, zunehmend de-institutionalisierte politische Partizipationsformen (Barnes/Kaase u.a. 1979; Jennings/van Deth u.a. 1989; Bürklin 1992, 1994). Vor allem die veränderte Balance in der

Sachkenntnis zwischen Eliten und Bevölkerung in Folge kognitiver Mobilisierung erwies sich als Ursache des Übergangs von „eliten-gelenkter“ zu „eliten-lenkender“ Partizipation (vgl. Inglehart 1977). In dem Konflikt zwischen „Habenden und Nicht-Habenden“ (Hildebrandt/Dalton 1977) manifestierte „alte“ Politikthemen erfuhren in wachsendem Maße Ergänzung um Themen der „neuen Politik“, beispielsweise des Umweltschutzes, der sozialen Gleichheit, größerer Beteiligungschancen der Bevölkerung im politischen Entscheidungsprozeß, des Minderheitenschutzes und internationaler Kooperation (Baker/Dalton/Hildebrandt 1981).

Als Folge der Wohlfahrtsentwicklung und der Sozialisationseinflüsse des Bildungssystems in der Bundesrepublik konstatierte auch Klages (1984) eine Entwicklung weg von Pflicht- und Akzeptanzwerten, die auf umfassende Sicherheiten abzielen, hin zu Selbstentfaltungs- und Engagementwerten (Herbert 1988). In den 80er Jahren wurde in jüngeren Bevölkerungsgruppen der Bundesrepublik ein weiterer, bis heute anhaltender und sich stabilisierender Trend (Gensicke 1996) sichtbar, der darauf hinausläuft, materialistische und hedonistische Werte zu vereinen. Dieser Typ des „sorglosen Materialisten“ zeigt zwar ein starkes Interesse an materiellen Dingen, zugleich jedoch wenig Einsatz für materielle und ideelle Ziele (Herbert 1988). Die Parallelen mit der Entwicklung der Werthaltungen der DDR-Jugend in diesem Zeitraum sind unverkennbar.

Dennoch spricht einiges dafür, daß langfristige Wertorientierungen in einem spezifischen DDR-Muster über die Regimetransformation hinweg teilweise bewahrt werden konnten und sich in einer in Ost- und Westdeutschland unterschiedlichen Wertpräferenz niederschlagen (Zapf 1994; Roller 1995b, 1997; Arzheimer/Klein 1995; Meulemann 1995, 1996). Die teilweise erfolgreiche Legitimation des DDR-Systems hat die Einstellungen ihrer Bürger mitgeprägt und bildet den Hintergrund dafür, daß in der DDR gelernte Einstellungen in den neuen institutionellen Kontext des vereinten Deutschlands hineingenommen und manifest oder latent als Anspruch aufrechterhalten werden (Westle 1994; Seifert/Rose 1994; Bauer-Kaase 1994b; Veen/Zelle 1995; Fuchs 1997). Nach mehr als fünf Jahren deutscher Einheit kann es jedoch nicht länger allein darum gehen, jene Unterschiede aufzuspüren, zu beschreiben und in ihren Konsequenzen für die politische Entwicklung der Bundesrepublik darzustellen. Es muß zugleich untersucht werden, wo sich Annäherungen zwischen Ost- und Westdeutschen abzeichnen und wo sich Gemeinsamkeiten in den Werthaltungen und politischen Einstellungen von Elite und Bevölkerung zeigen. Vor allem die Analyse einer möglichen regionalen Spannungslinie auf Eliteebene ist für den Einstellungsvergleich von Führungsschicht und Bevölkerung relevant; insbesondere um prüfen zu können, welche Konfliktpotentiale oder Konsensdimensionen sich in bestimmten Referenzgruppen zwischen Elite und Bevölkerung manifestieren und inwieweit sich spezifische ost- und westdeutsche Loyalitäten möglicherweise politisch mobilisieren lassen.

4. Persönliche Wertorientierungen

4.1 Index-Bildung

Für die Erhebung persönlicher Werte von Funktionseliten und Bevölkerung dienten insgesamt 11 Antwortvorgaben als Indikatoren[1]. Mit Hilfe einer varimax rotierten Faktorenanalyse, die für alle vier Vergleichsgruppen getrennt durchgeführt wurde, konnten jeweils drei Faktoren extrahiert werden, wobei nur die mit einem Eigenwert > 1 Berücksichtigung fanden (Kaiser-Kriterium). Wie aus Tabelle XI-1 deutlich wird, ergaben sich Zuordnungsschwierigkeiten, weil die einzelnen Indikatoren in den vier Vergleichsgruppen mitunter auf unterschiedlichen Faktoren laden oder aufgrund hoher Nebenladungen nicht eindeutig einem Faktor zugewiesen werden können. Für einen Vergleich können jedoch nur Faktoren die Grundlage bilden, die bei allen vier Gruppen die gleiche inhaltliche Struktur besitzen. Es konnten also nur diejenigen Indikatoren berücksicht werden, die in den Vergleichsgruppen in identischer Anzahl und eindeutig zuordenbar auf den selben Faktoren laden.

Unter diesen Bedingungen verblieben insgesamt sechs Indikatoren, die den jeweiligen Faktoren in allen vier Vergleichsgruppen eindeutig zugeordnet werden können. Item 3 („Gesetz und Ordnung respektieren) und Item 5 („Nach Sicherheit streben") zeigen einen Zusammenhang mit dem ersten Faktor, der daraufhin als Dimension der „Pflicht- und Akzeptanzwerte" bezeichnet wurde. Ein zweiter Faktor „Idealistisches Engagement" resultiert aus den Faktorladungen der Items 4 („Sich für sozial benachteiligte Gruppen einsetzten") und 6 („Sich politisch engagieren"). Item 7 („Die guten Dinge des Lebens genießen") und Item 10 („Sich und seine Bedürfnisse gegen andere durchsetzen") bilden schließlich die Grundlage der als „Hedonistischer

---

1 Zum ausführlichen Wortlaut der Antwortvorgaben vgl. Frage 93, Fragebogen im Anhang.

Individualismus“ definierten Wertedimension. Insgesamt ist die Qualität der Faktorladungen bei allen drei Faktoren nicht in jedem Fall zufriedenstellend, was entweder ein Indiz für die Unangemessenheit der Indikatoren ist, persönliche Werte zu erfassen, oder auf einen fluiden Charakter der erhobenen Werthaltungen schließen läßt.

In der Betrachtung der Indikatoren, die in der Index-Bildung unberücksichtigt bleiben mußten, seien zwei interessante Aspekte erwähnt. Erstens fällt auf, daß Fleiß und Ehrgeiz relativ eindeutig zur Pflicht- und Akzeptanzdimension gehören, mit Ausnahme der ostdeutschen Bevölkerung. In dieser Gruppe lädt der Indikator außerdem mit einer hohen Nebenladung auf der Hedonismus-Dimension. Das könnte Ausdruck der zum Teil instrumentell-rational ausgerichteten Werthaltungen (Klages/Gensicke 1993) der ostdeutschen Bevölkerung sein, die in der früheren DDR tradierte Werte der protestantischen Ethik für unverzichtbar hält, um sich Hedonismus und Individualismus leisten zu können. In dieser Hinsicht muß die den Ostdeutschen immer wieder attestierte Zuteilungsmentalität relativiert werden, da die Bevölkerung in den neuen Ländern offenbar durchaus bereit ist, sich eine Basis für Lebensgenuß mit Fleiß und Ehrgeiz selbst zu schaffen. Leistungsbereitschaft scheint als wichtige Tugend begriffen zu werden, die nötig ist, um sich einen materiellen Grundstock für das Auskosten der angenehmen Seiten des Lebens zu erarbeiten. Dieses Ergebnis dürfte ein im Westen zwar abnehmendes, doch nach wie vor gängiges Vorurteil gegen die ostdeutschen Nachbarn entkräften (zur Analyse gegenseitiger Negativ-Stereotype Kaase 1995b; Bauer-Kaase/Kaase, 1996).

Zweitens ist es für die befragten Elite-Mitglieder selbstverständlich, den Wert, anderen Menschen zu helfen, mit sozialem und politischem Engagement gleichzusetzen. In den Bevölkerungen hingegen lädt dieses Item auch auf der Pflicht- und Akzeptanzdimension, im Osten gehört es sogar eindeutig zu diesem Einstellungsbereich. Vermutlich gründet dieser Befund auf Überlegungen in Teilen der Bevölkerung, eigene Sicherheiten in persönlichen Beziehungsnetzwerken durch gegenseitige Solidarität für Familie, Freunde und Bekannte vorzusorgen. Hierin drückt sich ein weiteres Mal der auf umfassende Sicherheiten abzielende Charakter der Werthaltungen in der ostdeutschen Bevölkerung aus.

Tabelle XI-1:Persönliche Wertorientierungen für Elite und Bevölkerung Faktorladungsmatrix (Varimax rotiert)

Items[1]	WEST						OST					
	Bevölkerung			Elite[2]			Elite[2]			Bevölkerung		
	PA[3]	E[4]	H[5]	PA[3]	E[4]	H[5]	PA[3]	E[4]	H[5]	PA[3]	E[4]	H[5]
(1) Hoher Lebensstandard	.12	- .04	**.69**	**.64**	- .25	.32	.58	- .42	.35	.05	- .09	**.71**
(2) Phantasie und Kreativität	.15	.52	.34	.16	.36	.29	.10	.16	.39	.09	.44	.55
(3) Gesetz und Ordnung	**.82**	.10	- .01	**.77**	.24	- .18	**.80**	.25	- .18	**.79**	- .03	.03
(4) Soziales Engagement	.36	**.76**	- .07	.13	**.82**	.02	.04	**.82**	.02	.47	**.68**	- .07
(5) Sicherheitsstreben	**.74**	- .01	.30	**.73**	.06	.08	**.76**	- .03	.13	**.75**	- .02	.25
(6) Politisches Engagement	- .19	**.64**	.17	- .18	**.60**	.16	.07	**.70**	.12	- .11	**.80**	.14
(7) Lebensgenuß	.18	.19	**.65**	.09	.06	**.70**	.08	- .04	**.75**	.12	.03	**.74**
(8) Fleiß und Ehrgeiz	**.65**	.07	.36	**.62**	.14	.23	**.70**	.19	.26	.56	.05	.49
(9) Gefühle ausleben	- .03	.44	.52	- .11	.31	**.69**	- .19	.29	**.64**	.17	.30	.53
(10) Sich durchsetzen	.11	.10	**.66**	.26	- .05	**.66**	.26	- .11	**.67**	.09	.09	**.68**
(11) Anderen helfen	.56	.56	- .02	.20	**.76**	.00	.10	**.77**	.09	**.69**	.37	.08
Eigenwert	3.39	1.26	1.39	2.70	1.73	1.38	2.67	2.05	1.47	1.55	1.21	3.51

(**Fett** alle Faktorenladungen ≥ . 60)

1 Zur vollständigen Formulierung der Items vgl. FN 1.
2 Bezeichnet die „Herkunfts"-Elite, bestimmt nach Geburtsort.
3 Bezeichnet Faktor I = **Pflicht- und Akzeptanzwerte** = Items 3 und 5
4 Bezeichnet Faktor II = **Idealistisches Engagement** = Items 4 und 6.
5 Bezeichnet Faktor III = **Hedonistischer Individualismus** = Items 7 und 10.

Für das weitere Vorgehen wurden additive Indices gebildet, die sich aus je zwei Indikatoren zusammensetzen. Mit der Wichtigkeitseinstufung der Items auf einer Rating-Skala von 1 („ganz unwichtig“) bis 7 („sehr wichtig“) erreichen die Ausprägungen der Indices Werte zwischen 2 und 14. Eine in den Bevölkerungsstichproben extrem schiefe Verteilung im oberen Bereich der Skala sprach gegen eine Dichotomisierung der Indices. Aus diesem Grund wurden die Werte von 2 bis 8 zu „niedrig“, von 9 bis 10 zu „mittel“, von 11 bis 12 zu „hoch“ und von 13 bis 14 zu „sehr hoch“ zusammengefaßt. Entsprechend der inhaltlichen Bestimmung sind die Faktorbezeichnungen für die Indices übernommen worden.

4.2 Vertikale Differenzen dominieren Ost-West-Unterschiede

In den Prozentverteilungen über die Ausprägungsstufen der einzelnen Werte-Indices wird deutlich, daß die Positionseliten Pflicht- und Akzeptanzwerten relativ wenig Bedeutung beimessen (vgl. Tab. XI-2). Mit knapp 40 Prozent ist es dabei mehr als ein Drittel der ostdeutschen Eliten, das diese Werte als besonders unwichtig einstuft. In dieser Klarheit war dieses Ergebnis nicht unbedingt zu erwarten, denn auch die heutigen ostdeutschen Eliten sind in den gesellschaftlichen Strukturen der ehemaligen DDR sozialisiert worden. Mehr als doppelt so viele ostdeutsche Elitemitglieder (37%) betrachten Engagementwerte im Vergleich zu westdeutschen Positionsinhabern (17%) als besonders relevant. An dieser Stelle läßt sich jedoch ein Erhebungseffekt nicht völlig ausschließen, weil ostdeutsche Positionsinhaber in der vorliegenden Studie überproportional im Politik- und Gewerkschaftssektor vertreten sind (siehe Machatzke, ‘Positionsauswahl’ in diesem Band). Es liegt in der Natur der Sache, daß es besonders Politiker und Gewerkschaftsfunktionäre wichtig finden, sich politisch zu engagieren. Eine alternative Erklärungsmöglichkeit besteht in der sozialstrukturellen Zusammensetzung der ostdeutschen Eliten, wie sie für Neue Soziale Bewegungen typisch ist (siehe Welzel in diesem Band). Beide Elitepopulationen zeigen allerdings kaum Affinität zu Werthaltungen des Hedonismus und Individualismus.

Ausgehend von den Sozialisationserfahrungen der ostdeutschen Bevölkerung in einem politischen System, das einem kollektiven Bedürfnis nach individueller Sicherheit Rechnung trug, indem es als Gegenleistung Loyalität und Anpassung abverlangte, mag es nicht überraschen, daß die Bevölkerung in den neuen Ländern Pflicht- und Akzeptanzwerte für besonders wichtig hält. Mit der Hälfte aller Befragten in dieser Gruppe, die diese Werte als sehr bedeutend einschätzt, unterscheidet sich die ostdeutsche Bevölkerung wesentlich von ihren westdeutschen Landsleuten (37%).

Tabelle XI-2: Wichtigkeitsausprägung persönlicher Wertorientierungen in Elite und Bevölkerung (Spaltenprozente und Duncan Index of Dissimilarity)[1]

	WEST		OST		%-Punkt-Differenzen			
Pflicht- u. Akzept.	Bev.	Elite	Elite	Bev.	West B - E	Ost B - E	West-Ost B - B	West-Ost E - E
niedrig	9	31	**38**	6	- 22	- 32	3	- 7
mittel	18	33	28	12	- 15	- 16	6	5
hoch	36	27	23	32	9	9	4	4
sehr hoch	37	9	11	**50**	28	39	- 13	- 2
Basis n	1842	2060	269	1013				
			DID		37	48	13	9

	WEST		OST		%-Punkt-Differenzen			
Ideal. Engagem.	Bev.	Elite	Elite	Bev.	West B - E	Ost B - E	West-Ost B - B	West-Ost E - E
niedrig	48	23	12	55	25	43	- 7	11
mittel	27	29	15	25	- 2	10	2	14
hoch	19	31	36	15	- 12	- 21	4	5
sehr hoch	5	17	**37**	5	- 12	- 32	0	20
Basis n	1843	2061	270	1014				
			DID		25	53	6	25

	WEST		OST		%-Punkt-Differenzen			
Hedonist. Individ.	Bev.	Elite	Elite	Bev.	West B - E	Ost B - E	West-Ost B - B	West-Ost E - E
niedrig	21	**54**	**59**	26	- 33	- 33	- 5	- 5
mittel	32	33	30	30	- 1	0	2	3
hoch	34	12	9	30	22	21	4	3
sehr hoch	13	1	2	14	12	12	- 1	- 1
Basis n	1843	2054	271	1017				
			DID		34	33	6	6

1 Zur Bildung des Duncan Index of Dissimilarity (DID) siehe Schnapp, 'Chancengleichheit' in diesem Band.
Lesehilfe: „B" = Bevölkerung; „E"= Elite (= „Herkunfts"-Elite, bestimmt nach Geburtsort).

In der Wichtigkeitseinschätzung von Engagementwerten hingegen zeigt sich der westdeutsche Bevölkerungsdurchschnitt nur wenig politisierter als der in Ostdeutschland. Etwas mehr als die Hälfte der Befragten im Osten und knapp 50 Prozent im Westen bekennen ihr Desinteresse an öffentlichem

Engagement. Der im Ausgleich zum überpolitisierten Alltag in der DDR systematisch vollzogene Rückzug der damaligen DDR-Bürger ins Private scheint damit als Erklärung für mangelhaften Willen zum Engagement im vereinten Deutschland lediglich bedingt tauglich, da die Unterschiede zwischen Ost- und Westdeutschen nur klein sind. Ebenfalls nur geringe Differenzen zwischen beiden Bevölkerungen bestehen bei den individuellen Werten des Hedonismus und Individualismus. Zwar halten etwas mehr Ostdeutsche (26%) als Westdeutsche (21%) diese Werthaltung für unbedeutend, doch eine Bevölkerungsmehrheit in beiden Landesteilen schätzt Hedonismus und Individualismus von mittlerer bis sehr hoher Wichtigkeit ein.

Zusammenfassend läßt sich zunächst feststellen, daß regionalspezifische Gegensätze existieren, doch dominieren die weit größeren vertikalen Distanzen zwischen der jeweiligen Führungsschicht und Bevölkerung in beiden Landesteilen. Der einzig auffällige Ost-West-Unterschied ist für den Wertebereich des Idealistischen Engagements zu beobachten; er bleibt allerdings auf die Elite-Ebene beschränkt (DID: 25%). Er ist auch nicht als besonders dramatisch einzuschätzen, wenn er sich mit dem Distanzwert zwischen Bevölkerung und Funktionseliten in den alten Ländern die Waage hält (DID: 25%) und von der Uneinigkeit in Führungsschicht und Bevölkerung ostdeutscher Herkunft noch übertroffen wird (DID: 53%).

4.3 Avantgardistische Elite - Genußorientierte Jugend

Vielfach wurde belegt, daß im Bevölkerungsdurchschnitt eine hohe Bildung mit der Zustimmung zu Selbstentfaltungs- und Mitbestimmungswerten positiv korreliert, während sie in der Zustimmung zu Pflicht- und Akzeptanzwerten als inhaltlichem Gegenpol einen negativen Zusammenhang aufweist (Klages 1984; Herbert 1988). In der westdeutschen Bevölkerung teilen denn auch Personen mit geringerer Bildung die Nähe zu Werten der Unterordnung und Anpassung (vgl. Tab. XI-3). Sie geben sich damit zufrieden, etablierte Normen anzuerkennen, statt die Gesellschaft in Eigenengagement mitzugestalten. Dies überlassen sie den Eliten und kognitiv mobilisierten, gut gebildeten Bevölkerungsschichten.

Für die ostdeutsche Bevölkerung läßt sich der Befund, daß höher Gebildete Pflicht- und Akzeptanzwerten eher abgeneigt sind, nicht replizieren. Diese Auffälligkeit ist erklärungsbedürftig und kann nur so interpretiert werden, daß in den neuen Bundesländern ein großer Anteil an Personen mit Fachhochschulbildung und Hochschulabschluß für diese Werte offen sein muß.

Tabelle XI-3: Sozialstrukturelle Bestimmungsgründe für persönliche Wertorientierungen bei Elite und Bevölkerung (Tau b)

	WEST		OST	
Pflicht- und Akzeptanzwerte	Bevölkerung	Elite[1]	Elite[1]	Bevölkerung
Geschlecht[2]	-. 01	-. 17 (. 26)[7]	-. 18 (. 29)	-. 05
Alter[3]	. 15	. 22 (. 17)	. 16 (. 20)	. 15
Bildung[4]	-. 14	-. 02 (. 08)	-. 06 (. 22)	-. 04
Religionszugeh.[5]	. 13	. 15 (. 19)	. 03 (. 20)	. 04
Kirchgangsh.[6]	-. 05	-. 09 (. 10)	. 01 (. 25)	. 05
Idealistisches Engagement				
Geschlecht[2]	-. 01	. 17 (. 23)	. 24 (. 33)	-. 01
Alter[3]	-. 04	-. 04 (. 08)	-. 06 (. 18)	. 02
Bildung[4]	. 16	-. 14 (. 12)	-. 15 (. 15)	. 12
Religionszugeh.[5]	-. 02	-. 03 (. 12)	-. 07 (. 30)	. 02
Kirchgangsh.[6]	-. 05	-. 09 (. 13)	. 11 (. 27)	-. 10
Hedonistischer Individual.				
Geschlecht[2]	-. 02	. 05 (. 08)	. 10 (. 23)	. 00
Alter[3]	-. 15	-. 11 (. 10)	-. 07 (. 21)	-. 14
Bildung[4]	-. 02	-. 06 (. 08)	-. 02 (. 25)	. 01
Religionszugeh.[5]	-. 04	-. 12 (. 16)	-. 09 (. 21)	-. 08
Kirchgangsh.[6]	. 14	. 11 (. 11)	. 13 (. 36)	. 01

1 Bezeichnet die „Herkunfts"-Elite, bestimmt nach Geburtsort.
2 Dichotome Codierung von Geschlecht: 1=„männlich" und 2=„weiblich".
3 Codierung von Alter: niedriger Wert=jung („18-24 Jahre") - hoher Wert=alt („älter als 65 ahre").
4 Codierung von Bildung: niedriger Wert= „kein Schulabschluß" - hoher Wert=„Hochschulreife".
5 Dichotome Codierung von Religionszugehörigkeit: Wert 1=„nein" (keine eligionszugehörigkeit), Wert 2=„ja" (Religionszugehörigkeit).
6 Codierung von Kirchgangshäufigkeit: niedriger Wert=„ein Mal die Woche" - hoher Wert=„nie".
7 In Klammern Cramer's V für einen Vergleich mit mit den Beziehungsmaßen der Sektoreffekte.

Die ehemalige sozialistische Intelligenz, die sich Bildungsprivilegien und Karrieremobilität durch Systemloyalität sicherte und zunehmend aus sich selbst rekrutierte (Geißler 1993; Solga 1994), sowie die politisch kompromittierte oder überflüssig gewordene „sozialistische Dienstklasse"[2] sind von den Umstrukturierungsprozessen in der Sozialstruktur der neuen Bundesländer am stärksten betroffen (Geißler 1993; Zapf 1994). Häufig damit verbunden sind ökonomische Deprivation und sozialer Abstieg. Vor diesem Hintergrund erscheint es weniger befremdlich, daß hoch gebildete Ostdeutsche den Wert persönlicher, wahrscheinlich vor allem sozialer Sicherheit betonen, wie es die Affinität zu Pflicht- und Akzeptanzwerten impliziert.

Einen nicht kleinen Anteil dieser Personen fängt politisch die PDS auf, deren Mitglieder zu 40 Prozent Hoch- und Fachschulabsolventen sind (Lang/Moreau/Neu 1995). Es mag dann auch nicht zu weit hergeholt sein, wenn ehemalige aktive SED-Mitglieder der von der Parteidisziplin geforderten und intrinsisch motivierten Unterordnung unter Autoritäten, der Akzeptanz von Regeln und Konventionen auch heute noch aufgeschlossen sind. Wenn es andererseits auch in Ostdeutschland die Hochgebildeten sind, die Werte des sozialen und politischen Engagements betonen, liegt die Vermutung nahe, daß dieses Engagement teilweise durch Deprivationsgefühle, Unzufriedenheit mit der neuen politischen Ordnung und DDR-Nostalgie motiviert ist.

Je älter ein Mensch ist, desto eher ist er Pflicht- und Akzeptanzwerten zugeneigt. Sowohl im Eliten-Bevölkerungs- als auch im Ost-West-Vergleich ist eine positive Korrelation zwischen dieser Werthaltung und einem höheren Alter der Befragten zu beobachten. Andererseits sind es die Jungen, die Lebensgenuß und Selbstentfaltung für unverzichtbar halten. In der Gegenüberstellung dieser beiden Werthaltungen verläuft eine generationale Trennungslinie, die sich allerdings in der Bevölkerung verschärfter darstellt als in der Elite, was auf das weniger große Altersspektrum unter den befragten Positionsinhabern zurückzuführen sein dürfte.

Beim Vergleich der Korrelations-Koeffizienten in den Elite-Populationen lassen sich zwar mit Lebensalter, Geschlecht und Religionszugehörigkeit sozialstrukturelle Effekte in der Affinität zu bestimmten Werthaltungen finden. Doch wie Tabelle XI-4 deutlich macht, ist auch die Zugehörigkeit zu einem bestimmen Elitesektor von großer Aussagekraft. Besonders ausgeprägt

2 Geißler (1993) faßt darunter u.a. den Apparat des Staatssicherheitsdienstes, die Bürokratien von SED und Massenorganisationen, fast alle Offiziere und Berufssoldaten der NVA, die meisten Richter und Staatsanwälte, einige Lehrer und viele Wissenschaftler sowie die Angehörigen des Staatsapparates.

ist dieser Zusammenhang bei der Wichtigkeitseinschätzung öffentlichen Engagements. Analysen ergaben hier, daß es vor allem Politiker und Gewerkschaftsfunktionäre sind, die politische und soziale Aktivität für besonders wichtig halten (Kaina 1996).

Tabelle XI-4: Sektoreffekte[1] auf die Wichtigkeitseinschätzung persönlicher Werte bei Eliten ost- und westdeutscher Herkunft (Cramer's V)

	Westdeutsche Elite	Ostdeutsche Elite
Pflicht- und Akzeptanzwerte	. 12	. 23
Idealistisches Engagement	**. 19**	**. 31**
Hedonistischer Individualismus	. 09	. 23

1 Codierung der Variable Sektor als Kategorialvariable.

Insgesamt fällt auf, daß bestehende Unterschiede in den vier Vergleichsgruppen auf drei Ursachen basieren. Zum ersten: Mitglied der bundesdeutschen Elite zu sein, insbesondere einem bestimmten gesellschaftlichen Elite-Sektor anzugehören, ist von erheblichem Einfluß für die Ausprägung progressiver Werte. Zum zweiten resultiert ein horizontaler Ost-West-Gegensatz auf Elite- und Bevölkerungsebene aus der unterschiedlichen Bedeutung, die der Religiosität in den alten bzw. neuen Bundesländern zukommt. Im überwiegend säkularisierten Osten Deutschlands wirkt das Erbe des mehr als vierzigjährigen Bestehens der DDR nachhaltig und vermutlich irreversibel fort. Zum dritten verläuft vor allem in den Bevölkerungen eine Trennungslinie in der Beurteilung von Werten der Ein- und Unterordnung einerseits und hedonistisch bestimmter Selbstentfaltung andererseits in Abhängigkeit vom Lebensalter der Befragten. Dieser Befund verweist auf einen Wandel individueller Wertorientierungen, der sowohl in der Bundesrepublik als auch in der früheren DDR stattgefunden hat. Anders sind die ähnlichen Alterseffekte kaum zu erklären.

4.4 Das ostdeutsche Potential der Unzufriedenen: Engagement statt Apathie

Wenn sozialstrukturelle Merkmale die Wertausprägungen in den Eliten nur teilweise erklären, müssen neben der Sektorzugehörigkeit auch noch andere Faktoren eine Rolle spielen (vgl. Tab. XI-5). Dabei fällt auf, daß es bei den Eliten stärkere Beziehungen persönlicher Werthaltungen zu ideologischer Links-Rechts-Einordnung, Wahlabsicht und Einstellung zum politischen System gibt als zu ihren sozialstrukturellen Merkmalen. In beiden Elitepopulationen entsprechen die eher linksorientierten Positionsinhaber dem kritischen Protestpotential, das über politische Partizipation die eigenen politischen Ziele und Anschauungen durchzusetzen versucht und nur bedingt bereit ist, die geltende Ordnung in ihren Werten, Normen und Strukturen (Westle 1989) anzuerkennen. Der schwache Zusammenhang zwischen Werten des Idealistischen Engagements und der Einschätzung der Funktionstüchtigkeit des politischen Systems bei den westdeutschen Positionsinhabern (Tau b: .02) veranschaulicht jedoch, daß dieses Engagement kaum als grundsätzliche Kampfansage an das etablierte politische System verstanden werden kann. Weniger anpassungsbereite und kritikorientierte Eliten westdeutscher Herkunft thematisieren zwar aufgrund ihrer Werthaltung am ehesten die Funktionsdefizite der politischen Ordnung der Bundesrepublik (Tau b: - .12), ohne diese aber generell in Frage zu stellen. Es wäre jedoch voreilig, diese Ergebnisse als generelle Konfliktlinie zwischen Regierungs- und Oppositionsparteien zu interpretieren. Denn es ist weniger die Volkspartei SPD ist, als die kleinere Partei der Bündnis-Grünen, die das oben beschriebene Protestpotential zu beherbergen scheint (Kaina 1996).

Auch in der Befragtengruppe ostdeutscher Eliten zeigen sich linksorientierte Positionsinhaber protest- und mitbestimmungsbereiter, doch im Unterschied zur westdeutschen Elite hängt beides eng mit der Beurteilung der Funktionstüchtigkeit des politischen Systems zusammen. Allerdings sind Differenzierungen an dieser Stelle angebracht (Kaina 1996). Erstens bewerten PDS-Anhänger in der ostdeutschen Elite das politische System im Vergleich zu Bündnis90/Grüne-Anhängern weitaus negativer. Zweitens wurde eine enge Beziehung zwischen PDS-Sympathie und der Wichtigkeitseinschätzung öffentlichen Engagements beobachtet. Drittens ließ sich ein Zusammenhang zwischen der Einschätzung der Funktionstüchtigkeit des politischen Systems und der Bewertung idealistischen Engagements feststellen (Tau b: .14, Tab. XI-5), der so in der westdeutschen Elite nicht besteht.

Tabelle XI-5: Zusammenhang zwischen persönlichen Werten und politischen Orientierungen bei Elite und Bevölkerung (Tau b)

	West		Ost	
Pflicht- und Akzeptanzwerte	Bevölkerung	Elite[1]	Elite[1]	Bevölkerung
Ideologie[2]	. 11	. 31	. 29	- . 01
Wahlabsicht[3]	- . 17 (. 14)[4]	- . 23 (. 20)[4]	- . 18 (. 41)[4]	- . 05 (. 17)[4]
Einschätzung des polit. Systems[5]	- . 01	- . 12	- . 29	- . 02
Idealistisches Engagement				
Ideologie[2]	- . 09	- . 20	- . 24	- . 13
Wahlabsicht[3]	- . 09 (. 12)[4]	. 08 (. 16)[4]	. 05 (. 33)[4]	. 18 (. 20)[4]
Einschätzung des polit. Systems[5]	- . 01	. 02	. 14	- . 01
Hedonistischer Individual.				
Ideologie[2]	- . 06	- . 04	. 00	. 00
Wahlabsicht[3]	. 03 (. 09)[4]	. 06 (. 12)[4]	. 03 (. 31)[4]	- . 03 (. 10)[4]
Einschätzung des polit. Systems[5]	. 06	. 02	- . 06	- . 01

1 Bezeichnet die „Herkunfts"-Elite, bestimmt nach Geburtsort.

2 Operationalisiert über Selbstplazierung auf einer Links-Rechts-Skala von „1=links bis rechts=10". Recodierung: „1-2=extrem links"; „3-4=links"; „5-6=Mitte"; „7-8=rechts"; „9-10=extrem rechts".

3 Codierung von Wahlabsicht über Einordnung der Parteien in einem Links-Rechts-Kontinuum (Bürklin/Dalton 1994: 285): Wert 1=REPUBLIKANER", 2=„CDU/CSU", 3=„FDP", 4=„SPD", 5=„Bündnis 90/GRUENE", 6=„PDS". In der Eliten-Population wurden die Nichtwähler nicht berücksichtigt, da sie nur 0,6% (n=14) aller Befragten ausmachen, vor allem die Fallzahl von n=1 Nichtwählern in der ostdeutschen „Herkunfts"-Elite zu klein ist für Interpretationen. Analog dazu wurden im Sinne der Vergleichbarkeit in den Bevölkerungspopulationen Nichtwähler und Wähler anderer Parteien (letzteres in den Eliten von keinem Befragten angegeben) nicht mit einbezogen.

4 Da die Codierung der Wahlabsicht auf einem Links-Rechts-Skalometer theoretisch nicht ganz unproblematisch ist (Bürklin/Dalton 1994: 289), ist in Klammern ergänzend Cramer's V als Zusammenhangsmaß für Kategorialvariablen angegeben. Dieser Korrelations-Koeffizient gibt nur Auskunft über die Stärke einer Beziehung, nicht über ihre Richtung.

5 Operationalisiert über die Frage nach der Funktionstüchtigkeit des politischen Systems. Codierung: 1=„Es funktioniert gut und muß nicht verändert werden"; 2=„Es funktioniert im großen und ganzen gut, muß aber in einigen Punkten verändert werden"; 3=„Es funktioniert nicht gut und muß in vielen Punkten verändert werden"; 4=„Es funktioniert überhaupt nicht und muß völlig verändert werden".

Das alles zusammengenommen läßt vermuten, daß die geringe Bedeutung von Pflicht- und Akzeptanzwerten sowie die große Bedeutung von Mitbestimmung und Partizipation bei den PDS-Anhängern in der ostdeutschen Elite weniger Ausdruck einer progressiven Werthaltung sind, sondern kontextbezogen eingeschätzt wurden und funktionalistischen Charakter haben: Unzufriedenheit mit dem politischen System der Bundesrepublik wird zur Antriebskraft für soziales und politisches Engagement und korrespondiert mit einer Verweigerungshaltung gegenüber der etablierten Ordnung. Bei den Sympathisanten von Bündnis90/Grüne in der ostdeutschen Elite deutet die größere Systemzufriedenheit darauf hin, daß kritisches Engagement indes als Wert an sich begriffen wird und vermutlich der Einschätzung der Systemzufriedenheit vorgelagert ist.

Abbildung XI-1: Wichtigkeit[1] von Engagementwerten nach unterschiedlicher Wahlabsicht in ost- und westdeutscher Bevölkerung

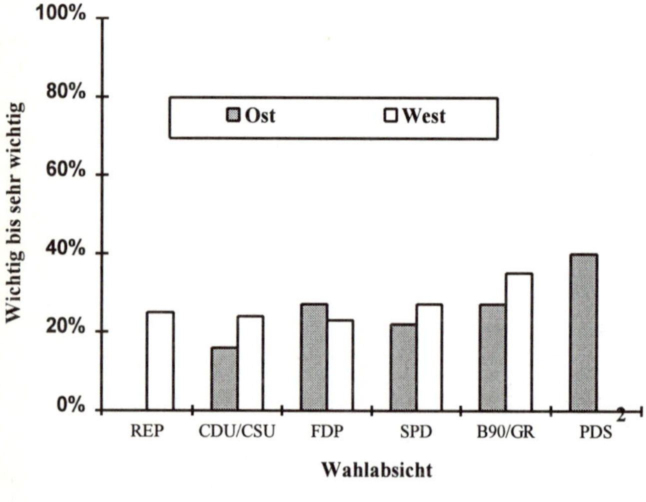

[1] „Wichtigkeit" entspricht hier den zusammengefaßten Kategorien „hoch" und „sehr hoch" der Indexausprägung „Idealistisches Engagement".

[2] Für die West-Bevölkerung nicht angegeben, da zu geringe Fallzahl (n=2).

[3] Für die Ost-Bevölkerung nicht angegeben, da zu geringe Fallzahl (n=2).

Während in der Bevölkerung der alten Bundesländer die linksorientierten Wähler entsprechender Parteien Pflicht- und Akzeptanzwerte für eher unwichtig halten, verweisen die für diesen Index niedrigen Korrelationskoeffizienten in der Spalte der ostdeutschen Bevölkerung auf ein diffuses Bild. Menschen mit einer engagement- und mitbestimmungsbetonten Werthaltung finden sich im Westen vor allem unter den Sympathisanten und Wählern der Bündnis-Grünen, im Osten an erster Stelle bei Wählern und Anhängern der PDS, die zu auffälligen 40 Prozent soziale Hilfe und politische Partizipation akzentuieren (vgl. Abb. XI-1).

Die Wichtigkeitseinschätzung idealistischen Engagements, die Wahlabsicht und Zufriedenheit mit dem politischen System der Bundesrepublik stehen in den Orientierungen der ostdeutschen Bevölkerung in folgender Beziehung zueinander.

Tabelle XI-6: Partizipationsbereitschaft und Systemzufriedenheit[1] nach Wahlabsicht[2]- nur Bevölkerung neue Bundesländer (Spaltenprozentwerte)

	PDS-Wähler		B90/GR-Wähler		SPD-Wähler		CDU/CSU-Wähler		Gesamt
	n	%	n	%	n	%	n	%	n
Engagierte System-unterstützer[3]	8	15	5	24	15	43	37	**82**	65
Engagierte Systemkritiker[4]	45	**85**	16	76	20	57	8	18	**89**
Gesamt	53	100	21	100	35	100	45	100	154[5]

1 Operationalisiert über die Einschätzung der Funktionstüchtigkeit des politischen Systems und dichotomisiert: Kategorien (1) und (2) zu Wert 1= „funktioniert gut“; Kategorien (3) und (4) zu Wert 2= „funktioniert schlecht“.

2 Ohne Republikaner-Wähler (n=2) und FDP-Wähler (n=3).

3 Alle Befragten mit den Engagement-Indexausprägungen 11-12 („hoch“) und 13-14 („sehr hoch“) und dem Wert 1 in der Systemzufriedenheitsvariable („funktioniert gut“).

4 Alle Befragten mit den Engagement-Indexausprägungen 11-12 („hoch“) und 13-14 („sehr hoch“) und dem Wert 2 in der Systemzufriedenheitsvariable („funktioniert schlecht“).

5 Nach Wahlabsicht geordnete Befragte mit den Engagement-Indexausprägungen 11-12 („hoch“) und 13-14 („sehr hoch“), ohne Republikaner- und FDP-Wähler.

Jeweils die Mehrheit der PDS-, Bündnis90/Grüne- und SPD-Wähler, die Engagementwerte für besonders wichtig halten, sind zugleich unzufrieden mit dem politischen System der Bundesrepublik. Sie sollen als engagierte Systemkritiker[3] bezeichnet werden, da die partizipatorische Werthaltung in dieser Gruppe offensichtlich mit dem Wunsch nach der Veränderung der etablierten politischen Strukturen korrespondiert. Genau spiegelverkehrt bewertet die deutliche Mehrheit der mitbestimmungsorientierten Unions-Wähler die Funktionstüchtigkeit des politischen Systems positiv. Sie glauben, ihre Partizipationsansprüche im großen und ganzen im politischen System der Bundesrepublik verwirklichen zu können. Sie sollen engagierte Systemunterstützer genannt werden (vgl. Tab. XI-6).

Während in den alten Bundesländern die engagierten Systemkritiker überwiegend durch Wähler der SPD und der Bündnis-Grünen dominiert werden, ist die PDS ein Faktor, in dem sich nach wie vor eine ostdeutsche Besonderheit manifestiert. Die Hälfte der engagierten Systemkritiker in der Bevölkerung der neuen Länder bekennt sich zum Lager der PDS-Wähler und bestimmt damit den politischen Charakter des Unzufriedenheitspotentials in Ostdeutschland. Es ist allerdings fraglich, ob dies als Ausdruck einer progressiven Werthaltung betrachtet werden kann, wenn sich PDS-Wähler andererseits und im Unterschied zu den Wählern der Bündnis-Grünen in der Zustimmung zu Pflicht- und Akzeptanzwerten weniger stark von den Wählern der Unions-Parteien und der SPD unterscheiden (Kaina 1996). Es drängt sich erneut die Vermutung auf, daß die Unzufriedenheit mit der neuen politischen Ordnung zum Katalysator für Einsatzbereitschaft wird, diese Ordnung umzugestalten, und als Interessenaggregat vor allem die PDS fungiert. Die insgesamt hohe Zustimmung zu Pflicht- und Akzeptanzwerten in der ostdeutschen Bevölkerung (vgl. Tab. XI-2), und das auch unabhängig von Wahlabsicht und Parteiensympathie, verweist auf eine in der früheren DDR sozialisierte Werthaltung basierend auf Sicherheitsstreben und Autoritätsakzeptanz. Diese wird bei einer hochmobilisierten Minderheit, deren Partizipationsbereitschaft mit ihrer Skepsis gegenüber dem neuen System korreliert, von einer regimewechselbedingten Hochkonjunktur von Engagementwerten überlagert.

Am auffälligsten an den Korrelationskoeffizienten in Tabelle XI-5 ist, daß die Werte des Hedonistischen Individualismus weder in der Bevölkerung noch in der Elite Zusammenhänge mit politischen Orientierungen aufweisen. Die Beziehungsmaße zwischen den Indices der Pflicht- und Akzeptanz- bzw. der Engagementwerte und den politischen Einstellungsvariablen erlauben den Schluß, daß diese Werthaltungen von Eliten und Bevölkerung aus dem personalen Lebenszusammenhang transformiert und für den öffentlich-

3 Für diese und die folgende Typenbezeichnung danke ich der Anregung von Max Kaase.

gesellschaftlichen Bereich generalisiert werden. Hedonismus und Individualismus weisen jedoch keinen handlungsanweisenden Charakter für politisches Verhalten auf. Diese Werthaltung kann daher als Ausdruck eines neuen, privaten Lebensgefühls, vor allem der jüngeren Generationen, verstanden werden, das zum Wegbegleiter umfassender gesellschaftlicher Modernisierungsprozesse geworden ist.

Als Resultat zunehmender Individualisierungstendenzen und wachsenden Wohlstands gewannen diese Werte an Bedeutung, ohne bisher politisierenden Charakter zu haben und sich auf Wahlentscheidung oder ideologische Selbstplazierung auszuwirken. Das ist zunächst einsichtig, da politische Partizipation und die aktive oder passive Identifikation mit einer Weltanschauung kollektive Eigenschaften besitzen, die Individuen zu integrieren vermögen. Die hedonistisch-individualistische Werthaltung liegt quer zu den traditionellen cleavages politischer Parteien und begründet eine Spannungslinie zwischen den Generationen. Daß dieser potentielle Generationenkonflikt bei Anhalten der ungleichgewichtigen demographischen Entwicklung und in Zeiten gefährdeten oder durch Ressourcenknappheit in seiner Entwicklung objektiv begrenzten Wohlstandes politisch mobilisieren könnte, ist kein ganz und gar abwegiges Szenario[4].

Die bislang diskutierten Befunde bilden nur eine Facette des menschlichen Werteraumes ab, da sie auf den personalen Lebenszusammenhang bezogen sind. Wie jedoch gezeigt werden konnte, wird ein Teil dieser Werte generalisiert und in den öffentlich-gesellschaftlichen Bereich transformiert. Aus diesem Grund soll das Bild mit einigen Befunden zu den politischen Werthaltungen von Führungsschicht und Bevölkerung im vereinten Deutschland Ergänzung finden.

---

4 Das Problembewußtsein von der desintegrierenden Wirkung ungezügelten Partikularismus' in modernen Gesellschaften durchzieht die Kommunitarismus-Debatte in ihren radikalen und liberalen Spielarten wie ein roter Faden. Durch in der Modernisierungslogik angelegte Individualisierungsschübe werden Gemeinschaftsbindungen und der moralische Gehalt intersubjektiver Zusammenhänge als von Unterminierung bedroht und nicht mehr permanent betrachtet, was in unterschiedlichen Alternativen der gesellschaftlichen Wert-Erneuerung schlußfolgert (u.a. MacIntyre 1987; Etzioni, 1988; 1995; Schmalz-Bruns 1992; Rieger, 1993; Honneth 1993).

5. Politische Werthaltungen

5.1 Postmaterialismus mit zwei Gesichtern und ein geteilter Wunsch nach Meinungsfreiheit

Für die Messung politischer Werte in ost- bzw. westdeutscher Führungsschicht und Bevölkerung ist auf den von Ronald Inglehart entwickelten Index zurückgegriffen worden[5]. Wie aus Tabelle XI-7 hervorgeht, zeigen die Positionsinhaber in der Summe und ohne regionalen Unterschied deutliche Affinität zu postmaterialistischen Werthaltungen. Dabei definiert sich die ostdeutsche Positionselite sogar zu mehr als 50 Prozent als „reine" Postmaterialisten.

Tabelle XI-7: Materialisten und Postmaterialisten Elite und Bevölkerung (Spaltenprozentwerte)

	West		Ost	
Wertetypen	Bevölkerung	Elite[1]	Elite[1]	Bevölkerung
MAT	17	5	1	25
MAT/POSTMAT	35	18	18	40
POSTMAT/MAT	27	28	26	28
POSTMAT	21	49	55	7
Basis n	1847	1998	272	1012

[1] Bezeichnet die „Herkunfts"-Elite, bestimmt nach Geburtsort.

In der Bevölkerung hingegen dominieren die Mischtypen, die jeweils einen Indikator für materialistische und postmaterialistische Werte auf Platz Eins

5 Es gehört nicht zur Zielstellung dieses Beitrages, die Debatte um Inglehart's Wertewandeltheorie nachzuzeichnen oder einen weiteren theoretischen oder methodologischen Beitrag in dieser Diskussion zu leisten (Klein 1995; Inglehart/Klingemann 1996; Bürklin/Klein/Ruß 1996). Die allgemeine Bedeutung von Wertorientierungen in der Konzeptualisierung von Inglehart als verhaltenssteuernde Einflußgrößen, zum Beispiel im Bereich der politischen Beteiligung, ist belegt (Barnes/Kaase 1979; Inglehart 1989b; Bauer 1993).

und Zwei ihrer Prioritätenliste setzen. Allerdings definieren sich dabei dreimal so viele West- (21%) wie Ostdeutsche (7%) als Postmaterialisten.

Dieses Ergebnis verdeckt jedoch, daß Postmaterialismus bei den Eliten ost- und westdeutscher Herkunft unterschiedlich interpretiert werden muß. Ein partizipatorischer Postmaterialismus ostdeutscher Prägung steht einem freiheitlich-liberalen Postmaterialismus westdeutscher Gestalt gegenüber (vgl. Tab. XI-8). Obwohl sich die Positionsinhaber in ihrem Prozentanteil am Wertetypen des Postmaterialisten relativ ähnlich sind, kann bei einer so verschiedenartigen Gewichtung der beiden Einzelindikatoren von einem unterschiedlich charakterisierten Postmaterialismus unter den befragten Positionseliten gesprochen werden.

Tabelle XI-8: Erstplazierte Indikatoren für materialistische und postmaterialistische Werthaltungen in Elite und Bevölkerung (Spaltenprozentwerte)

	West		Ost	
Items	Bevölkerung	Elite[1]	Elite[1]	Bevölkerung
Ruhe u. Ordnung	43	19	16	**55**
Mehr Bürgereinfluß	31	26	**52**	31
Stabile Preise	9	4	3	10
Meinungsfreiheit	17	**51**	29	4
Basis n	1854	2012	272	1016

[1] Bezeichnet die „Herkunfts"-Elite, bestimmt nach Geburtsort.

In der Bevölkerung der neuen Bundesländer ist der Materialismus in erster Linie durch den Wunsch nach Aufrechterhaltung von Ruhe und Ordnung charakterisiert: deutlich mehr als die Hälfte der Befragten in dieser Gruppe plaziert dieses Item auf Rang Eins der Prioritätenskala. In der Forderung nach mehr Bürgereinfluß bei politischen Entscheidungen gleichen sich die Prozentanteile in den Bevölkerungen beider Landesteile, doch unterscheiden sich beide Vergleichsgruppen erheblich in der Wichtigkeitseinschätzung des Schutzes der Meinungsfreiheit. Mit 17 Prozent setzen viermal so viele West- wie Ostdeutsche dieses Item auf Platz Eins ihrer Prioritätenliste. Ist die Bevölkerung in den neuen Bundesländern gezwungen, in ihrer Werteordnung *Prioritäten* zu setzen, rangiert im Ensemble der gemessenen Indikatoren der

Wert der Meinungsfreiheit an letzter Stelle. Für die Aufrechterhaltung von Ruhe und Ordnung und die materielle Abgesichertheit ist die Bevölkerung in Ostdeutschland offensichtlich bereit, Einschränkungen individueller Freiheitsrechte als kleineres Übel in Kauf zu nehmen. Die sozialisierte Selbstverständlichkeit, Autoritäten anzuerkennen, und das DDR-Erbe staatlicher Sozialgeschenke, die im zwar passiven, doch meist gehorsamen Arrangement mit der patriarchalen Macht erkauft wurden, spiegeln sich in der ostdeutschen Prioritätenordnung politischer Werte nachhaltig wider.

5.2 Ein Postmaterialismus der Gebildeten und Jungen

Für die Ausprägung materialistischer oder postmaterialistischer Werthaltungen spielen bei den Funktionseliten Geschlecht, Alter und Religionszugehörigkeit wiederum eine gewisse Rolle (vgl. Tab. XI-9), doch ist die jeweilige Sektorplazierung eines befragten Elite-Mitglieds von weit größerer Erklärungskraft (Cramer's V westdeutsche Elite: .20; ostdeutsche Elite: .27). Dabei sind es in erster Linie die Kultur-, Medien- und Politikeliten, die am meisten postmaterialistisch orientiert sind. Im Westen sind die Gewerkschaftseliten sogar zu knapp 90 Prozent Postmaterialisten, im Osten allerdings nur zu gut 40 Prozent (Kaina 1996).

In Bestätigung der Theorie von Inglehart ist die Generationszugehörigkeit einer Person einer der wichtigsten Erklärungsfaktoren für die Ausprägung postmaterialistischer Werthaltungen. Das heißt, je jünger ein Befragter in ost- und westdeutscher Führungsschicht ist, desto eher zeigt er Affinität zu postmaterialistischen Werten. Auch in der Bevölkerung in Ost- und Westdeutschland sind es die jeweils jungen Befragten, die postmaterialistischen Werten zuneigen. Im Unterschied zu den Positionsinhabern jedoch ist der Bildungsgrad in der Bevölkerung ein noch stärkerer Prädiktor dafür, ob ein Befragter Werten der Meinungsfreiheit und Bürgerbeteiligung Priorität einräumt. Kognitiv mobilisierte Bevölkerungsgruppen in beiden Landesteilen verfügen über ein höheres Maß an politischer Kompetenz und halten Partizipations- und liberale Freiheitswerte für wichtiger als auf Sicherheit abzielende Werthaltungen. Ruhe, Ordnung und Stabilität sind die Prioritäten, die weniger gut gebildete Personen in ost- und westdeutscher Bevölkerung in einem hierarchisierten Wertesystem setzen.

Tabelle XI-9: Sozialstrukturelle Bestimmungsgründe materialistischer und postmaterialistischer Werthaltungen[1] in Elite und Bevölkerung (Tau b)

	WEST		OST	
	Bevölkerung	Elite[2]	Elite[2]	Bevölkerung
Geschlecht[3]	-. 02	. 17 (.19)[8]	. 15 (. 18)	-. 03
Alter[4]	-. 22	-. 24 (. 17)	-. 12 (. 18)	-. 19
Bildung[5]	. 29	-. 05 (. 06)	. 08 (.09)	. 22
Religionszugehörigk.[6]	-. 16	-. 19 (. 29)	-. 11 (. 12)	-. 09
Kirchgangshäufigk.[7]	. 06	. 10 (.08)	. 06^ (. 14)	-. 00

1 Codierung von materialistischen und postmaterialistischen Werthaltungen: Wert 1=„Materialist"; Wert 2=„Materialistischer Postmaterialist", Wert 3=„Postmaterialistischer Materialist", Wert 4=„Postmaterialist".

2 Bezeichnet die „Herkunfts"-Elite, bestimmt nach Geburtsort.

3 Dichotome Codierung von Geschlecht: 1=„männlich" und 2=„weiblich".

4 Codierung von Alter: niedriger Wert=jung („18-24 Jahre") - hoher Wert=alt („älter als 65 Jahre").

5 Codierung von Bildung: niedriger Wert= „kein Schulabschluß" - hoher Wert=„Hochschulreife".

6 Dichotome Codierung von Religionszugehörigkeit: Wert 1=„nein" (keine Religionszugehörigkeit), Wert 2=„ja" (Religionszugehörigkeit).

7 Codierung von Kirchgangshäufigkeit: niedriger Wert=„ein Mal die Woche" - hoher Wert= „nie".

8 In Klammern Cramer's V für einen Vergleich mit den Beziehungsmaßen der Sektoreffekte.

Konfessionsgebundene westdeutsche Eliten zeigen sich in ihrer Befürwortung materialistischer Werte rigider als die Bevölkerung in den alten Bundesländern, jüngere Positionsinhaber in ihrer Affinität zu postmaterialistischen Werthaltungen konsequenter. Es wird noch einmal deutlich, daß die Bevölkerungsmehrheit dazu tendiert, sich als Misch-Typen zu definieren und ihre individuelle Prioritätenordnung materialistischer und postmaterialistischer Werte weniger trennscharf zu organisieren. Wenig überraschend manifestiert sich erneut ein Ost-West-Gegensatz in der Relevanz von Konfessionszugehörigkeit und Kirchenbindung, die in Elite und Bevölkerung ostdeutscher Herkunft gar keine oder nur eine untergeordnete Rolle spielen.

5.3 *Meinungsverschiedenheiten über das Demokratiemodell der Bundesrepublik*

Unabhängig von ihrer regionalen Herkunft sind Positionseliten mit einem linksorientierten Weltbild vornehmlich Postmaterialisten, während Eliten, die sich im rechten Bereich des Links-Rechts-Kontinuum einordnen, Wert auf Sicherheit und Stabilität legen (vgl. Tab. XI-10). Hier fällt das Korrelationsmaß in der ostdeutschen Elite mit -.26 deutlich geringer aus im Vergleich zu dem in der westdeutschen Führungsschicht (-.42). Wie die Daten zeigen, sind ostdeutsche Eliten mit PDS-Affinität, die sich ebenfalls ideologisch links verorten, Sicherheits- und Stabilitätsargumenten gegenüber durchaus aufgeschlossen und zu einem nicht unbedeutenden Anteil nur als tendenzielle Postmaterialisten zu definieren. Die Vermutung, daß die SED-Nachfolgepartei nicht unbedingt die Heimat progressiver Werte-Avantgardisten ist, scheint sich also zu bestätigen. Dafür sind ideologisch begründete Werte der sozialen Sicherheit und Stabilität ohnehin von zu großer Bedeutung in der Programmatik der Partei (Lang/Moreau/Neu 1995: 153 ff).

Zugleich machen die Zusammenhänge mit den erhobenen Partei-Affinitäten der Funktionseliten deutlich, daß es die politischen Parteien zum Teil nach wie vor mit einem Ost-West-Gegensatz zu tun haben, der vermutlich aus der unterschiedlichen Systemsozialisation resultiert. In besonderem Maße ist dieser Gegensatz in den FDP- und SPD-Anhängerschaften ost- und westdeutscher Positionsinhaber zu beobachten.

In der Elite westdeutscher Herkunft stellen ideologisch linksorientierte Wähler der Bündnis-Grünen den größten Anteil an Postmaterialisten, gefolgt von Wählern der SPD. Die Wähler der Regierungsparteien unter den westdeutschen Positionsinhabern verbinden den demokratischen Wert der Meinungsfreiheit noch am häufigsten mit dem Wunsch nach Stabilität und der Akzeptanz der gültigen Ordnung (Kaina 1996).

Der Schutz der Meinungsfreiheit und plebiszitäre Partizipation werden unter ostdeutschen Elite-Mitgliedern stärker als im Westen mit der Funktionstüchtigkeit des politischen Systems der Bundesrepublik in Verbindung gesehen. Berücksichtigt man, daß die Postmaterialisten in der ostdeutschen Elite einen verstärkten Bürgereinfluß im politischen Entscheidungsprozeß mehrheitlich liberalen Freiheitsrechten vorziehen, kann davon ausgegangen werden, daß sich eine Kritik an der bundesrepublikanischen politischen Ordnung in erster Linie auf das repräsentative Demokratiemodell richtet. Die gegenpoligen Beziehungsmaße in Tabelle XI-11 veranschaulichen denn auch, daß nicht das Fehlen von Freiheitsrechten, die in der Bundesrepublik offensichtlich als garantiert angesehen werden, sondern mangelnde plebiszitäre Formen der Politikvermittlung und Interessenaggregation Ursache von Systemkritik sind.

Tabelle XI-10: Korrelation materialistischer/postmaterialistischer Wertepräferenzen mit politischen Orientierungen und Parteiaffinitätten[1] in ost- und westdeutscher Elite und Bevölkerung (Tau b)

	West		Ost	
	Bevölkerung	Elite[2]	Elite[2]	Bevölkerung
Ideologie[3]	-.21	-. 42	-. 26	-. 12
Wahlabsicht[4]	. 30 (. 24)[5]	. 36 (. 25)[5]	. 19 (. 24)[5]	. 21 (. 20)[5]
Einschätzung des politischen Systems[6]	. 06	. 12	. 17	. 08
Parteiaffinitäten:				
REP	. 01	. 02	-. 04	-.01
CDU	-. 11	-. 30	-. 33	-. 12
CSU	-. 10	-. 32	-. 31	-. 04
FDP	-. 00	-. 16	-. 03	-.05
SPD	. 01	. 15	. 02	. 01
B90/GRÜNE	. 17	. 26	. 30	. 12
PDS	-. 01	. 01	-. 02	. 04

1 Operationalisiert über Parteisympathie-Skalometer. Die Befragten wurden gebeten, für die standardisiert vorgegebenen politischen Parteien jeweils unabhängig voneinander ihre Sympathie für die jeweilige Partei auf einer Sympathieskala von „ganz unsympathisch = -5 bis +5 = sehr sympathisch" anzugeben. Die Parteiaffinitätsskala wurde gebildet, indem Wert Null als „0 = unentschieden", alle Werte unter Null (-1 bis -5) als „1=unsympathisch" und alle Werte über Null (+1 bis +5) als „2=sympathisch" recodiert wurden. Ein Wert von 2 auf der Affinitätsskala bedeutet demnach eine Neigung für die jeweilige Partei.

2 Bezeichnet die „Herkunfts"-Elite, bestimmt nach Geburtsort.

3 Zur Operationalisierung und Codierung vgl. Tabelle XI-5.

4 Zur Operationalisierung und Codierung vgl. Tabelle XI-5.

5 In Klammern Korrelations-Koeffizient Cramer's V. Zur Begründung vgl. Tabelle XI-5.

6 Zur Operationalisierung und Codierung vgl. Tabelle XI-5.

Je weniger postmaterialistische ostdeutsche Eliten diesen Wert verwirklicht sehen, desto unzufriedener sind sie offenbar mit dem System der Bundesrepublik und entdecken darin ein erhebliches Funktionsdefizit der etablierten politischen Strukturen. Hierin manifestiert sich ein qualitativ unterschiedliches Demokratieverständnis ost- und westdeutscher Eliten, das für eine horizontale Integration unter der konsensualen Anerkennung demokratischer Grundwerte und -normen nicht unproblematisch sein dürfte.

Tabelle XI-11: Beziehung zwischen Postmaterialismus und Systemzufriedenheit[1] in ost- und westdeutscher „Herkunfts"-Elite (Tau b)

Indikatoren für Postmaterialismus	Westdeutsche Elite	Ostdeutsche Elite
„Mehr Einfluß der Bürger auf die Entscheidungen der Regierung"[2]	. 15	**. 37**
„ Schutz des Rechts auf freie Meinungsäußerung"[2]	- . 05	- . 24

[1] Zur Operationalisierung vgl. Tabelle XI-5.
[2] Ranggeordnete Codierung: niedriger Wert = Rangplatz 4 = niedrigste Priorität - hoher Wert = Rangplatz 1 = oberste Priorität.

In der Bevölkerung der Alten Bundesländer entspricht die politische Charakterisierung der Postmaterialisten früheren Befunden der empirischen Partizipations- und Werteforschung (u.a. Bürklin 1984; Inglehart 1990; Bauer 1993). Vor allem die Wähler und Anhänger der Bündnis-Grünen und Befragte, die sich politisch links einordnen, präferieren postmaterialistische Werte denen von Sicherheit und Stabilität. Zwar folgt die ostdeutsche Bevölkerung tendenziell diesem Muster, doch sind die Beziehungsmaße in der Regel weit schwächer ausgeprägt. Das ist als ein Indiz dafür zu betrachten, daß Lebensalter und Bildungsabschluß die wichtigeren Effekte in der Ausprägung politischer Werthaltungen in der Bevölkerung der neuen Länder sind und die Neigung zu materialistischen oder postmaterialistischen Werthaltungen für politisches Verhalten weniger folgenreich ist.

Analysen über die nach Wahlabsicht differenzierten erstplazierten Indikatoren für materialistische und postmaterialistische Werte ergaben für die ostdeutsche Bevölkerung, daß die mit dem politischen System der Bundesrepublik am unzufriedensten PDS-Wähler in ihren Wertorientierungen strikter als alle anderen mehr Bürgereinfluß auf die Entscheidungen der Regierung fordern (Kaina 1996). Das deutet darauf hin, daß eine der PDS vorgeworfene Instrumentalisierung der Forderung nach gesellschaftlicher Demokratisierung zur „Herstellung einer Massendynamik aller Unzufriedenen“ (Lang/Moreau/ Neu 1995: 145) nicht länger nur als theoretische Unterstellung bezeichnet werden kann.

5.4 Ostdeutsche Eliten im Zielkonflikt: Gleichheit oder Freiheit?

Werte gelten als Selektionskriterien in der Einstellungsbildung, so daß anzunehmen ist, daß sich die Präferenz für materialistische und postmaterialistische Werte in der Thematisierung ausgewählter Politikziele niederschlägt (Baker/Dalton/Hildebrandt 1981). Demnach sollten Materialisten Themen des wirtschaftlichen Wachstums und der ökonomischen, sozialen und physischen Sicherheit betonen. Dem entgegengesetzt müßten die auf Selbstentfaltung, Lebensqualität und verstärkte Mitbestimmung Wert legenden Postmaterialisten größeres Interesse für Fragen der sozialen Gerechtigkeit, des Umweltschutzes, der multikulturellen Toleranz und internationalen Kooperation zeigen. Die Befragten in Elite und Bevölkerung wurden deshalb gebeten, über die Relevanz standardisiert vorgegebener politischer Aufgaben und Ziele auf einer Skala von 1 („ganz unwichtig“) bis 7 („sehr wichtig“) Auskunft zu geben.

Wie aus Tabelle XI-12 deutlich wird, assoziieren die Materialisten in der ostdeutschen Elite die Sicherung des Wirtschaftsstandortes Deutschland mit der Aufrechterhaltung innenpolitischer Stabilität (Tau b: .40). Allerdings kalkulieren sie zur Erreichung dieses Ziels auch negative Folgen ein, vor allem zuungunsten einer Preisstabilität (Tau b: -.19). Die Bekämpfung der Arbeitslosigkeit und die Sicherung des Sozialstaates, die Lösung von Umweltproblemen und die verbesserte Integration von Ausländern hingegen betrachten ostdeutsche Positionsinhaber durchaus im Zusammenhang mit einer stabilen Preisentwicklung. Anders als der Wunsch nach Aufrechterhaltung von Ruhe und Ordnung ist Preisstabilität somit für ostdeutsche Eliten kein Indikator für im Sinne von Inglehart definierte materialistische Werte. Wahrscheinlich kommt darin vielmehr die in der ehemaligen DDR angestrebte Synthese von Egalitätsidealen und Werten umfassender Sicherheit zum Ausdruck. Gerade die in der DDR eingefrorenen Preise für Grundnahrungsmittel, Mieten und Betriebskosten wurden als sozialistische Errungenschaft und wichtige Voraussetzung sozialer Gleichheit betrachtet.

Tabelle XI-12: Zusammenhang zwischen Issue-Prioritäten und Erstplazierung der Indikatoren[1] für materialistische Werte in ost- und westdeutscher „Herkunfts"-Elite (Tau b)

	Ruhe und Ordnung		Stabile Preise	
Politikziele	Westdt. Elite	Ostdt. Elite	Westdt. Elite	Ostdt. Elite
Ökonomische				
(3) Standortsicherung	. 21	. 40	. 01	**- . 19**
(4) Abbau Staatsverschuldung	. 13	. 19	. 02	- . 04
Soziale				
(1) Gleiche Lebensbedingungen in Ost- und Westdeutschland	- . 02	. 03	. 00	. 07
(2) Abbau Arbeitslosigkeit	- . 12	- . 05	. 03	**. 13**
(7) Sicherung Sozialstaat	- . 21	- . 25	. 02	**. 19**
(9) Sozialmißbrauch verhindern	. 32	. 44	- . 06	- . 13
Ökologische				
(6) Umweltschutz	- . 23	- . 35	- . 01	**. 12**
Kulturell-Transnationale				
(5) Europäische Vereinigung	.- 05	. 04	- . 00	-. 13
(10) Ausländerintegration	.- 20	- . 31	- . 02	**. 15**
Innere Sicherheit vorsorgende				
(8) Kriminalität bekämpfen	. 32	. 34	- . 04	- . 03
(11) Extremismus unterbinden	. 08	. 18	- . 06	- . 10

Unabhängige Item-Einstufung (Rating) auf einer Wichtigkeitsskala von „ganz unwichtig = 1 bis 7 = sehr wichtig".

[1] Codierung: niedriger Wert (1) = 4. Rang - hoher Wert (4) =1. Rang.

In ihrer Wertpräferenz für Stabilität verbinden ostdeutsche Positionsinhaber demnach konfligierende Zielsetzungen miteinander: Für die Sicherung des Wirtschaftsstandortes Deutschland ist man durchaus bereit, auf Preisstabilität zu verzichten, nicht jedoch, wenn es darum geht, für soziale Sicherheit und Gerechtigkeit zu sorgen. Andererseits werden Standortsicherung und der Abbau der Staatsverschuldung im Zusammenhang mit der Aufrechterhaltung von Ruhe und Ordnung thematisiert. Ostdeutsche Eliten sehen sich demzufolge einem Zielkonflikt ausgesetzt: zwischen wirtschaftlicher Prosperität in Verbindung mit Ruhe, Ordnung, niedriger Kriminalität und einkalkulierten Stabilitätsverlusten in der Preisentwicklung einerseits und sozialer Gerechtigkeit auf der Basis stabiler Preise andererseits.

Tabelle XI-13: Zusammenhang zwischen Issue-Prioritäten und Erstplazierung der Indikatoren[1] für postmaterialistische Werte in ost- und westdeutscher „Herkunfts"-Elite (Tau b)

	Mehr Bürger - einfluß		Meinungsfreiheit	
Politikziele	Westdt. Elite	Ostdt. Elite	Westdt. Elite	Ostdt. Elite
Ökonomische				
(3) Standortsicherung	-. 20	-. 39	-. 02	**. 14**
(4) Abbau Staatsverschuldung	-. 10	-. 14	-. 05	-. 02
Soziale				
(1) Gleiche Lebensbedingungen in Ost- und Westdeutschland	. 02	-. 03	-. 00	-. 05
(2) Abbau Arbeitslosigkeit	. 10	-. 01	. 00	-. 01
(7) Sicherung Sozialstaat	. 18	. 23	. 01	**-. 12**
(9) Sozialmißbrauch verhindern	-. 25	-. 35	-. 07	-. 00
Ökologische				
(6) Umweltschutz	. 20	. 32	. 06	-. 04
Kulturell-Transnationale				
(5) Europäische Vereinigung	. 00	-. 03	. 07	. 07
(10) Ausländerintegration	. 17	. 29	. 05	**-. 11**
Innere Sicherheit vorsorgende				
(8) Kriminalität bekämpfen	-. 21	-. 31	-. 11	-. 04
(11) Extremismus unterbinden	-. 05	-. 16	. 00	. 06

Unabhängige Item-Einstufung (Rating) auf einer Wichtigkeitsskala von „ganz unwichtig = 1 bis 7 = sehr wichtig".

1 Codierung: niedriger Wert (1) = 4. Rang - hoher Wert (4) = 1. Rang.

In den Beziehungsmaßen der Einzelindikatoren für postmaterialistische Werte (vgl. Tab. XI-13) wird im präferierten Schutz der Meinungsfreiheit eine weitere Besonderheit ostdeutscher Positionsinhaber sichtbar. Von dieser Befragtengruppe ohnehin für weniger wichtig gehalten als Bürgerbeteiligung, verliert der Schutz der Meinungsfreiheit noch an Bedeutung, je wichtiger die Sicherung des Sozialstaates und die Toleranz gegenüber Fremden eingeschätzt werden. Andererseits läßt die Thematisierung der Standortsicherung auf die Präferenz für den Wert des Schutzes der Meinungsfreiheit schließen. Offenbar betrachten Teile der ostdeutschen Eliten eine gesunde Wirtschaft als sicherste Garantie für eine demokratische Entwicklung.

Diese Ergebnisse zusammengenommen scheinen die Werte der Gleichheit und sozialen Gerechtigkeit unter ostdeutschen Eliten eine Brücke zu schlagen zwischen dem nach Inglehart definierten Materialismus und Postmaterialismus (vgl. Abb. XI-2) und beide Dimensionen punktuell miteinander zu verschmelzen.

Abbildung XI-2: Issue-Prioritäten im Überschneidungsbereich von materialistischen und postmaterialistischen Werthaltungen ostdeutscher Elite-Mitglieder

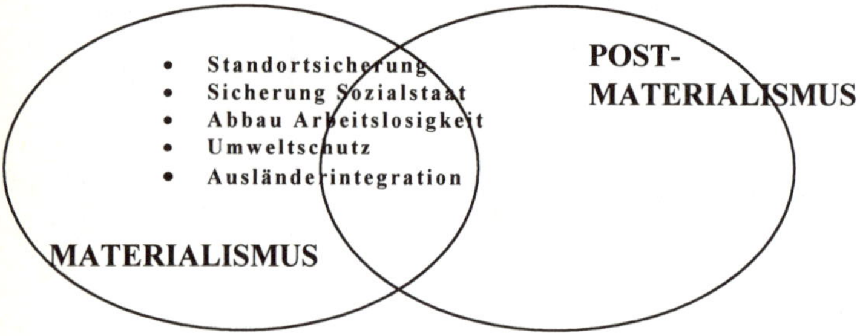

Ostdeutsche Eliten verbinden materialistische und postmaterialistische Werte in funktionaler Weise miteinander: Preisstabilität wird zusammengedacht mit Gleichheit und sozialer Gerechtigkeit, ökonomische Prosperität mit der Gewährleistung liberaler Freiheitsrechte. Es scheint bei ostdeutschen Positionsinhabern demnach weniger eine Spannungslinie zwischen materialistischen und postmaterialistischen Werten zu existieren als vielmehr eine multiple Konfliktdimension zwischen Gleichheit und Freiheit, ökonomischer Stabilität und sozialer Gerechtigkeit, Autoritätsakzeptanz und Bürgereinmischung. Ein potentieller Konflikt zwischen Gleichheits- und Freiheitswerten vermittelt zwischen dem materialistischen und dem postmaterialistischen Pol auf der eindimensionalen Inglehart-Skala und läßt es kaum noch zu, von materialistischen und postmaterialistischen, „alten“ und „neuen“ Politikthemen zu sprechen. In diesem Sinne ist der Werteraum ostdeutscher Positionsinhaber im Unterschied zu westdeutschen Eliten mit den Begriffen Materialismus und Postmaterialismus zwar teilweise, aber nicht hinreichend erfaßt.

In den Bevölkerungen der alten und neuen Bundesländer ist der Materialismus in keiner Weise durch ökonomische Themen charakterisiert. Der Wunsch nach Sicherheit und Stabilität, nach Ruhe und Ordnung kristallisiert in der Forderung nach Schutz vor Kriminalität (vgl. Tab. XI-14).

Tabelle XI-14: Zusammenhang zwischen Issue-Prioritäten und Erstplazierung der Indikatoren[1] für materialistische Werte in ost- und westdeutscher Bevölkerung (Tau b)

	RUHE UND ORDNUNG		STABILE PREISE	
POLITIKZIELE	Westdt. Bev.	Ostdt. Bev.	Westdt. Bev.	Ostdt. Bev.
ÖKONOMISCHE				
(3) Standortsicherung	. 09	. 02	. 00	. 01
(4) Abbau Staatsverschuldung	. 07	. 03	-. 01	. 00
SOZIALE				
(1) Gleiche Lebensbedingungen in Ost- und Westdeutschland	-. 01	. 01	-. 12	. 06
(2) Abbau Arbeitslosigkeit	. 01	-. 05	. 00	. 11
(7) Sicherung Sozialstaat	. 00	. 01	. 01	. 03
(9) Sozialmißbrauch verhindern	**. 17**	**. 08**	**. 01**	**. 02**
ÖKOLOGISCHE				
(6) Umweltschutz	-. 07	-. 03	-. 12	-. 02
KULTURELL-TRANSNATIONALE				
(5) Europäische Vereinigung	-. 00	-. 03	-. 09	-. 02
(10) Ausländerintegration	-. 12	-. 05	-. 14	-. 07
INNERE SICHERHEIT VORSORGENDE				
(8) Kriminalität bekämpfen	**. 23**	**. 11**	**. 03**	**. 08**
(11) Extremismus unterbinden	. 02	. 07	-. 10	-. 03

Unabhängige Item-Einstufung (Rating) auf einer Wichtigkeitsskala von „ganz unwichtig = 1 bis 7 = sehr wichtig".

[1] Codierung: niedriger Wert (1) = 4. Rang - hoher Wert (4) = 1. Rang.

In einem totalitär verfaßten System wie der früheren DDR war Alltagskriminalität kein Thema, weil sie einerseits tatsächlich kaum existierte, andererseits ihre Existenz tabuisiert und der Öffentlichkeit verschwiegen wurde. Der Zugewinn politischer und persönlicher Freiheiten geht auch mit ihrem kriminellen Mißbrauch einher, was von den ehemaligen DDR-Bürgern heute neben einem Mangel an sozialer Sicherheit als größte individuelle Bedrohung empfunden wird. Wünsche nach Abbau der Arbeitslosigkeit, der Verhinderung des Mißbrauchs sozialer Leistungen und der Bekämpfung der Kriminalität sind daher bei der Bevölkerung der Neuen Länder kaum oder überhaupt nicht durch die Affinität zu materialistischen Werten erklärbar - die Korrelations-Koeffizienten sind entsprechend klein. In der westdeutschen Bevölkerung sind es hingegen vorrangig Materialisten, die den Mißbrauch von Sozialleistungen und die Angst vor Kriminalität thematisieren. Umweltprobleme, Fragen der Ausländerintegration und die Solidarität mit der Bevölkerung in Ostdeutschland ordnen sie der Gewährleistung eigener Sicherheiten durch Ruhe, Ordnung und Preisstabilität unter.

Tabelle XI-15: Zusammenhang zwischen Issue-Prioritäten und Erstplazierung der Indikatoren[1] für postmaterialistische Werte in ost- und westdeutscher Bevölkerung (Tau b)

	MEHR BÜRGER-EINFLUß		MEINUNGSFREIHEIT	
POLITIKZIELE	Westdt. Bev.	Ostdt. Bev.	Westdt. Bev.	Ostdt. Bev.
ÖKONOMISCHE				
(3) Standortsicherung	-. 05	-. 00	-. 05	-. 04
(4) Abbau Staatsverschuldung	-. 00	-. 01	-. 06	-. 02
SOZIALE				
(1) Gleiche Lebensbedingungen in Ost- und Westdeutschland	. 03	-. 04	. 09	-. 04
(2) Abbau Arbeitslosigkeit	-. 00	-. 02	-. 01	-. 07
(7) Sicherung Sozialstaat	. 03	. 03	-. 03	-. 07
(9) Sozialmißbrauch verhindern	-. 06	-. 04	-. 12	-. 04
ÖKOLOGISCHE				
(6) Umweltschutz	**. 07**	**. 06**	**. 12**	**. 01**
KULTURELL-TRANSNATIONALE				
(5) Europäische Vereinigung	. 00	. 01	. 08	. 04
(10) Ausländerintegration	**. 10**	**. 08**	**. 16**	**. 05**
INNERE SICHERHEIT VORSORGENDE				
(8) Kriminalität bekämpfen	-. 12	-. 08	-. 13	-. 11
(11) Extremismus unterbinden	. 00	-. 01	. 06	-. 04

Unabhängige Item-Einstufung (Rating) auf einer Wichtigkeitsskala von „ganz unwichtig = 1 bis 7 = sehr wichtig".

[1] Codierung: niedriger Wert (1) = 4. Rang - hoher Wert (4) = 1. Rang.

Andererseits ist der Postmaterialismus, wie aus Tabelle XI-15 hervorgeht, in der westdeutschen Bevölkerung durch die Betonung von Umweltschutz und verbesserter Integration von Ausländern charakterisiert. Hingegen ist er in Ostdeutschland nicht nur quantitativ schwach vertreten, sondern bleibt in seinen qualitativen Merkmalen auch relativ diffus. Offensichtlich sind die Wertvorstellungen der ostdeutschen Bevölkerung zu wenig konturiert, um für die politische Einstellungsbildung von Relevanz zu sein. Vermutlich ist die ostdeutsche Bevölkerung in ihrer Problemwahrnehmung noch immer vom Transformationsschock und einem vereinigungsbedingten Problemkonglomerat geprägt, in dessen Mittelpunkt die Verunsicherungen durch Arbeitslosigkeit und Angst vor Kriminalität stehen.

Schließlich handelt es sich nicht nur bei ost- und westdeutschen Positionsinhabern um einen inhaltlich anderen Materialismus und Postmaterialismus, sondern auch bei Elite und Bevölkerung. Ist Materialismus bei den Positionsinhabern in Ost- und Westdeutschland neben der Sicherheitsproblematik eng mit ökonomischen Fragestellungen verknüpft, spielen Wirtschaftsstandortsicherung und Abbau der Staatsverschuldung keine Rolle als Konfliktfeld in der Problemwahrnehmung von Materialisten und Postmaterialisten in der Bevölkerung beider Landesteile. Allerdings dominiert in den Werthaltungen der ostdeutschen Elite ein Spannungsverhältnis in der Gegenüberstellung von Gleichheits- und Freiheitswerten.

6. Gemeinsam zweisam? - Integration zwischen Skepsis und Hoffnung

Welche Schlußfolgerungen erlauben die präsentierten Befunde für die gesellschaftliche Integration nach der deutschen Vereinigung?

Sowohl für die Status- als auch die Sozialisationshypothese konnte empirische Evidenz nachgewiesen werden, allerdings mit unterschiedlichen Konsequenzen. In den Antwortverteilungen von ost- und westdeutscher Elite und Bevölkerung dominieren jeweils die horizontalen Ähnlichkeiten, wobei sich die Positionsinhaber als postmaterialistische, kritische und engagierte Leistungselite gegenüber einer wohlfahrtsstaatlich orientierten und hedonistisch anspruchsvollen, doch mehrheitlich anpassungsbereiten Bevölkerung präsentieren. Entsprechend ihrer Lokalisation in der Spitze der Sozialstrukturpyramide, ihrer Sozialisation in Verantwortungsrollen und ihrer gemeinsamen Nähe zu Entscheidungsprozessen sind Positionsinhaber ohne regionalen Unterschied progressiver eingestellt als der Bevölkerungsdurchschnitt, vor allem, wenn es um die relative Wichtigkeit individueller Werte geht. Auf den ersten Blick charakterisieren demzufolge nicht Ost-West-Gegensätze potentielle Konfliktdimensionen, sondern diskongruente Wertorientierungen von Eliten und Bevölkerung, unabhängig von ihrer Sozialisation in der früheren

DDR oder „alten" Bundesrepublik. Eine horizontale Annäherung der Wertorientierungen auf Eliten- und Bevölkerungsebene wäre demnach mit vertikaler Desintegration und Responsivitätsverlusten vor allem in Ostdeutschland verbunden, da sich ostdeutsche Positionsinhaber den fortschrittlichen Werthaltungen westdeutscher Eliten angenähert zeigen, während die Bevölkerung in den Neuen Bundesländern weiterhin durch eine in der DDR sozialisierte Wertemelange aus preußischer Untertanentradition, protestantischer Ethik und sozialistischen Egalitätsprinzipen charakterisiert ist.

Analysen über die sozialstrukturellen Bestimmungsgründe von Werthaltungen und ihre Relevanz für die politische Einstellungsbildung ließen allerdings deutliche Ost-West-Unterschiede in den Einstellungsstrukturen und in der Hierarchie politischer Wertvorstellungen zu Tage treten, die auf unterschiedlichen Sozialisationseinflüssen basieren. Damit werden nicht nur Ergebnisse der Umfrageforschung auf Bevölkerungsebene erneut bestätigt (Roller 1997; Fuchs 1997; Gensicke 1996), sondern auch um entsprechende Befunde auf der Ebene der Funktionseliten ergänzt.

Nicht Altruismus charakterisiert die Wertorientierungen der ostdeutschen Bevölkerung, sondern eine teils widersprüchliche und instrumentelle Verknüpfung von Individualismus, Lebensgenuß und Leistung mit privater Gemeinschaftlichkeit. Am deutlichsten jedoch wird der kollektive Wunsch nach paternalistischer Fürsorge des Staates formuliert, der sozialpolitisch versorgen und maximalen Schutz vor individuellen Lebensrisiken gewähren soll. Vieles deutet darauf hin, daß der in der DDR sozialisierte Wert der Sicherheit und vorausgeplanten Stabilität in der Bevölkerung der neuen Länder von fast totaler Bedeutsamkeit ist, da er nahezu alle Lebensbereiche, privat und öffentlich, national und international, durchdringt und die Prioritätensetzung auf der politischen Problemagenda steuert. Zwar weiß auch ein großer Teil der westdeutschen Bevölkerung die Vorzüge des Sozialstaates zu schätzen und zeigt sich über seine Absicherung in wirtschaftlichen Krisenzeiten beunruhigt (D. Roth 1994; Kaase 1995b; Zapf 1994; Kaina 1996), doch sind die Westdeutschen kaum bereit, für staatliche Leistungen auf individuelle Freiheitsrechte, Selbst- und Mitbestimmung zu verzichten. Erfahrungen und Gewohnheiten in der DDR begründen das tendenzielle Einverständnis der Ostdeutschen, Freiheiten gegen Sicherheiten, Autonomie gegen Vormundschaft einzutauschen. Denn für die Mehrheit der Bevölkerung in den Neuen Ländern gibt es kaum Grund, sich einer staatlichen Umarmung zu entziehen, solange diese die Behaglichkeit von Ruhe, Ordnung, Stabilität und Sicherheit garantiert, ohne dabei den Einzelnen politisch besonders in Anspruch zu nehmen. Die ebenso formulierte Forderung nach sozialer Gleichheit und Gerechtigkeit ist damit weniger Ausdruck eines zivilgesellschaftlichen Verantwortungsgefühls des Individuums für die Gemeinschaft als vielmehr Erbe eines sozialistischen Kollektivismus, der das Prinzip der Egalität höher bewertet als individuelle Rechte und Unterschiede generell zu nivellieren trachtet.

Die Ängste, Unsicherheiten und Frustrationen der ostdeutschen Bevölkerung als Folge von Arbeitslosigkeit, Kriminalitätszuwachs und der Reduzierung des Umfangs sozialpolitischer Leistungen werden vor allem in der PDS mobilisiert. Wählerklientel und Anhängerschaft der PDS sind nicht nur am wenigsten zufrieden mit dem politischen System der Bundesrepublik, sie bilden mehrheitlich auch die Heimat der Aktiven in der ansonsten eher unpolitischen ostdeutschen Bevölkerung. Die Durchsetzungschancen ihrer Interessen dürften sich verbessern, je unzufriedener die Bevölkerung in den neuen Bundesländern mit den Leistungen des neuen politischen Systems und seiner Eliten ist und damit die Akzeptanzbereitschaft für die vergangenheitsbelastete PDS wächst. Im großen und ganzen unterscheiden sich PDS-Anhänger in ihren Werthaltungen nicht vom ostdeutschen Bevölkerungsdurchschnitt, so daß die Vermutung einer Instrumentalisierung von Engagementwerten nahe liegt. Die PDS ist deshalb weiterhin eine ostdeutsche Besonderheit im Parteiensystem der Bundesrepublik, die real-sozialistische Sehnsüchte nach ökonomischer, sozialer und physischer Sicherheit aufzufangen versteht und als Artikulationsorgan für die an das politische System der Bundesrepublik gerichteten Forderungen fungiert. Spielt sie im Westen nur eine marginale Rolle, ist sie im Osten für eine stark mobilisierte Minderheit akzeptierter Verantwortungsträger.

Trotz ihrer grundsätzlichen Übereinstimmung in der Präferenz für progressive Werte, kann von einer Integration ost- und westdeutscher Eliten nur bedingt die Rede sein. Während die allgemeine Wichtigkeitseinschätzung persönlicher Werthaltungen zunächst die quantitativen Ähnlichkeiten der Positionsinhaber deutlich macht, offenbaren sich grundsätzliche Unterschiede, wenn die Befragten angehalten sind, in ihren politischen Werten Prioritäten zu setzen. Das jeweils größere Gewicht, das westdeutsche Positionsinhaber liberalen Freiheitswerten und ostdeutsche Eliten den Mitbestimmungs- und Einflußrechten der Bevölkerung einräumen, läßt auf ein grundsätzlich unterschiedliches Demokratieverständnis schließen. Obwohl dieser Befund teilweise auch auf einen Struktureffekt im Datenmaterial zurückgeführt werden kann, bleibt festzuhalten, daß diese gegensätzlichen Auffassungen über Machtbestellungs-, Interessenartikulations- und politische Entscheidungsformen nicht mehr dem 1981 in der „Mannheimer Elitestudie" festgestellten Grundkonsens der Eliten über ein repräsentatives, freiheitlich-liberales Demokratiemodell entsprechen. Denn die Verknüpfung radikaldemokratischer Elemente mit dem Ziel sozialer Gerechtigkeit und sozialistischen Egalitätsidealen in den Werthaltungen der befragten ostdeutschen Eliten stellt diesen Grundkonsens in Frage. Die bestimmende Konfliktdimension in den Werthaltungen ostdeutscher Eliten ist eine Spannungslinie zwischen Kollektiv-Werten der Gleichheit und Gerechtigkeit auf der einen und individuellen Freiheitswerten auf der anderen Seite. Es stellt sich die Frage, ob der klassenorientierte politische Konflikt, der in der Bundesrepublik für Wähler- und Parteienloyalitäten zunehmend an Bedeutung verlor, mit der Vereinigung beider deutscher Staaten wiederbelebt wird.

In den vorliegenden Daten bestätigt sich, daß Ostdeutsche Demokratie und Sozialismus offenbar nicht als Antagonismus betrachten (Westle 1994; Fuchs 1997). Zur Prioritätensetzung gezwungen, sind der ostdeutschen Bevölkerung jedoch Gleichheitsprinzipien, staatlich garantierte soziale Absicherung und physischer Schutz eindeutig lieber als individuelle Autonomie, politische Partizipation und demokratische Freiheiten. Von einer Staatsbürgerkultur, wie sie Almond und Verba (1963) definierten und die dem demokratischen Institutionengefüge der Bundesrepublik kongruent wäre, ist die Bevölkerung in den neuen Ländern offensichtlich noch weit entfernt. Die Eliten ostdeutscher Herkunft hingegen könnten mit ihren Gleichheitsidealen und radikaldemokratischen Werthaltungen der Reformdiskussion um die repräsentative Demokratievariante neue Impulse verleihen.

Die unterschiedlichen Sozialisationserfahrungen der wieder vereinten Deutschen, daraus resultierende Spannungen, Erwartungen und Enttäuschungen werden sie mittelfristig in Atem halten. Auch wird ein nur allmählicher kultureller Anpassungsprozeß ost-west-deutsche Interessenkonflikte und die Mobilisierung regionaler Loyalitäten in absehbarer Zeit nicht ausschließen können. Doch gibt es auch Anlaß zu Optimismus. Zu den wichtigsten Akteuren im kulturellen Vereinigungsprozeß scheinen sich die Positionsinhaber ostdeutscher Herkunft zu entwickeln, denen eine besondere Integrationsleistung abverlangt wird. In der Summe teilen sie die avantgardistischen Werteaffinitäten westdeutscher Positionsinhaber, ohne jedoch die von der ostdeutschen Bevölkerung als positiv erlebten Leistungen und Werte des real-sozialistischen DDR-Systems völlig zu negieren. Am dringendsten stellt sich den ostdeutschen Eliten die Aufgabe, zwischen den Ansprüchen und Forderungen, die aus diesen Werthaltungen resultieren, und den demokratischen Strukturen und marktwirtschaftlichen Mechanismen in der Bundesrepublik zu vermitteln, um den Prozeß der „inneren Einheit“ voranzutreiben. Daraus leitet sich die Forderung ab, Ostdeutsche bei der Rekrutierung in Elitepositionen verstärkt zu berücksichtigen und ihnen auch Zugang zu gesellschaftlichen Elitesektoren zu ermöglichen, in denen sie bislang gar nicht oder unterrepräsentiert sind. Darüber hinaus gibt eine in jungen Bevölkerungsgruppen zu beobachtende Näherung in den Werthaltungen Ost- und Westdeutscher Anlaß zu der Hoffnung, daß aus unterschiedlicher Systemsozialisation resultierende Gegensätze mit einem Generationenwechsel obsolet werden.

Kapitel XII
Demokratische Einstellungen im Wandel: Von der repräsentativen zur plebiszitären Demokratie?

Wilhelm Bürklin

1. Einleitung und Fragestellung

Die deutsche Führungsschicht hat sich seit dem Ende des Zweiten Weltkrieges verändert. Das gilt sowohl für ihre sozialstrukturelle Zusammensetzung als auch für die in der Elite vertretenen Wertvorstellungen. Sozialstrukturell hat sich der Zugang zur Elite weiter geöffnet und damit Personen in Führungspositionen gebracht, denen nach traditionellen Aufstiegskriterien, besonders wegen ihrer familiären Herkunft, der Zugang zur Elite erschwert war. Vom generationalen Wandel der Elite hat vor allem das im Zuge der Bildungsexpansion seit den 1970er Jahren aus Arbeiterschicht und unterer Mittelschicht aufgestiegene neue Bildungsbürgertum profitiert. Aufgrund des veränderten Gewichts der Aufstiegskriterien, von der sozialen Herkunft zum Bildungsabschluß, kann immer weniger von einer sozialen Geschlossenheit der Elite ausgegangen werden. Weniger klar konturiert stellt sich der Wandel der gesellschaftlichen Wertorientierungen in der Elite dar. Zwar bleibt auch die Führungsschicht vom gesellschaftlichen Wertewandel nicht unberührt; ob und in welchem Ausmaß der Aufstieg der neuen Führungsgeneration tatsächlich zu einem Wertewandel in der Elite geführt hat, ist die offene, hier zu diskutierende Frage.

Aus wissenschaftlicher Perspektive geht es dabei um das Problem der dominanten Prägung gesellschaftlicher Wertorientierungen: Bleiben die traditionellen Interessengegensätze in einer Gesellschaft, die tradierten Cleavages (Lipset/Rokkan 1967), bestimmend, oder führt der Generationswandel zu veränderten Weltsichten und Interessengegensätzen selbst innerhalb der traditionellen Lager? Auf diese Dynamik des generationalen Wertewandels und die besondere Rolle, die dabei der gesellschaftlichen Elite zukommt, hat erstmals Walter Bagehot in der Einleitung der 1872 erschienenen zweiten Auflage seiner „English Constitution“ hingewiesen. Nichts habe einen nachhaltigeren Einfluß auf den „Geist der Politik“ als der permanente Austausch der alten politischen Elite durch die Mitglieder der jüngeren Generation. Diese Theorie eines generational vermittelten Wertewandels wurde von Bagehot allerdings nicht vertiefend behandelt, sondern erst später, etwa von Karl Mannheim (1928) systematisch weiterentwickelt (vgl. Fogt 1982).

Im Zentrum der aktuellen Debatte um den Charakter des Wertewandels steht die vor mehr als 20 Jahren aufgestellte Prognose Ronald Ingleharts (1971, 1977), daß der Wertewandel in der Zeit nach dem Zweiten Weltkrieg wegen des beispiellosen wirtschaftlichen Wohlstandes in den westlichen Industriegesellschaften einer 'stillen Revolution' gleichkommen werde. Als Vorläufer des 'postmateriellen Wertewandels' sahen Inglehart und die 'Political Action Gruppe' (Barnes/Kaase u.a. 1979) die Studentenbewegung der 1960er Jahre. Sie konfrontierte die herrschende Elite erstmals mit veränderten Politikprioritäten und Wertvorstellungen, wandte sich von der Priorität materieller politischer Ziele und den Pflicht- und Akzeptanzwerten ab und plädierte für die verstärkte Gewichtung nicht-materieller Ziele, individueller Selbstentfaltung und umfassender Mitbestimmung in allen gesellschaftlichen Sektoren. Für den Bereich des politischen Systems bedeutet das eine Abkehr vom Modell der repräsentativen Demokratie und eine stärkere Hinwendung zum Konzept der plebiszitär-partizipatorischen Demokratie. Nachdem die Studentenbewegung in den 1970er Jahren abgeebbt war, beginnt heute, 30 Jahre später, die von den Werten des gesellschaftlichen Umbruchs geprägte Generation wichtige gesellschaftliche Führungspositionen einzunehmen. Steht mit dem beginnenden Aufstieg der Protestgeneration der einst von der Studentenbewegung propagierte „lange Marsch durch die Institutionen“ vor seinem Ziel?

Was hat die Strategie des „langen Marsches durch die Institutionen“ mit der Theorie des generationalen Wertewandels zu tun? Sie ging wie die Inglehartsche Theorie davon aus, daß die Nachkriegsgenerationen über veränderte Einstellungen und Werte verfügen, befürchtete aber, daß sich diese mit fortschreitender Einbindung in gesellschaftliche Führungsrollen verändern werden. Damit ging die Studentenbewegung von einer situativen Theorie des Wertewandels aus. Ihr zufolge ändert ein Individuum - mit einer gewissen Verzögerung - seine Einstellungen und Wertorientierungen, wenn sich seine soziale Situation verändert. Das geschieht etwa durch Familiengründung, beruflichen Aufstieg oder den Eintritt in den Ruhestand (vgl. Bürklin/Klein/Ruß 1994). Am Beispiel der jüngst aufgestiegenen Elite wäre das der empirisch feststellbare Übergang in einen höheren Sozialstatus, oder, wie es Karl Mannheim formulierte, der Übergang vom unterdrückten zum führenden Generationstyp. Um die befürchtete Anpassung an das System und seine Werte zu vermeiden, empfahl die Studentenbewegung die sogenannte Doppelstrategie: Mitarbeit in den bestehenden Institutionen und flankierender Aufbau eines Gegenmilieus sozialer Bewegungen und politischer Netzwerke (Langguth 1976). Diese Gegenmilieus sollten die neuen Werte und Demokratievorstellungen kognitiv abstützen und damit auch auf der Ebene der einzelnen Akteure stabilisieren.

Haben sich die Erwartung der Studentenbewegung erfüllt? Wie weit ist der generationale Wertewandel in der Führungsschicht heute fortgeschritten? In welchen Einstellungen und Wertorientierungen unterscheiden sich die Nachkriegseliten von denen der Kriegs- und Vorkriegsgenerationen? Hat der Generationswandel in der deutschen Elite eine Trennungslinie entstehen lassen, die die traditionellen Konfliktgegnerschaften - etwa zwischen Unternehmern und Gewerkschaften - überlagert? Oder sind die Einstellungen der Führungsschicht weiterhin stärker von den Interessengegensätzen und Rollenerwartungen der traditionellen Elitesektoren geprägt?

Zur Beantwortung dieser Fragen wird im folgenden herausgearbeitet, wie sich die generationale Zusammensetzung der deutschen Führungsschicht seit 1968 verändert hat und in welchen demokratischen Einstellungen sich jüngere und ältere Eliten unterscheiden. Hier kann gezeigt werden, daß sich der Schwerpunkt der generationalen Differenzen auf den Gegensatz zwischen dem Konzept der repräsentativen und der plebiszitären Demokratie bezieht. Ein Teil der vermeintlich generationsspezifischen Unterschiede erweist sich dabei als Effekt der noch nicht vollzogenen Sozialisation in die Elitenrolle. Dem steht allerdings gegenüber, daß sich der Generationswandel in der deutschen Führungsschicht nicht ausschließlich innerhalb der traditionellen Elitesektoren abspielt, sondern über die Erweiterung um neue Sektoren, insbesondere im politischen Bereich, vermittelt ist. Damit wird die veränderte Zusammensetzung der Führungsschicht zur Grundlage für den nur indirekt erkennbaren generationalen Wertewandel in der deutschen Elite.

2. Die Nachkriegsgenerationen und der Wandel der Demokratievorstellung

Um die These des generationalen Wertewandels empirisch zu belegen, reicht es nicht aus, auf die automatische Generationenabfolge zu verweisen. Ein generationaler Wertewandel liegt erst dann vor, wenn die jeweils neu hinzutretenden Geburtsjahrgänge die politischen Erfahrungen ihrer formativen Jugendphase als zeitgeschichtliche Prägung erleben, die sie von ihrer Vorläufergeneration trennt. Deshalb ist das Konzept der politischen Generationen durch zwei Zeiträume definiert, die formative Jugendphase eines Individuums und die „zeitlich umgrenzten Abschnitte kollektiven Geschehens" (Mannheim 1928: 180), in der diese Prägung stattgefunden hat. Als formative Phase gesellschaftlicher Wertorientierungen kann von dem Lebensabschnitt zwischen dem 14. und 18. Lebensjahr ausgegangen werden, wobei sich das 15. Lebensjahr als bester Prädiktor erwiesen hat (Dalton 1977). Etwas schwieriger gestaltet sich die Abgrenzung der 'zeitlich umgrenzten Abschnitte kollektiven Geschehens', die mehrere Geburtsjahrgänge als Erlebnisgemeinschaft konstituiert, womit eine spezifische „Generationslagerung" entsteht. In Gesellschaften, die rasch aufeinander folgende Systemwechsel durchlaufen haben, läßt sich dieses Abgrenzungsproblem lösen, indem jeweils nach der politischen Herrschaftsordnung gruppiert wird. Gemäß diesem Kriterium können im Deutschland dieses Jahrhunderts vier Epochen unterschieden werden: das Kaiserreich, die Weimarer Republik, das Dritte Reich und die Bundesrepublik, bzw. parallel dazu die DDR.

Die Klassifizierung nach dem Regimetyp bringt für die erste Hälfte des 20. Jahrhunderts keine größeren Probleme mit sich, weil diese Regime von vergleichsweise kurzer Dauer waren. Für die mittlerweile 50jährige Nachkriegszeit Deutschlands ist dagegen eine differenzierte und nach beiden politischen Systemen unterscheidende Generationseinteilung erforderlich. Für die (alte) Bundesrepublik Deutschland sind für den hier betrachteten Zeitraum von Ende des Zweiten Weltkrieges bis Mitte der 1970er Jahre zumindest drei Epochen zu unterscheiden: die von wirtschaftlichen Beschränkungen geprägte Zeit des Wiederaufbaus in der unmittelbaren Nachkriegszeit, die danach einsetzende, als „Wirtschaftswunder" bezeichnete Phase des Wachstums von Wirtschaft und Wohlstand sowie die nach der Rezession von 1965 und Bildung der Großen Koalition einsetzende Ära der politischen Protestbewegungen. Letztere Ära umfaßt nicht nur die Studentenbewegung, sondern auch die anschließende Zeit der aufkommenden Bürgerinitiativen und Neuen Sozialen Bewegungen (vgl. Fogt 1982; Jaide 1988; Baker/Dalton/Hildebrandt 1981; Bürklin 1984). Auf der Grundlage dieser historischen Entwicklung ist es theoretisch gerechtfertigt, für die Bundesrepublik sechs politische Generationen zu unterscheiden. Zur ältesten Generation des Kaiserreiches gehören die bis zum Jahr 1903 Geborenen, die ihre Generationsprägung bis 1918 erlebten und im Jahre 1995 92 Jahre und älter waren (Tab. XII-1). Dem schließen sich die in Weimarer Republik und Drittem Reich geprägten Generationen an, gefolgt von der Aufbau- und Wohlstandsgeneration der Bundesrepublik. Zur jüngsten 'Protestgeneration' gehören schließlich die nach 1951 Geborenen, die nach 1966 politisch sozialisiert wurden und 1995 jünger als 44 Jahre waren. Eine weitere Differenzierung in eine Nach-Protest-Generation ist hier nicht notwendig, weil nur vereinzelte Mitglieder dieser Generation bereits in die Elite aufgestiegen sein können.

Tabelle XII-1: Politische Generationen in Deutschland*

Politische Generation	Soziali-sation	Geburts-jahr	Lebensalter in den Jahren 1968	1972	1981	1995
Kaiserreich	bis 1918	bis 1903	über 65	über 69	über 78	über 92
Weimarer Republik	1919-32	1904-17	51-64	55-68	64-77	78-91
Drittes Reich	1933-45	1918-30	38-50	42-54	57-63	65-77
Nachkriegszeit	1946-55	1931-40	28-37	32-41	41-56	55-64
Wohlstand	1956-65	1941-50	18-27	22-31	31-40	45-54
Protest	1966-	1951-	unter 17	unter 21	unter 30	unter 44

* nach 1945 nur westdeutsche Elite

Auf der Grundlage dieser Generationseinteilung rekrutiert sich die Mehrheit der heutigen Führungsschicht aus den drei politischen Generationen der Nachkriegszeit. Jedes sechste Mitglied der Elite hat seine politische Prägung in der Zeit der Protestbewegungen nach 1966 erhalten, ein Drittel in der Zeit ungebrochenen Wohlstands und weitere 46 Prozent in der Aufbauphase der unmittelbaren Nachkriegszeit (Tab. XII-2). Die im Dritten Reich sozialisierte Generation, die noch bei der Elitestudie von 1981 dominant vertreten war (59%), hat heute ihre bestimmende Rolle eingebüßt. Das republikanisch verfaßte Deutschland verfügt demnach zum ersten Mal über eine Führungsschicht, die ihre gesellschaftlichen Wertorientierungen überwiegend in einer demokratischen Ordnung erworben hat. Sie ist nur noch zu einem kleinen Teil von der Erfahrung wirtschaftlicher Not, Krieg oder der außenpolitischen Bedrohung in der Ära des 'Kalten Krieges' geprägt.

In der Führungsschicht ostdeutscher Herkunft zeigt sich eine vergleichbare Generationsschichtung. Hier stellte sich der Generationswechsel, durch den Ausfall eines Großteils der früheren DDR-Elite, sogar noch radikaler dar. Selbst die in der Aufbauzeit (1946-1955) politisch geprägte Elite ist hier nur noch mit 18 Prozent, gegenüber 46 Prozent im Westen, vertreten. Die davorliegende Gründergeneration und frühere Machtelite der DDR ist aus den obersten Führungspositionen fast gänzlich verschwunden (1,5%). Statt dessen ist die überwiegende Mehrheit der Elite ostdeutscher Herkunft (81%) nach 1940 geboren, die Hälfte davon (39%) sogar erst nach 1950. Somit hatte die deutsche Einheit in den neuen Bundesländern eine ambivalente Wirkung auf die Eliteschichtung. Sie bedeutete für die Machtelite der DDR in den meisten Fällen einen Abstieg, während sich für ehemalige Sub- und Randeliten der Aufstieg in die Führungsschicht erheblich beschleunigt hat (Welzel 1997a). Für die folgende Analyse müssen die Eliten ostdeutscher Herkunft allerdings ausgeklammert bleiben, weil in der DDR keine vergleichbaren Elitestudien durchgeführt wurden.

Tabelle XII-2: Der Generationswechsel in der deutschen Elite 1968-1995 (Spaltenprozentwerte)

	Jahr der Elitestudie			
Politische Generation	1968	1972	1981	1995
Kaiserreich	13	3	0	-
Weimarer Republik	49	36	6	0
Drittes Reich	36	49	59	6
erste Nachkriegszeit	2	10	29	46
„Wirtschaftswunder“	0	2	6	34
Protest, NSBs	-	-	0	13
Summe Prozent	100	100	100	100
Summe (N)	(808)	(1824)	(1740)	(2069)

(-) Anteile unter 0,5 Prozent; (--) keine Fälle

Ohne Befragte mit fehlenden Altersangaben (1972, n=1; 1981, n=4). Für 1995 nur Führungskräfte westdeutscher Herkunft. Die Daten der Elitestudien 1968, 1972 und 1981 wurden vom Zentralarchiv für empirische Sozialforschung der Universität Köln zur Verfügung gestellt. Primärforscher waren Rudolf Wildenmann und Werner Kaltefleiter (1968, ZA-Nr. 1138), Rudolf Wildenmann und Uwe Schleth (1972; ZA-Nr. 0796) und Rudolf Wildenmann und Max Kaase (1981; ZA-Nr. 1139).

In der Elite westdeutscher Herkunft ist die „Gründergeneration der Bundesrepublik Deutschland“, die im Kaiserreich und der Weimarer Republik sozialisierte Führungsgruppe, faktisch nicht mehr vertreten. Das dürfte aus politisch-kultureller Perspektive erhebliche Auswirkungen haben, weil diese Generationen maßgeblichen Anteil an der Ausgestaltung der politischen und wirtschaftlichen Ordnung der Bundesrepublik hatten. Ihr institutioneller Gestaltungswille war geleitet vom Trauma des Scheiterns der ersten parlamentarischen Demokratie in Deutschland. Zu ihren generationsprägenden Erlebnissen gehörten zwei Weltkriege, der Zusammenbruch der Weltwirtschaft und die Massenarbeitslosigkeit. Verschärft wurden die Probleme der Weimarer Republik durch eine Verfassungsordnung, die nur politisch schwache Regierungen hervorbrachte und zur Lösung dieser Probleme kaum fähig war.

Für die „Gründergeneration“ war eine der zentralen institutionellen Ursachen für das Scheitern der Weimarer Republik die plebiszitäre Ausgestaltung des Regierungssystems und die im System der bipolaren Exekutive angelegte Schwäche der Regierung (Merkl 1965; Kaltefleiter 1970). Folgerichtig war für sie die institutionelle Anwort auf die Weimarer Verfassung die im Grundgesetz festgeschriebene konsequente Parlamentarisierung der Bundesrepublik. Sie ging einher mit einer Stärkung von Bundeskanzler und Bundesregierung und der Entscheidung für eine stark repräsentativ geprägte Demokratie (Wildenmann 1967; Hesse 1976). „Die Liebe des Verfassungsgebers“, so formulierte es einmal Thomas Ellwein, galt der starken, verantwortlichen Regierung, die Sorge dem Parlament und das Mißtrauen dem Staatsoberhaupt sowie allen Formen plebiszitärer Demokratie, die das System verantwortlicher Regierung zu relativieren und zu schwächen in der Lage gewesen sein könnten. Die für die Verfassungsentwicklung Deutschlands entscheidende Frage ist in diesem Zusammenhang, ob mit den Generationen der Weimarer Republik und des Kaiserreiches auch deren Einstellungen und ihre Weltsichten aus dem kollektiven Problemgedächtnis der deutschen Elite verschwunden sind. Politisch-kulturell würde das bedeuten, daß die demokratietheoretische Begründung der politischen Institutionen der Bundesrepublik mit den Wertorientierungen der heutigen Führungsschicht immer weniger in Übereinstimmung stünde. Damit wäre ein Wandel des von der Weimarer Generation gelegten Verfassungskonsenses, von der repräsentativen zur plebiszitären Demokratie, vorgezeichnet.

In den Überzeugungssystemen der Bevölkerung zeichnet sich dieser stille Wandel des Verfassungskonsens bereits ab. In den mittlerweile zahlreichen Studien zur politischen Kultur Deutschlands finden sich Hinweise darauf, daß sich die veränderten Sozialisationserfahrungen der Nachkriegsgenerationen auch in ihren politischen Einstellungen und Problemprioritäten niederschlagen (für eine Übersicht siehe: Weidenfeld/Korte 1991; Greiffenhagen/Greiffenhagen 1993; Gabriel 1986; Dalton 1995). Die Vorkriegsgenerationen legen größeres Gewicht auf politische Stabilität, innere und äußere Sicherheit und eine wachstumsorientierte Wirtschaftsordnung. Die Nachkriegsgenerationen präferieren dagegen die nicht-materiellen Ziele und konfrontieren die stark repräsentativ geprägte politische Ordnung der Bundesrepublik mit der Forderung nach größerer politischer Beteiligung (Inglehart 1971; Baker/Dalton/Hildebrandt 1981; Klages 1984). Diese gestiegenen Beteiligungserwartungen, von Kaase (1982) auf den Begriff der „Partizipatorischen Revolution“ gebracht, haben sich seit den 1970er Jahren in den Bereich der unkonventionellen, konfliktorientierten Mitwirkung verschoben (Bürklin 1992) und eine Präferenz für die plebiszitäre Demokratiekonzeption sichtbar werden lassen.

Tabelle XII-3: Wichtigkeit politischer Ziele nach politischen Generationen

Politisches Ziel Wie wichtig ist es heute,	Wichtigkeit* je Generationstyp Protest	Wohlstand	Nachkrieg	3.Reich/ Weimarer Republik	Zusammenhang tau-b** (N)
... die Lebensbedingungen in Ost- und Westdeutschland anzugleichen	66	68	71	78	-.05 (2057)
... die Arbeitslosigkeit wirksam zu bekämpfen	88	91	91	94	-.01 (2064)
... den Wirtschaftsstandort Deutschland zu sichern	68	84	85	85	-.11 (2062)
... die Staatsverschuldung abzubauen	57	57	62	73	-.08 (2065)
... die Vereinigung Europas voranzutreiben	42	47	48	54	-.05 (2061)
... den Schutz der Umwelt zu verstärken	80	71	62	60	.15 (2065)
... den Sozialstaat zu sichern	60	53	45	51	.08 (2061)
... Kriminalität wirksamer zu bekämpfen	38	44	51	58	-.12 (2065)
... den Mißbrauch von Sozialleistungen zu verhindern	29	34	45	55	-.18 (2063)
... die Integration von Ausländern zu verbessern	55	41	38	32	.11 (2060)
... politischen Extremismus zu unterbinden	61	70	74	78	-.09 (2059)

* Prozentanteile der Skalenwerte 6 und 7 einer von 1 (ganz unwichtig) bis 7 (sehr wichtig) reichenden Skala.

** Zusammenhangskoeffizienten beziehen sich auf die nicht zusammengefaßte Skala (1-7).

Die veränderten demokratischen Einstellungen der Bevölkerung zeigen sich auf vergleichbare Weise auch in der Elite. Auch hier haben bei den Angehörigen der Wohlstands- und Protestgeneration die materiellen Politikziele, wie etwa innere Sicherheit, Sicherung des Wirtschaftsstandortes Deutschland oder der Abbau der Staatsverschuldung an Bedeutung verloren, während die nicht-materiellen Ziele, wie das Engagement für Minderheiten, der Umweltschutz oder die Integration von Ausländern, höher bewertet werden (Tab. XII-3). Die generationalen Unterschiede lassen sich auch mit dem weithin bekannten Inglehart-Index ausweisen: Gemäß seiner Klassifizierung sind knapp ein Drittel (28%) der Vorkriegsgeneration gegenüber zwei Dritteln (66%) der Protestgeneration zur Gruppe der „Postmaterialisten" zu rechnen (Nachkriegsgeneration: 40%, Wohlstandsgeneration: 60%).

Vergleichbare generationale Unterschiede zeigen sich bei der Gruppe demokratischer Einstellungen, die sich auf Art und Umfang politischer Beteiligung und das Verhältnis zwischen Bürger und Staat beziehen. Für die Messung dieser Unterschiede wurde auf die bereits früher eingeführte Demokratieskala (Kaase 1971; Bürklin 1981) zurückgegriffen. Eine Reihe der dort entwickelten Fragen wurde in die Elite-Studie 1995 aufgenommen, weil sie geeignet sind, das Konzept der plebiszitären Demokratie vom traditionell staatsorientierten Demokratieverständnis in Deutschland (Dyson 1980) abzugrenzen.

Vergleichbar zur Bevölkerung findet auch bei den Eliten der Nachkriegsgenerationen die traditionelle Demokratie- und Staatsvorstellung deutlich geringere Unterstützung (Tab. XII-4). Mit Abstufungen sind die Nachkriegseliten weniger der Überzeugung, daß Demokratie auf Dauer nur möglich sei, wenn sich eine starke politische Führung über alle Gruppeninteressen hinwegsetzen könne, daß die Erhaltung von Ruhe und Ordnung wichtiger sei als die Erweiterung politischer Mitwirkung[1] und der Bürger das Recht zu Streiks und Demonstration verliere, wenn er damit die öffentliche Ordnung gefährdet. Sie sind dagegen eher geneigt, den Bürger stärker in den Prozeß der politischen Willensbildung einzubeziehen. Sie wollen ihm mehr Mitwirkungsrechte an den Entscheidungen der Regierung einräumen und das demokratische Prinzip über die allgemeinen Wahlen hinaus in allen gesellschaftlichen Bereichen etablieren. Dieser Logik folgend erscheinen ihnen auch Volksbegehren und Volksentscheide als notwendige Ergänzung der repräsentativen Demokratie.

---

1 Ergebnis einer Rangordnung der Ziele: „Aufrechterhaltung von Ruhe und Ordnung in diesem Land", „Mehr Einfluß der Bürger auf die Entscheidungen der Regierung", „Kampf gegen die steigenden Preise" und „Schutz des Rechts auf freie Meinungsäußerung". „Ruhe und Ordnung" nannten an erster Stelle 7 Prozent der Protest-, 13 Prozent der Wohlstands-, 25 Prozent der Nachkriegs- und 42 Prozent der Drittes Reich-/Weimarer Generation. Die analogen Anteile für „Mehr Einfluß" sind 36, 30, 23 und 16 Prozent.

Tabelle XII-4: Demokratische Einstellungen nach politischer Generation

Politisches Ziel	Zustimmung je Generationstyp				Zusammenhang tau-b (N)
	Protest	Wohlstand	Nachkrieg	3. Reich/ Weimaer Republik	
Zuviel Medienkritik an der politischen Führung schadet der Demokratie.	18	25	36	54	.16 (2054)
Die Chance der Opposition, die Regierung abzulösen, ist wichtiger als Stabilität und Kontinuität der politischen Führung.	61	56	51	45	-.08 (2014)
Die politische Mitwirkung der Bevölkerung sollte sich auf die Teilnahme an Wahlen beschränken.	7	9	19	31	.19 (2051)
Auch wer in einer Auseinandersetzung recht hat, sollte den Kompromiß suchen.	76	84	88	95	.19 (2041)
Demokratie ist auf Dauer nur möglich, wenn sich eine starke politische Führung über alle Gruppeninteressen hinwegsetzt.	14	19	32	49	.19 (2045)

Die Einführung von Volksbegehren ist eine notwendige Ergänzung der repräsentativen Demokratie.	75	60	42	38	.23 (2046)
Wenn Parteien in der Demokratie auch eine wichtige Rolle spielen, so werden durch sie doch politische Konflikte oft unnütz verschärft.	47	45	54	69	.11 (2043)
Der Bürger verliert das Recht zu Streiks und Demonstrationen, wenn er damit die öffentliche Ordnung gefährdet.	18	27	43	57	.20 (2034)
Demokratie sollte nicht auf den politischen Bereich beschränkt bleiben, sondern in allen gesellschaftlichen Bereichen realisiert werden.	80	77	68	59	-.13 (2030)
Meinungs- und Diskussionsfreiheit müssen dort ihre Grenzen haben, wo elementare moralische Überzeugungen und sittliche Grundwerte berührt werden.	41	50	59	71	.17 (2015)

* Prozentwerte: „stimme voll zu“ und „stimme eher zu“

Demokratietheoretisch kommt diesen Generationsunterschieden vor allem deswegen besondere Bedeutung zu, weil sie keine singulären Beobachtungen darstellen, sondern sich in den Überzeugungssystemen der Führungsschicht zu zwei alternativen Demokratievorstellungen verdichten. Hier das traditionelle Konzept der repräsentativen Demokratie, mit dem eine Präferenz für eine starke politische Führung und die Ablehnung unkonventioneller und direkter Beteiligungsformen einhergeht. Dort die plebiszitäre Demokratievorstellung, die mit den Themen der Neuen Politik und der Forderung, den Beteiligungsrechten des Individuums in allen gesellschaftlichen Bereichen höhere Priorität einzuräumen, verbunden ist.[2]

Abbildung XII-1: Dimensionen demokratischer Einstellungen

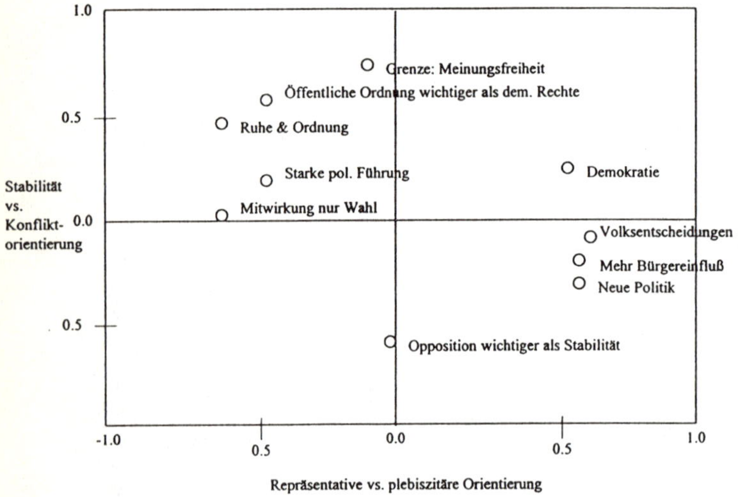

Die Verteilung dieser alternativen Demokratievorstellungen im zweidimensionalen Einstellungsraum läßt sich in Abbildung XII-1 sehr gut nachvollziehen. Im linken Teil des Abbildung finden sich die Standpunkte, die einer re-

2 Diese Einfachstruktur ist das Ergebnis einer Faktoranalyse, in die neben den Fragen der Demokratieskala (Tab. 4) auch die Rangordnung der Ziele „Ruhe und Ordnung" und „Mehr Mitwirkung der Bürger" und die vorab zur Skala „Neue Politik" zusammengefaßten Wichtigkeiten politischer Ziele (Tab. 3) aufgenommen wurden. Zur Konstruktion der Skala „Neue Politik" siehe z.B. Bürklin (1984, S. 136ff.).

präsentativen Vorstellung entsprechen, im rechten Teil die der plebiszitären Demokratievorstellung. Zwischen beiden demokratietheoretischen Positionen liegen verschiedene Einstellungen, die Abwägungen zwischen Individualrechten und kollektiven Werten mit traditionellem Bezug notwendig machen. Hierzu gehört die Frage, ob die Meinungs- und Diskussionsfreiheit an ihre Grenzen stoße, wenn elementare Überzeugungen und sittliche Grundwerte berührt werden. Ein vergleichbares Abwägen zwischen Minderheitsrechten und dem Wunsch nach stabiler Regierung ist bei der Einstellung verlangt, daß die Chance der Opposition, die Regierung abzulösen, wichtiger sei als die Stabilität und Kontinuität der politischen Führung.

Ausschlaggebend für die inhaltliche Interpretation dieses Einstellungsraumes ist in diesem Zusammenhang, daß die Unterschiede zwischen plebiszitärer und repräsentativer Demokratievorstellung in der Elite drei Mal so groß sind wie die Unterschiede zwischen konflikt- und stabilitätsorientierten Einstellungen.[3] Das heißt, daß sich die Differenzen in den demokratischen Einstellungen der Elite vorrangig am plebiszitären Demokratiekonzept festmachen.

In gewisser Weise eilt ein Teil der Elite demnach einem Trend voraus, der bereits in der anthropozentrischen Staatsvorstellung des Grundgesetzes (R. Herzog 1971: 141) angelegt ist und in der Verfassungswirklichkeit fortgeschrieben wurde. An die Stelle der für die deutsche Verfassungstradition charakteristischen Priorität staatlicher Eingriffsrechte (Dyson 1980) ist als Folge der sich „über mehr als vierzig Jahre erstreckenden Grundrechtsjudikatur des Bundesverfassungsgerichtes" (Böckenförde 1996) ein ausgebautes Rechtsschutzsystem für individuelle Grundrechte getreten. Dieser Verfassungswandel ist nicht ausschließlich das Ergebnis veränderter Generationserfahrungen, sondern im Grundgesetz verankert, das in bewußter Abkehr von der traditionellen Ordnung nicht vom Kollektiven her definiert, sondern in „der" Person, „dem" Menschen (z.B. Art. 1 GG) verankert ist: „Auf der Lehre von der Person beruht unsere gesamte Rechts- und Verfassungsordnung" (Hattenhauer 1996: 15). Der vorläufige Höhepunkt in der Entwicklung dieses „Allgemeinen Persönlichkeitsrechts" ist die Festschreibung eines Grundrechts auf informationelle Selbstbestimmung durch das Bundesverfassungsgericht und die Einrichtung des Datenschutzbeauftragten. Analoge Institutionen der Durchsetzung von Individualrechten gegenüber staatlichen Verwal-

3 Den Eigenwerten der beiden Faktoren von 3,6 und 1,2 entsprechen Anteile erklärter Varianz von 36,1 und 12,0 Prozent.

tungen sind die Wehr-, Frauen- und Ausländerbeauftragen in Bund und Ländern (vgl. Rüther 1996). Teile der deutschen Führungsschicht (s.u.) überhöhen diese anthropozentrische Vorstellung des Grundgesetzes insofern, als sie nicht mehr bereit sind, die vom Kollektiv her definierten Grenzen individueller Selbstbestimmung anzuerkennen.

Die zweite, hier beschriebene Dimension demokratischer Einstellungen ist durch den Gegensatz zwischen einer konflikt- und stabilitätsorientierten Einstellung zur Politik beschrieben. Hier stehen sich die verschiedenen Formen politischer Beteiligung von der konventionellen bis zur unkonventionellen oder gar nichtlegalen Partizipation gegenüber. Diese Dimension bildet den Trend zur Ausweitung politischer Partizipationsrepertoires ab, der auch auf der Bevölkerungsebene seit Jahren beobachtbar ist.

Abbildung XII-2: Plebiszitäre Ordnung und Systemstabilität

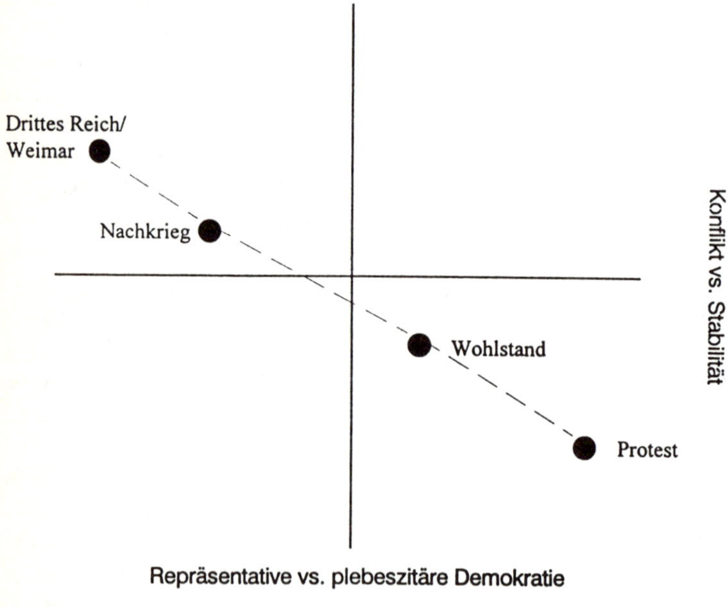

Wie ordnen sich die verschiedenen politischen Generationen in diesen beiden Dimensionen demokratischer Einstellungen an? Der zweidimensionale Raum wird von den vier politischen Generationen auf charakteristische Weise aufgespannt: In der ersten Dimension steht die Protestgeneration, die mehrheitlich das plebiszitäre Demokratiemodell präferiert, den Vorkriegsgenerationen gegenüber, die eindeutig dem repräsentativen Modell zuneigen. Zwischen beiden entgegengesetzten Positionen stufen die anderen beiden Generationstypen ihre Einstellungen graduell ab (Abb. XII-2). Vergleichbare Unterschiede zeigen sich auch in der zweiten Dimension. Auch hier steht die eher konfliktbereite Protestgeneration den Vorkriegsgenerationen gegenüber, für die Stabilität und kooperativer Konfliktaustrag Priorität hat. Das generationale Muster dieser Einstellungsunterschiede ist aufgrund der generationsprägenden Erfahrungen logisch konsistent angeordnet und weist auf einen fast monotonen Wandel demokratischer Einstellungen hin.

Diese Ergebnisse deuten darauf hin, daß es in der deutschen Elite tatsächlich zu einem generationalen Wertewandel gekommen ist. Offenbar hat ein Teil der Protestgeneration die für die 1960er Jahre typischen plebiszitären Einstellungen auch nach dem Aufstieg in die Führungsschicht nicht abgelegt. Dieses Ergebnis widerspräche allerdings einem der zentralen Befunde der Eliteforschung, wonach die Prägung durch die soziale Herkunft der anschließenden Rollensozialisation überlagert wird (Edinger/Searing 1967; Schleth 1971; Putnam 1976; Barton 1984). Geht man von der generellen Gültigkeit dieser These situativer Wertanpassung aus, dann liegt es nahe, vergleichbare Anpassungen auch für die Generationsprägung anzunehmen. In letzter Konsequenz wäre dann die Generationsthese zugunsten der These der sektoralen Prägung zu verwerfen.

3. Alternative Erklärungen: Sektorzugehörigkeit, Amtsdauer und Positionshöhe

Aus elitentheoretischer Perspektive verlieren die im Lebenszyklus vorausgehenden Prägungen eines Individuums, wie z.B. über die soziale Herkunft oder die Generationszugehörigkeit, in dem Maße an verhaltensbestimmender Kraft, wie ein Mitglied der Führungsschicht die Funktion eines sektoralen Interessenvertreters übernimmt. Geht man von der fortgesetzten Gültigkeit dieser These aus, dann müßten sich die in der Protestgeneration feststellbaren Abweichungen vor allem dadurch erklären, daß ein großer Teil dieser Altersgruppe über noch keine sehr lange währende Sektorprägung verfügt, weil er noch nicht sehr lange im Amt ist oder noch keine hohe Führungsposition einnimmt. Um diese Hypothese zu überprüfen, ist es sinnvoll, zunächst zu vergleichen, wie groß die Unterschiede zwischen den Generationen in Relation zur Sektorzugehörigkeit, zur Amtsdauer und zur Höhe der Position in der Elite überhaupt sind. Zur Vereinfachung dieses Vergleichs wurden die Eliten zwei gleich großen Gruppen zugeordnet, eine eher repräsentativ und eine eher plebiszitär eingestellte Gruppe (Tab. 5).

Tabelle XII-5: Strukturelle Grundlagen plebiszitärer Einstellungen

Strukturelles Merkmal	Demokratische Einstellung plebiszi-tär	reprä-sentativ	Basis (n)	eta	(R^2)
Positionshöhe in der Elite					
niedrig (1-4)	58 %	42 %	(200)		
mittel (5-6)	54	46	(809)		
hoch (7)	44	56	(778)	.14	(2,0)
Jahre in der Elitenposition					
1-2 Jahre	57	43	(419)		
3-4 Jahre	50	50	(470)		
5-6 Jahre	51	49	(398)		
über 7 Jahre	43	57	(515)	.16	(3,0)
Politische Generation					
Protest	70	30	(239)		
Wohlstand	59	41	(613)		
Nachkrieg	41	59	(854)		
Drittes Reich	29	71	(92)		
Weimar	--	100	(5)	.31	(9,3)
Elitensektor					
Politik	72	28	(290)		
Verwaltung	43	57	(403)		
Wirtschaft	30	70	(219)		
Wirtschaftsverbände	24	76	(140)		
Gewerkschaften	95	5	(81)		
Massenmedien	60	40	(209)		
Wissenschaft	38	62	(125)		
Militär	42	58	(123)		
Kultur	62	38	(76)		
Sonstige	53	47	(137)	.41	(16,8)
Parteiorientierung*					
CDU/CSU	26	74	(731)		
FDP	63	37	(216)		
SPD	63	37	(587)		
B'90/Grüne	94	6	(151)		
PDS	100	--	(6)	.53	(27,9)
Insgesamt	50 %	50 %	(2069)		

* Im Sektor Politik: Parteimitgliedschaft, sonst Wahlabsicht

(--) keine Fälle

Die Vermutung, daß sich Amtsdauer oder Positionshöhe entscheidend auf die demokratischen Einstellungen von Eliten auswirken, steht empirisch auf schwachen Füßen. So finden sich zwar bei Eliten mit höherer Position oder längerer Amtszeit mehr Anhänger der repräsentativen Demokratie, doch betragen die Unterschiede zwischen Eliten mit hoher und niedriger Position bzw. langer und kurzer Amtsdauer nur knapp 15 Prozent (Tab. XII-5). Demgegenüber beläuft sich der Unterschied zwischen der Protestgeneration und der im Dritten Reich sozialisierten Elite auf rund 40 Prozent. Von den fünf Mitgliedern der Weimarer Generation ist schließlich keines plebiszitär eingestellt. Der erkennbare Generationseffekt wird allerdings dadurch relativiert, daß die Zugehörigkeit zu einer der verschiedenen Sektoreliten die plebiszitäre Einstellung noch deutlich stärker bestimmt. Während nur 5 Prozent der Gewerkschaftselite dem Konzept der repräsentativen Demokratie nahestehen, sind das in der Wirtschaftselite 70 und bei den Wirtschaftsverbänden sogar 76 Prozent. Schwächere Mehrheiten für das repräsentative Konzept finden sich in der wissenschaftlichen und militärischen Elite, während die Elite in Massenmedien und Kultur eher dem plebiszitären Konzept zuneigt.

Noch stärker als der Elitensektor wirkt sich schließlich die Parteiorientierung der Positionseliten aus. Von den Eliten, die Mitglied von CDU und CSU sind oder diesen Parteien ihre Stimme geben, präferierten drei Viertel das Konzept der repräsentativen Demokratie. Bei den Eliten, die den Grünen nahestehen, liegt dieser Anteil bei nur 6 Prozent und bei der fast ausschließlich aus dem politischen Sektor kommenden Elite der PDS finden sich keine Verfechter der repräsentativen Demokratie. Im politischen Lager von SPD und FDP gibt es jeweils knappe Zweidrittel-Mehrheiten für eine plebiszitäre Ausgestaltung der deutschen Demokratie. Zusammenfassend bleibt somit festzuhalten, daß die Zugehörigkeit zu einem der verschiedenen Elitesektoren die plebiszitäre Einstellung etwa doppelt so gut erklärt wie der Generationseffekt, die Parteiorientierung, d.h. die Zugehörigkeit zu einem der politischen Untersektoren, sogar drei mal so gut.

Ist hiermit die Generationsthese, d.h. die Annahme, daß diese demokratischen Werte auf individueller Ebene relativ stabil bleiben, bereits zurückgewiesen? Nein, denn die aufgedeckten Sektoreffekte können verschiedene Ursachen haben. Zum ersten könnte der starke Einfluß des Elitensektors, einschließlich des Untersektors Politik, dadurch zustande kommen, daß sich die plebiszitär orientierten Eliten bereits als junge Erwachsene, nämlich zum Zeitpunkt ihrer Berufswahl, für einen gesellschaftlichen Sektor entscheiden, der ihren demokratischen Einstellungen oder auch denen ihrer Eltern am ehesten entspricht (Barton 1984; Rebenstorf 1991). Diese Hypothese ließ sich in verschiedenen Untersuchungen zur einstellungsbezogenen Berufswahl bisher allerdings nicht bestätigen (Heinz 1991). Eine ähnliche Möglichkeit bestünde darin, daß auf einer zweiten Stufe der Elitenselektion die 'Selektoren' (Putnam 1976) jeder Teilelite aus dem größeren Kreis qualifizierter Aspiranten nur diejenigen für höchste Positionen auswählen, die den sektorspezifischen Wertvorstellungen am ehesten entsprechen. Beide Fälle sind mit der Annahme der Generationsthese vereinbar, wonach einmal geprägte Wertorientierungen auch in späteren Lebensphasen beibehalten werden. Alternativ dazu bestünde ein dritte Möglichkeit darin, daß die sektorspezifischen Einstellungen darauf zurückgehen, daß die Eliten die in den jeweiligen Sektoren vorherrschenden Werte und Normen im Zuge der sekundären Sozialisation im Elitensektor übernehmen. Dieser letzten Interpretation entspräche die Hypothese der situativen Wertanpassung (Klages 1984). Sie steht der Annahme der dauerhaften Prägung entgegen.

Zum gegenwärtigen Zeitpunkt kann nicht abschließend geklärt werden, welche dieser drei Hypothesen zu Stabilität und Wandel demokratischer Einstellungen den Sachverhalt besser beschreibt. Um diese Frage zweifelsfrei beantworten zu können, müßten die entsprechenden Einstellungen der Eliten vor ihrem Aufstieg in die Führungsposition bekannt sein. Da diese Informationen nachträglich nicht mehr erhoben werden können, muß die empirische Evidenz für die jeweilige Hypothese indirekt beigebracht werden. Dazu bieten sich zwei Wege an. Zum einen kann auf der Basis der Querschnittsuntersuchung des Jahres 1995 überprüft werden, wie stark die reinen Generations-, Status- und Sektoreffekte noch sind, wenn alle anderen Faktoren konstant gehalten werden. Zum anderen kann überprüft werden, wie stark und in welche Richtung sich die Einstellungen jeder einzelnen politischen Generation im Zeitablauf verändert haben. Für diesen Test stehen einige wenige vergleichbar erhobene Einstellungen zur Demokratie in Deutschland aus früheren Elitestudien zur Verfügung.

3. 1 Generationseffekte in der Querschnittsanalyse 1995

Der erste Weg, die verschiedenen Möglichkeiten zur Interpretation der Sektorprägung zu interpretieren, einzugrenzen, besteht in der Berechnung der Netto-Effekte für jedes der in Tabelle XII-5 diskutierten Elitenmerkmale. Das hier eingesetzte Verfahren der multiplen Klassifikationsanalyse basiert auf der Logik der simultanen Drittvariablen-Kontrolle. Das bedeutet, daß z.B. bei der Berechnung des Generationseffektes die Einstellungen jeweils nur der Personen verglichen werden, die sich hinsichtlich ihrer Amtsdauer, Positionshöhe, ihres Elitensektors und ihrer Parteiorientierung nicht unterscheiden. Die Berechnung dieser Nettoeffekte unter Konstanthaltung von Drittvariablen ist auch deshalb notwendig, weil die verschiedenen Merkmale des Elitestatus sich wechselseitig bedingen. So hängt etwa die Positionshöhe von der Amtsdauer ab und diese wiederum vom Lebensalter bzw. der Generationszugehörigkeit. Nur wenn diese Effekte herausgerechnet werden, läßt sich letztlich entscheiden, ob ein Mitglied der Elite plebiszitär eingestellt ist, weil es der Nachkriegsgeneration angehört oder eine kürzere Zeit im Amt ist.

Die Ergebnisse dieser Analyse bringen uns einen Schritt weiter, denn die Nettoeffekte zeigen ein sehr viel deutlicheres Muster als die bivariaten Zusammenhänge. Die ohnehin moderaten Effekte der Positionshöhe und der Amtsdauer gehen nach Berücksichtigung der anderen Faktoren noch weiter zurück (Tab. XII-6). Besonders aufschlußreich sind die Veränderungen der Generations- und Sektoreffekte. Berücksichtigt man alle mit der Generationszugehörigkeit zusammenhängenden Faktoren in der Analyse, dann geht der Generationseffekt auf einen Bruchteil seines Erklärungsbeitrages zurück (.31 vs. .13). Demgegenüber bleibt die Prägung durch den Elitensektor sehr viel stärker erhalten, wenn Amtsdauer, Positionshöhe, Parteiorientierung und die Generationszugehörigkeit konstant gehalten werden. Am stabilsten bleibt schließlich der Effekt der Parteiorientierung. Sie erklärt nach statistischen Kriterien 19 Prozent der Varianz, während der bereinigte Sektoreffekt gut 6 Prozent und der Generationseffekt nur knapp 2 Prozent der Varianz erklärt.

Tabelle XII-6: Bestimmungsgründe plebiszitärer Einstellungen. Eine Multiple Klassifikationsanalyse

Merkmal:	bivariate Effekte (eta)	Netto-Effekte (beta)
Positionshöhe	.14	.02
Amtsdauer	.21	.12
Generation	.31	.13
Sektorzugehörigkeit	.42	.25
Parteiorientierung	.53	.44
		(R=.60, r^2=.36)

Diese Ergebnisse lassen sich - zunächst - mit der These der Generationsprägung plebiszitärer Wertorientierungen nicht in Einklang bringen. Sie legen statt dessen die Vermutung nahe, daß die Agenda gesellschaftlicher Themen in der Führungsschicht auch heute noch in erster Linie von den Interessengegensätzen und Werten der sektoral gruppierten Eliten bestimmt wird. Wenn aber die Wertorientierungen der Nachkriegseliten in jedem einzelnen Sektor denen der älteren Sektormitglieder ähnlicher sind als die Wertorientierungen der Nachkriegseliten anderer Sektoren, dann spricht das gegen die Vermutung, daß sich in der deutschen Elite eine neue generationale Konfliktlinie herausgebildet habe, die quer zu den traditionellen Cleavages (Lipset/Rokkan 1967) verläuft.

Abbildung XII-3: Plebiszitäre Ordnung und Systemstabilität: Bereinigte Generationseffekte

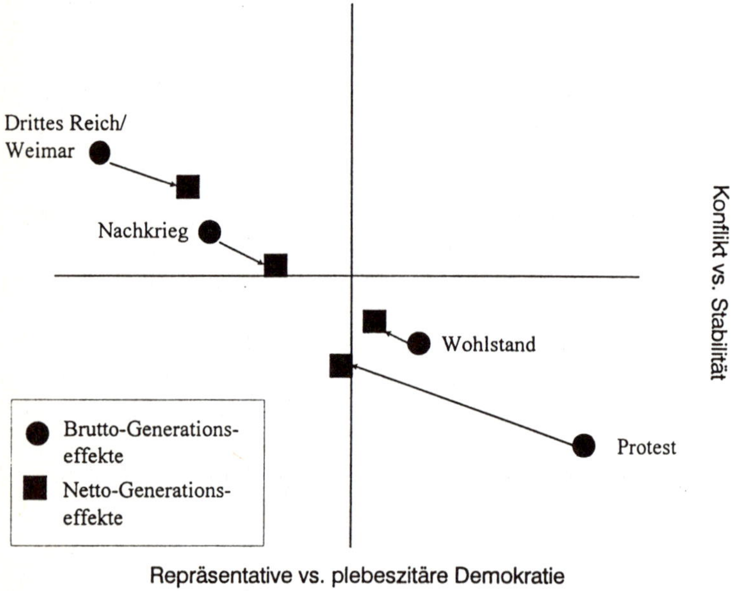

Wie stark der ursprüngliche Generationseffekt in der Elite des Jahres 1995 zurückgeht, wenn diese Faktoren in der Datenanalyse berücksichtigt werden, läßt sich graphisch sehr anschaulich darstellen (Abb. XII-3). Auffällig ist an der statistisch korrigierten Plazierung der vier politischen Generationen im zweidimensionalen Raum zunächst, daß sich die Mitglieder der Protestgeneration, die einen ansonsten vergleichbaren Elitestatus haben, nur noch wenig von der Wohlstandsgeneration unterscheiden.[4] Im Vergleich hierzu ist aber auch die Vorkriegselite etwas weiter vom rein repräsentativen Demokratie-

4 Die Eintragungen im Schaubild sind durch Kontrolle von Drittvariablen (Multiple Klassifikationsanalyse) berechnete Mittelwerte.

konzept entfernt, wenn man den Effekt der längeren Amtszeit bzw. der höheren Position berücksichtigt. Auch wenn wir nicht über die zeitvergleichenden Daten verfügen, diese These abschließend zu überprüfen, dann kann aus diesen Verteilungen auf deutliche Effekte der sekundären Sozialisation in die Elitenrolle geschlossen werden. Ob das auch für die in jüngster Zeit aufgestiegenen Eliten gilt und diese mit zunehmender Sozialisation in die Elitenrolle dem traditionellen, repräsentativen Demokratiekonzept schrittweise näher kommen werden, muß hier zunächst offen bleiben.

Eine zweite Besonderheit in der Plazierung der vier politischen Generationen erlaubt weitere Aufschlüsse über den Charakter des Wandels demokratischer Einstellungen. So wird aus Abbildung XII-3 ersichtlich, daß die generationalen Unterschiede zwischen der repräsentativen und plebiszitären Demokratievorstellung sich zwar einebnen, in der zweiten Dimension, wo es um die Formen politischer Beteiligung geht, aber stabiler erhalten. Im Ergebnis sind beide Netto-Effekte fast gleich groß (Tab. 7). Demnach verdeutlicht diese Analyse noch einmal, daß sich der generationale Einstellungswandel in der deutschen Elite auf zwei unterschiedliche Aspekte bezieht: Gestiegen ist sowohl die Bereitschaft, die politischen Beteiligungsrechte in Richtung einer plebiszitären Demokratie auszuweiten als auch die Bereitschaft, unkonventionelle und konfliktträchtige politische Beteiligungsformen als legitim anzuerkennen bzw. einzusetzen.

Tabelle XII-7: Generationseffekte auf zwei Dimensionen demokratischer Einstellungen

Einstellungs-Dimension	bivariater Effekt (eta)	Nettoeffekt* (beta)
Plebiszitäre vs. repräsentative Demokratie	.30	.13
Stabilitäts- vs. Konfliktorientierung	.18	.10

* Nach Kontrolle der Positionshöhe, Amtsdauer, Parteiorientierung und Sektor.

3.2. Generationseffekte in der Längsschnitt-Perspektive, 1972-1995

Der zweite hier eingeschlagene Weg, den Charakter des Wandels demokratischer Einstellungen in der deutschen Führungsschicht näher zu bestimmen, besteht darin, die Einstellungen jeder politischen Generation, bzw. jeder Alterskohorte, in den zeitlich aufeinanderfolgenden Elitestudien zu vergleichen.

Tabelle XII-8: Einstellungen zur Demokratie: Ein Kohorten-Vergleich 1972-1995

Einstellung zur Demokratie	Generation	1972 Prozent*(N)	1981 Prozent*(N)	1995 Prozent*(N)
Auch wer in einer Auseinandersetzung recht hat, sollte den Kompromiß suchen.	Kaiserreich	96	-	--
	Weimar	92	93	-
	3. Reich	87	95	95
	Nachkrieg	86	92	88
	Wohlstand	-	89	84
	Protest	--	-	76
	insgesamt	89 (1760)	93 (1722)	85 (2041)
Meinungs- und Diskussionsfreiheit müssen dort ihre Grenzen haben, wo elementare moralische Überzeugungen und sittliche Grundwerte berührt werden	Kaiserreich	72	-	--
	Weimar	69	85	-
	3. Reich	49	61	71
	Nachkrieg	33	47	59
	Wohlstand	-	28	50
	Protest	--	-	41
	insgesamt	55 (1763)	57 (1720)	56 (2015)
Demokratie ist auf Dauer nur möglich, wenn sich eine starke politische Führung über alle Gruppen-interessen hinwegsetzt.	Kaiserreich	59	-	--
	Weimar	53	65	-
	3. Reich	39	40	49
	Nachkrieg	27	36	32
	Wohlstand	-	16	19
	Protest	--	-	14
	insgesamt	43 (1756)	39 (1714)	25 (2045)
Demokratie kann nur verwirklicht werden, wenn der einzelne die Chance hat, sich nicht nur an den allgemeinen Wahlen zu beteiligen, sondern auch am Arbeitsplatz weitgehend mitzubestimmen.	Kaiserreich	62	-	--
	Weimar	57	67	-
	3. Reich	65	70	59
	Nachkrieg	75	68	68
	Wohlstand	-	79	77
	Protest	--	-	80
Fragetext 1995: Demokratie sollte nicht auf den politischen Bereich beschränkt bleiben, sondern in allen gesellschaftlichen Bereichen realisiert werden.	insgesamt	69 (1755)	70 (1721)	74 (2030)

* Ausgewiesen sind die Prozentanteile zustimmender Antworten. Die Differenz zu 100 Prozent sind jeweils ablehnende Antworten; fehlende Angaben wurden nicht berücksichtigt.

(-) zu geringe Fallzahlen; (--) keine Fälle

Für diesen Test stehen einige wenige plebiszitäre Einstellungen zur Verfügung, die in den Elitestudien 1972, 1981 und 1995 vergleichbar erhoben wurden: Die Einstellung zum politischen Kompromiß, zur Meinungsfreiheit, zur Legitimität einer starken politischen Führung und zur Ausweitung der demokratischen Mitbestimmung auf alle gesellschaftlichen Bereiche (Tab. XII-8). Die Ergebnisse dieser Kohortenanalyse sind aufschlußreich. Sie sind aber auch mehrdeutig und ermöglichen daher nicht, die Hypothese der Generationsprägung eindeutig zu widerlegen oder zu bestätigen. Diese Mehrdeutigkeit geht darauf zurück, daß sich über den Untersuchungszeitaum von 23 Jahren hinweg nicht nur die vermuteten Generationseffekte nachweisen lassen, sondern auch ausgeprägte Effekte der lebenszyklischen, bzw. situativen Anpassung demokratischer Einstellungen. Die Mitglieder der verschiedenen politischen Generationen sind zwar unterschiedlich geprägt, sie ändern aber ihre Einstellungen mit zunehmendem Alter.

Die Parallelität von Generations- und Lebenszykluseffekten läßt sich selbst bei der in der deutschen Elite hoch konsensualen Norm der Kompromißbereitschaft feststellen. Alle untersuchten Kohorten, für die frühere Vergleichswerte vorliegen, waren in jüngerem Alter konfliktorientierter und wurden im höheren Alter kompromißbereiter. Bemerkenswert ist allerdings, daß die Wohlstands- und Protestgeneration erkennbar konfliktbereiter ist als die jüngsten Kohorten zu früheren Zeitpunkten. Tatsächlich ist das etwas höhere Niveau der Konfliktbereitschaft in der deutschen Elite vor allem auf diese beiden Generationen zurückzuführen.

Einem ähnlichen Muster folgend haben sich auch die Einstellungen zur Meinungs- und Diskussionsfreiheit geändert. Hier sprechen sich ebenfalls die jeweils jüngsten Mitglieder der Elite gegen eine Beschränkung individueller Entfaltungsrechte aus. Weitere neun bzw. vierzehn Jahre später haben sich diese Kohorten aber lebenszyklisch verändert. Nunmehr sind eineinhalb bis zwei mal so viele Führungskräfte derselben Kohorte zu Einschränkungen der Meinungs- und Diskussionsfreiheit bereit. Je älter diese Kohorten geworden sind, um so eher zeigten sie sich bereit, den Schutz von Normen und Grundwerten der Gemeinschaft höher zu stellen als die unbeschränkte Entfaltung des Individuums. Diese Veränderungen könnten zwar auch als Periodeneffekt verstanden werden; für die Interpretation als Generationseffekt spricht aber, daß die Entwicklungstrends schlüssig in eine Richtung weisen. Ähnlich klar sind diese Präferenzen für die eher dem repräsentativen Konzept entsprechende Einstellung, daß Demokratie auf Dauer nur möglich sei, wenn sich eine starke politische Führung über alle Gruppeninteressen hinwegsetzen könne. Auch hier sind zwei gegenläufige Effekte wirksam geworden: Einerseits hat die Zustimmung zu dieser Staatsvorstellung in allen Nachkriegsgeneration kontinuierlich abgenommen. Zugleich aber hat in jeder Kohorte mit steigendem Alter auch die Bereitschaft zugenommen, eine starke politische Führung und somit eine eher traditionelle Staatsvorstellung anzuerkennen. Bei dieser Einstellung sind allerdings die Generationseffekte deutlich stärker als die lebenszyklischen Anpassungen. In der Folge hat die Anhängerschaft der traditionellen Staatsvorstellung in der gesamten Elite von 43 auf 25 Prozent abgenommen. Analog dazu haben sich stetig zunehmende Teile der Elite dafür ausgesprochen, die demokratische Mitwirkung der Bevölkerung nicht nur auf den politischen Bereich zu beschränken, sondern auf alle gesellschaftlichen Bereiche auszudehnen. Zwar nimmt auch diese Bereitschaft im höheren Alter ab; dieser lebenszyklisch bedingte Rückgang wird aber durch die erheblich stärker gewachsene Zustimmung bei den Nachkriegsgenerationen mehr als ausgeglichen. Im Endeffekt führte dieser Generationswandel dazu, daß die Zustimmung zum Konzept der plebiszitären Demokratie in der deutschen Elite insgesamt größer geworden ist.

Aus diesen Zeitreihen läßt sich die Schlußfolgerung ziehen, daß es in der deutschen Elite zwar erhebliche lebenszyklische Anpassungen an das repräsentative Modell gegeben hat, daß sich aber die Mitglieder der Wohlstands- und Protestgeneration derart deutlich von diesem Modell entfernt haben, daß hier offenbar doch von einer bzw. zwei neuen politischen Generationen gesprochen werden kann. Folgt man dieser Interpretation, bleibt allerdings zu erklären, weshalb sich diese Generationseffekte in der multivariaten Analyse der Elitestudie 1995 nicht zeigen lassen. Diese widersprüchlichen Ergebnisse lassen sich nur auflösen, wenn man die möglichen Generationseffekte konzeptuell breiter faßt als in der klassischen Kohortenanalyse. Argumentatorischer Ausgangspunkt für eine konzeptuell breitere Erfassung von Generationseffekten ist die für 1995 feststellbare Tatsache, daß ein größerer Teil der Elite, der vom repräsentativen Modell abweicht, nicht innerhalb der „traditionellen“ politischen Sektoren angesiedelt ist, sondern in den daneben entstandenen „neuen“ Parteien der Grünen und der PDS (Tab. XII-9). Vergleichbar geschlossen unterstützen andererseits die politische Elite der CDU/CSU und die ihr nahestehenden Eliten das Modell der repräsentativen Demokratie. Größere innersektorale Brückenschläge hat vor allem die SPD zu leisten. Ihre Anhänger in der Elite stehen dem plebiszitären Modell abweisend (Verbände) bis voll zustimmend gegenüber (Politik, Gewerkschaften). Somit können klassische Generationskonflikte im wesentlichen nur in der SPD und zum kleineren Teil auch in der FDP entstehen. Vor allem in diesem politischen Spektrum werden die Anhänger neuer Werte und Politikprioritäten mit den Erwartungen konfrontiert, sich der traditionellen Linie der Organisation anzupassen. Im Gegensatz dazu können weder bei den Grünen und der PDS noch bei den Unionsparteien wegen der vergleichsweise großen Geschlossenheit in dieser Frage kaum Generationskonflikte entstehen.

Tabelle XII-9: Plebiszitäre Einstellungen nach Parteiorientierung der Sektorelite (Prozentanteile je Subsektor)

Sektorelite	Parteiorientierung *						
	CDU/ CSU	SPD	FDP	B'90/ Grüne	PDS	gesamt	(n)
Politik	25	91	66	100	100	72	(290)
Verwaltung	24	64	49	-	--	43	(403)
Wirtschaft	22	40	44	--	--	30	(219)
Verbände	20	22	43	-	--	24	(140)
Gewerkschaften	--	94	--	-	--	95	(81)
Massenmedien	26	68	72	96	--	60	(209)
Wissenschaft	44	37	56	-	--	38	(125)
Militär	44	56	67	--	--	41	(123)
Kultur	27	33	75	95	--	62	(76)
Sonstige	26	60	83	-	--	53	(137)
gesamt	26	63	63	94	100	50	(1803)

* Im Sektor Politik: Parteimitgliedschaft, sonst Wahlabsicht

(--) zu geringe Fallzahlen; (-) keine Fälle

Diese charakteristische Verteilung der Wertetypen macht deutlich, daß sich hinter den sektoralen Einstellungsdifferenzen in der Elite in Wirklichkeit Generationseffekte verbergen. Die Sektoreffekte können als indirekte Generationseffekte interpretiert werden, weil sich die Anhänger der „neuen Werte" aus dem etablierten System ausgegliedert haben und sich nun in den neuen Sektoren konzentrieren. Demnach veränderte sich die Zusammensetzung des politischen Sektors als Folge des Generationswandels. Durch die sektorale Ausgliederung entfällt für die Eliten in den neuen Sektoren die Notwendigkeit, sich an sektorspezifische Werte und Normen anpassen zu müssen. Sie können aufgrund ihrer relativen Autonomie in das Gesamtsystem der sektoral differenzierten Elite integriert werden, ohne im Zuge der sekundären Sozialisation größere weltanschauliche Anpassungsleistungen vollbringen zu müssen.

Aus der zusammenfassenden Abbildung XII-4 kann abgelesen werden, in welchem Verhältnis der Generationseffekt durch Ausgliederung zum Generationseffekt innerhalb der traditionellen Sektoren und politischen Parteien steht. Zu diesem Zweck wurde die Präferenz für die plebiszitäre Demokratie nach dem Elitensektor und der Parteineigung der Eliten sowie der Zugehörigkeit zu den Vor- bzw. den Nachkriegsgenerationen unterschieden.

Schaubild 4: Politische Einstellungen der Vor- und Nachkriegsgeneration in verschiedenen Sektoreliten

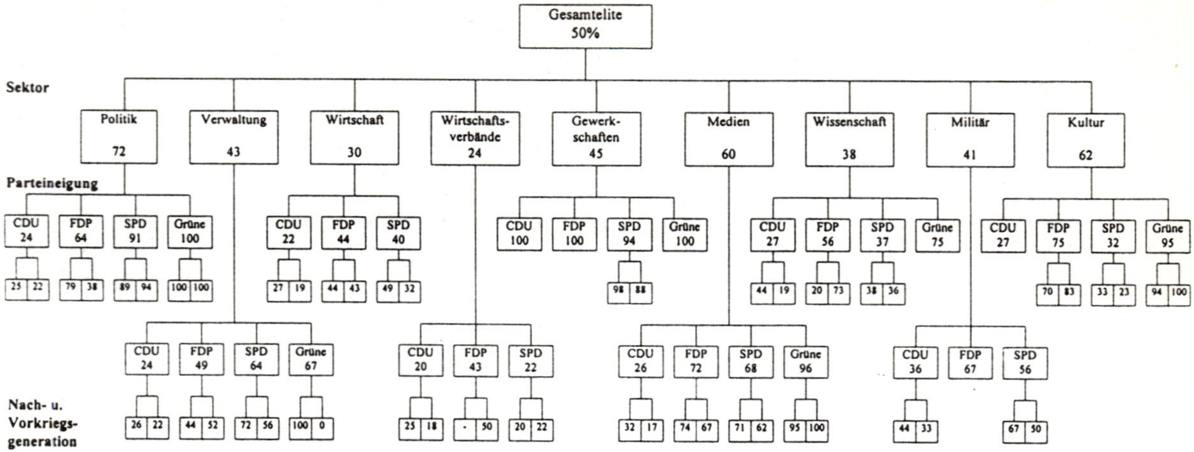

Erhellend ist an dieser Aufschlüsselung, daß die Generationsunterschiede bei den Unionsparteien etwa im Sektor Politik praktisch nicht existent sind (25 vs. 22%); ähnlich homogen sind die Unionsanhänger in der Verwaltungselite, der Wirtschaft, den Verbänden und der Kultur. Nennenswerte Generationsunterschiede finden sich allein bei der wissenschaftlichen und der Medienelite. Signifikante innersektorale Generationsdifferenzen bestehen nur bei der SPD-orientierten Verwaltungs- und Militärelite sowie der FDP-orientierten wissenschaftlichen und politischen Elite. Relevante Ausgliederungen zu den Grünen finden sich vor allem in der Politik, aber auch in Verwaltung, Massenmedien, Kultur und Wissenschaft. Zum gegenwärtigen Zeitpunkt ist allerdings noch offen, ob die Eliten in den letzteren Sektoren ihre plebiszitären demokratischen Einstellungen an sektorspezifische Werte und Normen anpassen werden, wenn sie in die nächste Phase des Lebenszyklus überwechseln.

4. Zusammenfassung und Interpretation

Die Ergebnisse unserer Analyse lassen sich zu folgenden Thesen zusammenfassen:

1. Die Mehrheit der deutschen Führungsschicht kommt heute aus der Protest- und Wohlstandsgeneration. Diese neue Führungsgeneration unterscheidet sich in ihren demokratischen Einstellungen von der Kriegs- und Vorkriegsgeneration. Sie vertritt sowohl in der Wert- als auch in der Normdimension der Politik - also hinsichtlich der Ziele und der Formen der Beteiligung - abweichende Konzeptionen: Die in der Nachkriegszeit sozialisierten Eliten stehen für die Ziele der Neuen Politik, für einen stärker konfliktbetonten Interessenausgleich und das Konzept einer plebiszitären, auf alle gesellschaftlichen Sektoren ausgeweiteten Demokratie.
2. Auf die Frage nach der dominanten Prägung demokratischer Einstellungen - Sektor oder Generation - muß eine differenzierte Antwort gegeben werden. Zum ersten sind die Eliten nach wie vor dominant durch die Werte und Normen ihres Sektors geprägt. Das gilt besonders für den Untersektor Politik, bei dem die demokratischen Einstellungen ohnehin von größerem Gewicht sind. Zum zweiten kann für den Zeitraum der letzten 23 Jahre gezeigt werden, daß sich die demokratischen Einstellungen

auch lebenszyklisch geändert haben. Je länger ein Mitglied der Führungsschicht im Amt war und je höher seine Position in der Elite, umso wahrscheinlicher war es dem Konzept der repräsentativen Demokratie zugeneigt. Mit dem Amt kommt offenbar die Akzeptanz der repräsentativen, auf politische Führung angelegten Demokratie. Auf diese Weise wird der generationale Wandel von Wertorientierungen durch einen gegenläufigen situativen, oder auch lebenszyklischen Wertewandel überlagert.

3. Der Wertewandel in der Elite des Jahres 1995 geht auf zwei Typen von Generationseffekten zurück. Der klassische Generationseffekt im Sinne Karl Mannheims bezieht sich auf die Kooptation einer neuen politischen Generation in das etablierte System der gesellschaftlichen Eliten. Dieser Typ des Generationseffektes ist in der deutschen Elite des Jahres 1995 vorhanden, hat aber eher moderate Wirkungen. Die Effekte der sektorspezifischen, sekundären Sozialisation werden offenbar innerhalb des etablierten Systems stärker wirksam. Das gilt nicht auf gleiche Weise für die indirekten Generationseffekte, die sich auf die Veränderung der Elitestruktur zurückführen lassen. In dieser Logik haben sich in der Bundesrepublik für die Protestgeneration offenbar eigene weltanschauliche Nischen eröffnet, in denen sie viel seltener mit lebenszyklischer Anpassung an tradierte Werte und Normen reagieren, wenn sie in die Führungsschicht aufsteigen. Diese indirekten Generationseffekte beziehen sich im Jahre 1995 auf die etwa 7 Prozent der gesamten Elite, die den Grünen bzw. der PDS angehören oder ihnen nahestehen. Im Verhältnis zur gesamten Führungsschicht ist diese Gruppe zwar relativ klein. Da sie aber ihren Schwerpunkt in der politischen Elite und den politiknahen Sektoren hat, kommt ihr ein vergleichsweise großer Einfluß im Prozeß der politischen Willensbildung zu.

Greifen wir unter diesen Gesichtspunkten die eingangs gestellte Frage wieder auf, dann kommen wir zu folgender Schlußfolgerung: Der lange Marsch durch die Institutionen hat die Protestgeneration der 1960er Jahre in die Ämter gebracht. Für die Eliten aus der Wohlstands- und Protestgeneration, die in Führungspositionen der traditionellen Sektoren wechselten, war damit auch eine stärkere Veränderung ihrer Einstellungen zur plebiszitären Demokratie in Deutschland verbunden. Der lebenszyklischen Anpassung an traditionelle Werte weniger ausgesetzt waren bisher jene Eliten, die sich über die Partei der Grünen und die Neuen Sozialen Bewegungen alternative Netzwerke und eine neue Sektorelite eingerichtet haben. Für diese Eliten ist die Doppelstrategie der Studentenbewegung letztlich aufgegangen. Diese Entwicklung kann aber eher als Stützung denn als Widerlegung der These der sektoralen Prägung demokratischer Einstellungen angesehen werden.

Die Tatsache, daß sich alternative Wertvorstellungen vor allem in den neuen Elitesektoren stabilisieren konnten, belegt das große Gewicht der sekundären Sozialisation von Eliten in den jeweiligen Elitesektoren. Eine offene Frage bleibt allerdings weiterhin, wie weit die neuen Eliten die Anpassung an das Konzept der repräsentativen Demokratie nachvollziehen werden, wenn Grüne und Neue Soziale Bewegungen zu einem dauerhaften Bestandteil der gesellschaftlichen Ordnung und ihrer Führungsstruktur geworden sind. Dessen ungeachtet kann bei der offensichtlich kontinuierlichen Sozialisation sektorspezifischer Einstellungen zur Demokratie von einem revolutionären Generationswandel in der deutschen Elite keine Rede sein.

Verzeichnis zitierter Literatur

Adler, Frank, 1991a, Ansätze zur Rekonstruktion der DDR-Sozialstruktur. In: Berliner Journal für Soziologie, 1, S. 157-175

Adler, Frank, 1991b, Das „Bermuda-Dreieck" des Realsozialismus: Machtmonopolisierung - Entsubjektivierung - Nivellierung. Rückblicke auf die Gesellschafts- und Sozialstruktur der DDR und ihre Erosion. In: BISS public, 1, S. 5-46

Akademie für Staat und Recht der DDR (Hrsg.), 1988, Verwaltungsrecht, Lehrbuch, 2. Auflage. Berlin: Staatsverlag

Alber, Jens, 1986, Der Wohlfahrtsstaat in der Wirtschaftskrise - Eine Bilanz der Sozialpolitik in der Bundesrepublik Deutschland seit den frühen siebziger Jahren. In: Politische Vierteljahresschrift, 27, 1986, S. 28-60

Alber, Jens, 1988a, Vom Armenhaus zum Wohlfahrtsstaat. Analysen zur Entwicklung der Sozialversicherung in Westeuropa. Frankfurt a. M.: Campus

Alber, Jens, 1988b, Continuities and Changes in the Idea of the Welfare State. In: Politics and Society, 16, S. 451-468

Alber, Jens, 1989, Der Sozialstaat in der Bundesrepublik 1950-1983. Frankfurt a. M./New York: Campus

Alemann, Ulrich von/Rolf Heinze, (Hrsg.), 1979, Verbände und Staat, Opladen: Westdeutscher Verlag

Alemann, Ulrich von, 1990, Parteien und Gesellschaft in der Bundesrepublik Deutschland. Rekrutierung, Konkurrenz und Responsivität. In: Mintzel/Oberreuter, Parteien in der Bundesrepublik, S. 84-128

Alemann, Ulrich von, 1993, Organisierte Interessen in der Bundesrepublik. Reflexionen zu ihrer politikwissenschaftlichen Rezeption und politischen Perzeption. In: Kleinfeld, Richard/Wolfgang Luthardt (Hrsg.), Westliche Demokratien und Interessenvermittlung. Zur aktuellen Entwicklung nationaler Parteien- und Verbändesysteme. Marburg: Schüren, S. 160-179

Almond, Gabriel A./G. Bingham Powell, 1978, Comparative Politics. System, Process, and Policy. 2. Auflage. Boston/Toronto: Little, Brown and Company

Almond, Gabriel A./Sidney Verba, (Hrsg.), 1980, The Civic Culture Revisited, Boston/Toronto: Little, Brown and Company

Almond, Gabriel A./Sidney Verba, 1963, The Civic Culture. Political Attitudes and Democracy in Five Nations, Princeton: Princeton University Press

Alt, Helmut, 1987, Die Stellung des Zentralkomitees der SED im politischen System der DDR. Köln: Verlag Wissenschaft und Politik

Ammer, Thomas, 1994, Strukturen der Macht. Die Funktionäre im SED-Staat. In: Weber, Jürgen (Hrsg.), Der SED-Staat. Neues über eine vergangene Diktatur. München: Olzog, S. 5-22

Andorka, Rudolf, 1993, Regime Transition in Hungary in the 20th Century. The Role of National Counter Elites. In: Derlien/Szablowski, Regime Transitions, S. 358-371

Arbeitgeber. Geschäftsbericht für das Jahr 1992. Köln: Bundesvereinigung der Arbeitgeber

Aron, Raymond, 1950, Social Structure and the Ruling Class. In: The British Journal of Sociology, 1, S. 1-16 und S. 126-143

Arzheimer, Kai/Markus Klein, 1995, Die friedliche und die stille Revolution. Die Entwicklung gesellschaftspolitischer Wertorientierungen in Deutschland seit dem Beitritt der fünf neuen Länder. Konferenzpapier für die Tagung „Politische Einstellungen und politisches Verhalten in den neuen Bundesländern" 28.-30. 09. 1995 in Dresden

Bacher, Johann, 1996, Clusteranalyse. München/Wien: R.Oldenbourg Verlag

Bäcker, Gerhard, 1991, Sozialpolitik im vereinigten Deutschland. Probleme und Herausforderungen. In: Aus Politik und Zeitgeschichte. Beilage zur Wochenzeitung Das Parlament, B 3-4/91, S. 3-15

Baker, Kendall L./Russell J. Dalton/Kai Hildebrandt, 1981, Germany Transformed. Cambridge: Harvard University Press

Bald, Detlef, 1979, Die pluralistische Bundeswehr. Historische Kontinuität und Wandel der sozialen Rekrutierungsmuster der Unteroffiziere und Offizieren. In: Der Bürger im Staat, 29, S. 97-102

Barnes, Samuel/Max Kaase u. a., 1979, Political Action. Mass participation in Five Western Democracies. Beverly Hills: Sage Publications

Barton, Allen H., 1984, Determinants for Elite Policy Attitudes. In: Linden, Ronald/Bert A. Rockman (Hrsg.), Elite Studies and Communist Politics. Pittsburgh: University of Pittsburgh Press, S. 191-235

Bauer, Petra, 1991a, Freiheit und Demokratie in der Wahrnehmung der Bürger in der Bundesrepublik und der ehemaligen DDR. In: Wildenmann, Rudolf (Hrsg.), Nation und Demokratie. Politisch-strukturelle Gestaltungsprobleme im neuen Deutschland, Studien zur gesellschaftlichen Entwicklung, Bd. 8. Baden-Baden: Nomos, S. 99-124

Bauer, Petra, 1991b, Politische Orientierungen im Übergang. Eine Analyse politischer Einstellungen der Bürger in West- und Ostdeutschland 1990/91. In: Kölner Zeitschrift für Soziologie und Sozialpsychologie, 43, S. 433-453

Bauer, Petra, 1993, Ideologie und Politische Beteiligung in der Bundesrepublik Deutschland. Eine empirische Untersuchung politischer Überzeugungssysteme. Opladen: Westdeutscher Verlag

Bauer-Kaase, Petra, 1994a, Germany in Transition: The Challenge of Coping with Unification, In: Hancock, Donald M./Helga A. Welsh (Hrsg.), German Unification. Process and Outcomes. Boulder/San Francisco/Oxford: Westview Press, S. 285-311

Bauer-Kaase, Petra, 1994b, Die Entwicklung politischer Orientierungen in Ost- und Westdeutschland seit der deutschen Vereinigung. In: Niedermayer, Oskar/Richard Stöss (Hrsg.), Parteien und Wähler im Umbruch. Parteiensystem und Wählerverhalten in der ehemaligen DDR und in den neuen Bundesländern. Opladen: Westdeutscher Verlag, S. 266-297

Bauer-Kaase, Petra/Max Kaase, 1996, Five Years of Unification: The Germans on the Path to Inner Unity? In: German Politics, 5, S. 1-25

Baum, Rainer C., 1981, The Holocaust and the German Elite. London: Croom Helm

Baylis, Thomas A., 1994, Plus ca Change? Transformation and Continuity Among East European Elites. In: Communist and Post-Communist Studies, 27, S. 315-328

Beck, Ulrich, 1983, Jenseits von Stand und Klasse? Soziale Ungleichheiten, gesellschaftliche Individualisierungsprozesse und die Entstehung neuer sozialer Formationen und Identitäten. In: Kreckel, Soziale Ungleichheiten, S. 35-74

Beck, Ulrich, 1986, Risikogesellschaft. Auf dem Weg in eine andere Moderne. Frankfurt a. M.: Suhrkamp

Beckmann, Petra/Reiner Trometer, 1991, Neue Dienstleistungen des ALLBUS: Haushalts- und Familientypologien, Klassenschema nach Goldthorpe. In: ZUMA Nachrichten 28/1991, S. 9-17

Benda, Ernst, 1991, Rechtsstaat. In: Nohlen, Dieter (Hrsg.), Wörterbuch Staat und Politik. München: Piper, S. 570-573

Berghan, Volker, 1990, Die Wirtschaftseliten in der Politik der Bundesrepublik. Der Wandel in Mentalität, Führungsstil und Interessenwahrnehmung. In: Eliten in der Bundesrepublik. Stuttgart u.a.: Kohlhammer, S. 124-141

Berking, Helmuth/Sighard Neckel, 1990, Die Politik der Lebensstile in einem Berliner Bezirk. Zu einigen Formen nachtraditionaler Vergemeinschaftung. In: Berger, Peter A./Stefan Hradil (Hrsg.), Lebenslagen, Lebensläufe, Lebensstile, Göttingen: Otto Schwartz & Co., S. 481-500

Berry, Phyllis, 1989, The Organization and Influence of the Chancellory During the Schmidt and Kohl Chancellorships. In: Governance, 2, S. 339-355

Best, Heinrich, 1988, Politische Modernisierung und parlamentarische Führungsgruppen in Deutschland 1867-1918. In: Historical Social Research, 13, S. 5-74

Best, Heinrich, 1990, Die Männer von Bildung und Besitz. Struktur und Handeln parlamentarischer Führungsgruppen in Deutschland und Frankreich 1948/49. Düsseldorf: Droste

Beyme, Klaus von, 1971, Politische Eliten. München: Piper

Beyme, Klaus von, 1993a, Die Politische Klasse im Parteienstaat. Frankfurt a. M.: Suhrkamp

Beyme, Klaus von, 1993b, Regime Transition and Recruitment of Elites in Eastern Europe. In: Derlien/Szablowski, Regime Transitions, S. 409-425

Beyme, Klaus von, 1994, Systemwechsel in Osteuropa. Frankfurt a. M.: Suhrkamp

Blattert, Barbara/Dieter Rink/Dieter Rucht, 1995, Von den Oppositionsgruppen der DDR zu den neuen sozialen Bewegungen in Ostdeutschland. In: Politische Vierteljahresschrift, 36, S. 397-422

Bluck, Carsten/Henry Kreikenbom, 1991, Die Wähler in der DDR. Nur issue-orientiert oder auch parteigebunden? In: Zeitschrift für Parlamentsfragen, 22, S. 495-502

Böckenförde, Ernst-Wolfgang, 1996, Dem Bundesverfassungsgericht droht der Kollaps. In: Frankfurter Allgemeine Zeitung vom 24. Mai 1996, S. 8

Borre, Ole, 1995, Scope-of-Government Beliefs and Political Support. In: Borre/Scarbrough, The Scope of Government, S. 341-387

Borre, Ole/Elinor Scarbrough (Hrsg.), 1995, The Scope of Government. Bd. 3, Oxford: Oxford University Press

Borsdorf, Ulrich, 1982, Hans Böckler. Arbeit und Leben eines Gewerkschafters von 1875 bis 1945. Köln: Bund-Verlag

Bortfeldt, Heinrich, 1992, Von der SED zur PDS. Wandlung zur Demokratie? Bonn: Bouvier

Bottomore, Tom, 1993, Elites and Society. New York/London: Routledge

Bourdieu, Pierre, 1981, Klassenschicksal, individuelles Handeln und das Gesetz der Wahrscheinlichkeit. In: ders. u. a., Titel und Stelle, S. 169-226

Bourdieu, Pierre, 1983, Ökonomisches Kapital, kulturelles Kapital, soziales Kapital. In: Kreckel, Soziale Ungleichheiten, S. 183-198

Bourdieu, Pierre, 1985, Sozialer Raum und Klassen, In: ders., Sozialer Raum und Klassen, Leçon sur la leçon. Frankfurt a.M.: Suhrkamp, S. 7-46

Bourdieu, Pierre, 1988, Die feinen Unterschiede. Kritik der gesellschaftlichen Urteilskraft. 2. Auflage, Frankfurt a. M.: Suhrkamp

Bourdieu, Pierre, 1991a, Klassenstellung und Klassenlage. In: ders., Zur Soziologie der symbolischen Formen. 4. Auflage. Frankfurt a. M.: Suhrkamp, S. 42-74

Bourdieu, Pierre, 1991b, Politisches Kapital als Differenzierungsprinzip im Staatssozialismus. In: ders., Die Intellektuellen und die Macht, S. 33-39

Bourdieu, Pierre, 1991c, Die Intellektuellen und die Macht. Hamburg: VSA-Verlag

Bourdieu, Pierre, 1992, „Die feinen Unterschiede". In: ders., Die verborgenen Mechanismen der Macht. Schriften zu Politik & Kultur I. Hamburg: VSA-Verlag, S. 31-47

Bourdieu, Pierre/Luc Boltanski/Monique de Saint Martin/Pascal Maldidier, 1981a, Titel und Stelle. Über die Reproduktion sozialer Macht. Frankfurt a. M.: Europäische Verlagsanstalt

Bourdieu, Pierre/Luc Boltanski/Pascale Maldidier, 1981b, Die Verteidigung der Zunft. In: dies. und Monique des Saint Martin, Titel und Stelle, S. 117-168

Braun, Dietmar,1993, Zur Steuerbarkeit funktionaler Teilsysteme: Akteurstheoretische Sichtweise funktionaler Differenzierung moderner Gesellschaften. In: Héritier, Policy-Analyse, S. 199-222

Buch, Günther (Hrsg.), 1987, Namen und Daten wichtiger Personen der DDR, Bonn/Berlin

Bunce, Valerie, 1976, Elite Succession, Petrification and Policy Innovation in Communist Systems. In: Comparative Political Studies, 9, S. 3-42

Bund transparent: Parlament, Regierung, Bundesbehörden, Organisation, Gremien, Anschriften, Namen. Ausgabe 1992. Bad Honnef: Bock

Bundeshaushaltsplan 1994 EZP 14 (Geschäftsbereich des Bundesministeriums der Verteidigung)

Bundesministerium für Forschung und Technologie, 1994, Bundesbericht Forschung 1993. Bonn

Bürklin, Wilhelm, 1981, Links und/oder demokratisch? Dimensionen studentischen Demokratieverständnisses. In: Politische Vierteljahresschrift, 21, S. 220-247

Bürklin, Wilhelm, 1984, Grüne Politik. Ideologische Zyklen, Wähler und Parteiensystem. Opladen: Westdeutscher Verlag

Bürklin, Wilhelm, 1992, Gesellschaftlicher Wandel, Wertewandel und politische Beteiligung. In: Starzacher, Karl/Konrad Schacht/Bernd Friedrich/Thomas Leif (Hrsg.), Protestwähler und Wahlverweigerer. Krise der Demokratie? Köln: Bund-Verlag, S. 18-39

Bürklin, Wilhelm, 1993a, Wertewandel, Wählerverhalten und die Gestaltungsmöglichkeiten der etablierten politischen Parteien. In: Hirscher, Gerhard (Hrsg.), Repräsentative Demokratie und Politische Partizipation. München: Hanns-Seidel-Stiftung e.V., S. 17-39

Bürklin, Wilhelm, 1993b, Perspektiven für das deutsche Parteiensystem: Politische Konfliktlinien und die sozialdemokratische Kultur. In: Weidenfeld, Werner (Hrsg.), Deutschland: Eine Nation - doppelte Geschichte. Materialien zum deutschen Selbstverständnis. Köln: Verlag Wissenschaft und Politik, S. 137-154

Bürklin, Wilhelm, 1994, Verändertes Wahlverhalten und der Wandel der Politischen Kultur. In: ders./Dieter Roth (Hrsg.), Das Superwahljahr. Deutschland vor unkalkulierbaren Regierungsmehrheiten? Köln: Bund-Verlag, S. 27-53

Bürklin, Wilhelm, 1997, Einstellungen und Wertorientierungen ost- und westdeutscher Eliten 1995. Gesellschaftliches Zusammenwachsen durch Integration der Elite? In: Gabriel, Politische Orientierungen, S. 238-264

Bürklin, Wilhelm/Russell J. Dalton, 1994, Das Ergrauen der Grünen. In: Klingemann, Hans-Dieter/Max Kaase (Hrsg.), Wahlen und Wähler. Analysen aus Anlaß der Bundestagswahl 1990. Opladen: Westdeutscher Verlag, S. 264-302

Bürklin, Wilhelm/Markus Klein/Achim Ruß, 1996, Vom postmateriellen zum anthropozentrischen Wertewandel. Eine Erwiderung auf Ronald Inglehart und Hans-Dieter Klingemann. In: Politische Vierteljahresschrift, 37, S. 517-536

Burton, Michael G./John Higley, 1987, Elite Settelments. In: American Sociological Review, 52, S. 295-307

Burton, Michael/Richard Gunther/John Higley, 1992, Introduction: Elite Transformations and Democratic Regimes. In: Higley, John/Richard Gunther (Hrsg.), Elites and Democratic Consolidation in Latin America and Southern Europe. New York: Cambridge University Press, S. 1-37

Cammack, Paul, 1990, A Critical Assessment of the New Elite Paradigma. In: American Sociological Review, 55, S. 415-420

Cassel, Dieter (Hrsg.), 1987, Wirtschaftspolitik im Systemvergleich. München: Vahlen

Cassel, Dieter, 1991, Wirtschaftssystem. In: Nohlen, Dieter, (Hrsg.), Wörterbuch Staat und Politik. München/Zürich: Piper, S. 797-799

Conradt, David P., 1989, Changing German Political Culture. In: Almond/Verba, Civic Culture Revisited, S. 212-272

Coser, Lewis A., 1972, Theorie sozialer Konflikte. Neuwied: Luchterhand

Crewe, Ivor, 1974, Introduction: Studying Elites in Britain. In: ders. (Hrsg.), Elites in Western Democracies. London: Croom Helm, S. 9-51

Czudnowski, Moshe M., 1975, Political Recruitment. In: Handbook of Political Science, Bd. 2: Miropolitical Theory, S. 155-242

Czudnowski, Moshe M., 1983, Toward a Second Generation of Empirical Elite and Leadership Studies. In: ders. (Hrsg.), Political Elites and Social Change. Studies of Elite Roles and Attitudes. DeKalb: Northern Illinois University Press, S. 243-255

Dahl, Robert A., 1958, A Critique of the Ruling Model.In: American Political Science Review, S. 463-482

Dahl, Robert A., 1973, Polyarchy. Participation and Opposition (1. Aufl. 1971), New Haven/London: Yale University Press

Dahrendorf, Ralf, 1964, Recent Changes in the Class Structure of European Societies. In: DEADALUS, 93, S. 225-270

Dahrendorf, Ralf, 1965, Gesellschaft und Demokratie in Deutschland. München: Piper

Dahrendorf, Ralf, 1972, Konflikt und Freiheit. München: Piper

Dahrendorf, Ralf, 1992, Der moderne soziale Konflikt. Stuttgart: Deutsche Verlags-Anstalt

Dalton, Russell J., 1977, Was There a Revolution? A Note in Generational Versus Life-Cycle Explanations of Value Differences. In: Comparative Political Studies, 9, S. 459-475

Dalton, Russell J., 1984, The West German Party System Between Two Ages. In: ders./Flanagan/ Beck (Hrsg.), Electoral Change, S. 104-144

Dalton, Russell J., 1994, Communists and Democrats: Democratic Attitudes in the Two Germanies. In: British Journal of Political Science, S. 469-493

Dalton, Russell J., 1995, Citizen Politics in Western Democracies. Chatham: Chatham House Publishers

Dalton, Russell J., 1996, The Germans Divided. The 1994 Bundestag Elections and the Evolution of the German Party System. Oxford: Berg Publishers

Dalton, Russell J./Paul Allen Beck/Scott C. Flanagan, 1984a, Electoral Change in Advanced Industrial Democracies. In: Dalton/Flangan/Beck, Electoral Change, S. 3-22

Dalton, Russell J./Scott C. Flanagan/Paul Allen Beck (Hrsg.), 1984, Electoral Change in Advanced Industrial Democracies. Realignment or dealignment? Princeton: Princeton University Press

Datenreport, 1994,Zahlen und Fakten über die Bundesrepublik Deutschland. Bonn: Bundeszentrale für politische Bildung

Dawons, Richard E./Kenneth Prewitt, 1969, Political Socialization. Boston: Little, Brown and Company

Derlien, Hans-Ulrich, 1985, Politicization of the Civil Service in the Federal Republic of Germany. Facts and Fables. In: Meyers, Francois (Hrsg.), The Politicization of Public Administration. Brüssel: IIAS - International Institute for Administrative Sciences, S. 3-38

Derlien, Hans-Ulrich, 1990, Keeping the Balance Between Political Appointments and Professional Careers in the Case of the FRG. In: Verwaltungswissenschaftliche Informationen, Nr. 18, S. 36-44

Derlien, Hans-Ulrich, 1991, Regimewechsel und Personalpolitik - Beobachtungen zur politischen Säuberung und zur Integration der Staatsfunktionäre der DDR in das Berufsbeamtentum. Universität Bamberg: Bamberger Verwaltungswissenschaftliche Beiträge, Nr. 27

Derlien, Hans-Ulrich (Hrsg.), 1992, Verwaltungsprobleme der neuen Bundesländer, Seminarbericht. Universität Bamberg: Bamberger Verwaltungswissenschaftliche Beiträge, Nr. 28

Derlien, Hans-Ulrich, 1993a, German Unification and Bureaucratic Transformation. In: International Political Science Review, 14, S. 319-334

Derlien, Hans-Ulrich, 1993b, Integration der Staatsfunktionäre der DDR in das Berufsbeamtentum. Professionalisierung und Säuberung. In: Benz u.a. (Hrsg.), Verwaltungsreform und Verwaltungspolitik, S. 190-206

Derlien, Hans-Ulrich, 1994, Karrieren, Tätigkeitsprofil und Rollenverständnis der Spitzenbeamten des Bundes - Konstanz und Wandel. In: Verwaltung und Fortbildung, Schriften der Bundesakademie für öffentliche Verwaltung, 22, S. 255 - 274

Derlien, Hans-Ulrich, 1997, Elitenzirkulation zwischen Implosion und Integration. Abgang, Rekrutierung und Zusammensetzung ostdeutscher Funktionseliten 1989-1994. In: Wollmann, Hellmut u. a. (Hrsg.), Transformation der politisch-administrativen Strukturen in Ostdeutschland. Opladen: Leske + Budrich i.E.

Derlien, Hans-Ulrich/Stefan Lock, 1994, Eine neue politische Elite? Rekrutierung und Karrieren der Abgeordneten in den fünf neuen Landtagen. In: Zeitschrift für Parlamentsfragen, 25, S. 61-94

Derlien, Hans-Ulrich/Renate Mayntz (unter Mitarbeit von Margot Fälker, Hermann Groß und Dirk Olaf Klaas), 1988, Comparative Elite Study II - Einstellungen der politisch-administrativen Elite des Bundes 1987, Verwaltungswissenschaftliche Beiträge Nr. 25, Bamberg: Universität Bamberg

Derlien, Hans-Ulrich/Gerhard Pippig, 1990: Die administrative Elite. Kontinuität und Wandel 1949-1984. In: Eliten in der Bundesrepublik Deutschland. Stuttgart: u. a. Kohlhammer, S. 98-108

Derlien, Hans-Ulrich/George J. Szablowski (Hrsg.), 1993, Regime Transitions, Elites, and Bureaucracies in Eastern Europe (Schwerpunktthema in: Governance, 6, H. 3), Oxford: Blackwell Publishers

Deutsch, Karl W., 1969, Politische Kybernetik. Modelle und Perspektiven. Freiburg: Rombach

Deutsch, Karl W./Lewis J. Edinger, 1959, Germany Rejoins the Powers. Stanford: Stanford University Press

Deutscher Kulturrat (Hrsg.), 1993, Das Literaturbuch 1993/94. Literarisches Leben in der Bundesrepublik Deutschland. Baden-Baden: Nomos

Di Palma, Guiseppe, 1990, To Craft Democracies. Berkeley: University of California Press

Diewald, Martin/Annemette Sórensen, 1994, Entwertung und Umwertung von Laufbahnkapital? Erwerbsverläufe und soziale Mobilität von Frauen und Männern in Ostdeutschland (Arbeitsberichte aus dem Projekt „Lebensverläufe und historischer Wandel in der ehemaligen DDR", Nr. 13), Berlin: Max-Planck-Institut für Bildungsforschung

Direktorenkonferenz der Landesmedienanstalten 1994: DLM-Jahrbuch 1993/94, Privater Rundfunk in Deutschland, hrsg. von den Landesmedienanstalten, München: Fischer

Dümcke, Wolfgang/Fritz Vilmar, 1995, Die Kolonialisierung der DDR. Kritische Analysen und Alternativen des Einigungsprozesses, Münster: Agenda-Verlag

Duncan, Otis D./Beverly Duncan, 1955, A Methodological Analysis of Segregation Indexes. In: American Sociological Review, 20, S. 210-217

Durkheim, Emile, 1977, Über soziale Arbeitsteilung. Studie über die Organisation höherer Gesellschaften. Frankfurt: Suhrkamp

Dye, Thomas R., 1983, Who's Running America? The Reagan Years. Englewood Cliffs, NJ: Prentice-Hall, 3. aktualisierte Auflage

Dyson, Kenneth, 1980, The State Tradition in Western Europe: A Study of an Idea and Institution. Oxford: Robertson

Easton, David, 1965, A Systems Analysis of Political Life. New York u.a: John Wiley & Sons

Easton, David, 1979, A Aystems Analysis of Political Life. 2. Auflage. Chicago/London: University of Chicago Press

Edinger, Lewis J., 1960, Post-Totalitarian Leadership: Elites in the German Federal Republic. In: American Political Science Review, 54, S. 58-82

Edinger, Lewis J., 1961, Continuity and Change in the Background of German Decision-Makers. In: The Western Political Quarterly, 14, S. 17-36

Edinger, Lewis J./Donald D. Searing, 1967, Social Background in Elite Analysis. A Methodological Inquiry. In: American Political Science Review, 61, S. 428-445

Eldersveld, Samuel/Lars Strömberg/Wim Derksen, 1995, Local Elites in Western Democracies. Boulder/San Francisco: Westview Press

Ellwein, Thomas/Joachim J. Hesse, 1990, Staatswissenschaften - Vergessene Disziplin oder neue Herausforderung. Baden-Baden: Nomos

Endruweit, Günter, 1987, Wissenschaftler als potentielle Elite in der DDR. In: Voigt, Dieter (Hrsg.), Elite in Wissenschaft und Politik. Berlin: Duncker & Humblot, S. 13-25

Enke, Edo, 1974, Oberschicht und politisches System in der Bundesrepublik Deutschland. Soziale Mobilität und Karrieremuster von 800 Inhabern von Spitzenpositionen der westdeutschen Gesellschaft. Bern/Frankfurt a.M.: Lang

Etzioni, Amitai, 1975, Die aktive Gesellschaft. Eine Theorie gesellschaftlicher und politischer Prozesse. Opladen: Westdeutscher Verlag

Etzioni, Amitai, 1988, The Moral Dimension. Toward a New Economics. New York: The Free Press

Etzioni, Amitai, 1995, Die Entdeckung des Gemeinwesens. Ansprüche, Verantwortlichkeiten und das Programm des Kommunitarismus. Stuttgart: Schäffer-Poeschel

Etzioni-Halevy, Eva, 1989, Fragile Democracy. The Use and Abuse of Power in Western Societies. New Brunswick/London: Transaction Publishers

Etzioni-Halevy, Eva, 1993, The Elite Connection. Problems and Potential of Western Democracy. Cambridge: Polity Press and Blackwell Publishers

Fach, Wolfgang: Ko-Referat zu W. Bürklin, 1995, Die Politische Kultur in Ost- und Westdeutschland. Eine Zwischenbilanz. In: Lehmbruch, Gerhard (Hrsg.), Einigung und Zerfall. Deutschland und Europa nach dem Ende des Ost-West-Konfliktes. Opladen: Westdeutscher Verlag, S. 25-30

Fälker, Margot, 1991, Demokratische Grundhaltungen und Stabilität des politischen Systems: Einstellungsvergleich von Bevölkerung und politisch-administrativer Elite in der Bundesrepublik Deutschland. In: Politische Vierteljahresschrift, 32, S. 71-91

Feist, Ursula, 1991, Zur politischen Akkulturation der vereinten Deutschen. In: Aus Politik und Zeitgeschichte. Beilage zur Wochenzeitung Das Parlament, B 11-12/91, S. 21-32

Felber, Wolfgang, 1986, Elitenforschung in der Bundesrepublik Deutschland. Stuttgart: B.G. Teubner

Festinger, Leon, 1978, Theorie der kognitiven Dissonanz. Bern: Huber

Field, G. Lowell/John Higley, 1973, Elites and Non-Elites: The Possibilities and Their Side Effects. Andover, Ma: Warner Modular Publication

Field, G. Lowell/John Higley, 1983, Eliten und Liberalismus. Ein neues Modell zur geschichtlichen Entwicklung der Abhängigkeit von Eliten und Nicht-Eliten: Zusammenhänge, Möglichkeiten, Verpflichtungen. Opladen: Westdeutscher Verlag

Field, G. Lowell/John Higley, 1985, National Elites and Political Stability. In: Moore, Studies, S. 1-44

Fischer, Fritz, 1979, Bündnis der Eliten. Zur Kontinuität von Machtstrukturen in Deutschland 1871-1945. Düsseldorf: Droste.

Fleron, Frederic Jr., 1969, Cooptation as a Mechanism of Adaptation to Change. The Soviet Political Leadership System. In: Polity, 2, S. 177-201

Flora, Peter, 1982, Krisenbewältigung oder Krisenerzeugung? Der Wohlfahrtsstaat in historischer Perspektive. In: Mommsen, Wolfgang J./Wolfgang Mock (Hrsg.), Die Entstehung des Wohlfahrtsstaates in Grossbritannien und Deutschland 1850-1950. Stuttgart: Klett-Cotta, S. 353-398

Flora, Peter/Jens Alber/Jürgen Kohl, 1977, Zur Entwicklung der westeuropäischen Wohlfahrtsstaaten. In: Politische Vierteljahresschrift, 18, S. 705-772

Fogt, Helmut, 1982, Politische Generationen. Empirische Bedeutung und theoretisches Modell. Opladen: Westdeutscher Verlag

Friedheim, Daniel K., 1993, Regime Collapse in Democratic Transition. The East German Revolution of 1989. In: German Politics, 2, S. 97-112

Friedrich, Carl J., 1967, Prolegomena der Politik. Politische Erfahrungen und ihre Theorie. Berlin: Duncker und Humblot

Friedrich, Walter, 1990, Mentalitätswandlungen der Jugend der DDR. In: Aus Politik und Zeitgeschichte. Beilage zur Wochenzeitung Das Parlament, B 16-17/90, S. 25-37

Fritze, Lothar, 1995, Irritationen im deutsch-deutschen Vereinigungsprozeß. In: Aus Politik und Zeitgeschichte. Beilage zur Wochenzeitung Das Parlament, B 27/95, S. 3-9

Fuchs, Dieter, 1989, Die Unterstützung des politischen Systems der Bundesrepublik Deutschland. Opladen: Westdeutscher Verlag

Fuchs, Dieter, 1997, Welche Demokratie wollen die Deutschen? Einstellungen zur Demokratie im vereinigten Deutschland. In: Gabriel, Politische Orientierungen, S. 83-115

Fuchs, Dieter/Giovanna Guidorossi/Palle Svensson, 1995, Support for the Democratic System. In: Klingemann, Hans-Dieter/Dieter Fuchs (Hrsg.), Citizens and the State. Oxford/New York: Oxford University Press, S. 323-353

Gabriel, Oskar W., 1986, Politische Kultur, Materialismus und Postmaterialismus in der Bundesrepublik Deutschland. Opladen: Westdeutscher Verlag

Gabriel, Oscar W., 1996, Politische Kultur aus der Sicht der empirischen Sozialforschung. In: Niedermayer, Oskar/Klaus von Beyme (Hrsg.), Politische Kultur in Ost- und Westdeutschland. Opladen: Leske + Budrich, S. 22-42

Gabriel, Oscar W. (Hrsg.), 1997, Politische Orientierungen und Verhaltensweisen im vereinigten Deutschland. Opladen: Leske + Budrich

Gabriel, Oscar W./Frank Brettschneider/Volker Kunz, 1993, Responsivität bundesdeutscher Kommunalpolitiker. In: Politische Vierteljahresschrift, 34, S. 29-46

Galbraith, John Kenneth, 1968, Die moderne Industriegesellschaft. München/Zürich

Garton Ash, Timothy, 1990, Ein Jahrhundert wird abgewählt. Aus den Zentren Mitteleuropas 1980-1990. München/Wien: Hanser Verlag.

Geiger, Theodor, 1949, Aufgaben und Stellung der Intelligenz in der Gesellschaft. Stuttgart: Enke

Geißler, Rainer, 1991, Transformationsprozesse in der Sozialstruktur der neuen Bundesländer. In: Berliner Journal für Soziologie, 1, S. 177-194

Geißler, Rainer, 1993, Sozialer Umbruch als Modernisierung. In: ders. (Hrsg.), Sozialer Umbruch in Ostdeutschland. Opladen: Leske + Budrich, S. 63-91

Geißler, Rainer, 1996a, Kein Abschied von Klasse und Schicht. Ideologische Gefahren der deutschen Sozialstrukturanalyse. In: Kölner Zeitschrift für Soziologie und Sozialpsychologie, 48, S. 319-338

Geißler, Rainer, 1996b, Die Sozialstruktur Deutschlands. Zur gesellschaftlichen Enwicklung mit einer Zwischenbilanz zur Vereinigung. 2. neubarbeitete Auflage. Opladen: Westdeutscher Verlag

Gensicke, Thomas, 1991, Sind die Ostdeutschen konservativer als die Westdeutschen? Überlegungen zur Mentalität der Ostdeutschen und ihrer gegenwärtigen Stimmungslage. In: Reißig, Rolf/Gert-Joachim Glaeßner (Hrsg.), Das Ende eines Experiments: Umbruch in der DDR und deutsche Einheit. Berlin: Dietz-Verlag, S. 268-295

Gensicke, Thomas, 1992, Werte und Wertewandel im Osten Deutschlands. In: Helmut Klages/Hans-Jürgen Hippler/Willi Herbert, Werte und Wandel: Ergebnisse und Methoden einer Forschungstradition. Frankfurt a. M.: Campus, S. 672-694

Gensicke, Thomas, 1994, Modernisierung, Wertewandel und Mentalitätsentwicklung in der DDR. In: Bertram, Hans/Stefan Hradil/Gerhard Kleinhenz (Hrsg.), Sozialer und demographischer Wandel in den neuen Bundesländern. Berlin: Akademie Verlag, S. 101-140

Gensicke, Thomas, 1996, Deutschland im Wandel. Sozialer Wandel und Wertewandel in Deutschland vor und nach der Wiedervereinigung. Speyerer Forschungsberichte 154, 2. Auflage

Gesetz über den Bundeshaushalt für das Jahr 1995. In: Bundesgesetzblatt Teil I, Nr. 31, Bonn 27.06.1995

Giddens, Anthony, 1983, Klassenspaltung, Klassenkonflikt und Bürgerrechte. Gesellschaft in Europa der achtziger Jahre. In: Kreckel (Hrsg.), Soziale Ungleichheiten, S. 15-33

Gimbel, John, 1968, American Military Government and the Education of a New German Leadership. In: Political Science Quarterly, 83, S. 248-267

Glaeßner, Gert-Joachim, 1982, Sozialistische Systeme. Einführung in die Kommunismus- und DDR-Forschung. Opladen: Westdeutscher Verlag

Glaeßner, Gert-Joachim, 1994, Demokratie nach dem Ende des Kommunismus. Regimewechsel, Transition und Demokratisierung im Postkommunismus. Opladen: Westdeutscher Verlag

Gluchowski, Peter/Carsten Zelle, 1992, Demokratisierung in Ostdeutschland: Aspekte der politischen Kultur in der Periode des Systemwechsels. In: Gerlich, Peter/Fritz Plasser/Peter A. Ulram (Hrsg.), Regimewechsel, Demokratisierung und politische Kultur in Ost-Mitteleuropa. Wien u.a.: Signum, S. 231-274

Goldthorpe, John, 1980, Social Mobility and Class Structure in Modern Britain. Oxford: Oxford University Press

Goldthorpe, John, 1982, On the Service Class, Its Formation and Future. In: Giddens, Anthony/Gavin Mackenzie (Hrsg.), Social Class and the Division of Labour. Cambridge: Cambridge University Press, S. 162-185

Gouldner, Alvin W., 1980, Die Intelligenz als neue Klasse. Frankfurt a.M./New York: Campus

Grande, Edgar, 1995, Regieren in verflochtenen Verhandlungssystemen In: Mayntz/Scharpf, Gesellschaftliche Selbstregelung, S. 327-368

Greiffenhagen, Martin/Sylvia Greiffenhagen, 1993, Ein schwieriges Vaterland. München: List Verlag

Grewe, Hartmut/Horst-Udo Niedenhoff/Manfred Wilke, 1988, Funktionärskarrieren im DGB. Zum Generationswechsel an der Spitze der DGB-Gewerkschaften. Melle: Verlag Ernst Knoth

Groß, Hermann, 1992, Postmaterialistische Einstellungen in Elite und Bevölkerung, in: Klages, Helmut/Hans-Jürgen Hippler/Willi Herbert, Werte und Wandel. Ergebnisse und Methoden einer Forschungstradition. Frankfurt a. M./New York: Campus, S. 230-251

Hall, David/H.-Cl. De Bettignies/G. Amado-Fischgrund, 1969, The European Business Elite. In: European Business, 20, S. 45-55

Handl, Johann, 1984, Chancengleichheit und Segregation: Ein Vorschlag zur Messung ungleicher Chancenstrukturen und ihrer zeitlichen Entwicklung. In: Zeitschrift für Soziologie, 13, S. 328-345

Handl, Johann, 1985, Mehr Chancengleichheit im Bildungssystem. Erfolg der Bildungsreform oder statistisches Artefakt? In: Kölner Zeitschrift für Soziologie und Sozialpsychologie, 37, S. 698-722

Handl, Johann, 1986, Führt die Angleichung der Bildungschancen zum Abbau geschlechtsspezifischer beruflicher Segregation? In: Zeitschrift für Soziologie, 15, S. 125-138

Hankiss, Elemer, 1991, Reforms and the Conversion of Power. In: Brunner, Georg/Rudolf L. Tokes/Petr R. Weilemann (Hrsg.), Upheaval Against the Plan. Oxford/New York: Clarendon, S. 27-39

Hartmann, Michael, 1989, Zwischen Stabilität und Abstieg - Juristen als akademische Elite in der Wirtschaft. In: Soziale Welt, 40, S. 437-454

Hartmann, Michael, 1995, Deutsche Topmanager: Klassenspezifischer Habitus als Karrierebasis. In: Soziale Welt, 46, S. 440-468

Hattenhauer, Hans, 1996, Über das Minderjährigenwahlrecht. In: Juristenzeitung, 51, S. 9-16

Hauser, Richard/Wolfgang Glazer/Stefan Hradil/Gerhard Kleinhenz/Thomas Olk/ Eckart Pankoke (Hrsg.) 1996, Ungleichheit und Sozialpolitik. Berichte zum sozialen und politischen Wandel in Ostdeutschland, Band 2. Opladen: Leske + Budrich

Heinz, Walter R., 1991, Berufliche und betriebliche Sozialisation. In: Hurrelmann, Klaus/Dieter Ulich (Hrsg.), Neues Handbuch der Sozialisationsforschung. Weinheim/Basel: Beltz Verlag, S. 397-415

Hepp, Gerd, 1994, Wertewandel. Politikwissenschaftliche Grundlagen. München/Wien: Oldenbourg Verlag

Herbert, Willi, 1983, Anspruchsexplosion im Wohlfahrtsstaat? Theoretische und empirische Analysen zur Anspruchsentwicklung. Speyer: Speyerer Forschungsberichte

Herbert, Willi, 1988, Wertwandel in den 80er Jahren: Entwicklung eines neuen Wertmusters? In: Luthe, Heinz Otto/Heiner Meulemann (Hrsg.), Wertwandel -

Faktum oder Fiktion? Bestandsaufnahmen und Diagnosen aus kultursoziologischer Sicht. Frankfurt a. M./New York: Campus, S. 140-160

Herbert, Willi/Rudolf Wildenmann 1991, Deutsche Identität. Die subjektive Verfassung der Deutschen vor der Vereinigung. In: Wildenmann, Rudolf (Hrsg.), Nation und Demokratie. Politisch-strukturelle Gestaltungsprobleme im neuen Deutschland. Baden-Baden: Nomos, S. 71-98.

Herf, Jeffrey, 1984, Reactionary Modernism. Technology, Culture and Politics in Weimar and the Third Reich. Cambridge: Cambridge University Press

Héritier, Adrienne (Hrsg.), 1993, Policy-Analyse. Kritik und Neuorientierung (Sonderheft 24 der PVS), Opladen: Westdeutscher Verlag

Herz, Thomas A., 1990, Die Dienstklasse. Eine empirische Analyse ihrer demographischen, kulturellen und politischen Identitäten. In: Berger, Peter A./Stefan Hradil (Hrsg.), Lebenslagen, Lebensläufe, Lebensstile. (Soziale Welt, Sonderband 7),Göttingen: Otto Schwartz & Co, S.231-252

Herzog, Dietrich, 1975, Politische Karrieren. Selektion und Professionalisierung politischer Führungsgruppen. Opladen: Westdeutscher Verlag

Herzog, Dietrich, 1982, Politische Führungsgruppen. Probleme und Ergebnisse der modernen Elitenforschung. Darmstadt: Wissenschaftliche Buchgesellschaft

Herzog, Dietrich, 1985, Konsens und Konflikt in der politischen Führungsschicht Berlins. Ein Forschungsbericht. Berlin: Informationen aus Forschung und Lehre, FU Berlin

Herzog, Dietrich, 1989, Was heißt und zu welchem Ende studiert man Repräsentation? In: ders./Bernhard Weßels (Hrsg.); Konfliktpotentiale und Konsensstrategien. Beiträge zur politischen Soziologie der Bundesrepublik. Opladen: Westdeutscher Verlag, S. 307-335

Herzog, Dietrich, 1991, Brauchen wir eine politische Klasse? In: Aus Politik und Zeitge-schichte. Beilage zur Wochenzeitung Das Parlament, B 50/91, S. 3-13

Herzog, Dietrich, 1993, Der Funktionswandel des Parlaments in der sozialstaatlichen Demokratie. In: ders. u. a. (Hrsg.), Parlament und Gesellschaft, S. 13-52

Herzog, Dietrich/Hilke Rebenstorf/Camilla Werner/Bernhard Weßels, 1990, Abgeordnete und Bürger. Opladen: Westdeutscher Verlag

Herzog, Dietrich/Hilke Rebenstorf/Bernhard Weßels (Hrsg.), 1993, Parlament und Gesellschaft. Eine Funktionsanalyse der repräsentativen Demokratie. Opladen: Westdeutscher Verlag

Herzog, Roman, 1971, Allgemeine Staatslehre, Frankfurt: Athenäum

Herzog, Roman, 1993, Staat und Recht im Wandel. Einreden zur Verfassung und ihrer Wirklichkeit. Goldbach: Keip

Hesse, Joachim Jens/Thomas Ellwein, 1992, Das Regierungssystem der Bundesrepublik Deutschland, Bd. 1: Text. Opladen: Westdeutscher Verlag

Hesse, Konrad, 1976, Grundzüge des Verfassungsrechts in der Bundesrepublik Deutschland. Heidelberg: Springer

Hesse, Kurt R., 1990, Fernsehen und Revolution: Zum Einfluß der Westmedien auf die politische Wende in der DDR. In: Rundfunk und Fernsehen, 38, S. 328-342

Hesselberger, Dieter, 1990, Das Grundgesetz. Kommentar für die politische Bildung. Neuwied/Frankfurt a. M.: Hermann Luchterhand Verlag

Higley, John/Michael G. Burton, 1989, The Elite Variable in Democratic Transitions and Breakdowns. In: American Sociological Review, 54, S. 17-32

Higley, John/Desley Deacon/Don Smart, 1979, Elites in Australia. London: Routledge & Kegan

Higley, John/ G. Lowell Field/Knut Groholt, 1976, Elite Structure and Ideology. A Theory With Applications to Norway. New York: Columbia University Press

Higley, John/Richard Gunther (Hrsg.), 1992,Elites and Democratic Consolidation in Latin America and Southern Europe. New York: Cambridge University Press

Higley, John/Ursula Hoffmann-Lange/Charles Kadushin/Gwen Moore, 1991, Elite Integration in Stable Democracies: A Reconsideration. In: European Sociological Review, 7, S. 35-53

Higley, John/Judith Kullberg/Jan Pakulski, 1996, The Persistance of Postcommunist Elites. In: Journal of Democracy, 7, S. 133-147

Higley, John/Gwen Moore, 1981, Elite Integration in the United States and Australia. In: American Political Science Review, 75, S. 581-597

Higley, John/Jan Pakulski, 1995, Elite Transformation in Central and Eastern Europe. In: Australian Journal of Political Science, 30, S. 415 - 435

Hildebrandt, Kai/Russell J. Dalton, 1977, Die neue Politik. Politischer Wandel oder Schönwetterpolitik? In: Politische Vierteljahresschrift, 18, 1977, S. 230-256

Hirner, Manfred, 1993, Der deutsche Bundestag im Netzwerk organisierter Interessen. In: Herzog u. a., Parlament und Gesellschaft, S. 138-183

Hoffmann-Lange, Ursula, 1983, Eliteforschung in der Bundesrepublik. In: Aus Politik und Zeitgeschichte. Beilage zur Wochenzeitung Das Parlament, B47/83, S.11-25

Hoffmann-Lange, Ursula, 1985, Structural Prerequisites of Elite Integration in the Federal Republic of Germany. In: Moore, Studies, S. 45-96

Hoffmann-Lange, Ursula, 1986, Eliten und Demokratie in der Bundesrepublik Deutschland. In: Kaase, Max (Hrsg.), Politische Wissenschaft und politische Ordnung. Opladen: Westdeutscher Verlag, S. 318-338

Hoffmann-Lange, Ursula, 1987, Eliten als Hüter der Demokratie? Zur Akzeptanz demokratischer Institutionen und freiheitlicher Werte bei Eliten und Bevölkerung in der Bundesrepublik. In: Berg-Schlosser, Dirk/Jakob Schissler (Hrsg.), Politische Kultur in Deutschland. Bilanz und Perspektiven der Forschung. Opladen: Westdeutscher Verlag, S. 378-390

Hoffmann-Lange, Ursula, 1989, Eliten in der Bundesrepublik - Kartell der Angst, Machtelite oder verantwortliche Repräsentanten. In: Best, Heinrich (Hrsg.), Politik und Milieu. Wahl- und Elitenforschung im historischen und interkulturellen Vergleich. St. Katharinen: Scripta Mercaturae, S. 238-261

Hoffmann-Lange, Ursula, 1991, Kongruenzen in den politischen Einstellungen von Eliten und Bevölkerung als Indikator für politische Repräsentation. In: Klingemann u. a., Politische Klasse und politische Institutionen, S. 275-289

Hoffmann-Lange, Ursula, 1992, Eliten, Macht und Konflikt in der Bundesrepublik. Opladen: Leske + Budrich

Hoffmann-Lange, Ursula/Matthias Jung/Albrecht Kutteroff/Evi Scholz/Gunter Wolf, 1981, Nationale Führungspositionen in der Bundesrepublik Deutschland. Beschreibung der Positionsauswahl für die Studie „Führungsschicht in der Bundesrepublik Deutschland 1981". Mannheim: Universität Mannheim

Hoffmann-Lange, Ursula/Albrecht Kutteroff/Gunter Wolf, 1982, Projektbericht: Die Befragung von Eliten in der Bundesrepublik Deutschland. In: ZUMA Nachrichten, Nr. 10, S. 32-53

Hoffmann-Lange, Ursula/Helga Neumann/Bärbel Steinkämper, 1980, Konsens und Konflikt zwischen Führungsgruppen in der Bundesrepublik Deutschland. Frankfurt a. M.: Lang

Hoffmann-Lange, Ursula/Helga Neumann/Bärbel Steinkemper, 1985, Conflict and Consensus Among Elites in the Federal Republic of Germany. In: Moore (Hrsg.), Studies, S. 243-283

Hoffmann-Lange, Ursula/Klaus Schönbach, 1979, Geschlossene Gesellschaft. Berufliche Mobilität und politisches Bewußtsein der Medienelite. In: Kepplinger, Hans Mathias (Hrsg.), Angepaßte Außenseiter: was Journalisten denken und wie sie arbeiten. Freiburg/München: Alber, S. 49-75

Holm, Kurt, 1996, ALMO-Statistik-System. Handbuch. Linz: Universität Linz

Honneth, Axel, 1993, Kommunitarismus. Eine Debatte über die Grundlagen moderner Gesellschaften. Frankfurt a. M./New York: Campus

Hradil, Stefan, 1983, Die Ungleichheit der „Sozialen Lage". Eine Alternative zu schichtungssoziologischen Modellen sozialer Ungleichheit. In: Kreckel, Soziale Ungleichheiten, S. 101-118

Hradil, Stefan, 1992, Die „objektive" und die „subjektive" Modernisierung, Der Wandel der westdeutschen Sozialstruktur und die Wiedervereinigung. In: Aus Politik und Zeitgeschichte, Beilage zur Wochenzeitung Das Parlament, B29-30/92, S. 3-14

Huinink, Johannes/Karl-Ulrich Mayer, 1993, Lebensverläufe im Wandel der DDR-Gesellschaft. In: Joas, Hans/Martin Kohli (Hrsg.), Der Zusammenbruch der DDR. Frankfurt a. M.: Suhrkamp, S. 151-171

Huseby, Beate M., 1995, Attitudes Towards the Size of Government. In: Borre/Scarbrough, The Scope of Government, S. 87-118

Inglehart, Ronald, 1971, The Silent Revolution in Europe: Intergenerational Change in Postindustrial Societies. In: American Political Science Review, 65, S. 991-1017

Inglehart, Ronald, 1977, The Silent Revolution. Changing Values and Political Styles Among Western Publics. Princeton, New Jersey: Princeton University Press

Inglehart, Ronald, 1989a, Kultureller Umbruch. Wertwandel in der westlichen Welt. Frankfurt am Main/New York: Campus

Inglehart, Ronald, 1989b, Political Value Orientations. In: Jennings/van Deth u.a., Continuities, S. 67-102

Inglehart, Ronald, 1990, Values, Ideology, and Cognitive Mobilization in New Social Movements. In: Dalton, Russell J./Manfred Kuechler (Hrsg.), Challenging the Political Order. New Social and Political Movements in Western Democracies. Cambridge: Polity Press, S. 43-66

Inglehart, Ronald, 1994, The World Values Survey: Goals, Organization and Some Findings Thus Far. Presentation to the Paul Lazarsfeld Society. Berlin

Inglehart, Ronald/Hans-Dieter Klingemann, 1996, Dimensionen des Wertewandels. Theoretische und methodische Reflexionen anläßlich einer neuerlichen Kritik. In: Politische Vierteljahresschrift, 37, S. 319-340

Jaide, Walter, 1988, Generationen eines Jahrhunderts. Wechsel der Jugendgenerationen im Jahrhunderttrend. Opladen: Leske + Budrich

Jennings, M. Kent/Jan W. van Deth u.a., 1989, Continuities in Political Action. A Longitudinal Study of Political Orientations in Three Western Democracies. Berlin/New York: de Gruyter

Joas, Hans, 1991, Rollen- und Interaktionstheorien in der Sozialisationsforschung. In: Hurrelmann, Klaus/Dieter Ulrich (Hrsg.), Neues Handbuch der Sozialisationsforschung. Weinheim/Basel: Beltz, S. 137-152

Johnson, Nevil, 1973, Government in the FRG: The Executive at Work, Oxford: Pergamon Press

Jung, Matthias, 1990, Die Bundeswehr-Elite. Eine Bestandsaufnahme nach 30 Jahren. In: Eliten in der Bundesrepublik Deutschland. Stuttgart u.a.: Kohlhammer, S. 109-123

Kaase, Max, 1971, Demokratische Einstellungen in der Bundesrepublik Deutschland. In: Wildenmann, Rudolf (Hrsg.), Sozialwissenschaftliches Jahrbuch für Politik, Bd. 2. München: Olzog, S. 119-326

Kaase, Max, 1982, Partizipatorische Revolution - Ende der Parteien?. In: Raschke, Joachim (Hrsg.), Bürger und Parteien: Ansichten und Analysen einer schwierigen Beziehung. Opladen: Westdeutscher Verlag, S. 173-189

Kaase, Max, 1983, Sinn und Unsinn des Konzeptes Politische Kultur für die vergleichende Politikforschung, oder auch: Der Versuch, einen Pudding an die Wand zu nageln. In: ders./Hans-Dieter Klingemann (Hrsg.), Wahlen und politisches System. Opladen: Westdeutscher Verlag, S.144-171

Kaase, Max, 1989, Bewußtseinslagen und Leitbilder in der Bundesrepublik Deutschland. In: Weidenfeld, Werner/Hartmut Zimmermann (Hrsg.), Deutschland-Handbuch: Eine doppelte Bilanz 1949 - 1989. Bonn: Bundeszentrale für politische Bildung, S. 203-220

Kaase, Max, 1995a, Demokratie im Spannungsfeld von politischer Kultur und politischer Struktur. In: Link, Werner/Eberhard Schütt-Wetschky/Gesine Schwan (Hrsg.), Jahrbuch für Politik, Yearbook of Politics, 5, Halbband 2, Baden-Baden: Nomos, S. 199-220

Kaase, Max, 1995b, Die Deutschen auf dem Weg zur inneren Einheit? Eine Längsschnittanalyse von Selbst- und Fremdwahrnehmungen bei West- und Ostdeutschen. In: Rudolph, Hedwig (Hrsg.), Geplanter Wandel, ungeplante Wirkungen.

Handlungslogiken und -ressourcen im Prozeß der Transformation, WZB-Jahrbuch 1995. Berlin: edition sigma, S. 160-181

Kaase, Max/Andreas Eisen/Oscar W. Gabriel/Oskar Niedermayer/Hellmut Wollmann, 1996, Politisches System. Berichte zum sozialen und politischen Wandel in Ostdeutschland. Opladen, Leske + Budrich

Kaase, Max/Gisela Maag/Edeltraud Roller/Bettina Westle, 1987a, Projektbericht: Politisierung und Depolitisierung von Wohlfahrtsansprüchen. In: ZUMA-Nachrichten, 21, S. 78-91

Kaase, Max/Gisela Maag/Edeltraud Roller/Bettina Westle, 1987b, Zur Rolle des Staates in den hochentwickelten westlichen Demokratien. In: Krupp, Hans-Jürgen/Ute Hanefeld, (Hrsg.), Lebenslagen im Wandel: Analysen 1987. Frankfurt a. M./New York: Campus, S. 180-195

Kadushin, Charles, 1979, Power Circles and Legitimacy in Developed Societies. In: Denitch, Bogdan (Hrsg.), Legitimation of Regimes. London: Sage Publications, S. 127-140

Kaina, Viktoria, 1996, Wertorientierungen im Elite-Bevölkerungs-Vergleich. Unterschiede und Gemeinsamkeiten in der politischen Kultur von Eliten und Bevölkerung in Ost- und Westdeutschland nach fünf Jahren deutscher Einheit, Diplomarbeit, Universität Potsdam

Kaltefleiter, Werner, 1970, Die Funktionen des Staatsoberhauptes in der parlamentarischen Demokratie. Köln/Opladen: Westdeutscher Verlag

Kaltefleiter, Werner/Rudolf Wildenmann, 1972, Westdeutsche Führungsschicht. Bearbeitet von Ursula Hoffmann-Lange, Helga Neumann, Helmut Palme und Bärbel Steinkemper, maschinenlesbares Codebuch. Köln: Zentralarchiv für Empirische Sozialforschung (ZA-Nr. 0796)

Karl, Terry Lynn, 1991, Getting to Democracy: A Research Perspective. In: National Research Council - Commission on Behavioral and Social Sciences and Education: The Transition to Democracy. Proceedings of a Workshop, Washington, D.C., S. 29-38.

Karl, Terry Lynn/Philippe C. Schmitter, 1991, Modes of Transition in Latin America, Southern and Eastern Europe. In: International Social Science Journal, 128: The Age of Democracy. Democratic Transition in the East and the South, S. 269-284

Keller, Suzanne, 1963, Beyond the Ruling Class. Strategic Elites in Modern Society. New York: Random House

Kennedy, Michael D., 1990, The Constitution of Critical Intellectuals. Polish Physicians, Peace Activists, and Democratic Civil Society. In: Studies in Comparative Communism, 23, S. 281-303

Kennedy, Michael D./Konrad Sadkowski, 1991, Constraints on Professional Power in Soviet-Type Society. Insights From the Solidarity Period in Poland. In: Jones, Anthony (Hrsg.), Professionals and the State. The Organization of Professional Work in the Soviet Union and Eastern Europe. Temple: Temple University Press

King, Anthony, 1983, The Political Consequences of the Welfare State. In: Sipro, Siman E./Ephraim Yuchtman-Yaar (Hrsg.), Evaluation of the Welfare State. Social and Political Perspectives. New York/London: Academic Press, S. 7-25

Klages, Helmut, 1984, Wertorientierungen im Wandel. Rückblick, Gegenwartsanalyse, Prognosen. Frankfurt a. M.: Campus

Klages, Helmut/Thomas Gensicke, 1993, Geteilte Werte? Ein deutscher Ost-West-Vergleich. In: Weidenfeld, Werner (Hrsg.), Deutschland. Eine Nation - doppelte Geschichte. Köln: Verlag Wissenschaft und Politik, S. 47-59

Klein, Markus, 1995, Wieviel Platz bleibt im Prokrustesbett? Wertewandel in der Bundesrepublik Deutschland zwischen 1973 und 1992 gemessen anhand des Inglehart-Index. In: Kölner Zeitschrift für Soziologie und Sozialpsychologie, 47, S. 207-230

Klein, Thomas/Johannes-Georg Schilling, 1994, Die Akzeptanz des Wohlfahrtsstaates. Eine empirische Analyse. In: Politische Vierteljahresschrift, 34, S. 607-630

Kleßmann, Christoph, 1988, Zwei Staaten, eine Nation. Deutsche Geschichte 1955-1970. Göttingen: Vandenhoek und Ruprecht

Kleßmann, Christoph, 1991, Opposition und Dissidenz in der Geschichte der DDR. In: Aus Politik und Zeitgeschichte, Beilage zur Wochenzeitung Das Parlament, B-41/91, S. 52-62

Klingemann, Hans-Dieter/Wolfgang Luthardt (Hrsg.), 1993, Wohlfahrtsstaat, Sozialstruktur und Verfassungsanalyse. Opladen: Westdeutscher Verlag

Klingemann, Hans-Dieter/Richard Stöss/Bernhard Weßels (Hrsg.), 1991, Politische Klasse und politische Institutionen: Probleme und Perspektiven der Elitenforschung. Opladen: Westdeutscher Verlag

Kloth, Hans Michael, 1991, Einige Zahlen zur 10. Volkskammer. In: Zeitschrift für Parlamentsfragen, 22, 467-473

Kluckhohn, Clyde, 1951, Values and Value Orientation in the Theory of Action: An Exploration in Definition and Classification. In: Parsons, Talcott/Edward Shils (Hrsg.), Toward a General Theory of Action. Cambridge: Harvard University Press, S. 388-433

Knabe, Hubertus, 1988: Neue Soziale Bewegungen im Sozialismus. Zur Genesis alternativer politischer Gruppen in der DDR. In: Kölner Zeitschrift für Soziologie und Sozialpsychologie, 40, S. 551-569

Knight, Maxwell E., 1952, The German Executive 1890-1933. Stanford: Stanford University Press

König, Klaus, 1991a, Verwaltung im Übergang - Vom zentralen Verwaltungsstaat in die dezentrale Demokratie. In: Die Öffentliche Verwaltung, 26, S. 177-184

König, Klaus (Hrsg.), 1991b, Verwaltungsstrukturen der DDR. Baden-Baden: Nomos

König, Klaus, 1991c, Zur Transformation einer real-sozialistischen Verwaltung in eine klassisch-europäische Verwaltung. Speyer: Forschungsinstitut für öffentliche Verwaltung bei der Hochschule für Verwaltungswissenschaften

König, Klaus, 1993, Bureaucratic Integration by Elite Transfer: The Case of the Former GDR. In: Derlien/Szablowski, Regime Transitions, S. 386-396.

Kohli, Martin, 1990, Das Alter als Herausforderung für die Theorie sozialer Ungleichheit. In: Berger, Peter A./ Stefan Hradil (Hrsg.), Lebenslagen, Lebensläufe, Lebensstile. Göttingen: Otto Schwartz & Co.

Konrad, György/Szelenyi, Ivan, 1978, Die Intelligenz auf dem Weg zur Klassenmacht, Frankfurt a. M.: Suhrkamp

Konrad, György/Szelenyi, Ivan, 1991, Intellectuals and Domination in Post-Communist Societies. In: Bourdieu, Pierre/James S. Coleman (Hrsg.), Social Theory for a Changing Society. Boulder: Westview Press, S. 337-361

Kosing, Alfred, 1989, Wörterbuch der marxistisch-leninistischen Philosopie. Berlin: Dietz-Verlag

Kreckel, Reinhard (Hrsg.), 1983, Soziale Ungleichheiten (Soziale Welt, Sonderband 2), Göttingen: Verlag Otto Schwartz & Co

Kriesi, Hanspeter, 1987, Neue soziale Bewegungen. Auf der Suche nach ihrem gemeinsamen Nenner. In: Politische Vierteljahresschrift, 28, S. 315-334

Krisch, Henry, 1988, Der Wandel der politischen Kultur und politische Stabilität in der DDR. In: Glaeßner, Gert-Joachim (Hrsg.), Die DDR in der Ära Honecker. Politik-Kultur-Gesellschaft. Opladen: Westdeutscher Verlag, S. 151-164

Kuran, Timur, 1992, Now Out of Never. The Element of Surprise in the East European Revolution of 1989. In: World Politics, 44, S. 7-48

Lampert, Heinz, 1988, Die Wirtschafts- und Sozialordnung der Bundesrepublik Deutschland. 9. Auflage. München: Olzog

Lampert, Heinz, 1990, Sozialpolitische Aufgaben der Umgestaltung der Wirtschafts- und Sozialordnung der DDR. In: Aus Politik und Zeitgeschichte. Beilage zur Wochenzeitung Das Parlament, 33/90, S. 27-33

Lampert, Heinz/Albrecht Bossert, 1992, Sozialstaat Deutschland: Entwicklung, Gestalt, Probleme. München: Vahlen

Lang, Jürgen P./Patrick Moreau/Viola Neu, 1995, Auferstanden aus Ruinen...? Die PDS nach dem Super-Wahljahr 1994. St. Augustin: Konrad-Adenauer-Stiftung (Interne Studien 111)

Langguth, Gerd, 1976, Die Protestbewegung in der Bundesrepublik Deutschland 1968-1976. Köln: Verlag Wissenschaft und Politik

Lasswell, Harold D./Daniel Lerner/ C. Easton Rothwell, 1952, The Comparative Study of Elites. Stanford: Stanford University Press

Lasswell, Harold D./Daniel Lerner, 1965, World Revolutionary Elites. Cambridge/ London: MIT Press

Laumann, Edward O./David Knoke, 1987, The Organisational State. Madison: The University of Wisconsin Press

Laumann, Edward O./Franz Urban Pappi, 1976, Networks of Collective Action: A Perspective on Community Influence Systems. New York: Academic Press

Lehmbruch, Gerhard, 1990, Die improvisierte Vereinigung: Die dritte deutsche Republik. In: Leviathan, 18, S. 462-486

Lehmbruch, Gerhard, 1991, Die deutsche Vereinigung. Strukturen und Strategien. In: Politische Vierteljahresschrift, 32, S. 585-604

Lehmbruch, Gerhard, 1994, Institutionen, Interessen und sektorale Variationen in der Transformationsdynamik der politischen Ökonomie Ostdeutschlands. In: Journal für Sozialforschung, 34, S. 21-44

Lehmbruch, Gerhard, 1995, Die Politikwissenschaft im Prozeß der deutschen Vereinigung. In: ders. (Hrsg.), Einigung und Zerfall. Deutschland und Europa nach dem Ende des Ost-West-Konfliktes. Opladen: Leske + Budrich, S. 327-360

Lehmbruch, Gerhard/Phillip C. Schmitter (Hrsg.), 1982, Patterns of Corporatistic Policy-Making. London: Sage

Lehner, Franz, 1979, Grenzen des Regierens. Königstein: Athenäum

Lepsius, M. Rainer, 1993, Zum Aufbau der Soziologie in Ostdeutschland. In: Kölner Zeitschrift für Soziologie und Sozialpsychologie, 45, S. 305-337

Lijphart, Arend, 1994, Democracies: Forms, Performance and Constituional Engineering. In: European Journal of Political Research, 25, S. 1-17

Lipset, Seymour Martin, 1981, Political Man. The Social Bases of Politics. 2. Auflage. New York: John Hopkins University Press

Lipset, Seymour Martin/Stein Rokkan, 1967, Cleavage Sructure, Party Systems, and Voter Alignments: An Introduction. In: dies. (Hrsg.), Party Systems and Voter Alignments. New York: Free Press, S. 1-64

Listhaug, Ola/Matti Wiberg, 1995, Confidence in Political and Private Institutions. In: Klingemann, Hans-Dieter/Dieter Fuchs (Hrsg.), Citizens and the State. Oxford/New York: Oxford University Press, S. 298-322

Lockwood, David, 1964, Social Integration and System Integration. In: Zollschan, George K./Walter Hirsch (Hrsg.), Explorations in Social Change, London: Routledge & Kegan, S. 244-257

Ludz, Peter Christian, 1968, Parteielite im Wandel. Funktionsaufbau, Sozialstruktur und Ideologie der SED-Führung. Eine empirisch-systematische Untersuchung, 2., unveränderte Auflage. Köln/Opladen: Westdeutscher Verlag

Luhmann, Niklas, 1981a, Politische Theorie im Wohlfahrtsstaat. München: Olzog

Luhmann, Niklas, 1981b, Soziologische Aufklärung 3. Soziale Systeme, Gesellschaft, Organisationen. Opladen: Westdeutscher Verlag

Luhmann, Niklas, 1984a, Die Wirtschaft der Gesellschaft als autopoietisches System. In: Zeitschrift für Soziologie, 13 ,S. 308-327

Luhmann, Niklas, 1984b, Soziale Systeme. Grundriß einer allgemeinen Theorie. Frankfurt a. M.: Suhrkamp

Luhmann, Niklas, 1986, Ökologische Kommunikation. Opladen: Westdeutscher Verlag

Luhmann, Niklas, 1989, Politische Steuerung: Ein Diskussionsbeitrag. In: Politische Vierteljahresschrift, 30, S. 4-9

Lutz, Burkart, 1983, Bildungsexpansion und soziale Ungleichheit. Eine historisch-soziologische Skizze. In: Kreckel, Soziale Ungleichheiten, S. 221-245

Machatzke, Jörg, 1995, Nationale Führungspositionen in der Bundesrepublik Deutschland. Beschreibung der Positionenauswahl für die Studie „Erste Gesamtdeutsche Elitestudie 1995“, Universität Potsdam, unveröffentlichtes Manuskript

MacIntyre, Alasdair, 1987, Der Verlust der Tugend. Zur moralischen Krise der Gegenwart. Frankfurt a. M./New York: Campus

Mänicke-Gyöngyösi, Kristina, 1994, Alte und neue Machteliten in Osteuropa. In: WeltTrends, 3, S. 43-55

Mannheim, Karl, 1928, Das Problem der Generationen. In: Kölner Vierteljahreshefte für Soziologie, 7 , S. 157-185, 309-330

Marin, Bernd/Renate Mayntz (Hrsg.), 1991, Policy Networks: Empirical Evidence and Theoretical Considerations. Frankfurt a. M.: Campus

Mast, Claudia, 1993, Medien und Journalismus im Umbruch - Erfahrungen von Medienunternehmen in den neuen Bundesländern. In: Mahle, Walter A.(Hrsg.), Journalisten in Deutschland. Nationale und internationale Vergleiche und Perspektiven. München: Öhlschläger, S. 71-80

Mateju, Petr/Blanka Rehakova, 1993, Revolution for Whom? Analysis of Selected Patterns of Intragenerational Mobility in 1989-1992. In: Czech Sociological Review, 1, S. 73-90

Maydell, Bernd von/Winfried Boecken/Wolfgang Heine/Dirk Neumann/Jürgen Pawelzig/Winfried Schmähl/Rolf Wank (Hrsg.), 1996, Die Umwandlung der Arbeits- und Sozialordnung. Berichte zum sozialen und politischen Wandel in Ostdeutschland. Opladen: Leske + Budrich

Mayer, Karl Ulrich, 1994, Vereinigung Soziologisch: Die soziale Ordnung der DDR und ihre Folgen. In: Peisert/Zapf, Gesellschaft, S. 267-290

Mayntz, Renate, 1987, Politische Steuerung und gesellschaftliche Steuerungsprobleme. In: Ellwein, Thomas, u.a. (Hrsg.), Jahrbuch zur Staats- und Verwaltungswissenschaft, Bd. 1. Baden-Baden: Nomos, S. 89 - 110

Mayntz, Renate, 1988, Funktionelle Teilsysteme in der Theorie sozialer Differenzierung. In: Mayntz, Renate u. a., Differenzierung und Verselbständigung. Zur Entwicklung gesellschaftlicher Teilsysteme. Frankfurt a.M./New York: Campus, S. 11-44

Mayntz, Renate, 1992, Modernisierung und die Logik von interorganisatorischen Netzwerken. In: Journal für Sozialforschung, 32, S.19-32

Mayntz, Renate, 1993, Policy-Netzwerke und die Logik von Verhandlungssystemen. In: Héritier, Policy-Analyse, S. 39-56

Mayntz, Renate/Hans-Ulrich Derlien, 1989, Party Patronage and Politicization of the West German Administrative Elite 1970-1987 - Towards Hybridization? In: Governance, 2, S. 384-404

Mayntz, Renate/Fritz W. Scharpf (Hrsg.), 1995a, Gesellschaftliche Selbstregelung und politische Steuerung. Frankfurt a.M./New York:Campus

Mayntz, Renate/Fritz W. Scharpf, 1995b, Steuerung und Selbstorganisation im staatsnahen Sektor. In: dies. (Hrsg.), Gesellschaftliche Selbstregelung und politische Steuerung, S. 9-38

Mayntz, Renate/Fritz W. Scharpf, 1995c, Der Ansatz des akteurzentrierten Institutionalismus. In: dies. (Hrsg.), Gesellschaftliche Selbstregelung und politische Steuerung, S. 39-72

McAllister, Ian, 1991, Party Elites, Voters and Political Attitudes: Testing Three Explanations for Mass-Elite Differences. In: Canadian Journal of Political Science, 24, S. 237-268

Merkl, Peter, 1965, Die Entstehung der Bundesrepublik Deutschland. Stuttgart: Klett-Cotta

Merriam, Charles E., 1962, Systematic Policies. Chicago: University of Chicago Press

Meulemann, Heiner, 1995, Aufholtendenzen und Systemeffekte. Eine Übersicht über Wertunterschiede zwischen West- und Ostdeutschland. In: Aus Politik und Zeitgeschichte. Beilage zur Wochenzeitung Das Parlament, B 40-41/95, S. 21-33

Meulemann, Heiner, 1996, Werte und Wertewandel. Zur Identität einer geteilten und wieder vereinten Nation. Weinheim/München: Juventa

Meuschel, Siegrid, 1991, Revolution in der DDR. Versuch einer sozialwissenschaftlichen Interpretation. In: Zapf, Wolfgang (Hrsg.), Die Modernisierung moderner Gesellschaften. Verhandlungen des 25. Deutschen Soziologentages in Frankfurt am Main 1990. Frankfurt am Main/New York: Campus, S. 558-575

Meyer, Gerd, 1983, Die politische Elite der DDR. Wer gehört dazu, wie übt sie ihre Macht aus, wie legitimiert sie sich? In: Landeszentrale für politische Bildung (Hrsg.), DDR. Stuttgart u.a.: Francke-Verlag, S. 92-117

Meyer, Gerd, 1985, Zur Soziologie der DDR-Machtelite. Qualifikationstruktur, Karrierewege und „politische Generationen". In: Deutschland-Archiv, 18, S. 506-528

Meyer, Gerd, 1991, Die DDR-Machtelite in der Ära Honecker. Tübingen: Francke

Meyn, Hermann, 1990, Massenmedien in der Bundesrepublik Deutschland. Berlin: Colloquium Verlag

Milbrath, Lester, 1963, The Washington Lobbyists. Chicago: Rand McNally

Mintzel, Alf/Heinrich Oberreuter (Hrsg.), 1990, Parteien in der Bundesrepublik Deutschland. Bonn: Bundeszentrale für Politische Bildung

Moore, Gwen, 1979, The Structure of a National Elite Network. In: American Sociological Review, 44, S. 673-692

Moore, Gwen, (Hrsg.), 1985, Studies of the Structure of National Elite Groups (Research in Politics and Society, Bd. 1), Greenwich/London: Jai Press

Moore, Gwen/John Higley/Desley Deacon/David Carrick, 1980, National Elite Networks in Australia and the United States. In: The Australian and New Zealand Journal of Sociology, 16, S. 14-23

Mosca, Gaetano, 1950, Die herrschende Klasse. Grundlagen der politischen Wissenschaft. München: Leo Lehnen Verlag

Müller, Walter, 1994, Bildung und soziale Plazierung in Deutschland, England und Frankreich. In: Peisert/Zapf, Gesellschaft, S. 115-134

Münch, Richard, 1988, Theorie des Handelns. Zur Rekonstruktion der Beiträge von Talcott Parsons, Emile Durckheim und Max Weber. Frankfurt a.M.: Suhrkamp

Münch, Richard, 1991, Dialektik der Kommunikationsgesellschaft. Frankfurt a. M.: Suhrkamp

Nagle, John D., 1977, System and Succession. The Social Bases of Elite Recruitment. Austin: University of Texas Press

Neumann, Helga, 1979, Zur Machtstruktur in der Bundesrepublik. Melle: Verlag Ernst Knoth

Nie, Norman H./G. Bingham Powell/Kenneth Prewitt, 1969, Social Structure and Political Participation. In: American Political Science Review, 63, S. 361-378, 808-832

Nie, Norman H./Verba Sidney/Jae-On Kim, 1974, Political Participation and the Life Cycle. In: Comparative Politics, 3, S. 319-340

Niedermayer, Oskar (Hrsg.), 1996, Intermediäre Strukturen in Ostdeutschland. Beiträge zu den Berichten zum sozialen und politischen Wandel in Ostdeutschland. Opladen: Leske + Budrich

Niedermayer, Oskar, 1996, Das intermediäre System. In: Kaase u.a., Politisches System, S. 155-230

Norusis, Marija J., 1991, The SPSS Guide to Data Analysis for SPSS/PC+. 2. Auflage. Chicago

O'Donnell, Guillermo O./Phillipe C. Schmitter, 1986, Negotiating (and Renegotiating) Pacts. In: dies. und Laurence Whitehead (Hrsg.), Transition from Authoritarian Rule. Prospect for Democracy. Baltimore, London: Johns Hopkins

Oberreuter, Heinrich, 1982, Übermacht der Medien. Erstickt die demokratische Kommunikation? Osnabrück: Verlag A. Fromm

Opp, Karl-Dieter, 1991, DDR '89. Zu den Ursachen einer spontanen Revolution. In: Kölner Zeitschrift für Soziologie und Sozialpsychologie, 43, S. 302-321

Pappi, Franz Urban, 1979, Konstanz und Wandel der Hauptspannungslinien in der Bundesrepublik. In: Matthes, Joachim (Hrsg.), Sozialer Wandel in Westeuropa. Frankfurt a.M.: Campus, S. 465-479

Pappi, Franz Urban, 1984, Boundary Specification and Structural Models of Elite Systems: Social Circles Revisited. In: Social Networks, 6, S. 79-95

Pappi, Franz Urban, 1986, Das Wahverhalten sozialer Grupen bei Bundestagswahlen im Zeitvergleich. In: Klingemann, Hans-Dieter/Max Kaase (Hrsg.), Wahlen und politischer Prozeß. Analysen aus Anlaß der Bundestagswahl 1983. Opladen: Westdeutscher Verlag, S. 369-384

Pappi, Franz Urban, 1995, Die deutsche Gesellschaft in vergleichender Perspektive als Motto einer Festschrift für Erwin K. Scheuch. In: Reuband, Karl-Heinz/Franz Urban Pappi/Heinrich Best (Hrsg.), Festschrift zum 65. Geburtstag von Erwin K. Scheuch. Opladen: Westdeutscher Verlag, S. 11-26

Pappi, Franz Urban/Peter Kappelhoff, 1984, Abhängigkeit, Tausch und kollektive Entscheidung in einer Gemeindeelite. In: Zeitschrift für Soziologie, 13, S. 87-117

Pappi, Franz Urban/Christian Melbeck, 1984, Das Machtpotential von Organsationen in der Gemeindepolitik. In: Kölner Zeitschrift für Soziologie und Sozialpsychologie, 36, S. 557-584

Pareto, Vilfredo, 1968, The Rise and the Fall of Elites. Totowa, N.J.: Bedminster Press

Parkin, Frank, 1983, Strategien sozialer Schließung und Klassenbildung. In: Kreckel, Soziale Ungleichheiten, S. 121-135

Parsons, Talcott, 1972, Das System moderner Gesellschaften. Weinheim/München: Juventa Verlag

Parsons, Talcott, 1976, Zur Theorie sozialer Systeme. Opladen: Westdeutscher Verlag

Peisert, Hansgert/Wolfgang Zapf (Hrsg.), 1994, Gesellschaft, Demokratie und Lebenschancen, Stuttgart: Deutsche Verlagsanstalt

Pettersen, Per Arnt, 1995, The Welfare State: The Security Dimension. In: Borre/Scarbrough, The Scope of Government, S. 198-233

Pollack, Detlef, 1992, Sozialstruktur und Mentalität in Ostdeutschland. In: Meyer, Hansgünter (Hrsg.), Soziologen-Tag Leipzig 1991. Soziologie in Deutschland und die Transformation großer gesellschaftlicher Systeme. Berlin: Akademie-Verlag, S. 272-285

Prewitt, Kenneth/Alan Stone, 1973, The Ruling Elites. New York: Harper & Row

Putnam, Robert D., 1976, The Comparative Study of Political Elites. Englewood Cliffs: Prentice Hall

Putnam, Robert D., 1977, Elite Transformation in Advanced Industrial Societies. An Empirical Assessment of the Theory of Technocracy. In: Comparative Political Studies, 10, S. 383-412

Rattinger, Hans, 1993, Abkehr von den Parteien? Dimensionen der Parteiverdrossenheit. In: Aus Politik und Zeitgeschichte, Beilage zur Wochenzeitung Das Parlament, B-11/93, S. 24-35

Rebenstorf, Hilke, 1991, Politische Herkunft und politische Karriere. In: Klingemann u.a., Politische Klasse, S. 217-234

Rebenstorf, Hilke, 1993, Gesellschaftliche Interessenrepräsentation und politische Integration. In: Herzog u. a., Parlament und Gesellschaft, S. 53-98

Rebenstorf, Hilke, 1995, Die politische Klasse. Zur Entstehung und Reproduktion einer Funktionselite. Frankfurt a. M./New York: Campus

Rebenstorf, Hilke/Martina Sauer, 1997, Elitenzirkulation: Zur Repräsentanz ostdeutscher Herkunft in der gesamtdeutschen Führungsschicht. In: Steiner, Helmut (Hrsg.), DDR-Eliten. Woher - Wohin? Opladen: Leske + Budrich i.E.

Rebenstorf, Hilke/Bernhard Weßels, 1989, Wie wünschen sich die Wähler ihre Abgeordneten? Ergebnisse einer repräsentativen Bevölkerungsbefragung zum Problem der sozialen Repräsentativität des Deutschen Bundestages. In: Zeitschrift für Parlamentsfragen, 20, S.408-424

Reich, Jens, 1992, After the Resignation of the East German Intellegentsia. A Time for Clowning. In: German Politics and Society, 27, S. 88-92

Reichel, Peter, 1985, Politische Kultur in Deutschland. In: Fetscher, Iring/Herfried Münkler (Hrsg.), Politikwissenschaft. Begriffe, Analysen, Theorien: Ein Grundkurs. Reinbeck b. Hamburg: Rowohlt Taschenbuch Verlag

Reißig, Rolf, 1992, Transformationsprozeß in Ostdeutschland - empirische Befunde und theoretische Erklärungsansätze. In: BISS public, 2, S. 5-22

Reißig, Rolf, 1993, Paradigmenwechsel im ostdeutschen Transfromationsprozeß? In: BISS public, 3, S. 5-20

Rieger, Günter, 1993, Wieviel Gemeinsinn braucht die Demokratie? Zur Diskussion um den Kommunitarismus. In: Zeitschrift für Politik, 40, S. 304-332

Ritter, Gerhard A., 1989, Der Sozialstaat. Entstehung und Entwicklung im internationalen Vergleich. München: R. Oldenbourg

Rohde, Konstanze, 1979, Die Karriereleiter. Ausbildung und Einkommen im Journalismus von der Mitte des 19. Jahrhundert bis zur Gegenwart. In: Kepplinger, Hans Mathias (Hrsg.), Angepaßte Außenseiter: was Journalisten denken und wie sie arbeiten. Freiburg/München: Alber, S. 189-209

Rohrschneider, Robert, 1993, Political Elites and Civil Liberties in the United Germany, Paper presented at the annual meeting of the American Political Science Association, Washington, D.C., September 1993

Rohrschneider, Robert, 1994a, Report from the Laboratory: The Influence of Institutions on Political Elites' Democratic Values in Germany. In: American Political Science Review, 88, S. 927-941

Rohrschneider, Robert, 1994b, How Iron is the Law of Oligarchy? Robert Michels and National Party Delegates in Eleven West European Democracies. In: European Journal of Political Research, 25, S. 207-238

Roller, Edeltraud, 1992a, Einstellungen der Bürger zum Wohlfahrtsstaat der Bundesrepublik Deutschland. Opladen: Westdeutscher Verlag

Roller, Edeltraud, 1992b, Ideological Bases of the Market Economy. Attitudes Toward Distribution Principles and the Role of Government in Western and Eastern Germany, Discussion Paper FS III 92-206, Berlin: Wissenschaftszentrum Berlin für Sozialforschung

Roller, Edeltraud, 1995a, Sozialpolitische Orientierungen nach der deutschen Einigung. Vortragsmanuskript für die Tagung „Politische Einstellungen und politisches Verhalten in den neuen Bundesländern", Technische Universität Dresden, 28.-30.09.1995

Roller, Edeltraud, 1995b, Political Agendas and Beliefs About the Scope of Government. In: Borre/Scarbrough, The Scope of Government, S. 55-86

Roller, Edeltraud, 1995c: The Welfare State: The Equality Dimension. In: Borre/Scarbrough, The Scope of Government, S. 165-197

Roller, Edeltraud, 1995d, Wohlstand oder soziale Sicherheit? Wertbezogene politische Streitfragen und die Beurteilung politischer Alternativen in Berlin nach der Wende. In: Klingemann, Hans-Dieter/Lutz Erbring/Nils Diederich (Hrsg.), Zwischen Wende und Wiedervereinigung. Analysen zur politischen Kultur in West- und Ost-Berlin 1990. Opladen: Westdeutscher Verlag, S. 40-62

Roller, Edeltraud, 1997, Sozialpolitische Orientierungen nach der deutschen Einigung. In: Gabriel, Politische Orientierungen, S. 116-148

Roller, Edeltraud/Rainer Mathes, 1993, Hermeneutisch-klassifikatorische Inhaltsanalyse: Analysemöglichkeiten am Beispiel von Leitfadengesprächen zum Wohlfahrtsstaat. In: Kölner Zeitschrift für Soziologie und Sozialpsychologie, 45, S. 56-75

Roller, Edeltraud/Bettina Westle, 1987, Politisierung und Depolitisierung von Wohlfahrtsansprüchen. In: Soziale Welt, 38, S. 227-251

Röper, Horst, 1993, Konzentrationswerte im Zeitungsmarkt wieder gestiegen. Daten zur Konzentration der Tagespresse in der BRD im 1. Quartal 1993. In: Media Perspektiven, Heft 9, S. 402-409

Rose, Richard, 1976, On the Priorities of Government: A Developmental Analysis of Public Policy. In: European Journal of Political Research, 4, S. 247-289

Roth, Dieter, 1994, Was bewegt die Wähler? In: Aus Politik und Zeitgeschichte. Beilage zur Wochenzeitung Das Parlament, B 11/94, S. 3-13

Roth, Roland, 1994, Demokratie von unten. Neue soziale Bewegungen auf dem Wege zur politischen Institution. Köln: Bund-Verlag

Rüther, Günther (Hrsg.), 1996, Repräsentative oder plebiszitäre Demokratie - eine Alternative? Baden-Baden: Nomos

Rytlewski, Ralf, 1987, Soziale Kultur als politische Kultur: Die DDR. In: Berg-Schlosser, Dirk/Jakob Schissler (Hrsg.), Politische Kultur in Deutschland. Bilanz und Perspektiven in der Forschung (PVS-Sonderheft 18). Opladen: Westdeutscher Verlag, S. 238-246

Sandberger, Johann-Ulrich, 1994, Soziale Legitimation versus Delegitimation - Zur Struktur und Verteilung von Orientierungen gegenüber sozialer Ungleichheit. In: Peisert/Zapf, Gesellschaft, S. 355-368

Sartori, Giovanni, 1992, Demokratietheorie. Darmstadt: Wissenschaftliche Buchgesellschaft

Schäfers, Bernhard, 1990, Gesellschaftlicher Wandel in Deutschland. Stuttgart: dtv Wissenschaft

Scharpf, Fritz W., 1988, Verhandlungssysteme, Verteilungskonflikte und Pathologien der politischen Steuerung. In: Schmidt, Manfred G. (Hrsg.), Staatstätigkeit (Sonderheft 19 der PVS). Opladen: Westdeutscher Verlag, S. 61-87

Scharpf, Fritz W., 1989, Politische Steuerung und Politische Institutionen. In: Hartwich, Hans-Hermann (Hrsg), Macht und Ohnmacht politischer Institutionen. Opladen: Westdeutscher Verlag, S. 18-29

Scharpf, Fritz W., 1991, Die Handlungsfähigkeit des Staates am Ende des zwanzigsten Jahrhunderts. In: Politische Vierteljahresschrift, 32, S. 621-634

Scharpf, Fritz W., 1992a, Einführung: Zur Theorie von Verhandlungssystemen. In: Benz, Arthur/Fritz W. Scharpf/Reinhard Zintl, Horizontale Politikverflechtung. Zur Theorie von Verhandlungssystemen. Frankfurt a.M.: Campus, S. 11-27

Scharpf, Fritz W., 1992b, Koordination durch Verhandlungssysteme: Analytische Konzepte und institutionelle Lösungen. In: Benz, Arthur/Fritz W. Scharpf/Reinhard Zintl, Horizontale Politikverflechtung. Zur Theorie von Verhandlungssystemen, Frankfurt a.M./New York: Campus, S. 51-96

Scharpf, Fritz W., 1993a, Versuch über Demokratie im verhandelnden Staat. In: Czada, Roland/Manfred G. Schmidt (Hrsg), Verhandlungsdemokratie, Interessenvermittlung, Regierbarkeit. Opladen: Westdeutscher Verlag, S. 25-50

Scharpf, Fritz W., 1993b, Positive und negative Koordination in Verhandlungssystemen. In: Héritier, Policy-Analyse, S. 57-83

Schelsky, Helmut, 1975, Die Arbeit tun die anderen. Opladen: Westdeustcher Verlag

Scheuch, Erwin K., 1966, Führungsgruppen und Demokratie in Deutschland. In: Die Neue Gesellschaft, 13, S. 356-370.

Scheuch, Erwin K., 1988, Continuity and Change in German Social Structure. In: Historical Social Research, 13, S. 31-121

Scheuch, Erwin K., 1991, Wie deutsch sind die Deutschen? Bergisch-Gladbach: Bastei und Lübbe

Scheuch, Erwin K./Ute Scheuch, 1995, Bürokraten in den Chefetagen. Deutsche Karrieren: Spitzenmanager und Politiker heute. Reinbek: Rowohlt

Schimank, Uwe, 1985, Der mangelnde Akteursbezug systemtheoretischer Erklärungen gesellschaftlicher Differenzen - ein Diskussionsvorschlag. In: Zeitschrift für Soziologie, 14, S. 421-434

Schimank, Uwe, 1992, Determinanten sozialer Steuerung - akteurstheoretisch betrachtet. Ein Themenkatalog. In: Bußhoff, Heinrich (Hrsg.), Politische Steuerung. Steuerbarkeit und Steuerungsfähigkeit - Beiträge zur Grundlagendiskussion. Baden-Baden: Nomos, S. 165-192

Schleth, Uwe, 1971: Once Again: Does It Pay to Study Social Background in Elite Analysis? In: Wildemann, Rudolf, (Hrsg.), Sozialwissenschaftliches Jahrbuch für Politik, Bd. 2. München: Olzog, S. 99-118

Schluchter, Wolfgang, 1963, Der Elitebegriff als soziologische Kategorie. In: Kölner Zeitschrift für Soziologie und Sozialpsychologie, 15, S. 233-256

Schmacke-Losblattsammlung, Liste der Großen 500 deutschen Unternehmen 1993/94 auf der Basis der Umsatzzahlen 1992. Kriftel April 1994

Schmacke-Losblattsammlung, Liste der Großen Banken und Geldinstitute 1993/94 auf der Basis der Konzernbilanzsummen 1992. Kriftel April 1994

Schmacke-Losblattsammlung, Liste der Großen Versicherungen 1993/94 auf der Basis der Beiträge einschl. Nebenleistungen 1992. Kriftel April 1994

Schmalz-Bruns, Rainer, 1992, Die Konturen eines „neuen Liberalismus". Zur Debatte um Liberalismus, Kommunitarismus und Civil Society. In: Politische Vierteljahreschrift, 33, S. 662-672

Schmid, Josef, 1996, Wohlfahrtsstaaten im Vergleich. Soziale Sicherungssysteme in Europa: Organisation, Finanzierung, Leistungen, Probleme. Opladen: Leske + Budrich

Schmidt, Hartwig, 1991, Wertwandel in einheimischen und westlichen Lebenswelten. In: Reißig, Rolf/Gert-Joachim Glaeßner (Hrsg.), Das Ende eines Experiments: Umbruch in der DDR und deutsche Einheit. Berlin: Dietz-Verlag, S. 243-267

Schmidt, Manfred G., 1993, Sozialpolitik. In: Andersen, Uwe/Wichard Woyke (Hrsg.), Handwörterbuch des politischen Systems der Bundesrepublik Deutschland. Opladen: Leske + Budrich, S. 487-488

Schmidt, Manfred G., 1995, Demokratietheorien. Opladen: Leske + Budrich

Schmitter, Philippe C., 1979, Still the Century of Corporatism? In: Schmitter, Philippe C./Gerhard Lehmbruch (Hrsg.), Trends Toward Corporatist Intermediation. Beverly Hills: Sage Publications, S. 7-52

Schneider, Eberhard, 1994, Die politische Funktionselite der DDR. Eine empirische Studie zur SED-Nomenklatura. Opladen: Westdeutscher Verlag

Schöbel, Carolin, 1995, Sozialisation in unterschiedlichen Systemen. Zum Profil der Persönlichkeitstypen in West- und Ost-Berlin. In: Klingemann, Hans-Dieter/Lutz Erbring/Nils Diederich (Hrsg.), Zwischen Wende und Wiedervereinigung. Analysen zur politischen Kultur in West- und Ost-Berlin 1990. Opladen: Westdeutscher Verlag, S. 15-22

Schütz, Wolfgang J., 1994, Deutsche Tagespresse 1993. Ergebnisse der zweiten gesamtdeutschen Zeitungsstatistik. In: Media Perspektiven, Heft 4, S. 168-216

Searing, Donald, 1982, Rules of the Game in Britain: Can the Politicians be Trusted? In: American Political Science Review, 76, S. 239-258

Searing, Donald, 1985, The Role of the Good Constituency Member and the Practice of Representation in Britain. In: Journal of Politics, 47, S. 348-381

Segert, Dieter, 1994, Political Elite without Experience. The Rise of a New Political Class in East Germany. In: Agh, Attila (Hrsg.), The Emergence of East Central European Parliaments. Budapest: Ungarisches Zentrum für Demokratieforschung, S. 223-236

Seibel, Wolfgang/Benz, Arthur/Mäding, Heinrich, 1993, Verwaltungsreform und Verwaltungspolitik im Prozeß der deutschen Einigung. Baden-Baden: Nomos

Seifert, Wolfgang/Richard Rose, 1994, Lebensbedingungen und politische Einstellungen im Transformationsprozeß. Ostdeutschland und Osteuropa im Vergleich. Discussion Paper FS III 94-104, Berlin: Wissenschaftszentrum Berlin für Sozialforschung

Solga, Heike, 1994, „Systemloyalität" als Bedingung sozialer Mobilität im Staatssozialismus, am Beispiel der DDR. Arbeitsbericht 10/1994, Max-Planck-Institut für Bildungsforschung, Forschungsbereich Bildung, Arbeit und gesellschaftliche Entwicklung

Solga, Heike, 1995, Auf dem Weg in eine klassenlose Gesellschaft? Klassenlagen und Mobilität zwischen Generationen in der DDR. Berlin: Akademie-Verlag

Sontheimer, Kurt, 1971, Deutschlands politische Kultur. München/Zürich: Piper

Sontheimer, Kurt, 1990, Deutschlands politische Kultur. München/Zürich: Piper, neue überarbeitete Auflage

Sorensen, Aage, 1991, On the Usefulness of Class Analysis in Research on Social Mobility and Socioeconomic Inequality. In: Acta Sociologica, 34, S. 71-87

Stammer, Otto, 1951, Das Elitenproblem in der Demokratie. In: Schmollers Jahrbuch für Gesetzgebung, Verwaltung und Volkswirtschaft, 71, S. 513-540

Staniszkis, Jadwiga, 1991, Patterns of Change in Eastern Europe. In: Brunner, Georg/Rudolf L. Tokes/Peter R. Weilemann (Hrsg.), Upheaval Against the Plan. Oxford/New York: Clarendon, S. 5-26

Statistisches Bundesamt (Hrsg.), 1993, Statistisches Jahrbuch 1993 für die Bundesrepublik Deutschland. Wiesbaden

Statistisches Bundesamt (Hrsg.), 1996, Statistisches Jahrbuch 1996 für die Bundesrepublik Deutschland. Wiesbaden

Statistisches Jahrbuch der DDR, 1972, 1989, 1990, hrsg. v. der Staatlichen Zentralverwaltung für Statistik, Berlin (Ost)

Sterbling, Anton, 1993, Überlegungen zur Schlüsselbedeutung der Intelligenz in Südosteuropa. In: Südosteuropa, 42, S. 42-59

Stern, Klaus, 1984, Das rechtsstaatliche Prinzip. In: Das Staatsrecht der Bundesrepublik Deutschland. Bd. 1, München: Beck

Suntum, Ulrich van, 1991, Die soziale Komponente in der Marktwirtschaft. In: Aus Politik und Zeitgeschichte. Beilage zur Wochenzeitung Das Parlament, B 3-4/91, S. 16-27

Szablowski, George J./Hans-Ulrich Derlien, 1993, East European Transitions, Elites, Bureaucracies, and the European Community In: Derlien/Szablowski, Regime Transitions, S.304- 324

Szabo, Mate, 1991, Soziale Bewegungen, Mobilisierung und Demokratisierung in Ungarn. In: Deppe, Rainer/Helmut Dubiel/Ulrich Rödel (Hrsg.), Demokratischer Umbruch in Osteuropa. Frankfurt a. M.: Suhrkamp, S. 206-220

Szelenyi, Ivan/Szonja Szelenyi, 1995, Circulation or Reproduction of Elites During the Postcommunist Transfromation of Eastern Europe. In: Theory and Society, 24, S. 615-638

Sztompka, Pjotr, 1991, Society in Action. A Theory of Social Becoming. Cambridge: Polity Press

Times-Mirror, 1991, The Pulse of Europe: A Survey of Political and Social Values and Attitudes. Washington, D.C.: Center for The People & The Press

Traxler, Franz, 1991, Regieren die Verbände? Ihr wirtschaftspolitischer Einfluß und dessen Effekte im internationalen und intersektoralen Vergleich. In: Hartwich, Hans-Hermann/Göttrik Wewer (Hrsg.), Systemsteuerung und „Staatskunst". Regieren in der Bundesrepublik, Bd. 3. Leverkusen: Leske + Budrich, S. 133-150

Ulrich, Günter, 1994, Politische Steuerung. Staatliche Intervention aus systemtheoretischer Sicht. Opladen: Leske + Budrich

Uppendahl, Herbert 1981, Repräsentation und Responsivität - Bausteine einer Theorie der responsiven Demokratie. In: Zeitschrift für Parlamentsfragen, 11, S. 123-134

VADEMECUM Deutscher Lehr- und Forschungsstätten,1992, Stätten der Forschung. Stuttgart: Raabe Verlag

Veen, Hans-Joachim/Carsten Zelle, 1995, National Identity and Political Priorities in Eastern and Western Germany. In: German Politics, 4, S. 1-26

Verba, Sidney/Norman H. Nie/Jae-On Kim, 1978, Participation and Political Equality: A Seven Nation Comparison, Cambridge: Cambridge University Press

Vester, Michael, 1989, Neue soziale Bewegungen und soziale Schichten. In: Wasmuth, Ulrike C. (Hrsg.), Alternativen zur alten Politik? Neue soziale Bewegungen in der Diskussion. Darmstadt: Wissenschaftliche Buchgesellschaft, S. 38-63

Vester, Michael/Peter von Oertzen/Heiko Geiling/Thomas Hermann/Dagmar Müller, 1993, Soziale Milieus im gesellschaftlichen Strukturwandel. Zwischen Integration und Ausgrenzung. Köln: Bund-Verlag

Vortmann, Heinz, 1989, Die soziale Sicherheit in der DDR. In: Weidenfeld, Werner/Hartmut Zimmermann (Hrsg.), Deutschland-Handbuch. Eine doppelte Bilanz. Bonn: Bundeszentrale für politische Bildung, S. 326-341

Wagner, Frido/Bernd Rückwardt, 1982, Führungshilfskräfte in Ministerien. Baden-Baden: Nomos

Waldmann, Peter, 1979, Elitenherrschaft in einer pluralistischen Gesellschaft. In: Aus Politik und Zeitgeschichte. Beilage zur Wochenzeitung Das Parlament, B38/79, S. 20-30

Wasilewski, Jaceslav, 1994, La Nomenklatura. Vers Quel Destin Social? In: Revue d'Etudes Comparatives Est-Ouest, 25, S. 33-46

Watts, Meredith W., 1994, A 'Participatory Revolution' among the German 'Unification Generation'? Youth Attitudes toward Noninstitutional Participation after the East German Revolution. In: European Journal of Political Research, 25, S. 187-206

Weber, Hermann, 1989, Geschichte der DDR. München: Deutscher Taschenbuchverlag

Weber, Hermann, 1991, DDR: Grundriß der Geschichte. Vollständig überarbeitete und ergänzte Neuauflage, Hannover: Fackelträger

Weege, Wilhelm, 1992, Politische Klasse, Elite, Establishment, Führungsgruppen. Ein Überblick über die politik- und sozialwissenschaftliche Diskussion. In: Leif, Thomas/Hans-Joseph Legrand/Ansgar Klein (Hrsg.), Die politische Klasse in Deutschland. Eliten auf dem Prüfstand. Bonn/Berlin: Bouvier, S. 35-64

Weidenfeld, Werner/Rudolf Korte, 1991, Die Deutschen: Profil einer Nation. Stuttgart: Klett-Cotta

Weidenfeld, Werner/Karl-Rudolf Korte (Hrsg.), 1993, Handbuch zur deutschen Einheit. Bonn: Bundeszentrale für politische Bildung

Weil, Frederick D., 1993, The Development of Democratic Attitudes in Eastern and Western Germany in a Comparative Perspective. In: ders. (Hrsg.), Democratization in Eastern and Western Europe. Greenwich, CT: JAI Press, S. 195-225

Weischenberg, Siegfried/Armin Scholl/Martin Löffelholz, 1994, Journalismus in Deutschland. Merkmale und Einstellungen von Journalisten. In: Journalist, 44, S. 55-69

Welzel, Christian, 1992, Von der SED zur PDS. Eine sozialistische Staatspartei auf dem Weg zur politischen Partei im Konkurrenzsystem, Frankfurt a. M. u.a.: Lang

Welzel, Christian 1995, Der Umbruch des SED-Regimes im Lichte genereller Transformationsmechanismen, in: Politische Vierteljahresschrift, 36, 37-90

Welzel, Christian, 1997a, Demokratischer Elitenwandel. Die ostdeutsche Elite gemessen an einer Theorie des demokratischen Elitenwandels, Opladen: Leske + Budrich i.E.

Welzel, Christian 1997b, Repräsentation alleine reicht nicht mehr. Sachentscheidungsrechte in der Theorie der interaktiven Demokratie, in: Schneider-Wilkes, Rainer (Hrsg.), Ist die demokratische Luft dünner geworden? Studien zum Zustand der Demokratrie i. E.

Weßels, Bernhard, 1991a, Erosion des Wachstumsparadigmas. Neue Konfliktstrukturen im politischen System der Bundesrepublik? Opladen: Westdeutscher Verlag

Weßels, Bernhard, 1991b, Vielfalt oder strukturierte Komplexität? Zur Institutionalisierung politischer Spannungslinien im Verbände- und Parteiensystem in der Bundesrepublik. In: Kölner Zeitschrift für Soziologie und Sozialpsychologie, 43, S. 454-475

Weßels, Bernhard, 1992, Bürger und Organisationen - Ost- und Westdeutschland: vereint und doch verschieden? Discussion Paper FS III 92-204, Berlin: Wissenschaftszentrum Berlin für Sozialforschung

Weßels, Bernhard, 1993, Politische Repräsentation als Prozeß gesellschaftlich-parlamentarischer Kommunikation. In: Herzog u. a., Parlament und Gesellschaft, S. 99-137

Weßels, Bernhard, 1997, Einstellungen zu den Institutionen der Interessenvermittlung. In: Gabriel, Politische Einstellungen, S. 189-210

Westle, Bettina, 1989, Politische Legitimität - Theorien, Konzepte, empirische Befunde. Baden-Baden: Nomos

Westle, Bettina, 1992, Strukturen nationaler Identitäten in Ost- und Westdeutschland. In: Kölner Zeitschrift für Soziologie und Sozialpsychologie, 44, S. 461-488

Westle, Bettina, 1994, Demokratie und Sozialismus. Politische Ordnungsvorstellungen im vereinten Deutschland zwischen Ideologie, Protest und Nostalgie. In: Kölner Zeitschrift für Soziologie und Sozialpsychologie, 46, S. 571-596

Westle, Bettina, 1995, Einstellungen zur Nation und zu den Mitbürgern. Vortragsmanuskript für die Tagung „Politische Einstellungen und politisches Verhalten in den neuen Bundesländern", Technische Universität Dresden, 28.-30.09.1995

Wildenmann, Rudolf, 1954, Partei und Fraktion. Ein Beitrag zur Analyse der politischen Willensbildung und des Parteiensystems in der Bundesrepublik. Meisenheim am Glan: Anton Hain Verlag

Wildenmann, Rudolf, 1967, Macht und Konsens als Problem der Innen- und Außenpolitik. Opladen: Westdeutscher Verlag

Wildenmann, Rudolf, 1968, Eliten in der Bundesrepublik. Maschinenlesbares Codebuch, Köln: Zentralarchiv für Empirische Sozialforschung (ZA-Nr. 1138)

Wildenmann, Rudolf, 1975, Towards a Sociopolitical Model of the German Federal Republic In: ders. (Hrsg.), Sozialwissenschaftliches Jahrbuch für Politik, Bd. 4. München: Günter Olzog Verlag, S. 273-301

Wildenmann, Rudolf/Max Kaase/Ursula Hoffmann-Lange/Albrecht Kutteroff/Gunter Wolf, 1982, Führungsschicht in der Bundesrepublik Deutschland 1981, maschinenlesbares Codebuch. Mannheim: Universität Mannheim (ZA-Nr. 1139).

Wilensky, Harold D., 1975, The Welfare State and Equality. Structural and Ideological Roots of Public Expenditures. Berkeley u.a.: University of California Press

Willke, Helmut, 1983, Entzauberung des Staates. Überlegungen zu einer sozietalen Steuerungstheorie. Königsstein/Taunus: Athenäeum

Willke, Helmut, 1987, Entzauberung des Staates. Grundlinien einer systemtheoretischen Argumentation. In: Ellwein u. a., Jahrbuch zur Staats- und Verwaltungswissenschaft, Bd. 1. Baden-Baden: Nomos, S. 285-308

Willke, Helmut, 1992a, Ironie des Staates. Grundlinien einer Staatstheorie polyzentrischer Gesellschaft. Frankfurt a.M.: Suhrkamp

Willke, Helmut, 1992b, Prinzipien politischer Steuerung. In: Bußhoff, Heinrich (Hrsg.), Politische Steuerung. Steuerbarkeit und Steuerungsfähigkeit - Beiträge zur Grundlagendiskussion. Baden-Baden: Nomos, S. 51 - 80

Willke, Helmut, 1993, Systemtheorie. Eine Einführung in die Grundprobleme der Theorie sozialer Systeme. Stuttgart/Jena: Gustav Fischer

Winderl, Thomas, 1994, Machteliten im Systemwechsel. Über Wandel und Kontinuität osteuropäischer Eliten. In: Südosteuropa, 43, S. 613-627

Winkler, Gunnar (Hrsg.), 1989, Geschichte der Sozialpolitik der DDR 1945-1985. Berlin: Akademie-Verlag

Wolf, Christof, 1996, Konfessionelle versus religiöse Konfliktlinie in der deutschen Wählerschaft. In: Politische Vierteljahresschrift, 37, S. 713-734

ZA (Zentralarchiv für empirische Sozialforschung), 1972, Westdeutsche Führungsschicht (Studien-Nr. 7096). Codebuch. Köln: Zentralarchiv

ZA (Zentralarchiv für empirische Sozialforschung), 1981a, Führungsschicht in der Bundesrepublik Deutschland (Studien-Nr. 1139). Codebuch. Köln: Zentralarchiv

ZA (Zentralarchiv für empirische Sozialforschung), 1981b, Bevölkerungsbefragung zur Befragung „Führungsschicht in der Bundesrepublik Deutschland 1981“ (Studien-Nr.: 1134), Codebuch, Köln: Zentralarchiv

ZA (Zentralarchiv für empirische Sozialforschung), 1994, ALLBUS 1994 (Studien-Nr.: 2400), Codebuch, Köln: Zentralarchiv

Zahlenspiegel Bundesrepublik Deutschland - Deutsche Demokratische Republik, 1988, hrsg. v. Bundesministerium für Innerdeutsche Beziehungen. Bonn

Zapf, Wolfgang, 1964, Führungsgruppen in West- und Ostdeutschland. In: ders. (Hrsg.), Beiträge zur Analyse der deutschen Oberschicht. Tübingen, S. 3-32

Zapf, Wolfgang, 1965: Wandlungen der deutschen Elite. München: Piper

Zapf, Wolfgang, 1986, Die deutsche Version des Wohlfahrtsstaates. In: Hanau, Klaus/Reinhard Hujer/Werner Nebauer, (Hrsg.), Wirtschafts- und Sozialstatistik: Empirische Grundlagen und politische Entscheidungen. Göttingen: Vandenhoeck & Ruprecht, S. 379-403

Zapf, Wolfgang, 1994, Einige Materialien zu Gesellschaft und Demokratie im vereinten Deutschland. In: Peisert/Zapf, Gesellschaft, S. 291-312

Zerche, Jürgen (Hrsg.), 1994, Vom sozialistischen Versorgungsstaat zum Sozialstaat der Bundesrepublik: Ausbau oder Abbau der sozialen Lage in den neuen Bundesländern. Regensburg: Transfer-Verlag

Verzeichnis der Abbildungen und Tabellen

Verzeichnis der Abbildungen

Verzeichnis der Tabellen

Anhang: Fragebogen

1. Sie wurden für die Untersuchung ausgewählt aufgrund Ihrer Position als.............
   Ist dies die korrekte Positionsbezeichnung?

   Ja, korrekt
   Nein, die korrekte Bezeichnung lautet ______________________________

2a. Seit welchem Jahr haben Sie diese Position inne?

2b. Waren Sie unmittelbar davor bereits in dieser Organsiation (bzw. diesem Unternehmen/dieser Behörde/diesem Gremium) tätig?
   Wenn ja, seit welchem Jahr?

   Nein
   Seit 19_________________ Nicht unmittelbar davor, aber früher einmal

3a. Sind Sie in Ihrer jetzigen Position hauptberuflich, nebenberuflich, oder ehrenamtlich tätig?

3b. Was ist Ihre hauptberufliche Tätigkeit?

4. Die letzte sozialwissenschaftliche Elite-Befragung in Deutschland wurde im Jahre 1981 durchgeführt, also vor 14 Jahren. Bitte denken Sie einmal zurück: Welche Position hatten Sie damals, im Jahr 1981?
   (Falls Monat von Bedeutung: April 1981.)

   Berufstätig, und zwar:______________________________
   war 1981 nicht berufstätig

5. Wir haben hier eine Skala von Hierarchieebenen. Wert 1 bezeichnet eine Tätigkeit auf der unteren Leitungsebene, Wert 7 die höchste Führungsebene. Wo würden Sie die Position einstufen, die Sie im Jahr 1981 innehatten?
   (Skala vorlegen)

   Wert: ______________________________
   Hatte 1988 noch keine Leitungsfunktion

6a. Wie war es 7 Jahre später, also im Jahr 1988? Welche Position hatten Sie damals? (Falls Monat von Bedeutung: April 1988.)

Text: ______________________________
war 1988 nicht berufstätig

6b. Bei welchem Wert auf der Skala würden Sie diese Position einstufen?

Wert: ______________________
Hatte 1988 noch keine Leitungsfunktion

7. Und Ihre heutige Position, bei welchem Wert auf der Skala würden Sie diese Position einstufen? (Skala vorlegen)

8. Auf dieser Liste stehen verschiedene Sektoren des öffentlichen Lebens oder Wirtschaftslebens. In welchem dieser Sektoren sind Sie heute überwiegend tätig? (Liste mit Sektoren vorlegen)

Politik
Internationale Behörden (z.B. UN, EU)
Ministerialverwaltung des Bundes
Ministerialverwaltung der Länder
Sonstige Verwaltung
Justiz
Militär (Berufssoldat)
Banken und Versicherungen
Industrie- und andere Wirtschaftsunternehmen
Wirtschafts- und Arbeitgeberverbände
Landwirtschaft bzw. Landwirtschaftsverbände
Berufsverbände
Gewerkschaften
Medien (Presse, Rundfunk, Fernsehen)
Wissenschaft
Bildungswesen
Kirche
Sonstiger Sektor

9. Seit welchem Jahr sind Sie in diesem Sektor tätig?

10. Sind Sie oder waren Sie irgendwann, sei es haupt- oder nebenberuflich, auch in anderen der aufgeführten Sektoren tätig?

11. Wenn ja, in welchen anderen Sektoren sind Sie oder waren Sie tätig? Und in welchem Zeitraum?

im Sektor________________von_________bis___________
bis zu vier Angaben möglich, Sektorvorgaben entsprechend Frage 8

12. Ihr hauptsächlicher Arbeitsort heute liegt in -
(Liste mit Ländervorgaben vorlegen)

Baden-Württemberg	Saarland
Bayern	Schleswig-Holstein
Berlin	Brandenburg
Bremen	Thüringen
Hamburg	Sachsen
Hessen	Sachsen-Anhalt
Niedersachsen	Mecklenburg-Vorpommern
Nordrhein-Westfahlen	
Rheinland-Pfalz	im Ausland (z.B. Luxemburg)

13. Haben Sie seit Mitte 1990, also seit der deutschen Vereinigung, immer in diesem Bundesland gearbeitet?

14. Seit welchem Jahr arbeiten Sie jetzt hier in diesem Land?

15. Und wo haben Sie davor gearbeitet?

in einem der alten Bundesländer
in einem der neue Bundesländer
im Ausland, und zwar in:________________________

16. Haben Sie Ihren privaten Familienwohnsitz im gleichen Bundesland (bzw. Land), in dem Sie heute arbeiten?

17. In welchem Land haben Sie ihren privaten Familienwohnsitz?
(Liste wie in Frage 12)

18. Darf ich fragen: Leben Sie mit Partner oder Familie zusammen oder sind Sie alleinlebend?

19. Haben Sie Kinder? Wenn ja, wieviele?

ja, ___ Kinder; nein

20. Leben die Kinder noch mit Ihnen im Haushalt?

Ja ; Teilweise; Nein

21. Geschlecht der Zielperson

22. Was ist Ihr Geburtsjahr?

23. Sind Sie in Deutschland geboren? (Bei Nachfragen: Deutschland in den Staatsgrenzen zum Zeitpunkt der Geburt)

24. Wenn nein, in welchem Land sind Sie geboren?

25. Und in welchem Jahr sind Sie nach Deutschland gekommen?

26. Haben Sie danach einmal für längere Zeit im Ausland gelebt?
(Bei Nachfrage: längere Zeit= mindestens 6 Monate)

27. In welchem Land haben Sie gelebt?
Und in wie lange war das?

Land: ___________________von_________bis_________
(bis zu drei Angaben möglich)

28. Von Auslandsaufenthalten abgesehen: Haben Sie im Zeitraum von 1949 bis 1989 in der Bundesrepublik gelebt, in der DDR gelebt oder sind Sie vor 1989 von der DDR in den Westen gegangen? (Vorgaben vorlesen)

In der Bundesrepublik gelebt
In der DDR gelebt
Vor 1989 in BRD übergesiedelt oder sind Sie vor 1989 von der DDR in den Westen gegangen?

29. In welchem Jahr war das? (Wechsel von DDR in den Westen)

30. Welchen höchsten Schulabschluß haben Sie?
(Liste mit Abschlüssen vorlegen)

Volks-/Hauptschulabschluß; DDR: POS mit Abschluß 8. oder 9. Klasse
Mittlere Reife/Realschulabschluß; DDR: POS mit Abschluß 10. Klasse
Fachhochschulreife
Abitur (Hochschulreife); DDR: EOS mit Abschluß 12. Klasse
Anderen Schulabschluß/ nicht vergleichbar

31. Haben Sie einen der auf dieser Liste genannten beruflichen Ausbildungsabschlüsse?
(Liste mit Abschlüssen vorlegen)

Abgeschlossene gewerbliche oder landwirtschaftliche Lehre
Abgeschlossene kaufmännische Lehre
Berufsfachschulabschluß
Berufliches Praktikum
Meister-, Techniker- oder gleichwertiger Fachschulabschluß
Fachhochschulabschluß (auch Abschluß einer Ingenieurschule)
Anderer beruflicher Ausbildungsabschluß
Nein, nichts davon

32. Haben Sie einen Hochschulabschluß?

33. Welchen Hochschulabschluß oder, falls mehrere, welche Hochschulabschlüsse haben Sie gemacht? Bitte sagen Sie mir jeweils die Kennziffer von dieser Liste und dazu das Jahr, die Hochschule und die Fachrichtung.
(Liste mit Abschlüssen vorlegen)

PH-Abschluß	Magisterabschluß
Staatsexamen	Promotion
Diplom	Habilitation

Abschluß:_________ Jahr:_____ Hochschule:___________ Fach:_________
(bis zu drei Angaben möglich)

34. Welchen Bildungsabschluß haben bzw. hatten Ihre Eltern? Was von dieser Liste ist der höchste Abschluß, den Ihr Vater und Ihre Mutter gemacht haben?
(Liste mit Abschlüssen vorlegen)

Volksschule/Hauptschule	Abitur
Realschule/Mittlere Reife	Hochschulabschluß
Trifft nicht zu / nicht bekannt	

35. Welche Rolle haben in Ihrem Elternhaus Gespräche über Politik und über aktuelle politische Ereignisse gespielt? Bitte sagen Sie es mir anhand der Skala, wobei der Wert 0 für „keine Rolle“ und der Wert 10 für „eine sehr große Rolle“ steht.
(Skala als Liste vorlegen)

36a. Interviewereinstufung: Befragter hat
(1) in der Bundesrepublik gelebt
(2) in der DDR gelebt oder ist in den Westen gegangen

36b. nur Befragte die in der DDR lebten oder in den Westen gegangen sind
Sagen Sie mir bitte anhand der Skala auch, welche Rolle in Ihrem Elternhaus die Erziehung zum sozialistischen Klassenbewußtsein gespielt hat.

37. Und welche Rolle hat die religiöse Erziehung in Ihrem Elternhaus gespielt? Verwenden Sie bitte wieder dieselbe Skala.

38. Als Sie 15 Jahre alt waren: Waren Ihr Vater und Ihre Mutter da berufstätig? Wenn ja, in welcher beruflichen Stellung? Sofern das in der Bundesrepublik war, nennen Sie bitte die zutreffende Position in Liste A; sofern das in der DDR oder im östlichen Ausland war, nennen Sie bitte die zutreffende Position in Liste B.
(Liste mit Berufsangaben vorlegen)

nicht berufstätig
verstorben/ unbekannt
berufstätig, und zwar:

Liste A: Westkategorien
Selbständige Landwirte
Selbständiger Landwirt unter 10 ha
Selbständiger Landwirt 10 ha bis unter 20 ha
Selbständiger Landwirt 20 ha bis unter 50 ha
Selbständiger Landwirt 50 ha und darüber

Akademische freie Berufe (z.B. Arzt, Rechtsanwalt mit eigener Praxis
Freie Akademiker mit 1 Mitarbeiter oder allein
Freie Akademiker mit 2 - 9 Mitarbeitern
Freie Akademiker mit 10 Mitarbeitern und mehr

Selbständige Unternehmer, Fabrikanten, Handwerker
Selbständige mit 1 Mitarbeiter
Selbständige mit 2 bis unter 10 Mitarbeitern
Selbständige mit 10 bis unter 20 Mitarbeitern
Selbständige mit 20 bis unter 50 Mitarbeitern
Selbständige mit 50 bis unter 100 Mitarbeitern
Selbständige mit 100 bis unter 500 Mitarbeitern
Selbständige mit 500 Mitarbeitern und mehr

Arbeiter
ungelernte Arbeiter
ungelernte und angelernte Arbeiter
gelernte und Facharbeiter
Vorarbeiter und Kolonnenführer
Meister/Poliere

Beamte/Richter/Angestellte im öffentlichen Dienst
im einfachen Dienst
im mittleren Dienst
im gehobenen Dienst
im höheren Dienst
Berufssoldaten

Industrie- und Werkmeister im Angestelltenverhältnis
Angestellte, die schwierigere Aufgaben nach allgemeiner Anweisung selbständig erledigen
Angestellte, die selbständige Leistungen in verantwortungsvoller Tätigkeit erbringen oder begrenzte Verantwortung für die Tätigkeit anderer tragen
Angestellte mit umfassenden Führungsaufgaben und Entscheidungsbefugnissen
- unter 50 Mitarbeitern
- 50 bis unter 100 Mitarbeitern
- 100 bis unter 500 Mitarbeitern
- 500 bis unter 1000 Mitarbeitern
- 1000 Mitarbeiter und mehr

Liste B: Ostkategorien
Bauern / in der Landwirtschaft Tätige (inkl. Genossenschaftsbauern)
Un- und Angelernte
Facharbeiter
Brigadier/Meister
mittleres und höheres Leitungspersonal

Selbständige (inkl. PGH, ohne Landwirtschaft)
Selbständige ohne oder mit bis zu 10 Mitarbeitern
Selbständige mit 11 und mehr Mitarbeitern
Mithelfende Familienangehörige
Freiberufliche Erwerbstätige

Arbeiter in Produktion und Handwerk (Lohnempfänger)
Ungelernte Arbeiter
Angelernte Arbeiter
Facharbeiter
Brigadier
Meister

Im Staatsapparat Tätige
ohne Leitungsfunktion
untere Leitungsebene
mittlere Leitungsebene
obere Leitungsebene
Berufssoldaten

Angestellte in Betrieben / Kombinaten (Gehaltsempfänger)
Meister im Angestelltenverhältnis
Angestellte mit einfacher Tätigkeit
Angestellte mit qualifizierter Tätigkeit
Angestellte mit hochqualifizierter Tätigkeit
Angestellte mit höheren Leitungsaufgaben

39. Nun wieder zu Ihrer eigenen Position und Entwicklung. Wenn Sie an Ihren beruflichen Werdegang bis zu Ihrer heutigen Position denken, welches Gewicht hatten da die folgenden Faktoren? Bitte sagen Sie es mir anhand dieser Skala, wobei der Wert 1 für „gar keine Bedeutung“ und der Wert 7 für „größte Bedeutung“ steht. (Skala als Liste vorlegen, Vorgaben vorlesen)
Welche Bedeutung hatten...
Eine besondere fachliche Qualifikation
Das Elternhaus
Beziehungen und Kontakte zu wichtigen Personen
Glückliche Umstände, Zufall
Mitgliedschaft in einer politischen Partei
Fianzielle Unabhängigkeit
Eigenwillige Konzepte, Kreativität
Anpassungsfähigkeit
Kooperativer Führungsstil, Offenheit
Härte und Durchsetzungswille

40. Gibt es noch andere, bisher nicht genannte Eigenschaften oder Voraussetzungen, die man in Ihrem Bereich braucht, um Einfluß zu gewinnen?

Nein; Ja, und zwar: ________________________________

41. Wenn Sie in Ihrem Aufgabenbereich eine wichtige Entscheidung in Ihrem Sinne durchsetzen wollen, wie stark sind Sie da durch andere Instanzen oder Akteure eingeschränkt? Vorgaben vorlesen)

Sehr stark	Wenig
Stark	oder gar nicht

42. Welche anderen Instanzen oder Akteure müssen Sie vor allem berücksichtigen? Bitte nennen Sie bis zu drei Punkte von dieser Liste. (Vorgaben als Liste vorlegen)

Kollegen und Mitarbeiter
Nachgeordnete Ebenen in Ihrer Organisation
Kontroll- und Aufsichtsgremien in Ihrer Organisation
Kontroll- und Aufsichtsgremien des Bundes und der Länder
Die traditionelle Linie bzw. Politik Ihrer Organisation
Massenmedien, die öffentliche Meinung
Sonstiges, und zwar:____________________

43. Ich lesen Ihnen eine Reihe von Problemen vor, die man als Führungskraft vielleicht haben kann. Sagen Sie mit bitte zu jedem Punkt, ob das für Sie persönlich ein sehr großes, ein großes, ein gewisses oder kein Problem ist. (Antwortvorgaben als Liste vorlegen, Angaben vorlesen)

Notwendigkeit, auf viele unterschiedliche Interessen Rücksicht nehmen zu müssen
Sachzwänge
Mangelnde Anerkennung in der Öffentlichkeit
Zu geringe Möglichkeiten der politischen Einflußnahme
Zu wenig Zeit für das Privatleben
Zu wenig Zeit, um über Ziele und Probleme vertiefend nachzudenken
Frustration, da Probleme doch nur unzureichend gelöst werden können
Belastende Auseinandersetzungen, um Angriffe und Kritik abzuwehren

43a. Haben wir noch typische Probleme vergessen, die Sie ergänzen möchten?

Nein; Ja, und zwar: ____

44. Wie sehen Sie die Führungsgruppen - oder die Eliten - in Deutschland heute ganz allgemein? Nehmen Sie bitte wieder die Skala von 1-7. Sie soll jetzt Ihre Einschätzung über die Kompetenz der heutigen Eliten ausdrücken, wobei der Wert 1 für „geringe Kompetenz“ und der Wert 7 für „hohe Kompetenz“ steht. (Skala als Liste vorlegen, Angaben vorlesen)

Das politische Führungspersonal
Die Verwaltungseliten
Die Führungskräfte in der Wirtschaft
Die führenden Personen in den Massenmedien
Die führenden Personen im Geistesleben, also in Wissenschaft und Kultur

45. Ein anderer Punkt ist die Anerkennung und Achtung, man kann auch sagen Akzeptanz der Eliten in der Bevölkerung und Öffentlichkeit. Der Wert 1 der Skala drückt jetzt „geringe“, der Wert 7 „hohe Anerkennung und Achtung“ aus. Welche Anerkennung in der Bevölkerung und Öffentlichkeit genießen heute Ihrer Meinung nach...

Gruppen wie in Frage 44

46. In der Bundesrepublik wird seit längerer Zeit heftige Kritik an gesellschaftlichen und politischen Führungsgruppen geübt. Ich lesen Ihnen einige Meinungen über die Ursachen der Probleme zwischen Eliten und Bevölkerung vor. Sagen Sie mir bitte, ob Sie der jeweiligen Aussage voll zustimmen, teilweise zustimmen oder gar nicht zustimmen.
(Antwortskala als Liste vorlegen, Angaben vorlesen)

Die Erwartungen der Bürger gegenüber den Eliten sind zu stark gestiegen
Die gesellschaftlichen und politischen Probleme sind für einfache Lösungen zu komplex geworden
Den Führungsgruppen mangelt es an Professionalität
Die Vertrauenskrise in die Eliten wird durch die Medien produziert
Die Autorität der Führungsgruppen wird von den Bürgern immer weniger akzeptiert
Die Kooperation innerhalb der Führungsgruppen funktioniert nicht mehr ausreichend
Es fehlt unter den Führungsgruppen an Gemeinwohlorientierung
Die Moral in der politischen und gesellschaftlichen Arbeit zählt nicht mehr viel
Es fehlt heute an gesellschaftlichen Visionen und Konzepten

47. Nun ein anderes Thema. Es geht um Mitgliedschaften in Gremien und Verbänden und um Ihre Kontakte zu wichtigen Instanzen in Politik, Wirtschaft und Medien. Sind Sie zur Zeit gewählter Abgeordneter in einer Volksvertretung, sei es auf der unteren Ebene der Kommunal-parlamente oder einer höheren Ebene bis hin zum Europäischen Parlament?

48. Auf welcher Ebene sind Sie als Abgeordneter tätig? (Mehrfachnennungen möglich)

Kommunale Ebene (Gemeinderat,Stadtrat, Kreistag)
Bezirkstag
Landtag
Bundestag
Europäisches Parlament

49. Sind Sie gegenwärtig Mitglied eines politischen Beratungsgremiums bzw. wissenschaftlichen Beirats für die Bundesregierung oder ein Bundesministerium?

50. Sind Sie Mitglied einer politischen Partei?

51. In welcher Partei?

CDU
CSU
SPD
FDP
B'90/GRÜNE
PDS
Republikaner
Andere Partei

52. Seit welchem Jahr sind Sie Mitglied dieser Partei?

53. Haben Sie derzeit auf irgendeiner Ebene - von der Ortsebene bis zur Bundesebene - eine Vorstands- oder Geschäftsführungsfunktion in dieser Partei oder einer ihrer Arbeitskreise?

54. Wenn ja: Auf welcher Ebene - gegebenenfalls auch mehreren - haben Sie eine solche Funktion?

Bundesebene
Landesebene
Bezirksebene
Kreisebene
Ortsebene

55. Auf dieser Liste stehen Verbände der beruflichen oder wirtschaftlichen Interessenvertretung. Sind Sie Mitglied in einem oder mehreren dieser Verbände? (Liste der Verbände vorlegen)

Gewerkschaft
Berufsverbände
Kammern
Handwerksverbände
Landwirtschaftsverbände
Industrieverbände
Arbeitgeberverbände
Sonstige Wirtschaftsverbände
In keinem davon

56. Haben Sie in einem dieser Verbände ein Amt oder eine Funktion?

57. Welcher Verband oder - falls mehrere - welche Verbände sind das? Sagen Sie mir bitte den Kennbuchstaben auf der Liste, den Namen des jeweiligen Verbandes und die Ebene, auf der Sie eine Funktion haben.
Verbände wie Frage 55

Verband: ____________ Funktionsebene (Bund, Land, Bezirk, Kreis):_______
(bis zu vier Angaben möglich)

58. Auf dieser Liste stehen Vereinigungen und Organisationen in sozialen, kulturellen und anderen Bereichen. Sind Sie Mitglied in einem oder mehreren davon? (Liste der Organisationen vorlegen)

A Wissenschaftliche Fördervereine/wissenschaftliche Stiftungen
B Kulturelle Fördervereine (z.B. Kunstverein, Theaterverein)
C Gesellschaftliche Vereinigungen (Freimaurer, Rotary International, Lions International)
D Religiöse Vereinigungen / Kirchliche Laienorganisationen
E Kirchliche oder freie Wohlfahrtsverbände
F Vertriebenen- und Flüchtlingsverbände, Landsmannschaftliche Vereinigungen der ehemals deutschen Ostgebiete
G Studentische Verbindungen / Korporationen
H Sportvereine
J Natur- und Umweltschutzverbände
K Bürgerinitiativen
L Menschenrechtsorganisationen (z.B. Amnesty international, Pro Asyl)
M Sonstige Vereinigungen:____________________
In keinem davon

59. Haben Sie in einem dieser Verbände ein Amt oder eine Funktion?

60. Welcher Verband - oder falls mehrere - welche Verbände sind das? Sagen Sie mir bitte den Kennbuchstaben auf der Liste, den Namen des jeweiligen Verbandes und die Ebene, auf der Sie eine Funktion haben.

siehe Frage 58 Funktionsangaben wie unter Frage 57

61. Interviewereinstufung: Befragter hat bis 1989 in der DDR gelebt (Filter)
Sonstige

- Ab hier nur Befragte aus der ehemaligen DDR -

62. Ich bitte nun noch um entsprechende Angaben für das jahr 1989, also die Zeit in der DDR vor der Wende. Waren Sie 1989 Mitglied einer politischen Partei in der DDR?

Wenn ja:

63. In welcher Partei?

SED, CDU, LDPD, NDPD, DBD

64. Hatten Sie in dieser Partei - sei es auf Landes-, Bezirks- , Kreis- oder Ortsebene - eine Leitungsfunktion oder ein Abgeordnetenmandat? Wenn ja, auf welcher Ebene?

auf Landesebene	auf Kreisebene
auf Bezirksebene	auf Ortsebene
nein	

65. Es gab ja auch in der DDR eine Vielzahl von gesellschaftlichen Organisationen und Berufsverbänden. Hatten Sie in einem solchen Verband - sei es auf Landes, Bezirks-, Kreis- oder Ortsebene - ein Amt oder eine Funktion?

66. Welche Organisation war das und auf welcher Ebene hatten Sie eine Funktion?

Name: ____________ Funktionsebene (Land, Bezirk, Kreis, Ort):_________
(bis zu vier Angaben möglich)

67. Waren Sie vor Oktober 1989 in einer oppositionellen Gruppe tätig, z. B. im Rahmen einer Kirchengruppe oder Umweltgruppe?

68a. Auf dieser Liste stehen politische Gruppierungen, die es in der Wendezeit zwischen Oktober 1989 und März 1990 gab. Waren Sie in einer oder mehreren davon Mitglied bzw. politisch aktiv? (Liste der Gruppierungen vorlegen)

Initiative für Frieden und Menschenrechte	
Demokratie Jetzt	Unabhängiger Frauenverband
Neues Forum	SPD (Ost)
Demokratischer Aufbruch	Andere
Kirchengruppe	Nein
Umweltgruppe	

68b. Waren Sie in dieser Zeit

A Mitglied des Runden Tisches ?	ja / nein
B Mitglied der Volkskammer ?	ja / nein

-Ab hier wieder alle Befragten

69. Ihr hauptsächlicher Arbeitsort liegt ja zur Zeit in...

den alten Bundesländern inkl. West-Berlin
den neuen Bundesländern inkl. Ost-Berlin
im Ausland

70. Wie häufig haben Sie durch Ihre Tätigkeit auch mit Führungskräften in den neuen Bundesländern zu tun? (bezieht sich nur auf Befragte, deren Arbeitsort laut Fragen 12 und 69 in den alten Bundesländern oder im Ausland liegt)
(Vorgaben vorlesen)

Häufig; Gelegentlich; Nie

71. Wie häufig haben Sie durch Ihre Tätigkeit auch mit Führungskräften in den alten Bundesländern zu tun? (bezieht sich nur auf Befragte, deren Arbeitsort laut Fragen 12 und 69 in den neuen Bundesländern liegt)

Vorgaben wie in Frage 70

72. Ist Ihrer Meinung nach das Arbeitsverhältnis zwischen Führungskräften ostdeutscher und westdeutscher Herkunft ein normales oder gibt es Besonderheiten in diesen Beziehungen?

Normales Arbeitsverhältnis
Besonderheiten
Kann ich nicht einschätzen

72a. Worin liegen die Besonderheiten in dieser Zusammenarbeit?

73. Soweit Sie das überblicken können: Sind die Arbeitsbeziehungen zwischen den Führungskräften ost- und westdeutscher Herkunft in den letzten Jahren

- besser geworden
- schlechter geworden
- oder hat sich.das nicht verändert

74. Nun einige genauere Fragen zu Ihren Kontakten mit anderen Institutionen und deren Führungskräften.
Bitte nennen Sie mir anhand dieser Liste (Liste 74) alle Institutionen und Organisationen, zu denen Sie persönlich regelmäßig Kontakte unterhalten. Unter regelmäßig verstehen wir dabei, daß Sie mit Vertretern dieser Institutionen oder Organisationen zumindest mehrmals jährlich persönlichen Kontakt haben oder korrespondieren. Bitte sagen Sie mir jeweils die Kennziffer der Institution, zu der Sie regelmäßig Kontakt haben. Sofern auf der Liste eine Zusatzfrage zur näheren Erläuterung steht, geben Sie mir bitte die genauere Bezeichnung.
(Liste der Institutionen vorlegen)

1 Institutionen der Europäischen Gemeinschaft - Welche ?
2 Supranationale Institutionen (z.B. UN/NATO/WHO) - Welche ?
3 Bundespräsidialamt, Bundespräsident
4 Bundestagsausschüsse - Welche ?
5 Bundestagsfraktionen/Fraktionsarbeitskreise von Bundestagsfraktionen - Welche ?
6 Bundeskanzleramt, Bundeskanzler
7 Bundesministerien, Bundesminister - Welche ?
8 Obere Bundesbehörden - Welche ?
9 Bundesbank/Landeszentralbanken - Welche ?
10 Bundesvorstand/Bundesgeschäftsstelle von politischen Parteien - Welche Parteien? Welches Bundesland?
11 Landesvorstand/Landesgeschäftsstellen von politischen Parteien - Welche Parteien? Welches Bundesland?
12 Landtagsfraktionen - Welche Parteien? Welches Bundesland?

13 Landesministerien/Staatskanzleien/Vertretungen der Länder beim Bund - Welche Ministerien? Welches Bundesland?
14 Regierungspräsidien - Welche?
15 Banken - Welche?
16 Versicherungen - Welche?
17 Industrielle Großunternehmen - Welche?
18 Andere Wirtschaftsunternehmen - Welche?
19 Wirtschafts- und Arbeitgeberverbände auf Bundes- und Landesebene - Welche, in welchem Bundesland?
20 Handwerks- und Mittelstandsverbände auf Bundes- und Landesverbände - Welche, in welchem Bundesland?
21 Landwirtschaftsverbände auf Bundes- und Landesebene - Welche, in welchem Bundesland?
22 Berufsverbände auf Bundes- und Landesebene - Welche, in welchem Bundesland?
23 Gewerkschaften auf Bundes- und Landes- bzw. Bezirksebene - Welche, in welchem Bundesland?
24 Presseorgane - Welche?
25 Rundfunkanstalten - Welche?
26 Wissenschaftliche Hochschulen, öffentliche Forschungseinrichtungen - Welche?
27 Kulturelle Institutionen und Organisationen - Welche?
28 Soziale, karitative und sozialpolitische Organisationen - Welche?
29 Evangelische oder katholische Kirche/sonstige religiöse Gruppen - Welche, welche Bistümer, welche Landeskirche?
30 Treuhand-Nachfolgeorganisationen oder Ämter für offene Vermögensfragen - Welche?
31 Bundesgerichte oder Obergerichte - Welche?

75a. Mit welcher dieser Stellen, die Sie eben genannt haben, haben Sie am häufigsten Kontakt?

Liste wie unter Frage 74 (eine Angabe möglich)

75b. Bei welchen dieser Stellen finden Sie die meiste Unterstützung?

Liste wie unter Frage 74 (zwei Angabe möglich)

75c. Und bei welchen der Stellen haben Sie die meisten Schwierigkeiten?

Liste wie unter Frage 74 (zwei Angabe möglich)

76. Nun einige Fragen zum politischen System in der Bundesrepublik. Alles in allem gesehen, was denken Sie, wie gut oder wie schlecht funktioniert unser politisches System heute? (Antwortvorgaben als Liste vorlegen)

A Es funktioniert gut und muß nicht verändert werden
B Es funktioniert im großen und ganzen gut, muß aber in einigen Punkten verändert werden
C Es funktioniert nicht gut und muß in vielen Punkten verändert werden
D Es funktioniert überhaupt nicht und muß völlig verändert werden

77. Würden Sie bitte die veränderungsbedürftigen Punkte kurz nennen?

78. Wieweit sind bestimmte politische Ziele oder Wertvorstellungen heute in Deutschland verwirklicht? Ich lesen Ihnen verschiedene Punkte vor. Sagen Sie bitte anhand der Skala von 1-7, wieweit Sie diese verwirklicht sehen. Der Wert 1 bedeutet „gar nicht“, der Wert 7 „voll verwirklicht“.
(Skala als Liste vorlegen)

Freiheit
Soziale Gerechtigkeit
Chancengleichheit
Toleranz
Gleichberechtigung der Geschlechter
Soziale Sicherheit
Mitmenschlichkeit
Demokratie
Gleiche Lebensbedingungen in beiden Teilen Deutschlands

79. Hier ist eine Liste von häufig gehörten Thesen über die Demokratie. Bitte sagen Sie mir zu jeder dieser Aussagen, ob Sie ihr voll zustimmen, eher zustimmen, eher nicht zustimmen oder überhaupt nicht zustimmen
(Antwortvorgaben und Aussagen als Liste vorlegen)

A Zuviel Medienkritik an der politischen Führung schadet der Demokratie
B Die Chance der Opposition, die Regierung abzulösen, ist wichtiger als Stabilität und Kontinuität der politischen Führung
C Die politische Mitwirkung der Bevölkerung sollte sich auf die Teilnahme an Wahlen beschränken
D Auch wer in einer Auseinandersetzung recht hat, sollte den Kompromiß suchen
E Demokratie ist auf Dauer nur möglich, wenn sich eine starke politische Führung über alle Gruppeninteressen hinwegsetzt
F Die Einführung von Volksbegehren und Volksentscheiden ist eine notwendige Ergänzung der repräsentativen Demokratie
G Wenn Parteien in der Demokratie auch eine wichtige Rolle spielen, so werden durch sie doch politische Konflikte oft unnütz verschärft
H Der Bürger verliert das Recht zu Streiks und Demonstrationen, wenn er damit die öffentliche Ordnung gefährdet
J Demokratie sollte nicht auf den politischen Bereich beschränkt bleiben,

sondern in allen gesellschaftlichen Bereichen realisiert werden

K Meinungs- und Diskussionsfreiheit müssen dort ihre Grenzen haben, wo elementare moralische Überzeugungen und sittliche Grundwerte berührt werden

80a. Ich lese Ihnen eine Reihe von Akteuren unseres politischen Systems vor. Wir möchten gerne wissen, wie hoch Sie deren aktuellen Einfluß auf die Politik in der Bundesrepublik einschätzen.
Bitte nehmen Sie dazu wieder die Skala von 1-7. Der Wert 1 bedeutet „sehr geringer“, der Wert 7 bedeutet „sehr hoher Einfluß“.
Welchen Einfluß haben Ihrer Meinung nach
(Skala als Liste vorlegen und Vorgaben zusätzlich vorlesen)

Bundespräsident
Bundestag
Bundesregierung
Bundesrat
Bundesverfassungsgericht
Bundesbank
Bundeswehr
Länderparlamente
Verwaltung, Ministerialbürokratie
Parteien
Interessengruppen
Medien
Justiz
Polizei
Arbeitgeber- und Industrieverbände
Landwirtschaftsverbände
Gewerkschaften
Wähler
Großunternehmen
Banken
Wissenschaftler
Soziale Bewegungen und Bürgerinitiativen
Kirchen
Meinungsforschung
Institutionen der Europ. Union

80b Gibt es unter diesen Akteuren einen oder mehrere, die Ihrer Meinung nach zu viel Einfluß haben? Bitte sehen Sie dazu noch einmal die Liste durch.

Liste wie unter Frage 80a, zusätzlich: „niemanden genannt“

80c. Und gibt es einen oder mehrere Akteure, die Ihrer Meinung nach zu wenig Einfluß haben?

Liste wie unter Frage 80a, zusätzlich: „niemanden genannt“

81. Welches sind Ihrer Meinung nach die grundlegenden politischen und gesellschaftlichen Probleme, denen sich die Bundesrepublik heute gegenübersieht und die vermutlich auch längerfristig von Bedeutung sein werden? Bitte nennen Sie mir die grundlegenden Probleme in kurzen Stichworten.

Fallen Ihnen noch weitere Punkte ein?

82. Seit einiger Zeit wird in der Öffentlichkeit über den Umfang und die Art der staatlichen Aufgaben diskutiert. Was meinen Sie? Soll der Staat (Angaben vorlesen)

Aufgaben abgeben
Mehr Aufgaben übernehmen
Einen Teil seiner Aufgaben abgeben, dafür aber andere übernehmen
Soll so bleiben wie bisher

83. (Nur Befragte, die Änderungen befürworten.) Woran denken Sie da?

Aufgaben abgeben: ______________________________
Aufgaben übernehmen: ______________________________

84. Ich lese Ihnen mögliche Bedrohungen für die vitalen Interessen Deutschlands in den nächsten 10 Jahren vor. Sagen Sie mir bitte anhand der Skala von 1-7, wie sehr Sie den jeweiligen Punkt als Bedrohung ansehen. Wert 1 bedeutet „überhaupt keine", Wert 7 „sehr große Bedrohung". (Skala als Liste vorlegen)

- Die verbliebene militärische Macht Rußlands
- Die wirtschaftliche Macht Japans
- Die wirtschaftliche Macht der USA
- Die Entwicklung Chinas zur Weltmacht
- Die mögliche Entwicklung von Ländern wie Libyen, Iran oder Ukraine zu Atommächten
- Ein mögliches Fortschreiten des religiösen Fundamentalismus
- Ein möglicher Atomunfall wie in Tschernobyl
- Starke Einwanderung aus Nicht-EU-Ländern nach Deutschland
- Verschärfung regionaler bzw. ethnischer Konflikte in und am Rande Europas
- Ausbreitung extrem nationaler Bewegungen

85. Die Vereinigung hat auch die Frage nach der Rolle Deutschlands in der Weltpolitik aktuell werden lassen. Dazu gibt es zwei gegensätzliche Standpunkte. Welchem dieser Argumente stimmen Sie zu? (Liste der Argumente vorlegen)

A Deutschland sollte sich aufgrund seiner politischen Vergangenheit und früheren Machtpolitik in weltpolitischen Aktivitäten weiterhin zurückhalten
B Deutschland sollte aufgrund seines Gewichts nunmehr eine aktive Rolle und mehr Verantwortung in der Weltpolitik übernehmen

86. Viele Leute verwenden die Begriffe „links" und „rechts", wenn es darum geht, unterschiedliche politische Einstellungen zu kennzeichnen.
Wir haben hier einen Maßstab, der von links nach rechts verläuft. Wenn Sie an Ihre eigenen Ansichten denken, wo würden Sie diese Ansichten auf dieser Skala einstufen?
Bitte nennen Sie mir den Buchstaben des zutreffenden Feldes.

Skala von links (01) bis rechts (10) (vorlegen)

87. Auch in der Politik kann man nicht alles auf einmal haben. Auf dieser Liste finden Sie einige Ziele, die man in der Politik verfolgen kann. Wenn Sie zwischen diesen verschiedenen Zielen wählen müßten, welches Ziel erschiene Ihnen persönlich am wichtigsten? Welches erschiene Ihnen am zweitwichtigsten? Und welches Ziel käme an dritter Stelle?
(Angaben als Liste vorlegen)

A Aufrechterhaltung von Ruhe und Ordnung in diesem Land
B Mehr Einfluß der Bürger auf die Entscheidungen der Regierung
C Kampf gegen die steigenden Preise
D Schutz des Rechts auf freie Meinungsäußerung

88. In der aktuellen Diskussion sind weitere Ziele von Bedeutung. Wie wichtig sind Ihrer Meinung nach die folgenden Ziele? Verwenden Sie bitte wieder die Skala von 1-7, wobei der Wert 1 „ganz unwichtig“ und der Wert 7 „sehr wichtig“ ausdrückt. (Skala als Liste vorlegen)

Die Lebensbedingungen in Ost- und Westdeutschland anzugleichen
Die Arbeitslosigkeit wirksam zu bekämpfen
Den Wirtschaftsstandort Deutschland zu sichern
Die Staatsverschuldung abzubauen
Die Vereinigung Europas voranzutreiben
Den Schutz der Umwelt und der natürlichen Lebensgrundlagen zu verstärken
Den Sozialstaat zu sichern
Kriminalität wirksam zu bekämpfen
Den Mißbrauch von Sozialleistungen zu verhindern
Die Integration von Ausländern zu verbessern
Politischen Extremismus zu unterbinden

89. Uns würde interessieren, wie Sie über die politischen Parteien denken. Hier haben wir eine Art Thermometer. Je weiter Sie auf den weißen Kästchen nach oben gehen, um so sympathischer ist Ihnen die betreffende Partei; je weiter Sie auf den schwarzen Kästchen nach unten gehen, um so mehr lehnen Sie diese Partei ab. (Thermometer von +5 bis -5 als Liste vorlegen)

Ganz allgemein: was halten Sie von
der CDU
der CSU
der SPD
der FDP
dem Bündnis 90/Die Grünen
der PDS
den Republikanern

90a. Interviewereinschätzung: Zielperson gehört: zum Bereich Politik
zu einem anderer Bereich

90b. (nur Nicht-Politik-Breich)
Sehen Sie jetzt bitte einmal davon ab, daß erst vor kurzem eine Bundestagswahl stattgefunden hat.
Wenn am nächsten Sonntag Bundestagswahl wäre, welche Partei würden Sie dann mit Ihrer Zweitstimme wählen?

CDU/CSU
SPD
FDP
Bündnis 90/Die Grünen
PDS
Die Republikaner
Andere,und zwar :
Würde nicht wählen
Angabe verweigert
Weiß nicht

91. Welcher Religionsgemeinschaft gehören Sie an?
(Liste mit Vorgaben vorlegen)

Der römisch-katholischen Kirche
Der evangelischen Kirche (ohne Freikirchen)
Einer anderen christlichen Religionsgemeinschaft
Einer anderen nicht-christlichen Religionsgemeinschaft
Keiner Religionsgemeinschaft

92. Wie oft gehen Sie im allgemeinen in die Kirche? (Liste mit Vorgaben vorlegen)

Einmal in der Woche oder öfter
Ein- bis dreimal im Monat
Nie
Mehrmals im Jahr
Seltener

93. Jeder Mensch hat ja bestimmte Vorstellungen, die sein Leben und Verhalten bestimmen. Wenn Sie einmal daran denken, was Sie in Ihrem Leben eigentlich anstreben: Wie wichtig sind die folgenden Dinge für Sie persönlich?
Verwenden Sie bitte noch einmal die Skala von 1-7. Wert 1 bedeutet „ganz unwichtig“, Wert 7 bedeutet „sehr wichtig“. Wie wichtig sind für Sie die folgenden Dinge? (Skala als Liste vorlegen, Angaben vorlesen)

Einen hohen Lebensstandard haben
Seine eigene Phantasie und Kreativität entwickeln
Gesetz und Ordnung respektieren
Sich für sozial benachteiligte Gruppen einsetzen
Nach Sicherheit streben
Sich politisch engagieren
Die guten Dinge des Lebens genießen
Fleißig und ehrgeizig sein
Seine Gefühle offen zeigen und ausleben
Sich und seine Bedürfnisse gegen andere durchsetzen
Anderen Menschen helfen, nicht nur an sich denken

Über die Autoren und Autorinnen dieses Bandes

Bürklin, Wilhelm P.; geb. 1949; Prof. Dr.; Studium der Politik- und Wirtschaftswissenschaften in Mannheim; Diplom-HdL 1978; Promotion 1984 in Mannheim; Habilitation 1991 in Kiel; Lehrstuhlvertretung in Mainz 1991/92; seit 1992 Inhaber des Lehrstuhls für das Politische System der Bundesrepublik Deutschland/Innenpolitik an der Universität Potsdam.
Gegenwärtige Forschungsschwerpunkte: Wahl- und Parteienforschung, empirische Demokratietheorie, Elitenforschung. Neuere Veröffentlichungen: Die vier kleinen Tiger: Die pazifische Herausforderung: Singapur, Hong Kong, Taiwan, Süd-Korea. München 1993; Das Superwahljahr, Köln 1994

Kaina, Viktoria; geb. 1969; Journalistin, Dipl.-Pol.; Studium der Politikwissenschaft an der Universität Potsdam; Diplom 1996; Wissenschaftliche Mitarbeiterin an der Universität Potsdam; Stipendiatin der Studienstiftung des Deutschen Volkes.
Gegenwärtige Forschungsschwerpunkte: Einstellungsforschung, Wertewandel, Politische Kultur. Neuere Veröffentlichungen: Wertorientierungen im Elite-Bevölkerungs-Vergleich, Diplomarbeit, Universität Potsdam 1996

Machatzke, Jörg; geb. 1966; Dipl.-Pol., 1987 bis 1990 Studium der Außenpolitik am Institut für Internationale Beziehungen in Postdam, 1990 bis 1994 Studium der Politikwissenschaft an der Universität Potsdam; Diplom 1994; Wissenschaftlicher Mitarbeiter an der Wirtschafts- und Sozialwissenschaftlichen Fakultät der Universität Potsdam.
Gegenwärtige Forschungsschwerpunkte: Elitenforschung, Politische Kultur, Wohlfahrtsstaat. Neuere Veröffentlichungen: Elitentransformation im Systemwechselkontext, Diplomarbeit, Universität Potsdam 1994.

Rebenstorf, Hilke; geb. 1960; Dipl.-Soz., Dr., Studium der Soziologie, Politikwissenschaft, Publizistik und Psychologie an der Freien Universität Berlin und der Universität Basel; Diplom 1985 in Berlin; Promotion 1994; 1986/87 wissenschaftliche Mitarbeiterin am Wissenschaftszentrum Berlin, 1988 bis 1994 am Zentralinstitut für Sozialwissenschaftliche Forschung der FU Berlin; seit 1995 Projektleitung „Elitenzirkulation und -integration im vereinten Deutschland“ an der Universität Potsdam.
Gegenwärtige Forschungsschwerpunkte: Elitenforschung, politische Karrieren, soziale Ungleichheit. Neuere Veröffentlichungen: Parlament und Gesell-

schaft. Eine Funktionsanalyse der repräsentativen Demokratie, Opladen 1993 (gemeinsam mit Dietrich Herzog und Bernhard Weßels); Die Politische Klasse. Zur Entstehung und Reproduktion einer Funktionselite, Frankfurt a.M. 1995.

Sauer, Martina; geb. 1964; M.A.; Studium der Politikwissenschaft und Geschichte an der Universität Mannheim; Magister 1992; 1992/93 wissenschaftliche Mitarbeiterin an der Forschungsstelle für gesellschaftliche Entwicklung der Universität Mannheim; seit 1993 wissenschaftliche Mitarbeiterin an der Universität Potsdam.
Gegenwärtige Forschungsschwerpunkte: Elitenforschung; Steuerungstheorie. Neuere Veröffentlichungen: Frauenpolitik in den Kommunen. Gleichstellungsstellen als Instrument zur Durchsetzung der Chancengleichheit? Magisterarbeit, Universität Mannheim 1992.

Schnapp, Kai-Uwe; geb. 1966; Dipl.-Pol.; 1988 bis 1990 Studium an der Hochschule für Ökonomie in Berlin; 1990 bis 1995 bis Studium der Politikwissenschaft an der Freien Unversität Berlin; 1992/93 Studium an der Universität von Minnesota; Diplom 1995; 1995/96 wissenschaftlicher Mitarbeiter an der Universität Potsdam; seit 1997 wissenschaftlicher Mitarbeiter am Wissenschaftszentrum Berlin für Sozialforschung.
Gegenwärtige Forschungsschwerpunkte: Bürokratieforschung; Soziale Ungleichheit. Neuere Veröffentlichungen: Polititische Funktion bürokratischer Führungsgruppen auf nationaler Ebene. Ein Vergleich USA, Bundesrepublik Deutschland und Großbritannien, Diplomarbeit, Freie Universität Berlin 1995.

Welzel, Christian; geb. 1964; M.A., Dr., Studium der Politikwissenschaft und Geschichte an der Universität des Saarlandes; 1992 wissenschaftlicher Mitarbeiter an der Universität Mainz; 1992 bis 1996 wissenschaftlicher Mitarbeiter an der Universität Potsdam; seit 1997 wissenschaftlicher Mitarbeiter am Wissenschaftszentrum Berlin für Sozialforschung.
Gegenwärtige Forschungsschwerpunkte: Transformationsprozesse in Mittel- und Osteuropa. Neuere Veröffentlichungen: Von der SED zur PDS. Eine sozialistische Staatspartei auf dem Weg zur politischen Partei im Konkurrenzsystem, Frankfurt a.M. 1992; Demokratischer Elitenwandel, Opladen 1997

11, 13, 14, 15, 16 Def., 17, 19 121, 24, 28, 31, 32, 37, 35, 38, 39, 41
391, 392, 394

Wie hat sich die deutsche Vereinigung auf die Zusammensetzung und die Wertorientierungen der deutschen Führungsschicht ausgewirkt? Besteht der traditionelle Konsens über demokratische Grundwerte und die Regeln der Konfliktlösungen fort? Die Existenz dieser „konsensual geeinten Elite" war ausschlaggebend dafür, daß die Stabilität des politischen Systems in der Bundesrepublik nicht mehr in Frage gestellt war. Ist dieser Grundkonsens durch die Wiedervereinigung gestört worden? Wie gut ist die Elite horizontal und vertikal integriert, d.h. wie gut funktioniert die Kooperation zwischen den verschiedenen Teileliten und wie ausgeprägt ist deren Responsivität gegenüber ihren gesellschaftlichen ‚Muttergruppen'? Hat sich der Trend zur sozialen Öffnung der Elite nach der deutschen Einheit fortgesetzt oder wird die traditionelle Unterrepräsentation von Katholiken und Frauen jetzt um den Faktor der ostdeutschen Herkunft erweitert?

Diese Fragen stehen im Zentrum der ersten Untersuchung der gesamtdeutschen Führungsschicht, der „Potsdamer Elitestudie 1995". Die Untersuchung steht in der Tradition der Mannheimer Elitestudien von 1968, 1972 und 1981; sie basiert auf einer mündlichen Befragung von 2341 Inhabern der höchsten Führungspositionen in Deutschland, der sogenannten Positionselite.